学ぶ人は、
変えて
ゆく人だ。

目の前にある問題はもちろん、

人生の問いや、

社会の課題を自ら見つけ、

挑み続けるために、人は学ぶ。

「学び」で、

少しずつ世界は変えてゆける。

いつでも、どこでも、誰でも、

学ぶことができる世の中へ。

旺文社

TOEIC® L&R テスト
990点攻略
文法・語彙問題1000

TOEIC is a registered trademark of ETS.
This publication is not endorsed or approved by ETS.
L&R means LISTENING AND READING.

著者 **濱﨑潤之輔**
問題監修 メディアビーコン

Obunsha

はじめに

最後のピースは，ここにある。

まずは，本書を手にしてくださったことに厚く御礼申し上げます。本当にありがとうございます，心より感謝いたします。

TOEIC® L&Rテストのリーディングセクションは，990点満点を狙うのであれば1問たりとも落とすことができません。実際には1問ミスしても495点満点が出るケースはありますが，やるからにはパーフェクトを目指したい，と考える人は少なくないはずです。その際にネックとなるのが，本書で扱っているPart 5（短文穴埋め問題）です。

Part 5では基本的な文法問題・語彙問題が一定数出題されるため，初級者でも与しやすいパートであると一般的には考えられています。ですが，逆に上級者であれば簡単に全問正解できるかと言うと，900点～990点満点を取得した経験のあるハイレベルな人たちであっても，ここをノーミスでクリアするのは実際には至難の業なのです。

本書はTOEIC® L&Rテストを絶えず受験し続けている著者（濵﨑）と問題監修（メディアビーコン）が，一切の妥協をすることなく作り上げた一冊です。掲載すべき問題を精選し，可能な限り分かりやすくて簡潔な解説を書くように努め，本番の試験で確実に役に立つと自負する＋αの情報を紙面の許す限り詰め込みました。問題文と選択肢で使用している語句に，無駄なものは一切ありません。是非，問題を解いて解説を読んだだけで満足することなく，不正解の選択肢の語句も含めてしっかりとご自身の血肉としていただければ幸いです。

本書は990点を取るための書籍なので，収録されている問題は当然ハイレベルなものが多いです。ですが，本番の試験で出題される，いわゆる難問とされる問題のレベルを超えてしまっているようなものは，一切扱わないように気を付けています。本番の試験で対峙する「難問～超難問の集大成」であると考えていただければと思います。

あなたが喉から手が出るほど欲しいと考えている「高嶺の花」，そう，「最後のピース」を，極めて近い将来，必ずや手にされることを心より願っています。

濵﨑潤之輔

■ 問題作成：(株)メディアビーコン
■ 編集協力：(株)メディアビーコン, 鹿島由紀子, 渡邉真理子, (株)鷗来堂, Michael Joyce
■ 組版：株式会社 明昌堂　■ 装丁デザイン：牧野剛士　■ 装丁写真：平賀正明
■ 本文デザイン：伊藤幸恵　■ 本文イラスト：村林タカノブ　■ 録音：ユニバ合同会社
■ ナレーター：Howard Colefield, Anya Floris

本書の構成と使い方

《攻略ポイント》

990点を獲得するために押さえておきたいポイントをまとめています。各UNIT
で問題演習に取り組む前に確認しましょう。

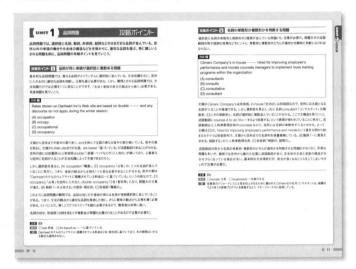

《問題演習》

左ページに問題を，右ページに解答・解説を掲載しています。問題は1問20秒
以内で解きましょう。左ページ下には時折，濵﨑先生のアツいコメントも!

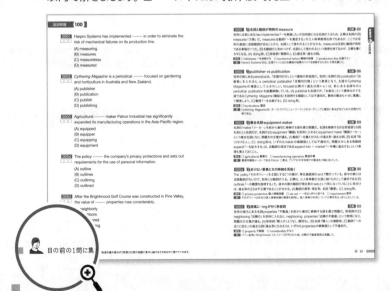

目の前の1問に集

《マークシート》

巻末に1ページ200問分，計1000問分のマークシートを用意しています。また，マークシートは音声ダウンロードサイトからもダウンロードいただけますので，ご活用ください。

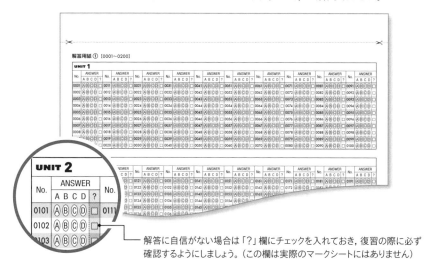

解答に自信がない場合は「？」欄にチェックを入れておき，復習の際に必ず確認するようにしましょう。（この欄は実際のマークシートにはありません）

別冊 本冊で学習した問題をシャッフルして掲載しています。力試しをしたい方は別冊から取り組むのもおすすめです。

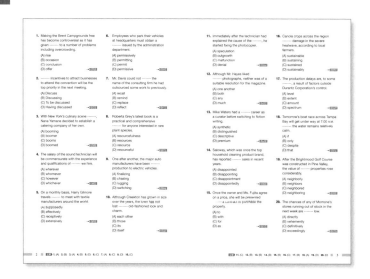

付属音声について

本書に収録されている問題の音声（正解を空所にあてはめた状態のもの）は，以下の3つの方法で聞くことができます。

🎧 公式アプリ「英語の友」(iOS/Android)で聞く場合

1 「英語の友」公式サイトより，アプリをインストール

 https://eigonotomo.com/　｜🔍 英語の友　[検索]　

＊右の2次元コードからもアクセスできます。

2 ライブラリより「TOEIC® L&Rテスト 990点攻略 文法・語彙問題1000」を選び，「追加」ボタンをタップ

- 本アプリの機能の一部は有料ですが，**本書の音声は無料でお聞きいただけます。**
- 詳しいご利用方法は「英語の友」公式サイト，あるいはアプリ内ヘルプをご参照ください。
- 本サービスは予告なく終了することがあります。

🎧 パソコンに音声データ(MP3)をダウンロードして聞く場合

1 URLから音声ダウンロードサイトにアクセス

https://service.obunsha.co.jp/tokuten/toeic990gv/

＊マークシートもこちらのサイトからダウンロードいただけます。

2 パスワードを入力してダウンロード

mynhuq　（全て半角アルファベット小文字）

3 ファイルを展開して，オーディオプレーヤーで再生

＊音声ファイルは zip 形式にまとめられた形でダウンロードされます。展開後，デジタルオーディオプレーヤーなどで再生してください。

- 音声の再生にはMP3を再生できる機器などが必要です。
- ご使用機器，音声再生ソフト等に関する技術的なご質問は，ハードメーカーもしくはソフトメーカーにお願いいたします。
- 本サービスは予告なく終了することがあります。

🎧 AI英語教材「abceed」(iOS/Android/Web)で聞く場合

詳しくは次ページをご確認ください。

AI英語教材「abceed」について

本書はAI英語教材「abceed」に対応しています。スマートフォンやタブレット, PCでの利用が可能です。

◆ スマートフォン, タブレットの場合はアプリをダウンロードしてご使用ください。

◆ アプリはabceed公式サイトからダウンロードいただけます。
右の2次元コードからもアクセスできます。

https://abceed.com/

本書は, 以下の機能を無料でご利用いただけます。

【1】 音声再生

リスニングアプリ「英語の友」で配信しているものと同じ音声を再生できます。

【2】 マークシート

スマートフォンやタブレット, PCで利用できるオンラインマークシートです。解答を入力すると自動で採点が行われ, 自分の解答の正誤が確認できます。

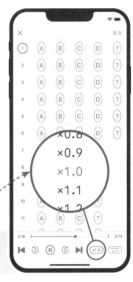

再生スピード変更可能

- 本書は有料版(問題学習機能)にも対応しています。
- abceedは株式会社Globeeの商品です。abceedに関するお問い合わせは株式会社Globeeまでお願いいたします。
- 本サービスは予告なく終了することがあります。

TOEIC® L&Rテストについて

✿ TOEIC® L&Rテストとは?

TOEIC®とは, 英語によるコミュニケーション能力を測定する世界共通のテストです。この
テストは, アメリカにある非営利のテスト開発機関であるETSによって開発・制作されてい
ます。TOEIC® L&Rテスト (TOEIC Listening and Reading Test) では「聞く」「読む」
という2つの英語力を測定します。受験者の能力は合格・不合格ではなく, 10~990点の5
点刻みのスコアで評価されるのが特徴です。解答方法は, 正解だと思う選択肢番号を塗
りつぶすマークシート方式で, 解答を記述させる問題はありません。

＊申し込み方法・受験に関する詳細は公式サイトをご覧ください。

> https://www.iibc-global.org

✿ TOEIC® L&Rテストの構成

TOEIC® L&Rテストは以下のように, ListeningとReadingの2つのセクションで構成され
ています。2時間で200問に解答し, 途中休憩はありません。

LISTENING (約45分・100問)			READING (75分・100問)		
Part 1	写真描写問題	6問	Part 5	短文穴埋め問題	30問
Part 2	応答問題	25問	Part 6	長文穴埋め問題	16問
Part 3	会話問題	39問	Part 7	読解問題	1つの文書 29問
Part 4	説明文問題	30問			複数の文書 25問

【問い合わせ先】 一般財団法人 国際ビジネスコミュニケーション協会
IIBC試験運営センター　電話:03-5521-6033

UNIT
1

品詞問題

品詞問題では，選択肢に名詞，動詞，形容詞，副詞などのさまざまな品詞が並んでいる。空所以外の単語の働きや文全体の構造などを手掛かりに，適切な品詞を選ぶ。特に難しいとされる問題を例に，品詞問題の攻略ポイントを見ていこう。

攻略ポイント **1**　品詞が同じ単語が選択肢に複数ある問題

基本的な品詞問題では，異なる品詞が4つランダムに選択肢に並んでいる。文法知識を元に，空所に入れるのに適切な品詞を判断し，正解を選ぶ必要がある。しかし，難問とされる品詞問題では，文法知識だけでは正解を1つに絞ることができず，「**文法＋意味の両方の観点から解く**」必要がある。早速例題を見ていこう。

例題 1

Rates shown on Danheart Inn's Web site are based on double ------- and any discounts do not apply during the winter season.

(A) occupation
(B) occupy
(C) occupational
(D) occupancy

文頭から空所までが前半の節であり，andを挟んで主語の異なる後半の節が続いている。前半の節を見ると，文頭からWeb siteまでが主語，are based「基づいている」が述語動詞であることが分かる。空所の前には前置詞onと形容詞double「（部屋・ベッドなどが）2人用の」が続いており，上級者なら空所に名詞が入ることが文法知識によって予測できるだろう。

しかし選択肢を見ると，(A) occupation「職業」，(D) occupancy「占有」の，2つの**名詞**が並んでいることに気付く。つまり，意味の観点から正解を1つに絞る必要があることが分かる。前半の節は「Danheartホテルのウェブサイトに掲載されている料金は〜に基づいている」という内容なので，(D) occupancy「占有」を空所に入れると，double occupancy「2名1室利用」となり，問題文の文意が通る。(B) 動詞「〜を占有する」の原形・現在形，(C) 形容詞「職業の」。

このように品詞問題の難問では，品詞は同じだが意味が異なる単語が複数選択肢に並んでいることがある。つまり，文法の観点から適切な品詞を推測した後に，さらに意味の観点から正解を導く必要がある，ということだ。解く上で2つのステップを踏む必要があるので，難易度は非常に高い。

名詞のほか，形容詞（分詞を含む）が複数並ぶ問題も出題されることがあるので注意が必要だ。

正解 (D)
語句 □ rate 料金　□ *be* based on 〜 〜に基づいている
訳 Danheartホテルのウェブサイトに掲載されている料金は2名1室利用に基づいており，冬の期間はいかなる割引も適用されない。

攻略ポイント 2　名詞の単数形か複数形かを判断する問題

選択肢に名詞の単数形と複数形の2種類が並んでいる問題にも, 注意が必要だ。問題文中の述語動詞の形や冠詞の有無などをヒントに, 単数形と複数形のどちらが適切かを瞬時に判断しなければならない。

例題 2

Ciimerx Company's in-house ------- hired for improving employee's performance and morale counsels managers to implement more training programs within the organization.

(A) consultants
(B) consults
(C) consultative
(D) consultant

文頭のCiimerx Company'sは所有格, in-house「社内の」は形容詞なので, 空所には主語となる名詞が入ることが推測できる。しかし選択肢を見ると, (A)に名詞consultant「コンサルタント」の複数形, (D)にその単数形と, 名詞が選択肢に複数並んでいることが分かる。ここで文構造を見ていくと, 述語動詞にcounsel A to do「Aに〜するよう助言する」という表現が使われていることに気付く。述語動詞は三人称単数現在形のcounselsなので, 空所には名詞の単数形が入ると分かる。よって, 正解は(D)だ。hired for improving employee's performance and moraleという過去分詞から始まるカタマリは形容詞句で, 文頭から空所までの名詞句を後置修飾している。(B)動詞「〜に意見を求める, 相談する」の三人称単数現在形, (C)形容詞「相談の, 諮問の」。

述語動詞の形から名詞の単数形・複数形のどちらが適切かを判断させる問題は少なくなく, 平易な問題も多いが, 難問では空所から離れた位置に述語動詞があり, 文全体の主部と述部の構造が分かりづらくなっている場合が多い。基本的な文法項目だが, 英文が長くなるとミスをしてしまいやすいので注意が必要だ。

正解 (D)
語句 □morale 士気　□implement 〜を実行する
訳 従業員のパフォーマンスと士気を向上させるために雇われたCiimerx社の社内コンサルタントは, 組織内でより多くの研修プログラムを実施するよう, マネージャーたちに助言している。

単語の中には，名詞と動詞が同じ形をとるものがある。選択肢にこうした単語が並ぶ問題では，一目でその単語が名詞なのか動詞なのかが判断しにくく，品詞を勘違いしてしまう可能性が高くなる。

例題 3

We at Star Veggie Supermarket ------- feedback from customers and constantly make improvements such as increasing our range of products.

(A) value
(B) valuable
(C) valuably
(D) valuation

We at Star Veggie Supermarket「我々 Star Veggie スーパーマーケット」を主語とする2つの節が，等位接続詞のandで並列されている。前半の節を見ると，述語動詞がないことに気付くだろう。つまり，選択肢から動詞を見つけると，正解にたどり着くことができる。選択肢に目を通してみよう。語の形から，(B) 形容詞「価値の高い」，(C) 副詞「高価に，有益に」，(D) 名詞「評価，査定」の品詞は推測できたかもしれない。ではここで，選択肢(A) valueに着目してほしい。value は名詞で「価値」を意味することでよく知られている単語だ。しかし，空所に必要なのは述語動詞だ。実は，value はここでは「～を大切にする，尊重する」という意味の動詞として使われている。よって，正解は(A)だ。value は名詞と動詞が同形の単語の代表例で，名詞の意味がすぐに頭に浮かんだ人は，一瞬どれを選べばよいか戸惑ったかもしれない。

名詞と動詞が同形の例は他にもたくさんあるので，以下で代表例を押さえておこう。名詞の意味はよく知られているものの，動詞の意味に気付きにくいケースが多いので，注意したい。

正解 (A)
語句 □ constantly 常に　□ range（商品の）品揃え
訳 我々 Star Veggie スーパーマーケットは，お客様からのフィードバックを大切にし，商品の品揃えを増やすなど，常に改善を行っています。

★ 名詞と動詞が同形の例

address	名「住所」	動「～に取り組む，演説する」
report	名「報告（書）」	動「～を報告する」
number	名「数字」	動「～に番号を付ける」
credit	名「預金，信用」	動「～を信じる，振り込む」

攻略ポイント **4** 複合名詞

品詞問題では〈名詞＋名詞〉から成る複合名詞が問われることがある。複合名詞が正答の問題では，錯乱肢として選択肢に形容詞が並んでいることが多い。「形容詞は名詞を修飾するはずなのに，〈形容詞＋名詞〉の形にしても意味を成さない」という時には，複合名詞が正答となる可能性がある。benefits package「福利厚生」, installment payment「分割払い」, safety measures「安全措置」など, 頻出の複合名詞を覚えておこう。

攻略ポイント **5** 単数形と複数形で意味が異なる名詞

名詞の中には単数形と複数形で意味が異なるものがある。以下のような名詞がそれに当たる。

premise	「前提」	⇔	premises	「建物, 構内」
interest	「関心, 興味」	⇔	interests	「利益」
condition	「状態, 体調」	⇔	conditions	「状況, 事情」
manner	「方法, やり方」	⇔	manners	「行儀, 作法」

選択肢に名詞の単数形と複数形の両方が並んでいるものの, どちらも文法的には空所に入りそうで正解が判断しきれない時は, 名詞の単数形の意味と複数形の意味が異なる場合が考えられる。問題文全体の内容から, どちらが適切かを判断しよう。普段から辞書を積極的に引き, その単語の単数形・複数形それぞれの主な意味と用法を調べておくことが大切だ。

攻略ポイント **6** -ly が語尾に付く形容詞

形容詞の中には, 語尾に -ly が付くものがある。costly「高価な」, timely「適時の, 折良い」, orderly「きちんとした」などが例に挙げられる。-ly が語尾に付いているので副詞に見えるが, これらは全て形容詞の働きを持つ語である。単語から -ly を取ると名詞になるものが, このパターンに該当することが多い。品詞問題で狙われやすいので, 注意が必要だ。

攻略ポイント **7** 形容詞(句)による後置修飾

上級者向けの難問では, 名詞を後ろから修飾している形容詞が空所で問われることがある。2語以上で構成されている形容詞句が名詞を修飾しているパターンが多く, 文構造が複雑になるので注意が必要だ。

【例】 A unique dish <u>indicative of the chef's preference</u>
形容詞句

そのシェフの好みが反映された独創的な料理

【例】 A special material <u>resistant to heat and high temperature</u>
形容詞句

熱や高温に強い特殊な素材

0001 Harpro Systems has implemented ------- in order to eliminate the
☐☐☐ risk of mechanical failures on its production line.

(A) measuring
(B) measures
(C) measureless
(D) measured

0002 *Cythering Magazine* is a periodical ------- focused on gardening
☐☐☐ and horticulture in Australia and New Zealand.

(A) publisher
(B) publication
(C) publish
(D) publishing

0003 Agricultural ------- maker Patcor Industrial has significantly
☐☐☐ expanded its manufacturing operations in the Asia-Pacific region.

(A) equipped
(B) equipper
(C) equipping
(D) equipment

0004 The policy ------- the company's privacy protections and sets out
☐☐☐ requirements for the use of personal information.

(A) outline
(B) outlines
(C) outlining
(D) outlined

0005 After the Brightmood Golf Course was constructed in Pine Valley,
☐☐☐ the value of ------- properties rose considerably.

(A) neighborly
(B) neighbors
(C) neighbored
(D) neighboring

目の前の1問に集中。地道な積み重ねが2時間200問の試験に集中し続ける力をあなたに授けてくれます。

0001 💡 名詞と動詞が同形の measure　　　　　　　　　正解 (B)

空所には前にある has implemented「〜を実施した」の目的語になる名詞が入るため、正解は名詞の(B) measures「方策」だ。measures は動詞「〜を測定する」の三人称単数現在形でもあるが、ここでは空所の直前に述語動詞があることから、名詞として使われることが分かる。measure は名詞と動詞が同形である単語の1つだ。(B)を動詞だと決めつけず、名詞として使われるという発想を持つかが、正解を導くカギとなる。(A) doing形、(C)形容詞「無限の」、(D)過去形・過去分詞。

語句 □ eliminate 〜を排除する　□ mechanical failure 機械の故障　□ production line 生産ライン
訳 Harpro Systems 社は、生産ラインにおける機械の故障のリスクを排除するために方策を講じた。

0002 💡 publisher vs publication　　　　　　　　　　正解 (B)

空所の前にある periodical は、「定期刊行の」という意味の形容詞だ。空所に名詞の(B) publication「出版物」を入れると、a periodical publication「定期刊行物」という表現となり、主語の *Cythering Magazine* の補語としてふさわしい。focused 以降の〈過去分詞＋α〉は、前にある名詞句の a periodical publication を後置修飾している。(A) publisher も名詞だが、「出版社」という意味なので主語である *Cythering Magazine*（雑誌名）を説明する補語としては不適切だ。意味の観点も十分に意識して解答しよう。(C)動詞「〜を出版する」、(D) doing形。

語句 □ horticulture 園芸
訳 *Cythering Magazine* は、オーストラリアとニュージーランドのガーデニングと園芸に焦点が当てられた定期刊行物である。

0003 💡 複合名詞 equipment maker　　　　　　　　　　正解 (D)

名詞の maker「メーカー」を前から適切に修飾する語を選ぶ問題だ。名詞を修飾するのは形容詞（分詞を含む）と名詞だが、名詞の(D) equipment「機器」を空所に入れると equipment maker「機器メーカー」という複合名詞になり、問題文の文意が通る。(A)動詞「〜を備え付ける」の過去形・過去分詞、(B)名詞「取り付ける人」、(C) doing形は、いずれも maker の修飾語としては不適切だ。問題文中にある他動詞 expand「〜を拡大する」は、自動詞の用法である expand into 〜 market「〜市場に進出する」という表現も覚えておくこと。

語句 □ agricultural 農業の　□ manufacturing operation 製造作業
訳 農業用機器メーカーである Patcor 工業は、アジア太平洋地域での製造を大幅に拡大した。

0004 💡 足りない要素と文の時制を見抜く　　　　　　　正解 (B)

The policy「そのポリシー」を主語とする2つの節が、等位接続詞の and で繋がっている。前半の節には述語動詞がないので、空所には動詞が入る。正解は、三人称単数の主語に続くものとして適切である(B) outlines「〜の概要を説明する」だ。後半の節の動詞が現在形の sets という形になっていることに気付けば、過去形の(D)は不正解であることが分かる。(A)動詞の原形・現在形、名詞「概要」、(C) doing形。

語句 □ privacy protection 個人情報保護　□ set out 〜 〜をはっきりと述べる　□ requirement 要件
訳 そのポリシーは会社の個人情報保護の概要を説明し、個人情報の利用についての要件をはっきりと示している。

0005 💡 語尾に -ing が付く形容詞　　　　　　　　　　正解 (D)

空所の後ろにある名詞 properties「不動産」を前から適切に修飾する語を選ぶ問題だ。形容詞の(D) neighboring「近隣の」を空所に入れると、neighboring properties「近隣の不動産」という表現になり、問題文の文意が通る。(A)形容詞「隣人の（ような）、親切な」、(B)名詞「隣人」の複数形、(C)動詞「〜の近くに住む」の過去分詞（過去形にもなる）は、いずれも properties の修飾語として不適切だ。

語句 □ property 不動産　□ considerably かなり
訳 パイン盆地に Brightmood ゴルフコースが作られた後、近隣の不動産価格は高騰した。

0006 The ------- package Norsand Corp. offers its employees is listed on the company's Web site.

(A) benefits
(B) benefitting
(C) benefitted
(D) beneficent

0007 Before your commercial license expires, you will be sent a ------- notice along with an application form.

(A) renewed
(B) renewable
(C) renewal
(D) renewing

0008 Saloway, which was once the top household cleaning product brand, has reported ------- sales in recent years.

(A) disappointed
(B) disappointing
(C) disappointment
(D) disappointedly

0009 Since the ------- road condition information about Highway 67 was wrong, Mr. Okino issued a correction on air.

(A) reporter
(B) reported
(C) report
(D) reporting

0010 Ms. Nguyen was reminded to check the departure ------- for her flight and arrive at the boarding gate early.

(A) timer
(B) times
(C) time
(D) timed

0006 🔑 複合名詞 benefits package　　　　　　正解 (A)

空所の後ろにある名詞のpackage「一括されたもの」を前から適切に修飾するものを選ぶ問題だ。名詞の(A) benefits「給付金, 手当」を空所に入れると, benefits package「福利厚生」という複合名詞になり, 問題文の文意が通る。(B)動詞「〜に利益を与える」のdoing形, (C)過去形・過去分詞, (D)形容詞「慈悲深い」。

語句 □ be listed on 〜 〜に掲載されている

訳 Norsand社が従業員に提供する福利厚生は, 会社のウェブサイトに掲載されている。

0007 🔑 複合名詞 renewal notice　　　　　　正解 (C)

空所の後ろにある名詞のnotice「お知らせ」を前から適切に修飾するものを選ぶ問題だ。名詞の(C) renewal「更新」を空所に入れるとrenewal notice「更新のお知らせ」という複合名詞になり, 問題文の文意が通る。形容詞も名詞を修飾するが, (A)動詞「〜を更新する」の過去分詞, (B)形容詞「更新できる」, (D) doing形は, いずれもnoticeの修飾語として不適切だ。

語句 □ commercial license 営業許可　□ application form 申請書

訳 営業許可の有効期限が切れる前に, 申請書と共に更新のお知らせが送付されます。

0008 🔑 disappointingとdisappointedの使い分け　　　　　　正解 (B)

選択肢には動詞disappoint「〜をがっかりさせる」の派生語が並んでいる。空所の後ろにある名詞sales「売り上げ」を前から適切に修飾する語を選ぶ問題だ。名詞を前から修飾するのは形容詞(分詞を含む)や名詞であることを思い出そう。形容詞の(B) disappointing「期待外れの」を空所に入れるとdisappointing sales「期待外れの売り上げ」という表現になり, 問題文の文意が通る。(A)形容詞「がっかりした」, (C)名詞「失望」, (D)副詞「がっかりして」。

語句 □ household 家庭用の

訳 かつて家庭用掃除用品のトップブランドであったSaloway社は, 近年, 期待外れの売り上げを公表している。

0009 🔑 現在分詞 vs 過去分詞　　　　　　正解 (B)

選択肢には動詞report「〜を報告する」の派生語が並んでいる。空所の後ろにある複合名詞road condition information「道路状況情報」を前から適切に修飾する語を選ぶ問題だ。道路情報は「報じられる」ものなので, 過去分詞の(B) reported「報じられた」を空所に入れると, 問題文の文意が通る。(A)名詞「記者」, (C)名詞「報告」, 動詞の原形・現在形, (D) doing形。

語句 □ issue 〜を発する　□ correction 訂正

訳 幹線道路67号線に関して報じられた道路状況情報は誤っていたため, Okinoさんはオンエアで訂正を発表した。

0010 🔑 単数形と複数形で意味が異なる名詞　　　　　　正解 (C)

空所に名詞の(C) time「時間」を入れると, 空所の前にある名詞のdeparture「出発」とセットでdeparture time「出発時間」という複合名詞になり, Nguyenさんが確認するよう念を押されたものとしてふさわしい表現になる。timeは複数形では「時代, 景気」という意味になるので(B)を空所に入れても問題文の文意は通らない。(A)名詞「タイマー, 勤務時間記録係」, (D)動詞「(出来事の最適な)時間を決める」の過去形・過去分詞。

語句 □ remind A to do Aに〜することを思い出させる　□ boarding gate 搭乗ゲート

訳 Nguyenさんは, 自身の飛行機の出発時間を確認し, 搭乗ゲートに早く到着するよう念を押された。

0011 The ------- figure of *Find the Rainbow* is 95,000 this year and they are now sold in every region of the country.

(A) circulative
(B) circulatory
(C) circulator
(D) circulation

0012 Ms. Ogawa has been recognized for her outstanding ------- to the project and for her excellent organizational skills.

(A) commitment
(B) commitments
(C) committing
(D) committed

0013 The Plumchan Hospital was able to reach its ------- goal of $1 million within the time frame it had set for itself.

(A) fundraise
(B) fundraised
(C) fundraising
(D) fundraises

0014 Among the accounting ------- covered during the training program were the identification and recording of transactions.

(A) procedure
(B) procedures
(C) proceeded
(D) procedural

0015 The results of the clinical study ------- the treatment is sometimes ineffective were of the utmost concern to Dr. Sanchez.

(A) indicate
(B) indicated
(C) indication
(D) indicating

0011 🔑 複合名詞 circulation figure　　　　　　　　　　　　正解 (D)

空所の後ろにある名詞の figure「数字」を前から適切に修飾するものを選ぶ問題だ。名詞の (D) circulation「発行部数」を空所に入れると circulation figure「発行部数」という複合名詞になり, 問題文の文意が通る。(A) 形容詞「循環性の」, (B) 形容詞「(気体・液体の) 循環の」, (C) 名詞「サーキュレーター, 循環装置」は全て名詞の前に置くことができるが, figure の修飾語としては不適切だ。

訳 *Find the Rainbow* の今年の発行部数は9万5,000部であり, 現在その国のあらゆる地域で販売されている。

0012 🔑 単数形と複数形で意味が異なる名詞　　　　　　　　　正解 (A)

選択肢には動詞 commit「(commit *oneself* to ~で) ~に全てを捧げる」の派生語が並んでいる。空所の前には代名詞の所有格である her「彼女の」と形容詞の outstanding「傑出した, 優れた」があるため, 空所にはこれらが修飾する名詞が入ることが分かる。名詞は不可算名詞の (A) commitment「献身」と, 可算名詞の (B) commitments「約束, 義務」(複数形) だが, outstanding の被修飾語としてふさわしいのは (A) だ。(C) doing 形, (D) 過去形・過去分詞。(D) は *be* committed to *doing*「~することに専心している」を覚えておくこと。

語句 □ *be* recognized for ~ ~で評価される　□ organizational skills (組織や人・物事などを) まとめる手腕
訳 Ogawa さんは企画への傑出した献身と物事をまとめる素晴らしい手腕によって評価されてきた。

0013 🔑 名詞を修飾する形容詞　　　　　　　　　　　　　　　正解 (C)

選択肢には動詞 fundraise「(資金を) 集める」の派生語が並んでおり, 空所の後ろにある名詞の goal「目標」を前から適切に修飾するものを選ぶ問題となっている。形容詞の (C) fundraising「資金集めの」を空所に入れると fundraising goal「資金集めの目標額」という表現になり, 問題文の文意が通る。(A) 原形・現在形, (B) 過去形・過去分詞, (D) 三人称単数現在形。

語句 □ million 100万　□ within ~以内に　□ time frame 期間
訳 Plumchan 病院は自ら定めた期間内に資金集めの目標額100万ドルを達成することができた。

0014 🔑 among の用法に注意する　　　　　　　　　　　　　正解 (B)

空所に (B) procedures「手続き」を入れると, 空所の前にある名詞の accounting「会計」とセットで accounting procedures「会計手続き」という複合名詞になり, 問題文の文意が通る。among「~の間で」の後ろには名詞の複数形が続くため, 単数形の (A) procedure は正解にはなりえないので注意したい。(C) 動詞「続く」の過去形・過去分詞, (D) 形容詞「手続き上の」。問題文は倒置されており, 本来の語順は The identification and recording of transactions among the accounting procedures were covered during the training program. となる。

語句 □ cover ~を扱う　□ identification 識別　□ recording of transactions 取引記録
訳 研修の間, 会計手続きの中で扱われたのは識別と取引記録であった。

0015 🔑 現在分詞による後置修飾　　　　　　　　　　　　　　正解 (D)

空所の前には名詞句の The results of the clinical study「臨床研究の結果」があり, 後ろには the treatment is sometimes ineffective「その治療法が効果的ではない場合がある」という節が続いている。また, その後ろには述語動詞となる were があるので, 空所から ineffective までが名詞句を後ろから〈分詞＋α〉で後置修飾するパターンだと判断しよう。空所に現在分詞の (D) indicating「~を示している」を入れると, 問題文の文意が通る。indicating の後ろには接続詞の that が省略されていると考えること。(A) 動詞「~を示す」の原形・現在形, (B) 過去形・過去分詞, (C) 名詞「きざし, 兆候」。

語句 □ clinical study 臨床研究　□ treatment 治療法　□ *be* of concern 関心事である
訳 その治療法が効果的ではない場合があるということを示す臨床研究の結果は, Sanchez 博士にとって最大の関心事であった。

0016 The customer service consultant told Mr. Ramos he could download
☐☐☐ the corresponding ------- manual for the grinder device he owned.

(A) instructed
(B) instructively
(C) instructing
(D) instruction

0017 Safeguarding cyber security has become one of the most pressing
☐☐☐ ------- faced by many companies.

(A) challenges
(B) challenge
(C) challenged
(D) challengers

0018 The ------- institute will be situated within the rainforest so that its
☐☐☐ scientists can be closer to the species they study.

(A) researchable
(B) research
(C) researches
(D) researcher

0019 To strengthen its logistics business, Ultrawave Enterprises has
☐☐☐ entered into a strategic partnership ------- with Taloft Shipping.

(A) agreements
(B) agrees
(C) agreeing
(D) agreement

0020 The BeautifyAgain campaign was created out of a ------- that more
☐☐☐ funding would be needed to restore the historic building.

(A) recognizably
(B) recognition
(C) recognize
(D) recognizability

0016 🔎 複合名詞 instruction manual 　　　　　　　　　　　　正解 (D)

選択肢には動詞instruct「〜に指示する」の派生語が並んでおり, 空所の後ろにある名詞のmanual「説明書」を前から適切に修飾するものを選ぶ問題となっている。名詞の(D) instruction「指示」を空所に入れるとinstruction manual「取扱説明書」という複合名詞になり, 問題文の文意が通る。複合名詞はその表現を知っているかどうかが得点を左右するので, 本書に掲載されているものは全て覚えよう。(A)過去形・過去分詞, (B)副詞「指導的に」, (C) doing形。

語句 □ corresponding 対応する 　□ grinder device グラインダー, 粉砕機

訳 カスタマーサービス係はRamosさんに, 彼が所有しているグラインダーに対応する取扱説明書がダウンロード可能であることを伝えた。

0017 🔎 one of の後ろは複数形 　　　　　　　　　　　　　　正解 (A)

空所の前にはone of the most pressing「(複数のうち)最も差し迫った〜の1つ」があるため, 空所には複数形の名詞が入ることが分かる。(A) challenges「課題」(複数形)を空所に入れると, 問題文の文意が通る。one of the most pressing challengesという名詞句を, faced以降が後置修飾する形だ。one「1つ」という語があることから, 名詞の単数形である(B)を選んでしまわないよう注意したい。(C)過去形・過去分詞, (D)名詞「挑戦者」の複数形。

語句 □ safeguard 〜を保護する 　□ pressing 差し迫った

訳 サイバーセキュリティーを保護することは, 多くの企業が直面する最も差し迫った課題の1つになってきている。

0018 🔎 複合名詞 research institute 　　　　　　　　　　　　正解 (B)

選択肢には動詞research「〜を研究する」の派生語が並んでおり, 空所の後ろにある名詞のinstitute「機関」を前から適切に修飾するものを選ぶ問題だ。名詞の(B) research「研究」を空所に入れるとresearch institute「研究機関」という複合名詞になり, 問題文の文意が通る。(A)形容詞「研究可能な」, (C)三人称単数現在形, (D)名詞「研究者」。

語句 □ rainforest 熱帯雨林 　□ so that A can do Aが〜できるように 　□ species (生物)種

訳 科学研究者が研究対象とする種のより近くにいられるよう, その研究機関は熱帯雨林の中に建設される予定だ。

0019 🔎 冠詞の a に着目する 　　　　　　　　　　　　　　　　正解 (D)

空所に(D) agreement「契約」を入れると, 空所の前にある名詞のpartnership「パートナーシップ」とセットになってpartnership agreement「パートナーシップ契約」という複合名詞になり, 問題文の文意が通る。空所を含む名詞句の前に冠詞のaがあるため, 名詞「契約」の複数形である(A)は正解にはなりえないことに注意して解答したい。(B)動詞「同意する」の三人称単数現在形, (C) doing形。

語句 □ strengthen 〜を強化する 　□ logistics 物流 　□ enter into 〜 (契約など)を結ぶ

訳 自社の物流ビジネスを強化するため, Ultrawave社はTaloft発送会社と戦略的なパートナーシップ契約を結んだ。

0020 🔎 同格の that を見抜く 　　　　　　　　　　　　　　　正解 (B)

冠詞の後ろなので空所には名詞が入ることが分かり, その後ろにはthatが続いている。that以下は文の要素がそろった完全な文なので, このthatは関係代名詞ではなく同格のthatだと判断できる。同格のthat節は, 直前にある名詞の具体的な内容を説明する節だ。名詞は(B) recognition「認識」と(D) recognizability「知名度」の2つが並んでいるが, 空所に(B)を入れると空所以下が「その歴史的建造物の修繕にはさらなる資金が必要であるという認識」という意味になり, 問題文の文意が通る。(A)副詞「すぐ分かるほどに」, (C)動詞「〜を認識する」。

語句 □ funding 資金 　□ restore 〜を修繕する 　□ historic 歴史上重要な

訳 BeautifyAgainキャンペーンは, その歴史的建造物の修繕にはさらなる資金が必要だという認識から発足された。

0021 Rory Cooper is known throughout the ------- industry as a leading talent scout who has worked with countless performers.

(A) entertaining
(B) entertainingly
(C) entertain
(D) entertainment

0022 The Pretal Agency provides legal translation services by professional translators on a ------- basis and at affordable rates.

(A) timeliness
(B) timing
(C) timed
(D) timely

0023 Renfeld Farms purchased the tractor on ------- and will make payments in monthly installments over the next two years.

(A) credits
(B) credited
(C) crediting
(D) credit

0024 Once inside the center, conference attendees will be directed to the ------- desk, where they can obtain their pass.

(A) registers
(B) registration
(C) registered
(D) registering

0025 Mr. Jackson started his business with a small budget and a ------- number of employees, but it has grown and is now very profitable.

(A) limiting
(B) limited
(C) limit
(D) limitless

0021 🔍 複合名詞 entertainment industry　　　　　　　正解 (D)

選択肢には動詞 entertain「〜を楽しませる」の派生語が並んでおり, 空所の後ろにある名詞の industry「業界」を前から適切に修飾するものを選ぶ問題となっている。名詞の (D) entertainment「エンターテインメント」を空所に入れると entertainment industry「エンターテインメント業界」という複合名詞になり, 問題文の文意が通る。(A) 形容詞「面白い, 愉快な」, (B) 副詞「楽しく」, (C) 原形・現在形。

語句 □ leading 一流の　□ talent scout スカウトマン　□ countless 数えきれないほどの

訳 Rory Cooper は, 数えきれないほどのパフォーマーと仕事をしてきた一流のスカウトマンとして, エンターテインメント業界でよく知られている。

0022 🔍 語尾に -ly が付く形容詞　　　　　　　　　　　正解 (D)

空所の後ろにある名詞の basis「基準」を前から適切に修飾するものを選ぶ問題だ。形容詞の (D) timely「時宜を得た」を空所に入れると on a timely basis「適時に, タイムリーに」という表現になり, 問題文の文意が通る。timely は語尾に -ly が付くが, 副詞ではなく形容詞であることを押さえておこう。(A) 名詞「適時性」, (B) 名詞「適時の選択, タイミング」, (C) 形容詞「時間が指定された, 指定時刻に作動する」。

語句 □ legal 法律の　□ translation 翻訳　□ at affordable rates 手頃な価格で

訳 Pretal 代理店は, プロの翻訳家による法律に関する翻訳サービスを適時に手頃な価格で提供している。

0023 🔍 単数形と複数形で意味が異なる名詞　　　　　　　正解 (D)

purchase 〜 on credit で「クレジットで〜を購入する」という意味になるため, 正解は (D) credit だ。「クレジット, 信用貸し」を意味する場合の credit は不可算名詞として用いられるため, 複数形の (A) は正解にはなりえない。credit は「履修単位」などの意味で用いられる場合には可算名詞となる。また, (A) や (D) は動詞「〜を信じる, 〜を振り込む」の意味で使われることもある。(B) 過去形・過去分詞, (C) doing 形。問題文中の over the next two years「今後2年間にわたって」は未来を表す表現と共に使うことを押さえておこう。

語句 □ tractor トラクター　□ in monthly installments 月払いにより

訳 Renfeld 農場はトラクターをクレジットで購入し, 今後2年間にわたって月払いで支払いをする予定である。

0024 🔍 複合名詞 registration desk　　　　　　　　　正解 (B)

空所の後ろにある名詞の desk「受付」を前から適切に修飾するものを選ぶ問題だ。名詞を修飾するのは形容詞（分詞を含む）と名詞だが, 名詞の (B) registration「登録」を空所に入れると registration desk「登録受付所」という複合名詞になり, 問題文の文意が通る。(A) 動詞「〜に登録する」の三人称単数現在形, (C) 過去形・過去分詞, (D) doing 形。

語句 □ conference attendee 会議の参加者　□ *be* directed to 〜 〜へ誘導される

訳 センター内に入ったらすぐに, 会議の参加者はパスを受け取ることができる登録受付所へ向かうよう指示される。

0025 🔍 語尾に -ed が付く形容詞　　　　　　　　　　　正解 (B)

空所の後ろにある名詞 number「数」を前から修飾する語を選ぶ問題だ。名詞を前から修飾するのは形容詞（分詞を含む）や名詞なので, 文法の観点から考えるとどの選択肢も空所に入る可能性がある。本問では形容詞の (B) limited「限られた」を空所に入れると, a limited number of employees「限られた数の従業員」という表現になり, 問題文の文意が通る。(A) 動詞「〜を制限する」の doing 形, 形容詞「限定する, 制限する」, (C) 名詞「限度, 制限」, 動詞の原形・現在形, (D) 形容詞「無限の」は, いずれも本問にある number の修飾語としては不適切だ。

語句 □ budget 予算　□ profitable 利益になる, もうかる

訳 Jackson さんはわずかな予算と限られた従業員数で事業を始めたが, その事業は成長し, 今ではとても大きな利益をもたらしている。

0026 If a donation does not reach its intended -------, the donor will be
□□□ eligible for a full refund.

(A) benefitted
(B) beneficial
(C) beneficence
(D) beneficiary

0027 Before the Human Resources department orders a background
□□□ check of a potential employee, the candidate needs to sign an
------- form.

(A) authorization
(B) authorizes
(C) authority
(D) author

0028 Timothy Perkins has more than ten years of experience as a
□□□ consultant helping clients make and manage their -------.

(A) invests
(B) investor
(C) investing
(D) investments

0029 Carpenters who specialize in ------- furniture designs always have
□□□ many woodworking tools at their disposal.

(A) customarily
(B) customization
(C) custom
(D) customize

0030 Due to ------- demand for its premium sports drink, Powersnap
□□□ Company decided to ramp up production.

(A) overwhelmed
(B) overwhelms
(C) overwhelming
(D) overwhelmingly

0026 ❓ 「人」を表す名詞を選ぶ   正解 (D)

選択肢には動詞 benefit「〜に利益をもたらす」の派生語が並んでいる。空所の前には its intended「(その)意図された」があり，後ろには前半の節の終わりを示すカンマがある。代名詞の所有格の後には名詞(句)が続くため，名詞を修飾する過去分詞(形容詞扱い)である intended の後ろには名詞が続くことが分かる。名詞は (C) beneficence「善行，恩恵」と (D) beneficiary「受取人」の2つだが，「寄付金が届く先」として適切なのは「人」を表す名詞の (D) だ。(A)過去形・過去分詞，(B)形容詞「有益な」。

語句 □ donor 寄付者　□ be eligible for 〜 〜の資格がある　□ full refund 全額返金
訳 もしも寄付金が意図した受取人に届かなかった場合には，寄付者は全額返金を受けることができる。

0027 ❓ 複合名詞 authorization form   正解 (A)

空所の後ろにある form「フォーム」とセットになって authorization form「承諾書」という複合名詞を作る (A) authorization「承認」が正解だ。これはさらに前にある動詞 sign「〜に署名する」の目的語としてもふさわしい。(B)動詞「〜を承認する」の三人称単数現在形，(C)名詞「権威，権限」，(D)名詞「著者」。

語句 □ background check 身元調査　□ potential employee 従業員候補者　□ candidate 候補者
訳 人事部が従業員候補者の身元調査を依頼する前に，候補者は承諾書に署名する必要がある。

0028 ❓ make と manage に合う目的語   正解 (D)

空所の前には代名詞の所有格である their「彼らの」があるため，空所には their が修飾する名詞が入ることが分かる。また，their の前には make and manage「〜を作り，管理する」とあるため，〈their＋空所〉はこの2つの動詞の目的語としてふさわしいものでなくてはならない。これらのことを踏まえ，空所に (D) investments「投資」を入れると問題文の文意が通る。(A)動詞「〜を投資する」の三人称単数現在形，(B)名詞「投資家」，(C) doing 形。

訳 Timothy Perkins は，顧客の投資や投資運用を手助けするコンサルタントとしての経験が10年以上ある。

0029 ❓ furniture designs とのコロケーション   正解 (C)

選択肢には動詞 customize「〜を特注する」の派生語が並んでいる。形容詞の (C) custom「あつらえの，注文製の」を空所に入れると，custom furniture designs「注文家具のデザイン」という表現になり，問題文の文意が通る。custom は名詞「習慣」の意味でおなじみだが，形容詞としても使われる。(A)副詞「習慣的に」，(B)名詞「特注生産」，(D)原形・現在形。custom に関連する頻出表現である形容詞 custom-made「注文の，あつらえの」は，同義語の tailor-made と共に押さえておきたい。

語句 □ carpenter 大工　□ woodworking tool 木工具　□ at one's disposal 自由に使える
訳 注文家具のデザインを専門とする大工は，常に自由に使える木工具を多く持っている。

0030 ❓ 語尾に -ing が付く形容詞   正解 (C)

空所の後ろにある名詞の demand「需要」を前から適切に修飾するものを選ぶ問題だ。名詞を修飾するのは形容詞(分詞を含む)と名詞だが，形容詞の (C) overwhelming「圧倒的な」を空所に入れると overwhelming demand「圧倒的な需要」という表現になり，問題文の文意が通る。(A)動詞「〜を圧倒する」の過去形・過去分詞，(B)三人称単数現在形，(D)副詞「圧倒的に」。問題文中にある decide to do「〜することを決定する」は，対義表現の decide against doing「〜しないことに決定する」とあわせて覚えておこう。

語句 □ premium 高級な，上等の　□ ramp up 〜 〜を増やす　□ production 生産
訳 プレミアムスポーツドリンクの圧倒的な需要により，Powersnap 社は増産を行うことを決定した。

0031 The marketing director praised Ms. Lui for designing a shampoo
☐☐☐ bottle that is ------- with an eye-catching color.

(A) shape
(B) shaping
(C) shaped
(D) shapely

0032 Earlier this year, Willsong Foods changed its process for making
☐☐☐ ------- orange juice so that it stays fresh for longer.

(A) concentrating
(B) concentrated
(C) concentrates
(D) concentration

0033 Some Killarney residents are opposed to the Orsung Group's
☐☐☐ construction of a ------- plant in their area, while others hope to
work there.

(A) productivity
(B) production
(C) producer
(D) produced

0034 The port authority on Kafala Island demands all vessels -------
☐☐☐ immediately upon entering its harbor.

(A) registers
(B) register
(C) registered
(D) registering

0035 Disinfecting all the production equipment was much more -------
☐☐☐ than the cleaning crew could handle in a single day.

(A) workers
(B) working
(C) works
(D) work

0031 🎯 語尾に -ly が付く形容詞　　　　　　　　　　　正解 (D)

空所の前にあるthatは関係代名詞だ。thatの先行詞はa shampoo bottle「シャンプーボトル」なので,これに対応する適切な補語を選ぶ。補語になるのは形容詞か名詞だが,空所に形容詞の(D) shapely「格好のよい,均整のとれた」を入れると,関係代名詞節だけでなく問題文全体の文意も通る。shapelyは語尾に -ly が付いているので副詞に見えるかもしれないが,これは形容詞だ。(A) 名詞「形」,動詞「〜を形作る」の原形・現在形,(B) doing形,(C) 過去形・過去分詞,形容詞「(複合語で)〜の形をした」。(C)の例にはheart-shaped「ハート型の」などが挙げられる。

語句 □ praise 〜を称賛する　□ eye-catching 人目を引く

訳 マーケティング部長は,人目を引く色の,均整のとれたシャンプーボトルをデザインしたことについて,Luiさんを称賛した。

0032 🎯 語尾に -ed が付く形容詞　　　　　　　　　　　正解 (B)

空所の後ろにある複合名詞のorange juice「オレンジジュース」を前から適切に修飾するものを選ぶ問題だ。名詞を修飾するのは形容詞(分詞を含む)と名詞だが,形容詞の(B) concentrated「濃縮された」を空所に入れるとconcentrated orange juice「濃縮オレンジジュース」という表現になり,問題文の文意が通る。動詞「〜を濃縮する」のdoing形の(A),名詞の(D)「濃度」はいずれもjuiceの修飾語としては不適切だ。(C) 三人称単数現在形。

訳 今年初め,Willsong Foodsは鮮度をより長く保てるよう,濃縮オレンジジュースの製造過程を変更した。

0033 🎯 複合名詞 production plant　　　　　　　　　　正解 (B)

選択肢には動詞produce「〜を生産する」の派生語が並んでおり,空所の後ろにある名詞のplant「工場」を前から適切に修飾するものを選ぶ問題となっている。名詞の(B) production「生産」を空所に入れるとproduction plant「生産工場」という複合名詞になり,問題文の文意が通る。(A) 名詞「生産性」,(C) 名詞「生産者」,(D) 過去形・過去分詞。

訳 キラーニーの住民の中には,Orsung Groupがその地域に生産工場を建設することに反対している人もいれば,そこで働くことを希望している人もいる。

0034 🎯 仮定法現在　　　　　　　　　　　　　　　　　正解 (B)

動詞demands「〜を要求する」と名詞句all vessels「全ての船舶」の間に接続詞のthatが省略されていると考え,all vessels以降はthat節であると仮定する。このthat節には述語動詞がないため,それを空所に補う必要がある。主節の述語動詞がdemandsであることに着目すると,「要求・提案・命令・依頼を表す動詞の目的語となるthat節では,動詞は原形になる」という仮定法現在のパターンであることに気付くだろう。よって,動詞の原形である(B) register「登録する」が正解だ。要求・提案・命令・依頼を表す動詞の目的語となるthat節では,動詞の前に助動詞shouldが置かれることもあるので覚えておこう。(A) 名詞「登録」の複数形,動詞の三人称単数現在形,(C) 過去形・過去分詞,(D) doing形。

語句 □ port authority 港湾局　□ upon *doing* 〜すると同時に

訳 カファラ島の港湾局は,全ての船舶に対して,入港したら即座に船舶登録を行うよう要求している。

0035 🎯 不可算名詞 work　　　　　　　　　　　　　　　正解 (D)

前半の節の主語であるDisinfecting all the production equipment「全ての生産設備を消毒すること」の補語になるのが,much more -------「はるかに多くの〜」という〈副詞＋形容詞＋空所〉のカタマリだ。前半の節の述語動詞はwasで,補語になるのは形容詞か名詞である。空所に不可算名詞の(D) work「仕事」を入れると,much more work「はるかに多くの仕事(の量)」という名詞句になり,問題文の文意が通る。(A) 名詞「働き手」の複数形,(B) 動詞「働く」のdoing形,形容詞「働く,実用的な」,(C) 名詞「作品」の複数形,動詞の三人称単数現在形。

語句 □ disinfect 〜を消毒する　□ production equipment 生産設備

訳 全ての生産設備を消毒することは,清掃員が1日で扱うことができる仕事の量よりもはるかに多かった。

0036 After a long and detailed discussion, a contract ------- to both firms
□□□ was finally drawn up.

(A) advantages
(B) advantageous
(C) advantage
(D) advantaged

0037 Despite her busy schedule, Ms. Peterson attended the -------
□□□ exhibition in Minneapolis to represent the company.

(A) trades
(B) trader
(C) traded
(D) trade

0038 Orbvue Cam users can find detailed instructions on installing the
□□□ security camera on page four of its ------- manual.

(A) operating
(B) operated
(C) operate
(D) operability

0039 The final episode of *Epic Voyages*, the acclaimed docuseries -------
□□□ by CNT TV, will air tomorrow at 7:00 P.M.

(A) broadcasting
(B) broadcast
(C) broadcasts
(D) broadcaster

0040 The newly released LB-12 Humidifier is almost ------- in size to the
□□□ previous model LB-11.

(A) comparing
(B) comparison
(C) comparable
(D) comparative

0036 　💡形容詞による後置修飾　　　　　　　　正解 (B)

空所の前には a contract「契約」という名詞があり, これを〈形容詞＋α〉が後置修飾する形になる(B) advantageous「有利な」を空所に入れると, 問題文の文意が通る。advantageous to ～「～に有利な」という表現を覚えておくこと。(A)名詞「有利な点」の複数形, (C)名詞の単数形, (D)形容詞「(社会的・経済的に)恵まれた」。

🔲語句 □ detailed 詳細な　 □ draw up ～（契約・協定など）を作成する

🔲訳 長丁場で詳細にまでわたる討議の後, 最終的に双方の会社にとって有利な契約書が作成された。

0037 　💡複合名詞 trade exhibition　　　　　　　正解 (D)

選択肢には動詞 trade「～を取引する」の派生語が並んでおり, 空所の後ろにある名詞 exhibition「展示会」を前から適切に修飾する語を選ぶ問題となっている。名詞の(D) trade「業界」を空所に入れると trade exhibition「(業界の)展示会」という複合名詞になり, 問題文の文意が通る。2語から成る複合名詞の場合, 例外を除き, 前に来る名詞は基本的に単数形となるため, 名詞の複数形でもある(A) trades はここでは不正解だ。(B)名詞「業者, 投機家」, (C)過去形・過去分詞も, exhibition の修飾語としては不適切だ。

🔲訳 忙しいスケジュールにもかかわらず, Peterson さんはミネアポリスで行われた展示会に会社の代表として参加した。

0038 　💡語尾に-ingが付く形容詞　　　　　　　　正解 (A)

空所の後ろにある名詞 manual「説明書」を前から適切に修飾する語を選ぶ問題だ。形容詞の(A) operating を空所に入れると, operating manual「操作説明書」という表現になり, 問題文の文意が通る。(B)動詞「～を操作する」の過去形・過去分詞, (C)原形・現在形, (D)名詞「操作性」。問題文の中ほどにある on installing the security camera「防犯カメラを設置することについて」は,〈前置詞＋他動詞の doing 形＋目的語〉という頻出の語順となっている。

🔲語句 □ security camera 防犯カメラ

🔲訳 Orbvue Cam のユーザーは, 防犯カメラの設置に関する詳細な説明を, 操作説明書の4ページで見ることができる。

0039 　💡-edの付かない過去分詞　　　　　　　　正解 (B)

空所の前にある名詞句の the acclaimed docuseries「好評を博したドキュメンタリーシリーズ」を, 後ろから〈分詞＋α〉で後置修飾するパターンであることを見抜こう。空所に過去分詞の broadcast「放送された」を入れると問題文の文意が通るため, 正解は(B)だ。broadcast「～を放送する」は, 過去形・過去分詞が原形と同じ形である語だということを押さえておこう。(A) doing 形, (C)名詞「放送」の複数形, 動詞の三人称単数現在形, (D)名詞「放送者, 放送局」。

🔲語句 □ acclaimed 好評を博した　 □ docuseries ドキュメンタリーシリーズ　 □ air 放送される

🔲訳 CNT TV で放送され好評を博したドキュメンタリーシリーズである *Epic Voyages* の最終回が, 明日の午後7時に放送される。

0040 　💡comparable toに気付く　　　　　　　　正解 (C)

The newly released LB-12 Humidifier「新しく発売された LB-12 加湿器」が主語で, 述語動詞の is よりも後ろがこの主語を説明する補語となる。空所には副詞の almost「ほとんど」が修飾する形容詞が入るが, 選択肢には(C) comparable「似通った, 同等の」と(D) comparative「比較の, 相対的な」の2つの形容詞が並んでいる。空所の後ろの方にある to とセットで comparable to ～「～に相当する, 匹敵する」という表現になる(C)を空所に入れると, almost comparable in size to the previous model LB-11「旧型の LB-11 とほとんど同程度の大きさだ」となり, 問題文の文意が通る。(A) 動詞「～を比較する」の doing 形, (B)名詞「比較」。

🔲語句 □ release ～を発売する　 □ humidifier 加湿器　 □ in size サイズの面で

🔲訳 新しく発売された LB-12 加湿器は, 旧型の LB-11 とほとんど同程度の大きさになっている。

0041 ☐☐☐ Domeck's ------- production almost doubled from the previous year due to the mass orders they received.

(A) industrious
(B) industrialist
(C) industriously
(D) industrial

0042 ☐☐☐ The Nanchan gallery partitions were removed since more space was needed for the sculptures in the upcoming -------.

(A) exhibitable
(B) exhibiting
(C) exhibitor
(D) exhibit

0043 ☐☐☐ Due to the blizzard, all ------- trains connecting Philadelphia with areas south of the city were not running this morning.

(A) commuting
(B) commuted
(C) commuter
(D) commutes

0044 ☐☐☐ The proceedings undertaken by the Labor Advisory Committee were considered ------- by its senior members.

(A) ordering
(B) orders
(C) orderly
(D) order

0045 ☐☐☐ The auction house announced that it had sold the painting, but the ------- of the successful bidder has yet to be revealed.

(A) identified
(B) identity
(C) identifier
(D) identify

0041 🔑 industrious vs industrial 　　　　　　　　　　　　　　　　　　　正解 **(D)**

空所の後ろにある名詞production「生産高」を前から適切に修飾する語を選ぶ問題だ。形容詞の(D) industrial「工業の」を空所に入れるとindustrial production「工業生産高」という表現になり，問題文の文意が通る。(A)の形容詞 industrious「勤勉な」とindustrialを混同しないよう注意が必要だ。(B) 名詞「実業家」，(C) 副詞「勤勉に」。問題文後半のthe mass orders「大量注文」の後ろには関係代名詞の目的格(thatやwhich)が省略されていると考えること。

語句 □ double 2倍になる　□ previous 前の

訳 大量注文を受け，Domeck社の工業生産高は前年のほぼ2倍になった。

0042 🔑 名詞と動詞が同形のexhibit 　　　　　　　　　　　　　　　　　　　正解 **(D)**

空所の前にある形容詞のupcoming「近々行われる」が適切に修飾する語を選ぶ問題だ。名詞の(C) exhibitor「出展者，出品者」と(D) exhibit「展示会」が正解候補となるが，空所に入れて問題文の文意が通るのは(D)だ。「展示(会)」を意味する名詞のexhibitionが選択肢にないため，戸惑った人がいるかもしれないが，正解の(D) exhibitは「～を展示する」という意味の動詞のほか，名詞としても使われるので注意が必要だ。(A) 形容詞「展示できる」，(B) doing形。

語句 □ partition 仕切り　□ sculpture 彫刻

訳 近々行われる展示会で彫刻を展示するためのスペースがもっと必要であったため，Nanchanギャラリーの仕切りは取り外された。

0043 🔑 複合名詞commuter train 　　　　　　　　　　　　　　　　　　　正解 **(C)**

選択肢には動詞commute「通勤する」の派生語が並んでおり，空所の後ろにある名詞のtrains「列車」を前から適切に修飾するものを選ぶ問題となっている。(C) commuter「通勤者」を空所に入れるとcommuter trains「通勤列車」という複合名詞になり，問題文の文意が通る。(A) doing形，(B) 過去形・過去分詞，(D) 三人称単数現在形。

語句 □ blizzard 猛吹雪　□ connect A with B AとBを結ぶ　□ run 運行する

訳 猛吹雪により，今朝はフィラデルフィアとその南部地域を結ぶ通勤列車が全て運休となった。

0044 🔑 第5文型の補語を選ぶ 　　　　　　　　　　　　　　　　　　　正解 **(C)**

空所の前には受動態のwere considered「思われていた」がある。considerは第5文型で使うことができる動詞で，受動態では〈be considered＋補語〉「(主語は)～だと考えられている」の形で表される。主語はThe proceedings「手続き」で，対応する補語になるのは形容詞か名詞だ。空所に形容詞の(C) orderly「秩序だった，整頓された」を入れると，「手続きは秩序だっているものだと思われていた」という意味になり，問題文の文意が通る。orderlyは副詞「きちんと」としても使われるが，形容詞として使われることが多いので注意したい。(A) 動詞「～を命令する，注文する」のdoing形，(B) 名詞「命令，注文」の複数形，動詞の三人称単数現在形，(D) 名詞の単数形，動詞の原形・現在形。

語句 □ undertake ～に着手する　□ Labor Advisory Committee 労働諮問委員会

訳 労働諮問委員会によって行われる手続きは，古参の委員によって秩序だっているものだと思われていた。

0045 🔑 文法と意味の観点から正解を選ぶ 　　　　　　　　　　　　　　　　　　　正解 **(B)**

空所は冠詞のtheと前置詞のofの間にあるため，正解候補となるのは名詞だ。名詞は(B) identity「身元」と(C) identifier「識別子」だが，空所の後ろに続くof the successful bidder「落札者の」という補足説明を受け，空所に入れて問題文の文意が通るのは(B) identityだ。butに続く節の内容は「落札者の身元はいまだ明らかにされていない」というものになる。(A) 動詞「～を確認する，特定する」の過去形・過去分詞，(D) 原形・現在形。

語句 □ auction house オークション会社　□ successful bidder 落札者　□ have yet to do まだ～していない

訳 オークション会社はその絵を売ったと発表したが，落札者の身元はいまだ明らかにされていない。

0046 Please be aware that you have to pay the ------- seven days prior to your departure date.

(A) balancing
(B) balance
(C) balancer
(D) balanced

0047 Invio Systems has introduced a new technology that could potentially be used in ------- processing and recycling operations.

(A) waste
(B) wasting
(C) wasted
(D) waster

0048 Even though all accountants in MacMeg IT were thoroughly trained to use the newly ------- software, some are still having difficulty using it.

(A) releasing
(B) release
(C) released
(D) releasable

0049 Professor Harris not only offered ------- insights into the nature of volcanoes but also showed extraordinary photographs during her talk.

(A) captivating
(B) captivated
(C) captivators
(D) captivates

0050 ------- of the new Internet regulation imposed by the government claim it will restrict people's rights to free speech.

(A) Opponents
(B) Opponent
(C) Opposition
(D) Opposing

  あなたの努力が報われた時, 目標にたどり着くまでの過程で得たことを後進に共有してあげてください。

正解

0046 🔍 目的語が欠けていることに気付く　　　　　　　　　　正解 **(B)**

空所の前には動詞のpay「〜を支払う」と冠詞のtheがあり, 空所の後ろにはseven days prior to your departure date「ご出発日の7日前までに」という副詞句が続いている。空所には, 動詞の目的語となる名詞が入ると考えよう。名詞の(B) balance「(一部を支払った後の)残額」を空所に入れると, pay the balance「残額を支払う」という表現になり, 問題文の文意が通る。(C) balancer「平衡器」も名詞だが, 動詞payの目的語としては不適切だ。(A)動詞「〜のバランスをとる」のdoing形, (D)形容詞「バランスのよい, (報道などが)偏りのない」。

語句 □ be aware that 〜ということにご留意ください　□ prior to 〜 〜の前に
訳 残額はご出発日の7日前までにお支払いいただかなければならないことにご留意ください。

0047 🔍 複合名詞 waste processing　　　　　　　　　　　　正解 **(A)**

選択肢には動詞waste「〜を浪費する」の派生語が並んでおり, 空所の後ろにある名詞のprocessing「処理」を前から適切に修飾するものを選ぶ問題となっている。名詞の(A) waste「廃棄物」を空所に入れるとwaste processing「廃棄物処理」という複合名詞になり, 問題文の文意が通る。(B) doing形, (C)過去形・過去分詞, (D)名詞「浪費家」。

語句 □ potentially 可能性を秘めて, もしかすると　□ recycling operation リサイクル工程
訳 Invio Systems 社は, 廃棄物処理やリサイクル工程に利用できる可能性のある, 新たな技術を発表した。

0048 🔍 〈副詞＋過去分詞＋名詞〉　　　　　　　　　　　　正解 **(C)**

空所の前にあるnewlyは副詞で, 空所の後ろにあるsoftware「ソフトウェア」は名詞だ。動詞release「〜を発表する」の過去分詞の(C) released「リリースされた, 発売された」を空所に入れると, the newly released software「新しくリリースされたソフトウェア」という表現になり, 問題文の文意が通る。〈副詞＋過去分詞＋名詞〉は頻出なので, 定番の形として必ず押さえておこう。(A) doing形, (B)名詞「発売, 公開」, 動詞の原形・現在形, (D)形容詞「免除できる」。

語句 □ thoroughly 徹底的に　□ have difficulty doing 〜するのが困難である
訳 MacMeg IT 社の全ての経理担当は新たにリリースされたソフトウェアを使えるよう徹底的に教育されたが, いまだにそれを使うのに苦労する者もいる。

0049 🔍 captivatingとcaptivatedの使い分け　　　　　　　正解 **(A)**

空所の後ろにある名詞insights「洞察, 見識」を前から修飾する語を選ぶ問題だ。形容詞の(A) captivating「うっとりさせる, 魅惑的な」を空所に入れるとcaptivating insights「興味深い見識」という表現になり, 問題文の文意が通る。(B)動詞「〜を魅了する」の過去形・過去分詞, (C)名詞「魅惑する人・もの」の複数形, (D)三人称単数現在形。

語句 □ nature 性質　□ volcano 火山　□ extraordinary 素晴らしい　□ talk 講演
訳 Harris 教授は, 火山の性質に関する興味深い見識を示しただけでなく, 講演中に素晴らしい写真も見せた。

0050 🔍 名詞の単複を判断する　　　　　　　　　　　　　正解 **(A)**

選択肢には動詞oppose「〜に反対する」の派生語が並んでいる。空所からgovernmentまでが前半の節の主語で, 空所にはこの節の主語となる名詞が入る。述語動詞にはclaim「〜を主張する」という「人が行う動作」を表す語が使われているため, 空所に入るのは人を表す名詞だ。人を表す名詞は(A) Opponents「反対者」(複数形)と(B) Opponent(単数形)だが, opponentは可算名詞なので単数形の前には冠詞や代名詞の所有格などが必要だ。よって, 正解は複数形の(A)だ。述語動詞のclaimが三人称単数現在形でないことからも, 空所に入る語は複数形であることが分かる。(C)名詞「反対」, (D) doing形。問題文中にあるclaimの後ろには, 接続詞のthatが省略されていると考えること。

語句 □ impose 〜を課す　□ restrict 〜を制限する　□ free speech 言論の自由
訳 政府によって課された新しいインターネット規制の反対派は, その規制が人々の言論の自由の権利を制限することになると主張している。

0051 The evidence from the GNI research team was so ------- and reasonable that no further studies of the method's efficacy have been conducted.

(A) detailing
(B) details
(C) detailed
(D) detailedness

0052 Residents of the Oakville subdivision all share the ------- duty of keeping their yards tidy throughout the year.

(A) neighborly
(B) neighboring
(C) neighbored
(D) neighbors

0053 Mr. Johnson confirmed ------- reached with overseas suppliers had yet to be approved by senior management.

(A) dealt
(B) dealer
(C) deals
(D) dealing

0054 Any local business can join the Naperville Baseball Tournament, and ------- parties can download a registration form at www.napervilleevents.org.

(A) interestingly
(B) interesting
(C) interests
(D) interested

0055 Yukko Academy School is known as an institution ------- on funding from the local government.

(A) dependent
(B) dependence
(C) dependently
(D) depend

UNIT ① 品詞問題

0051 💡 **並列関係を表すandに着目する** 　　　　　　　　正解 **(C)**

主語であるThe evidence from the GNI research team「GNI研究チームによるエビデンス」の補語としてふさわしいものを選ぶ問題だ。andの前後は基本的に同じ品詞・同質のものがくるので, 形容詞のreasonableと並列できるのは形容詞の(C) detailed「詳細な」だ。(A) 名詞「細部の装飾」, 動詞「～を詳述する」のdoing形, (B) 名詞「詳細」の複数形, 動詞の三人称単数現在形, (D) 名詞「詳細さ」。

　語句 □ so ～ that... とても～なので… 　□ efficacy 有効性 　□ conduct ～を行う
　訳 GNI研究チームによるエビデンスはとても詳細かつ合理的であったため, この方法の有効性に関するさらなる研究は行われていない。

0052 💡 **語尾に-lyが付く形容詞** 　　　　　　　　　　正解 **(A)**

空所の後ろにある名詞のduty「義務」を前から適切に修飾するものを選ぶ問題だ。形容詞の(A) neighborly「隣人の(ような)」を空所に入れると, neighborly duty「隣人としての義務」という表現になり, 問題文の文意が通る。neighborlyは語尾に-lyが付くため副詞に見えるが, 形容詞なので注意したい。(B) 動詞「～の近くに住む」のdoing形, 形容詞「近所の」, (C) 過去形・過去分詞, (D) 名詞「隣人」の複数形, 動詞の三人称単数現在形。

　語句 □ subdivision 分譲地 　□ share ～を共有する 　□ yard 庭 　□ tidy きちんとした
　訳 Oakville 分譲住宅の全住民は, 1年中庭を手入れするという隣人としての義務がある。

0053 💡 **接続詞thatの省略を見抜く** 　　　　　　　　　正解 **(C)**

空所の前にあるconfirmedと空所の間には接続詞のthatが省略されていると考えると, 空所からsuppliersまでがthat節の主部, had以下が述部となる。空所にはthat節の主語に当たる名詞が入り, それをreached以降が〈分詞＋α〉で後置修飾する形になると判断できる。名詞の(C) deals「取引」を空所に入れるとdeals reached with overseas suppliers「海外の供給業者と合意に至った取引」となり, 問題文の文意が通る。この問題のように問題文に述語動詞が2つ以上ある場合には, どこかに接続詞か関係詞があるはずだと考えよう。(A) 動詞「扱う」の過去形・過去分詞, (B) 名詞「販売人」, (D) doing形。

　語句 □ have yet to do まだ～していない 　□ senior management 上級管理職
　訳 Johnsonさんは, 海外の供給業者と合意に至った取引が, いまだ上級管理職に承認されていないことを確認した。

0054 💡 **interestingとinterestedの使い分け** 　　　　　正解 **(D)**

空所の後ろにある名詞のparties「団体」を前から適切に修飾するものを選ぶ問題だ。名詞を修飾するのは形容詞(分詞を含む)と名詞だが, 形容詞の(D) interested「興味のある」を空所に入れるとinterested parties「興味のある団体」という表現になり, 問題文の文意が通る。(A) 副詞「興味深く」, (B) 形容詞「興味深い, 面白い」, (C) 名詞「興味, 関心」の複数形, 動詞「～に興味を持たせる」の三人称単数現在形。

　訳 地元企業であればどの企業でもNaperville野球トーナメントに参加でき, また興味のある団体は www.napervilleevents.orgで登録フォームをダウンロードすることができます。

0055 💡 **形容詞による後置修飾** 　　　　　　　　　　　正解 **(A)**

空所の前にはan institution「機関」という名詞があり, これを形容詞以降が後置修飾するように(A) dependent「頼っている」を空所に入れると問題文の文意が通る。〈institution＋空所〉のみに注目し, 複合名詞と勘違いして名詞の(B)を選ぶことのないようにしたい。be dependent on ～「～に頼っている」という表現を覚えておこう。(B) 名詞「依存」, (C) 副詞「他に頼って, 依存して」, (D) 動詞「頼る, 依存する」。

　訳 Yukkoアカデミースクールは, 地方自治体からの資金に頼っている機関であることで知られている。

35

0056 The editor-in-chief was pleased with the number of ideas that the project team came up with during yesterday's ------- session.

(A) brainstormer
(B) brainstorming
(C) brainstorms
(D) brainstormed

0057 Our software for logistics and supply chain companies uses artificial intelligence to mitigate the risk of exceeding ------- capacity.

(A) stores
(B) storing
(C) storage
(D) stored

0058 Rosedale Clinic is seeking ------- candidates who have undergone rigorous training in veterinary clinical practices.

(A) qualifications
(B) qualifying
(C) qualified
(D) qualifiedly

0059 In accordance with the labor law, employers must necessarily ------- their workers a one-hour break during shifts that are eight hours or longer.

(A) grants
(B) grant
(C) granting
(D) granted

0060 When Geenal Company received the technology award, the president referred to the employee, John Smith, as a leading -------.

(A) innovative
(B) innovate
(C) innovation
(D) innovator

0056 ❓ 複合名詞 brainstorming session 　　　　　　　　　正解 (B)

空所の後ろにある名詞の session「セッション」を前から適切に修飾するものを選ぶ問題だ。名詞の (B) brainstorming「ブレーンストーミング」を空所に入れると, brainstorming session「ブレーンストーミング（セッション）」という複合名詞になり, 問題文の文意も通る。(A) 名詞「ブレーンストーミングをする人」, (C) 動詞「ブレーンストーミングを行う」の三人称単数現在形, (D) 過去形・過去分詞。

　語句　□ editor-in-chief 編集長　□ come up with ～ ～を思い付く
　訳　編集長は, 昨日のブレーンストーミングの間にプロジェクトチームが思い付いたアイディアの数に喜んでいた。

0057 ❓ 複合名詞 storage capacity 　　　　　　　　　　　正解 (C)

選択肢には動詞 store「～を保管する」の派生語が並んでおり, 空所の後ろにある名詞の capacity「容量」を前から適切に修飾するものを選ぶ問題となっている。名詞の (C) storage「保管」を空所に入れると storage capacity「保管容量」という複合名詞になり, 問題文の文意も通る。(A) 名詞「店」の複数形, 動詞の三人称単数現在形, (B) doing 形, (D) 過去形・過去分詞。

　語句　□ logistics 物流　□ artificial intelligence 人工知能　□ mitigate ～を軽減する
　訳　弊社の物流およびサプライチェーン企業向けのソフトウェアは, 保管容量を超過するリスクを軽減するために人工知能を使用しています。

0058 ❓ 重要表現 qualified candidates 　　　　　　　　　正解 (C)

空所の後ろにある名詞の candidates「候補者（たち）」を前から適切に修飾するものを選ぶ問題だ。空所に形容詞の (C) qualified「有資格の」を入れると, qualified candidates「資格を有する候補者（たち）」という表現になり, 問題文の文意が通る。qualified は頻出の形容詞で, 後ろに「人」を表す語を続けることができるということを押さえておこう。(A) 名詞「資格」の複数形, (B) 動詞「～の資格を与える, ～を適任にする」の doing 形, 形容詞「予選の」, (D) 副詞「適格に」。

　語句　□ undergo ～を経験する　□ rigorous 厳しい　□ veterinary 獣医の　□ clinical practice 臨床実習
　訳　Rosedale クリニックは, 特に獣医臨床実習の厳しい訓練を経験した, 資格を有する候補者を探し求めている。

0059 ❓ 副詞の挿入に惑わされない 　　　　　　　　　　　正解 (B)

空所を含む節には, 空所以外の部分に述語動詞がない。また, 空所の前には副詞 necessarily「必ず」を挟んで助動詞の must「～しなければならない」があるので, 空所には動詞の原形である (B) grant「～を与える」が入る。副詞の necessarily は, 動詞 grant を修飾している。また, grant は grant *A* *B*「A に B を与える」という第4文型の形を取る動詞（「授与」を表す動詞）であることも押さえておこう。(A) 名詞「補助金」の複数形, 動詞の三人称単数現在形, (C) doing 形, (D) 過去形・過去分詞。

　語句　□ in accordance with ～ ～に従って　□ labor law 労働法
　訳　労働法に従って, 雇用者は労働者に, 8時間以上の勤務時間の間に1時間の休憩を必ず与えなければならない。

0060 ❓ refer to *A* as *B* を見抜く 　　　　　　　　　正解 (D)

後半の節にある referred to ～「～に言及した」は, refer to *A* as *B* で「A を B と呼ぶ」という表現を作る。空所には形容詞の leading「先導的な」とセットになって *B* に当たるものが入り, なおかつそれは *A* に当たる the employee, John Smith「社員の John Smith」のことを指しているので, 正解は人を表す名詞 (D) innovator「イノベーター, 革新者」だ。(C) も名詞だが, 「イノベーション, 革新」という意味であるため, John Smith の補語としてふさわしくない。(A) 形容詞「革新的な」, (B) 動詞「～を革新する」。

　訳　Geenal 社が技術賞を受賞した時, 社長は社員の John Smith を先導的なイノベーターであると称した。

0061 According to its latest annual report, Meteorg Books receives a
remarkable 10,000 online orders per day on -------.

(A) averaging
(B) averageness
(C) averaged
(D) average

0062 Mayor Debra Maclean said that plans are currently underway to
build a ------- hub near the Woodward Shopping Center.

(A) transportability
(B) transportable
(C) transporting
(D) transportation

0063 The Alex Resort Group uses video testimonials from -------
customers to promote its brand and services.

(A) satisfied
(B) satisfying
(C) satisfaction
(D) satisfy

0064 Ms. Hernandez placed the order for stationery only yesterday and
was not ------- it to arrive so soon.

(A) expectant
(B) expectation
(C) expects
(D) expecting

0065 If ------- properly and on a regular basis, your Petocal HR-7
lawnmower should last for at least ten years.

(A) maintenance
(B) maintaining
(C) maintained
(D) maintains

0061 🔍 重要表現 on average　　　正解 (D)

空所の前にある前置詞のonとセットになりon average「平均して」という表現を作る名詞の(D) average「平均」が正解だ。averageは, 形容詞「平均的な」, 自動詞「平均すると〜になる」, そして他動詞「〜を平均化する」の意味でも使われる。(A) doing形, (B) 名詞「平均性」, (C) 過去形・過去分詞。

語句 □ annual report 年次報告書　□ remarkable 驚くべき　□ per day 1日につき

訳 最新の年次報告書によると, Meteorg Booksは平均して1日につき10,000件という驚くべき数のオンライン注文を受けている。

0062 🔍 複合名詞 transportation hub　　　正解 (D)

選択肢には動詞transport「〜を輸送する」の派生語が並んでおり, 空所の後ろにある名詞のhub「拠点」を前から適切に修飾するものを選ぶ問題となっている。名詞の(D) transportation「輸送」を空所に入れるとtransportation hub「輸送の拠点」という複合名詞になり, 問題文の文意も通る。(A) 名詞「輸送可能なこと」, (B)形容詞「輸送可能な」, (C) doing形は, いずれもhubの修飾語としては不適切だ。

語句 □ currently 現在　□ underway 進行中で

訳 Debra Maclean市長は, Woodwardショッピングセンター付近に輸送の拠点を建設する計画が現在進行中であると述べた。

0063 🔍 satisfiedとsatisfyingの使い分け　　　正解 (A)

空所の後ろにある名詞customers「顧客」を前から適切に修飾するものを選ぶ問題だ。名詞を修飾するのは形容詞（分詞を含む）と名詞だが, 形容詞の(A) satisfied「満足させられた, 満足した」を空所に入れるとsatisfied customers「満足した顧客」という表現になり, 問題文の文意が通る。(B)形容詞「満足のいく, 十分な」, (C)名詞「満足」, (D)動詞「〜を満足させる」の原形・現在形。

語句 □ video testimonial 動画による顧客の声の紹介

訳 Alex Resort Groupは, ブランドとサービスのプロモーションのために満足した顧客の声を動画で紹介している。

0064 🔍 expect A to do　　　正解 (D)

空所の後ろには, 空所の目的語となるitとto不定詞が続く。動詞のexpect「〜を期待する」は, expect A to do「（主語が）Aが〜することを期待する」という語順で使われる。現在分詞の(D) expectingを空所に入れ, 直前のbe動詞とセットで過去進行形にすると, 「文房具がこれほど早く届くとは思っていなかった（期待していなかった）」という意味になり, 問題文の文意が通る。(A) 形容詞「期待に満ちている」, (B) 名詞「期待」, (C)三人称単数現在形。

訳 Hernandezさんは文房具の注文を昨日したばかりであり, これほど早く届くとは思っていなかった。

0065 🔍 分詞構文　　　正解 (C)

文頭からカンマまでには主語や述語動詞がないので, 分詞構文であると推測する。分詞構文の意味上の主語は基本的に文の主語と同じなので, your Petocal HR-7 lawnmower「（あなたの）Petocal HR-7 芝刈り機」が分詞構文の意味上の主語になる。芝刈り機は「メンテナンスをしてもらう」立場なので, If your Petocal HR-7 lawnmower is maintained properly and on a regular basisが本来存在する〈主語＋動詞〉を含めた形のIf節だ。ここから分詞構文を作るには, 主語を省略して動詞をdoing形にする。よってIf being maintainedとなるが, beingは省略可能なのでIf maintainedと表すことができる。よって, 正解は動詞maintain「〜を整備する」の過去分詞である(C) maintainedだ。(A) 名詞「整備, メンテナンス」, (B) doing形, (D)三人称単数現在形。

語句 □ on a regular basis 定期的に　□ lawnmower 芝刈り機　□ last（物がある期間）もつ

訳 定期的に, そして適切にメンテナンスが行われれば, Petocal HR-7芝刈り機は少なくとも10年間はもつはずである。

0066 The ------- of the invention designed by Joseph Watford, on exhibit
□□□ at the Pennet Museum, still functions well.

(A) prototypical
(B) prototyped
(C) prototypes
(D) prototype

0067 ------- please find a copy of Axeltech's latest catalog, including our
□□□ complete line-up of measuring and analytical instruments.

(A) Enclosed
(B) Enclosing
(C) Enclosure
(D) Enclose

0068 Accuris Recruiting's Web site allows job applicants to search for
□□□ open ------- not only by job category but also by location.

(A) positions
(B) positioning
(C) positioned
(D) positional

0069 Since April of this year, Ortizo International has been carrying out
□□□ an array of marketing activities aimed at ------- generation.

(A) profitless
(B) profiting
(C) profit
(D) profitable

0070 The new manager has been striving to create a working
□□□ environment ------- of sharing ideas.

(A) facilitating
(B) facilitated
(C) facilitative
(D) facilitators

0066 🔑 主語から離れた述語動詞を見逃さない 　　　　正解 (D)

選択肢には動詞prototype「プロトタイプを製造する」の派生語が並んでいる。空所は冠詞のTheと前置詞のofの間にあるため，正解候補は名詞だ。名詞は(C) prototypes「プロトタイプ」(複数形)と(D) prototype「プロトタイプ」(単数形)の2つ。問題文の後半を見ると，三人称単数現在形の述語動詞functions「機能する」が使われているので，正解は単数形の(D)だ。主語から遠く離れた場所に述語動詞がある問題なので，それを見落とさないように注意したい。(A)形容詞「原型的な」，(B)過去形・過去分詞。

語句 □ invention 発明品 　□ on exhibit 展示されて

訳 Pennet博物館に展示されている，Joseph Watfordによって設計された発明品のプロトタイプは，今もなお正常に機能している。

0067 🔑 文頭に移動した第5文型の補語 　　　　正解 (A)

文頭からカンマまでの文の本来の形は第5文型で，Please find a copy of Axeltech's latest catalog enclosed「Axeltech社の最新カタログが1部同封されている(状態である)のをご確認ください」というものだ。「同封されている」ことを強調するためにenclosedが文頭に移動することがあるので，正解は動詞enclose「～を同封する」の過去分詞である(A) Enclosedだ。Enclosed please find ～「(手紙に)～が同封されている」，Attached please find ～「(Eメールに)～が添付されている」の2つの表現をセットで覚えておこう。(B) doing形，(C)名詞「同封(物)」，(D)原形・現在形。

語句 □ complete line-up 全ラインナップ 　□ analytical 分析の 　□ instrument 器具

訳 計測・分析器具の全ラインナップを掲載したAxeltech社の最新カタログが1部同封されておりますので，ご確認ください。

0068 🔑 重要表現open position 　　　　正解 (A)

空所の前には前置詞のforと形容詞のopenがある。前置詞の後ろには名詞(句)が続くため，名詞である(A) positions「職，働き口」(複数形)を空所に入れると，open position(s)「募集中の職」という名詞句となり，問題文の文意も通る。positionsは動詞「～を置く」の三人称単数現在形としても使われる。(B)名詞「位置を決めること」，動詞のdoing形，(C)過去形・過去分詞，(D)形容詞「位置の」。

語句 □ job category 職種 　□ location 場所，所在地

訳 Accuris Recruiting社のウェブサイトでは，求職者は職種からだけでなく，勤務地からも募集中の職を検索することができる。

0069 🔑 複合名詞 profit generation 　　　　正解 (C)

空所の後ろにある名詞のgeneration「創出」を前から適切に修飾するものを選ぶ問題だ。名詞の(C) profit「利益」を空所に入れると，profit generation「利益創出」という複合名詞になり，問題文の文意も通る。(A)形容詞「利益にならない」，(B)動詞「(人)の利益になる」のdoing形，(D)形容詞「利益をもたらす」は，いずれもgenerationの修飾語としては不適切だ。

語句 □ carry out ～を実行する 　□ an array of ～ 多くの～ 　□ aimed at ～ ～に向けた

訳 今年の4月から，Ortizo International社は利益創出に向けた数々のマーケティング活動を行っている。

0070 🔑 形容詞による後置修飾 　　　　正解 (C)

空所の前にはa working environment「職場環境」という名詞句があり，これを〈形容詞＋α〉が後置修飾する形だと考える。形容詞の(C) facilitative「促進する」を空所に入れると，問題文の文意が通る。facilitative of ～「～を促進する」という表現を押さえておきたい。(A)動詞「～を促進する，容易にする」のdoing形，(B)過去形・過去分詞，(D)名詞「進行役」の複数形。

語句 □ strive to do ～しようと努力する

訳 新しいマネージャーはアイディアを共有しやすい職場環境を作ろうと努力し続けている。

0071 The president's speech underscored the company's ------- to reverse its reputation for using substandard materials in its products.

(A) determinism
(B) determination
(C) determined
(D) determines

0072 In comparison to previous forecasts, ------- sales for last fiscal year increased by far more than anticipated.

(A) consolidation
(B) consolidated
(C) consolidating
(D) consolidates

0073 Our custom ------- sofas and couches range from traditional to contemporary in various shapes and sizes.

(A) upholstering
(B) upholsterer
(C) upholstered
(D) upholsters

0074 With fourteen years of ------- as a writer for *Centopic Magazine*, Ms. Jones is suitable for the managing editor position.

(A) experience
(B) experiencing
(C) experiential
(D) experienced

0075 Roberta Grey's latest book is a practical and comprehensive ------- for anyone interested in rare plant species.

(A) resourcefulness
(B) resources
(C) resource
(D) resourceful

0071 🔑 to不定詞による後置修飾 　　　　　　　　　　　　　　　　　正解 (B)

空所の前には所有を表すthe company's「会社の」があり, 空所の後ろにはto不定詞が続いているので正解候補となるのは名詞だ。選択肢のうち名詞は(A) determinism「決定論」と(B) determination「決意」の2つで, 正解は(B)だ。determination to doで「～をする決意」という意味を表し, to不定詞以下が「どのような決意なのか」を説明する流れとなり, 問題文の文意が通る。(C)動詞「～を決意する」の過去形・過去分詞, 形容詞「決意した」, (D)三人称単数現在形。

語句 □ underscore ～を強調する　□ reverse ～を覆す　□ substandard 低水準の
訳 社長のスピーチでは, 製品に低水準の素材を使用しているという評判を覆そうという会社の決意が強調された。

0072 🔑 語尾に-edが付く形容詞 　　　　　　　　　　　　　　　　　　　正解 (B)

空所の後ろにある名詞sales「売上高」を前から適切に修飾する語を選ぶ問題だ。形容詞の(B) consolidated「統合された」を空所に入れると, consolidated sales「連結売上高」という表現になり, 問題文の文意も通る。(A)名詞「統合」, (C)動詞「～を統合する」のdoing形は, いずれもsalesの修飾語としては不適切だ。(D)三人称単数現在形。

語句 □ in comparison to ～ ～と比較すると　□ fiscal year 事業年度　□ by far はるかに　□ anticipate ～を予想する
訳 以前の予測と比較すると, 昨年度の連結売上高は予想をはるかに大きく上回った。

0073 🔑 語尾に-edが付く形容詞 　　　　　　　　　　　　　　　　　　　正解 (C)

空所の後ろにある名詞sofas and couches「ソファと長椅子」を前から適切に修飾する語を選ぶ問題だ。形容詞の(C) upholstered「布張りをした」を空所に入れると, upholstered sofas and couches「布張りソファと長椅子」という表現になり, 問題文の文意も通る。動詞「～に布張りをする」のdoing形の(A), 名詞の(B) upholsterer「室内装飾業者」は, いずれもsofas and couchesの修飾語としては不適切だ。(D)三人称単数現在形。

語句 □ custom 特別注文の　□ couch 長椅子　□ range from A to B AからBに及ぶ　□ contemporary 現代の
訳 弊社のカスタムメイドの布張りソファと長椅子は, 伝統的なものから現代的なものまで, さまざまな形やサイズがあります。

0074 🔑 不可算名詞のexperience 　　　　　　　　　　　　　　　　　　正解 (A)

空所の前には前置詞のof, 後ろには前置詞のasがあるため, 空所には名詞が入ると推測できる。よって, 正解は(A) experience「経験」だ。このexperienceは「経験すること」を表す不可算名詞であるため, 空所の前に冠詞のanは不要となる(「(人が出会う)一つ一つの経験」という意味では可算名詞扱い)。また, experienceは動詞「～を経験する」の原形でもあり, 名詞と動詞が同形となる代表的な単語であることも押さえておこう。(B) doing形はexperienceが他動詞で, 後ろに目的語を必要とするため不正解。(C)形容詞「経験に基づいた」, (D)動詞の過去形・過去分詞, 形容詞「経験のある」。

語句 □ be suitable for ～ ～にふさわしい　□ managing editor 編集長
訳 Jonesさんは Centopic Magazine のライターとして14年の経験を持っており, 編集長の役職にふさわしい。

0075 🔑 冠詞のaを見逃さない 　　　　　　　　　　　　　　　　　　　　正解 (C)

空所の前には冠詞のa, そして2つの形容詞practical「実用的な」とcomprehensive「包括的な」がある。空所にはこれらの形容詞が修飾し, なおかつ主語のRoberta Grey's latest book「Roberta Greyの最新の本」の補語になる単数形の名詞が入る。名詞の(C) resource「教材」を空所に入れると, 問題文の文意が通る。冠詞のaを見逃して, 名詞の複数形の(B)を選ぶことのないように注意したい。(A)名詞「(人が)機知に富むこと」, (B)名詞「資源」(通例複数形), (D)形容詞「機知に富んだ」。

訳 Roberta Greyの最新の本は, 希少な植物種に興味がある人にとって実用的で包括的な教材だ。

0076 The way Ms. Williams managed the business was drastically
☐☐☐ different from the ------- by which Mr. Johnston ran it.

(A) manner
(B) manners
(C) mannered
(D) mannerless

0077 At OdaTech, the ------- of new employees' making belief statements
☐☐☐ on the first day of work has continued for many years.

(A) conventional
(B) convening
(C) convention
(D) conventions

0078 Mr. Stewart believes that the budget ------- faced by municipalities
☐☐☐ across the country were the result of numerous factors.

(A) constrains
(B) constraint
(C) constraining
(D) constraints

0079 Most members of our mentorship program are ------- business
☐☐☐ professionals who have valuable information to share.

(A) accomplishment
(B) accomplishing
(C) accomplished
(D) accomplishable

0080 Expanding Fazell Gas's propane distribution business to new
☐☐☐ marketplaces caused ------- in the fourth quarter to soar.

(A) profited
(B) profitably
(C) profits
(D) profiting

0076 💡 単数形と複数形で意味が異なる名詞　　　　　　　正解 (A)

空所は冠詞のtheと前置詞のbyの間にあるため, 正解候補になるのは名詞だ。選択肢のうち名詞は(A) mannerと(B) mannersだ。mannerは通例単数形だと「方法」, 複数形だと「行儀, 風習」という意味で使われ, ここでは文脈に合う(A)が正解だ。(C)形容詞「礼儀正しい」, (D)形容詞「不作法な」。(C)は good-mannered「行儀のよい」のように, 複合語の一部としても用いられる。

語句 □ drastically 徹底的に　□ run ～を経営する
訳 Williamsさんが企業を管理した方法は, Johnstonさんが経営した方法とは大きく異なっていた。

0077 💡 主語から離れた述語動詞を見逃さない　　　　　　正解 (C)

空所は冠詞のtheと前置詞のofの間にあるため, 正解候補になるのは名詞だ。選択肢のうち名詞は(C) convention「慣例」(単数形)と(D) conventions「慣例」(複数形)で, 空所は問題文の主語に当たり, 対応する述語動詞には三人称単数現在形のhas continuedが使われている。よって, 正解は単数形の(C)だ。主語と述語動詞が離れているので, 正解のヒントを見逃さないように注意すること。(A)形容詞「慣例的な」, (B)動詞「(会議など)を招集する」のdoing形。

語句 □ make a belief statement 決意表明をする
訳 OdaTech社では, 新入社員が出勤初日に決意表明をするという慣例が何年も続いている。

0078 💡 複合名詞 budget constraint　　　　　　　　　正解 (D)

that節の文構造は, the budget ------- faced by municipalities across the countryまでが主語, 述語動詞がwereだ。facedからcountryまでの〈分詞＋α〉がbudget -------「予算の～」を後置修飾していると考えると, 空所にはbudgetとセットで主語になる語が入る。空所に名詞の(D) constraints「制約」を入れると, budget constraint(s)「予算の制約」という複合名詞になり, 問題文の文意が通る。述語動詞がwereであるため, 名詞の単数形である(B)は不正解だ。(A)動詞「～を強いる」の三人称単数現在形, (C) doing形。

語句 □ face ～に直面する　□ municipality 地方自治体　□ numerous 数多くの　□ factor 要因
訳 Stewartさんは, 国中の地方自治体が直面している予算の制約は, 数多くの要因の結果だったと信じている。

0079 💡 人物を修飾する形容詞を選ぶ　　　　　　　　　　正解 (C)

空所の後ろにある, 人物を表す複合名詞のbusiness professionals「ビジネスのプロフェッショナル」を前から適切に修飾するものを選ぶ問題だ。形容詞の(C) accomplished「熟練した」を空所に入れると accomplished business professionals「熟練したビジネスのプロフェッショナル」となり, 問題文の文意が通る。(A)名詞「業績」, (B)動詞「～を成し遂げる」のdoing形, (D)形容詞「成し遂げられる」。

語句 □ mentorship メンターシップ, 指導, 助言　□ valuable 貴重な
訳 我々のメンターシッププログラムのメンバーのほとんどは, 共有すべき貴重な情報を持つ, 熟練したビジネスのプロフェッショナルである。

0080 💡 他動詞 cause の目的語を選ぶ　　　　　　　　　正解 (C)

空所には直前にある他動詞caused「～を引き起こした」の目的語になる名詞が入るため, 正解は名詞の(C) profits「利益」だ。他動詞は動名詞にして使う場合も後ろに目的語が必要なので(D)は不適切。(A)動詞「利益を得る」の過去形・過去分詞, (B)副詞「もうかって」, (D) doing形。問題文中で使われている cause A to do「Aに～させる」という表現も覚えておこう。なお, 文頭の動詞expandには自動詞と他動詞両方の用法がある。頻出のexpand overseas「海外進出する」という表現を押さえておきたい。

語句 □ propane プロパン(ガス)　□ distribution business 配給事業　□ soar 急増する
訳 Fazellガス会社はプロパンガス配給事業を新たな市場へと拡大したことで, 第4四半期の利益が急増した。

0081 At Aces Hardware, each and every one of our water heaters is covered by an ------- ten-year warranty.

(A) extend
(B) extensively
(C) extended
(D) extensional

0082 The new security cameras installed at the McQuoid Chemical facility cover all areas around the -------.

(A) premise
(B) premises
(C) premised
(D) premising

0083 In an effort to increase Fontana University's overall student body, it will raise the ------- quota for foreign students.

(A) enrollment
(B) enrollee
(C) enrolling
(D) enroll

0084 The Dickinson Library attached additional ------- to the bookshelves on which its sets of encyclopedias are arranged.

(A) supporter
(B) supporting
(C) supports
(D) supported

0085 The probability that Niski Architectural, Inc., will move its head office overseas is growing more likely with each ------- day.

(A) passed
(B) passably
(C) passable
(D) passing

0081 💡 〈形容詞＋形容詞＋名詞〉の修飾関係をつかむ　　　正解 (C)

空所の後ろにはten-year warranty「10年間の保証」という〈形容詞＋名詞〉の形が続いている。〈形容詞＋名詞〉の前に来る品詞は副詞か形容詞だが，形容詞の (C) extended「延長された」を空所に入れるとextended ten-year warranty「10年間の延長保証」という表現になり，問題文の文意が通る。〈副詞＋形容詞＋名詞〉の場合，副詞は直後の形容詞を修飾するが，〈形容詞＋形容詞＋名詞〉の場合はいずれの形容詞も名詞を修飾することを押さえておこう。(A)動詞「～を延ばす」，(B)副詞「広範囲にわたって」，(D)形容詞「拡張の」。

語句 □ each and every ありとあらゆる　□ be covered by ～ ～の適用を受けている
訳 Aces Hardware社では，全ての給湯器に10年間の延長保証が付けられています。

0082 💡 単数形と複数形で意味が異なる名詞　　　正解 (B)

名詞の (A) premise「前提」は，複数形の (B) premisesになると「（土地を含めた）建物，敷地，構内」という意味になる。問題文の大意は「新しい防犯カメラは～の周りの全ての場所を監視する」というものなので，空所に入れて問題文の文意が通るのは「建物」の意味の(B)だ。(C)動詞「～を前提とする」の過去形・過去分詞，(D) doing形。

語句 □ security camera 防犯カメラ　□ chemical 化学の　□ cover（範囲が）～に及ぶ
訳 McQuoid化学施設に設置された新しい防犯カメラは，建物の周りの全ての場所を監視する。

0083 💡 複合名詞 enrollment quota　　　正解 (A)

空所の後ろにある名詞のquota「割り当て，定員」を前から適切に修飾するものを選ぶ問題だ。名詞の (A) enrollment「入学（者数）」を空所に入れるとenrollment quota「入学定員」という複合名詞になり，問題文の文意が通る。(B)名詞「入学者」，(C)動詞「入学［入会］する，～を入学させる」のdoing形は，いずれもquotaの修飾語としては不適切だ。(D)原形・現在形。関連表現として，enroll in ～「～に入学・入会する」も押さえておこう。

語句 □ in an effort to do ～しようと努力して　□ student body 学生数
訳 全体的な学生数を増やすため，フォンタナ大学は留学生の入学定員を増やす予定だ。

0084 💡 冠詞や代名詞の有無に着目する　　　正解 (C)

述語動詞attached「～を取り付けた」の後ろには，形容詞のadditional「追加の」と空所，前置詞のtoが続いている。空所までがattachedの目的語となるため，空所には名詞が入ることが分かる。選択肢のうち名詞は(A) supporter「支持者，支柱」と(C) supports「支柱」（複数形）だ。(A)は可算名詞のため，単数形で使う時は前に冠詞や代名詞の所有格が必要となるが，問題文中にはそれらがないため，正解は(C)だ。(B)動詞「～を支える」のdoing形，(D)過去形・過去分詞。

語句 □ bookshelf 本棚　□ encyclopedia 百科事典　□ arrange ～をきちんと並べる
訳 Dickinson図書館は，百科事典のセットが並んでいる本棚に追加の支えを取り付けた。

0085 💡 重要表現 with each passing day　　　正解 (D)

選択肢には動詞pass「（時が）経つ」の派生語が並んでいる。空所に形容詞の(D) passing「時が過ぎ去る」を入れると，with each passing day「日を追うごとに」という表現になり，問題文の文意が通る。(A)過去形・過去分詞，(B)副詞「まずまず，まあまあ」，(C)形容詞「まずまずの，通行できる」。問題文中にあるthatは同格を表し，主語であるThe probability「可能性」の具体的な内容はNiski Architectural, Inc., will move its head office overseas「Niski建築会社が本社を海外に移転する」ということが起こる可能性のことであると，後ろから説明している。

語句 □ architectural 建築の　□ move ～を移動する
訳 Niski建築会社が本社を海外に移転する可能性は，日を追うごとに高まっている。

0086 The Culture Festival in Gainesville, held in March every year, brings together ------- craftspeople from all over the region.

(A) mastered
(B) masterly
(C) mastering
(D) masters

0087 The Human Resources department has distributed new guidelines on how their ------- appraisal will be conducted.

(A) perform
(B) performed
(C) performing
(D) performance

0088 Moore & Sullivan offers business advisory services across a broad range of sectors including ------- and accounting.

(A) finances
(B) finance
(C) financed
(D) financial

0089 Customers who sign up for a Zoelly Apparel membership card will receive a twenty percent ------- on their first purchase.

(A) discounts
(B) discounted
(C) discount
(D) discounting

0090 Canola crops across the region ------- damage in the severe heatwave, according to local farmers.

(A) sustainable
(B) sustaining
(C) sustained
(D) sustainably

心の底から本当に欲しいものを手に入れるために必要なものは何か。それは、「己を律する力」です。

0086 ♀ 語尾に -ly の付く形容詞 　　　　　　　正解 (B)

空所の後ろにある名詞のcraftspeopleを前から適切に修飾するものを選ぶ問題だ。形容詞の(B) masterly「熟練した」を空所に入れると, masterly craftspeople「熟練の職人」という表現になり, 問題文の文意が通る。masterlyは語尾に -ly が付くため副詞であると判断されやすいが, 副詞「見事に」として使われるだけでなく形容詞の働きも持っている。masterlyが形容詞であると判断できないと正解が選べないので要注意。(A)動詞「～を習得する」の過去形・過去分詞, (C) doing形, (D)名詞「主人, 雇い主」の複数形, 動詞の三人称単数現在形。

語句 □ bring together ～ ～を呼び集める　□ from all over the region 地域の至る所から

訳 毎年3月に開催されるゲインズビルのカルチャーフェスティバルは, 熟練の職人を地域中から集める。

0087 ♀ 複合名詞 performance appraisal 　　　　正解 (D)

空所の後ろにある名詞のappraisal「評価, 査定」を前から適切に修飾するものを選ぶ問題だ。名詞の(D) performance「実績, 成績」を空所に入れると, performance appraisal「勤務評定」という複合名詞になり, 問題文の文意が通る。(B)動詞「～を行う, 演じる」の過去形・過去分詞, (C) doing形は, いずれもappraisalの修飾語としては不適切だ。(A)原形・現在形。

語句 □ distribute ～を配布する　□ on ～に関する　□ conduct ～を行う

訳 人事部は, 勤務評定がどのように行われるかに関する新たなガイドラインを配布した。

0088 ♀ 単数形と複数形で意味が異なる名詞 　　　正解 (B)

名詞のaccounting「会計」と共に, 空所の前にある前置詞のincluding「～を含めて」の目的語となる適切な名詞を選ぶ問題だ。and「～と…」は同じ性質のものを並立させる接続詞なので, 空所には名詞の(B) finance「財務」が入る。複数形の(A)は「財源, 家計」を意味する名詞なので, 本問では正解にはなりえない。(C)動詞「～に資金を融通する」の過去形・過去分詞, (D)形容詞「財務の, 財政上の」。includingの対義語であるexcluding「～を除いて」も, セットで覚えておくこと。また, 問題文中のa broad range of ～「広範囲の～」は, a wide range of ～に言い換えることができる。a wide array of ～「豊富な～, 幅広い～」も含め, まとめて押さえておこう。

語句 □ advisory 助言の　□ sector 分野

訳 Moore & Sullivan社は, 財務と会計を含む幅広い分野で企業への助言サービスを提供している。

0089 ♀ 冠詞の a を見逃さない 　　　　　　　　正解 (C)

空所に名詞の(C) discount「割引」を入れると, 空所の前にあるa twenty percent「20パーセントの」とセットになってa twenty percent discount「20パーセント割引」という表現になり, 問題文の文意が通る。冠詞aがあるので, 名詞「割引」の複数形である(A)は正解にはなりえない。(B)動詞「～を割引して売る」の過去形・過去分詞, 形容詞「値引きされた」, (D) doing形。

語句 □ sign up for ～ ～に申し込む　□ purchase 購入

訳 Zoellyアパレル店の会員カードに申し込んだ顧客は, 初回購入時に20パーセント割引が適用される。

0090 ♀ 述語動詞が足りないことを見抜く 　　　　正解 (C)

選択肢には動詞sustain「(損害・被害など)を受ける」の派生語が並んでいる。問題文中には述語動詞がないため, 空所にそれを補う必要がある。過去形の(C) sustainedを空所に入れると, sustain damage「被害を受ける」という表現になり, 問題文の文意も通る。sustainは「～を持続させる」という意味でよく知られているが, 「(被害など)を受ける」という意味もあるので, しっかり押さえておくこと。(A)形容詞「持続可能な」, (B) doing形, 形容詞「支える」, (D)副詞「持続可能な方法で」。

語句 □ canola キャノーラ, セイヨウアブラナ　□ crop 作物　□ severe 厳しい　□ heat wave 熱波

訳 地元農家によると, 厳しい熱波により, その地域中のキャノーラが被害を受けたそうだ。

0091 Mr. Sampson assured the retailer that the ------- of his warehouse was sufficient to store their merchandise.

(A) capaciously
(B) capacious
(C) capacity
(D) capacities

0092 Although the interest rate cuts last year affected share prices, the impact on financial institutions was -------.

(A) minimize
(B) minimal
(C) minimally
(D) minimum

0093 Employees who park their vehicles at headquarters must obtain a ------- issued by the administration department.

(A) permissively
(B) permitting
(C) permit
(D) permissive

0094 Details pertaining to our product prices, shipping fees, and delivery times are all ------- in the service agreement.

(A) specification
(B) specify
(C) specifying
(D) specified

0095 With New York's culinary scene -------, Nana Yamane decided to establish a catering company of her own.

(A) booming
(B) boomer
(C) booms
(D) boomed

0091 🔑 不可算名詞 capacity　　　　　　　　　　　　　正解 (C)

空所は冠詞の the と前置詞の of の間にあるため，正解候補になるのは名詞だ。(C)は不可算名詞 capacity「収容力」，(D)は可算名詞 capacity「才能，適性」の複数形だ。「倉庫の〜は商品を保管するのに十分だ」という文脈なので，(C)を空所に入れると問題文の文意が通る。空所は that 節の主語であり，対応する述語動詞は was であることからも，単数形の(C)が正解だと判断できる。(A)副詞「（入れ物などが）大容量で，たくさん入って」，(B)形容詞「収容力の大きい」。

語句 □ be sufficient to do 〜するのに十分である　□ merchandise 商品
訳 Sampson さんは小売業者に，彼の倉庫は商品を保管するのに十分な収容力があることを保証した。

0092 🔑 紛らわしい minimal と minimum　　　　　　　　　正解 (B)

空所の前には be 動詞があり，空所には the impact on financial institutions「金融機関への影響」を説明する補語が入る。補語になるのは形容詞か名詞なので，形容詞の(B) minimal「最小の」，あるいは名詞もしくは形容詞である(D) minimum「最小限（の）」が正解候補。minimum は「ある決まった範囲があり，その中での最低限」を表す語で，minimum wage「（法律で定められた範囲での）最低賃金」などが例として挙げられる。問題文は「金利引き下げによる影響は最小限だった」という内容なので，決まったある範囲の中での話ではない。よって，正解は(B)だ。(A)動詞「〜を最小限にする」，(C)副詞「最小限に」。

語句 □ interest rate 金利　□ cut 削減　□ financial institution 金融機関
訳 昨年の金利引き下げは株価に影響を与えたものの，金融機関への影響は最小限だった。

0093 🔑 形容詞による後置修飾　　　　　　　　　　　　　正解 (C)

空所の前には冠詞の a があり，後ろには issued by the administration department「管理部によって発行される」という内容が続いている。名詞を後ろから〈分詞＋α〉で修飾するパターンだと判断し，空所に名詞の(C) permit「許可証」を入れると，問題文の文意が通る。(A)副詞「寛大に」，(B)動詞「〜を許す」の doing 形，(D)形容詞「許される」。

語句 □ obtain 〜を取得する　□ administration department 管理部
訳 車両を本社に駐車する従業員は，管理部によって発行される許可証を取得しなければならない。

0094 🔑 主語の内容から過去分詞を選ぶ　　　　　　　　　正解 (D)

主語は文頭にある Details「詳細」で，述語動詞は are，これに続く all は空所に入る語を修飾すると考える。空所には Details を説明する補語が入るため，正解候補は形容詞（分詞を含む）か名詞だ。空所に動詞「〜を明確に述べる」の過去分詞である(D) specified を入れると，「詳細は業務委託契約書に明記されている」という意味の受動態が完成し，問題文の文意が通る。(A)名詞「仕様」，(B)原形・現在形，(C) doing 形。(A)の複数形 specifications は「仕様書」という意味で頻出だ。

語句 □ pertaining to 〜 〜に関する　□ service agreement 業務委託契約書
訳 弊社の商品価格や配送料，および配送時間に関する詳細は，全て業務委託契約書に明記されています。

0095 🔑 理由を表す with と補語　　　　　　　　　　　　正解 (A)

選択肢には動詞 boom「にわかに景気づく」の派生語が並んでいる。文頭にある前置詞の With は，〈with ＋目的語＋補語〉の語順で「〜が…なので」という「理由」を表す。空所に形容詞の(A) booming「好景気の，活況の」を入れると With New York's culinary scene booming「ニューヨークの料理業界が好景気であるため」という意味になり，「自身のケータリング会社を立ち上げることに決めた」というカンマ以降の内容の「理由」として適切だ。(B)名詞「人気をあおる人」，(C)名詞「ブーム」の複数形，動詞の三人称単数現在形，(D)過去形・過去分詞。

語句 □ culinary scene 料理業界
訳 ニューヨークの料理業界が好景気であるため，Nana Yamane は自身のケータリング会社を設立することに決めた。

0096 Materad's employees working in the packing department ------- product defects to the factory manager, Anne Harper.

(A) reportable
(B) reporting
(C) reporter
(D) report

0097 Professor Lopez pointed out that while certain drugs are not ------- by doctors in some countries, they are in others.

(A) prescribes
(B) prescriptive
(C) prescribable
(D) prescription

0098 Dr. Martinez and his research team discovered a new species of bird ------- for their magnificent wings.

(A) remarkableness
(B) remarks
(C) remarked
(D) remarkable

0099 Plaroviz has sold fewer monitors this year, but its directors agree that the October sales report is ------- overall.

(A) encouragement
(B) encouraging
(C) encouraged
(D) encouragingly

0100 The several crates of automotive parts that Parkham Auto imported from Italy were cleared through ------- on May 5.

(A) customs
(B) custom
(C) customary
(D) customarily

0096 🔍 名詞と動詞が同形のreport　　　　　　　　　正解 ▶ (D)

空所以外の部分には述語動詞がないため, 空所にそれを補う必要がある。正解は動詞の (D) report「～を報告する」だ。reportは名詞で「報告(書), レポート」の意味もあり, 名詞と動詞が同形である単語の代表例だ。名詞の用法が先に頭に浮かんでしまったせいで正解を選べなかった, ということがないようにしたい。(A) 形容詞「報告できる」, (B) doing形, (C) 名詞「リポーター」。

語句 □ packing department 梱包部門　□ product defect 製品の欠陥
訳 Materad社の梱包部門で働く従業員は, 製品の欠陥を工場長のAnne Harperに報告する。

0097 🔍 prescriptive vs prescribable　　　　　　　正解 ▶ (C)

while「～ではあるものの」から始まる節の主語であるcertain drugs「ある薬」の補語になり, なおかつby doctors「医者によって」に後置修飾されるのにふさわしいのは, 形容詞の (C) prescribable「処方できる」だ。(B)も(C)と同じく形容詞だが, 「規範的な」を意味するため, 問題文の文脈に合わない。(A) 動詞「～を処方する」の三人称単数現在形, (D) 名詞「処方(箋)」。文末のthey are in othersはtheyがcertain drugsを指し, areの後にはprescribable by doctorsが省略されていると考えよう。in othersはin other countriesを表している。

語句 □ point out ～ ～を指摘する
訳 Lopez教授は, ある薬が医者によって処方できない国もあれば, 処方できる他の国もあることを指摘した。

0098 🔍 形容詞による後置修飾　　　　　　　　　　　正解 ▶ (D)

空所の前には述語動詞discoveredの目的語であるa new species of bird「新しい鳥の種」という名詞句がある。これを空所以下が後置修飾する形になると考えて, 形容詞の (D) remarkable「目立った」を空所に入れると, 問題文の文意が通る。remarkable for ～「～で目立った」という表現を覚えておこう。(A) 名詞「注目に値すること」, (B) 名詞「意見」の複数形, 動詞「(意見など)を述べる, ～に気付く」の三人称単数現在形, (C) 過去形・過去分詞。

語句 □ magnificent 立派な, 素晴らしい
訳 Martinez博士と彼の研究チームは, 立派な翼が目立つ新しい鳥の種を発見した。

0099 🔍 語尾に-ingが付く形容詞　　　　　　　　　　正解 ▶ (B)

that節の主語であるthe October sales report「10月の販売報告」の補語になるものを選ぶ問題だ。補語になるのは形容詞(分詞を含む)か名詞だが, 形容詞の (B) encouraging「好意的な, 励みになる」を空所に入れると, that節の内容が「10月の販売報告は全体的に好調だ」というものになり, 問題文の文意が通る。(A) 名詞「激励, 励みになるもの」, (C) 動詞「～を励ます」の過去形・過去分詞, (D) 副詞「激励して, 勇気づけるように」。

訳 Plaroviz社は今年に入ってからモニターの販売台数が減少しているが, 10月の販売報告は全体的に好調だという意見が役員の中で一致している。

0100 🔍 単数形と複数形で意味が異なる名詞　　　　　正解 ▶ (A)

空所は前置詞のthrough「～を通って」とon「(特定の日)に」の間にあるため, 正解候補になるのは名詞だ。選択肢のうち名詞は (A) customs「税関」と (B) custom「慣習」だが, 問題文の文意から正解は「税関」の(A)だ。customは「税関」や「関税」という意味で使う場合には, 基本的に複数形となる。clear A through customs「Aを通関させる」という表現も覚えておきたい。customは「慣習」のほかにも「愛顧, 顧客」という意味の不可算名詞としても使われる。(C) 形容詞「習慣的な」, (D) 副詞「習慣的に」。

語句 □ crate 木箱
訳 Parkham自動車メーカーがイタリアから輸入した自動車部品の木箱のいくつかが, 5月5日に税関を通過した。

UNIT

2

動詞問題

動詞問題では，ある動詞の変化形や派生語が選択肢に並ぶ。問題文全体の文構造を把握し，動詞の原形，分詞，to不定詞といったさまざまな動詞の形の中から，空所に入る適切なものを選択する必要がある。では，動詞問題の攻略ポイントを見ていこう。

攻略ポイント **1**　主述の一致×態×時制の観点の組み合わせ

基本的な動詞問題では，①主述の一致，②態，③時制のいずれかの観点から，正解を判断することができる。①主述の一致は，主語の単数・複数，人称によって適切な動詞の形を判断する観点だ。②態は，動詞の後ろの目的語の有無などから，能動態「～する」と受動態「～される」のどちらが適切かを判断する観点である。③時制は，問題文中の時を表すキーワードを手掛かりに，時制を判断する観点だ。しかし難問とされる動詞問題では，これらの観点を複数組み合わせて正解を判断する必要がある。

例題 1

Employees who are members of the new project led by Mr. Scott -------
impending matters as a team.

(A) tackles
(B) were tackled
(C) tackled
(D) is tackled

選択肢には動詞tackle「（仕事や問題など）に取り組む」のさまざまな形が並ぶ。文頭からMr. Scottまでが長い主語で，空所には問題文に欠けている述語動詞を補う必要がある。(A)～(D)のどの選択肢も述語動詞の候補となるので，まずは主語に着目する。中心となる主語は複数形のEmployees「従業員たち」なので，**主述の一致**の観点から(B) were tackledまたは(C) tackledのいずれかが正解と判断できる。これだけではまだ正解が1つに絞れないので，次に態の観点から選択肢を見ていく。空所の後ろにはimpending mattersという目的語が続いているので，空所には能動態が入ることが分かる。よって，正解は(C) tackledだ。(A)三人称単数現在形，(B)受動態の過去形，(D)受動態の現在形。

このように動詞問題の難問では，①主述の一致，②態，③時制の観点を複数用いて正解を導く必要がある。1つの観点だけでは正解を判断することができないので，丁寧に問題文と選択肢を見ていく必要がある。焦らず正確に問題に対峙することを意識しよう。

正解 (C)
語句 □lead ～を率いる　□impending 差し迫った　□as a team 一体となって
訳 Scottさん率いる新企画のメンバーの従業員たちは，一体となって差し迫った問題に取り組んだ。

動詞問題の難問の中には, 分詞や動名詞, to不定詞が空所に入る問題があり, これらの動詞の形は準動詞と呼ばれる。準動詞が含まれる英文では, 修飾語が増え, 文構造が複雑になることが多いため, 結果として難易度が高い問題となる。

例題 2

Mr. Gray was instructed to inform everyone in the administrative department of a proposal ------- by the board of directors.

(A) to approve　　(B) had been approved　　(C) approved　　(D) approving

---

選択肢には動詞approve「～を承認する」のさまざまな形が並ぶ。文全体の構造を見ていくと, Mr. Gray「Grayさん」が主語, was instructed「指示された」が述語動詞だ。よって, 空所には述語動詞以外が入ると分かるので, 正解は準動詞(A), (C), (D)のいずれかとなる。to不定詞以降を見ていくと, to inform everyone in the administrative department of a proposal「案を管理部の全員に知らせるように」が続いている。空所に過去分詞の(C) approvedを入れると, approved以降が直前の名詞a proposal「案」を後置修飾し, a proposal approved by the board of directors「取締役会で承認された案」となり, 問題文の文意が通る。(A) to不定詞, (B) 受動態の過去完了形, (D) doing形。

動詞問題では, まず問題文全体の文構造を把握し, 述語動詞の有無を確認しよう。述語動詞がすでに問題文にある場合, 空所には準動詞が入る。例題2では過去分詞が正解だが, それ以外の準動詞も以下で押さえておこう。

正解 (C)

訳 Grayさんは, 取締役会で承認された案を管理部の全員に知らせるよう指示された。

★ 押さえておきたい準動詞の用法

動名詞	主語, 他動詞・前置詞の目的語, 補語の働きをする。〈前置詞＋動名詞(他動詞の doing形)＋目的語〉の形は特に頻出だ。
	【例】 The Hummer software is useful for **displaying** customer data separately in specific categories.　〈前置詞＋動名詞＋目的語〉 Hummerソフトウェアは, 顧客データを特定のカテゴリーに分類して表示するのに便利だ。
現在分詞	進行形や分詞構文を作り, 名詞を修飾する働きを持つ。**前の名詞(句)を後置修飾する形容詞句**を作り, **過去分詞との区別**で狙われやすい。
	【例】 A list of companies **providing** financial support to local sports teams is posted online.　〈現在分詞＋α〉の形容詞句 地元スポーツチームへの資金援助を行っている企業のリストがオンラインで公開されている。

0101 ☐☐☐ The renowned architect Jacob Favreau ------- by a construction firm this week to design a skyscraper for the city of Houston.

(A) hires
(B) hired
(C) is hiring
(D) was hired

0102 ☐☐☐ All Wirgen Utility employees, including part-time and temporary workers, ------- to attend the training workshop next month.

(A) will require
(B) are required
(C) to be required
(D) requiring

0103 ☐☐☐ Showing charts and diagrams to clients during an investment banking presentation is useful in helping them ------- data.

(A) visualizes
(B) visualizing
(C) visualized
(D) visualize

0104 ☐☐☐ The amended proposal has yet to be received by any organization ------- under the Partners Landscape Project.

(A) commission
(B) commissions
(C) commissioning
(D) commissioned

0105 ☐☐☐ The Stamford Historical Museum is much more likely to ------- in the autumn, when it attracts fewer visitors.

(A) be refurbished
(B) be refurbishing
(C) refurbish
(D) have refurbished

結果は嘘をつきません。どれだけ自分自身を信じることができるかで勝負は決まります。本気でやろう。

0101 🔍 動詞の後ろの目的語の有無に着目する 　　　　正解 (D)

空所以外には述語動詞がないため, 空所にそれを補う必要がある。選択肢には他動詞のhire「～を雇う」のさまざまな形が並んでおり, 空所の後ろには目的語がない。後ろに目的語がない場合, 動詞の部分は受動態になる可能性が高いと考えられる。受動態である(D) was hired を空所に入れると, The renowned architect Jacob Favreau was hired by ～「有名な建築家Jacob Favreauは～によって雇われた」という意味になり, 問題文の文意も通る。受動態で動作主を表すのに使われる前置詞by「～によって」も見逃さないようにしたい。(A)三人称単数現在形, (B)過去形・過去分詞, (C)現在進行形。

語句 □ renowned 有名な　□ architect 建築家　□ skyscraper 超高層ビル
訳 有名な建築家Jacob Favreauは, ヒューストンの街で超高層ビルを設計するため, 今週, 建設会社に雇われた。

0102 🔍 未来を表す表現に惑わされない 　　　　正解 (B)

選択肢には他動詞require「～を必要とする」のさまざまな形が並んでいる。問題文の主語はAll Wirgen Utility employees「Wirgen Utility社の全ての従業員」で, これに対応する述語動詞が問題文中にないため, 空所にそれを補う必要がある。正解候補は(A)と(B)だが, 空所に受動態の(B) are required を入れると, be required to do「(主語は)～する必要がある」という表現になり, 問題文の文意が通る。問題文中にある未来を表す語句next monthから, willが使われている(A)を選んでしまわないように注意したい。問題文中に未来を表す表現があるからといって, willを含むものが必ずしも正解になるわけではないということを覚えておこう。(C) to不定詞の受動態, (D) doing形。

語句 □ part-time worker パートタイマー　□ temporary worker 臨時社員
訳 パートタイマーや臨時社員も含め, Wirgen Utility社の全ての従業員は, 来月研修会に参加する必要がある。

0103 🔍 原形不定詞 help A do 　　　　正解 (D)

空所の前のhelping them「彼らを助けること」に着目する。helpはhelp A do「Aが～するのを手伝う」の形で使うことができる。動詞の原形である(D) visualize「～を視覚化する」を空所に入れると, 「彼らがデータを視覚化することの手助けになる」という意味になり, 問題文の文意が通る。(A)三人称単数現在形, (B) doing形, (C)過去形・過去分詞。

語句 □ chart グラフ, 図　□ diagram 線図　□ investment banking 投資銀行
訳 投資銀行のプレゼンテーションの間, 顧客へグラフや線図を見せることは, 彼らがデータを視覚化することの手助けになる。

0104 🔍 名詞句を後置修飾する過去分詞 　　　　正解 (D)

問題文には述語動詞has yet to be received「まだ届いていない」があるため, 空所には述語動詞以外のものが入る。空所の前にある名詞句のany organization「いかなる団体」を, 後ろから〈分詞＋α〉で後置修飾するパターンであることを見抜こう。動詞commission「～を委託する」の過去分詞である(D) commissioned を空所に入れると, any organization commissioned under the Partners Landscape Project「Partners Landscapeプロジェクトの下で委任されたいかなる団体」という名詞句が完成し, 問題文の文意が通る。(A)原形・現在形, (B)三人称単数現在形, (C) doing形。

語句 □ amend ～を修正する　□ proposal 案, 提案　□ landscape 景観
訳 Partners Landscapeプロジェクトで委任されたどの団体にも, 修正案はまだ届いていない。

0105 🔍 動詞の後ろの目的語の有無に着目する 　　　　正解 (A)

選択肢には他動詞refurbish「～を改装する」のさまざまな形が並んでいる。空所の後ろには目的語がないため, 受動態が正解候補となる。選択肢のうち受動態は(A)だけなので, これが正解だ。正解だと思えるものを空所に入れ, 問題文の文意が通ることも必ず確認しよう。その他の選択肢は能動態なので, ここでは正解にはなりえない。(B)進行形の原形, (C)原形・現在形, (D)現在完了形。

訳 Stamford歴史博物館は, より来館者が少なくなる秋に改装される可能性が非常に高い。

0106 After Ms. Thurman came up with a market entry strategy, she
□□□ directed her staff on how ------- it.

(A) to be implemented
(B) implement
(C) implementing
(D) to implement

0107 Since the prototype drone ------- very slowly, the engineers decided
□□□ to replace its propeller motors.

(A) is functioning
(B) functioning
(C) function
(D) functioned

0108 Although Tanya Hargrave had previously played the part on stage,
□□□ the role ------- to an actor with experience in film.

(A) given
(B) is giving
(C) was given
(D) gives

0109 Management has made it clear that budget funds cannot be spent
□□□ without ------- the expenditure first.

(A) authorized
(B) authorization
(C) authorizing
(D) authorize

0110 At Saredda Financial, employees are instructed ------- their
□□□ computer passwords instead of writing them down.

(A) memorizing
(B) to memorize
(C) to be memorized
(D) having memorized

0106 💡 名詞句を作る〈疑問詞＋to不定詞〉 　　　　正解 (D)

空所の前にあるhow「どのようにして」は, how to doの形で「～する方法」という意味の名詞句になる。動詞implement「～を実行する」のto不定詞である(D)を空所に入れると, how to implement it「それを実行する方法」という意味の名詞句になり, 前置詞onの目的語となって問題文の文意も通る。to不定詞の受動態である(A) to be implementedは, 空所の後ろに目的語が続く本問では不正解だ。toがあるからといって, 安易に選ぶことのないように注意したい。(B)原形・現在形, (C) doing形。

語句 □ come up with ～ ～を思い付く　□ market entry strategy 市場参入戦略　□ direct ～に指示をする
訳 Thurmanさんは市場参入の戦略を考え付いた後, 彼女は社員にそれを実行する方法について指示した。

0107 💡 主節の時制に着目する 　　　　正解 (D)

選択肢には動詞function「機能する」のさまざまな形が並んでいる。前半の節（従属節）には述語動詞がないため, 空所にそれを補う必要がある。述語動詞になることができるのは(A)現在進行形, (C)原形・現在形, そして(D)過去形だが, 後半の節（主節）の時制が過去なので, 前半の節（従属節）の時制も過去または過去完了になる。よって, (D)を空所に入れると, 「ドローンの作動が遅かったため, プロペラモーターを取り換えることに決めた」という意味になり, 問題文の文意が通る。(B) doing形。

語句 □ prototype 試作品　□ drone ドローン　□ propeller motor プロペラモーター
訳 試作品のドローンの作動は極めて遅かったため, エンジニアたちはプロペラモーターを取り換えることに決めた。

0108 💡 動詞の後ろの目的語の有無に着目する 　　　　正解 (C)

選択肢には他動詞give「～を与える」のさまざまな形が並んでいる。空所の後ろを見ると前置詞toがあり, 目的語は続いていない。このことから空所には受動態が入ると予測し, (C) was givenを空所に入れると, the role was given to an actor「その役は役者に与えられた」となり, 問題文の文意が通る。よって, 正解は(C)だ。(A)過去分詞, (B)現在進行形, (D)三人称単数現在形。

語句 □ play a part 役を演じる　□ on stage 舞台で　□ role 役
訳 Tanya Hargraveは以前舞台でその役を演じたことがあるにもかかわらず, 役は映画での経験がある役者に与えられた。

0109 💡 〈前置詞＋動名詞＋目的語〉を見抜く 　　　　正解 (C)

空所の前には前置詞のwithout「～なしに」があり, 後ろには空所に入る語の目的語となるthe expenditure「支出」がある。このことから, withoutの後ろは〈動名詞（他動詞のdoing形）＋目的語〉が続くパターンであることを見抜こう。動詞「～を承認する」のdoing形である(C) authorizingを空所に入れると, without authorizing the expenditure first「初めに支出の承認を得ることなしに」となり, 問題文の文意が通る。(A)過去形・過去分詞, (B)名詞「承認」, (D)原形・現在形。

語句 □ management 経営陣　□ budget fund 予算　□ expenditure 支出
訳 経営陣は, 初めに支出の承認を得なければ, 予算を使うことはできないということを明確にしている。

0110 💡 to不定詞を目的語に取るinstruct 　　　　正解 (B)

空所の前にあるare instructed「指示されている」は, instruct A to do「Aに～するよう指示する」の受動態である。動詞memorize「～を記憶する」のto不定詞である(B) to memorizeを空所に入れると, are instructed to memorize「記憶するよう指示されている」となり, 問題文の文意が通る。(A) doing形, (C) to不定詞の受動態, (D)現在完了形のdoing形。問題文中にあるinstead of ～「～の代わりに」は, in place of ～やin lieu of ～, as an alternative to ～などにも言い換えられる。

訳 Saredda Financialでは, 従業員はコンピューターのパスワードを書き留めておくのではなく記憶するよう指示されている。

0111 The factory workers are told to put off ------- the food packaging
machine until the end of their shift.

(A) to be sanitized
(B) sanitization
(C) to sanitize
(D) sanitizing

0112 The chief marketing officer understood ------- the work to a social
media agency would be the best solution.

(A) outsources
(B) outsourced
(C) to be outsourced
(D) outsourcing

0113 The city hall on Jefferson Street ------- due to major structural
issues with the old building.

(A) demolishes
(B) was demolished
(C) had demolished
(D) are demolished

0114 ------- about the decision to terminate the lease agreement did not
surprise Mr. Merino as much as had been anticipated.

(A) Having informed
(B) Informs
(C) To inform
(D) Being informed

0115 The idea to put a geometric pattern on the handkerchief which
became a hot seller ------- by an intern.

(A) suggest
(B) suggested
(C) was suggested
(D) is suggested

0111　❓動名詞を目的語に取るput off　　正解 (D)

選択肢には動詞sanitize「～を消毒する」のさまざまな形と派生語が並んでいる。空所に動名詞の(D) sanitizingを入れるとput off *doing*「～することを後回しにする」という表現になり,問題文の文意が通る。put offはto不定詞を目的語に取らない句動詞の代表例なので覚えておくこと。(A) to不定詞の受動態,(B) 名詞「衛生化」,(C) to不定詞。put off ～ と同義語のpostpone「～を延期する」も押さえておきたい。

語句 □ factory worker 工場作業員　□ food packaging machine 食品包装機
訳 工場作業員は,食品包装機の消毒は勤務の最後に回すよう伝えられている。

0112　❓that節の主語を選ぶ　　正解 (D)

空所の前にあるunderstood「～を理解した」の後ろには,接続詞のthatが省略されていることを見抜こう。that節には述語動詞would be「～だろう」があるため,空所には述語動詞以外が入る。動詞outsource「～を外注する」のdoing形である(D) outsourcingを空所に入れると,outsourcing the work to a social media agency「その仕事をソーシャルメディア代理店に外注すること」というthat節の主語が完成し,問題文の文意が通る。(A)三人称単数現在形,(B)過去形・過去分詞,(C) to不定詞の受動態。

語句 □ chief marketing officer 最高マーケティング責任者
訳 最高マーケティング責任者は,その仕事をソーシャルメディア代理店に外注することが最善の解決策となるであろうことを理解した。

0113　❓態×主述の一致　　正解 (B)

空所以外には述語動詞がないため,空所にそれを補う必要がある。選択肢の動詞demolish「～を取り壊す」は他動詞だが,空所の後ろには目的語がない。よって,能動態ではなく受動態の(B)または(D)が正解候補となる。主語は単数形のThe city hall「市役所」なので,(B)のwas demolishedを空所に入れると問題文の文意が通る。(D)は主述の一致の観点からここでは正解にはなりえない。(A)三人称単数現在形,(C)過去完了形,(D)受動態の現在形。

訳 Jefferson通りの市役所は,古い建物の重大な構造上の問題が理由で取り壊された。

0114　❓「～されたこと」を表す動名詞の受動態　　正解 (D)

選択肢には他動詞inform「～に知らせる」のさまざまな形が並んでいる。空所の後ろには目的語がないため,正解候補となるのは受動態だ。(D) Being informedを空所に入れると,Being informed about the decision to terminate the lease agreement「賃貸契約解除の決定に関して知らされたこと」という動名詞の受動態(=問題文の主語)が完成し,問題文の文意が通る。(A)現在完了形のdoing形,(B)三人称単数現在形,(C) to不定詞。

語句 □ terminate ～を終わらせる　□ lease agreement 賃貸契約　□ anticipate ～を予想する
訳 賃貸契約解除の決定に関する知らせを受けたMerinoさんは,予想されたほど驚かなかった。

0115　❓態×時制　　正解 (C)

選択肢には動詞suggest「～を提案する」のさまざまな形が並んでいる。本問は文頭から空所の前までが主語で,述語動詞が欠けている。空所の後ろを見ると目的語がないので,受動態の(C)または(D)が正解候補となる。また,問題文全体の文意から,空所には過去形のものを入れるのが適切であることが分かる。よって,正解は(C) was suggestedだ。(A)原形・現在形,(B)過去形・過去分詞,(D)受動態の現在形。

語句 □ geometric pattern 幾何学模様　□ handkerchief ハンカチ　□ hot seller 売れ筋商品
訳 売れ筋商品となったハンカチに幾何学模様を入れるというアイディアは,インターン生によって提案されたものだった。

0116 How many people turn out for the symposium depends on how well the organizers ------- it over the next few weeks.

(A) promote
(B) to promote
(C) promoting
(D) having promoted

0117 If Mr. Grayson is hired as a journalist for Spectra News, he ------- to a variety of locations around the world.

(A) was traveling
(B) had been traveled
(C) will be traveling
(D) travels

0118 The handouts for Mr. Ekberg's sales presentation were being printed when a malfunction in the printer -------.

(A) have occurred
(B) occurring
(C) occurs
(D) occurred

0119 Over the next three years, ChanNanz employees will strive ------- the objectives set forth in the company's management plan.

(A) accomplishments
(B) to accomplish
(C) accomplish
(D) accomplishing

0120 Mr. Davison felt he lacked sufficient experience ------- the launch of the electric vehicle battery next month on his own.

(A) to oversee
(B) oversee
(C) oversees
(D) oversaw

0116 🔑 間接疑問文の述語動詞がないことに気付く　　　　　正解 (A)

問題文全体の述語動詞は depends on ～「～次第である」であり, how 以下は depends on の目的語となる名詞節だ。この名詞節は間接疑問文になっているため, 語順は〈疑問詞＋主語＋述語動詞＋α〉となる。名詞節には述語動詞がないため, 空所にはそれを補う必要がある。正解は動詞 promote「～を宣伝する」の現在形である (A) だ。本問は主語と目的語の両方が間接疑問文で構成されているやや複雑な文だ。全体の文構造を意識し正解を導きたい。(B) to 不定詞, (C) doing 形, (D) 現在完了形の doing 形。

語句 □ turn out for ～ ～に集まる, 参加する　□ symposium シンポジウム

訳 そのシンポジウムにどれだけの人が集まるかは, 今後数週間にわたって主催者がどれだけ上手くプロモーションを行うかにかかっている。

0117 🔑 意志や推測を表す助動詞 will　　　　　正解 (C)

If 節は「もし～なら」という条件を表す副詞節で, ペアとなる主節では助動詞を使って「～するつもりだ」という意志や「～するだろう」という推測を含む内容で結ぶのが通例だ。よって, 正解は助動詞を使った (C) will be traveling だ。本問の If 節のように時や条件を表す副詞節では, 未来に起こる内容であっても動詞は現在形が使われるということを押さえておこう。(A) 過去進行形, (B) 受動態の過去完了形, (D) 三人称単数現在形。

訳 もし Grayson さんが Spectra News のジャーナリストとして採用される場合, 彼は世界中のさまざまな地を飛び回ることになるだろう。

0118 🔑 主節の時制に着目する　　　　　正解 (D)

空所を含む後半の節には述語動詞がないため, 空所にそれを補う必要がある。述語動詞の候補は動詞 occur「起こる」の (A) 現在完了形, (C) 三人称単数現在形, そして (D) 過去形だが, 前半の節 (主節) の時制が過去なので, 正解は過去形の (D) occurred だ。主節の時制を確認しないと (C) を選んでしまう可能性もあるので注意が必要だ。(B) doing 形。

語句 □ handout 配布資料　□ malfunction 不具合

訳 印刷機に不具合が起こった時, Ekberg さんの販売プレゼンテーション用の配布資料は印刷されているところだった。

0119 🔑 to 不定詞を目的語に取る strive　　　　　正解 (B)

空所の直前にある述語動詞 strive に注目だ。strive は strive to do で「～するよう努力する」という表現を成す。よって, 動詞 accomplish「～を達成する」の to 不定詞である (B) to accomplish が正解だ。strive は動名詞を目的語に取らないので, (D) の doing 形を選ばないよう注意したい。(A) 名詞「成果, 業績」の複数形, (C) 原形・現在形。accomplish は形容詞の accomplished「熟達した」も覚えておくこと。

語句 □ objective 目標　□ set forth ～を表明する　□ management plan 経営計画

訳 今後3年間, ChanNanz 社の従業員は会社の経営計画に表明された目標の達成に向けて努力する。

0120 🔑 to 不定詞の形容詞的用法　　　　　正解 (A)

主節の述語動詞 felt「～だと感じた」の後ろには that が省略されている。that 節には述語動詞 lacked「～を欠いていた」があるため, 空所には述語動詞以外のものが入る。動詞 oversee「～を監督する」の to 不定詞である (A) to oversee を空所に入れると, to oversee the launch of the electric vehicle battery next month on his own「来月の電気自動車のバッテリーの発売を単独で監督するための」となり, 直前にある sufficient experience「十分な経験」を後ろから説明する to 不定詞の形容詞的用法となる。(B) 原形・現在形, (C) 三人称単数現在形, (D) 過去形。

語句 □ launch 発売　□ electric vehicle 電気自動車　□ on one's own 単独で

訳 Davison さんは, 来月の電気自動車のバッテリーの発売を単独で監督する十分な経験が自分にはないと感じた。

0121 The Brantford Library holds workshops for anyone ------- guidance on how to improve their public speaking skills.

(A) has sought
(B) seeks
(C) sought
(D) seeking

0122 ------- incentives to attract businesses to attend the convention will be the top priority in the next meeting.

(A) Discuss
(B) Discussing
(C) To be discussed
(D) Having discussed

0123 Once the conference wraps up this weekend, the organizers ------- its attendee survey on both days of the event.

(A) will have administered
(B) administered
(C) have administered
(D) have been administering

0124 The city council regularly invites residents ------- in public consultation events and offer their feedback on proposals.

(A) participating
(B) to participate
(C) have participated
(D) participate

0125 Mr. Baxter responded to a reporter's question about whether his company had effectively ------- its reliance on fossil fuels.

(A) to minimize
(B) minimizes
(C) minimizing
(D) minimized

0121 ❓ anyone *doing*「〜する人（は誰でも）」 　　　　　　　正解 (D)

選択肢には動詞seek「〜を求める」のさまざまな形が並んでいる。問題文には述語動詞holds「〜を開催する」があるため、空所には述語動詞以外のものが入る。述語動詞以外の使い方ができるのは過去分詞の(C) soughtとdoing形の(D) seekingだ。(D)を空所に入れると、直前にある名詞anyone「誰でも」を〈分詞＋α〉が後置修飾する形になり、anyone *doing*「〜する人（は誰でも）」という表現になる。(C)の過去分詞も後置修飾に用いられるが、空所の前後にあるanyoneとguidance「指導」を適切に繋ぐことができない。(A)現在完了形、(B)三人称単数現在形。

語句 □ public speaking パブリックスピーキング、弁論、演説

訳 Brantford図書館は、パブリックスピーキングのスキルを向上させる方法について指導を求めている人向けに、講習会を開催している。

0122 ❓「〜すること」を表す動名詞 　　　　　　　　　　　　　　正解 (B)

問題文には述語動詞will be「〜になる」があるため、空所には述語動詞以外のものが入る。正解候補は動詞discuss「〜について議論する」の(B) doing形と(C) to不定詞の受動態、また(D)現在完了形のdoing形だが、(B) Discussingを空所に入れると、Discussing incentives「インセンティブについて議論すること」はwill be the top priority「最優先事項となる」という主語＝補語の関係が成立し、問題文の文意が通る。(D)の〈having＋過去分詞〉は、節が2つある文で〈having＋過去分詞〉の節ともう1つの節の間に「時間差」がある場合に使う。(A)原形・現在形。

訳 コンベンションに参加する企業を誘致するためのインセンティブについて議論することが、次の会議での最優先事項となる。

0123 ❓ 前半の節との関係から適切な時制を選ぶ 　　　　　　　　　正解 (A)

後半の節には空所以外に述語動詞がないため、空所にそれを補う必要がある。接続詞のOnce「ひとたび〜すると」から始まる前半の節の時制は「現在」であり、後半の節の内容は前半の節が表す出来事が終わった後、つまり未来に起こることだと分かる。よって、正解は未来完了形の(A) will have administeredだ。(B)〜(D)はいずれも未来に起こることを表すことはできない。(B)過去形・過去分詞、(C)現在完了形、(D)現在完了進行形。administer a survey「調査を実施する」という表現もあわせて覚えておこう。

語句 □ wrap up（会議・仕事などが）終わる

訳 ひとたび協議会が今週末で終われば、主催者はイベントの両日とも出席者調査を実施しているだろう。

0124 ❓ invite *A* to *do* 　　　　　　　　　　　　　　　　　　正解 (B)

問題文には動詞invite「〜を招待する」の三人称単数現在形があるので、空所には述語動詞以外のものが入る。正解候補は(A)と(B)だが、動詞participate「〜に参加する」のto不定詞である(B) to participateを空所に入れるとinvite *A* to *do*「Aに〜するよう勧める」となり、問題文の文意が通る。(A) doing形、(C)現在完了形、(D)原形・現在形。派生語のparticipant「参加者」や、participation「参加」も頻出なので覚えておこう。

語句 □ city council 市議会　□ regularly 定期的に　□ public consultation event 公聴会

訳 市会議は定期的に住民に、公聴会に参加し、提案に対するフィードバックを行うよう勧めている。

0125 ❓ 空所の前のhadに着目する 　　　　　　　　　　　　　　正解 (D)

空所の前にあるhadに着目し、後半の節を〈had＋過去分詞〉を使った過去完了形にすれば、後半の節の内容「彼の企業が化石燃料への依存を事実上最小限にした（かどうか）」が過去時制である前半の節の内容「Baxterさんは記者の質問に答えた」より前の出来事であることを表せる。よって、正解は動詞「〜を最小限にする」の過去分詞である(D) minimizedだ。(A) to不定詞、(B)三人称単数現在形、(C) doing形。

語句 □ effectively 事実上、実質的には　□ reliance on 〜 〜への依存　□ fossil fuel 化石燃料

訳 Baxterさんは、彼の企業が化石燃料への依存を事実上最小限にしたかどうかに関する、記者の質問に答えた。

0126 Mr. Krantz makes it a rule to read editorials published by several newspapers and ------- his own opinion on them.

(A) write
(B) written
(C) wrote
(D) writing

0127 Our quarterly catalog, which covers our complete line of products for the current season, ------- to addresses across Ireland.

(A) ship
(B) ships
(C) to ship
(D) shipping

0128 Ms. Phillips and another sales manager are against ------- the satellite offices until a more suitable location can be found.

(A) to combine
(B) combination
(C) combining
(D) combined

0129 According to the Web site, those who ------- to enroll in the Librarian Certification Program must do so by August 20.

(A) intend
(B) intends
(C) is intended
(D) intending

0130 If the machine needs -------, the red light on the unit will flash.

(A) to repair
(B) being repaired
(C) to have repaired
(D) repairing

0126 動詞の並列関係を見抜く   正解 (A)

make it a rule to doは「～するのを常としている」という意味の表現だ。〈do＋α〉に当たる部分の1つ目はread editorials published by several newspapers「いくつかの新聞社で発行された社説を読む」だ。そして、等位接続詞のand以下にもう1つの〈do＋α〉が続いていると考える。to read以下は〈to＋原形＋and＋(to)原形〉という構成になっていると考えればよいので、正解は動詞write「～を書く」の原形である(A)だ。(B)過去分詞、(C)過去形、(D) doing形。

語句 □ editorial 社説　□ on ～に関する

訳 Krantzさんは、いくつかの新聞社で発行された社説を読み、それらに関する自身の意見を書くことを習慣にしている。

0127 時制と主語の単複に注意する   正解 (B)

問題文には述語動詞がないため、空所にそれを補う必要がある。述語動詞になりえるのは動詞ship「～が発送される、～を発送する」の(A)原形・現在形、(B)三人称単数現在形だが、主語はOur quarterly catalog「当社の季刊カタログ」なので三人称単数だ。よって、正解は(B) shipsとなる。(C) to不定詞、(D) doing形。

語句 □ complete line of products 全製品　□ current season 今シーズン

訳 今シーズンの当社の全製品を網羅した季刊カタログが、アイルランド中の宛先に発送されます。

0128 〈前置詞＋動名詞＋目的語〉を見抜く   正解 (C)

空所の前には前置詞のagainst「～に反対して」があり、後ろには空所に入る語の目的語となるthe satellite offices「複数のサテライトオフィス」があるため、〈前置詞＋動名詞(他動詞のdoing形)＋目的語〉の語順となるパターンであることを見抜こう。動詞combine「～を統合する」のdoing形である(C) combiningを空所に入れると問題文の文意も通るため、正解は(C)だ。(A) to不定詞、(B) 名詞「組み合わせ」、(D)過去形・過去分詞。

訳 Phillipsさんともう1人の営業部長は、より適した場所が見つかるまでは、複数のサテライトオフィスを統合することに反対している。

0129 複数の人物を示すthose who   正解 (A)

空所の前には関係代名詞の主格であるwhoが、後ろにはto不定詞のto enroll in ～「～に登録すること」が続いているので、空所には関係代名詞節の述語動詞が入る。選択肢には動詞intend「～を意図する」のさまざまな形が並んでいるが、intendはintend to do「～するつもりである」の形で使うことができる。先行詞はthose「(～な)人々」という複数形なので、これに対応するのは(A) intendだ。(B)三人称単数現在形、(C)受動態の現在形、(D) doing形。those whoはthose people whoからpeopleが省略されたものと考えると分かりやすいだろう。

語句 □ those who ～な人々　□ librarian 司書　□ certification 認定

訳 ウェブサイトによると、司書資格認定プログラムに登録するつもりの人は、8月20日までに行わなければならない。

0130 need doing の表現を見抜く   正解 (D)

選択肢には動詞repair「～を修理する」のさまざまな形が並んでいる。空所の前には述語動詞のneedsがあることに注目だ。空所にdoing形の(D) repairingを入れると、needs repairing「(機械は)修理が必要である」となり、問題文の文意が通る。〈物＋need doing〉「物は～される必要がある」を覚えておこう。この表現は〈物＋need to be done〉に言い換えることもできるが、(A)と(C)はいずれも能動態なので不正解だ。(B)受動態のdoing形。

訳 機械の修理が必要な場合、本体の赤いランプが点滅します。

0131 The construction crew was resurfacing Palmer Street yesterday and
☐☐☐ it ------- that they will reopen the road sometime this afternoon.

(A) will be anticipating
(B) is anticipated
(C) anticipates
(D) has anticipated

0132 The entire staff at Mindaura Graphics spent the evening -------
☐☐☐ having been in business for ten years.

(A) celebrated
(B) to celebrate
(C) celebrating
(D) celebrates

0133 The sharp increases in oil prices were ------- to the recent change
☐☐☐ in the supply-demand balance.

(A) attributes
(B) to be attributed
(C) attributed
(D) attribute

0134 In response to receiving numerous reports about its CWT-86 toaster
☐☐☐ overheating, Fanton Appliance ------- the product.

(A) had been recalled
(B) have been recalled
(C) recall
(D) has recalled

0135 Ms. McAdams hastened ------- her staff with the new cash register
☐☐☐ before opening her boutique on Wednesday morning.

(A) familiarizing
(B) familiarization
(C) having familiarized
(D) to familiarize

0131 🔑 It is anticipated that の形を見抜く　　　　正解 (B)

選択肢には動詞anticipate「〜を予期する」のさまざまな形が並んでいる。anticipateはIt is anticipated that 〜「〜であることが予期されている」という形で使うことができる動詞だ。空所に受動態の現在形である(B) is anticipatedを入れると, that以下が「予期されていること」を表し, 問題文の文意が通る。(A) 未来進行形, (C)三人称単数現在形, (D)現在完了形。

　語句　□ construction crew 工事関係者　　□ resurface 〜を再舗装する　　□ reopen 〜を再び開く
　訳　工事関係者は昨日Palmer通りの再舗装を行っており, 今日の午後には, 道路を再び開通させる見込みである。

0132 🔑 〈spend＋時＋(in) doing〉　　　　正解 (C)

問題文の述語動詞はspent「〜を過ごした」で, 動詞spendには, 〈spend＋時＋(in) doing〉「(時間を)〜して過ごす」という定番表現がある。よって, 正解は動詞celebrate「〜を祝う」のdoing形である, (C) celebratingだ。空所の後ろに続くhaving been in business for ten years「10年間営業し続けていること」という名詞句が, 空所に入る語の目的語になっているということを見抜こう。(A)過去形・過去分詞, (B) to不定詞, (D)三人称単数現在形。

　訳　Mindaura Graphics社の全スタッフは, 創業10周年を祝いながら夜を過ごした。

0133 🔑 attribute A to Bの受動態を見抜く　　　　正解 (C)

空所の前にはbe動詞の過去形であるwere, 後ろには前置詞のtoがあることに着目したい。動詞attributeは, attribute A to B「AをBのせいと考える」という形を取り, これを受動態にしたA is attributed to B「AはBのせいと考えられている」が使われていると推測する。(C) attributedを空所に入れると「原油価格の高騰は需要と供給のバランスの変化のせいと考えられている」となり, 問題文の文意が通る。attribute A to BはAが「結果」, Bが「原因」を表すということを押さえておこう。(A)三人称単数現在形, (B) to不定詞の受動態, (D)原形・現在形。

　語句　□ sharp increase 激増　　□ supply-demand balance 需要と供給のバランス
　訳　原油価格の高騰は, 需要と供給のバランスの最近の変化によるものであった。

0134 🔑 目的語の有無と主語の単複を手掛かりにする　　　　正解 (D)

選択肢には他動詞recall「〜を回収する」のさまざまな形が並んでいる。空所の後ろには目的語となるthe product「製品」が続いているため, 受動態は正解候補から外れる。(C)と(D)が正解候補として残るが, 空所に入る動詞の主語は三人称単数であるFanton Applianceだ。よって, (D) has recalledが正解となる。(A)受動態の過去完了形, (B)受動態の現在完了形。

　語句　□ in response to 〜 〜に応じて　　□ numerous 多数の　　□ overheating オーバーヒート
　訳　CWT-86トースターのオーバーヒートに関する多数の報告を受け, Fanton Applianceはその製品を回収した。

0135 🔑 to不定詞を伴うhasten　　　　正解 (D)

選択肢には他動詞familiarize「〜を慣れ親しませる」のさまざまな形と派生語が並んでいる。空所の前にあるhastened「急いだ」は後ろにto不定詞を続けてhasten to do「急いで〜する」という表現を作ることができる動詞だ。(D) to familiarizeを空所に入れると問題文の文意も通るので, 正解は(D)だ。hastenは動名詞を伴わない動詞の1つなので注意したい。(A) doing形, (B)名詞「慣れ親しませること」, (C)現在完了形のdoing形。

　語句　□ cash register レジ　　□ boutique ブティック, 婦人服やアクセサリーなどを売る店
　訳　ブティックをオープンする水曜日の朝の前に, McAdamsさんは急いでスタッフを新しいレジに慣れさせた。

0136 The company executives ------- post-merger integration issues in the board meeting scheduled for Thursday of the coming week.

(A) are addressing
(B) had been addressing
(C) addressed
(D) were addressed

0137 Spikon Library users are allowed to borrow electronic devices such as computers as long as they ------- for research purposes.

(A) use
(B) used
(C) are used
(D) are using

0138 At Wicmaco's new office building, the company will ------- parking for those who visit for a meeting or job interview.

(A) to validate
(B) have been validated
(C) be validated
(D) be validating

0139 Mr. Nelson wrote a message to his staff ------- he could not have won the Stirling Architecture Award without their support.

(A) acknowledged
(B) acknowledging
(C) acknowledges
(D) has acknowledged

0140 Logopock's device uses GPS technology ------- drivers about traffic congestion, road closures, and even the availability of parking spaces.

(A) notifies
(B) notify
(C) notified
(D) to notify

0136 💡 近い未来の予定を表す現在進行形　　　　　　　　正解 (A)

空所以外には述語動詞がないため，空所にそれを補う必要がある。空所の後ろには空所に入る動詞の目的語となる post-merger integration issues「合併後の統合問題」という名詞句が続いている。また，問題文の文末には scheduled for Thursday of the coming week「来週の木曜日に予定されている」とあるため，空所に入るのは目的語を取り，なおかつ未来を表すことができる形だ。現在進行形を使うと近い未来の予定を表すことができるので，動詞 address「～に対処する」の現在進行形である(A) are addressing が正解だ。(B) 過去完了進行形，(C) 過去形・過去分詞，(D) 受動態の過去形。

語句 □ post-merger 合併後の　□ integration 統合　□ board meeting 取締役会

訳 企業の重役たちは，来週の木曜日に予定されている取締役会で，合併後の統合問題について対処する予定だ。

0137 💡 動詞の後ろの目的語の有無に着目する　　　　　　　正解 (C)

選択肢には他動詞 use「～を使う」のさまざまな形が並んでいる。接続詞の as long as ～「～する限り」から始まる後半の節には述語動詞がないため，空所にそれを補う必要がある。前半の節の動詞は are なので，本問の時制は現在であることが分かる。また，空所の後ろには目的語となる名詞がないため，受動態が正解候補となる。よって，受動態の現在形の(C) are used を空所に入れると問題文の文意が通る。(A) 原形・現在形，(B) 過去形・過去分詞，(D) 現在進行形。

訳 Spikon 図書館の利用者は，研究を目的として使用する限り，パソコンなどの電子機器を借りることができる。

0138 💡 動詞の後ろの目的語の有無に着目する　　　　　　　正解 (D)

空所の前には助動詞の will「～する予定だ」があり，後ろには空所に入る動詞の目的語となる parking「駐車」が続いている。空所以外には述語動詞がないため，正解候補は(B)～(D)のいずれかだ。受動態の後ろには基本的に目的語は続かない。よって，正解は能動態の(D) be validating だ。will be *doing* は未来進行形で，「確定した近い未来の予定」を表していると考えよう。(A) to 不定詞，(B) 受動態の現在完了形，(C) 受動態の原形。

訳 Wicmaco 社の新しいオフィスビルでは，同社は会議や就職面接で訪れた人に対して駐車を認める予定だ。

0139 💡 付帯状況の分詞構文を見抜く　　　　　　　　　　　正解 (B)

選択肢には動詞 acknowledge「～を認める」のさまざまな形が並んでいる。最初に登場する節がメインの文であり，空所以降に「～して，そして」と動作や出来事が続いて起こる付帯状況の分詞構文が続いている形であることを見抜こう。doing 形の(B) acknowledging を空所に入れると，acknowledging (that) he could not have won the Stirling Architecture Award without their support「スタッフのサポートがなければ Stirling Architecture 賞を受賞することはできなかっただろうということを認める」という分詞構文が成立し，問題文の文意も通る。文頭ではなく文の後半が分詞構文の場合はそれに気付きにくいので注意が必要だ。(A) 過去形・過去分詞，(C) 三人称単数現在形，(D) 現在完了形。

訳 Nelson さんはメッセージをスタッフに向けて書き，スタッフのサポートがなければ Stirling Architecture 賞を受賞することはできなかっただろうということを認めた。

0140 💡 直前の名詞句を説明する to 不定詞　　　　　　　　　正解 (D)

選択肢には動詞 notify「～を知らせる」のさまざまな形が並んでいる。問題文には述語動詞 uses「～を使う」があるので，空所には述語動詞以外のものが入る。正解候補は(C)と(D)だが，to 不定詞の(D) to notify を空所に入れると，空所以下が GPS technology「GPS 技術」について「どのような働きをするのか」という説明を付け足す形になり問題文の文意が通る。(A) 三人称単数現在形，(B) 原形・現在形，(C) 過去形・過去分詞。

訳 Logopock 社のデバイスは，運転手に交通渋滞や通行止め，さらには駐車場の空き状況までをも知らせる GPS 技術を使用している。

0141 The sales manager remarked that the profit levels of the company
------- simply by implementing basic cost management measures.

(A) had maintained
(B) to maintain
(C) maintaining
(D) were maintained

0142 The new software developed by Maxcycle Data ------- users to
create sophisticated graphics for Web sites and other platforms.

(A) to enable
(B) enabling
(C) enables
(D) enable

0143 Delivery drivers should take extra care ------- gift baskets because
they often include flowers and breakable items.

(A) transporting
(B) to be transported
(C) transportation
(D) transported

0144 Although the proposed design for the machine is highly innovative,
we are unable ------- forward with development at this time.

(A) to move
(B) moving
(C) to be moved
(D) having moved

0145 The president of Wesfam Fertilizer ------- his staff at the end of last
year for achieving extraordinary sales results.

(A) congratulates
(B) is congratulating
(C) congratulated
(D) has congratulated

0141 動詞の後ろの目的語の有無に着目する　　　　　　　　正解 (D)

選択肢には他動詞maintain「〜を保つ」のさまざまな形が並んでいる。他動詞の後ろには目的語が続くが，空所の後ろには目的語がないので，正解候補となるのは受動態だ。(D) were maintainedを空所に入れると，問題文の文意が通る。(A) 過去完了形，(B) to不定詞，(C) doing形。問題文中にあるremark「〜だと述べる」は，「意見」という意味の可算名詞としても使われることを覚えておくこと。

語句 □ profit level 利益水準　□ simply by *doing* 単に〜するだけで

訳 営業部長は，単に基本的なコスト管理策を実行するだけで，会社の利益水準は保たれていると述べた。

0142 enable *A* to *do*　　　　　　　　　　　　　　　正解 (C)

空所には，問題文に欠けている述語動詞を補う必要がある。正解候補は動詞enable「〜を可能にする」の三人称単数現在形の(C)，あるいは原形・現在形の(D)だ。述語動詞に対応する主語は，The new software「新しいソフトウェア」なので，三人称単数であることが分かる。よって，正解は(C) enablesだ。enable *A* to *do*「Aが〜できるようにする」という基本表現も確認しておこう。(A) to不定詞，(B) doing形。

語句 □ sophisticated 精巧な　□ platform プラットフォーム

訳 Maxcycleデータ社によって開発された新しいソフトウェアによって，ユーザーはウェブサイトや他のプラットフォーム用に，精巧なグラフィックを作り出すことができる。

0143 take extra care *doing*　　　　　　　　　　　　正解 (A)

空所を含む前半の節には述語動詞should takeがあるため，空所には述語動詞以外のものが入る。空所の後ろには，空所に入る語の目的語となるgift baskets「ギフトバスケット」があるため，他動詞transport「〜を輸送する」のdoing形で，目的語を取ることのできる(A) transportingを空所に入れると問題文の文意が通る。take extra care *doing*「〜する時には十分注意する」という表現を覚えておくこと。(B) to不定詞の受動態，(C) 名詞「輸送」，(D) 過去形・過去分詞。

語句 □ take care 注意する　□ extra 必要以上の　□ breakable 壊れやすい

訳 花や壊れやすい物を含んでいることが多いため，配送ドライバーはギフトバスケットの輸送時には十分に注意する必要がある。

0144 to不定詞を伴う形容詞unable　　　　　　　　　　正解 (A)

空所にto不定詞の(A)を入れるとbe unable to *do*「〜することができない」という表現になり，問題文の文意が通る。よって，正解は(A) to moveだ。move forward with 〜は「（計画など）を進める」という意味の句動詞である。(B) doing形，(C) to不定詞の受動態，(D) 現在完了形のdoing形。

語句 □ proposed design デザイン案　□ highly 非常に　□ innovative 革新的な

訳 その機械のデザイン案は非常に革新的なものですが，今のところ開発を進めることはできません。

0145 過去を表す語句を手掛かりにする　　　　　　　　　正解 (C)

空所以外には述語動詞がないため，空所にそれを補う必要がある。選択肢を見てみると，動詞congratulate「〜を称賛する」の(A)三人称単数現在形，(B)現在進行形，(C)過去形，そして(D)現在完了形と，全てが述語動詞として機能するものであることが分かる。問題文の後半にはat the end of last year「昨年末の時点で」という，過去を表す副詞句があり，この副詞句は動詞を修飾するので，正解は過去形の(C) congratulatedだ。

語句 □ fertilizer 肥料　□ extraordinary 桁外れの　□ sales results 売上実績

訳 Wesfam肥料会社の社長は，桁外れの売上実績を達成したことに対して，昨年末に従業員の成功を称賛した。

0146 ☐☐☐ Goldstars Law Firm will soon move to a new building, but currently ------- the top floor of Wade Tower on Bingham Street.

(A) occupies
(B) occupying
(C) occupy
(D) is occupied

0147 ☐☐☐ Not long after she ------- her degree in electrical engineering, Ms. Kikuchi took a job as a computer network architect.

(A) had completed
(B) will complete
(C) completes
(D) has completed

0148 ☐☐☐ The acquisition was not ------- until after several months of negotiations between the two organizations.

(A) finalizing
(B) finalize
(C) finalized
(D) to finalize

0149 ☐☐☐ Working for Dynos Labs five years ago, Ms. Gallagher and her colleagues ------- a new chemical substance.

(A) discovered
(B) discovering
(C) have discovered
(D) were discovered

0150 ☐☐☐ Julia Ashby ------- consultations on legal affairs related to taxation in Ontario since she moved there eight years ago.

(A) is providing
(B) has been providing
(C) had provided
(D) provides

限界なんてない、そう信じること。信じ切れることが、「才能」なのです。

0146 💡 空所から離れた主語を見つける　　　　　正解 **(A)**

butから始まる節の中で省略されている主語は, 最初の節の主語と同じ, 三人称単数のGoldstars Law Firm「Goldstars法律事務所」だ。空所の前には副詞currently「現在は」があり, 後ろには空所に入る動詞の目的語となるthe top floor「最上階」があるため, 正解は動詞occupy「～を占有する, 賃借する」の能動態で, なおかつ三人称単数現在形の(A) occupiesだ。(B) doing形, (C)原形・現在形, (D)受動態の現在形。名詞occupation「職業」や, 形容詞occupied「(場所などが)占領された」, その反意語のunoccupied「使われていない, 空いている」もあわせて押さえておくこと。

訳　Goldstars法律事務所はもうすぐ新しいビルに移転するが, 現在はBingham通りのWadeタワーの最上階を賃借している。

0147 💡 Not long afterが導く時系列　　　　　正解 **(A)**

Not long after ～, ...の文は「～から間もなく…」という意味なので, 前半の節の出来事は後半の節の出来事よりも前に起こったと考えられる。後半の節には過去形のtookが使われているので, 前半の節はそれよりもさらに過去のことを表す過去完了形が適切だ。よって, 動詞complete「～を修了する」の過去完了形である(A) had completedが正解である。本問ではNot long afterから始まる節に過去完了形が使われているが, Not long after ～の文ではどちらの節にも過去形を使う場合もあるということを押さえておこう。(B)未来を表す表現, (C)三人称単数現在形, (D)現在完了形。

語句 □ complete one's degree 学位を取得する　□ architect 設計者

訳　電気工学科を卒業してすぐに, Kikuchiさんはコンピューターネットワークの設計の仕事に就いた。

0148 💡 目的語の有無に着目する　　　　　正解 **(C)**

選択肢には動詞finalize「(交渉など)の決着をつける」のさまざまな形が並んでいる。空所の前にはbe動詞のwas, 後ろには前置詞のuntilが続いており, 空所の後ろには目的語がないため, was not -------の部分は受動態になると考えられる。過去分詞の(C) finalizedを空所に入れると, The acquisition was not finalized「買収は最終決定されなかった」となり, 問題文の文意が通る。(A) doing形, (B)原形・現在形, (D) to不定詞。

語句 □ acquisition 買収　□ negotiation 交渉

訳　2つの組織間での数カ月にわたる交渉後まで, 買収は最終決定されなかった。

0149 💡 過去の時を表す語句を見逃さない　　　　　正解 **(A)**

選択肢には動詞discover「～を発見する」のさまざまな形が並んでいる。空所以外には述語動詞がないため, 空所にそれを補う必要がある。正解候補は(A)過去形, (C)現在完了形, そして(D)受動態だ。問題文中には過去の時を表す語句five years ago「5年前」があり, なおかつ空所の後ろには目的語があるため, 正解は能動態の過去形である(A) discoveredだ。問題文の前半はWhen Ms. Gallagher and her colleagues worked for Dynos Labs five years agoを分詞構文にしたものである。(B) doing形。

訳　5年前にDynos研究所に勤めていた時に, Gallagherさんと彼女の同僚は新しい化学物質を発見した。

0150 💡 現在完了形のキーワードsince　　　　　正解 **(B)**

後半の節には接続詞のsince「～以来」があるので, 前半の節では過去から現在までの継続を表す現在完了形を使う。正解は動詞provide「～を提供する」の現在完了進行形である(B) has been providingだ。since「～以来」やfor「～の間」などの期間を表す語は, 現在完了形でよく用いられるキーワードだ。(A)現在進行形, (C)過去完了形, (D)三人称単数現在形。

語句 □ legal affairs 法律問題　□ related to ～ ～に関する　□ taxation 徴税, 課税

訳　Julia Ashbyは8年前にオンタリオ州に移住して以来, 徴税に関連する法務の相談に応じている。

0151 The health department plans to ensure that the new guidelines
☐☐☐ ------- by local restaurants and other businesses selling food.

(A) are adopting
(B) are adopted
(C) adopted
(D) have adopted

0152 Should you ------- any further questions about the rental car, please
☐☐☐ do not hesitate to contact our customer service team.

(A) having had
(B) have
(C) to have
(D) had

0153 Although Ms. Powell was all for ------- Mr. Marantz to the
☐☐☐ administrative officer position, other directors were against the idea.

(A) nominating
(B) nomination
(C) being nominated
(D) nominates

0154 ------- its revenue target for the current fiscal year, Axway Motors
☐☐☐ will aim for a higher target in the year ahead.

(A) Surpass
(B) Surpassed
(C) Having surpassed
(D) To have surpassed

0155 The Hoskins Gallery of Modern Art in downtown Melbourne -------
☐☐☐ a large selection of works by contemporary Australian artists.

(A) feature
(B) featuring
(C) have featured
(D) features

0151 🔍 目的語の有無から正解を導く　　　　　　正解 (B)

空所を含むthat節には述語動詞がないため, 空所にそれを補う必要がある。主語は複数形のthe new guidelines「新しいガイドライン」で, 選択肢の動詞adopt「〜を採用する」は他動詞だが空所の後ろには目的語がない。よって, 受動態が正解候補になり, 選択肢の中で唯一の受動態である(B) are adopted を空所に入れると問題文の文意が通る。(A)現在進行形, (C)過去形・過去分詞, (D)現在完了形。

語句 □ health department 保健所　□ plan to *do* 〜する予定だ　□ ensure 〜を確実にする
訳 保健所は, 食べ物を販売している地元のレストランや他の事業によって新しいガイドラインが採用されることを, 確実にするつもりだ。

0152 🔍 shouldを使った倒置の文　　　　　　正解 (B)

動詞の原形の(B) haveを空所に入れると, Should you have any further questions...「何かさらなるご質問がございましたら…」という定番の言い回しが完成する。本来はIf you should have any questions...という語順だが, 本問はここから接続詞のifを省略し, 主語のyouと助動詞のshouldを倒置した仮定法の文だと考えること。shouldは「万一〜なら」という, 仮定を表す助動詞として使われることがある。(A)現在完了形のdoing形, (C) to不定詞, (D)過去形・過去分詞。

語句 □ further さらなる　□ rental car レンタカー　□ hesitate to *do* 〜することをためらう
訳 もしレンタカーに関してさらなる質問がございましたら, 弊社カスタマーサービスチームに遠慮なくご連絡ください。

0153 🔍 〈前置詞＋動名詞＋目的語〉　　　　　　正解 (A)

選択肢には動詞nominate「〜を推薦する」のさまざまな形と派生語が並んでいる。空所の前には前置詞のfor「〜を支持して」があるため, 後ろには〈動名詞(他動詞のdoing形)＋目的語〉が続くパターンであることを見抜く。doing形の(A) nominatingを空所に入れると, for nominating Mr. Marantz「Marantzさんを推薦することを支持して」となり, 問題文の文意も通る。nominate *A* to *B*「*A*を*B*に推薦する」もセットで覚えておくこと。(B)名詞「推薦」, (C)受動態のdoing形, (D)三人称単数現在形。

語句 □ administrative officer 管理責任者　□ director 取締役　□ against 〜に反対して
訳 PowellさんはMarantzさんを管理責任者の役職に推薦することに大賛成であったが, 他の取締役はその考えに反対であった。

0154 🔍 理由を表す分詞構文　　　　　　正解 (C)

選択肢には動詞surpass「〜を上回る」のさまざまな形が並んでいる。文頭の空所からカンマまでの内容が, それ以降の内容の「理由」を表していると考えると, 空所に適するのは理由を表すことができる分詞構文の(C) Having surpassedだ。Having surpassedはBecause Axway Motors have surpassedから接続詞と主語を取り, haveを現在分詞に変えたものだと考えること。(A)原形・現在形, (B)過去形・過去分詞, (D) to不定詞の現在完了形。

語句 □ revenue target 売上目標　□ fiscal year 事業年度　□ in the year ahead 来年度は
訳 今年度の売上目標を上回ったので, Axway Motors社は来年度, さらに高い目標を目指す。

0155 🔍 主語の単複に注意する　　　　　　正解 (D)

空所以外には述語動詞がないため, 空所にそれを補う必要がある。正解候補は動詞feature「〜を特集する」の(A)原形・現在形, (C)現在完了形, そして(D)三人称単数現在形だ。主語のThe Hoskins Gallery of Modern Art「Hoskins近代美術館」は三人称単数なので, (D) featuresが正解となる。急いで解答したいがために, 複数形の主語を受ける(A)や(C)を選んでしまうことのないよう注意したい。(B) doing形。

語句 □ a large selection of 〜 幅広く揃った〜, 多数の〜　□ contemporary 同時代の, 現代の
訳 メルボルンの中心街にあるHoskins近代美術館は, 同時代のオーストラリア人芸術家による多数の作品を特集している。

0156 Customers can call our round-the-clock customer service hotline
☐☐☐ when ------- further assistance.

(A) required
(B) requires
(C) requiring
(D) require

0157 How potentially damaging the detergent is to the water environment
☐☐☐ ------- by a group of aquatic biologists.

(A) determined
(B) being determined
(C) is being determined
(D) are determined

0158 The directors of Chemto Corp. have struggled ------- the new
☐☐☐ personal information management system due to technical issues.

(A) operation
(B) operate
(C) operating
(D) to operate

0159 A product recall of the VH-1 Air Circulator ------- in July has been
☐☐☐ announced on the manufacturer's Web site.

(A) launched
(B) launch
(C) launching
(D) to launch

0160 Mr. Calloway has declined ------- for the docuseries because of
☐☐☐ concerns that doing so would take considerable time.

(A) interview
(B) to be interviewed
(C) having interviewed
(D) interviewing

0156　🔑 when *doing*「〜する時」　　　正解 (C)

空所の前には接続詞when「〜する時」があり, 後ろには目的語となるfurther assistance「さらなる支援」がある。動詞require「〜を必要とする」の現在分詞である(C) requiringを空所に入れると「さらなる支援が必要な際は」という意味になり, 問題文の文意が通る。本問のwhen以下は分詞構文で, 通常は省略される接続詞が分詞の前に置かれた形である。when *doing*「〜する時」という形を覚えておこう。(A)過去形・過去分詞, (B)三人称単数現在形, (D)原形・現在形。

語句 □ round-the-clock 24時間体制の

訳 さらなる支援が必要な際は, お客様は24時間対応のカスタマーサービスホットラインにお電話いただけます。

0157　🔑 長い主語と動詞の目的語の有無に着目する　　　正解 (C)

選択肢には動詞determine「〜を決定する」のさまざまな形が並んでいる。How potentially damaging the detergent is to the water environment「その洗剤が水環境にどれだけの悪影響を与える可能性があるか」が文全体の主語(名詞節)となっており, それに対応する述語動詞が欠けていることが分かる。正解候補は(A)過去形, (C)受動態の現在進行形, (D)受動態の現在形だ。空所の直後を見ると目的語がないため, 受動態がこの時点で正解候補となる。主語は三人称単数なので, (C) is being determinedが正解だ。(B)受動態のdoing形。

語句 □ damaging 損害を与える　□ detergent 洗剤　□ aquatic biologist 水生生物学者

訳 その洗剤が水環境にどれだけの悪影響を与える可能性があるかは, 水生生物学者の集団によって究明されている所だ。

0158　🔑 to不定詞を伴うstruggle　　　正解 (D)

空所にto不定詞の(D) to operateを入れるとstruggle to *do*「〜することに苦戦する」という表現になり, 問題文の文意が通る。struggleは動名詞を伴わないので注意したい。to不定詞または動名詞のどちらかのみを伴う動詞は, 動詞問題で特に狙われやすいので必ず押さえておこう。(A)名詞「運用」, (B)動詞「〜を運用する」の原形・現在形, (C) doing形。

語句 □ personal information 個人情報　□ technical issue 技術トラブル

訳 Chemto社の取締役は, 技術トラブルによって新しい個人情報管理システムの運用に苦戦した。

0159　🔑 過去分詞による後置修飾　　　正解 (A)

問題文には述語動詞has been announced「発表されている」があるため, 空所には述語動詞以外のものが入る。空所の前にある名詞句のA product recall of the VH-1 Air Circulator「VH-1サーキュレーターの回収」を, 後ろから〈分詞＋α〉で後置修飾するパターンであることを見抜こう。動詞「〜を発売する」の過去分詞である(A) launchedを空所に入れると, A product recall of the VH-1 Air Circulator launched in July「7月に発売されたVH-1サーキュレーターの回収」という名詞句(＝本問の主語)が完成し, 問題文の文意も通る。(B)原形・現在形, (C) doing形, (D) to不定詞。

訳 7月に発売されたVH-1サーキュレーターの回収については, 製造業者のウェブサイト上で発表されている。

0160　🔑 「されること」を表すto不定詞の受動態　　　正解 (B)

空所の前にhas declined「〜を拒んだ」があることに注目だ。動詞declineはto不定詞を目的語に取る動詞の1つで, decline to *do*で「〜することを拒む」という意味になる。よって, to不定詞の受動態である(B) to be interviewedが正解だ。(A) interviewを「インタビュー, 面接」を意味する名詞であると考え, 選んでしまった人がいるかもしれない。名詞として使う場合, 通常冠詞のanなどが必要なので, ここでは不正解だ。(A)原形・現在形, (C)現在完了形のdoing形, (D) doing形。

語句 □ docuseries ドキュメンタリーシリーズ　□ considerable 相当な

訳 Callowayさんは, そうすることで相当な時間が掛かるであろうという懸念から, ドキュメンタリーシリーズ用にインタビューされることを拒んだ。

0161 The study by the research institute ------- that the new organic soil additive significantly improves the health of plants.

(A) was revealed
(B) revealed
(C) has been revealed
(D) have been revealing

0162 Whenever someone signs up for our business seminars, we ------- them to read the preparation material prior to attending.

(A) had encouraged
(B) are encouraged
(C) encouraged
(D) encourage

0163 Ms. Ichikawa sent an e-mail to her client informing him that she would be a few minutes late to their meeting ------- online.

(A) to hold
(B) holding
(C) held
(D) had been held

0164 The Denlogo Group and its consolidated subsidiaries ------- approximately half a million people in the Middle East and Europe.

(A) employs
(B) employing
(C) employ
(D) were employed

0165 Orcina Textile, which produces high-quality cotton yarns and fabrics, ------- for longer than any of its competitors in the region.

(A) is establishing
(B) has been established
(C) established
(D) establishes

0161 🔑 主語と目的語から正解を導く 　　　　　　　　正解 (B)

選択肢には他動詞reveal「〜を明らかにする」のさまざまな形が並んでいる。問題文の主語は, 三人称単数のThe study「調査」で, 空所の後ろには目的語となるthat節が続いている。このことから, (A)や(C)の受動態や, 複数形の主語を受ける(D)は正解候補から外れる。よって, 正解は過去形の(B) revealedだ。revealはreveal that「〜ということを明らかにする」の形で後ろにthat節を続けることができる。(A)受動態の過去形, (C)受動態の現在完了形, (D)現在完了進行形。

語句 □ organic soil additive 有機土壌添加剤 □ significantly 著しく
訳 研究機関の調査により, 新たな有機土壌添加剤は植物の健康状態を著しく向上させることが明らかになった。

0162 🔑 態×時制 　　　　　　　　正解 (D)

空所の前には主節の主語であるwe「私たちは」があり, 後ろには空所に入る動詞の目的語となるthem「彼らに」が続いている。主節には空所以外に述語動詞がないため, 空所に補う必要がある。受動態の後ろには基本的に目的語は続かないので(B)は不正解だ。従属節の述語動詞signsは現在形なので, 過去完了形の(A)や過去形の(C)も空所に入らない。よって, 正解は現在形の(D) encourageだ。encourage *A* to *do*「Aに〜するように勧める」は頻出の表現なので押さえておこう。

語句 □ sign up for 〜 〜に申し込む □ preparation material 準備資料 □ prior to 〜 〜の前に
訳 我々のビジネスセミナーに申し込まれた方には, 必ず事前に準備資料を読んでもらうよう推奨しています。

0163 🔑 過去分詞による後置修飾 　　　　　　　　正解 (C)

空所のあるthat節には述語動詞would be「〜だろう」があるため, 空所には述語動詞以外のものが入る。空所の前にある名詞句のtheir meeting「彼らの会議」を, 後ろから〈分詞＋α〉で後置修飾するパターンであることを見抜こう。動詞hold「〜を開催する」の過去分詞である(C) heldを空所に入れると, their meeting held online「オンラインで開催される会議(＝オンライン会議)」となり, 問題文の文意が通る。(A) to不定詞, (B) doing形, (D)受動態の過去完了形。

訳 IchikawaさんはクライアントにEメールを送り, オンライン会議に数分遅れる旨を伝えた。

0164 🔑 主語と目的語から正解を導く 　　　　　　　　正解 (C)

空所以外には述語動詞がないので空所にそれを補う必要がある。空所の前には主語であるThe Denlogo Group and its consolidated subsidiaries「Denlogoグループとその連結子会社」があり, 後ろには空所に入る動詞の目的語となるapproximately half a million people「およそ50万人」が続いている。主語は複数なので, 正解はemploy「〜を雇用する」の現在形である(C)だ。(A)三人称単数現在形, (B) doing形, (D)受動態の過去形。

語句 □ consolidated subsidiary 連結子会社 □ approximately およそ □ half a million 50万
訳 Denlogoグループとその連結子会社は, 中東とヨーロッパでおよそ50万人を雇用している。

0165 🔑 現在完了形のキーワードforと目的語の有無から正解を導く 　　　正解 (B)

空所の後ろにはfor longer than 〜「〜よりも長い間」という「一定の期間の継続」を表す表現がある。また, 選択肢には他動詞establish「(地位など)を確立する」のさまざまな形が並んでいるが, 空所の後ろには目的語がないため, 受動態が正解候補となる。上記の条件を満たすのは, 受動態の現在完了形である(B) has been establishedだ。「Orcina Textile社はずっと(その地位を)認められ続けている」, これを意訳すると「長い歴史を持っている」となる。(A)現在進行形, (C)過去形・過去分詞, (D)三人称単数現在形。

語句 □ cotton yarn 綿糸 □ fabric 布地 □ competitor 競合企業
訳 高品質の綿糸や布地を生産するOrcina Textile社は, 地域のどの競合企業よりも長い歴史を持っている。

0166
☐☐☐ The majority of the board directors supported ------- the chief financial officer's concerns over the organization's viability.

(A) disclosing
(B) to disclose
(C) disclosure
(D) discloses

0167
☐☐☐ Brandon Wallace ------- the position of executive director following Dana Tinsley's retirement this coming May.

(A) will assume
(B) has assumed
(C) assuming
(D) assumed

0168
☐☐☐ ------- more new clients than any other salesperson on the team, Mr. Larson was given the largest bonus possible.

(A) To have landed
(B) Land
(C) Having landed
(D) Landed

0169
☐☐☐ Before tomorrow's painting class with Mr. Esposito begins, beginners ------- from the advanced students.

(A) separating
(B) will be separated
(C) separates
(D) is being separated

0170
☐☐☐ A growing number of technology firms ------- production to factories in South America in recent years to reduce costs.

(A) outsourcing
(B) have been outsourcing
(C) had outsourced
(D) will outsource

0166 💡 動名詞を目的語に取る support　　　　　　正解 (A)

選択肢には他動詞 disclose「～を暴く，明らかにする」のさまざまな形と派生語が並んでいる。空所の後ろには空所に入る語の目的語となる the chief financial officer's concerns「最高財務責任者が抱える懸念」が続いているため，空所には目的語を取ることのできる形の動詞が入る。また，空所の直前にある動詞 support「～を支持する」の後ろには，動名詞は置けるが to 不定詞は置けないため，正解は doing 形の (A) disclosing だ。(B) to 不定詞，(C) 名詞「公開」，(D) 三人称単数現在形。

語句 □ board director 取締役　□ over ～に関する　□ viability 生存能力
訳 取締役の大半は，最高財務責任者が抱える，組織の存続に関する懸念を公開することを支持した。

0167 💡 未来のことを表す形容詞 coming　　　　　　正解 (A)

選択肢には他動詞 assume「(任務・責任など)を引き受ける」のさまざまな形が並んでいる。問題文の最後に this coming May「来たる今年の5月」とあるため，正解は未来を表す表現を使っている (A) will assume だ。coming「来たる」を見逃すと，過去形の (D) を選んでしまう可能性があるので注意したい。next「次の」や coming「来たる」，upcoming「来たる」，onward「～以降」といった，未来を表す表現に関連する語を押さえておきたい。(B) 現在完了形，(C) doing 形，(D) 過去形・過去分詞。

語句 □ the position of ～ ～の役職　□ executive director 専務取締役
訳 Brandon Wallace は，来たる今年の5月に Dana Tinsley が退任するのに伴い，専務取締役に就任することになっている。

0168 💡 理由を表す分詞構文　　　　　　正解 (C)

選択肢には動詞 land「～を獲得する」のさまざまな形が並んでいる。カンマまでの内容がそれ以降の内容よりも前に起こり，なおかつ理由を表していると考えると，空所に適するのは「～したので」を表すことができる分詞構文の (C) Having landed「～を獲得したので」だ。Having landed more new clients than any other salesperson on the team は，Because Mr. Larson had landed more new clients than any other salesperson on the team から接続詞と主語を取り，had を現在分詞に変えたものだと考えること。(A) to 不定詞の現在完了形，(B) 原形・現在形，(D) 過去形・過去分詞。

訳 Larson さんはチームのどの販売員よりも多くの新規顧客を獲得したので，最高額のボーナスが支給された。

0169 💡 動詞の後ろの目的語の有無に着目する　　　　　　正解 (B)

後半の節には述語動詞がないため，空所にそれを補う必要がある。主語は beginners「初心者」で，separate「～を分ける」は他動詞だが空所の後ろには目的語がない。そのため，受動態が正解候補となり，(B) will be separated を空所に入れると問題文の文意が通る。(D) は単数形の主語を受けるのでここでは不正解だ。(A) doing 形，(C) 三人称単数現在形，(D) 受動態の現在進行形。separate は「分かれた」という意味の形容詞としてもよく使われる。

語句 □ painting class 絵画教室　□ advanced 上級の
訳 明日の Esposito 先生の絵画教室が始まる前に，初心者は上級者とは分けられる予定だ。

0170 💡 現在完了形のキーワード in recent years　　　　　　正解 (B)

空所以外には述語動詞がない。正解候補は，動詞 outsource「～を外部委託する」の (B) 現在完了進行形，(C) 過去完了形，そして (D) 未来を表す表現のいずれかだ。問題文中に in recent years「近年」とあるため，過去から現在までの期間における継続した動作を表すことができる，現在完了進行形の (B) have been outsourcing が正解だ。(A) doing 形。

訳 費用を減らすため，近年ますます多くのテクノロジー会社が，製造を南アメリカの工場に委託している。

0171 The forecast from the National Meteorological Agency prompted authorities ------- a warning about the storm to vessels in the bay.

(A) to broadcast
(B) broadcast
(C) have broadcast
(D) broadcasts

0172 Due to robust demand for renewable energy, the country's energy sector ------- major changes over the past decade.

(A) has undergone
(B) is undergoing
(C) will have undergone
(D) to undergo

0173 The press release stated that Starwin Corp. signed an agreement with Sora Networks ------- on the development of a communications satellite.

(A) collaborate
(B) has collaborated
(C) collaborated
(D) to collaborate

0174 Kahler Tech has in recent years promoted a variety of activities ------- to mitigate the impacts of climate change.

(A) to intend
(B) intends
(C) intended
(D) intend

0175 Simon Rossi, the recently hired architect at Madex Studios, has a talent for accurately ------- detailed sketches.

(A) draws
(B) drawing
(C) having drawn
(D) to draw

0171　🔮 prompt A to do　　　　　　　正解 (A)

問題文の動詞 prompt「～を促す」は, prompt A to do「Aに～するよう促す」という使い方をすることができるため, 動詞 broadcast「～を放送する」の to 不定詞である (A) to broadcast を空所に入れると, prompted authorities to broadcast a warning「当局に警告を放送するよう促した」となり, 問題文の文意が通る。broadcast は, 原形・過去形・過去分詞が全て同じ形で表記されるので注意したい（過去形・過去分詞が broadcasted と表されることもある）。(B) 原形・現在形, 過去形・過去分詞, (C) 現在完了形, (D) 三人称単数現在形。

> 語句 □ National Meteorological Agency 気象庁　□ authority 当局　□ vessel 船舶
> 訳 気象庁からの予報により, 当局は湾内の船舶に向けて台風に関する警告を放送した。

0172　🔮 現在完了形のキーワード〈over＋期間〉　　正解 (A)

空所以外には述語動詞がないため, 空所にそれを補う必要がある。文末に over the past decade「過去10年間にわたり」という表現があり, これは過去から現在のことを表す現在完了形で使われる表現だ。よって, 正解は動詞 undergo「（変化など）を経る」の現在完了形である (A) has undergone だ。(B) 現在進行形, (C) 未来完了形, (D) to 不定詞。

> 語句 □ robust demand 旺盛な需要　□ renewable 再生可能な　□ energy sector エネルギー分野
> 訳 再生可能エネルギーへの旺盛な需要が原因で, 国内のエネルギー分野は過去10年間にわたり大きな変化を遂げた。

0173　🔮 to 不定詞による後置修飾　　　　　正解 (D)

空所のある that 節には, 述語動詞となる signed「～に署名した」があるため, 空所には述語動詞以外のものが入る。正解候補は (C) と (D) だが, 自動詞 collaborate「共同して働く」の to 不定詞 (D) to collaborate を空所に入れると, 空所以下が agreement を後置修飾して説明を付け足す形となり, 問題文の文意が通る。collaborate on ～「～を共同で行う」という表現を覚えておくこと。(A) 原形・現在形, (B) 現在完了形, (C) 過去形・過去分詞。

> 語句 □ state ～を述べる　□ agreement 契約書　□ communications satellite 通信衛星
> 訳 プレスリリースでは, Starwin 社が Sora ネットワーク社と通信衛星の共同開発をするという契約書に署名したと述べられていた。

0174　🔮 名詞句を後置修飾する過去分詞　　　正解 (C)

問題文には述語動詞 has (in recent years) promoted「～を（近年）推進してきた」があるため, 空所には述語動詞以外のものが入る。動詞 intend「～を意図する」は be intended to do「～することを目的としている」という使い方をすることができ, この intended to do が〈過去分詞＋α〉の形で空所の前にある名詞句を後ろから修飾しているパターンであることを見抜こう。過去分詞の (C) intended を空所に入れると, a variety of activities intended to mitigate the impacts of climate change「気候変動の影響を緩和するためのさまざまな活動」という名詞句が完成し, 問題文の文意も通る。(A) to 不定詞, (B) 三人称単数現在形, (D) 原形・現在形。

> 語句 □ promote ～を推進する　□ mitigate ～を緩和する　□ climate change 気候変動
> 訳 Kahler Tech 社は近年, 気候変動の影響を緩和するためのさまざまな活動を推進している。

0175　🔮 have a talent for doing　　　　　正解 (B)

空所の前には前置詞 for「～のための」が, 後ろには名詞句が続いているため, 〈前置詞＋動名詞（他動詞の doing 形）＋目的語〉のパターンである可能性を考えよう。動詞 draw「～を描く」の doing 形である (B) drawing を空所に入れると, a talent for accurately drawing detailed sketches「細かなスケッチを正確に描くという才能」となり, 問題文の文意が通る。have a talent for doing「～する才能を持っている」という表現がポイントだ。(A) 三人称単数現在形, (C) 現在完了形の doing 形, (D) to 不定詞。

> 訳 Madex Studios に最近雇われた建築家である Simon Rossi は, 細かなスケッチを正確に描く才能がある。

0176 The grant ------- to Wascon Systems will fund the building of an air quality monitoring station in Cleveland.

(A) has awarded
(B) awards
(C) awarded
(D) awarding

0177 Some scientists have recently been questioning the safety of a herbicide commonly ------- on wheat crops in the area.

(A) was sprayed
(B) sprays
(C) sprayed
(D) spraying

0178 The floral centerpieces were chosen by the decorator ------- the bright and cheerful interior of the banquet hall.

(A) complements
(B) to complement
(C) has complemented
(D) complementing

0179 We not only serve as a tourist information center but also provide advice to those ------- to Belgium from overseas.

(A) has relocated
(B) relocating
(C) relocates
(D) to relocate

0180 Everyone involved in the reforestation project ------- the seedlings to grow well in the fertile soil.

(A) expects
(B) expecting
(C) expect
(D) to expect

0176 💡 分詞による後置修飾　　　　　　　　　　　　　　正解 (C)

問題文には述語動詞will fund「〜に資金を出すつもりだ」があるため, 空所には述語動詞以外のものが入る。空所の前にある名詞のThe grant「助成金」を,〈分詞＋α〉を使って後置修飾するパターンだと見抜こう。動詞award「〜を授与する」の過去分詞である(C) awardedを空所に入れると, The grant awarded to Wascon Systems「Wascon Systemsに授与された助成金」という名詞句（＝本問の主語）が完成し, 問題文の文意が通る。award A to B「AをBに授与する」という表現を押さえておこう。awardは他動詞なので, 後ろには目的語が必要となる。そのため, (D) awardingは正解にはなりえない。(A)現在完了形, (B)三人称単数現在形, (D) doing形。

語句 □ grant 助成金　□ air quality monitoring station 大気質監視局
訳 Wascon Systemsに授与された助成金は, クリーブランドの大気質監視局の建設に充てられる。

0177 💡 〈副詞＋分詞＋α〉による後置修飾　　　　　　　　正解 (C)

選択肢には動詞spray「〜を散布する」のさまざまな形が並んでいる。問題文には述語動詞have (recently) been questioning「〜に（最近）疑問を持ち続けている」があるため, 空所には述語動詞以外のものが入る。述語動詞以外の使い方ができるのは過去分詞の(C)とdoing形の(D)だが, 過去分詞の(C) sprayedを空所に入れると名詞a herbicide「除草剤」を〈副詞＋分詞＋α〉が後置修飾する形になり,「一般的に散布される除草剤」という意味になる。分詞の前に副詞が置かれる形を押さえておきたい。(A)受動態の過去形, (B)三人称単数現在形, (D) doing形。

語句 □ question 〜に疑問を持つ　□ commonly 一般的に　□ wheat crop 小麦
訳 近頃, その地域の小麦に一般的に散布される除草剤の安全性に疑問を持つ科学者がいる。

0178 💡 目的を表すto不定詞　　　　　　　　　　　　　　正解 (B)

選択肢には動詞complement「〜を引き立たせる」のさまざまな形が並んでいる。問題文には述語動詞were chosen「選ばれた」があるため, 空所には述語動詞以外のものが入る。正解候補はto不定詞の(B)とdoing形の(D)だが,「目的」を表すto不定詞の(B) to complementを空所に入れると,「〜を引き立たせるために花の飾りが選ばれた」という意味になり, 問題文の文意が通る。(A)三人称単数現在形, (C)現在完了形。

語句 □ centerpiece（テーブルなどの中央に置かれた）装飾品　□ banquet hall 宴会場
訳 中心に置かれたその花の飾りは, 宴会場の明るく楽しくなるような内装を引き立てるよう, 装飾者によって選ばれた。

0179 💡 those *doing*「〜する人々」　　　　　　　　　　正解 (B)

空所のある節には述語動詞provide「〜を提供する」があるため, 空所には述語動詞以外が入る。空所の前にはthose「（〜な）人々」があり, 動詞「移住する」のdoing形の(B) relocatingを空所に入れると, thoseを〈分詞＋α〉が後置修飾する形になり, 問題文の文意が通る。those relocating to 〜はthose who are relocating to 〜「〜に移住する人々」から関係代名詞とbe動詞が省略された形と考えよう。(A)現在完了形, (C)三人称単数現在形, (D) to不定詞。

訳 私たちは観光案内所として務めるだけではなく, 海外からベルギーに移住してくる人々にアドバイスも提供している。

0180 💡 三人称単数のeveryone　　　　　　　　　　　　正解 (A)

問題文には述語動詞がないため, 空所にそれを補う必要がある。正解候補は動詞expect「〜を期待する」の三人称単数現在形の(A)と原形・現在形の(C)だが, 主語であるEveryone「全ての人」は三人称単数なので, 正解は(A) expectsだ。複数の人物を表すものの, 三人称単数扱いであるeveryoneやeverybodyなどの基本的な語を確実に押さえることが失点しないことに繋がる。(B) doing形, (D) to不定詞。

語句 □ reforestation project 森林再生プロジェクト　□ seedling 苗木　□ fertile 肥沃な
訳 森林再生プロジェクトに関わっている全員が, 肥沃な土地で苗木がよく育つことを期待している。

0181 The next round of judging cannot proceed without ------- the contestants of who has been selected as finalists.

(A) notification
(B) having notified
(C) notified
(D) notify

0182 Vendors at the Cunningham Festival are obliged ------- a valid business license on the exterior of their food stall.

(A) to be displayed
(B) displaying
(C) displays
(D) to display

0183 During the sales meeting, Mr. Mitchell suggested ------- a loyalty program to encourage customers to return to the store.

(A) introducing
(B) to introduce
(C) introduce
(D) to be introduced

0184 A sign posted on the library's bulletin board urges patrons ------- from leaving their bags and coats on vacant chairs.

(A) refraining
(B) to refrain
(C) to be refrained
(D) refrain

0185 Trenex's factory is running behind schedule because a defect in its electric razors ------- during a quality control check.

(A) had identified
(B) identified
(C) was identified
(D) were identified

「高嶺の花」を掴むことにこだわり続けよう。決して妥協することなく。

0181 💡〈前置詞＋動名詞＋目的語〉を見抜く　　　　　　　　　　正解 (B)

空所の前後にあるwithout「〜なしに」とthe contestants「（コンテストへの）出場者」から、前置詞の後ろに〈動名詞（他動詞のdoing形）＋目的語〉が続くパターンであることを見抜こう。動詞notify「〜に通知する」の現在完了形のdoing形である(B) having notifiedを空所に入れると、without having notified the contestants「出場者に通知することなく」となり、問題文の文意が通る。「出場者に通知した」後に「次の審査へと進む」ので、空所には完了形が適切である。notify A of B「AにBを知らせる」という表現もあわせて覚えておこう。(A) 名詞「通知」、(C) 過去形・過去分詞、(D) 原形・現在形。

語句 □ judging 審査　□ proceed 進む

訳 誰がファイナリストとして選ばれたかを出場者に通知することなく、次の審査へ進むことはできない。

0182 💡 be obliged to do　　　　　　　　　　正解 (D)

選択肢には動詞display「〜を掲示する」のさまざまな形が並んでいる。問題文の述語動詞are obligedは、be obliged to doの形で「〜することが義務付けられている」という意味になる。よって、空所にはto不定詞を入れるのが適切だ。(A)と(D)どちらもto不定詞だが、空所の後ろにはa valid business license「有効なビジネス許可証」という、空所に入る語の目的語となりそうなものが続いている。そのため、to不定詞の受動態である(A)は正解にはなりえない。よって、(D) to displayが正解だ。(B) doing形、(C) 三人称単数現在形。

語句 □ vendor 出店者　□ valid 有効な　□ exterior 外部　□ food stall 食べ物の屋台

訳 カニンガム祭の出店者は、有効なビジネス許可証を屋台の外に掲示することが義務付けられている。

0183 💡 動名詞を目的語に取るsuggest　　　　　　　　　　正解 (A)

空所に動詞introduce「〜を導入する」の動名詞である(A) introducingを入れるとsuggest doing「〜することを提案する」という表現になり、問題文の文意が通る。suggestはto不定詞を目的語に取らない動詞の1つだ。suggest doingとsuggest thatの形を押さえておきたい。suggest thatのパターンでは、that節において仮定法現在が使われるため、動詞は原形にするということを覚えておこう。(B) to不定詞、(C) 原形・現在形、(D) to不定詞の受動態。

語句 □ loyalty program ロイヤルティー・プログラム（優良顧客に対するマーケティング上の施策）

訳 販売会議でMitchellさんは、顧客の再来店を促すためのロイヤルティー・プログラムを導入することを提案した。

0184 💡 urge A to do　　　　　　　　　　正解 (B)

問題文の述語動詞urgesは、urge A to do「Aに〜するよう強く促す」という使い方ができるため、to不定詞の(B) to refrainを空所に入れると、urges patrons to refrain from leaving their bags and coats on vacant chairs「利用者にバッグやコートを空いた椅子に置かないよう強く促す」となり、問題文の文意が通る。refrain from doing「〜するのを控える」は頻出の基本表現だ。(A) doing形、(C) to不定詞の受動態、(D) 原形・現在形。

語句 □ bulletin board 掲示板　□ patron （施設の）利用者

訳 図書館の掲示板の張り紙は、利用者にバッグやコートを空いた椅子に置かないよう、強く促している。

0185 💡 主語と目的語の有無から正解を導く　　　　　　　　　　正解 (C)

because以降の後半の節には述語動詞がないため、空所にそれを補う必要がある。主語は単数形のa defect「欠陥」で、選択肢の動詞identify「〜を発見する」は他動詞だが空所の後ろには目的語がない。よって、受動態が正解候補となる。単数形の主語を受ける(C) was identifiedを空所に入れると、問題文の文意が通る。(A) 過去完了形、(B) 過去形・過去分詞、(D) 受動態の過去形。

語句 □ run behind schedule 予定より遅れて操業する　□ quality control check 品質管理検査

訳 Trenexの工場は、品質管理検査の間に電気かみそりに欠陥が発見されたので、予定より遅れて操業している。

0186 Instructions in the user manual for the espresso machine ------- so
that anyone could easily understand how to use it.

(A) simplify
(B) simplified
(C) to be simplified
(D) were simplified

0187 Information about upcoming publications from Carlisle Books and
their release dates ------- on our Web site shortly.

(A) will be posted
(B) were posting
(C) are posted
(D) will post

0188 ------- public complaints about pollution, the manufacturer
suspended operations.

(A) Received
(B) Receive
(C) Having received
(D) To receive

0189 The first payment for students who elected ------- in the advanced
Bengali course under the payment plan was due yesterday.

(A) enrolls
(B) to enroll
(C) enrolling
(D) enroll

0190 Mr. Reilly consented ------- the team of medical interns to observe
while the physician conducted the test.

(A) to allow
(B) to be allowed
(C) allowing
(D) allowed

0186 🔑 目的語の有無から正解を導く　　　正解 (D)

選択肢には動詞simplify「〜を簡略化する」のさまざまな形が並んでいる。空所を含む前半の節には述語動詞がないため，空所にそれを補う必要がある。主語は名詞の複数形であるInstructions「指示」で，simplifyは他動詞だが空所の後ろには目的語がない。よって，受動態が正解候補になる。(D) were simplifiedを空所に入れると，問題文の文意が通る。(A)原形・現在形，(B)過去形・過去分詞，(C) to不定詞の受動態。

語句 □ espresso machine エスプレッソマシーン
訳 誰もが使用方法を簡単に理解できるよう，エスプレッソマシーンの利用者用マニュアルの指示は簡略化された。

0187 🔑 未来を表す語句に着目する　　　正解 (A)

問題文中にshortly「間もなく，近々」があることから，正解候補は未来を表す表現を含む(A)と(D)に絞られる。主語のInformation「情報」は，「掲載する」のではなく「掲載される」立場にあるので，正解は受動態の(A) will be postedだ。post「〜を掲載する」が他動詞だと分かれば，後ろに目的語がないため受動態で使われるはずだと気付けるだろう。(B)過去進行形，(C)受動態の現在形，(D)未来を表す表現。

訳 Carlisle Booksの今後の出版物とその発売日に関する情報は，近々弊社ウェブサイトに掲載されます。

0188 🔑 分詞構文の完了形　　　正解 (C)

選択肢には動詞receive「〜を受け取る」のさまざまな形が並んでいる。前半の「公害に関する世間の苦情を受ける」という出来事は，カンマ以降の「製造業者は操業を一時停止した」という出来事よりも前に起こったと考えるのが自然だ。(C) Having receivedを空所に入れると分詞構文の完了形になり，カンマ以降よりも前に起こった内容を表すことができる。Having receivedはBecause（またはAfter）the manufacturer had received ...を分詞構文にしたものだ。(A)過去形・過去分詞，(B)原形・現在形，(D) to不定詞。

語句 □ public complaint 世間の苦情　□ pollution 公害，汚染　□ operation 操業
訳 公害に関する世間の苦情を受けて，製造業者は操業を一時停止した。

0189 🔑 to不定詞を目的語に取るelect　　　正解 (B)

関係代名詞節には述語動詞elected「〜を選んだ」があるため，空所には述語動詞以外のものが入る。electはelect to do「〜することを選ぶ」の形を取るため，正解は(B) to enrollだ。enroll in 〜「〜に入会する」は頻出の句動詞なので覚えておくこと。(A)三人称単数現在形，(C) doing形，(D)原形・現在形。

語句 □ advanced 上級の　□ Bengali ベンガル語の　□ under 〜のもとで　□ due 期限が来て
訳 その支払いプランを利用して上級ベンガル語講座に入会することを選んだ学生にとって，最初の支払いは昨日が期限だった。

0190 🔑 to不定詞を伴うconsent　　　正解 (A)

空所の前にある動詞consented「同意した」は，後ろにto不定詞を続けてconsent to do「〜することに同意する」という形を取ることができる。候補となるのはto不定詞の(A)と(B)だ。空所の後ろを見ると，空所に入る語の目的語となるthe team of medical interns「医療インターン生のチーム」が続いている。よって，正解は能動態の(A) to allowだ。本問ではallow A to do「Aが〜するのを許す」が使われている。(B)は受動態なので，後ろに目的語は続かないことに注意したい。(C) doing形，(D)過去形・過去分詞。

語句 □ medical 医療の　□ observe 立ち会う　□ physician 医師　□ conduct 〜を行う
訳 Reillyさんは医師が検査を行っている間，医療インターン生のチームが立ち会うことに同意した。

0191 The majority of the faculty members feel that the monthly parking
fee ------- on students should be scrapped immediately.

(A) will impose
(B) has been imposed
(C) imposed
(D) imposing

0192 Due to the train delay, the delegates were not able to make it to the
ceremony before the opening speech -------.

(A) having begun
(B) begun
(C) began
(D) begin

0193 When tree removal ------- by a resident of Fairfax County, Greenlead
Services will complete the job within twenty-four hours.

(A) requested
(B) was requested
(C) will be requested
(D) is requested

0194 The lab technician went on ------- the measuring instrument until
the readings were accurate.

(A) calibrations
(B) calibrating
(C) calibrates
(D) to calibrate

0195 By the time the festival organizers found the error in the pamphlet,
it ------- to roughly 600 people already.

(A) is distributing
(B) was distributing
(C) had been distributed
(D) had distributed

0191 💡 名詞句を後置修飾する過去分詞　　　　　　　　　　　正解 ▶ (C)

空所のあるthat節には, 述語動詞のshould be scrapped「廃止されるべきだ」があるため, 空所には述語動詞以外のものが入る。空所の前にはthe monthly parking fee「月極め駐車料金」という名詞句があり, これを〈分詞＋α〉が後置修飾する形になると考える。動詞impose「〜を課す」の過去分詞である(C) imposedを空所に入れると, the monthly parking fee imposed on students「学生に課せられている月極め駐車料金」となり, 問題文の文意が通る。(A)未来を表す表現, (B)受動態の現在完了形, (D) doing形。

> 語句 □ the majority of 〜 〜の大多数　□ faculty member 教職員　□ scrap 〜を廃止する
> 訳 教職員の大多数は, 学生に課せられている月極め駐車料金はただちに廃止されるべきだと感じている。

0192 💡 前半の節の述語動詞の時制に着目する　　　　　　　　正解 ▶ (C)

beforeから始まる後半の節には述語動詞がないため, 空所にそれを補う必要がある。述語動詞の候補は動詞begin「始まる」の(C)過去形と(D)原形・現在形だが, 前半の節の述語動詞は過去形のwereなので, 本問の時制は過去であることが分かる。よって, 正解は(C) beganだ。(A)現在完了形のdoing形, (B)過去分詞。

> 語句 □ delegate 代表者　□ opening speech 開会のスピーチ
> 訳 電車の遅延のため, 代表者たちは開会のスピーチが始まる前に, 式典に着くことができなかった。

0193 💡 時を表す副詞節の時制に注意　　　　　　　　　　　　正解 ▶ (D)

前半の節には空所以外に述語動詞がないため, 空所にそれを補う必要がある。選択肢には他動詞のrequest「〜を要求する」のさまざまな形が並んでおり, 空所の後ろに目的語はない。よって, 空所に入る動詞は受動態である可能性が高いと考える。受動態は(B)〜(D)だ。ここで, 前半の節が「時」を表す接続詞のWhen「〜する時」が使われている副詞節であることに気付きたい。時を表す副詞節では, 未来を表す内容でも動詞は現在形を用いる。よって, 正解は受動態の現在形である(D) is requestedだ。後半の節にあるwillにつられて, 未来を表す表現の(C)を選ばないように注意しよう。(A)過去形・過去分詞, (B)受動態の過去形。

> 語句 □ tree removal 樹木の伐採
> 訳 Fairfax郡の住民から樹木の伐採を要求されると, Greenleadサービス社は24時間以内にその仕事を完了させる。

0194 💡 go on *doing*　　　　　　　　　　　　　　　　　　正解 ▶ (B)

選択肢には動詞calibrate「(計器・道具など)を点検する」のさまざまな形と派生語が並ぶ。空所にdoing形の(B) calibratingを入れるとgo on *doing*「〜し続ける」という表現になり, 問題文の文意が通る。(A)名詞「目盛り」の複数形, (C)三人称単数現在形, (D) to不定詞。instrumentは「道具, 楽器」という意味の名詞だが, 派生語である形容詞のinstrumental「役に立つ」(＝helpful, useful)も押さえておくこと。

> 語句 □ lab technician 検査技師　□ measuring instrument 測定器　□ reading (温度計などの)度数, 記録
> 訳 検査技師は, 測定値が正確になるまで測定器の調整を続けた。

0195 💡 by the timeと時制に着目する　　　　　　　　　　正解 ▶ (C)

前半の節はBy the time「〜する時までに」から始まっていることから, 後半の節の内容は前半の節で起きたことよりも前に起きたことを表すだろうと予測できる。過去のある時点よりもさらに前に起きたことは過去完了形〈had＋過去分詞〉を使って表す。このことから, 正解候補は(C)と(D)だ。後半の節の主語であるitは前半の節にあるthe pamphlet「パンフレット」を指すため, 正解は「配られた」を意味する受動態の(C) had been distributedとなる。distributeは他動詞なので, 空所の後ろに目的語がないことからも受動態が正解であると分かる。(A)現在進行形, (B)過去進行形。

> 語句 □ error 誤り　□ roughly およそ
> 訳 祭りの主催者がパンフレットに誤りを見つけた時までに, パンフレットはすでにおよそ600人に配られていた。

0196 Much to the relief of the head of security, all of the necessary precautions ------- in advance of the music concert.

(A) have undertaken
(B) are undertaking
(C) had been undertaken
(D) undertaken

0197 Ms. Kobinsky ------- to meet with the prospective client, but the appointment was canceled at the last minute.

(A) has been arranged
(B) has arranged
(C) arranges
(D) had arranged

0198 All but one of the members of the focus group ------- the sour cream potato chips to the habanero-flavored type.

(A) to prefer
(B) preferring
(C) prefers
(D) prefer

0199 The results of the questionnaire on the online art class ------- students would rather attend their lessons in person.

(A) to indicate
(B) indicates
(C) indicating
(D) indicate

0200 Concentrated detergents that Koarz Manufacturing developed ------- available from the end of October onward.

(A) was
(B) has been
(C) will be
(D) had been

0196 🔑 目的語の有無に着目する　　　　　　　　　　正解 (C)

選択肢には他動詞undertake「〜に取り掛かる」のさまざまな形が並んでいる。空所の後ろには目的語がないため，受動態が正解候補となる。該当するのは受動態の過去完了形である(C)のhad been undertakenだけだ。これを空所に入れると問題文の文意も通るため，正解は(C)だ。(A)現在完了形，(B)現在進行形，(D)過去分詞。

語句 □ much to the relief of 〜 〜がとても安心したことには　□ precaution 予防措置
訳 音楽のコンサートに先立って必要な予防措置が全て取られていたことで，警備の責任者は非常に安心した。

0197 🔑 文意から時系列を整理する　　　　　　　　　正解 (D)

butから始まる後半の節の時制は過去であり，最初の節を〈had＋過去分詞〉を使った過去完了形にすれば，出来事の流れが前半の節「見込み客と会う手配をしていた」(過去完了)から後半の節「その予約はキャンセルされた」(過去)へと流れ，時系列的に自然なものとなる。よって，正解は動詞arrange「〜を手配する」の過去完了形である(D) had arrangedだ。(A)受動態の現在完了形，(B)現在完了形，(C)三人称単数現在形。

語句 □ prospective client 見込み客　□ at the last minute 直前になって
訳 Kobinskyさんは見込み客と会う手配をしていたが，直前になって予約がキャンセルされた。

0198 🔑 one of 〜に惑わされない　　　　　　　　　正解 (D)

空所以外には述語動詞がないため，空所にそれを補う必要がある。空所の前には主語となるAll but one of the members「メンバーのうち1人を除いては」があり，後ろには空所に入る動詞の目的語となるthe sour cream potato chips「サワークリーム味のポテトチップス」が続いている。主語は複数なので，正解は動詞prefer「〜を好む」の現在形である(D) preferだ。one of 〜「〜の中の1つ」は単数扱いだが，all but one of 〜「〜の中の1つを除いて全て」は複数扱いなので注意が必要だ。(A) to不定詞，(B) doing形，(C)三人称単数現在形。

語句 □ focus group フォーカスグループ　□ prefer A to B BよりAを好む
訳 フォーカスグループのメンバーのうち1人を除いては，ハバネロ味のポテトチップスよりもサワークリーム味のポテトチップスを好んでいる。

0199 🔑 長い主語に注意する　　　　　　　　　　　　正解 (D)

選択肢には他動詞indicate「〜を示す」のさまざまな形が並んでいる。問題文には主語The results「結果」に対する述語動詞がないため，空所にそれを補う必要がある。主語は複数形なので，これに対応する(D) indicateが正解だ。空所の前にquestionnaire「アンケート調査」やonline art class「オンラインアートクラス」などの名詞の単数形が並んでいるので，これに惑わされ三人称単数現在形である(B) indicatesを選んでしまうことのないように注意したい。また，本問では空所の直後のthatが省略されている。indicateはindicate that「〜ということを示す」という形で使われる場合が多いということを押さえておこう。(A) to不定詞，(C) doing形。

訳 オンラインアートクラスに関するアンケート調査の結果は，生徒たちが対面でレッスンに出席することを望んでいるということを示している。

0200 🔑 未来のことを表す副詞onward　　　　　　　　正解 (C)

主語は複数形のConcentrated detergents「濃縮洗剤」なので，単数の主語を受ける(A)と(B)は正解候補から除外する。問題文の文末を見ると，from the end of October onward「10月の末以降から」とある。onwardは「〜以降」という意味で，未来のことを表す副詞だ。よって，willを使った(C) will beが正解だと分かる。(A)過去形，(B)現在完了形，(D)過去完了形。

語句 □ concentrated 濃縮された　□ detergent 洗剤
訳 Koarz製造会社が開発した濃縮洗剤は，10月の末以降に入手可能になる予定だ。

UNIT 3

前置詞問題

UNIT 3 前置詞問題　　攻略ポイント

前置詞問題では，異なる4つの前置詞が選択肢に並んでいる。前置詞自体の意味や空所の前後の語との結びつきなどを手掛かりに，適切な前置詞を選択する。早速前置詞問題の攻略ポイントを見ていこう。

攻略ポイント 1　前置詞のコアイメージ

前置詞問題を解く時に最重要となるのが，その前置詞が持つ**コアイメージを知っておくこと**だ。前置詞とその日本語の意味を一対一対応で暗記するだけでは，全ての前置詞問題を攻略することは難しい。前置詞本来のイメージを理解することで，前置詞問題への対応力が格段に増す。例題を解き，前置詞のコアイメージへの理解を深めていこう。

例題 1

Nahama Beach is well known as a place where tourists can see flocks of the national bird flying ------- the sea.

(A) below
(B) above
(C) on
(D) with

主語のNahama Beachがどのような場所かがwhere以降で述べられており，空所を含むflying ------- the seaのカタマリが，前のflocks of the national bird「国鳥の群れ」という名詞句を後置修飾している。fly「飛ぶ」とthe sea「海」という語を繋ぐのに適切な前置詞を考えよう。「国鳥の群れが海の上を飛んでいる」という内容にすると自然な文脈となるが，選択肢には「〜の上で」を意味する(B) aboveと(C) onの2つの前置詞が並んでいる。

ここで押さえておきたいのは，**前置詞aboveとonそれぞれのコアイメージ**である。aboveは**「基準となる物体から離れて上に」**というコアイメージを持つのに対し，onは**「基準となる物体に接している」**というコアイメージがある。ここでは「国鳥の群れが（海から離れた）上空を飛んでいる」という意味が適切なので，正解は(B) aboveだ。(A) belowは「〜の下に」，(D) withは「〜と一緒に」を意味するため正解にはなりえない。

前置詞のコアイメージを知っていると，**前置詞同士の微妙なニュアンスや意味の違いが理解できるようになり，日本語にすると似た意味の前置詞が選択肢に並んでいる時も，錯乱肢に惑わされず正解を選ぶことができるようになる。**普段から辞書を引き，前置詞の持つさまざまな用法を知り，核となるイメージを抽出して理解するようにしよう。

正解 (B)
語句 □tourist 観光客　□national bird 国鳥
訳 Nahamaビーチは，国鳥の群れが海上を飛んでいる姿が見られる場所として，よく知られている。

攻略ポイント ❷ 句動詞や慣用表現などの語法問題

攻略ポイント1で学習したように，前置詞の意味とコアイメージを覚えることはとても重要だ。しかしそれだけでは太刀打ちできないのが，〈ある品詞＋前置詞〉の組み合わせが正解を導くカギとなる語法問題だ。まずは例題を見ていこう。

例題 ❷

The sales manager called ------- his subordinates to think up effective sales strategies before the next meeting.

(A) on
(B) off
(C) among
(D) from

空所の前には動詞のcalledがあり，空所の後ろには人を表すhis subordinates「彼の部下（たち）」とto不定詞が続いている。(A) onを空所に入れると，call on A to do「Aに～するよう要求する」という表現になり，問題文の文意が通る。(B) offも動詞callと結びつき，call off ～「（計画など）を中止する，取りやめる」という意味になるが，問題文では人を表す語が目的語になっているので，正解にはなりえない。(C)「～の間で」，(D)「～から」。

前置詞問題の難問の1つとして，**動詞の後ろにどのような前置詞が来るか**，という語法を問う問題が出題されることがある。このような問題では，前置詞の意味やコアイメージを知っているだけでは正解を導くことが難しい。例題2であれば，on「～の上に」という意味と「基準となる物体に接している」というコアイメージを知っていても，正解を導くことは難しいだろう。ここでは，callという動詞の後ろにはどんな前置詞が続き，どのような意味を成すのかという，「句動詞」の知識が必要となる。「前置詞」問題だからといって，前置詞の意味「だけ」を知っていても太刀打ちできない。普段から，動詞の語法にも目を向けよう。

また，前置詞問題では，句動詞の前置詞部分が問われる問題だけでなく，〈前置詞＋名詞（句）〉の慣用表現などが問われることもある。表現そのものを知っていると，迷うことなくすぐに正解を選べるので，普段から英文をできるだけたくさん読み，慣用表現の知識を深めておくことが重要だ。

正解 (A)
語句 □ subordinate 部下　□ think up ～を考え出す
訳 営業部長は部下たちに，次の会議までに効果的な営業戦略を考えるよう要求した。

0201 Ms. Nguyen's assistant has been tasked ------- reducing the length
☐☐☐ of the press release without omitting anything important.

(A) into
(B) with
(C) except
(D) despite

0202 The signboard says that the Heart Warm monument is roughly two
☐☐☐ kilometers ------- the famous Hannel Bridge.

(A) through
(B) by
(C) among
(D) past

0203 The Roussel Gallery will be exhibiting several artworks by renowned
☐☐☐ contemporary French artists ------- the winter.

(A) throughout
(B) across
(C) besides
(D) including

0204 The Belfry Sun Hotel is conveniently located in the heart of
☐☐☐ Charleston and ------- walking distance of the historic district.

(A) besides
(B) toward
(C) within
(D) until

0205 ------- the recent arrival of warmer weather, the personnel
☐☐☐ department is reminding all staff to follow the dress code.

(A) Considering
(B) Besides
(C) Against
(D) Over

稀に見る才能などは不要です。ひたむきで地道な継続さえ，できればいいのです。

0201 🔍 *be* tasked with ~   正解 (B)

空所の前にある task は「仕事，課題」という意味の名詞としてよく使われるが，ここでは動詞の過去分詞として使われている。*be* tasked with ~で「~という仕事を課される」という意味になり，問題文の文意も通るため，正解は (B) with だ。(A)「~の中に」，(C)「~を除いて」，(D)「~にもかかわらず」。

> **語句** □ length 長さ　□ without *doing* ~することなく　□ omit ~を省略する
> **訳** Nguyen さんの助手は，重要なことを省略することなく，プレスリリースの長さを短くすることを課されている。

0202 🔍 位置や時間の経過を表す past   正解 (D)

that 節の主語である the Heart Warm monument「Heart Warm 記念碑」のある位置を示しているのが roughly 以下だ。(D) past を空所に入れると，roughly two kilometers past the famous Hannel Bridge「有名な Hannel 橋からおよそ2キロ過ぎた（所にある）」という意味になり，問題文の文意が通る。この past は「~を過ぎて」という意味の前置詞で，ある場所の位置や，時間が経過したことを説明する際に使われる。正答としてはなじみが薄い前置詞の1つなので，ここで意味と使い方を押さえておこう。(A)「~を通って，通じて」，(B)「~によって」，(C)「~の間で」。

> **語句** □ signboard 看板
> **訳** 看板には，Heart Warm 記念碑は有名な Hannel 橋からおよそ2キロ過ぎた所にあると書かれている。

0203 🔍 期間を表す throughout   正解 (A)

空所に (A) throughout を入れると，throughout the winter「冬の間中」という表現になり，芸術作品が展示される「期間」を表すことができ，問題文の文意が通る。(B)「~を横切って」，(C)「~に加えて」，(D)「~を含めて」。throughout は後ろに場所を示す表現を置いて，「~の至る所に」という意味でも使われる。また，正答以外の前置詞にも注目しよう。(D) の including は，対義語の excluding「~を除いて」とセットで覚えておくこと。

> **語句** □ exhibit ~を展示する　□ renowned 有名な
> **訳** Roussel ギャラリーは冬の間中，有名な現代フランス人画家によるいくつかの芸術作品を展示する予定だ。

0204 🔍 距離を表す within   正解 (C)

空所に (C) within を入れると within walking distance of ~「~から徒歩圏内だ」という表現になり，問題文の文意が通る。within は期間や距離が「~以内である」という意味を表す頻出の前置詞だ。(A)「~に加えて」，(B)「~に向かって」，(D)「~まで（ずっと）」。問題文中にある conveniently located「便利な所に位置している」という表現は頻出なので必ず押さえておくこと。

> **語句** □ in the heart of ~ ~の中心に　□ historic district 歴史ある地域
> **訳** Belfry Sun ホテルはチャールストンの中心の便利な場所に位置しており，歴史ある地域から徒歩圏内である。

0205 🔍 considering の用法   正解 (A)

(A) Considering「~を考慮すると」を空所に入れると，問題文は「最近の暖かい気候の到来を考慮して（＝暖かくなってきたので規定に違反して薄着になる従業員がいる可能性があるため）服装規定に従うよう人事部が全従業員に呼び掛けている」という内容になり，文意が通る。「~を考慮すると」を意味する前置詞である given もあわせて覚えておこう。(B)「~に加えて」，(C)「~に反対して」，(D)「~を越えて」。

> **語句** □ arrival 到来　□ remind A to do A に~することを思い出させる　□ dress code 服装規定
> **訳** 最近の暖かい気候の到来を考慮して，人事部は全従業員に服装規定に従うよう呼び掛けている。

0206 Mr. Lamont was unable to assemble the components of the grinding machine ------- the proper tools.

(A) but
(B) save
(C) except
(D) without

0207 Montclair Heart Antiques will be selling a wide assortment of vintage furniture ------- a discount from October 16 to 22.

(A) to
(B) by
(C) at
(D) as

0208 Mr. Ryan's keys fell ------- of his pocket someplace between the community center and his car in the parking lot.

(A) from
(B) in
(C) out
(D) along

0209 The automotive technicians in the training program are eager to put their new skills ------- practice after it wraps up.

(A) through
(B) before
(C) from
(D) into

0210 ------- the short publicity period, the film's box office revenues were much higher than expected.

(A) Despite
(B) Unlike
(C) To
(D) From

0206 💡 否定の意味を表す前置詞の使い分け　　　正解 (D)

全ての選択肢が, (A)「～を除いて」, (B)「～を除いて」, (C)「～を除いて」, (D)「～なしで」というような, 否定の意味を表す前置詞となっている。問題文を読むと, 空所の前までは「部品を組み立てることができなかった」という内容で, 空所の後ろには「適切な道具」という名詞句が続いている。「適切な道具なしでは部品を組み立てることができなかった」という文脈にすると問題文の文意が通るため, (D) without が正解だ。似た意味の前置詞が選択肢に並ぶ難問では, 特に空所の前後の意味の繋がりをしっかりと掴むようにしたい。

語句 □ be unable to do ～することができない　□ component 部品　□ grinding machine 研削盤
訳 Lamont さんは適切な道具なしでは, 研削盤の部品を組み立てることはできなかった。

0207 💡 重要表現 at a discount　　　正解 (C)

空所に (C) at を入れると at a discount「割引価格で」という表現になり, 問題文の文意が通る。at a fair price「正当な価格で」や at cost「原価で」などの表現もあわせて押さえておきたい。(A)「～へ」, (B)「～によって」, (D)「～として」。

語句 □ antique 骨董品　□ a wide assortment of ～ 幅広い品揃えの～　□ vintage ビンテージの
訳 Montclair Heart 骨董品店は, 10月16日から22日まで, 幅広い品揃えのビンテージ家具を割引価格で販売する予定である。

0208 💡 句動詞 fall out of ～　　　正解 (C)

空所に (C) out を入れると fall out of ～「～から落ちる, 抜け出す」という表現になり, 問題文の文意が通る。空所の前にある fell は (A) や (B) の前置詞とセットになって, fall from ～「～から落ちる」, fall in ～「(川など)に落ちる」という表現になるが, ここでは空所の後ろに of があるため, 正解は (C) となる。空所の前後を含め, 問題文全体をしっかり読むよう注意しよう。(A)「～から」, (B)「～の中に」, (D)「～に沿って」。

訳 Ryan さんの鍵は, コミュニティセンターと駐車場にある彼の車の間のどこかでポケットから落ちた。

0209 💡 put A into practice　　　正解 (D)

空所に (D) into を入れると put A into practice「A を実践する」という表現になり, 問題文の文意が通る。本問では A に当たる部分が their new skills「新しい技術」となっている。(A)「～を通って, 通じて」, (B)「～の前に」, (C)「～から」。

語句 □ be eager to do ～したいと思う　□ wrap up (会議・仕事などが) 終わる
訳 研修プログラムに参加している自動車整備士たちは, 研修が終わった後に新しい技術を実践したいと思っている。

0210 💡 逆接を表す despite　　　正解 (A)

空所からカンマまでの「短い宣伝期間」という語句から予想されることと, カンマ以降で述べられている「興行収入は大きかった」は逆の内容である。よって, 正解は逆接を表す前置詞の (A) Despite だ。前置詞問題の問題文で相反する内容が述べられている時は, 「～にもかかわらず」を意味する despite や in spite of ～を正解候補に考えるとよいだろう。(B)「～とは違って」, (C)「～へ」, (D)「～から」。問題文中にある than expected「予想よりも」は, than they (= the film's box office revenues) had been expected から they had been を省略したものだと考えること。

語句 □ publicity period 宣伝期間　□ box office revenue 興行収入
訳 短い宣伝期間であったにもかかわらず, その映画の興行収入は予想よりもはるかに大きかった。

0211 The Employment Centre offers résumé building workshops ------- occasion and classes to help students improve their interview skills.

(A) over
(B) for
(C) around
(D) on

0212 Shareholders attending the annual meeting indicated that they want to keep the CEO's compensation ------- reason.

(A) beneath
(B) inside
(C) within
(D) behind

0213 Ms. Brown was unable to find the book on personal finance in the library on account ------- it having already been checked out.

(A) with
(B) for
(C) of
(D) to

0214 The metropolitan government is seeking bids for the construction of a subway line ------- downtown Paden City and Grady Street.

(A) among
(B) since
(C) between
(D) amidst

0215 The audience was asked to exit ------- the burgundy doors located at the end of each aisle when leaving the theater.

(A) inside
(B) through
(C) along
(D) except

0211 💡 重要表現 on occasion　　　　　　　　　　　**正解** (D)

occasionという名詞がポイントとなる問題だ。空所に(D) onを入れると, on occasion「時折」という表現になり, 問題文の文意が通る。「時折」を意味する副詞occasionallyや, 前置詞を使ったfrom time to timeと共に押さえておきたい。(A)「〜を越えて」, (B)「〜のために」, (C)「〜の周りに」。

語句 □ employment 雇用　□ résumé building workshop 履歴書作成講座

訳 雇用センターは, 時折履歴書作成講座や, 学生が面接スキルを向上させるのに役立つ講習を提供している。

0212 💡 範囲内を表す within　　　　　　　　　　　**正解** (C)

空所に(C) within「〜の範囲内で」を入れるとwithin reason「理にかなった」という表現になり, 問題文の文意が通る。withinは, 「範囲」を示す前置詞だ。within ten minutes「10分以内で」など, 時間の範囲が後ろに続くパターンはよく知られているが, 本問のように, 常識の範囲を示す場合があることも押さえておきたい。(A)「〜の下に」, (B)「〜の内部に」, (D)「〜の後ろに」。本問の主語がShareholders attending the annual meeting「年次総会に参加する株主たち」, 述語動詞がindicated「〜をほのめかした」, that節がindicatedの目的語となっていることも確認しておこう。

語句 □ shareholder 株主　□ keep A B AをBに保つ　□ compensation 報酬

訳 年次総会に参加する株主たちは, 最高経営責任者の報酬を道理にかなった額に保ちたいと思っていることをほのめかした。

0213 💡 重要表現 on account of 〜　　　　　　　　　　　**正解** (C)

空所に(C) ofを入れるとon account of 〜「〜が原因で」という表現になり, 空所の前までの「本を見つけられなかった」ことが結果, 空所の後ろの「それ(本)がすでに貸し出されていた」ことが原因となり, それらの因果関係が適切に繋がる。on account of 〜はbecause of 〜やowing to 〜, due to 〜, thanks to 〜などに言い換えることが可能だが, on account of 〜だけは通例ポジティブな内容とは一緒に使わないので注意が必要だ。本問のように, ネガティブな事柄の原因や理由を説明する時に使われるということを覚えておこう。(A)「〜と一緒に」, (B)「〜のために」, (D)「〜へ」。

語句 □ personal finance 個人融資　□ check out 〜 〜を借りる

訳 すでに貸し出されていたため, Brownさんはその個人融資に関する本を図書館で見つけることができなかった。

0214 💡 among vs between　　　　　　　　　　　**正解** (C)

空所に(C) betweenを入れると, between A and B「AとBとの間に」という表現になり, 問題文の文意が通る。betweenの後ろには, 「それぞれが具体的に区別できる2つ以上のもの」が続く。一方, 日本語では同じ「〜の間に」となる(A) amongの後ろには, 基本的に「個々が具体的でない集合」を表す語が続く。among young people「若者の間で」などがその例だ。そのため, ここでは(A)は正解にはなりえない。この2つの前置詞の違いを押さえておこう。(B)「〜以来ずっと」, (D)「〜の真っただ中に」。

語句 □ metropolitan government 都政府　□ bid 入札　□ subway line 地下鉄路線

訳 都政府が, パデン市の中心部とGrady通りを結ぶ地下鉄路線の建設への入札を募集している。

0215 💡 経路を表す through　　　　　　　　　　　**正解** (B)

(B) throughを空所に入れるとexit through the burgundy doors「バーガンディ色のドアから出る」という表現になり, 問題文の文意が通る。throughは「経路」を表す場合に使われる前置詞で, 「〜を通じて, 通って」という意味を表す。(A)「〜の内部に」, (C)「〜に沿って」, (D)「〜を除いて」。

語句 □ burgundy バーガンディ色の　□ at the end of 〜 〜の端に　□ aisle 通路

訳 劇場を退出する際に, 観客は各通路の端にあるバーガンディ色の扉から出るよう求められた。

0216 ------- more information regarding product line-ups or to purchase our products, please visit our online store.

(A) About
(B) To
(C) With
(D) For

0217 The Sunpeak Resort in Honolulu boasts that all windows of its eighty-six rooms face ------- Kaneohe Bay.

(A) toward
(B) outside
(C) before
(D) via

0218 The summer sale at Pennyworth Stationery will run from August 17 ------- the end of the month.

(A) onto
(B) following
(C) during
(D) through

0219 Abby's Burgers has grown from a small hamburger stand ------- a restaurant chain with franchises in nine countries.

(A) into
(B) past
(C) out
(D) up

0220 The new inventory management system is ------- anything the software engineers have created before.

(A) round
(B) upon
(C) unlike
(D) by

0216 🔑 目的や願望を表すfor　　　　　　　　　　　　　　正解 (D)

空所に(D) Forを入れると, For more information「さらなる情報（をお求めの際）は」という意味になり, 後半の節の内容と自然に繋がる。このforは「目的」や「願望」を表す前置詞だ。「さらなる情報については」と考えて(A) Aboutを選んでしまわないように注意したい。aboutとほぼ同義の「〜に関する」という意味を持つ前置詞regardingが, informationの後ろですでに使われている。重要な頻出語なので覚えておこう。(B)「〜へ」, (C)「〜と一緒に」。

語句 □ product line-up （メーカーの）製品ラインナップ

訳 製品ラインナップに関するさらなる情報のお求めや弊社製品のご購入につきましては, 弊社オンラインストアにアクセスしてください。

0217 🔑 向きを示すface toward 〜　　　　　　　　　　　正解 (A)

空所に(A) towardを入れるとface toward 〜「〜に向いている, 面している」という表現になり, 問題文の文意も通る。(B)「〜の外に」, (C)「〜の前に」, (D)「〜を経由して」。

語句 □ boast 〜を持っている, 誇りにする

訳 ホノルルにあるSunpeak Resortは, 86部屋の全ての窓がKaneohe湾に向いていることを売りにしている。

0218 🔑 「AからBまで」を示す表現　　　　　　　　　　　　正解 (D)

空所に(D) throughを入れるとfrom A through B「AからBまで」という表現になり, 問題文の文意も通る。from A to B「AからBまで」はよく知られている表現だが, toの代わりに前置詞throughも使われることを押さえておきたい。(A)「〜の上に」, (B)「〜の後に」, (C)「〜の間に」。問題文中にあるrunは, ここでは「（出来事がある期間）続く」という意味で使われている。

語句 □ stationery 文房具

訳 Pennyworth文房具店の夏のセールは, 8月17日から月末まで続く。

0219 🔑 grow from A into B　　　　　　　　　　　　　　正解 (A)

空所に(A) intoを入れると, grow from A into B「Aから B（の状態）に成長する」という表現になり, 問題文の文意も通る。intoは「中へ入り込む」というコアイメージを持つ前置詞だ。このイメージから派生したbe into 〜「〜にはまっている, 夢中である」も定番表現である。前置詞はコアイメージを押さえておくようにしたい。(B)「〜を過ぎて」, (C)「〜から（外へ）」, (D)「〜の上方へ」。

語句 □ hamburger stand ハンバーガー店　　□ franchise 営業権

訳 Abby's Burgersは, 小さなハンバーガー店から9カ国で営業権を持つレストランチェーンへと成長した。

0220 🔑 異なっていることを表すunlike　　　　　　　　　　正解 (C)

(C) unlike「〜とは違って」を空所に入れると, 主語のThe new inventory management system「新たな在庫管理システム」と, 補語のanything the software engineers have created before「ソフトウェアエンジニアがこれまでに作ったいかなるもの」が対照的であることを示した正しい内容の文になる。anythingの後ろには目的格の関係代名詞thatが省略されていると考えること。(A)「〜を取り巻いて」, (B)「〜の上に」, (D)「〜によって」。

語句 □ inventory 在庫

訳 新たな在庫管理システムは, ソフトウェアエンジニアがこれまでに作ったいかなるものとも違うものだった。

0221 In her speech at the awards ceremony, CEO Hikari Endo described what the company was ------- when she first joined.

(A) like
(B) from
(C) beneath
(D) in

0222 Mr. Seppala asked the aerobics instructor to turn down the music in her room so that it wouldn't interfere ------- his yoga class.

(A) into
(B) for
(C) with
(D) against

0223 The studio not only canceled the premiere of its documentary but also pushed its release back ------- September 28.

(A) of
(B) up
(C) at
(D) to

0224 ------- strict time constraints, six members of the hotel staff decorated the entire ballroom for the banquet.

(A) At
(B) Under
(C) Below
(D) Inside

0225 Even when a consensus ------- the committee members is obvious, a vote is held for the sake of formality.

(A) among
(B) since
(C) toward
(D) beside

0221 💡 what A is like　　　正解 (A)

空所の前にwhatがあることに注目しよう。空所に(A) like「～のように」を入れると, what A was like「A が(昔)どのような状態であったか」という表現になり, 問題文の文意が通る。what以下が, 述語動詞 describedの目的語となっている。likeは動詞として使われることが多いが,「特徴, 状態」を表す前置詞 の働きを持つということも覚えておこう。(B)「～から」, (C)「～の下に」, (D)「～の中に」。

語句 □ awards ceremony 授賞式

訳 授賞式のスピーチで, CEOのHikari Endoは, 入社した当時の会社の状態を語った。

0222 💡 句動詞 interfere with ～　　　正解 (C)

空所に(C) withを入れるとinterfere with ～「～を妨げる」という句動詞になり, 問題文の文意が通る。(A) 「～の中に」, (B)「～のために」, (D)「～に反対して」。問題文中にあるturn down ～ は「(音量)を下げる」 という意味の句動詞で, 対義語はturn up ～「(音量)を上げる」だ。turn up the radio「ラジオのボリュー ムを上げる」という表現を覚えておくこと。

語句 □ aerobics instructor エアロビクスの講師

訳 Seppalaさんはエアロビクスの講師に, 自身のヨガクラスを妨げないよう, 教室の音量を下げるよう頼んだ。

0223 💡 期間の終点を表すto　　　正解 (D)

(D) toを空所に入れると延期の期限が「9月28日まで」となり, 問題文の文意が通る。push back ～「～ を延期する」は, 時が経つにつれて現在に近づいてくる予定を未来に向かって押し返す(つまり延期される ことになる)イメージの表現だ。(A)「～の」, (B)「～の上方に」, (C)「～で」。問題文中にあるnot only A but also B「AだけでなくBも」は頻出の相関接続詞だ。

語句 □ premiere プレミア試写会　□ documentary ドキュメンタリー　□ release 公開

訳 スタジオは, そのドキュメンタリーのプレミア試写会をキャンセルしただけでなく, 公開を9月28日に延期した。

0224 💡 支配・影響下にあることを表すunder　　　正解 (B)

空所に(B) Under「～のもとで」を入れるとUnder strict time constraints「厳しい時間の制約のもとで」 という表現になり, 問題文の文意が通る。underは「あるもののすぐ下に」というイメージを持ち, あるもの の支配・影響下にある状態を表せるということを押さえておくこと。(C)「～の下に」も正解であるように思え るかもしれないが, belowは「ある基準よりも下に」という意味を表すので, ここでは正解にはなりえない。(A) 「～で」, (D)「～の内部に」。問題文中にあるentireは「全体の, 全部の」という意味の形容詞で, 〈the entire＋名詞の単数形〉という形で使われることが多い。類義語のwhole「全体の」と共に押さえておこう。

語句 □ constraint 制約　□ ballroom 舞踏室　□ banquet 宴会

訳 厳しい時間の制約のもとで, 6人のホテル従業員が宴会用の舞踏室全体を飾った。

0225 💡 集合体を表すamong　　　正解 (A)

空所に(A) amongを入れるとa consensus among the committee members「委員の間での合意」 となり, 問題文の文意が通る。amongの後ろには, 3者以上で構成される集合体や, 不特定多数の人や 物を表す語句が続くということを押さえておこう。ここでは, the committee members「委員」が正解を 導くためのキーワードとなる。(B)「～以来ずっと」, (C)「～に向かって」, (D)「～のそばに」。問題文中にある even whenは「～の時でさえも」という,「予想に反する内容」を導く接続詞だ。

語句 □ consensus 合意　□ for the sake of ～ ～のために　□ formality 形式的なこと

訳 委員の間での合意が明らかな場合であっても, 形式上の投票が行われる。

0226 All the clinical research coordinators received the agenda ------- e-mail in advance of the important meeting.

(A) via
(B) to
(C) beyond
(D) for

0227 MilkBow's garments made ------- cashmere wool are lightweight enough to wear all day long without people feeling tired.

(A) into
(B) for
(C) out
(D) of

0228 Mayor David Wallace presided ------- the official opening of the Frisk Gymnastics Center on October 24.

(A) into
(B) near
(C) toward
(D) over

0229 Some employees have appealed to the president to expand ------- her reasons for changing the long-standing administrative policy.

(A) from
(B) for
(C) upon
(D) about

0230 Many people crowded around the stage at the music festival while the organizers tried to keep the situation ------- control.

(A) into
(B) below
(C) inside
(D) under

0226 🔍 経由を表すvia   正解 (A)

空所に(A) viaを入れると, via e-mail「Eメールを通じて」という表現になり, 問題文の文意が通る。viaは「経由」を表す前置詞で,「〜を経由して」という意味を表す。e-mail「Eメール」やtelephone「電話」などの伝達手段を表す語とセットで押さえておこう。また, viaは「〜を経由して」という意味で使われる場合には, by way of 〜に言い換えることが可能だ。(B)「〜へ」, (C)「〜を越えて」, (D)「〜のために」。

語句 □ clinical research 臨床研究   □ agenda 議題   □ in advance of 〜 〜の前に
訳 臨床研究コーディネーターの全員が, 大事な会議の前に, Eメールを通じて議題を受け取った。

0227 🔍 made of 〜 vs made into 〜   正解 (D)

空所の前にはMilkBow's garments「MilkBow社の衣服」とmadeがあり, 空所の後ろには衣服の素材を表すcashmere wool「カシミヤウール」が続いている。空所に(D) ofを入れると, (be) made of 〜「〜という材料でできている」という表現になり, 問題文の文意が通る。選択肢にはないが, ofの代わりにfromを使っても同様の意味を表すことができる。一方, (be) made into 〜は,「(原料や材料がある商品)になる, 加工される」という反対の意味を持つ。空所の後ろには素材を表す語が続いているので, (A)は不正解だ。(A)「〜の中に」, (B)「〜のために」, (C)「〜から(外へ)」。

語句 □ garment 衣服   □ cashmere wool カシミヤウール   □ lightweight 軽い
訳 カシミヤウールでできているMilkBow社の衣服は, 1日中着ていても疲れを感じさせないほど軽い。

0228 🔍 動詞prideの語法   正解 (D)

空所に(D) overを入れるとpreside over 〜「〜で司会を務める」という表現になり, 問題文の文意が通る。presideは「議長をする, 司会する」という意味を表す, 難単語の1つだ。主に自動詞として使われ, 前置詞のoverが後ろに続く。意味と語法の両方をしっかりと押さえておこう。(A)「〜の中に」, (B)「〜の近くに」, (C)「〜に向かって」。

語句 □ mayor 市長   □ gymnastics 体操
訳 David Wallace市長は, 10月24日のFrisk体操センターの公式オープンで司会を務めた。

0229 🔍 動詞expandの語法   正解 (C)

空所に(C) uponを入れるとexpand upon [on] 〜「〜について詳しく説明する」という表現になり, 問題文の文意が通る。expandはexpand into 〜 market「〜市場に進出する」という表現が頻出だが, expand upon 〜もセットでしっかりと覚えておくこと。(A)「〜から」, (B)「〜のために」, (D)「〜について」。

語句 □ appeal to 〜 〜に懇願する   □ long-standing 長く続いている   □ administrative policy 運営方針
訳 何人かの従業員は社長に, 長く続いている運営方針を変更する理由を詳細に話すよう求めた。

0230 🔍 支配・影響下にあることを表すunder   正解 (D)

空所に(D) underを入れるとunder control「(混乱した事態などが)収拾されて, 制御されて」という表現になり, 問題文の文意が通る。keep the situation under control「事態が収拾された状態を保つ」はkeep O C「OをCの状態のままにする」で構成されており, under controlがthe situationの補語となっている。(A)「〜の中に」, (B)「〜の下に」, (C)「〜の内部に」。

語句 □ crowd around 〜 〜の周りに押し寄せる
訳 主催者が事態を収拾しようとしていた一方で, 音楽祭では大勢の人がステージの周りを取り囲んだ。

0231 The Argentina travel guidebook that Mr. Dunham lent -------
Ms. Cazorla was helpful when she planned the annual company
retreat.

(A) by
(B) with
(C) to
(D) on

0232 Once the owner and Ms. Fujita agree on a price, she will be
presented ------- a contract to purchase the property.

(A) to
(B) with
(C) for
(D) as

0233 Mr. Jarvis devised a new calculation method for estimating how
much a car will depreciate ------- value over time.

(A) beyond
(B) under
(C) of
(D) in

0234 Mr. Bremmer's logo design was chosen ------- Ms. Burke's because
it was more colorful and eye-catching.

(A) out
(B) along
(C) onto
(D) over

0235 The ferry was supposed to leave at seven o'clock, but ------- the
circumstances the crew decided to delay the departure.

(A) given
(B) within
(C) beyond
(D) past

0231 🔑 lend *A* to *B* の *A* が先行詞であることを見抜く　　正解 (C)

文頭からMs. Cazorlaまでが主語で, このうちthat以下はThe Argentina travel guidebookを修飾する関係代名詞節だ。空所直前のlentは動詞lendの過去形で, lend *A* to *B* 「*A*を*B*に貸す」の*A*に当たる部分が先行詞として前に出ていると考え, 空所に (C) toを入れると問題文の文意が通る。第4文型では lend *B* *A* 「*B*に*A*を貸す」の語順になるということもあわせて覚えておこう。(A) 「～によって」, (B) 「～と一緒に」, (D) 「～の上に」。

語句 □ Argentina アルゼンチン　□ company retreat 社員旅行

訳 DunhamさんがCazorlaさんに貸したアルゼンチンの旅行ガイドブックは, 彼女が年に一度の社員旅行を計画した際に役立った。

0232 🔑 present *A* with *B* の受動態　　正解 (B)

空所に (B) withを入れるとwill be presented with a contract 「契約書を提示される」という表現になり, 問題文の文意も通る。能動態の形であるpresent *A* with *B* 「*A*に*B*を提示する」も押さえておきたい。(A) 「～へ」, (C) 「～のために」, (D) 「～として」。

語句 □ agree on ～ ～について同意する　□ contract 契約書

訳 ひとたび所有者とFujitaさんが価格に合意したら, 彼女に不動産購入の契約書が提示される。

0233 🔑 重要表現 depreciate in value　　正解 (D)

空所に (D) inを入れると, depreciate in value 「価値が下がる」という表現になり, 問題文の文意が通る。反意表現のappreciate in value 「価値が上がる」や, 関連表現のbe equivalent in value 「価値が等しい」もセットで覚えておくこと。(A) 「～を越えて」, (B) 「～の下に」, (C) 「～の」。

語句 □ devise ～を考案する　□ calculation method 計算方法　□ estimate ～を推定する

訳 Jarvisさんは, 時が経つにつれて自動車の価値がどれくらい下がるかを推定する新しい計算方法を考案した。

0234 🔑 優越を表す over　　正解 (D)

空所に (D) overを入れるとchoose *A* over *B* 「*B*より*A*の方を選ぶ」の受動態であるbe chosen over ～「～ではなく (主語) が選ばれる」が完成し, 問題文の文意が通る。overには「～の上に」のほか, 「(地位などが) ～より上である, 優れている」という「優越」を表すニュアンスもある。(A) 「～から (外へ)」, (B) 「～に沿って」, (C) 「～の上に」。

語句 □ colorful 色鮮やかな　□ eye-catching 人目を引く

訳 BremmerさんのロゴデザインはBurkeさんのものよりも, より色鮮やかで人目を引いたため, 選出された。

0235 🔑 「～を考慮すると」を表す given　　正解 (A)

空所に (A) givenを入れるとgiven the circumstances 「状況を考慮して」という表現になり, 問題文の文意が通る。このgivenは「～を考慮すると」という意味の前置詞で通常文頭に置かれることが多いが, 本問のように文中で使われることもあるので注意したい。(B) 「～以内に」, (C) 「～を越えて」, (D) 「～を過ぎて」。

語句 □ *be* supposed to *do* ～する予定だ　□ crew 乗組員　□ departure 出発

訳 フェリーは7時に出航する予定だったが, 状況を考慮し, 乗組員は出発を遅らせることに決めた。

UNIT **③** 前置詞問題

0236 According to the ship's manifest, dozens of containers ------- the
☐☐☐ vessel contain hazardous chemicals that need to be handled with
care.

(A) beyond
(B) onto
(C) aboard
(D) beneath

0237 ------- the excitement leading up to the championship final, the
☐☐☐ basketball players signed many autographs for fans.

(A) Between
(B) Amid
(C) Inside
(D) Across

0238 Greene Books distributed one original bookmark to customers
☐☐☐ ------- book purchased during the week.

(A) under
(B) on
(C) at
(D) per

0239 ------- earning his flight instructor certificate, Mr. Atkins applied for
☐☐☐ a job training pilots at an academy.

(A) Onto
(B) Unlike
(C) About
(D) Upon

0240 Amural Restaurant introduced a system that allows customers to
☐☐☐ order food from a mobile app while they are waiting ------- line.

(A) for
(B) until
(C) up
(D) in

0236 🔑 乗り物と相性のよい aboard　　　　　　　　　正解 (C)

空所に (C) aboard を入れると, dozens of containers aboard the vessel「船上の多数のコンテナ」となり, 問題文の文意が通る。この aboard は「(乗り物) に乗って」という意味の前置詞だ。列車や飛行機, バスなどの乗り物を表す語と一緒に使われる。*be* aboard a train「電車に乗っている」という表現も覚えておくこと。(B) onto「～の上に」は get onto ～「～に乗る」, jump onto ～「～に飛び乗る」などの表現では, 乗り物を表す語の前に置いて使うことができる。(A)「～を越えて」, (D)「～の下に」。

語句 □ manifest 積荷目録　□ vessel 船　□ hazardous 危険な　□ chemical 化学製品
訳 積荷目録によると, 船上の多数のコンテナには注意して扱う必要のある危険な化学製品が入っている。

0237 🔑 amid の意味や用法を正しく理解する　　　　　　正解 (B)

(B) Amid を空所に入れると, Amid the excitement「興奮の真っただ中」という表現になり, 問題文の文意が通る。amid は「～の真っただ中に」という意味の前置詞だ。意味や用法を正しく理解している人が少ない前置詞の1つなので, ここで必ず押さえておこう。amid を使った表現には amid applause「喝采を浴びながら」などがある。(A)「～の間に」, (C)「～の内部に」, (D)「～を横切って」。

語句 □ lead up to ～ ～に繋がる, 通じる　□ championship final 決勝戦　□ autograph サイン
訳 決勝戦直前の興奮の真っただ中で, バスケットボールの選手たちはファンのためにたくさんのサインを書いた。

0238 🔑 単位を表す per　　　　　　　　　　　　　　正解 (D)

空所の後ろには book purchased「購入された本 (1冊)」という語句が続いている。空所に (D) per「～につき」を入れると, per book purchased「購入された本1冊につき」という表現になり, 問題文の文意も通る。per は単位「～につき」を意味する前置詞で, per day「1日につき」や per person「1人につき」などの表現がよく使われるので覚えておこう。(A)「～の下に」, (B)「～の上に」, (C)「～で」。

訳 Greene 書店ではその週の間, 購入された本1冊につき, 1枚のオリジナルのしおりを顧客に配布した。

0239 🔑 「～するとすぐに」を表す upon　　　　　　　　正解 (D)

空所に (D) Upon を入れると, upon *doing*「～するとすぐに, ～する時」という表現になり, 問題文の文意が通る。upon *doing* は on *doing* に言い換えることも可能だ (upon の方がよりフォーマル)。また, upon [on] *doing* は〈when [while / after] ＋主語＋動詞＋α〉のいずれかのパターンに言い換えることもでき, どの接続詞を使うかは, 文脈によって決まる。(A)「～の上に」, (B)「～とは違って」, (C)「～について」。

語句 □ earn ～を得る　□ certificate 資格　□ academy 訓練学校
訳 飛行インストラクターの資格を得るとすぐに, Atkins さんは訓練学校でパイロットを育成する仕事に応募した。

0240 🔑 重要表現 wait in line　　　　　　　　　　　　正解 (D)

空所に (D) in を入れると, wait in line「列になって待つ」という表現になり, 問題文の文意が通る。空所の前の動詞 wait を見て, wait for ～「～を待つ」となる (A) for を選んだ人がいるかもしれないが, for の後ろには「(主語が) 待つ対象となる人やもの」が続くので, line「列」が続く本問では不正解だ。(A)「～のために」, (B)「～まで (ずっと)」, (C)「～の上方に」。問題文中にある allow *A* to do「Aが～できるようにする」は, 頻出の表現だ。

語句 □ mobile app 携帯アプリ
訳 Amural レストランは, 顧客が列に並んでいる間に携帯アプリから食べ物を注文できるシステムを導入した。

0241 The personnel director made clear where she stands ------- the issue of offering employees the option of a compressed workweek.

(A) by
(B) to
(C) across
(D) on

0242 ------- the award for her outstanding work, Theresa Seldon received a research grant from the Washington Science Council.

(A) Past
(B) Besides
(C) Since
(D) Toward

0243 The executives are weighing the advantages of merging with its subsidiary ------- the benefits of remaining a separate entity.

(A) aboard
(B) of
(C) versus
(D) toward

0244 We are unable to review your application ------- such time as we receive your transcripts and test scores.

(A) until
(B) except
(C) over
(D) despite

0245 Owing to today's heavy snowfall and road closures, we are extending the deadline for submitting an application ------- one day.

(A) to
(B) by
(C) up
(D) at

0241　🔑 話題を表すon　　　　　　　　　　　　正解 (D)

文頭から空所までは, The personnel director「人事部長」が主語, made clear「はっきりさせた」が述語動詞と補語, where she stands「彼女がどこに立っているか (=彼女の立場)」が目的語で「人事部長は自身の立場をはっきりさせた」という意味だ。空所に (D) on「〜について」を入れると, 彼女が何についての立場をはっきりさせたのかを表すことになり, 問題文の文意が通る。(A)のbyは stand by 〜「〜のそばに立つ, 〜を支援する」の形で使うことができるが, ここでは文意が通らない。(A)「〜によって」, (B)「〜へ」, (C)「〜を横切って」。本問のようにmake ○ Cの○が修飾語を伴うなどして長い場合, CがOの前に置かれることがある。

🔲語句 □ compressed 圧縮された　　□ workweek 1週間の労働時間
🔲訳 人事部長は1日の労働時間を増やし, 就業日数を少なくする選択肢を従業員たちに提示することの問題について, 自身の立場を明らかにした。

0242　🔑 追加を表すbesides　　　　　　　　　　正解 (B)

カンマ以降の内容から, Theresa Seldonさんが受け取ったものはa research grant「研究助成金」だと分かるが, 空所の後ろに続くaward「賞」も, Theresaさんが受け取ったものだと文脈から推測することができる。よって, (B)のBesides「〜に加えて」を空所に入れると問題文の文意が通る。(A)「〜を過ぎて」, (C)「〜以来ずっと」, (D)「〜に向かって」。

🔲語句 □ outstanding 素晴らしい
🔲訳 Theresa Seldonは素晴らしい仕事に対する賞に加えて, ワシントン科学議会から研究助成金を受け取った。

0243　🔑 2つの物事の対比を表すversus　　　　　正解 (C)

(C) versusを空所に入れると, weigh A versus B「AとBを天秤にかける」という表現になり, 問題文の文意が通る。versusは「〜に対して」という意味の前置詞で, 2つの物事を対比する時に用いられるということを押さえておこう。(A)「(乗り物)に乗って」, (B)「〜の」, (D)「〜に向かって」。

🔲語句 □ merge with 〜 〜と合併する　　□ subsidiary 子会社　　□ separate entity 別の事業体
🔲訳 会社役員たちは, 子会社と合併することの利点と, 独立したままの状態でいることの恩恵を天秤にかけている。

0244　🔑 〈until such time as＋主語＋動詞〉　　正解 (A)

空所に (A) untilを入れると〈until such time as＋主語＋動詞〉「主語が〜する時まで」という表現になり, 問題文の文意が通る。until such time asの後ろには〈主語＋動詞＋α〉が続くということをしっかり押さえておきたい。(B)「〜を除いて」, (C)「〜を越えて」, (D)「〜にもかかわらず」

🔲語句 □ review 〜を審査する　　□ application 出願　　□ transcript 成績証明書
🔲訳 成績証明書とテスト結果を受け取るまで, あなたの出願を審査することはできません。

0245　🔑 差異を表すby　　　　　　　　　　　　正解 (B)

空所に (B) byを入れるとextend A by B「AをBの期間延長する」という表現になり, 問題文の文意が通る。前置詞byは「差異」を表すことができる。本問では, 元々の締め切り日から変更後の締め切り日の間にある「差」を表している。(A)「〜へ」, (C)「〜の上方に」, (D)「〜で」。問題文中にあるowing to 〜「〜が原因で」は, due to 〜やthanks to 〜, because of 〜などに言い換えることが可能だ。

🔲語句 □ road closure 道路封鎖　　□ extend 〜を延ばす　　□ application 申請書
🔲訳 今日の大降雪と道路封鎖のため, 私たちは申請書の提出締め切りを1日延ばす予定です。

0246 Only half the residents who were surveyed are ------- favor of demolishing the historic Bellevue Inn on Potters Road.

(A) of
(B) to
(C) in
(D) on

0247 Ms. Atkinson returned to work and was brought ------- to speed on the latest computer science trends.

(A) from
(B) up
(C) out
(D) off

0248 Indigo Cabins has many canoes ------- hire that guests can use, along with paddles, life jackets and other equipment.

(A) onto
(B) for
(C) during
(D) inside

0249 The manager called an impromptu meeting to form a consensus ------- opinion on how to deal with the staff shortage.

(A) through
(B) onto
(C) of
(D) for

0250 The paintings conservator recommends applying a coat of varnish ------- the artwork before hanging it on the wall.

(A) over
(B) via
(C) about
(D) down

「ベストを尽くした」と言える今日を，創り上げることだけを考えればよいのです。

0246 🔑 重要表現 in favor of 〜　　　　　　　　　　正解 (C)

空所に (C) in を入れると be in favor of 〜「〜に賛成している」という表現になり, 問題文の文意が通る。「〜に反対している」は前置詞の against を使い be against 〜で表すことができる。また, residents「住民」の後ろに続く〈関係代名詞の主格＋be 動詞〉の who were は, 省略することが可能だ。(A)「〜の」, (B)「〜へ」, (D)「〜の上に」。

語句 □ survey 〜を調査する　□ demolish 〜を取り壊す　□ historic 歴史上重要な　□ inn ホテル

訳 Potters 通りにある, 歴史上重要な Bellevue ホテルの取り壊しに賛成しているのは, 調査した住民のたった半分だった。

0247 🔑 bring *A* up to speed　　　　　　　　　　　正解 (B)

空所に (B) up を入れると bring *A* up to speed「最新の情報を A に与える」という表現の受動態である, *be* brought up to speed「最新の情報を与えられる」が完成し, 問題文の文意が通る。(A)「〜から」, (C)「〜から (外へ)」, (D)「〜を離れて」。

語句 □ trend 動向

訳 Atkinson さんは仕事に復帰し, 最近のコンピューターサイエンスの動向について最新の情報を得た。

0248 🔑「有料」を意味する重要表現　　　　　　　　　正解 (B)

空所に (B) for を入れると for hire「(物やサービスが) 有料で利用できる, 借りられる」という表現になり, 問題文の文意が通る。この hire は「賃借料, 使用料」という意味の不可算名詞で, for hire は on hire に言い換えることもできる。(A)「〜の上に」, (C)「〜の間に」, (D)「〜の内部に」。

語句 □ cabin ロッジ, 山小屋　□ canoe カヌー

訳 Indigo ロッジでは, パドルや救命胴衣, その他の備品に加え有料で利用できるカヌーがたくさん用意されている。

0249 🔑 重要表現 a consensus of opinion on 〜　　　正解 (C)

空所に (C) of を入れると, a consensus of opinion on 〜「〜についての統一見解」という表現になり, 問題文の文意が通る。(A)「〜を通って, 通じて」, (B)「〜の上に」, (D)「〜のために」。

語句 □ call a meeting 会議を招集する　□ impromptu 緊急の　□ form 〜を形成する　□ consensus 総意, 意見の一致

訳 部長は人員不足に対処する方法に関して, 統一見解をまとめるための緊急会議を招集した。

0250 🔑 覆いを表す over　　　　　　　　　　　　　　正解 (A)

(A) over を空所に入れると apply *A* over *B*「A を B に塗る」という表現になり, 問題文の文意が通る。over は「〜を覆って」という意味を持つ前置詞だ。ここでは, 芸術品をニスで覆うようにして塗るイメージを表している。頻出の表現である apply for 〜「〜に申し込む」, apply to 〜「〜に適用する」も覚えておくこと。(B)「〜を経由して」, (C)「〜について」, (D)「〜の下に」。問題文中の recommend「〜を勧める」は, recommend *doing*「〜することを勧める」と, 仮定法現在の〈recommend that ＋主語＋動詞 (原形) ＋α〉「〜することを勧める」の形を取るということを覚えておこう。

語句 □ conservator 保存修復士　□ varnish ニス　□ hang 〜を掛ける

訳 絵画の保存修復士は, 芸術品を壁に掛ける前にその上にニスを塗ることを勧めている。

0251 The bicycle shop on Tisdale Street has been owned and operated by the Milligan family ------- the early 1950s.

(A) since
(B) for
(C) to
(D) about

0252 The lecture on finance was so dense and intricate that it was ------- the reach of attendees' comprehension.

(A) across
(B) beyond
(C) under
(D) through

0253 ------- the vast majority of cases, customers call the service hotline to ask a question about our home appliances.

(A) To
(B) In
(C) Around
(D) Over

0254 Cultural awareness training helps our sales team correspond more effectively ------- the company's overseas branches.

(A) with
(B) over
(C) along
(D) aboard

0255 Tiny cracks on solar panels can occur ------- poor handling of the devices and affect total power output.

(A) below
(B) inside
(C) pending
(D) from

0251 🔑 sinceとforの違い　　　　　　　　　正解 (A)

本問の述語動詞 has been owned and operated「所有され, 経営されてきた」は, 過去から現在まで続いていることを表す現在完了形だ。また, 空所の後ろにはthe early 1950s「1950年代初頭」という「過去のある時点」を示す表現がある。空所に(A) since「〜から」を入れると, since the early 1950s「1950年代初頭から（今までずっと）」という表現になり, 問題文の文意が通る。(B) for「〜の間」も現在完了形の文でよく使われる前置詞だが, sinceと異なりforの後にはtwo days「2日間」, a long time「長い間」などの「期間」を示す表現が続くので要注意だ。(C)「〜へ」, (D)「〜について」。

訳 Tisdale通りの自転車店は1950年代初頭からMilligan家によって所有され, 経営されてきた。

0252 🔑 超越を表すbeyond　　　　　　　　　正解 (B)

空所に(B) beyondを入れると, beyond the reach of 〜「〜の範囲に届かない」という表現になり,「講義は難しかったため参加者の理解の範囲を超えた」, つまり「参加者は講義を理解することができなかった」という意味になり, 問題文の文意が通る。beyondは「（場所や時刻, 程度などが）ある基準を超えて［越えて］」という意味を表す前置詞だ。beyond the mountain「山を越えて」, beyond comprehension「理解できない」などの表現とあわせて覚えておくこと。(A)「〜を横切って」, (C)「〜の下に」, (D)「〜を通って, 通じて」。

語句 □ dense（中身が詰まって）難解な　□ intricate 複雑な
訳 金融に関するその講義はとても難解で複雑だったため, 参加者は理解することができなかった。

0253 🔑 caseと相性のよいin　　　　　　　　　正解 (B)

空所に(B) Inを入れると, in the majority of cases「ほとんどの場合」という表現になり, 問題文の文意が通る。名詞case「場合」は前置詞のinと相性がよい。他にも, just in case「万一に備えて」などの表現がある。また, 多数であることを強調する場合には, 本問で使われているvast「膨大な」の他, great「大きな」, overwhelming「圧倒的な」などをmajority「大多数」の前に置く。(A)「〜へ」, (C)「〜の周りに」, (D)「〜を越えて」。

語句 □ service hotline サービスホットライン　□ home appliances 家庭用電化製品
訳 非常に多くの場合, お客様は当社の家庭用電化製品について質問をするために, サービスホットラインに電話をします。

0254 🔑 副詞句の挿入に惑わされない　　　　　　正解 (A)

空所に(A) withを入れると, correspond with 〜「〜とやり取りをする」という表現になり, 問題文の文意が通る。問題文では, correspondとwithの間にmore effectively「より効果的に」という副詞句が挿入されているため, correspondと前置詞の距離が離れ, 正解を導きにくかったかもしれない。離れた場所にヒントがある可能性を意識して, 空所の前後以外にも目を凝らすようにしよう。(B)「〜を越えて」, (C)「〜に沿って」, (D)「（乗り物）に乗って」。問題文中にあるhelp A do「Aが〜するのを助ける」は頻出表現だ。

語句 □ cultural 文化的な　□ awareness 意識　□ overseas branch 海外支社
訳 文化的意識に関する研修は, 当社の販売チームが会社の海外支社とより効果的にやり取りすることの助けになります。

0255 🔑 occurの語法　　　　　　　　　　　　正解 (D)

空所に(D) fromを入れると, occur from 〜「〜から生じる, 起こる」という表現になり, 問題文の文意が通る。(A)「〜の下の」, (B)「〜の内部に」, (C)「〜を待つ間, 〜の結果が出るまで」。(C) pendingは「保留中の, 懸案中の」という意味の形容詞としても使われる。pending issue「懸案事項」という表現も押さえておくこと。

語句 □ tiny 小さな　□ crack ひび　□ poor handling 取り扱いの悪さ　□ total power output 総出力
訳 太陽光パネルのごく小さなひびは取り扱いの悪さから生じることがあり, 総出力に影響を及ぼす可能性がある。

0256 Checking the inventory of medical supplies on a regular basis keeps employees ------- forgetting to order items when necessary.

(A) to
(B) from
(C) off
(D) out

0257 Even though Ms. Maxwell composes music ------- a living, she hopes to one day work in the field of dentistry and medicine.

(A) from
(B) on
(C) by
(D) for

0258 The argument among the managers during Wednesday's meeting reflects the growing division ------- the sales teams.

(A) underneath
(B) against
(C) opposite
(D) between

0259 Her colleagues were ------- the impression she was considering resigning from the company based on some comments she had made.

(A) amid
(B) under
(C) near
(D) within

0260 Mr. Davila stepped off his driveway and onto the lawn as the delivery truck backed up slowly ------- him.

(A) about
(B) outside
(C) within
(D) toward

0256 🔑 keep *A* from *doing* 正解 (B)

空所に(B) fromを入れるとkeep *A* from *doing*「Aが〜することを防ぐ」という表現になり、問題文の文意が通る。keepの代わりにpreventが使われることもあるので、セットで押さえておこう。(A)「〜へ」、(C)「〜を離れて」、(D)「〜から外側へ」。問題文中にあるforget to *do*は「〜することを忘れる」という表現だが、forget *doing*は「〜したことを忘れる、覚えていない」という意味になるので注意したい。

語句 □ inventory 在庫　□ medical supply 医療用品　□ on a regular basis 定期的に
訳 定期的に医療用品の在庫を確認することによって、従業員たちは必要な時に商品を注文することを忘れなくなる。

0257 🔑 重要表現for a living 正解 (D)

空所に(D) forを入れると、for a living「生活のために」という表現になり、問題文の文意が通る。composes music for a living「生活のために作曲をしている」は、「作曲を仕事にして生計を立てている」ということを表す。(A)「〜から」、(B)「〜の上に」、(C)「〜によって」。問題文の文頭にあるEven though「〜ではあるけれども」は、althoughやthoughに言い換えることができる。また、これらの中でthoughだけは文末や文中の切れ目に補足する形で「〜ではあるけどね」という意味の副詞としても使うことができる。

語句 □ compose music 作曲する　□ in the field of 〜 〜の分野で　□ dentistry 歯科学
訳 Maxwellさんは作曲して生計を立てているが、いつか歯科学や医学の分野で働くことを望んでいる。

0258 🔑 andがなくても使えるbetween 正解 (D)

空所に(D) betweenを入れると、the growing division between the sales teams「販売チームの間で広がりつつある分裂」となり、問題文の文意が通る。betweenはbetween *A* and *B*「AとBの間に」が代表的な使い方だが、複数形の名詞(句)を後ろに続けることもできる。andがないのでbetweenは誤答だと、軽率に判断してはならない。(A)「〜の真下に」、(B)「〜に反対して」、(C)「〜の反対側に」。

語句 □ reflect 〜を反映する　□ growing 大きくなる　□ division (意見などの)分裂
訳 水曜日の会議における部長たちの議論は、販売チームの間で広がりつつある分裂を反映している。

0259 🔑 影響を表すunder 正解 (B)

空所に(B) underを入れると、be under the impression (that)「〜だと思い込んでいる」という表現になり、問題文の文意が通る。underの持つ「〜の下に」という意味から「〜という影響を受けて」というイメージに繋げることができると正解を導きやすい。(A)「〜の真っただ中に」、(C)「〜の近くに」、(D)「〜以内に」。

語句 □ impression 考え，気持ち　□ resign from 〜 〜を辞める
訳 同僚たちは、彼女の発言から彼女が退職を考えているのではと思い込んだ。

0260 🔑 進む方向を示すtoward 正解 (D)

(D) toward「〜に向かって」を空所に入れると、the delivery truck backed up slowly toward him「配達トラックがゆっくりと彼に向かって後退した」という節が完成し、問題文の文意が通る。towardは、進む方向や向かう対象を表す前置詞として押さえておきたい。(A)「〜について」、(B)「〜の外に」、(C)「〜以内に」。問題文後半にあるback upは「後退する」という意味の句動詞だが、「〜のバックアップを取る、(ファイルなど)のコピーを作る」という意味でも使われる。

語句 □ step off 〜 〜から降りる　□ driveway 私道　□ lawn 芝地
訳 配達トラックがゆっくりと彼に向かって後退してきたので、Davilaさんは私道を外れて芝地に入った。

0261 Astryma's impressive commercial for its new line of skincare products has been ------- the air for six weeks.

(A) from
(B) up
(C) above
(D) on

0262 Present the necessary documentation to the person in charge so that Banan Bank can move forward ------- your loan application.

(A) without
(B) past
(C) with
(D) behind

0263 *Doctor Dietrich's Journey* is by far the most entertaining play that Kirsty Soriano has performed in ------- date.

(A) on
(B) at
(C) by
(D) to

0264 The position is based ------- of the main office in Seattle, doing business with a number of IT companies.

(A) out
(B) except
(C) down
(D) beyond

0265 Bergen Street from Pearson Road to Walnut Drive will be ------- construction for approximately the next six weeks.

(A) between
(B) next
(C) under
(D) through

0261 🔑 airを使った重要表現　　　　　　　　　　　　　　正解 **(D)**

空所に(D) onを入れると, on the air「放送されて」という表現になり, 問題文の文意が通る。airを使った表現には, 他にもup in the air「宙に浮いて, 未決定で」, in the air「空中に, 機上に」, by air「飛行機で」などがある。使う前置詞がそれぞれの表現において異なるので, 使い分けに注意しよう。(A)「〜から」, (B)「〜の上方に」, (C)「〜よりも上側に」。(B) upと(C) aboveはどちらも「上に」という意味を持っているが, upは「運動の方向, 中心的存在の方向」を指すことが多く, up and down「行ったり来たり」やup the street「通りに沿って」のような使い方をする。aboveは「対象となるものより相対的に上に」という意味を持つ。

語句 □ impressive 印象的な　□ a new line of 〜 〜の新製品　□ skincare product スキンケア商品
訳 Astryma社の新しいスキンケア商品用の印象的なコマーシャルは, 6週間放映されている。

0262 🔑 3語から成る句動詞　　　　　　　　　　　　　　　正解 **(C)**

空所に(C) withを入れるとmove forward with 〜「(計画など)を進める」という表現になり, 問題文の文意が通る。(A)「〜なしで」, (B)「〜を過ぎて」, (D)「〜の後ろに」。

語句 □ present 〜を提出する　□ person in charge 担当者
訳 Banan銀行があなたのローンの申し込みの手続きを進められるよう, 必要書類を担当者に提出してください。

0263 🔑 現在完了形と相性がよいto date　　　　　　　　　正解 **(D)**

空所に(D) toを入れるとto date「現在まで, これまでに」という表現になり, 問題文の文意も通る。この表現は過去から現在までの時の流れを示すため, 現在完了形を使った文と相性がよい。(A)「〜の上に」, (B)「〜で」, (C)「〜によって」。問題文中にあるby far「はるかに, 非常に, 圧倒的に」は, 後ろに続く最上級を修飾する副詞句だ。by farはfar and awayに言い換えることもできる。veryやmuchなどの語も最上級を修飾できるが, veryは〈the＋very＋最上級〉, muchは〈much＋the＋最上級〉の語順になるので注意したい。

語句 □ entertaining 面白い　□ play 劇
訳 *Doctor Dietrich's Journey*はKirsty Sorianoが現在に至るまでに演じた劇の中で, ずば抜けて一番面白い劇である。

0264 🔑 based out of 〜　　　　　　　　　　　　　　　　正解 **(A)**

空所に(A) outを入れると, based out of 〜「〜を拠点にしながら(仕事の多くは他の場所で行う)」という意味の表現になり, 問題文の文意が通る。basedという単語を見て, be based in 〜「〜を拠点として」という表現が浮かんだ人は多いだろう。このout of 〜が続くパターンもセットで必ず押さえておこう。本問の文構造は, カンマまでの節がメインの文であり, カンマ以降に「(〜しながら) …している」という意味を表す分詞構文が続いている形だ。(B)「〜を除いて」, (C)「〜の下へ」, (D)「〜を越えて」。

語句 □ main office 本社　□ *do* business with 〜 〜と仕事をする　□ a number of 〜 たくさんの〜
訳 この役職はシアトルの本社を拠点にしながら, 数多くのIT会社と仕事をする。

0265 🔑 「〜中で」を意味するunder　　　　　　　　　　　　正解 **(C)**

空所に(C) underを入れるとunder construction「建設中で」という表現になり, 問題文の文意が通る。このunderは「〜中で」を意味する前置詞で, 頻出の類義表現にはunder repair「修理中で」がある。(A)「〜の間に」, (B)「〜の隣に」, (D)「〜を通って, 通じて」。問題文中のapproximately「およそ」は, roughlyやaboutに言い換えることが可能だ。

語句 □ from A to B AからBまで
訳 Pearson街道からWalnut通りまでのBergen通りは, 今後およそ6週間工事される予定です。

0266 Mr. Rommel generally takes over for the office manager whenever she is ------- of town on business.

(A) next
(B) outside
(C) beyond
(D) out

0267 While the article about the merger between the two financial companies was true ------- a certain extent, it included a number of factual errors.

(A) over
(B) at
(C) on
(D) to

0268 At the press conference, the mayor said that the $26 million development project would have a significant impact ------- the community.

(A) to
(B) of
(C) at
(D) on

0269 The curator assigned Mark Cohen the responsibility of relocating the museum's modern sculpture collection ------- the new exhibition space.

(A) as
(B) to
(C) at
(D) out

0270 Luxian Condos residents can enter the lobby via the main entrance or from the parking garage ------- the building.

(A) despite
(B) beneath
(C) amid
(D) besides

0266 ⚑ out of ～「～の外に」　　　正解 (D)

空所に(D) outを入れるとout of town on business「出張中」という表現になり，問題文の文意が通る。この表現はout of townのみで使われることも多く，その場合は「住んでいる場所から離れて」という意味を持ち，出張に限らず旅行などで外出していることを表す場合に使うことができる。(A)「～の隣に」，(B)「～の外に」，(C)「～を越えて」。問題文中にあるwheneverは，「～する時はいつでも，いつ～しても」という意味の接続詞だ。「～する時はいつでも」の意味で使う場合はat any time whenに，「いつ～しても」の意味で使う場合はno matter whenに言い換えることができるということを覚えておくこと。

語句 □ generally 通常は，一般的に　□ take over for ～ ～の役目を引き継ぐ
訳 事務長が出張中の時はいつでも，たいていRommelさんが彼女の仕事を引き受けている。

0267 ⚑ 前置詞toと相性がよいextent　　　正解 (D)

空所に(D) toを入れると，to a certain extent「ある程度までは，ある程度は」という意味の表現になり，問題文の文意が通る。to some extent「ある程度まで」もよく使われるので，セットで覚えておくこと。extentを見つけたら，前置詞toがセットで使われる可能性が高いということを押さえておこう。(A)「～を越えて」，(B)「～で」，(C)「～の上に」。文頭にある接続詞のWhileは，「～ではあるものの」という意味で使われている。これはwhereasに言い換えられるということも覚えておこう。

語句 □ merger 合併　□ financial company 金融会社　□ factual error 事実誤認
訳 2つの金融会社の合併に関する記事はある程度までは事実だったが，いくつかの事実誤認が含まれていた。

0268 ⚑ 「～に対する」を表すon　　　正解 (D)

空所に(D) onを入れるとan impact on ～「～に対する影響」という表現になり，問題文の文意が通る。「～に対して」という日本語の意味から考えると(A) toも正答に思えるかもしれないが，重要なのは空所の前後にある語との関係だ。普段から頻繁に辞書を引き，コロケーションを確認しておこう。impact on ～は，「～に影響を与える」という意味の句動詞として使われることもある。(A)「～へ」，(B)「～の」，(C)「～で」。

語句 □ press conference 記者会見　□ development project 開発計画　□ significant 大きな
訳 記者会見で市長は，2,600万ドルの開発計画は地域社会に大きな影響を及ぼすだろうと述べた。

0269 ⚑ 離れている動詞を見逃さない　　　正解 (B)

空所に(B) toを入れると，relocate A to B「AをBに移転させる」いう表現になり，問題文の文意が通る。空所の前にthe museum's modern sculpture collection「美術館の現代彫刻コレクション」という，複数の語から成る長い名詞句があるため，relocating「～を移転させること」と空所の間に距離ができている。前置詞問題の難問ではこのように，長い名詞句や挿入句などがあることによって，動詞と前置詞の距離が離れている場合がある。問題文全体を見渡し，セットで意味を成す表現の存在を必ず確認しよう。(A)「～として」，(C)「～で」，(D)「～から外側へ」。

語句 □ curator 館長　□ assign A B AにBを割り当てる　□ responsibility 責任
訳 館長はMark Cohenに，美術館の現代彫刻コレクションを新しい展示場所に移転させる責任を割り当てた。

0270 ⚑ 「下」の位置を表すbeneath　　　正解 (B)

空所に(B) beneathを入れると，the parking garage beneath the building「建物下の駐車場」という表現になり，問題文の文意が通る。beneathは「(物理的に)～の下に」という意味を持つ前置詞だ。正答としてなじみが薄い語の1つなので，しっかりと使い方を押さえておこう。(A)「～にもかかわらず」，(C)「～の真っただ中に」，(D)「～に加えて」。

訳 Luxian Condosの居住者はメインエントランスを通るか，あるいは建物下の駐車場からロビーに入ることができる。

UNIT 4

前置詞・接続詞・副詞問題

前置詞・接続詞・副詞問題はその名の通り, 前置詞や接続詞, 副詞などの品詞が選択肢に並んでいる問題のことだ。空所の後ろに続くのが句なのか節なのか, 問題文は文の要素が揃っている完全な文なのかそうでないのかといった観点から, 正しい品詞を導く。それでは攻略ポイントを見ていこう。

攻略ポイント **1** 文法×意味の2つの観点

前置詞・接続詞・副詞問題は, 多くの場合「文法＋意味という2つの観点から正解を導く」必要がある。空所の後ろに句が続いている場合は前置詞, 節が続いている場合は接続詞が正解の候補となる。さらに, 候補となる品詞が選択肢に複数並んでいる場合, 最終的にその語同士の意味を比較し, 意味の観点から正解を1つに絞る必要がある。正解を判断するのに複数の観点が必要となるため, 難易度が高くなる場合が多い。

例題 1

------- Ms. Torres was highly regarded by her managers and had a promising career ahead of her, she handed in her notice.

(A) Moreover
(B) Despite
(C) Whether
(D) Although

選択肢には副詞, 前置詞, 接続詞が並んでいる。まずは**文法の観点**から, 空所に入る品詞を特定しよう。空所の後ろには〈主語＋述語動詞＋α〉の節が続き, カンマの後にも節が続いているので, 空所には2つの節を繋ぐ接続詞が入ることが分かる。選択肢を見ると, (C) Whether「〜かどうか」と(D) Although「〜だけれども」が接続詞の働きを持つため, これらが正解候補となる。ここで問題文の意味を確認する。空所からカンマまでの前半の節は「Torresさんはマネージャーたちに高く評価され, 将来有望なキャリアであった」という内容, カンマ以降の後半の節には「（Torresさんは）辞表を提出した」という対照的な内容が続いている。よって, 逆接の接続詞である(D) Although「〜だけれども」を空所に入れると問題文の文意が通るので, 正解は(D)だ。(B) Despite「〜であるのにもかかわらず」も日本語で考えると空所に入りそうだが, 前置詞なので正解にはなりえない。**日本語の意味に惑わされず, 文法の観点から誤答と判断できるようにしよう。** (A) 副詞「さらに, その上」。

このように前置詞・接続詞・副詞問題では, 文法の観点から選択肢を絞り, さらに意味の観点で正解を導くタイプの問題が出題される。片方の観点だけで判断し, 誤答に安易に飛びつかないよう注意したい。

正解 (D)
語句 □ highly 高く, 非常に □ promising career 有望なキャリア □ notice 辞表
訳 Torresさんは, マネージャーたちに高く評価され将来有望なキャリアであったものの, 辞表を提出した。

攻略ポイント ❷ 群前置詞・群接続詞

高得点者でも意味を正確に理解しておらず, 間違えやすいのが群前置詞と群接続詞だ。複数の語で構成され前置詞の役割をするものが群前置詞, 複数の語で構成され接続詞の役割をするものが群接続詞と呼ばれる。

例題 ❷

------- the marketing division's contribution to sales of the last quarter, we will give all members of the team performance bonuses.

(A) Provided that
(B) Only if
(C) In light of
(D) On behalf of

選択肢には群前置詞と群接続詞が並んでいる。空所の後ろにはthe marketing division's contribution to sales of the last quarter「マーケティング部門の前四半期の売り上げへの貢献」という名詞句が続いているので, 正解候補は群前置詞の(C) In light of「〜を考慮して」と(D) On behalf of「〜を代表して」だ。カンマ以降の節の内容は「チーム全員に業績賞与を支給する」というものなので, 空所に(C) In light ofを入れると,「売り上げへの貢献を考慮して, 業績賞与を支給する」という意味になり, 問題文の文意が通る。よって, 正解は(C)だ。in light of 〜は頻出の群前置詞の1つなので, 必ず意味を押さえておくこと。(A) 群接続詞「もし〜ならば, 〜という条件で」, (B)群接続詞「〜の場合に限って」。

このように, 2語以上の語で構成された群前置詞や群接続詞が選択肢に並ぶ問題はしばしば出題される。文法の観点からある程度正解候補が絞れても, 群前置詞・群接続詞の意味を覚えておらず正解が選べない, ということがないように, 頻出表現はしっかり頭に入れておこう。

正解 (C)
語句 □division（企業の）部門　□contribution 貢献　□performance bonus 業績賞与
訳 マーケティング部門の前四半期の売り上げへの貢献を鑑み, 我々はチーム全員に業績賞与を支給することとします。

★ 群前置詞・群接続詞の頻出表現

群前置詞		群接続詞	
by virtue of 〜	〜のおかげで	as though 〜	まるで〜するように
by means of 〜	〜を用いて	by the time 〜	〜する時までには
in compliance with 〜	〜に従って	considering that 〜	〜を考慮すると
in view of 〜	〜を考慮して	in case 〜	〜の場合に備えて
on account of 〜	〜の理由で	in order that 〜	〜するために
with[in] regard to 〜	〜に関して	now that 〜	今や〜なので

0271 ☐☐☐ Advertisers are required to obtain permission from artists ------- using their material for commercial purposes.

(A) within
(B) despite
(C) later
(D) before

0272 ☐☐☐ Sunray Airlines recommends that its passengers check in for their flight via its app ------- their arrival at the airport.

(A) beforehand
(B) prior to
(C) whenever
(D) aside from

0273 ☐☐☐ We have received your e-mail ------- your request for a refund for the hair dryer you purchased on our Web site.

(A) during
(B) in regard to
(C) as soon as
(D) now

0274 ☐☐☐ ------- recent dietary trends, Lorad Restaurant has added a steak salad with plenty of locally grown vegetables to its menu.

(A) In response to
(B) Prior to
(C) However
(D) While

0275 ☐☐☐ All data the company collects is ------- improving the effectiveness of its marketing programs.

(A) own
(B) as far as
(C) in order not
(D) for the purpose of

今日の自分が変われば、明日の自分が変わります。この繰り返しが「理想の未来の自分」を育てるのです。

0271 🔎 before *doing*　　　正解 (D)

空所に前置詞の(D) beforeを入れると, before *doing*「〜する前に」という表現になり, 問題文の文意が通る。(A)前置詞「〜以内に」, (B)前置詞「〜にもかかわらず」, (C)副詞「後で」。問題文中のpermission「許可」は不可算名詞であることも押さえておきたい。

語句 □ advertiser 広告主　□ material 資料, データ　□ commercial purpose 商業目的
訳 広告主は, アーティストの作品を商業目的に使用する前に, 彼らに許可を得る必要がある。

0272 🔎 似た意味の誤答に惑わされない　　　正解 (B)

選択肢には副詞や接続詞, 群前置詞が並んでいる。空所の後ろには名詞句のtheir arrival「彼らの到着」が続いているので, 空所には(群)前置詞が入ることが分かる。(A)は副詞, (C)は接続詞なので, 正解候補から外れる。前置詞として機能するのは(B)と(D)だが, (B) prior to「〜の前に」を空所に入れるとprior to their arrival「彼らの到着の前に」という表現になり, 問題文の文意が通る。(A) beforehandは「事前に」を意味するため, 日本語で考えると正解に思えるかもしれない。意味だけで判断せず, 品詞の観点を意識して正解を選ぶようにしよう。(C)接続詞「〜する時はいつでも」, (D)群前置詞「〜を除いて」。

語句 □ passenger 乗客　□ check in for a flight 搭乗手続きをする　□ via 〜(の手段)によって
訳 Sunray航空会社は乗客に, 空港に到着する前にアプリを通じて搭乗手続きをすることを推奨している。

0273 🔎「〜に関して」を意味する群前置詞　　　正解 (B)

空所に群前置詞の(B) in regard toを入れると, your e-mail in regard to your request「あなたのご希望に関するEメール」という表現になり, 問題文の文意が通る。in [with] regard to 〜は「〜に関して」という意味の表現で, regardingやconcerningに言い換えることが可能だ。(A)前置詞「〜の間に」, (C)群接続詞「〜するとすぐに」, (D)副詞「今, 現在は」。

語句 □ refund 返金　□ hair dryer ヘアドライヤー
訳 弊社のウェブサイトからご購入いただいた, ヘアドライヤーの返金のご希望に関するEメールを拝受いたしました。

0274 🔎「〜に応えて」を意味する群前置詞　　　正解 (A)

空所の後ろには名詞句のrecent dietary trends「最近の食生活の傾向」が続いているので, 空所には前置詞が入る。前置詞として機能するのは(A)と(B)だが, (A) In response to「〜に応えて」を空所に入れるとIn response to recent dietary trends「最近の食生活の傾向に対応して」という意味になり, 問題文の文意が通る。(B)群前置詞「〜の前に」, (C)副詞「どんなに〜でも」, (D)接続詞「〜する間に」。

語句 □ dietary 食事の　□ add *A* to *B* AをBに加える　□ locally grown 地元で育てられた
訳 Loradレストランは顧客の最近の食生活の傾向に対応して, 地元の野菜をふんだんに使ったステーキサラダをメニューに加えた。

0275 🔎 目的を表す群前置詞　　　正解 (D)

空所に「目的」を表す群前置詞の(D) for the purpose of「〜のために」を入れると, for the purpose of improving the effectiveness of its marketing programs「マーケティングプログラムの有効性を向上させる目的で」という意味になり, 主語であるAll data the company collects「会社が集めている全てのデータ」の補語として適切に機能する。(A)形容詞「自身の」, (B)群接続詞「〜する限りは」, (C)(in order not to *do*の形で)「〜しないように」。

語句 □ effectiveness 有効性
訳 その会社が収集する全てのデータは, マーケティングプログラムの有効性を向上させることを目的としている。

0276 Creative marketing strategies ------- using colorful digital signage outside a retail business help to increase the number of walk-ins.

(A) because of
(B) such as
(C) even so
(D) as far as

0277 If you would like housekeeping to replace your linens, ------- call the front desk staff and let them know.

(A) even
(B) though
(C) yet
(D) just

0278 We will contact all bidders and inform them of our decision ------- our committee has selected a contractor.

(A) around
(B) whereas
(C) only
(D) once

0279 All ------- one of *Sunset Street*'s main cast members agreed to return for filming of the television show's final season.

(A) out
(B) past
(C) but
(D) for

0280 Determining ------- the logistics hurdles in the region can be overcome is the responsibility of the supply chain manager.

(A) as well as
(B) either
(C) whether
(D) in case of

0276 🔑 具体例を挙げる群前置詞　　　　　　　　　　正解 (B)

空所の前にはCreative marketing strategies「クリエイティブなマーケティング戦略」とあり, 空所の後ろにはusing colorful digital signage outside a retail business「小売業の店先でカラフルな電子看板を使うこと」とある。空所の後ろには空所の前の内容の具体例が挙げられているため, 正解は群前置詞の(B) such as「～のような」だ。(A)群前置詞「～のために」, (C)副詞「たとえそうであっても」, (D)群接続詞「～する限りは」。

語句 □ digital signage 電子看板　□ retail business 小売業　□ walk-in 飛び込み客
訳 小売業の店先でカラフルな電子看板を使うなどといったクリエイティブなマーケティング戦略は, 飛び込み客を増やすことに役立つ。

0277 🔑 〈just＋命令文〉　　　　　　　　　　　　正解 (D)

空所に副詞の(D) justを入れると〈just＋命令文〉「とにかく～してください, ただ～してください」という表現が成立し, 問題文の文意が通る。(A)副詞「～さえ」, (B)接続詞「～だけれども」, (C)副詞「もう, まだ」。(C) yetは「けれども」という意味の接続詞としても使われる。副詞のyetはhave [be] yet to do「まだ～していない」という表現を覚えておくこと。

語句 □ housekeeping 客室係　□ linen リネン　□ let A do Aに～させる
訳 客室係によるリネン類交換をご要望の際は, フロントデスクのスタッフまでご連絡いただき, お申し付けください。

0278 🔑 時を表す接続詞 once　　　　　　　　　　正解 (D)

空所の後ろには節が続いているので, 空所には接続詞が入る。前半の節の述語動詞will contactは未来を表す表現で, 空所から始まる節ではhas selectedという現在完了形が使われていることをヒントに考える。時や条件を表す副詞節では, 未来に起こる内容にも現在形や現在完了形が用いられる。本問はこのパターンだと判断し, 空所に(D) once「ひとたび～すると」を入れると問題文の文意が通る。onceは時を表す接続詞の1つとして押さえておこう。(A)前置詞「～の周りに」, (B)接続詞「～である一方で」, (C)副詞「たった～だけ」。

語句 □ bidder 入札者　□ inform A of B AにBを知らせる　□ committee 委員会
訳 当委員会が請負業者を選んだら, 入札者全員に連絡し, 私たちの決定を伝える予定です。

0279 🔑 〈all but one of＋複数形〉　　　　　　　正解 (C)

空所に前置詞の(C) but「～を除いて」を入れると, 〈all but one of＋複数形〉「～の1つを除いて全部」という表現になり, 問題文の文意が通る。〈one of＋複数形〉「～のうちの1つ」は単数扱いだが, 〈all but one of＋複数形〉は複数扱いであることに注意が必要だ。(A)副詞「～の外へ」, (B)前置詞「～を過ぎて」, (D)前置詞「～のために」。

語句 □ main cast member 主要キャスト　□ filming 撮影　□ television show テレビ番組
訳 1人を除く全てのSunset Streetの主要キャストたちは, テレビの最終シーズンの撮影に戻ることに同意した。

0280 🔑 「～かどうか」を意味する接続詞　　　　　正解 (C)

文頭からovercomeまでが問題文の主語だ。the logisticsからovercomeまでは節なので, 空所には接続詞が入る。(C) whether「～かどうか」を入れると, whether the logistics hurdles in the region can be overcome「地域の物流の障害を乗り越えられるかどうか」という名詞節になり, これが文頭にあるDetermining「～を決めること」の目的語となって問題文の文意が通る。(A)群前置詞「～と同様に」, (B) (either A or Bの形で)「AかBのどちらか」, (D)群前置詞「～の場合には」。

語句 □ logistics 物流　□ hurdle 障害(物)　□ overcome ～を乗り越える
訳 地域の物流の障害を乗り越えられるかどうかを決めることは, サプライチェーンのマネージャーの責任である。

0281 ------- speaking to a large audience, Mr. Spenser always tries to
☐☐☐ imagine that he is addressing a single person.

(A) By
(B) Whenever
(C) Nearly
(D) As if

0282 The reporter's article about the scientific breakthrough has been
☐☐☐ proofread ------- not yet published in the newspaper.

(A) but
(B) that
(C) as
(D) to

0283 Accounting department staff have been advised ------- all orders for
☐☐☐ stationery and other office supplies must be placed with a company
approved vendor.

(A) thus
(B) in
(C) what
(D) that

0284 Dogoda Communications is committed to supporting the
☐☐☐ environment ------- effective recycling and waste management
solutions.

(A) provided
(B) between
(C) through
(D) among

0285 ------- we miss the nine o'clock ferry to Hartsville, we can take the
☐☐☐ one departing forty-five minutes later.

(A) Despite
(B) As soon as
(C) Supposing
(D) Often

0281　🔑 doing 形を後ろに続ける接続詞　　　正解 (B)

空所の後ろには動詞 speak の doing 形がある。接続詞の (B) Whenever「〜する時はいつでも」を入れると, whenever speaking「話す時はいつも」となり, 問題文の文意が通る。本問では whenever he is speaking to a large audience の〈主語 +be 動詞〉が省略されていると考えること。後ろに doing 形を伴う接続詞には他にも, when や while などがある。前置詞の (A) も by doing の形を取ることができるが,「〜することによって」という意味になり, 問題文の文意が通らない。(C) 副詞「ほとんど」, (D) 群接続詞「まるで〜であるかのように」。

　　語句　□ a large audience 多くの観客　□ address 〜に話しかける
　　訳　Spenser さんは多くの観客の前で話す時はいつも, 1 人に話しかけているところを想像するようにしている。

0282　🔑 動詞と動詞を繋ぐ等位接続詞 but　　　正解 (A)

空所の前後にある動詞 proofread と published を繋ぐことができる等位接続詞の (A) but が正解だ。前半の節の内容「記事は校正された」と空所以降の「まだ新聞には掲載されていない」が逆接の関係になり, 問題文の文意が通る。(B) 接続詞「〜ということ」, (C) 接続詞「〜なので」, 前置詞「〜として」, (D) 前置詞「〜へ」。問題文中にある proofread「〜を校正する」は, 原形・過去形・過去分詞の全てが同形の動詞だ。

　　語句　□ breakthrough 大発見　□ publish 〜を掲載する
　　訳　科学的な大発見に関するその記者の記事は校正されたが, まだ新聞に掲載されていない。

0283　🔑 名詞節を導く接続詞 that　　　正解 (D)

空所の後ろに主語 (all orders 〜 and other office supplies) と述語動詞 (must be placed) があるため, 空所に接続詞の (D) that「〜ということ」を入れると, be advised that「〜であると知らされている」という表現になり, 問題文の文意も通る。(A) 副詞「この結果として」, (B) 前置詞「〜の中に」, (C) (関係代名詞)。advise は be advised to do「〜するよう勧められる」とセットで覚えておくこと。

　　語句　□ accounting department 経理課　□ place an order 注文する　□ stationery 文房具
　　訳　経理課の社員は, 全ての文房具と事務用品の注文を会社が承認した業者からしなければならないと通達されている。

0284　🔑 手段を表す through　　　正解 (C)

空所の後ろに A and B という形があるため, between を選びたくなるが, 空所に入れても問題文の文意は通らない。前置詞の (C) through「〜を通じて」を入れると, through effective recycling and waste management solutions「効果的なリサイクルや廃棄物管理対策を通して」という意味になり, 問題文の文意が通る。(A) 接続詞「もし〜ならば, 〜という条件で」, (B) (between A and B の形で)「A と B の間で」, (D) 前置詞「〜の間で」。

　　語句　□ be committed to doing 〜することに専心している　□ waste management solution 廃棄物管理対策
　　訳　Dogoda コミュニケーションズ社は, 効果的なリサイクルや廃棄物管理対策を通じて環境保護に取り組んでいる。

0285　🔑 条件を表す接続詞 supposing　　　正解 (C)

カンマの前後の 2 つの節を繋ぐ接続詞を選ぶ問題だ。接続詞として機能するのは (B) と (C) だが, 接続詞の (C) Supposing (that)「もし〜ならば」を空所に入れると,「もし乗り遅れても〜に乗ればよい」という大意になり問題文の文意が通る。supposing は条件を表す接続詞だ。if「もし〜ならば」の言い換えとして覚えておこう。(A) 前置詞「〜にもかかわらず」, (B) 群接続詞「〜するとすぐに」, (D) 副詞「しばしば」。

　　訳　ハーツビル行きの 9 時のフェリーに乗り遅れたとしても, 私たちは 45 分後に出発する便に乗ることができます。

0286 Tavita's Tacos has commissioned Lizven Fashions to design a new uniform ------- employees of the fast-food chain.

(A) on
(B) once
(C) for
(D) till

0287 All the voice actors at Dynoz Studios work there ------- as full-time employees or on a freelance basis.

(A) both
(B) whom
(C) either
(D) each

0288 At the Mayview Giftshop, sales assistants select wrapping paper and bows ------- the type of gift being purchased.

(A) on the basis of
(B) such as
(C) by means of
(D) that

0289 The used bookstore on 7th Street has moved to a larger retail space ------- the Plymouth Theater on Clovis Avenue.

(A) moreover
(B) opposite
(C) wherever
(D) across

0290 Mr. Patterson said it was a pleasure chatting with us today ------- our organization's accounting software needs.

(A) concerning
(B) among
(C) because
(D) furthermore

0286　💡 A for B の形を瞬時に見抜く　　　　　　　　　　正解 (C)

空所の後ろには名詞 employees がある。前置詞の (C) for を入れると a new uniform for employees「従業員用の新しい制服」となり,問題文の文意が通る。A for B「B のための A」という形は定番なので押さえておくこと。(A) 前置詞「～の上に」,(B) 接続詞「ひとたび～すると」,副詞「かつて」,(D) 前置詞「～まで(ずっと)」,接続詞「～するときまで(ずっと)」。

語句 □ commission A to do A に～するよう依頼する
訳 Tavita's タコス店は Lizven Fashions 社に,ファストフードチェーン店の従業員用の新しい制服をデザインするよう依頼した。

0287　💡 相関接続詞 either A or B　　　　　　　　　　正解 (C)

空所の少し後ろにある接続詞の or に着目する。(C) either を空所に入れると either A or B「A か B のどちらか」という相関接続詞が完成し,「正社員として,またはフリーランスで」という意味になって問題文の文意が通る。(A)(both A and B の形で)「A と B の両方」,(B)(関係代名詞),(D) 形容詞「それぞれの」,副詞・代名詞「それぞれ」。

語句 □ voice actor 声優　□ full-time employee 正社員　□ on a freelance basis フリーランスで
訳 Dynoz スタジオの声優は全員,そこで正社員またはフリーランスのどちらかとして働いている。

0288　💡 空所の前後の文脈を読み取る　　　　　　　　　正解 (A)

空所の後ろには名詞句が続くので,空所には前置詞の役割をするものが入る。空所に群前置詞の (A) on the basis of「～に基づいて」を入れると,on the basis of the type of gift being purchased「購入されるプレゼントの種類に基づいて」という意味になり,「販売員は包装紙やリボンを選ぶ」→(どのような基準で選ぶのかというと)→「購入されるプレゼントの種類に基づいて」という文脈の文が成立する。(B) 群前置詞「～のような」,(C) 群前置詞「～を用いて」,(D) 接続詞「～ということ」。

語句 □ sales assistant 販売員　□ bow (ちょう型の)リボン
訳 Mayview ギフトショップでは,購入されるプレゼントの種類に基づいて販売員が包装紙やリボンを選ぶ。

0289　💡 位置関係を示す opposite　　　　　　　　　　正解 (B)

空所の後ろには the Plymouth Theater という場所を表す名詞があることに着目する。空所に前置詞の (B) opposite を入れると,a larger retail space opposite the Plymouth Theater「Plymouth 映画館の向かいにあるより広い店舗」となり,問題文の文意が通る。前置詞の opposite「～の向かい側に」は A opposite B「B の向かい側にある A」のように,位置関係を表す時に使われる。(D) は前置詞「～を横切って」という意味で,across the country「国中で」のように使う。across from ～「～の向こう側に」とすると,opposite と同じ意味になる。(A) 副詞「さらに」,(C) 接続詞「～する所はどこでも」。

訳 7 番街の古本屋は,Clovis 大通りの Plymouth 映画館の向かいにあるより広い店舗に移転した。

0290　💡 前置詞 concerning　　　　　　　　　　　　正解 (A)

空所の後ろには名詞句の our organization's accounting software needs「当社の会計ソフトの必要性」が続いているので,空所には前置詞が入る。前置詞として機能するのは (A) と (B) だが,空所の後ろに続く名詞句の内容は会話の話題に当たるので,(A) concerning「～に関して」を空所に入れると問題文の文意が通る。concerning は動詞 concern「～に関係する」から派生した前置詞で,regarding や in [with] regard to ～などに言い換えられる。(B) 前置詞「～の間で」,(C) 接続詞「～なので」,(D) 副詞「さらに」。

語句 □ chat with ～ ～とおしゃべりをする　□ needs 必要性,ニーズ
訳 Patterson さんは今日,当社の会計ソフトの必要性について話せてよかったと言っていました。

0291 Martha Schmidt is celebrating the launch of her new book, *Open Air Designs*, a practical guide ------- landscaping in Australia.

(A) that
(B) from
(C) though
(D) to

0292 In the months ------- Ms. Rothwell joined the charity, she traveled to multiple locations both domestically and abroad.

(A) even though
(B) whether
(C) as far as
(D) after

0293 The movie posters at the antique store were faded ------- they had been exposed to sunlight over a long period.

(A) because
(B) around
(C) so that
(D) yet

0294 Hoyodan Cars uses the ------- latest technology for manufacturing and developing automotive components.

(A) much
(B) very
(C) though
(D) so

0295 Quinpax Motors now has its own recruiting platform ------- attracting highly skilled workers to join the company.

(A) how
(B) along with
(C) as a means of
(D) so that

0291 🔑 目的を表す前置詞 to　　　　　　　　　　　　　　　　正解 **(D)**

空所に (D) to を入れると a practical guide to ～「～の実践的な手引書, ガイド」という表現になり, 問題文の文意も通る。前置詞 to は「～のための」という目的を表すため, 「導くもの」という意味の語である guide と相性がよい。(A) 接続詞「～ということ」, (B) 前置詞「～から」, (C) 接続詞「～だけれども」。landscaping「造園」に関連して landscape「～の景観を整える, 風景, 景観」や gardening company「造園会社」をあわせて押さえておきたい。

> 訳　Martha Schmidt は, 彼女の新刊となるオーストラリアの造園実践ガイド, *Open Air Designs* が発売されたことを祝う予定だ。

0292 🔑 文脈から適切な意味の接続詞を選ぶ　　　　　　　　　正解 **(D)**

空所の前に In the months「数カ月間に」という語句があり, その後ろには〈主語＋動詞〉から成る節が続いている。接続詞の (D) after「～した後に」を空所に入れると in the months after ～「～した後の数カ月間に」という表現になり, 問題文の文意も通る。after は接続詞と前置詞, 両方の使い方があることも覚えておこう。(A) 群接続詞「～であるけれども」, (B) 接続詞「～かどうか」, (C) 群接続詞「～する限りは」。(B) は whether *A* or *B*「A かそれとも B か」, (C) は as far as I know「私の知る限りでは」という表現を覚えておくこと。

> 語句　□ charity 慈善団体　□ multiple 複数の　□ domestically 国内で
> 訳　Rothwell さんは慈善団体に加入した後の数カ月間に, 国内と海外で数々の場所を旅した。

0293 🔑 文脈から適切な意味の接続詞を選ぶ　　　　　　　　　正解 **(A)**

空所の前後に 2 つの節があるため, 空所には接続詞が入る。(B) 以外は全て接続詞として機能するが, 空所から始まる後半の節が前半の節の理由を表す文になっているため, 空所には (A) because「なぜなら～」を入れるのが適切だ。(B) 前置詞「～の周りに」, (C) 群接続詞「～するために」, (D) 副詞「もう, まだ」, 接続詞「けれども」。(C) は so that *A* can do「A が～できるように」という表現を覚えておくこと。

> 語句　□ antique store 骨董品店　□ fade ～の色をあせさせる　□ be exposed to ～ ～にさらされる
> 訳　その骨董品店にある映画のポスターは, 長い間日光にさらされていたので色あせていた。

0294 🔑 最上級を修飾する very　　　　　　　　　　　　　　　正解 **(B)**

空所の前には the, 空所の後ろには latest「最新の」という形容詞の最上級がある。最上級を前から修飾できる副詞の (B) very「まさに」が正解だ。〈the very ＋最上級〉は「まさに～, 何といっても～」という意味を表す。(A) 副詞「ずっと, 非常に」, (C) 接続詞「～だけれども」, (D) 副詞「そのように」, 接続詞「それで」。

> 語句　□ latest 最新の　□ manufacture ～を製造する　□ automotive component 自動車部品
> 訳　Hoyodan 自動車は, 自動車部品の製造と開発に最新のテクノロジーを使っている。

0295 🔑 means「手段」という表現に着目する　　　　　　　　正解 **(C)**

空所の後ろは名詞句が続くため, 空所には前置詞の働きをするものが入る。空所に群前置詞の (C) as a means of「～の手段として」を入れると, 空所以下の内容が as a means of attracting highly skilled workers to join the company「スキルが高い人材に興味を持って入社してもらうための手段として」というものになり, 空所の前にある its own recruiting platform「自社求人プラットフォーム」の意義を適切に説明する流れとなる。(A) 副詞「どのようにして」, (B) 群前置詞「～と一緒に」, (D) 群接続詞「～するために」。

> 訳　Quinpax 自動車は現在, スキルが高い人材に興味を持って入社してもらうための手段として, 自社求人プラットフォームを有している。

0296 No one in the focus group could taste any difference ------- the two new soft drinks that Lyons Beverage had developed.

(A) especially
(B) while
(C) after
(D) between

0297 Supervisors at the manufacturing plant are tasked with the responsibility of alerting clients when production falls ------- schedule.

(A) despite
(B) inside
(C) behind
(D) quite

0298 ------- almost all the students expressed interest in participating in the research study, most were too busy with other activities to commit.

(A) While
(B) Every
(C) Rather than
(D) As a result of

0299 Mr. Pritchard asked his supervisor for help because he forgot ------- to back up data to an external drive.

(A) before
(B) now that
(C) how
(D) whether

0300 At the Garden Festival, a kiosk set up for volunteers will offer coffee service ------- the duration of the event.

(A) whenever
(B) moreover
(C) throughout
(D) including

0296　👤 difference between 〜「〜の間の違い」　　　正解 (D)

空所の後ろには名詞の複数形drinksがある。空所に前置詞の (D) between「〜の間の」を入れると difference between the two new soft drinks「2つの新しい清涼飲料の間の違い」となり, 問題文の文意が通る。(A)副詞「特に」, (B)接続詞「〜する間に」, (C)前置詞「〜の後で」, 接続詞「〜した後で」。

語句 □ focus group フォーカスグループ　□ taste the difference 味の違いが分かる

訳 フォーカスグループの誰も, Lyons飲料社が開発した2つの新しい清涼飲料の味の違いが分からなかった。

0297　👤 重要表現 behind schedule　　　正解 (C)

空所の後ろにある名詞scheduleと結びつき, behind schedule「予定より遅れて」という表現を作る(C) behindが正解だ。空所の前後の内容が production falls behind schedule「生産が予定より遅れる」というものになり, 問題文の文意にも合う。(A)前置詞「〜にもかかわらず」, (B)前置詞「〜の内部に」, (D)副詞「かなり」。(D)は quite a few「かなりの数(の)」という表現も押さえておこう。問題文中にあるtask は be tasked with 〜「〜の任務を負う」という表現を覚えておくこと。

語句 □ supervisor 管理者　□ responsibility 責務　□ alert 〜に知らせる, 注意喚起をする

訳 生産が予定より遅れている場合, 製造工場の管理者はクライアントに知らせる任務を負っている。

0298　👤 対比を表す while　　　正解 (A)

問題文には空所からカンマの前までに1つ, そしてカンマ以降にもう1つ, 合わせて2つの節があるため, 空所には接続詞が入る。選択肢の中で接続詞は (A) While のみなので, これが正解となる。whileは「〜な一方」という意味で, 2つの節の対比を示す役割をする。(B)形容詞「全ての」, (C)(A rather than Bの形で)「BよりむしろA」, (D)群前置詞「〜の結果として」。

語句 □ express interest 興味を示す　□ research study 調査研究　□ commit 専心する

訳 ほぼ全生徒が調査研究への参加に興味を示した一方, ほとんどの生徒が他の活動でとても忙しかったので参加することができなかった。

0299　👤〈疑問詞＋ to do〉の表現　　　正解 (C)

空所の後ろにある to back up と結びついて, how to do「〜する方法」という名詞句を作る疑問副詞の(C) howが正解だ。how to back up 以下は, 動詞forgotの目的語となっている。(A)前置詞「〜の前に」, 接続詞「〜する前に」, (B)群接続詞「今や〜なので」, (D)接続詞「〜かどうか」。

語句 □ ask A for help Aに助けを求める　□ back up A to B AをBへバックアップする

訳 Pritchardさんは, 外付けドライブへのバックアップ方法を忘れたので, 責任者に助けを求めた。

0300　👤 期間を表す語（句）が続く前置詞　　　正解 (C)

空所の後ろには the duration of the event「イベント期間中」という名詞句が続いている。〈throughout ＋期間〉で「〜の間中ずっと」という意味になる前置詞の(C) throughoutが正解だ。〈throughout＋場所〉「〜の至る所で」という表現もあわせて覚えておこう。(A)接続詞「〜する時はいつでも」, (B)副詞「さらに」, (D)前置詞「〜を含めて」。(B)は同義語のfurthermore, (D)は対義語のexcluding「〜を除いて」も押さえておくこと。

語句 □ kiosk 売店　□ set up for 〜 〜のために設置された

訳 ガーデンフェスティバルではイベント期間中ずっと, ボランティアのために設置された売店でコーヒーのサービスを提供する予定だ。

UNIT **4** 前置詞・接続詞・副詞問題

0301 ------- she visited the Resolla Building to change money, Olivia was
□□□ unaware that the currency exchange had closed.

(A) Whether
(B) Until
(C) Because
(D) Neither

0302 The brand-new Ultamo XB-8 model can be extremely difficult to
□□□ operate, ------- for the most experienced tractor drivers.

(A) nearly
(B) enough
(C) even
(D) as

0303 Project managers who may require a deadline extension on any
□□□ assignment are advised to request it sooner ------- later.

(A) at least
(B) rather than
(C) except
(D) whereas

0304 Amero Rentals' exceptional customer service and affordable prices
□□□ set it ------- other rental car companies in Australia.

(A) additionally
(B) with regard to
(C) apart from
(D) meanwhile

0305 Headquartered in London, AMOS Tech employs more than ten
□□□ thousand people ------- its operations in and outside of England.

(A) away
(B) then
(C) provided
(D) across

0301 🔎 「〜する時まで（ずっと）」を表すuntil **正解** (B)

カンマ以降の後半の節の内容は「Oliviaは両替所が閉まっていることに気付いていなかった」というものだ。「継続」を表す接続詞(B) Until「〜する時まで（ずっと）」を空所に入れると, 前半の節の内容が「彼女（＝Olivia）は両替のためにResollaビルを訪れるまでずっと」となり, 2つの節の意味が繋がる。(A)接続詞「〜かどうか」, (C)接続詞「〜なので」, (D)(neither A nor Bの形で)「AでもBでもない」。

語句 □ *be* unaware that 〜ということに気付いていない　□ currency exchange 両替所

訳 両替のためにResollaビルを訪れて初めて, Oliviaは両替所が閉まっていることに気付いた。

0302 🔎 文脈にふさわしい副詞を選ぶ **正解** (C)

空所の前にあるカンマまでの内容は「操作が非常に難しい」というもので, 空所の後ろにはfor the most experienced tractor drivers「最も経験豊富なトラクタードライバーたちにとって」が続いている。文の要素は揃っているため, 副詞が正解となる可能性を考えよう。空所に副詞の(C) even「〜でさえ」を入れると, 「経験豊富なドライバーたちにとってさえ」と強調する形になり, 問題文の文意が通る。(A)副詞「ほとんど」, (B)形容詞「十分な」, 副詞「十分に」, (D)接続詞「〜なので」, 前置詞「〜として」。

語句 □ brand-new 発売されたばかりの　□ extremely 非常に　□ operate 〜を操作する　□ tractor トラクター

訳 発売されたばかりのUltamo XB-8モデルは, 最も経験豊富なトラクタードライバーたちにとってさえも操作が非常に難しいことがある。

0303 🔎 比較級と一緒に使われる表現 **正解** (B)

空所の前には副詞soonの比較級がある。比較級と一緒に使われる表現である(B) rather than「〜よりむしろ」を空所に入れるのが正解だ。sooner rather than laterは, 「遅くなるよりはむしろ早く」, つまり「(むしろ)早めに」という表現になり, 問題文の文意も通る。sooner or later「遅かれ早かれ」という表現も覚えておこう。(A)副詞「少なくとも」, (C)前置詞「〜を除いて」, (D)接続詞「〜である一方で」。(C)は接続詞や動詞としても使われる。群前置詞のexcept for 〜「〜を除けば」も頻出表現だ。

語句 □ deadline extension 期限の延長　□ be advised to *do* 〜するよう忠告される

訳 仕事の提出期限の延長が必要かもしれないプロジェクトマネージャーは, できるだけ早く申し出るよう忠告されている。

0304 🔎 set A apart from Bを見抜く **正解** (C)

空所に(C) apart fromを入れるとset A apart from B「AをBと差別化する, AをBから際立たせる」という表現になり, 問題文の文意も通る。apartは「離れて」という意味の副詞で, apart from 〜「〜から離れて, 〜は別として」という形で頻出だ。(A)副詞「その上, さらに」, (B)群前置詞「〜に関して」, (D)副詞「(2つの出来事や次の出来事までの) 間に, その一方で」。

語句 □ exceptional 優れた　□ affordable price 手頃な価格

訳 Ameroレンタル社の優れた顧客サービスと手頃な価格が, 会社を他のオーストラリアのレンタカー会社と差別化した。

0305 🔎 「〜にわたって」という意味のacross **正解** (D)

空所の後ろには名詞句があるので, 前置詞が正解候補となる。選択肢のうち前置詞は「〜にわたって, 〜の至る所に」という意味の(D) acrossだけで, これを空所に入れるとacross its operations in and outside of England「イギリス国内外での運営全体において」というものになり, 問題文の文意も通る。(A)副詞「離れて」, (B)副詞「その時, それから」, (C)接続詞「もし〜ならば, 〜という条件で」。(C)はprovided (that)だけでなく, providing (that)も同意表現として使うことができる。

語句 □ in and outside of 〜 〜の内外で

訳 ロンドンに本社を置いているAMOS Tech社は, イギリス国内外の運営に1万人以上の人を雇っている。

0306 ------- Mr. Ellis had six years of experience as a physiotherapy specialist, the position was given to another candidate.

(A) Despite
(B) As well as
(C) Regarding
(D) Even though

0307 Staff are not permitted to use the office printers or photocopiers for personal reasons or ------- any outside organization.

(A) even if
(B) in support of
(C) resulting from
(D) while

0308 About half the cruise ship passengers indicated they would rather sleep ------- at ports than stay at a hotel.

(A) yet
(B) concerning
(C) on board
(D) but

0309 The directors are encouraged to discuss the proposed restructuring plan ------- themselves before attending tomorrow's meeting on the issue.

(A) as for
(B) among
(C) within
(D) but also

0310 ------- Meisoran's game products are released, the filming and editing of the promotional commercials will have been completed.

(A) Only
(B) Unless
(C) Whenever
(D) By the time

0306 🔎 逆接の接続詞を見抜く　　　　　　　　　　　　正解 (D)

問題文は, カンマの前後に2つの節があるため, 空所には接続詞が入る。接続詞として機能するのは(B)と(D)だが, カンマの前が「Ellisさんは理学療法の専門家としての6年間の経験がある」, カンマの後ろが「別の候補者が選ばれた」という内容になっているため, 逆接の意味を表す(D) Even though「～にもかかわらず」を空所に入れると2つの節の意味が繋がる。(A)前置詞「～にもかかわらず」, (B)(A as well as Bの形で)「AもBも」, (C)前置詞「～に関して」。(A)はin spite of ～やnotwithstandingなどに言い換えることが可能だ。

語句 □ physiotherapy 理学療法　□ candidate 候補者

訳 Ellisさんには, 理学療法の専門家としての6年間の経験があるにもかかわらず, その職には別の候補者が就任した。

0307 🔎 状態を表す前置詞in　　　　　　　　　　　　正解 (B)

問題文の前半では, 会社のプリンターやコピー機の使用の条件について述べられている。空所に群前置詞の(B) in support of「～を支持して, 支援して」を入れると, in support of any outside organization「外部組織を支援するために」という表現になり, 問題文の文意も通る。in support of ～のinには「～の状態で」という意味があり, 他にもin disorder「散らかって」, in a hurry「急いで」などのように使われる。(A)群接続詞「たとえ～だとしても」, (C)(result from ～の形で)「～の結果生じる」, (D)接続詞「～する間に」。

訳 スタッフは, 会社のプリンターやコピー機を私的に使用したり, 外部組織のために使用したりすることは許可されていない。

0308 🔎 空所がなくても文が成立→副詞を選ぶ　　　　　　正解 (C)

空所がなくても, 問題文は完全な文として成立しているため, 空所には直前にある動詞would rather sleepを修飾する副詞が入ると考えられる。(C) on board「(船・飛行機などに) 乗って」を入れると, sleep on board「乗り物の中で眠る」という表現になり, 問題文の文意も通る。(A)副詞「もう, まだ」, 接続詞「けれども」, (B)前置詞「～に関して」, (D)接続詞「しかし」。

語句 □ would rather do ～する方がよい

訳 クルーズ船の乗客の約半数は, ホテルに宿泊するより, 港で乗船したまま眠りたいと明らかにした。

0309 🔎 discuss A among Bを見抜く　　　　　　　　正解 (B)

空所の前には, to不定詞のto discussとその目的語であるthe proposed restructuring planがあり, 空所の後ろには代名詞themselvesが続いている。空所に前置詞である(B) among「～の間で」を入れるとdiscuss A among B「AについてBの間で話し合う」という表現になり, 問題文の文意が通る。(A)群前置詞「～に関して」, (C)前置詞「～以内に」, (D)(not only A but also Bの形で)「AだけでなくBも」。

語句 □ be encouraged to do ～するよう勧められる　□ restructuring リストラ, 組織の再編成

訳 役員たちは提案されているリストラ計画について, この問題を取り上げる明日の会議に出席する前に彼らの間で議論することを勧められた。

0310 🔎 by the time「～するまでには」　　　　　　　正解 (D)

文意にふさわしい接続詞を選ぶ問題だ。主節の述語動詞will have been completedに注目しよう。これは未来完了形で, 「(未来には)～しているだろう」という意味を表す。よって, 空所に群接続詞の(D) By the timeを入れると, 問題文は「～するまでに…するだろう」という文脈になり, 主節に未来完了形を使うのにふさわしい流れになる。by the timeは時を表す副詞節を作るので, その節では未来を表す内容でも動詞は現在形であることに注意すること。(A)副詞「たった～だけ」, (B)接続詞「～でない限り」, (C)接続詞「～する時はいつでも」。

語句 □ editing 編集　□ promotional commercial 宣伝用コマーシャル

訳 Meisoran社のゲーム製品が発売されるまでには, 宣伝用コマーシャルの撮影や編集は終わっているだろう。

0311 The conference featured a few seminars on hydropower, -------
□□□ most of the talks were on the topic of solar energy.

(A) even
(B) but
(C) for
(D) by

0312 The Mahdra Group implemented a company-wide messaging
□□□ system, ------- enabling its various divisions and branches to
communicate more effectively.

(A) which
(B) so
(C) thus
(D) to

0313 The second edition of Catherine Padilla's famous novel about life in
□□□ the eighteenth century is ------- as valuable as the first.

(A) over
(B) since
(C) nearly
(D) well

0314 Corway Corp. is seeking a marketing specialist ------- experience
□□□ developing engaging content for Web sites and other online media.

(A) whose
(B) with
(C) while
(D) that

0315 We want our customers to appreciate the artistry and craftsmanship
□□□ that goes ------- making each of our products.

(A) into
(B) without
(C) just as
(D) when

0311 🔎 空所の前後の繋がりを読み解く   正解 **(B)**

問題文には空所を挟んで節が2つあるので, 空所には接続詞が入る。接続詞の働きをするのは (B) と (C) だが, (B) but「しかし」を入れると「会議では水力発電のセミナーがいくつか開催されたが, ほとんどの講演は太陽エネルギーに関する話題だった」という逆接の関係になり, 文意が通る。(C) for は前置詞だけでなく, 「〜という理由で」を意味する等位接続詞の働きもするが, 空所以降の内容は空所の前の内容の「理由」を表してはいないので, 問題文の文意が通らない。(A) 副詞「〜さえ」, (D) 前置詞「〜によって」。

語句 □ feature 〜を呼び物にする, 特集する   □ hydropower 水力発電

訳 会議では水力発電のセミナーがいくつか開催されたが, ほとんどの講演は, 太陽エネルギーに関する話題だった。

0312 🔎 副詞と接続詞の区別   正解 **(C)**

空所の前には節があり, 空所の後ろには doing 形から始まる句が続いている。問題文には節は1つしかないので, 空所には節と節を繋ぐ接続詞や関係代名詞は入らない。よって, 副詞の (B), (C) と前置詞の (D) が正解候補になる。(C) thus「この結果として」を空所に入れると, 問題文は「全社共通のメッセージ通信システムを実現し, この結果としてコミュニケーションが円滑に行えるようになった」という大意になり文意が通る。(A)(関係代名詞), (B) 副詞「そのように」, 接続詞「それで」, (D) 前置詞「〜へ」。

語句 □ implement 〜を実施する   □ company-wide 全社的な   □ effectively 効率的に

訳 Mahdra グループは, 全社共通のメッセージ通信システムを実現することで, さまざまな部署や支社間のコミュニケーションをより円滑に行えるようにした。

0313 🔎 同等比較を修飾する副詞   正解 **(C)**

空所の後ろには as valuable as という比較の表現がある。これを修飾して nearly as valuable as 〜「〜とほとんど同じくらい価値がある」という表現を作る副詞の (C) nearly が正解だ。〈nearly「ほとんど」＋同等比較〉は「〜とほとんど同じくらい…だ」という意味になる。〈three times ＋同等比較〉「〜の3倍 (と同じくらい) …だ」のように, 同等比較の前に倍数表現を置くパターンもセットで覚えておくこと。(A) 前置詞「〜を越えて」, (B) 接続詞「〜して以来」, 前置詞「〜以来ずっと」, (D) 副詞「上手に, よく」。

語句 □ edition (本などの) 版   □ valuable 価値がある

訳 18世紀の暮らしに関する有名な Catherine Padilla の小説の第2版は, 初版とほとんど同じくらい価値がある。

0314 🔎「〜を持っている」という意味の with   正解 **(B)**

空所の前には主語 (Corway Corp.), 述語動詞 (is seeking), そして目的語 (a marketing specialist) があり, 空所の後ろには名詞句が続いている。「〜を持っている, 〜がある」という意味の前置詞 (B) with を入れると, with experience (in) doing「〜した経験のある」という表現になり, 問題文の文意も通る。関連して, have experience in [of] doing「〜した経験がある」という表現も覚えておくこと。(A)(関係代名詞), (C) 接続詞「〜する間に」, (D) 接続詞「〜ということ」。

語句 □ engaging 人を惹きつける   □ content コンテンツ

訳 Corway 社は, ウェブサイトや他のオンラインメディア上で人を惹きつけるコンテンツ開発の経験を持つ, マーケティングの専門家を探している。

0315 🔎 動詞と前置詞の結びつきを押さえる   正解 **(A)**

空所の前には動詞 goes, 空所の後ろには doing 形がある。go into 〜「〜に費やされる, 投入される」という表現を作る前置詞の (A) into が正解だ。(B) 前置詞「〜なしに」, (C) 副詞＋前置詞「〜と全く同じように」, (D) 接続詞「〜する時に」。問題文中にある appreciate は「〜をありがたく思う」という意味でよく使われるが, 今回のように「〜を正当に評価する, 鑑賞する」という意味で使われるということも押さえておくこと。

語句 □ artistry 芸術性   □ craftsmanship 職人の技

訳 私たちはお客様に, 一つ一つの製品を作る上で費やされている芸術性と職人の技を味わっていただきたいと思っています。

0316 Tomorrow's boat race across Tampa Bay will get under way at
7:00 A.M. ------- the water remains relatively calm.

(A) if
(B) only
(C) despite
(D) that

0317 The Politan Cafeteria on the ground floor of the head office can
cater small gatherings ------- the company premises.

(A) when
(B) on
(C) yet
(D) early

0318 ------- their renewed popularity, vinyl records have become very
popular at Lopchap's stores in recent years.

(A) Such as
(B) Owing to
(C) In the event that
(D) Together with

0319 It was nearly impossible to hear the keynote speaker at the summit
------- the malfunctioning microphone.

(A) in spite of
(B) in compliance with
(C) one time
(D) on account of

0320 The cleaning staff are reminded to be careful ------- handling
corrosive substances including certain detergents.

(A) while
(B) that
(C) most
(D) from

本書の問題は全て、①解説できる、②知らない語句がない、③文意を言える、という状態にしてください。

0316 🔑 条件を表すif　　　　　　　　　　　　　正解 (A)

空所の後ろには節が続いているので，空所には接続詞が入る。接続詞は(A)と(D)だが，空所の後ろでは前半の節の内容である「ボートレースが行われる」ための条件が述べられているので，正解は(A) if「もし～ならば」だ。(B)副詞「たった～だけ」，(C)前置詞「～にもかかわらず」，(D)接続詞「～ということ」。

語句 □ get under way 始まる，実行される　□ remain ～のままである　□ relatively 比較的
訳 明日のTampa湾でのボートレースは，海が比較的落ち着いていたら，午前7時に開始される予定である。

0317 🔑 重要表現on the premises　　　　　　　　　正解 (B)

空所に前置詞の(B) onを入れるとon the premises「構内で，敷地内で」という表現になり，問題文の文意も通る。(A)接続詞「～する時に」，(C)副詞「もう，まだ」，接続詞「けれども」，(D)副詞「早く」，形容詞「早い」。問題文中にあるground floor「1階」(イギリス英語)は，アメリカ英語ではfirst floorとなる。

語句 □ head office 本社　□ cater ～に料理を提供する　□ gathering 会合
訳 本社1階にあるPolitanカフェテリアは，会社敷地内で行われる小規模な会合へのケータリングを行っている。

0318 🔑 理由を表すowing to ～　　　　　　　　　　正解 (B)

カンマ以降は「近年アナログレコードが大変人気となっている」という内容で，文頭からカンマまではその理由となるtheir renewed popularity「(それらの)人気の再燃」という名詞句が空所に続いている。選択肢の中で名詞句の前に置いて「理由」を表すことができるのは，群前置詞の(B) Owing to「～のおかげで」だ。owing to ～はbecause of ～やdue to ～, thanks to ～などに言い換えることが可能だ。(A)群前置詞「～のような」，(C)群接続詞「～の場合には」，(D)群前置詞「～と一緒に」。

語句 □ popularity 流行，人気　□ vinyl record アナログレコード
訳 アナログレコードの流行が再燃したおかげで，近年Lopchap社の店舗ではそれらが大変人気となっている。

0319 🔑 「好ましくない理由」を表すon account of ～　　正解 (D)

空所の前までの内容は「基調講演者の声はほとんど聞き取れなかった」というもので，空所の後ろにはその理由となるthe malfunctioning microphone「マイクの不調」という名詞句が続いている。このように病気やアクシデントなどの「好ましくない理由」を表すことができるのは群前置詞の(D) on account of「～の理由で」だ。この表現はbecause of ～やdue to ～などに言い換えることができる。(A)群前置詞「～にもかかわらず」，(B)群前置詞「～に従って」，(C)副詞「一度」。

語句 □ keynote speaker 基調講演者
訳 マイクの調子が悪く，サミットの基調講演者の声はほとんど聞き取れなかった。

0320 🔑 〈接続詞＋doing形〉　　　　　　　　　　　正解 (A)

空所の後ろにはhandling「取り扱っている」というdoing形が続いている。接続詞(A) whileを空所に入れるとwhile *doing*「～している間に」という表現になり，問題文の文意が通る。(B)接続詞「～ということ」，(C)副詞「最も」，(D)前置詞「～から」。問題文中にある*be* reminded to *do*「～するよう念押しされる」は，remind *A* to *do*「*A*に～するよう念押しする」を受動態にしたものだ。

語句 □ corrosive substance 腐食性物質　□ certain 特定の　□ detergent 洗剤
訳 清掃員は，特定の洗剤などの腐食性物質を取り扱う際には注意するよう念押しされた。

0321 Our employees use cotton cloths and non-abrasive sponges ------- avoid scratching the vehicles they wash and wax.

(A) given that
(B) as long as
(C) in case
(D) so as to

0322 Periton Electric reported that sales of its new tablet continued to rise ------- fierce competition in the digital device market.

(A) while
(B) up
(C) in spite of
(D) even so

0323 You will receive an e-mail with your login details ------- we have confirmed your subscription to *Photoshot Magazine*.

(A) therefore
(B) as soon as
(C) in order that
(D) resulting from

0324 Stribo Services won a major contract to upgrade the water supply system ------- the sanitation facility on Yavallo Island.

(A) otherwise
(B) not only
(C) along with
(D) even though

0325 Ms. Guerrero's upcoming webinar will cover practical and theoretical approaches ------- studying biochemical systems.

(A) to
(B) from
(C) both
(D) ever

0321 🔍 to不定詞の発展表現に注意する　　　　　　正解 (D)

空所の後ろには動詞の原形であるavoid「〜を避ける」が続いている。よって，後ろに動詞の原形を続けることができる(D) so as toが正解だ。so as to do「〜するために」は目的を表す表現だ。同じく目的を表す表現の1つである，in order to doもあわせて押さえておきたい。(A)群接続詞「〜だと仮定すると」，(B)群接続詞「〜する限り」，(C)群接続詞「〜の場合には」。

語句 □ cotton cloth 綿布　□ non-abrasive sponge 非研磨スポンジ　□ scratch 〜を傷つける

訳 弊社の従業員は，洗車とワックスがけをする車両を傷つけないよう，綿布と非研磨スポンジを使用しています。

0322 🔍 upに惑わされない　　　　　　正解 (C)

空所の後ろには名詞句のfierce competition「激しい競争」が続いているので，空所には（群）前置詞が入る。（群）前置詞として機能する(B)と(C)のうち，in spite of fierce competition「激しい競争にもかかわらず」という表現を作る(C) in spite of「〜にもかかわらず」が正解だ。(B) upは空所の直前のriseとセットでrise up「立ち上がる，起きる」という意味の句動詞となるが，問題文の文意が通らないので本問では正解にはなりえない。(A)接続詞「〜する間に」，(B)前置詞「〜の上方へ」，副詞「上へ」，(D)副詞「たとえそうであっても」。

訳 Periton電気会社は，デジタル機器市場の激しい競争にもかかわらず，新しいタブレットの売り上げが伸び続けていると報告した。

0323 🔍 文脈から正解を選ぶ　　　　　　正解 (B)

空所の前後に2つの節があるため，空所にはそれらを繋ぐ（群）接続詞が入る。（群）接続詞として機能するのは(B)と(C)だが，(B) as soon as「〜するとすぐに」を空所に入れると，「購読申し込みが確認できたらすぐに，ログイン情報を送る」という大意になり，問題文の文意が通る。(A)副詞「その結果」，(C)群接続詞「〜する目的で」，(D)（result from 〜の形で）「〜の結果生じる」。

語句 □ confirm 〜を確認する　□ subscription to 〜 〜の購読

訳 *Photoshot Magazine* の購読申し込みが確認でき次第すぐに，ログイン情報をEメールでお送りします。

0324 🔍 〈前置詞＋名詞句〉の即答パターン　　　　　　正解 (C)

空所の後ろには名詞句が続くため，空所には（群）前置詞が入る。選択肢のうち（群）前置詞は(C) along with「〜と一緒に」だけだ。これを空所に入れるとupgrade the water supply system along with the sanitation facility「衛生設備と共に給水システムを改良する」という意味になり，問題文の文意が通る。(A)副詞「さもなければ」，(B)（not only A but also Bの形で）「AだけでなくBも」，(D)「〜にもかかわらず」。(A)は副詞だが，Hurry up, otherwise you'll be late.「急いでください，さもないと遅刻します」のように接続詞的にも使われるので注意が必要だ。

語句 □ win a contract 契約を勝ち取る　□ water supply system 給水システム　□ sanitation facility 衛生設備

訳 Striboサービス会社は，Yavallo島の衛生設備と共に給水システムを改良するための大口契約を勝ち取った。

0325 🔍 〈approach to＋動名詞〉　　　　　　正解 (A)

空所の後ろに動名詞があるため，空所には前置詞が入る。前置詞の(A) to「〜へ」を入れるとapproach to 〜「〜へのアプローチ，取り組み」という表現になり，問題文の文意も通る。approachは動詞として使う場合は自動詞と他動詞の両方の使い方があることも押さえておくこと。(B)前置詞「〜から」，(C)（both A and Bの形で）「AとBの両方」，(D)副詞「今までに」。

語句 □ webinar ウェビナー　□ theoretical 理論的な　□ biochemical 生化学の

訳 次回のGuerreroさんのウェビナーでは，生化学システム研究への実践的，理論的アプローチを扱う。

0326 The vice president expressed his surprise that the logistics services
☐☐☐ contract with Baverro Associates had ------- to be renewed.

(A) nor
(B) accordingly
(C) beyond
(D) yet

0327 A recall will be issued ------- any cosmetic product fails to comply
☐☐☐ with the new safety regulation.

(A) ever since
(B) other than
(C) in the event that
(D) but also

0328 Participants are grouped ------- ability rather than age in the
☐☐☐ Tekonoma Gardening Workshop.

(A) as long as
(B) according to
(C) except for
(D) in addition

0329 ------- all the advantages of online banking, many Varclay Financial
☐☐☐ customers prefer to do their banking in person.

(A) Despite
(B) Although
(C) Whether
(D) Before

0330 ------- people's environmental awareness has been increasing,
☐☐☐ there has been a growing demand for Kizezza's solar panels.

(A) In spite of
(B) As
(C) Regardless
(D) Then

0326 🔍 have yet to *do* の副詞 yet 　　　　　　　　　　正解 ▶ (D)

空所の前後にはhave to *do*の過去形がある。haveとtoの間に入り, have yet to *do*「まだ〜していない」という表現を作る(D) yetが正解だ。yetは「まだ〜していない」という未完了の意味を表す副詞だ。have yet to *do*と同じ意味の*be* yet to *do*も定型表現として覚えておこう。(A)(neither *A* nor *B*の形で)「AでもBでもない」, (B)副詞「それに応じて, 従って」, (C)前置詞「〜を越えて」。問題文中のsurpriseは動詞「〜を驚かせる」, 名詞「驚き(不可算名詞), 驚くべきこと(可算名詞)」がどれも同形なので注意したい。

語句　□ vice president 副社長　□ logistics service 物流サービス　□ contract with 〜 〜との契約

訳　副社長は, Baverro Associates社との物流サービス契約がまだ更新されていないことに驚きを表した。

0327 🔍 空所の前後の文脈を読み取る 　　　　　　　　　　正解 ▶ (C)

空所の後ろには主語がany cosmetic product, 述語動詞がfailsである節が続いているので, 空所には節を後ろに続けることができる接続詞が入る。該当するのは(A)と(C)だが, (C) in the event that「〜の場合には」を空所に入れると,「化粧品が安全規則に違反していた場合には, リコールが行われる」となり問題文の文意が通る。(A)副詞＋接続詞「〜の後ずっと」, (B)群前置詞「〜以外の」, (D)(not only *A* but also *B*の形で)「Aだけでなく*B*も」。

語句　□ issue 〜を公表する　□ comply with 〜 〜に従う　□ safety regulation 安全規則

訳　化粧品が新しい安全規則に違反していた場合は, リコールが行われる。

0328 🔍 全文を読んで文脈を見極める 　　　　　　　　　　正解 ▶ (B)

空所の後ろには名詞句が続いているので, 群前置詞の(B)または(C)が正解候補となる。空所の前の内容はParticipants are grouped「参加者はグループ分けされる」というもので, 空所の後ろにはability rather than age「年齢よりも能力」という内容が続いている。空所に(B) according to「〜によって, 〜に従って」を入れると,「年齢ではなく能力によってグループ分けされる」という意味になり, 問題文の文意が通る。(A)群接続詞「〜である限りは」, (C)群前置詞「〜を除けば, 〜がなかったら」, (D)副詞「さらに, その上」。

訳　Tekonomaガーデニングワークショップでは, 参加者は年齢ではなく能力によってグループ分けされる。

0329 🔍 相反する2つの事柄を繋げるdespite 　　　　　　　　正解 ▶ (A)

空所の後ろからカンマまでは名詞句なので, 空所には前置詞が入る。前置詞として使うことができるのは(A)と(D)だが, 空所に入れて問題文の文意が通るのは(A) Despite「〜にもかかわらず」だ。「オンラインでの銀行取引」と「直接銀行で手続きをすること」という2つの内容が対比された文となっている。(B)接続詞「〜だけれども」, (C)接続詞「〜かどうか」, (D)前置詞「〜の前に」, 接続詞「〜する前に」。

語句　□ online banking ネット銀行　□ banking 銀行取引　□ in person 本人が直接に

訳　オンラインでの銀行取引のあらゆる利点にもかかわらず, 多くのVarclay金融の顧客は, 直接銀行で取引をするのを好む。

0330 🔍 理由を表す接続詞as 　　　　　　　　　　　　　　正解 ▶ (B)

問題文にはカンマを挟んで2つの節があるため, 空所には接続詞が入るが, (B)だけが接続詞として機能する。空所に(B) As「〜なので」を入れると, 空所を含む前半の節が後半の節の内容の理由を表すことになり, 問題文の文意が通る。(A)前置詞「〜にもかかわらず」, (C)(regardless of 〜の形で)「〜にかかわらず」, (D)副詞「その時, それから」。

語句　□ environmental awareness 環境に対する意識　□ growing demand 需要の高まり

訳　人々の環境に対する意識が高まりつつあるので, Kizezza社のソーラーパネルの需要は増してきている。

0331 ------- our return policy, customers can return defective items within seven days after the purchase.

(A) On condition that
(B) In accordance with
(C) In case of
(D) Among

0332 Many organizations store even their undisclosed information on the cloud, ------- others are reluctant to do so.

(A) after all
(B) whereas
(C) in spite of
(D) so that

0333 Mr. Jarvis was unable to take on additional assignments, ------- he had his hands full with other work.

(A) for
(B) although
(C) already
(D) for example

0334 Pelwin University has digitized all its research materials ------- they can be accessed by students and faculty online.

(A) as soon as
(B) now that
(C) in order
(D) so that

0335 At the Corbin Museum, visitors can learn about chemistry while ------- having fun with the interactive and immersive exhibits.

(A) just as
(B) also
(C) lastly
(D) on

0331 💡 空所の後ろの内容に着目する　　　正解 (B)

空所に群前置詞の(B) In accordance with「〜に従って」を入れると, In accordance with our return policy「弊社の返品規定に従って」となり, 顧客ができることを具体的に説明しているカンマ以降の内容と合致する。(A)群接続詞「〜という条件で」, (C)群前置詞「〜の場合には」, (D)前置詞「〜の間の」。

語句 □ defective 欠陥のある
訳 弊社の返品規定に従って, 購入後7日以内であれば, お客様は不良品を返品することが可能です。

0332 💡 対比を表す接続詞 whereas　　　正解 (B)

問題文には2つの節があるため, 空所には接続詞が入る。接続詞として機能するのは(B)と(D)だが, 空所に(B) whereas「〜である一方で」を入れると, 問題文の大意は「多くの企業は情報をクラウド上に保存しているのに対して, いくつかの組織はそうすることには気が進まない」となり, 文意が通る。whileもここで使われているwhereasとほぼ同じような使い方ができるということを覚えておこう。(A)副詞「結局」, (C)群前置詞「〜にもかかわらず」, (D)群接続詞「〜できるように」。

語句 □ undisclosed information 未公開情報　□ be reluctant to do 〜するのに気が進まない
訳 多くの組織は未公開情報でさえクラウド上に保存するのに対して, いくつかの組織はそうすることには気が進まない。

0333 💡 理由を表す等位接続詞の for　　　正解 (A)

問題文には2つの節があるため, 空所には接続詞が入る。接続詞として機能するのは(A)と(B)だが, 空所に(A) for「〜なので」を入れると空所から始まる後半の節が前半の節の理由を表すことになり, 問題文全体の文脈が正しいものとなる。この接続詞のforは, 等位接続詞なので文頭に置くことはできない。〈1つ目の節＋for＋2つ目の節〉の語順となる。(B)接続詞「〜だけれども」, (C)副詞「すでに」, (D)副詞「例えば」。

語句 □ take on 〜 〜を引き受ける　□ have one's hands full with 〜 〜で手一杯だ
訳 Jarvisさんは他の仕事で手一杯で, 追加の作業を引き受けることができなかった。

0334 💡 so that 構文の使い方を覚える　　　正解 (D)

空所に群接続詞の(D) so thatを入れるとso that A can do「Aが〜できるように」という目的を表す構文になり, 問題文の文意が通る。(A)群接続詞「〜するとすぐに」, (B)群接続詞「今や〜なので」, (C)副詞「順序正しく」。(C)はin order to do「〜するために」やin order that「〜する目的で」という表現が頻出だ。

語句 □ digitize 〜をデジタル化する　□ research material 研究資料　□ faculty 職員
訳 Pelwin大学は, 生徒や職員がオンライン上でアクセスできるよう, 全ての研究資料をデジタル化した。

0335 💡 情報の追加を表す also　　　正解 (B)

問題文にはwhileを挟んで2つの節があり, いずれの節も「Corbin博物館でできること」を述べる内容である。空所に副詞(B) also「〜もまた」を入れると, 問題文が「化学について学べると同時に交流や体験ができる展示も楽しむことができる」という適切な内容になる。while doingは「〜しながら」を意味する表現であることも押さえておこう。(A)副詞＋前置詞「〜と全く同じように」, (C)副詞「最後に」, (D)前置詞「〜の上に」。

語句 □ interactive 相互に作用する　□ immersive 実体験のように感じる
訳 Corbin博物館では化学について学べると同時に, 交流や体験ができる展示も楽しむことができる。

0336 Simon Emsley was hired to do the illustrations for the customer newsletter ------- the recommendation of the marketing director.

(A) firstly
(B) until
(C) in case
(D) on

0337 Even though tickets for the eagerly anticipated musical went on sale ------- yesterday, they are already sold out.

(A) to
(B) only
(C) as
(D) latest

0338 If your computer display is blurry ------- flickering, please contact our technical support department to request assistance.

(A) by
(B) so
(C) otherwise
(D) or

0339 Captains Sportswear has implemented a number of structural reforms ------- bolster its competitiveness and profitability.

(A) in order to
(B) as much as
(C) as a consequence
(D) with regard to

0340 Ms. McKernan decided to give up her position in management ------- she could devote all her time to clinical research.

(A) far
(B) how
(C) so
(D) for

0336 🔍 原因や理由を表すon 正解 (D)

空所に前置詞(D) onを入れると, on the recommendation of ~「~の推薦で」という表現になり, 問題文の文意も通る。前置詞onには「~に基づいて」という根拠や理由, 条件を表す意味がある。(A)副詞「第一に」, (B)接続詞「~する時まで (ずっと)」, 前置詞「~まで (ずっと)」, (C)群接続詞「~の場合には」。問題文中にあるdo the illustrationsは「イラストを描く」という意味だ。〈do the+名詞〉の表現には, 他にもdo the cleaning「掃除をする」やdo the laundry「洗濯をする」などがあるのであわせて覚えておこう。

語句 □ be hired to do ~するために雇われる □ customer newsletter 顧客向けのニュースレター
訳 Simon Emsleyはマーケティング部長の推薦で, 顧客向けニュースレターのイラストを描くために雇われた。

0337 🔍 only yesterday「つい昨日」 正解 (B)

空所がなくても, 問題文は完全な文として成立しているので, 空所には副詞が入る。空所に副詞(B) only「つい~」を入れるとwent on sale only yesterday「昨日発売されたばかりだ」という表現になり, 問題文の文意も通る。only yesterday「つい昨日」という表現を覚えておくこと。(A)前置詞「~へ」, (C)接続詞「~なので」, 前置詞「~として」, (D)形容詞「最新の」。(D)は同義語 updated「最新の, 更新された」, current「最新の, 現在の」とセットで押さえておくこと。

語句 □ eagerly anticipated 待ち望まれている □ go on sale 発売が開始される
訳 待ち望まれていたミュージカルのチケットは昨日発売開始されたばかりにもかかわらず, すでに売り切れている。

0338 🔍 2つの形容詞を繋ぐ接続詞or 正解 (D)

空所の前後にはblurry「ぼやけた」とflickering「ちらついている」という2つの形容詞が並んでいる。空所に等位接続詞の(D) orを入れると, If your computer display is blurry or flickering「パソコンの画面がぼやける, あるいはちらつく場合は」という意味になり, 問題文の文意も通る。(A)前置詞「~によって」, (B)副詞「そのように, とても」, (C)副詞「さもなければ」。問題文中にある名詞assistance「支援」は不可算名詞であることを押さえておくこと。

訳 パソコンの画面がぼやけたりちらついたりする場合は, 弊社の技術サポート部門にご連絡いただき, お手伝いをお申し付けください。

0339 🔍 空所の後ろに動詞の原形が続くパターン 正解 (A)

空所の後ろには動詞の原形bolster「~を強化する」が続いている。動詞の原形を続けることができるのは(A) in order toだけだ。in order to doで「~するために」という意味を表し, 空所以下がreformsまでの文の目的を表すことになり, 問題文の文意も通る。(D) with regard toのtoは前置詞なので, 後ろには名詞が続くため正解にはなりえない。(B)群接続詞「~と同量の」, (C)副詞「結果として」, (D)群前置詞「~に関して」。

語句 □ implement ~を実施する □ structural reform 構造改革 □ profitability 収益性
訳 Captainsスポーツウェア社は, 競争力と収益性を強化するために多くの構造改革を実施した。

0340 🔍 目的を表す接続詞so (that) 正解 (C)

空所の前後に2つの節があるため, 空所には接続詞が入る。接続詞として機能するのは(C)と(D)だ。問題文の内容を確認すると, 空所を含む後半の節が前半の節の目的を表しているため, (C) so「~するように」が正解となる。本問ではso that A can [could] do「Aが~できるように」の構文が使われており, thatは省略されていると考えること。(A)形容詞「遠い」, 副詞「遠く」, (B)副詞「どのようにして」, (D)前置詞「~のために」。

語句 □ position in management 管理職 □ devote A to B AをBに捧げる □ clinical research 臨床研究
訳 McKernanさんは全ての時間を臨床研究に捧げるため, 管理職を退くことを決心した。

UNIT **4** 前置詞・接続詞・副詞問題

0341 ------- the last decade, Varpul has grown from a small start-up to a diversified enterprise with offices in fourteen countries.

(A) As
(B) When
(C) Over
(D) Lately

0342 Ms. Silvestri is widely regarded ------- an exceptionally talented architect with remarkable creative skills.

(A) and
(B) to
(C) so
(D) as

0343 The city council would have approved the infrastructure project for downtown Sacramento ------- it had not been so expensive.

(A) to
(B) but
(C) or
(D) if

0344 Since the end-of-the-year office party is a casual affair, staff members are welcome to dress ------- they'd like that evening.

(A) rather
(B) however
(C) even
(D) because

0345 Roadwork on Elm Avenue had been slated to begin on April 3, ------- unexpected heavy rain prevented workers from getting started.

(A) even so
(B) but
(C) amid
(D) in spite of

0341 ⚡ 時間の経過を表す over　　　　　　正解 (C)

空所は文頭にあり, その後ろには the last decade「ここ10年」という年月を表す名詞句が続いている。「〜 (という期間)にわたって」という意味を持つ前置詞である(C) Over が正解だ。〈over＋期間〉は完了形と相性のよい表現であることを押さえておくこと。(A)接続詞「〜なので」, 前置詞「〜として」, (B)接続詞「〜する時に」, (D)副詞「最近」。

語句 □ start-up 新興企業　□ diversified enterprise 多角経営企業
訳 Varpul 社はここ10年の間に, 新興企業から世界14カ国にオフィスを持つ多角経営企業へと成長した。

0342 ⚡ 重要表現 *be* regarded as 〜　　　　正解 (D)

空所の前には動詞 regard の受動態があり, 空所の後ろには名詞句が続いている。regard は regard *A* as *B* で「AをBと見なす」という意味になるので, 前置詞の(D) as を空所に入れると, be regarded as 〜「〜として見なされている」という表現になり, 問題文の文意も通る。本問のように副詞の widely「広く」が組み込まれることも多いので, セットで覚えておこう。(A)接続詞「〜と…」, (B)前置詞「〜へ」, (C)副詞「そのように」, 接続詞「それで」。

語句 □ exceptionally 非常に　□ remarkable 卓越した　□ creative skill 創造的なスキル
訳 Silvestri さんは卓越した創造的なスキルを持った, 非常に才能ある建築家として広く認められている。

0343 ⚡ 過去の事実に反することを表す仮定法過去完了　　正解 (D)

主節の動詞が would have approved, 従属節の動詞が had *done* の形であることから, 本問は仮定法過去完了の文であることが分かる。よって, 仮定法と一緒に使われる接続詞の(D) if が正解だ。関連して, if it had not been for 〜「もし〜がなかったら」と, 同義の without [but for]もあわせて押さえておくこと。(A)前置詞「〜へ」, (B)接続詞「しかし」, (C)接続詞「〜か…」。

語句 □ city council 市議会　□ infrastructure project インフラ計画　□ downtown 中心街の
訳 これほどコストがかからなければ, 市議会はサクラメントの都心のインフラ計画を承認していただろう。

0344 ⚡ 複合関係副詞の however　　　　正解 (B)

空所は動詞 dress の後ろにあり, 空所の後には they'd like と〈主語＋動詞〉から成る節が続いているが, 接続詞(D) because を空所に入れても問題文の文意が通らない。正解は副詞節を導く複合関係副詞の(B) however「どんなふうに〜しても」だ。however they'd like で「彼らが好きなように」という副詞節になり, 直前にある dress「服を着る」を後ろから説明している。(A)副詞「かなり」, (C)副詞「〜でさえ」, (D)接続詞「〜なので」。

語句 □ the end-of-the-year office party 会社の忘年会　□ affair 催し　□ *be* welcome to *do* 自由に〜してよい
訳 会社の忘年会はカジュアルな催しなので, 社員はその夜は好きな服装で参加できる。

0345 ⚡ 逆接の but　　　　　　正解 (B)

問題文には空所の前後にある2つの節を繋ぐ接続詞が入る。「道路工事は開始される予定だった」と「豪雨により着工できなかった」という2つの節を繋ぐ, 逆接の接続詞(B) but が正解だ。(A)副詞「たとえそうであっても」, (C)前置詞「〜の真っただ中に」, (D)群前置詞「〜にもかかわらず」。

語句 □ roadwork 道路工事　□ *be* slated to *do* 〜する予定だ
訳 Elm 大通りの道路工事は4月3日から開始される予定だったが, 予想外の豪雨により作業員は着工できなかった。

UNIT 4 前置詞・接続詞・副詞問題

0346 ------- the snow is cleared at the border crossing soon, shipments between the countries can resume without much delay.

(A) Even though
(B) So that
(C) Provided that
(D) In order for

0347 Mr. Brooks decided to repair the dishwasher on his own ------- of returning it to the store where he had purchased it.

(A) likewise
(B) because
(C) instead
(D) concerning

0348 If you have called us ------- regular business hours, be sure to leave a message including your name and phone number.

(A) toward
(B) though
(C) until
(D) outside

0349 Mr. Soriano told the reporters when the new device would be launched ------- notifying them of the location of its unveiling.

(A) its
(B) without
(C) in that
(D) still

0350 The president congratulated Ms. Harlow ------- the whole staff for being selected as sales employee of the year.

(A) on behalf of
(B) in that
(C) because of
(D) on

0346 🔍 条件を表す接続詞 provided that　　　　　　　　正解 (C)

空所にはカンマの前後にある2つの節を繋ぐ接続詞が入るが, (A)～(C)はいずれも接続詞なので文脈から判断して正解を選ぶ。カンマの前の「国境検問所の雪が除雪される」という内容が, カンマの後ろの「輸送が再開できる」という内容の条件になっていると考えることができるので, (C) Provided that「もし～ならば, ～という条件で」が正解となる。provided that は動詞 provide「～を提供する」から派生した接続詞で, providing (that) も同意表現だ。(A)群接続詞「～であるけれども」, (B)群接続詞「～できるように」, (D) (in order for *A* to *do* の形で)「*A*が～するために」。

語句 □ border crossing 国境検問所　□ shipment 輸送　□ resume ～を再開する
訳 国境検問所の雪が間もなく除雪されれば, 2国間の輸送はさほど遅れずに再開できるだろう。

0347 🔍 空所の後ろにある of に注目する　　　　　　　　正解 (C)

空所に(C) instead を入れると instead of *doing*「～する代わりに」という表現になり, 問題文の文意も通る。instead of ～は in place of ～に言い換えることが可能だ。(A)副詞「同様に」, (B)接続詞「～なので」, (D)前置詞「～に関して」。(B)は since, as, for に言い換えられる (for は等位接続詞なので文頭には置けないことに注意)。

語句 □ dishwasher 食洗機　□ on *one's* own 自分で　□ return *A* to *B* *A*を*B*に返す
訳 Brooks さんは, 食洗機を購入した店に返品せず, 自分で修理することを決めた。

0348 🔍 「範囲を超えて」という意味の outside　　　　　　　正解 (D)

空所の後ろには時間を表す名詞句がある。空所に前置詞の(D) outside を入れると outside regular business hours「通常の営業時間外に」という表現になり, 問題文の文意も通る。outside は,「(建物などの場所)の外」という意味以外にも「時間や範囲を超えて」という意味もあるので覚えておこう。(A)前置詞「～に向かって」, (B)接続詞「～だけれども」, (C)接続詞「～する時まで(ずっと)」, 前置詞「～まで(ずっと)」。

訳 通常の営業時間外にお掛けの際は, 必ずお名前とお電話番号を留守電に残してください。

0349 🔍 〈前置詞＋doing形〉の表現　　　　　　　　　　　正解 (B)

空所の後ろには doing 形がある。doing 形の前に置けるのは, 前置詞の(B) without だ。without *doing*「～しないで」を覚えておこう。(A)代名詞「その」, (C)群接続詞「～という点において」, (D)副詞「いまだにずっと」。問題文の動詞 told は目的語を2つ取り, tell *A B*「*A*に*B*を教える」という語順で使われている。*A*に当たるのが the reporters「リポーターたち」, *B*に当たるのが when the new device would be launched「いつ新しい機器が発売されるのか」だ。

語句 □ notify *A* of *B* *A*に*B*を通知する　□ unveiling 公開, 除幕
訳 Soriano さんはリポーターたちに, 公開場所は通知せずに, いつ新しい機器が発売されるかを教えた。

0350 🔍 群前置詞 on behalf of ～　　　　　　　　　　　正解 (A)

空所の後ろには, the whole staff「全社員」という「人」を表す名詞句がある。「～を代表して」という意味の群前置詞である(A) on behalf of を入れると,「全社員を代表して」となり問題文の文意が通る。on behalf of the whole staff が congratulate *A* for *B* で「*A*に*B*のお祝いを述べる」という表現の中で挿入句として使われていることも押さえておこう。(B)群接続詞「～という点において」, (C)群前置詞「～のために」, (D)前置詞「～の上に」。問題文中の sales employee「営業社員」は sales staff, sales representative, sales force, salespeople などに言い換えることが可能だ。

訳 社長は全社員を代表して, 年間最優秀営業社員に選ばれた Harlow さんに祝辞を述べた。

代名詞問題

代名詞問題は主に代名詞が選択肢に並んでいる問題で, 時折, 一緒に選択肢に並んでいる名詞や副詞などが正解となるケースもあるタイプの問題だ。本書では特に解答するのが難しいパターンである①複数の観点から適切な代名詞の格を選ぶ問題と, ②不定代名詞の用法を問う問題の2種類を中心に攻略ポイントを見ていこう。

攻略ポイント 1 文法×意味で格を判断する

「主語になるから主格」,「動詞や前置詞の目的語になるから目的格」といった文法的な観点のみで適切な格を選ぶ問題は基本レベルの問題だ。一方, 難問と位置付けられる問題では, ここに意味の観点が加わる。早速例題を見ていこう。

例題 1

Since we introduced a monitoring system into two factories, the output rates have been skyrocketing at both of -------.

(A) we
(B) us
(C) they
(D) them

選択肢にはさまざまな格の代名詞が並んでいる。空所を含む後半の節を見ると, the output rates have been skyrocketing at both of -------「〜の両方の生産率は急上昇している」とある。前置詞ofの後ろが空所となっているため, 空所には目的格が入る。よって, 目的格の働きをする代名詞の(B) usと(D) themが正解候補になる。どちらも文法上は空所に入るため, 前半の節の内容から, 空所の代名詞が何を表しているのかを確かめよう。前半の節にはSince we introduced a monitoring system into two factories「私たちが2つの工場に監視システムを導入して以来」とあり, 生産率が急上昇しているのはtwo factories「2つの工場」であるということが分かる。よって, 正解はこれを代名詞にした(D)だ。目的格であるという理由だけで(B)を正解に選んでしまわないよう注意が必要だ。(A)主格「私たちは」,(C)主格「それらは」。

例題1のように, 文法の観点だけでなく意味の観点からも検討する必要のある難問には要注意だ。空所の前後だけを拾い読みせず問題文全体を読み, 空所の代名詞が文のどの要素を表しているのかを正確に判断しよう。

正解 (D)
語句 □output 生産高 □skyrocket 急上昇する
訳 私たちが2つの工場に監視システムを導入して以来, その両方の生産率が急上昇している。

攻略ポイント 2 　不定代名詞の用法を押さえる

特定のものを指す場合には it や this などの代名詞が使われるが, **不特定で漠然としたものを指す場**合には one, some, any, both, all などの**不定代名詞**が使われる。代名詞問題では不定代名詞の用法を問う問題が出題されることも多いので, それぞれの用法を確実に押さえておこう。

例題 2

Some members have completed making presentation slides that are to be submitted this Friday, but ------- are still working on them.

(A) each 　　　(B) all
(C) the others 　(D) another

選択肢には**不定代名詞**が並んでいる。空所の後ろには are が続いているので, 正解候補は (B) all「全員」と (C) the others「その他の人たち」だ。問題文の前半を読んでいくと Some members have completed making presentation slides「何人かのメンバーがプレゼンテーションスライドの作成を完了させた」とある。さらに空所を含む節では but ------- are still working on them(= presentation slides)「しかし～はまだ(プレゼンテーションスライドを)作成中だ」とある。(B) all を空所に入れると「何人かのメンバーはスライドを完成させていて, 全てのメンバーは作成中だ」となり問題文の文意が通らないので, 正解は (C) the others だ。the others は the other members「その他のメンバー」のことを意味する。(A) each「それぞれ」, (D) another「もう1人」。

それぞれの不定代名詞の意味や正しい用法を理解できているかどうかは, 難問攻略のカギになる。頻出の不定代名詞の用法を, 本書の問題を解きながら一つ一つ確認していこう。

正解 (C)

訳 何人かのメンバーは今週金曜日に提出予定のプレゼンテーションスライドの作成を完了させたが, その他のメンバーは現在作成中だ。

★ 頻出の不定代名詞と重要な用法

one(s)	前に出てきた名詞を繰り返す時に使われる。
	【例】 Customers interested in purchasing <u>the new Fu-phone12</u> can click the link below and purchase one today.
	新しい Fu-phone12 の購入にご興味のあるお客様は, 本日, 下のリンクをクリックしてそれをご購入いただけます。
both	「両方」を意味し, 常に複数扱いである。
	【例】 Simon presented <u>two new ideas</u> to his supervisor, both of which were practical and cost-effective.
	Simon は2つの新しいアイディアを上司に提案し, それらは両方とも実用的で費用対効果の高いものであった。

0351 Ms. Rodriguez said that she will either fly to Nashville for the
☐☐☐ technology conference or drive there ------- tomorrow.

(A) her
(B) hers
(C) her own
(D) herself

0352 At Lloyds Movers, we know that moving your furniture from one
☐☐☐ location to ------- requires careful planning and preparation.

(A) either
(B) another
(C) what
(D) anything

0353 The superintendent saw only one bottle of detergent in the broom
☐☐☐ closet but ------- found more in the storage room in the basement.

(A) each
(B) any
(C) others
(D) much

0354 Creating a workplace environment where all employees can freely
☐☐☐ exchange their opinions can benefit -------.

(A) either
(B) any
(C) everyone
(D) other

0355 We contacted three hotels situated near the Keeton Conference
☐☐☐ Hall, and ------- still have rooms available on May 8.

(A) any
(B) all
(C) another
(D) it

本書の問題を何回も繰り返し解くことにより, 読み飛ばしていた大切なことに必ず気付くことができます。

0351 🔑 完全な文で使う再帰代名詞の強調用法　　　　　　　　　**正解** (D)

空所がなくても問題文は完全な文として成立しているため, (A)の目的格や(B)の所有代名詞は空所には入らない。空所に再帰代名詞の(D) herself「彼女自身で」を入れると, drive there herself「彼女自身で運転してそこに行く」となり, 問題文の文意が通る。再帰代名詞は同じ節の中で主語に当たる語が再登場する場合(再帰用法)や, 完全な文に対して用い, 主語や目的語などを強調する場合(強調用法)に使われるということを覚えておこう。(C)は on one's own「自分自身で」という形で使われる。

語句 □ either A or B AかBのどちらか　□ technology conference 技術会議

訳 Rodriguezさんは明日のナッシュビルでの技術会議に, 飛行機で行くか自分で運転して行くかのどちらかだと言った。

0352 🔑 2つを対比させるoneとanother　　　　　　　　　　**正解** (B)

空所に(B) anotherを入れると, from one location to another「ある場所から別の場所へ」という表現になり, 問題文の文意が通る。one「1つ」とanother「もう1つ」は, 2つの事柄を対比させる時に一緒に使われることが多い。from one place to anotherと言い換えられるということも覚えておくこと。(A)「どちらか一方」, (C)(関係代名詞), (D)「何でも, どんなものでも」。

語句 □ careful planning 綿密な計画　□ preparation 準備

訳 Lloyds引越社は, お客様の家具をある場所から別の場所へ移動させる際に, 綿密な計画と準備が必要であることを理解しています。

0353 🔑 「他の人たち」を意味する表現　　　　　　　　　　　**正解** (C)

空所の後ろにはfound more (bottles)「より多くのボトルを見つけた」とあるため, 空所には動作主となる人を表す代名詞が入る。「管理者はボトルを1本しか見かけなかったが, 〜はそれよりも多くのボトルを見つけた」という文脈において空所に入れるのにふさわしいのは, 不特定の人を表すことのできる, (C) others「他の人たち」だ。(A)「それぞれ」, (B)「誰でも」, (D)「多量」。本問は空所がなくても文が成立しうる。その場合, 「管理者は掃除用具入れで洗剤のボトルを1本しか見かけなかったが, 地下の倉庫部屋ではいくつか見つけた」という, 登場人物が1人の文になる。

語句 □ superintendent 管理者　□ detergent 洗剤　□ broom closet 掃除用具入れ
　　　　□ basement (住宅の)地階

訳 その管理者は掃除用具入れで洗剤のボトルを1本しか見かけなかったが, 他の人たちが地下の倉庫部屋でそれよりも多く見つけた。

0354 🔑 「利益」を受ける対象を選ぶ　　　　　　　　　　　　**正解** (C)

主語の内容は「全ての従業員が自分の意見を自由に言い合える職場環境をつくること」というものなので, この利益を受ける相手としてふさわしいのは, (C) everyone「全ての人」だ。benefitは「(人・団体, 社会など)のためになる, 利益を与える」という意味の動詞で, 後ろに人を表す代名詞を続ける場合が多いということを覚えておこう。(A)「どちらか一方」, (B)「どれでも」, (D)「他の」。

語句 □ workplace 職場　□ exchange opinions 意見を交換する

訳 全ての従業員が自分の意見を自由に言い合える職場環境をつくることは, 全ての人にとって有益だ。

0355 🔑 空所の後ろにある動詞に着目する　　　　　　　　　　**正解** (B)

空所を含む後半の節の述語動詞はhaveなので, 主語は三人称単数ではないことが分かる。空所に(B) all「全て」を入れると, and以降の内容が all still have rooms available on May 8「全て(のホテル)が5月8日にはまだ空室があるようだ」となり, 問題文の文意が通る。このallは前半の節のthree hotels「3つのホテル」のことを指している。(A)「どれでも」, (C)「もう1つ」, (D)「それは, それを[に]」。rooms「部屋」は available on May 8「5月8日に空いている」という形容詞句によって後置修飾されている。

訳 私たちはKeeton会議場近くの3カ所のホテルに連絡をしましたが, その全てが5月8日にはまだ空室があるようです。

0356 ------- has been interviewed for the graphic designer job yet, so hiring someone for the position before March 31 is unlikely.

(A) Any other
(B) No one
(C) Anyone
(D) Those

0357 Harrisburg Honey Art Gallery has announced that it will be adding a third wing to the building ------- later this year.

(A) anywhere
(B) sometime
(C) whenever
(D) something

0358 If ------- of the budget cuts result in reduced advertising, our company will be at risk of losing market share.

(A) which
(B) what
(C) any
(D) whether

0359 While Berrypop's new soda is available only at certain stores, its flagship products can be purchased -------.

(A) whichever
(B) whatever
(C) everything
(D) anywhere

0360 Although Creekton has grown in size over the years, the town has not lost ------- old-fashioned look and charm.

(A) each other
(B) those
(C) its
(D) itself

0356　🔑 否定の内容とセットで使われる yet　　　　正解 (B)

前半の節の最後に yet「まだ」があることから，この節は否定の内容になることが推測できる。否定を表す No を使った (B) No one「誰も〜ない」を空所に入れると，前半の節は「まだ誰1人としてグラフィックデザイナーの仕事の面接を受けていない」という内容になり，so 以下の内容とも合致する。(A)「他のいかなる」，(C)「誰か」，(D)「それら，あれら」。

語句 □ unlikely ありそうもない

訳 まだ誰1人としてグラフィックデザイナーの仕事の面接を受けていないので，3月31日以前に誰かを採用する可能性は低い。

0357　🔑 未来を表す表現に着目する　　　　正解 (B)

that 節には will が使われ，未来に起こる予定の内容が述べられている。空所に (B) sometime「いつか」を入れると，sometime later this year「今年の（うちの）今以降のいつか」，つまり「年内に」という意味になり，問題文の文意が通る。(A)「どこでも」，(C)（複合関係副詞），(D)「何か」。

語句 □ announce that 〜ということを発表する　□ add A to B A を B に加える　□ wing 翼棟

訳 Harrisburg Honey 美術館は，年内に第3の翼棟を増築することを発表した。

0358　🔑 any of 〜　　　　正解 (C)

空所に (C) any を入れると，any of 〜「〜のいくらか」という表現になり，問題文の文意が通る。any の後ろには可算名詞と不可算名詞のいずれも置くことができるが，any of 〜の後ろには基本的に可算名詞の複数形が続くことに注意したい。(A)（関係代名詞），(B)（関係代名詞），(D)「〜かどうか」。

語句 □ result in 〜 〜に繋がる　□ advertising 広告宣伝　□ be at risk of 〜 〜の危険性がある

訳 予算削減のいくらかが広告宣伝の縮小に繋がれば，当社は市場シェアを失うという危機にさらされるだろう。

0359　🔑 場所を表す副詞　　　　正解 (D)

文頭にある接続詞の While は，ここでは「〜な一方で…」という逆接の意味で使われている。前半の節は「Berrypop 社の新しいソーダは限られた店でしか購入できない」という内容なので，後半の節を「同社の主力製品はどこでも購入できる」という内容にすれば，2つの節が逆接の関係になり自然な文脈となる。よって，正解は「場所」を表す (D) anywhere「どこでも」だ。(A)（複合関係代名詞），(B)（複合関係代名詞），(C)「全てのもの」。

語句 □ certain 特定の　□ flagship product 主力製品

訳 Berrypop 社の新しいソーダは限られた店でしか購入できない一方で，同社の主力商品はどこでも購入できる。

0360　🔑 直前の単数名詞を受ける its　　　　正解 (C)

空所の後ろには old-fashioned look and charm「昔ながらの景色や魅力」という名詞句が続いている。この「昔ながらの景色や魅力」は，文脈から Creekton (= the town) が持っているものなので，the town を代名詞に置き換えた it の所有格である，(C) its「その」が正解だ。(A)「お互い」，(B)「それら，あれら」，(D) 再帰代名詞「それ自身」。

語句 □ grow in size 大型化する　□ old-fashioned 昔ながらの　□ look 様子　□ charm 魅力

訳 クリークトンは長年にわたって規模を拡大してきたが，その昔ながらの景色や魅力は失っていない。

UNIT **5** 代名詞問題

0361 Telefona West offers two separate mobile communication services, one for individual users and ------- for business entities.

(A) either
(B) some
(C) the ones
(D) the other

0362 Heavy rainfall and other inclement weather impacted sporting events last summer, ------- of which had to be canceled or postponed.

(A) many
(B) either
(C) little
(D) anything

0363 Whereas most office cleaning services charge customers a flat rate, ------- prefer to charge by the hour.

(A) everyone
(B) some
(C) any
(D) which

0364 Even though it was her first stage production, the actor performed as if ------- had been acting for many years.

(A) it
(B) she
(C) itself
(D) herself

0365 The CEO of Wayton Gas will retire soon, though the board of directors has yet to decide on ------- as his successor.

(A) them
(B) other
(C) much
(D) anybody

0361　2つのうちの「もう1つ」　　正解 (D)

前半の two「2つの」に注目だ。空所に (D) the other「もう一方」を入れると, カンマ以降が one ～ the other ...「（2つあるうちの）1つは～, 残りのもう1つは…」という表現になり, 問題文の文意が通る。1つが決まれば残りも特定されるので, other の前には特定を表す the が付いている。3つのものがある場合は, one ～ the others...「（3つあるうちの）1つは～, 残りの2つは…」と表す。(A)「どちらか一方」, (B)「いくらか」, (C)「人・もの」（複数形）。

語句 □ mobile communication service モバイル通信サービス　□ individual user 個人ユーザー
　　　　□ business entity 企業体
訳 Telefona West 社は2つの別々のモバイル通信サービスを提供しており, 1つは個人用, もう1つは企業用である。

0362　many of which の表現　　正解 (A)

空所を含む節の述語動詞は had to be canceled or postponed「中止か延期せざるをえなかった」というものなので, which の先行詞は, 前半の節にある sporting events「スポーツイベント」であると分かる。空所に (A) many を入れると many of which「その（＝スポーツイベントの）多く」という主語が完成し, 問題文の文意が通る。(B)「どちらか一方」, (C)「ほとんどない」, (D)「何でも, どんなものでも」。

語句 □ heavy rainfall 豪雨　□ inclement weather 悪天候
訳 豪雨やその他の悪天候が昨年の夏のスポーツイベントに影響を与え, その多くは中止か延期せざるをえなかった。

0363　不特定の複数の人を表す some　　正解 (B)

文頭にある接続詞の Whereas は, ここでは「～な一方で…」という意味で使われている。前半の節は「ほとんどのオフィス清掃サービスは定額料金を請求する」という内容なので, 後半の節を「いくつかの会社は時間単位で料金を請求する」という内容にすれば2つの節が逆接の関係になる。よって, 正解は (B) の some「いくつかの（会社）」だ。(A)「全ての人」, (C)「どれでも」, (D)（関係代名詞）。

語句 □ charge *A B* A に B を請求する　□ flat rate 定額料金　□ by the hour 時間単位で
訳 ほとんどのオフィス清掃サービスは定額料金を請求する一方で, 時間単位で料金を請求する会社もある。

0364　「人」を表す語を見逃さない　　正解 (B)

空所の後ろには had been acting「ずっと演じてきている」という動詞句が続いている。この動詞句の主語となるのは後半の節にある the actor「俳優」であることが文脈から分かるため, 正解は人を表す主格の代名詞である (B) she「彼女は」だ。前半の節に it という語があることから, 惑わされて (A) を選ばないように。(A)主格「それは」, 目的格「それを, それに」, (C)再帰代名詞「それ自身」, (D)再帰代名詞「彼女自身」。

語句 □ stage production 舞台作品　□ perform 演じる　□ act 演じる
訳 それは彼女の最初の舞台作品だったにもかかわらず, 彼女は長年演じてきたかのように演技を披露した。

0365　「誰も」を表す anybody　　正解 (D)

空所の後ろには as his successor「彼の後継者として」が続いているため, 空所には The CEO of Wayton Gas「Wayton ガス社の CEO」の後継者となる「人」を表す語が入ることが分かる。(D) anybody「誰も」を空所に入れると, has yet to decide on anybody as his successor「彼の後継者を誰にするのかをまだ決めていない」となり, 問題文の文意が通る。(A)「彼らを, 彼らに」, (B)「他の」, (C)「多量」。

語句 □ board of directors 取締役会　□ have yet to *do* まだ～していない　□ successor 後継者
訳 Wayton ガス社の CEO はもうすぐ定年退職する予定だが, 取締役会は彼の後継者をまだ決定していない。

0366 ☐☐☐ Pilnan Construction's workers write their name inside their helmet so they can easily determine which one is -------.

(A) they
(B) their
(C) them
(D) theirs

0367 ☐☐☐ ------- of the pharmaceutical companies involved in the joint clinical study has thus far reported on their findings.

(A) Some
(B) None
(C) All
(D) Almost

0368 ☐☐☐ After Mr. Madden reported having problems with the machine, his supervisor asked if ------- else had experienced similar difficulties.

(A) what
(B) another
(C) everything
(D) anyone

0369 ☐☐☐ Equipment maintenance and upgrades should be performed regularly, as ------- can impact production in a factory.

(A) some
(B) both
(C) any
(D) much

0370 ☐☐☐ The human resources department is looking for ------- with the ability to speak fluent Portuguese as well as English.

(A) someone
(B) each
(C) the other
(D) whoever

0366 💡「〜のもの」を意味する所有代名詞　　　　正解 (D)

空所の前には, determine which one is「どれが〜なのかを判断する」という表現がある。oneは文脈からhelmet「ヘルメット」のことだと分かるので, 空所に「彼らのもの」を表す所有代名詞の(D) theirsを入れると, determine which one is theirs「どのヘルメットが彼らのものなのかを判断する」となり, 問題文の文意が通る。(A) 主格「彼らは」, (B) 所有格「彼らの」, (C) 目的格「彼らを, 彼らに」。

語句 □ determine 〜ということを判断する

訳 Pilnan建設会社の労働者は, どれが自分のものなのか簡単に判断できるよう, 自身のヘルメットの内側に名前を書いている。

0367 💡遠く離れた述語動詞に注意する　　　　正解 (B)

問題文の述語動詞はhas reported「〜を報告した」なので, 主語になるのは三人称単数の名詞だ。よって, 正解は(B) None「どれも〜ない」となる。空所を含む主語と述語動詞の距離が離れているので, その関係を見逃さないように注意したい。involved in the joint clinical studyが, 文頭からcompaniesまでの主語を後置修飾している。(A)「いくらか」, (C)「全て」, (D)「ほとんど」。

語句 □ pharmaceutical company 製薬会社　□ joint clinical study 共同臨床試験　□ thus far 今までのところ

訳 共同臨床試験に関わったどの製薬会社も, 調査結果について今までのところ報告していない。

0368 💡重要表現anyone else　　　　正解 (D)

空所に(D)のanyone「誰か」を入れると, anyone else「誰か他の人」という表現になり, 問題文の文意が通る。elseと組み合わせて使われる表現には, 他にもsomeone else「誰か他の人」やno one else「他の誰も〜ない」などがある。あわせて覚えておこう。(A)(関係代名詞), (B)「もう1人」, (C)「全てのもの」。

語句 □ report 〜を報告する　□ difficulty 問題

訳 Maddenさんが機械の不具合を報告した後, 彼の上司は他に同様の問題を経験したことがある人がいるかを尋ねた。

0369 💡2つの事柄をまとめて表すboth　　　　正解 (B)

空所の後ろにはcan impact production in a factory「工場生産に影響を与える可能性がある」とある。この表現の主語としてふさわしいのは, 前半の節にあるEquipment maintenance and upgrades「設備のメンテナンスと改良」である。よって, 「メンテナンス」と「改良」の両方を代名詞にして表した(B) both「両方」が正解だ。(A)「いくらか」, (C)「どれでも」, (D)「多量」。

訳 どちらも工場生産に影響を与える可能性があるので, 設備のメンテナンスと改良は定期的に行われるべきだ。

0370 💡「〜を持っている誰か」を意味する表現　　　　正解 (A)

空所の前にはis looking for「〜を探している」とあり, 空所の後ろにはwith the ability to speak fluent Portuguese as well as English「ポルトガル語と英語を流暢に話す能力を持った」とある。これらの内容から, 空所には「人」を表す語が入ることが分かる。空所に入れて問題文の文意が通るのは, (A) someone「誰か」だ。someone with 〜は「〜を持っている誰か」という意味を表す。(B)「それぞれ」, (C)「もう一方」, (D)(複合関係代名詞)。

訳 人事部はポルトガル語と英語を流暢に話すことができる能力を持った人を探している。

UNIT ⑤ 代名詞問題

0371 Whoever is responsible for taking out the recyclables should make sure they are ------- at the waste collection point by 10:00 A.M.

(A) everything
(B) many
(C) either
(D) all

0372 Since ------- of the inspections will be carried out in the plant's packaging facility, staff there are to tidy up thoroughly beforehand.

(A) few
(B) which
(C) some
(D) little

0373 As a result of the traffic jam on Highway 35, ------- was late to the meeting at the convention center.

(A) no one
(B) everyone
(C) one another
(D) ourselves

0374 Mr. Nielsen called maintenance to request that ------- repair the entrance awning, which had been damaged during the storm.

(A) they
(B) their
(C) their own
(D) themselves

0375 If your library card becomes lost or damaged, please inform one of our librarians so we can issue -------.

(A) another
(B) one another
(C) others
(D) other

0371　🔍 同格を表すall　　　　　　　　　　正解 (D)

空所の前にはthey are「それらは〜（に）ある」があるが，be動詞の後ろに置いて主語と同格を表すことができる (D) all「全て」を空所に入れると，問題文の文意が通る。このallはall recyclablesのことを意味する。主語と同格を表すallは，一般動詞の前，またはbe動詞や助動詞の後ろに置き，目的語と同格になる場合はus all「私たち全員」のように目的語の後ろに置く。(A)「全てのもの」，(B)「多数」，(C)「どちらか一方」。

語句　□ take out 〜　〜を持ち出す　　□ recyclables リサイクル可能なもの
訳　リサイクル可能なものを外に出す責任のある人は誰であっても，それらが全て午前10時までに確実にゴミ収集場所にあるようにするべきである。

0372　🔍 文法×意味の観点で正解を導く　　　　　正解 (C)

前置詞of「〜の」の前に置くことができ，なおかつそれを空所に入れて問題文の文意が通る語を選ぶ。空所に (C) someを入れると，some of 〜「いくつかの〜」という表現になり，問題文の文意が通る。little of 〜は不可算名詞が後ろに続くので，可算名詞の複数形inspectionsが後ろに続いている本問では，(D) littleは空所には入らない。また (A) fewも後ろにofを続けることができるが，fewを空所に入れても問題文の文意が通らないのでここでは不正解だ。(A)「少数のもの」，(B)（関係代名詞），(D)「ほとんどない」。

語句　□ packaging facility 梱包施設　　□ tidy up 片付ける　　□ thoroughly 徹底的に
訳　一部の検査は工場の梱包施設で実施されるため，そこのスタッフは事前に徹底的に片付けを行うべきだ。

0373　🔍 前後の文脈から適切な代名詞を選ぶ　　　正解 (B)

空所の前までの内容が As a result of the traffic jam on Highway 35「35号線の渋滞によって」なので，空所に (B) everyone「全員」を入れると，カンマ以降がeveryone was late「全員が遅刻した」となり，問題文の文意が通る。(A)のno oneは「誰も〜ない」という意味で，空所に入れると「誰も遅刻しなかった」という文になり，前半の節の内容とかみ合わない。(C)「お互い」，(D)再帰代名詞「私たち自身」。

訳　35号線の渋滞によって，コンベンションセンターでの会議に全員が遅刻した。

0374　🔍 単数形のthey　　　　　　　　　　正解 (A)

空所の後ろにはrepair the entrance awning「入口の日よけを修理する」というthat節の〈述語動詞＋目的語〉が続いている。空所にはこのthat節の主語となるものが入るが，主語は前半の節にあるmaintenance「メンテナンス（保守管理部門）」であることが文脈から分かるため，正解は主格の代名詞である (A) they「彼らが」だ。maintenanceは三人称単数なので本来はheやshe, itなどの代名詞に置き換えるべきだが，ここではそれらの代わりに男女共通に使える「単数形のthey」を使っている。(B)所有格「彼らの」，(C)「彼ら自身の」，(D)再帰代名詞「彼ら自身」。

語句　□ awning 日よけ　　□ storm 暴風雨，嵐
訳　Nielsenさんは，暴風雨で壊れた入口の日よけの修理を依頼するためにメンテナンスに電話した。

0375　🔍 「もう1つ」を表すanother　　　　　正解 (A)

空所の前にはso we can issue「私たちが〜を発行することができるように」とあり，この節には目的語が欠けていることが分かる。前半の節の内容から空所に入るのはlibrary card「図書館カード」であると分かるため，「カードを紛失・破損した場合」に「別のもう1つ」を発行する，という文脈にするのが自然だ。よって，正解は (A) another「もう1つ」である。(B)「お互い」，(C)「他のもの」（複数形），(D)「他のもの」。

語句　□ librarian 図書館員
訳　図書館カードを紛失または破損した場合は，再発行いたしますので，図書館員までお申し出ください。

0376 Inspired by the success of their first studio album, the band will
☐☐☐ begin work on a second ------- next month.

(A) either

(B) more

(C) one

(D) other

0377 The product number of Flowerick's hot pot and ------- uses can be
☐☐☐ found on the company's Web site.

(A) it

(B) this

(C) which

(D) its

0378 The new recording equipment has many sophisticated features,
☐☐☐ ------- of which the production sound mixers must fully understand.

(A) each

(B) that

(C) no

(D) every

0379 The sports program volunteers were busy yesterday morning, but
☐☐☐ there was not much for ------- to do today.

(A) they

(B) themselves

(C) their own

(D) them

0380 Since canola oil or grapeseed oil are both suitable for making
☐☐☐ savory stir-fry dishes, you can use -------.

(A) either

(B) which

(C) something

(D) each other

0376 🔑 可算名詞の繰り返しを避ける one 正解 (C)

問題文の前半には their first studio album「彼らのファーストアルバム」がある。空所に (C) one を入れ，a second one「セカンドアルバム」とすれば問題文の文意が通る。この one は studio album「（スタジオでレコーディングされた）アルバム」のことを指す。前に出てきた可算名詞の繰り返しを避けるために，不定代名詞の one が使われる場合があるということを押さえておこう。(A)「どちらか一方」，(B)「もっと多くの」，(D)「他のもの」。

訳 そのバンドはファーストアルバムの成功に触発されて，来月セカンドアルバムの制作に取り掛かる予定だ。

0377 🔑 名詞の use 正解 (D)

問題文には can be found という述語動詞があるので，文頭から uses までが主語になる。空所の後ろにある uses は動詞ではなく「使用方法」を意味する名詞として使われていると判断できるので，空所に代名詞の所有格である (D) its「その」を入れると，問題文の主語が「Flowerick 社の電気ポットの品番とその使用方法」という内容になり，問題文の文意が通る。(A) 主格「それは」，目的格「それを，それに」，(B)「これ」，(C)（関係代名詞）。

語句 □ product number 品番　□ hot pot 電気ポット
訳 Flowerick 社の電気ポットの品番や使用方法については，同社のホームページで確認できる。

0378 🔑 「〜のそれぞれ」を表す each of 〜 正解 (A)

問題文後半の関係代名詞節は which the production sound mixers must fully understand「プロダクションサウンドミキサーは〜を十分に理解しなければならない」というもので，understand の目的語が目的格の which として前に出ている形だ。which の先行詞は many sophisticated features「多くの複雑な機能」だ。空所に (A) each を入れると each of which，つまり each of many sophisticated features「多くの複雑な機能のそれぞれ」を表すことになり，問題文の文意が通る。(B)「あれ」，(C)「何も〜ない」，(D)「全ての」。

語句 □ recording equipment 録音機器　□ sophisticated 複雑な　□ fully 十分に
訳 その新しい録音機器には複雑な機能が多く備わっており，プロダクションサウンドミキサーはそれぞれを十分に理解しなければならない。

0379 🔑 to 不定詞の意味上の主語を選ぶ 正解 (D)

空所の前には前置詞の for「〜にとって」があるため，空所には for の目的語になるものが入る。目的語になれるのは (B) themselves と (D) them だが，再帰代名詞である (B) は主語が再度その節の中で登場する際に使う形だ。よって，正解は目的格の (D) them「彼らに」だ。(A) 主格「彼らは」，(B) 再帰代名詞「彼ら自身」，(C)「彼ら自身の」。

語句 □ there is not much to *do* 他にすることがあまりない
訳 昨日の朝，そのスポーツ番組のボランティアたちは忙しかったが，今日は他にそれほどやることがなかった。

0380 🔑 「2つのうちどちらでも」を表す either 正解 (A)

空所の前には他動詞の use「〜を使う」があるため，空所にはその目的語となるものが入る。前半の節の内容から，use の目的語となるのは canola oil「キャノーラオイル」と grapeseed oil「グレープシードオイル」だ。この2つを代名詞 either「どちらか一方，どちらでも」に置き換えたと考えれば問題文の文意も通るため，正解は (A) だ。(B)（関係代名詞），(C)「何か」，(D)「お互い」。

語句 □ *be* suitable for 〜 〜に適している　□ savory 食欲をそそる　□ stir-fry dishes 炒め物
訳 キャノーラオイルとグレープシードオイルは両方とも食欲をそそる炒め物を作るのに適しているので，どちらを使っても構いません。

0381 During the seminar, attendees were given tips on how to safeguard ------- from computer security threats.

(A) itself
(B) themselves
(C) their own
(D) its

0382 The directors moved the teleconference forward so that Ms. Capaldi could join ------- before her doctor's appointment.

(A) those
(B) each
(C) its
(D) it

0383 After Maxford Stadium was rebuilt, some locals were surprised that there was absolutely ------- left of the original structure.

(A) both
(B) nothing
(C) anything
(D) another

0384 Since none of the knobs were attached to the newly installed kitchen cabinets, Mr. White screwed ------- on this morning.

(A) his
(B) him
(C) theirs
(D) them

0385 Satisfying customers with innovative and high-quality products is ------- that will remain one of Norand Clothings' foremost priorities.

(A) anyone
(B) what
(C) something
(D) each other

「この本のことだったら，自分は著者以上に詳しい」というレベルを目標に勉強していきましょう。

0381　🔑 attendeesを表す再帰代名詞　　　　　　　　　　　正解 (B)

問題文前半に,「セミナーでは, 参加者はヒントを与えられた」とある。何に関するヒントなのかというと,「コンピューター・セキュリティー上の脅威から〜を守る」ためのヒントであると述べられている。選択肢には代名詞が並んでいるため, 空所には問題文中にある何かが代名詞になったものが入る。「セキュリティー上の脅威」から守られるべきものは, 主語であるattendeesであり, これが同じ節の中に再度登場するので, 正解は再帰代名詞の(B) themselves「彼ら自身」だ。(A)再帰代名詞「それ自身」, (C)（on *one's* own の形で）「自分で, 独力で」, (D)「それの」。

語句 □ tip ヒント, 秘訣　□ safeguard 〜を守る　□ threat 脅威
訳 セミナーでは参加者に, コンピューター・セキュリティー上の脅威から自分の身を守るためのヒントが与えられた。

0382　🔑 動詞の目的語になる代名詞　　　　　　　　　　　　正解 (D)

空所の前には他動詞のjoin「〜に参加する」があるため, 空所にはjoinの目的語となるものが入る。Ms. Capaldi「Capaldiさん」が参加するのはthe teleconference「電話会議」なので, これを代名詞の目的格にした(D) it「それ」が正解だ。(A)「それら, あれら」, (B)「それぞれ」, (C)「その, それの」。

語句 □ move *A* forward *A*を前倒しにする
訳 役員たちは, Capaldiさんが病院に行く前に参加できるよう, 電話会議を前倒しにした。

0383　🔑 否定の意味を表すnothing　　　　　　　　　　　　正解 (B)

空所に(B) nothing「何も〜ない」を入れると, there was absolutely nothing left「何1つ残っていなかった」という否定を意味する内容になり, 問題文の文意が通る。absolutelyは否定文では「全く〜しない」という意味になり, 否定を強める働きがあるということも押さえておこう。(A)「両方」, (C)「何でも, どんなものでも」, (D)「もう1つ」。(A)はboth *A* and *B*「AとBの両方」と, 関連表現の*A* and *B* alike「AもBも同様に」という表現を覚えておくこと。

語句 □ rebuild 〜を再建する　□ original structure 元の構造
訳 Maxfordスタジアムが再建された後, 元の構造が一切残っていなかったことに一部の地元住民は驚いた。

0384　🔑 句動詞の間に挟む代名詞　　　　　　　　　　　　　正解 (D)

空所の前後には, 句動詞screwed on 〜「〜をねじで取り付けた」がある。前半の節の内容からこの句動詞の目的語になるのは名詞の複数形the knobs「取手」なので, これを代名詞にした目的格の(D) them「それらを」が正解だ。本来はscrew on 〜の語順になるが, 目的語が代名詞の場合は, 本問のように〈screw＋代名詞＋on〉の語順になる。(A)所有格「彼の」, 所有代名詞「彼のもの」, (B)目的格「彼を, 彼に」, (C)所有代名詞「それらのもの」。

語句 □ *be* attached to 〜 〜に取り付けられる　□ cabinet 食器棚
訳 新しく設置された台所の食器棚には取手が1つも取り付けられていなかったので, 今朝Whiteさんが取手をねじで取り付けた。

0385　🔑 前述の事柄を受けるsomething　　　　　　　　　　正解 (C)

空所に(C) something「何か」を入れると, *A* is something that 〜「Aは〜ということだ」という表現になり, that以下が主語のSatisfying customers with innovative and high-quality products「顧客を斬新で質のよい商品で満足させること」を説明した文になる。主語は「物」を表しているので, (A) anyone「誰か」は正解にはなりえない。また, (B)はwhatを関係代名詞だと考えた場合, 後ろに続く関係代名詞のthatと重複してしまうので不正解だ。(D)「お互い」。

語句 □ satisfy 〜を満足させる　□ foremost priority 最優先事項
訳 顧客を斬新で質のよい商品で満足させることは, Norand衣料品会社の最優先事項の1つであり続けるだろう。

0386 Mr. Wong indicated that advertising a new line of Obunsher Shoes online is necessary in order for ------- to be more widely recognized.

(A) them
(B) those
(C) him
(D) another

0387 Among all the desktop printers sold by Maxfield Tech, ------- of them prints color copies as fast as the PDX-88.

(A) few
(B) some
(C) all
(D) none

0388 The company had ------- corporate logo printed on their T-shirts for the annual Fun Run event.

(A) them
(B) themselves
(C) itself
(D) its own

0389 Ms. Ishikawa sent a message to Mr. Bowen informing him that he could use ------- of the extra monitors.

(A) either one
(B) others
(C) something
(D) anyone

0390 Encouragement from peers can be highly motivational for -------
endeavoring to achieve a long-term goal.

(A) whoever
(B) another
(C) those
(D) something

0386 🔍 to不定詞の意味上の主語を選ぶ　　　　　　　　　正解 **(A)**

空所に入るのは, 空所の後ろに続くto be more widely recognized「より広く認識されるために」の意味上の主語だ。「より広く認識される」必要があるのは, a new line of Obunsher Shoes「Obunsherシューズの新製品」であることが文脈から分かる。また, 空所の前には前置詞のfor「〜にとって」があるため, 空所にはその目的語となる目的格の代名詞が入る。これらのことから, 正解は(A) them「それらに」だ。この複数形のthemは, 新製品の靴 (shoes)を指している。in order for A to do は「Aが〜するために」という意味を表す。(B)「それら, あれら」, (C)「彼を, 彼に」, (D)「もう1つ」。

語句 □ indicate that 〜ということを示す　□ advertise 〜を宣伝する　□ widely 幅広く

訳 Wongさんは, Obunsherシューズの新製品をインターネット上で宣伝することは, それらをより広く認識してもらうために必要だと述べた。

0387 🔍 述語動詞の形に注目する　　　　　　　　　　　正解 **(D)**

空所のある節の動詞はprints「〜を印刷する」という三人称単数現在形だ。よって, これに対応する(D) none「何も〜ない」を空所に入れるとnone of them prints color copies as fast as the PDX-88「PDX-88ほど速くカラーコピーを印刷することができるものはない」となり, 問題文の文意が通る。(A)〜(C)は, いずれもそれを空所に入れた形では後ろに三人称単数現在形の動詞を続けることができないので注意したい。(A)「ほとんどない」, (B)「いくらか」, (C)「全て」。

訳 Maxfield Tech社によって販売された全てのデスクトッププリンターの中で, PDX-88ほど速くカラーコピーを印刷することができるものはない。

0388 🔍 名詞 (句) を修飾する *one's own*　　　　　　　正解 **(D)**

空所の後ろにはcorporate logo「会社のロゴ」という名詞句が続いている。名詞句の前に置くことができるのは(D) its own「それ自身の」だ。(D)を空所に入れると, its own corporate logo「その会社自身のロゴ」, つまり「自社のロゴ」という意味になる。(A)目的格「それらを, それらに」, (B)再帰代名詞「それら自身」, (C)再帰代名詞「それ自身」。

語句 □ annual 年に一度の　□ fun run 市民マラソン, アマチュアマラソン

訳 その会社は, 年に一度開催されるFun Runイベントに向けて自社のロゴが入ったTシャツを用意した。

0389 🔍 either one of 〜　　　　　　　　　　　　　　正解 **(A)**

空所の前にはhe could use「彼は使うことができる」があり, 彼が使うのはextra monitors「余っているモニター」であることが分かる。空所に(A) either one「どちらか一方」を入れるとeither one of the extra monitors「余っている(2つの)モニターのどちらでも」という表現になり, 問題文の文意が通る。(B)「他のもの」(複数形), (C)「何か」, (D)「誰か」。

訳 IshikawaさんはBowenさんに, 余っているモニターのどちらを使ってもよいとメッセージを送った。

0390 🔍 「複数の人・もの」を表すthose　　　　　　　　正解 **(C)**

空所の前までの内容は, 「仲間からの励ましは〜にとって非常に大きなモチベーションになりうる」というもので, この内容から空所には人を表す語が入ることが分かる。空所に(C) thoseを入れると, those endeavoring to achieve a long-term goal「長期的な目標を達成するために努力している人たち」となり, 問題文の文意が通る。thoseは複数の人・ものを表す時に使うことができ, those *doing* は「〜する人々」という意味を表す。(A)(複合関係代名詞), (B)「もう1人」, (D)「何か」。

語句 □ encouragement 励まし　□ peer 仲間, 同僚　□ motivational モチベーションになる
　　　□ endeavor 努力する　□ long-term 長期的な

訳 長期的な目標を達成するために努力している人たちにとって, 仲間からの励ましは非常に大きなモチベーションになりうる。

0391 If you find ------- making more mistakes than usual when typing, take a five-minute break to regain your focus.

(A) your
(B) yourself
(C) yours
(D) you

0392 Among all the durable roofing materials, the Armourix-LD shingle is considered ------- least likely to be damaged by strong winds.

(A) what
(B) some
(C) the one
(D) one of

0393 Driving to the various sites on the tour took less time than anyone in the group had thought ------- would.

(A) each other
(B) those
(C) it
(D) they

0394 Since ------- applied for the job they had posted, the Human Resources department rethought where to put advertisements for it.

(A) nobody
(B) those
(C) whoever
(D) it

0395 During the annual coastline cleanup on Saturday, ------- of the participating organizations will hand out gloves and garbage bags.

(A) one
(B) other
(C) that
(D) every

0391　🔑 重要表現 find *oneself doing*　　　正解 (B)

空所に再帰代名詞である(B) yourselfを入れると, find *oneself doing*「〜している自分に気が付く」という表現になり, 問題文の文意が通る。再帰代名詞を使った表現はたくさんあるが, 代表的なものとしては make *oneself* at home「くつろぐ」, help *oneself* to 〜「〜を自分で自由に取って食べる」などがある。(A) 所有格「あなたの」, (C)所有代名詞「あなたのもの」, (D)主格「あなたは」, 目的格「あなたを, あなたに」。

語句 □ regain *one's* focus（〜の）集中力を回復させる

訳 タイピングのミスがいつもより多いと感じる時は, 集中力を回復させるために5分間休憩しましょう。

0392　🔑 既出の特定の可算名詞を表す the one　　　正解 (C)

空所の前には the Armourix-LD shingle is considered「Armourix-LDの屋根板は〜と考えられる」とあるため, 空所以降は Armourix-LD 屋根板がどのように考えられているかを説明している。空所に the Armourix-LD shingleを指す(C) the oneを入れると, the one least likely to be damaged by strong winds「強風による被害を最も受けにくいもの」となり, 適切な文が完成する。(A)（関係代名詞）, (B)「いくらか」, (D)「〜の中の1つ」。

語句 □ roofing material 屋根材　□ shingle 屋根板

訳 耐久性のある屋根材の中でも, Armourix-LDの屋根板は強風による被害を最も受けにくいと考えられる。

0393　🔑 既出の句や節, 文を表す it　　　正解 (C)

接続詞のthan「〜より」の前には「その旅行でいろいろな場所に車で行くことには時間がかからなかった」とある。than以下がこの内容との比較対象になるため, than以下の内容を「グループの誰もがある程度の時間がかかると思っていた」というものにすれば自然な文脈となる。空所に(C) itを入れると, than以下が than anyone in the group had thought（that）it would（take time）「グループの誰もが（時間がかかると）思っていたよりも」という意味になり, 問題文の文意が通る。このit は Driving to the various sites on the tour「その旅行でいろいろな場所に車で行くこと」を指している。(A)「お互い」, (B)「それら, あれら」, (D)「それらは」。

訳 その旅行ではいろいろな場所に車で行ったが, グループの誰もが思っていたよりは時間がかからなかった。

0394　🔑 節同士の関係から文脈を捉える　　　正解 (A)

後半の節の内容は「人事部は求人広告を出す場所を考え直した」というものだ。(A) nobody「誰も〜ない」を空所に入れると, 空所を含む前半の節の内容が「誰も（人事部が）掲載した職に応募しなかったため」というものになり, 節同士が正しい因果関係となる。接続詞のsince「〜なので」から始まる節は, もう一方の節の理由を表すということを覚えておこう。(B)「それら, あれら」, (C)（複合関係代名詞）, (D)「それは」。

語句 □ rethink 〜を考え直す

訳 誰も掲載した職に応募しなかったため, 人事部はどこにそのための広告を出すべきかを考え直した。

0395　🔑 形容詞の every に惑わされない　　　正解 (A)

空所に(A) oneを入れると,〈one of （the）＋複数形〉「〜の中の1つ」という表現になり, 問題文の文意が通る。形容詞の(D) every「全ての」は, 直後に必ず名詞が来る。every of 〜という形を取ることはできないので注意しよう。(B)「他のもの」, (C)「〜ということ」。

語句 □ coastline 海岸　□ cleanup 清掃　□ hand out 〜 〜を配る

訳 土曜日に行われる年に一度の海岸の清掃では, 参加する団体の1つが手袋とゴミ袋を配る予定だ。

0396
☐☐☐ The architecture firm proposed two designs for the railroad bridge in Edmonton, but the city planning commission selected -------.

(A) any
(B) someone
(C) neither
(D) one another

0397
☐☐☐ The Seattle Branch was out of the brochures outlining the travel insurance policy and asked other branches if they had -------.

(A) which
(B) each
(C) few
(D) any

0398
☐☐☐ Norand Clothing's sales figures have been steadily going up for the past few months compared to ------- of their competitors.

(A) them
(B) what
(C) which
(D) those

0399
☐☐☐ Michael asked his cooking instructor if he should use a slow cooker or pressure cooker for the dish and was told ------- would be fine.

(A) either
(B) all
(C) ones
(D) the other

0400
☐☐☐ As soon as the discrepancy was found in the tax records, Ms. Peters acknowledged that the error was -------.

(A) she
(B) her
(C) hers
(D) herself

0396 🔎 逆接のbutに注目する 　　　　　正解 (C)

2つの節の間に逆接を表すbut「しかし」があるので, 前半の節の「建築事務所は2つのデザインを提案した」という内容に対し, 後半の節を「都市計画委員会はどちらも選ばなかった」という内容にすれば問題文の文意が通る。よって, 正解は(C)のneither「どちらも〜ない」だ。(B) someone「誰か」も文法上は空所に入れることができるが, 都市計画委員会が選ぶべき対象は「人」ではないので, ここでは不正解だ。(A)「誰でも」, (D)「お互い」。

語句 □ architecture firm 建築事務所　□ railroad bridge 鉄道橋
　　　　□ city planning commission 都市計画委員会
訳 その建築事務所はエドモントンにできる鉄道橋用に2つのデザインを提案したが, 都市計画委員会はどちらも選ばなかった。

0397 🔎 fewに惑わされない 　　　　　正解 (D)

前半の節の内容は「シアトル支社は旅行保険契約の概要を記したパンフレットを切らしていた」というもので, 続く接続詞and「そして」の後ろにはask A if「〜かどうかをAに尋ねる」がある。空所に(D) anyを入れるとif they had any (brochures)「他の支店がパンフレットを持っているかどうか」という名詞節になり, 問題文の文意が通る。(C) fewは, a few「いくつか」の形であれば, if they had a few (brochures)「他の支店がパンフレットを数部持っているかどうか」という節が完成し, 正解になりえる。(A)(関係代名詞), (B)「それぞれ」。

語句 □ be out of 〜 〜を切らしている　□ outline 〜の概要を説明する　□ insurance policy 保険契約
訳 シアトル支社は旅行保険契約の概要を記したパンフレットを切らしていたので, 他の支社に在庫があるか尋ねた。

0398 🔎 前に出てきた名詞の繰り返しを避けるthose 　　　　　正解 (D)

空所の前にはcompared to 〜「〜に比べて」があり, Norand Clothing's sales figures「Norand衣料品会社の売上高」とtheir competitors「競合他社」のsales figures「売上高」を比べていることが文脈から分かる。よって, sales figuresを受ける(D) those「それら」を空所に入れるのが適切だ。同じ文の中で, 前に出た名詞の複数形が繰り返される時, すでに出ている内容の繰り返しを避けるためにthose of 〜「〜のそれら」の形が使われる場合があるということを押さえておこう。(A)「それらを, それらに」, (B)(関係代名詞), (C)(関係代名詞)。

語句 □ steadily 着実に　□ go up 上がる
訳 競合他社に比べて, Norand衣料品会社の売上高はここ数カ月間着実に上昇し続けている。

0399 🔎 「(2つのうちの)どちらでも」を表すeither 　　　　　正解 (A)

問題文には, slow cooker「スロークッカー」とpressure cooker「圧力鍋」という2つの比較対象がある。空所に(A) either「どちらでも」を入れると, either would be fine「(2つのうちの)どちらでもよい」という表現になり, 問題文の文意が通る。(B)「全て」, (C)「人・もの」(複数形), (D)「もう一方」。

語句 □ slow cooker スロークッカー　□ pressure cooker 圧力鍋
訳 Michaelは料理のインストラクターにこの料理にはスロークッカーと圧力鍋のどちらを使うべきかと尋ねたが, どちらでもよいと言われた。

0400 🔎 「〜のもの」を意味する所有代名詞 　　　　　正解 (C)

空所の前にはthe error was「誤りは〜だった」という〈主語＋be動詞〉があるため, 空所には主語のthe errorを説明するものが入る。the error「その誤り」はher error「彼女の誤り」を意味するので, これを所有代名詞のhers「彼女のもの」に置き換えた(C) hersが正解だ。(A)主格「彼女は」, (B)所有格「彼女の」, 目的格「彼女を, 彼女に」, (D)再帰代名詞「彼女自身」。

語句 □ discrepancy 相違　□ tax record 税務記録　□ acknowledge that 〜ということを認める
訳 税務記録に相違が見つかるやいなや, Petersさんはそれを自身の誤りだと認めた。

関係詞問題

関係詞問題では，関係代名詞や関係副詞，複合関係詞を問う問題が出題される。空所を含む節の要素は揃っているか，空所に入る関係詞が文中で果たす役割は何か，などを確認し正解を導く。早速関係詞問題の攻略ポイントを見ていこう。

攻略ポイント **1** 関係代名詞 vs 関係副詞

関係詞問題では多くの場合，さまざまな関係代名詞や関係副詞が選択肢に並んでいる。解答の際に重要になるのが，関係代名詞と関係副詞のどちらが正解になるかを「理詰めで判断する」ことだ。例題を解きながらそれぞれの品詞の文中での働きを確認し，どんな問題にも対応できる力を身に付けていこう。

例題 1

Ms. Santos' review of the Norsand Café, ------- she had named as the city's best new restaurant, has garnered attention.

(A) where
(B) what
(C) whom
(D) which

問題文の主語は Ms. Santos' review of the Norsand Café「Santos さんの Norsand カフェのレビュー」，述語動詞は has garnered「〜を獲得した」，目的語は attention「注目」だ。空所から restaurant までが関係詞節で，これが先行詞の Norsand Café「Norsand カフェ」を説明していると考える。関係詞節の述語動詞 had named の後ろには目的語がないので，空所には関係代名詞の目的格の働きをする (D) which が適切だ。この which は本問では非制限用法として使われている。

Norsand Café という「場所を表す語句」を見つけて，関係副詞の (A) where を選んでしまった人がいるかもしれない。しかし関係詞節の述語動詞は他動詞で，後ろには目的語が欠けているため空所には必ず関係代名詞が入る。空所の直前だけを見て，「場所を表す語句があるから空所に入るのは where だ」と安易に飛びつかないように注意したい。関係副詞は，後ろに完全な文が続くということを押さえておくこと。(B) と (C) も関係代名詞だが，(B) what は先行詞を含む関係代名詞なので不正解。(C) whom は「人」を表す先行詞の後ろに使う。

例題1のように関係詞問題では，関係代名詞と関係副詞が共に選択肢に並ぶ場合が多い。関係代名詞は後ろに必ず欠けている要素があること，関係副詞は後ろに完全な文が続くことを必ず押さえておこう。

正解 (D)
語句 □ name *A* as *B* A を B に選ぶ，指名する　□ garner 〜を獲得する
訳 Santos さんのレビューは，Norsand カフェを市で最も素晴らしい新しいレストランとして紹介しており，注目を集めている。

攻略ポイント 2　複合関係詞

関係詞問題では，関係代名詞や関係副詞に -ever が付いた，複合関係代名詞（whoever, whichever など）や複合関係副詞（wherever, whenever など）が出題されることもある。これらは総称して複合関係詞と呼ばれ，難問攻略のカギになる品詞だ。例題を解いて用法を確認していこう。

例題 2

Sicceous Designs always completes their work promptly, even under tight deadlines, ------- order they receive.

(A) however
(B) whatever
(C) whoever
(D) which

空所を含む節を見てみると，空所の後ろには order they receive という〈名詞＋主語＋動詞〉が続いている。空所に複合関係代名詞の (B) whatever を入れると，whatever order they receive「彼ら（＝ Sicceous Designs 社）はどんな注文を受けても」という意味になり，〈whatever ＋名詞＋ S V〉「Sがどんな〜をVしようとも」という「譲歩」の副詞節が成立する。文頭からカンマまでの前半の節の大意は「Sicceous Designs 社は迅速に仕事を完了する」なので，問題文の文意も通る。よって，正解は (B) だ。(A)（複合関係副詞），(C)（複合関係代名詞），(D)（関係代名詞）。

正解 (B)

語句 □ promptly 迅速に　□ tight 厳しい，きつい

訳 どんな注文を受けても，Sicceous Designs 社は厳しい締め切りの下でさえ，常に迅速に仕事を完了させる。

複合関係代名詞や複合関係副詞それぞれが導く節と意味を押さえておくと，関係詞問題を容易に攻略できるようになる。以下で確認しておこう。

★ 複合関係詞が導く節と意味

複合関係代名詞	名詞節	副詞節
whoever	「〜する人は誰でも」	「誰が〜しようとも」
whichever	「〜するものはどちらでも」	「どちらが〜しようとも」
whatever	「〜するものは何でも」	「何が〜しようとも」

複合関係副詞	副詞節
whenever	「いつ〜しようとも」
wherever	「どこで〜しようとも」
however	「どんなに〜しようとも」

0401 The quality control manager is trying to figure out ------- exactly occurred on the assembly line in order to prevent its recurrence.

(A) when
(B) where
(C) what
(D) how

0402 The salary of the sound technician will be commensurate with the experience and qualifications of ------- we hire.

(A) wherever
(B) whomever
(C) however
(D) whichever

0403 Please select the city in ------- you reside and find the nearest shop to you on our mobile application.

(A) that
(B) which
(C) where
(D) whom

0404 ------- answering the telephone, make sure to identify yourself and the company in a courteous and professional manner.

(A) Whomever
(B) Whichever
(C) Whenever
(D) Whatever

0405 When Mr. Sweeney woke up and checked his phone, he had no idea ------- his coworker had called the night before.

(A) why
(B) which
(C) after
(D) about

0401 🔑 先行詞の有無に注意する　　　　　正解 (C)

空所の前には figure out「〜を把握する」があるため，空所以下にはその目的語となる名詞句，もしくは名詞節が続く。空所以降には動詞 occurred「起こった」があるため，空所には主語になることができ，なおかつ名詞節を作ることができる語が入る。関係代名詞の (C) what を空所に入れると what exactly occurred「まさに起こったこと」という名詞節になり，問題文の文意が通る。関係副詞の (A) と (B) は直前に先行詞が必要なのでここでは不正解だ。(D)「どのようにして」。

語句 □ assembly line 組み立てライン　□ recurrence 再発
訳 品質管理責任者は再発を防止するために，組み立てラインで実際に起こったことを把握しようとしている。

0402 🔑 「雇う」対象を考える　　　　　　正解 (B)

選択肢には複合関係代名詞や複合関係副詞が並んでいる。空所の後ろに続く節には，他動詞 hire「〜を雇う」の目的語がない。問題文の前半に登場する sound technician「音響技術者」のことを表し，なおかつ hire の目的語にもなることができるのは，複合関係代名詞の (B) whomever「〜する人は誰でも」だ。(A)（複合関係副詞），(C)（複合関係副詞），(D)（複合関係代名詞）。

語句 □ be commensurate with 〜 〜に見合った　□ qualification 資格
訳 音響技術者の給料は，雇った人の経験と資格に応じたものとなる。

0403 🔑 〈前置詞＋関係代名詞の目的格〉　　　　正解 (B)

the city「都市」を空所に入る関係代名詞の先行詞だと考える。空所は前置詞の後ろなので，空所には関係代名詞の目的格を入れることができる。よって，正解は (B) which だ。関係代名詞節の元の形は，you reside in the city「あなたはその都市に住んでいる」となる。reside in 〜「〜に住む」という表現を覚えておこう。また，in which は where に言い換えることもできる。(A)（関係代名詞），(C)（関係副詞），(D)（関係代名詞）。

訳 弊社のモバイルアプリでお住まいの都市を選択し，最寄りの店舗を見つけてください。

0404 🔑 whenever *doing*　　　　　　　正解 (C)

空所の後ろには answering「〜に応答している」という現在分詞が続いている。複合関係副詞の (C) Whenever は，whenever *doing* の形で「〜する時はいつでも」という意味を表す。Whenever を空所に入れるとカンマ以降の内容と適切に繋がるので，(C) が正解となる。(A)（複合関係代名詞），(B)（複合関係代名詞），(D)（複合関係代名詞）。

語句 □ identify *oneself* 名乗る　□ courteous 礼儀正しい　□ manner 態度
訳 電話に出る時はいつでも，必ず礼儀正しく職業上ふさわしい態度で，自分の名前と会社名を名乗るようにしてください。

0405 🔑 of の省略　　　　　　　　　　正解 (A)

空所の後ろには完全な文が続いているため，空所には関係副詞の (A) why か接続詞の (C) after が入るが，after「〜した後で」を空所に入れても問題文の文意が通らない。空所の前には he had no idea「彼は見当もつかなかった」とあるが，この直後には前置詞 of「〜の」が省略されている。この of の後ろには目的語となる名詞節を続けることができるため，(A) を空所に入れて why his coworker had called the night before「なぜ前日の夜に同僚から電話があったのか」という名詞節を作ると，問題文の文意が通る。(B)（関係代名詞），(D)「〜について」。

訳 Sweeney さんは起床して携帯電話を確認したが，前日の夜に同僚から電話があった理由について全く見当もつかなかった。

0406 After the company's television commercial had aired, our marketing team tried to determine ------- it might have affected sales.

(A) what
(B) how
(C) once
(D) for

0407 The speaker for the ribbon-cutting ceremony will be Keith Matthews, ------- became CEO of the McPherson Hotel Group last month.

(A) that
(B) what
(C) who
(D) whose

0408 The individual with ------- Mr. Hirsch was discussing the details of the lease agreement was the tenant of the property.

(A) whom
(B) whoever
(C) them
(D) which

0409 ------- would like to attend the staff picnic on June 16 should let Ms. Devlin in administration know by this Friday.

(A) Wherever
(B) Whatever
(C) Whenever
(D) Whoever

0410 The award will be given to academics ------- ideas led to research breakthroughs and technological advances.

(A) whose
(B) where
(C) those
(D) then

0406 🔑 how が作る名詞節　　　　　　　　　　　　　**正解** (B)

空所の前の動詞determine「～を判断する」は他動詞なので，後ろには目的語が必要となる。空所に関係副詞の(B) how「どのように」を入れると，how it might have affected sales「それがどのように売上高に影響したのか」という名詞節になり，これがdetermineの目的語となって問題文の文意も通る。(A)（関係代名詞），(C)「ひとたび～すると」，(D)「～のために」。

　訳　会社のテレビCMが放送された後，弊社のマーケティングチームはそれがどのように売上高に影響したのかを判断しようとしました。

0407 🔑 非制限用法の who　　　　　　　　　　　　　**正解** (C)

空所の後ろに続く節には主語がない。Keith Matthewsを空所に入る関係代名詞の先行詞だと考え，空所に関係代名詞の主格として使うことができる(C) whoを入れると問題文の文意が通る。前にカンマのある非制限用法では関係代名詞のthatを使うことはできないため，(A)は不正解だ。関係代名詞のthatは〈カンマ＋that〉の形では使えないということを押さえておこう。(B)（関係代名詞），(D)（関係代名詞）。

　語句　□ ribbon-cutting ceremony テープカット式典　　□ CEO 最高経営責任者
　訳　テープカット式典の講演者は，先月McPhersonホテルグループのCEOに就任したKeith Matthewsが務める予定だ。

0408 🔑 〈前置詞＋関係代名詞の目的格〉　　　　　　　**正解** (A)

The individual「その人」を空所に入る関係代名詞の先行詞だと考える。空所は前置詞の後ろなので，関係代名詞の目的格として使うことのできる(A) whomを空所に入れると問題文の文意が通る。問題文ではdiscuss *A* with *B*「AのことをBと話し合う」という表現が使われており，関係代名詞節の元の形はMr. Hirsch was discussing the details of the lease agreement with the individual「Hirschさんはその人と賃貸借契約の詳細について話し合っていた」となる。(B)（複合関係代名詞），(C)「彼らを，彼らに」，(D)（関係代名詞）。

　語句　□ lease agreement 賃貸借契約　　□ tenant 借主　　□ property 物件
　訳　Hirschさんが賃貸借契約の詳細について話し合っていた人は，その物件の借主であった。

0409 🔑 「人」が主語になることを見抜く　　　　　　　**正解** (D)

空所の後ろにはwould like to attend「～に参加したい」とあるため，空所には「人」を表し，なおかつ主語になることのできる語が入ることが分かる。よって，正解は複合関係代名詞の(D) Whoever「～する人は誰でも」だ。文頭からJune 16までが名詞節となり，should以下を述部とする主部の働きをしている。(A)（複合関係副詞），(B)（複合関係代名詞），(C)（複合関係副詞）。

　語句　□ administration 管理部門
　訳　6月16日のスタッフピクニックに参加したい人は誰でも，今度の金曜日までに管理部門のDevlinさんに知らせる必要があります。

0410 🔑 academics と ideas の関係を考える　　　　　**正解** (A)

空所の前にあるacademicsは「研究者」という意味を表す名詞の複数形だ。空所の後ろにあるideas「アイディア」は研究者が「所有」しているものであると考えられるので，academicsを先行詞と考え，関係代名詞の所有格である(A) whoseを空所に入れると，問題文の文意が通る。空所の後ろだけを見て(C) thoseを選び，those ideas「それらのアイディア」としないように注意しよう。(B)（関係副詞），(C)「それらの，あれらの」，(D)「その時，それから」。

　語句　□ breakthrough 飛躍的な前進　　□ advance 進歩
　訳　その賞は，アイディアが研究上の前進や技術の進歩に繋がった研究者に与えられる予定だ。

0411 Mr. Rodriguez is certain that ------- his student decides to work for will be lucky to have her as an employee.

(A) however
(B) whoever
(C) whenever
(D) wherever

0412 The musical performance ------- Ms. Silvestri attended was the most exciting she had seen in a while.

(A) where
(B) when
(C) whatever
(D) that

0413 During her lecture, the professor outlined a number of purposes for ------- the personal data of customers are processed.

(A) how
(B) which
(C) what
(D) that

0414 No matter ------- critically acclaimed each of her films is, director Pamela Durbin continually strives to make better ones.

(A) what
(B) how
(C) the one
(D) where

0415 The business consultant listens to ------- a company is aiming for carefully and provides appropriate advice and unique strategies.

(A) whom
(B) what
(C) which
(D) how

0411 🔑 目的格の複合関係代名詞　　　　　　　　　　　　正解 **(B)**

空所の後ろには his student decides to work for「彼の生徒が働くことを決める」という節が続いているが, for の目的語に当たる語がないため, 空所には目的格として使える複合関係代名詞が入ることが分かる。(B) whoever「〜する人は誰でも」を空所に入れると whoever his student decides to work for「彼の生徒が（その人のもとで）働くと決めた相手は誰であろうと」という意味になり問題文の文意が通る。(A)（複合関係副詞）, (C)（複合関係副詞）, (D)（複合関係副詞）。

> 訳　Rodriguez さんは, 彼の生徒が（その人のもとで）働くと決めた相手は誰であろうと, 彼女を従業員として迎え入れてよかったと思うだろうと確信している。

0412 🔑 目的語が欠けていることを見抜く　　　　　　　　正解 **(D)**

空所の後ろに続く節には他動詞 attend の過去形があるが, その後ろに続くはずの目的語が欠けている。The musical performance「演奏会」を先行詞だと考え, 空所に関係代名詞の目的格として使うことのできる (D) that を入れると問題文の文意が通る。(A)（関係副詞）, (B)（関係副詞）, (C)（複合関係代名詞）。the most exciting「最も興奮させる」の後ろには musical performance that が省略されていると考えること。

> 訳　Silvestri さんが出席したその演奏会は, 彼女が今まで見たものの中でも久々に興奮させるものだった。

0413 🔑「〜のために」を表す for which　　　　　　　　　正解 **(B)**

空所の前にある a number of purposes「いくつかの目的」を空所に入る関係代名詞の先行詞だと考えよう。空所は前置詞の後ろなので, 関係代名詞の目的格として使うことのできる (B) which を空所に入れると問題文の文意が通る。関係代名詞節の元の形は the personal data of customers are processed for a number of purposes「顧客の個人情報はいくつかの目的のために処理される」となる。(A)（関係副詞）, (C)（関係代名詞）, (D)（関係代名詞）。

> 語句　□ lecture 講義　□ outline 〜の概要を説明する　□ process 〜を処理する
> 訳　教授は講義中, 顧客の個人情報を処理するいくつかの目的についての概要を説明した。

0414 🔑 形容詞 acclaimed に着目する　　　　　　　　　　正解 **(B)**

空所の後ろには形容詞の acclaimed「称賛された」が置かれていることに注目しよう。空所に (B) how を入れると, 〈no matter how＋形容詞〉「どんなに〜であろうとも」という表現になり, 問題文の文意が通る。(A) what も no matter what「たとえ〜でも」という表現を作るため, 一見空所に入りそうだが, what は単独でその節の中で文の要素になるか, もしくは直後に被修飾語となる名詞が続く。(C)「その人・もの」, (D)（関係副詞）。

> 語句　□ critically 批評家によって, 批評的に　□ continually 絶えず
> 訳　Pamela Durbin 監督は, 彼女の映画の一つ一つがどんなに批評家に絶賛されようとも, さらによいものを作ろうと絶えず努力している。

0415 🔑 先行詞の有無に着目する　　　　　　　　　　　　　正解 **(B)**

選択肢には関係代名詞と関係副詞が並んでいる。空所の前後には2つの節があるため, 空所には関係代名詞が入る。(D) 以外が正解候補となるが, 空所の前には listens to 〜「〜を聞く」の目的語がなく, また空所に入る関係代名詞の先行詞となるものがない。そこで先行詞を含んだ関係代名詞である (B) what を空所に入れると, what a company is aiming for「会社が目指していること」という名詞節になり, これが listens to の目的語として機能する。関係代名詞の what は「〜するもの・こと」という意味を持つと覚えておこう。(A)（関係代名詞）, (C)（関係代名詞）, (D)（関係副詞）。

> 語句　□ aim for 〜 〜を目指す
> 訳　そのビジネスコンサルタントは, 会社が目指していることを入念に聞き, 適切なアドバイスと独自の戦略を提供する。

0416
☐☐☐ Repair work being undertaken on Ronnell Bridge was the reason ------- traffic was backed up all the way to Cherry Street.

(A) so
(B) where
(C) why
(D) how

0417
☐☐☐ The oil paintings by Anita Huang have been positioned ------- everyone entering the museum lobby can easily see them.

(A) with
(B) while
(C) how
(D) where

0418
☐☐☐ The Wickells Corporation operates a manufacturing plant in Colombia ------- currently employs approximately 600 workers.

(A) who
(B) where
(C) that
(D) whose

0419
☐☐☐ Tara Jackson is qualified to take over the plant manager position, ------- requires overseeing all of the daily operations.

(A) which
(B) when
(C) that
(D) it

0420
☐☐☐ In his autobiography, Aaron Weaver wrote that his parents taught him to always finish what he started, ------- challenge he faced.

(A) however
(B) whenever
(C) whatever
(D) wherever

0416 🔧 whyの先行詞となるthe reason　　　　正解 (C)

空所に (C) whyを入れると，〈the reason why＋主語＋動詞＋α〉「～が…する理由」という表現になり，問題文の文意が通る。the reasonは関係副詞whyの先行詞だ。このwhyは関係副詞的に使われる関係代名詞のthatやfor whichに言い換えることが可能で，かついずれも省略することができる。また，the reason whyはthe reasonを省略しwhyだけを使って表すことも可能だ。(A)「そのように」，(B)（関係副詞），(D)（関係副詞）。

語句 □ undertake ～に着手する　□ *be backed up*（道路などが）渋滞している
訳 Ronnell橋で行われている補修工事が，Cherry通りに至るまでの交通渋滞を引き起こしていた理由だった。

0417 🔧 at the placeの省略　　　　正解 (D)

空所の後ろには完全な文が続いているため，空所には関係副詞が入ることが分かる。関係副詞は (C) howと (D) whereだが，空所の前にはThe oil paintings by Anita Huang have been positioned「Anita Huang作の油絵が展示されている」とあり，この後ろにはat the place「その場所に」が省略されていると考えること。このthe placeを先行詞だと考え，空所に「場所」を表す関係副詞の (D) whereを入れると，問題文の文意が通る。(A)「～と一緒に」，(B)「～する間に」。

語句 □ oil painting 油絵　□ position ～を適切な場所に配置する
訳 Anita Huang作の油絵が，美術館のロビーに入ってくる全員によく見えるところに展示されている。

0418 🔧 さまざまな錯乱肢に注意する　　　　正解 (C)

空所の後ろに続く節には主語がない。a manufacturing plant「製造工場」を空所に入る関係代名詞の先行詞だと考えると，空所には関係代名詞の主格として使うことができる (C) thatが適切だ。「もの」が先行詞なので，「人」を先行詞に取る (A) whoは不適切だ。また，関係副詞の (B) whereは直後に完全な文が続く時に使われるため，ここでは不正解となる。(A)（関係代名詞），(D)（関係代名詞）。

訳 Wickells社は現在，約600人の従業員を抱えるコロンビアの製造工場を運営している。

0419 🔧 関係代名詞の非制限用法　　　　正解 (A)

空所の後ろに続く節には主語がない。the plant manager position「工場長職」を先行詞だと考え，空所に関係代名詞の主格として使うことができる (A) whichを入れると問題文の文意が通る。空所の前にはカンマがあるが，この関係代名詞の使い方は「非制限用法」と呼ばれ，関係代名詞節ではこの先行詞に関する追加の説明が続く。(C) thatも関係代名詞だが，thatは非制限用法では使えないため，ここでは不正解となる。(B)（関係副詞），(D)「それは」。

語句 □ take over ～ ～を引き継ぐ　□ oversee ～を監督する　□ daily operation 日常業務
訳 Tara Jacksonは工場長職を引き継ぐのに適任であり，その職は日常業務の全てを監督する必要がある。

0420 🔧 〈whatever＋名詞＋主語＋動詞〉から成る副詞節　　　　正解 (C)

空所の後ろに続く名詞challenge「課題」を前から修飾し，なおかつ空所に入れて問題文の文意が通るのは (C) whatever「どんな～が…でも」だ。(C)を空所に入れると，whatever challenge he faced「どんな課題に直面しようとも」という副詞節が成立し，問題文の文意が通る。(A)（複合関係副詞），(B)（複合関係副詞），(D)（複合関係副詞）。

語句 □ autobiography 自伝
訳 Aaron Weaverは，どんな課題に直面しようとも，自分が始めたことは常に最後までやり遂げるようにしなさいと両親が教えてくれたと自伝に書いた。

0421 Alleviating employee concerns about poor ventilation in the waste ☐☐☐ treatment facility will depend on ------- management handles the matter.

(A) who
(B) that
(C) what
(D) how

0422 The walk-in refrigerator, where we store meat, must be kept at ☐☐☐ minus eighteen degrees Celsius ------- cold the weather is.

(A) however
(B) whenever
(C) whichever
(D) whatever

0423 The Antropica Resort provides a comfortable setting ------- guests ☐☐☐ can enjoy the ultimate in both privacy and luxury.

(A) which
(B) whose
(C) where
(D) what

0424 One customer at our Hamilton location ------- bought the Mac-IX ☐☐☐ Printer complained that its user manual is difficult to follow.

(A) who
(B) which
(C) where
(D) when

0425 The automaker has been asked to provide more information about ☐☐☐ ------- its new pickup truck was not recalled sooner.

(A) or
(B) that
(C) which
(D) why

0421　名詞節を作る関係副詞 how　　　　　　　　　　　　正解 (D)

空所の前には前置詞の on があるので, 空所以降は名詞のカタマリになることが分かる。また, 空所の後ろには完全な文が続いているので, 空所には「不完全な文を補う」機能がある関係代名詞は入らない。(A)〜(C)は全て関係代名詞の働きをするため, 本問では正解にはなりえない。空所に関係副詞である(D) how を入れると how management handles the matter「経営陣がその問題にどのように対処するか」という名詞節になり, 問題文の文意も通る。

語句 □ alleviate 〜を緩和する　□ ventilation 換気　□ management 経営陣
訳 廃棄物処理施設の換気の悪さに対する従業員の心配を和らげることは, 経営陣がその問題にどのように対処するかにかかっている。

0422　形容詞 cold に着目する　　　　　　　　　　　　正解 (A)

空所の後ろには cold という形容詞があることに着目したい。〈however＋形容詞(または副詞)＋主語＋動詞〉は「どんなに〜しようとも」という意味を表すので, 複合関係副詞である(A) however「どんなに〜しようとも」が正解となる。however が選択肢に並ぶ問題では, 空所の直後に形容詞や副詞が続いていないかを確認するクセをつけよう。(B)(複合関係副詞), (C)(複合関係代名詞), (D)(複合関係代名詞)。

語句 □ 〜 degree(s) Celsius 摂氏〜度
訳 どんなに気温が低くても, 肉類を保存するウォークイン型冷蔵庫はマイナス18℃に保たれていなければならない。

0423　場所を表す setting　　　　　　　　　　　　正解 (C)

空所の前には a comfortable setting「快適な環境(の場所)」という「場所を表す先行詞」があり, 空所の後ろには〈主語＋動詞＋α〉から成る完全な文が続いている。よって, 正解は関係副詞の(C) where だ。関係代名詞の所有格である(B) whose は後ろに名詞が続くが, 本問の空所に入れた場合, setting whose guests「環境の宿泊客」となり, 意味を成さない表現になってしまう。(A)(関係代名詞), (D)(関係代名詞)。

語句 □ the ultimate in 〜 〜の極み　□ luxury 贅沢
訳 Antropica リゾートは, 宿泊客がプライバシーと贅沢の極みを楽しむことができる快適な環境を提供しています。

0424　直前の名詞に惑わされない　　　　　　　　　　　　正解 (A)

空所の後ろには動詞 bought「〜を購入した」があるため, 空所には「人」を表す語が入ると考えられる。文頭にある One customer「1人の顧客」を先行詞とする関係代名詞の主格である(A) who を空所に入れると, 問題文の文意が通る。空所直前にある location「店舗」という場所を表す単語から, 関係副詞の(C) where を選ぶことのないように注意したい。at our Hamilton location は文頭の One customer を後置修飾している。(B)(関係代名詞), (D)(関係副詞)。

語句 □ location 店舗
訳 当社の Hamilton 店で Mac-IX プリンターを購入したお客様の1人から, 取扱説明書が分かりづらいという不満の声がありました。

0425　理由を表す why　　　　　　　　　　　　正解 (D)

空所の前には前置詞の about「〜について」があるので, 空所以降は名詞のカタマリになることが分かる。空所に理由を表す関係副詞の(D) why を入れると, why its new pickup truck was not recalled sooner「なぜ新しい軽トラックのリコールが早急に行われなかったのか」という名詞節になり, 問題文の文意が通る。(A)接続詞「〜か…」, (B)(関係代名詞), (C)(関係代名詞)。

語句 □ pickup truck 軽トラック　□ recall 〜をリコールする
訳 その自動車メーカーは, 新しい軽トラックのリコールが早急に行われなかった理由についてより多くの情報を提供するよう求められた。

0426 Seadley Corp., ------- is currently located in midtown Shanghai, has formally announced that it is relocating its headquarters to Beijing.

(A) where
(B) which
(C) that
(D) each

0427 At the beginning of his sales presentation, Mr. Edwards explained ------- the new product line was underperforming in Asian markets.

(A) for
(B) why
(C) what
(D) which

0428 The employee handbook specifies the conditions under ------- changes can be made to the following day's work schedule.

(A) what
(B) which
(C) where
(D) how

0429 The historic estate ------- Fallsview Adventures regularly takes its touring guests is currently closed for renovations.

(A) once
(B) then
(C) where
(D) what

0430 Members of Royalty Fitness ------- three-month membership is set to expire should notify our staff if they wish to renew.

(A) who
(B) whose
(C) which
(D) its

0426 ❓ where に惑わされない　　　　　　　　　　　　　正解 (B)

空所を含む，カンマからShanghaiまでの節には主語がない。Seadley Corp.「Seadley社」を先行詞だと考え，空所に関係代名詞の主格として使うことができる(B) whichを入れると，問題文の文意が通る。空所の前にはカンマがあるため，この関係代名詞は「非制限用法」として使われていることが分かる。空所を含む節がSeadley社の「場所」を説明している内容であるという理由から，(A) where を安易に選ばないように注意したい。where は関係副詞なので，後ろには完全な文が続く。(C)（関係代名詞），(D)「それぞれの」。

語句 □ midtown 町の中心の　□ formally 正式に　□ headquarters 本社，本部
訳 Seadley社は，現在上海の中心にあるが，本社を北京に移転することを正式に発表した。

0427 ❓ 理由を表す why　　　　　　　　　　　　　　　　正解 (B)

空所の前には explained「~を説明した」があり，空所の後ろには〈主語＋動詞＋α〉から成る完全な文が続いている。explainは他動詞なので，後ろには名詞節が続く。空所に理由を表す関係副詞の(B) whyを入れると why the new product line was underperforming in Asian markets「なぜ新しい商品シリーズがアジア市場で業績不振なのか」という名詞節になり，問題文の文意も通る。(A)「~のために」，(C)（関係代名詞），(D)（関係代名詞）。

語句 □ at the beginning of ~ ~の最初に　□ underperform（標準・平均よりも）低い働きをする
訳 販売プレゼンテーションの冒頭で，Edwardsさんは新しい商品シリーズがアジア市場で業績不振である理由を説明した。

0428 ❓ under the conditions　　　　　　　　　　　　　正解 (B)

the conditions「その条件」を空所に入る関係代名詞の先行詞だと考える。空所は前置詞の後ろにあるので，関係代名詞の目的格として使うことのできる(B) whichを空所に入れると問題文の文意が通る。関係代名詞節の元の形は changes can be made to the following day's work schedule under the conditions「その条件の下で，翌日の勤務予定を変更できる」となる。under the conditions「その条件の下で」という表現を押さえておこう。(A)（関係代名詞），(C)（関係副詞），(D)（関係副詞）。

語句 □ employee handbook 就業規則　□ specify ~を明記する
訳 就業規則には，翌日の勤務予定を変更できる条件が明記されている。

0429 ❓ 場所を表す先行詞を見抜く　　　　　　　　　　　正解 (C)

空所の前には The historic estate「歴史的建造物」という「場所を表す先行詞」があり，空所の後ろには〈主語＋動詞＋α〉から成る完全な文が続いている。よって，正解は関係副詞である(C) where だ。元の形は Fallsview Adventures regularly takes its touring guests to the historic estate「Fallsview Adventures社はいつも観光客を歴史的建造物に案内している」となる。(A)「ひとたび~すると」，(B)「その時，それから」，(D)（関係代名詞）。

訳 Fallsview Adventures社がいつも観光客を案内している歴史的建造物は，現在改装のため閉鎖されている。

0430 ❓「所有」の関係性を把握する　　　　　　　　　　正解 (B)

空所の前にあるMembers「会員」と，空所の後ろにあるthree-month membership「3カ月会員（であることの権利）」の関係を把握しよう。問題文の内容から，前者が後者を「所有」する関係であるということが分かる。よって，正解は関係代名詞の所有格である(B) whose だ。本問では，文頭からexpireまでが長めの主語となっている。(A)（関係代名詞），(C)（関係代名詞），(D)「それの」。

語句 □ be set to do ~することになっている　□ notify ~に通知する　□ renew ~を更新する
訳 3カ月の会員期限が切れるRoyaltyフィットネスの会員様で，更新をご希望の方は当店のスタッフにお申し出ください。

0431 PTD Laboratories uses a technologically advanced instrument
□□□ ------- measures the pressure of gas in metal containers.

(A) whose
(B) either
(C) that
(D) what

0432 Turning the red dial on the spotlight's control panel will either
□□□ increase or decrease its brightness, ------- you prefer.

(A) whichever
(B) either
(C) whoever
(D) both

0433 The vacant retail space inside the Greenwich Mall is ------- Champs
□□□ Yoghurt used to have a shop.

(A) that
(B) whose
(C) where
(D) when

0434 During the survey, customers were asked to rate their shopping
□□□ experience based on ------- they had been treated in the store.

(A) what
(B) how
(C) either
(D) once

0435 The author mentioned that the best moment of his life is ------- he
□□□ receives positive reviews from the readers.

(A) when
(B) what
(C) this
(D) which

あなたが天才でないのなら, 努力が必要です。僕たちにとって, 安直で楽な道などありません。

0431　主語が欠けていることを見抜く　　　　　正解 (C)

空所の後ろに続く節には主語がない。a technologically advanced instrument「技術的に進歩した機器」を空所に入る関係代名詞の先行詞だと考え，空所に関係代名詞の主格として使うことができる(C) that を入れると問題文の文意が通る。(A)（関係代名詞），(B)「どちらか一方」，(D)（関係代名詞）。

語句 □ technologically 技術的に　□ instrument 機器　□ measure ～を測る　□ pressure 圧力
□ metal container 金属容器

訳 PTD研究所は，技術的に進歩した，金属容器中のガス圧を測る機器を使っている。

0432　2つの動作とorに気付く　　　　　正解 (A)

空所の後ろに続く節には他動詞prefer「～を好む」の目的語がない。空所の前にあるincrease or decrease its brightness「明るさを上げるか下げるか」という2つの動作両方の意味を含み，なおかつ prefer の目的語にもなることができる複合関係代名詞の(A) whichever「どちらを～しようとも」を空所に入れると問題文の文意が通る。A or Bの「AかBか」のorも正解を選ぶためのヒントとなる。(B)「どちらか」，(C)（複合関係代名詞），(D)「両方」。

語句 □ control panel 制御盤　□ brightness 明るさ

訳 スポットライトの制御盤の赤いダイアルを回すと，明るさを上げるか下げるか，あなたの好きな方に調節できる。

0433　どのような場所なのかを説明するwhere　　　　　正解 (C)

空所の後ろには完全な文が続いているため，空所には関係副詞が入ることが分かる。関係副詞は(C) whereと(D) whenだが，空所の前にはThe vacant retail space inside the Greenwich Mall is「Greenwichモールの中の空き店舗は～だ」という〈主語＋be動詞〉がある。空所に「場所」を表す関係副詞の(C)を入れると，空所以降が空き店舗がどのような場所であるのかを説明した内容になり，問題文の文意が通る。このwhereの前には，先行詞のthe placeが省略されていると考えること。(A)（関係代名詞），(B)（関係代名詞）。

語句 □ vacant 空いている　□ used to do かつては～した

訳 Greenwichモールの中にある空き店舗は，かつてChamps Yoghurt社が店を持っていた場所だ。

0434　「どのように」を表すhow　　　　　正解 (B)

空所の前にはbased on「～に基づいて」がある。空所は前置詞の後ろにあるので空所以降は名詞のカタマリになることが分かる。空所に関係副詞の(B) howを入れると，how they had been treated in the store「彼らが店内でどのようにもてなされたか」という名詞節になり，問題文の文意も通る。関係代名詞の(A) whatは，空所の後ろに完全な文が続いているので正解にはなりえない。(C)「どちらか一方」，(D)「ひとたび～すると」。

語句 □ rate ～を評価する

訳 その調査の間，顧客は店内でどのようにもてなされたかに基づいて，購買体験を評価するよう依頼された。

0435　時を表すthe moment　　　　　正解 (A)

空所の前にはthe best moment of his life is「彼の人生最高の瞬間は～だ」がある。このことから空所を含む節には，the best moment of his life「彼の人生最高の瞬間」という「時」を表す表現である主語を，詳しく説明する内容が入ることが分かる。空所に時を表す関係副詞の(A) when「～する時」を入れると，when he receives positive reviews from the readers「読者から高評価を得る時」という名詞節が成立し，問題文の文意が通る。(B)（関係代名詞），(C)「これは」，(D)（関係代名詞）。

語句 □ mention that ～ということを述べる　□ reader 読者

訳 その著者は，自身の人生最高の瞬間は読者から高評価を得た時だと述べた。

UNIT
6
関係詞問題

0436 The hiring director wishes to interview the one ------- résumé was submitted to the human resources department on March 3.

(A) when
(B) which
(C) those who
(D) whose

0437 Singer-songwriter Gary Williams has come a long way since the days ------- he played guitar for passersby in Olive Park.

(A) then
(B) how
(C) which
(D) when

0438 On the first page of the manual, users are advised to take appropriate care ------- assembling or operating the table saw.

(A) whenever
(B) whichever
(C) however
(D) those

0439 The organizers of the Adelaide Hiking Club picked a mountain ------- none of the members had previously climbed.

(A) how
(B) when
(C) that
(D) what

0440 An hour before the used book fair ended, a sign was put up to inform visitors they could take ------- they like.

(A) wherever
(B) however
(C) whatever
(D) whoever

0436 🔑「誰の」ものなのかを表すwhose 　　　　　正解 (D)

空所の前には the one「その人」があり, 空所の後ろには, résumé「履歴書」という名詞が続いている。空所に関係代名詞の所有格の(D) whoseを入れ, the one以降を「履歴書が3月3日に人事部に提出された人」という内容にすると, 問題文の大意が「採用担当は3月3日に履歴書を提出した人と面接を望んでいる」となり, 文意が通る。空所の直前に「人」を表す語句the oneがあることから,「～する人」を意味する(C) those whoを選ぶことのないように注意したい。those whoの後ろには〈動詞＋α〉が続く。(A)(関係副詞), (B)(関係代名詞)。

語句 □ hiring director 採用担当部長
訳 採用担当部長は, 3月3日に人事部に履歴書を提出した人を面接したいと思っている。

0437 🔑 the daysを先行詞とするwhen 　　　　　正解 (D)

空所の前にはthe days「日々」という「時を表す先行詞」があり, 空所の後ろには〈主語＋動詞＋α〉から成る完全な文が続いている。よって, 正解は関係副詞の(D) whenだ。the day(s)とwhenをセットで覚えておこう。(A)「あの時, それから」, (B)(関係副詞), (C)(関係代名詞)。

語句 □ come a long way 大きな成長を遂げる 　□ passerby 通行人(複数形はpassersby)
訳 シンガーソングライターのGary Williamsは, Olive公園でギターで路上ライブをしていた日々から大きな成長を遂げた。

0438 🔑 問題文のorに惑わされない 　　　　　正解 (A)

空所の後ろにはassembling or operating「～を組み立てている, もしくは操作している」という動詞のdoing形が続いている。空所に複合関係副詞の(A) wheneverを入れると, whenever *doing*「～する時はいつでも」という表現になり, 問題文の文意が通る。wheneverの後ろには, they(＝users) areが省略されている。問題文の後半にorがあるからといって,「～するのはどちらでも」を意味する複合関係代名詞の(B) whicheverを選んでしまわないよう注意したい。(C)(複合関係副詞), (D)「それら, あれら」。

語句 □ be advised to *do* ～するよう勧められる 　□ table saw テーブルソー
訳 説明書の最初のページで, テーブルソーを組み立てる時や操作する時はいつでも適切な注意を払うよう, ユーザーは忠告されている。

0439 🔑 他動詞climbに着目する 　　　　　正解 (C)

空所の後ろに続く節にはhad (previously) climbed「(以前)～に登ったことがある」の目的語がない。a mountain「山」を空所に入る関係代名詞の先行詞だと考え, 空所に関係代名詞の目的格として使うことができる(C) thatを入れると問題文の文意が通る。thatの代わりにwhichを空所に入れても正解になることを確認しておこう。(A)(関係副詞), (B)(関係副詞), (D)(関係代名詞)。

語句 □ previously 以前に
訳 Adelaideハイキングクラブの主催者は, メンバーの誰も今までに登ったことのない山を選んだ。

0440 🔑「～するものは何でも」を表すwhatever 　　　　　正解 (C)

空所の後ろに続く節にはlike「～を好む」の目的語がないので, 空所には(複合)関係代名詞が入ることが分かる。空所の前で述べられているused book「古本」のことを表し, なおかつlikeの目的語にもなる(C) whatever「～するものは何でも」を空所に入れると「好きなものをどれでも」となり, 問題文の文意が通る。(A)(複合関係副詞), (B)(複合関係副詞), (D)(複合関係名詞)。

訳 古本市が終了する1時間前, 好きなものをどれでも持っていってよいということを来場者に知らせる看板が出された。

0441 Wrights Electric frequently participates in trade exhibitions ------- it
☐☐☐ promotes a range of products using eye-catching displays.

(A) what
(B) why
(C) which
(D) where

0442 Residents of the neighborhood want city developers to let them
☐☐☐ know ------- construction of the new library was delayed.

(A) which
(B) it
(C) why
(D) where

0443 The construction foreman clearly explained ------- cleaning the
☐☐☐ cement mixer after each use would help to prevent corrosion.

(A) so
(B) for
(C) how
(D) where

0444 Journalist Anna Burdett will travel to regions of India ------- she will
☐☐☐ report on the country's general election.

(A) where
(B) why
(C) which
(D) that

0445 The technician explained in detail how to operate the X-ray
☐☐☐ generator ------- the radiographers will soon start using.

(A) when
(B) where
(C) who
(D) that

0441 🔦 場所を表す先行詞を見抜く　　　　　　　　　　　正解 (D)

空所の前にはtrade exhibitions「見本市」という「場所を表す先行詞」があり, 空所の後ろには〈主語＋動詞＋α〉から成る完全な文が続いている。よって, 正解は関係副詞の(D) whereだ。(A)(関係代名詞), (B)(関係副詞), (C)(関係代名詞)。

語句 □ a range of ～ 広範囲の～　□ eye-catching 人目を引く
訳 Wrights Electric社は, 人目を引くディスプレイを用いてさまざまな製品を販売促進する見本市に頻繁に参加している。

0442 🔦 理由を表すwhy　　　　　　　　　　　　　　　正解 (C)

空所の前にはknow「～を知っている」があり, 空所の後ろには〈主語＋動詞＋α〉から成る完全な文が続いている。knowは他動詞なので, 後ろには目的語に当たる名詞節が続く。空所に理由を表す関係副詞の(C) whyを入れると, why construction of the new library was delayed「なぜ新しい図書館の建設が遅れたのか」という名詞節が完成し, 問題文の文意が通る。(A)(関係代名詞), (B)「それは」, (D)(関係副詞)。

語句 □ neighborhood 近隣　□ city developer 都市開発者
訳 近隣住民らは都市開発者に, 新しい図書館の建設が遅れた理由を教えてほしいと望んでいる。

0443 🔦 〈explain how＋主語＋動詞〉　　　　　　　　　正解 (C)

空所の前にはclearly explained「～を明確に説明した」があり, 空所の後ろには〈主語＋動詞＋α〉から成る完全な文が続いている。explainは他動詞なので, 後ろには目的語に当たる名詞節が続く。空所に関係副詞の(C) howを入れるとhow cleaning the cement mixer after each use would help to prevent corrosion「使用後に毎回セメントミキサーを掃除することが, 腐食を防ぐ手助けになること」というhowから始まる名詞節になり, 問題文の文意も通る。〈explain how＋主語＋動詞＋α〉で「～ということを説明する」という意味を表すので覚えておこう。(A)「そのように」, (B)「～のために」, (D)(関係副詞)。

語句 □ construction foreman 建設現場の監督　□ corrosion 腐食
訳 建設現場の監督は, 使用後に毎回セメントミキサーを掃除することが, 腐食を防ぐ手助けになることを明確に説明した。

0444 🔦 国を表す先行詞を見つける　　　　　　　　　　　正解 (A)

空所の前にはregions of India「インドのいくつかの地域」という「場所を表す先行詞」がある。また, 空所の後ろには〈主語＋動詞＋α〉から成る完全な文が続いている。これらの手掛かりから, 正解は関係副詞の(A) whereだと分かる。(B)(関係副詞), (C)(関係代名詞), (D)(関係代名詞)。

語句 □ report on ～ ～について報道する　□ general election 総選挙
訳 ジャーナリストのAnna Burdettはインドのいくつかの地域を訪れ, そこでインドの総選挙について報道する予定だ。

0445 🔦 先行詞が「もの」であることに注意する　　　　　　正解 (D)

空所の後ろに続く節にはusingの目的語がない。空所の前にあるthe X-ray generator「X線発生装置」を空所に入る関係代名詞の先行詞だと考え, 空所に関係代名詞の目的格として使うことのできる(D) thatを入れると問題文の文意が通る。(C) whoも関係代名詞だが, 先行詞が人の場合にしか使うことはできない。(A)(関係副詞), (B)(関係副詞)。

語句 □ radiographer 放射線技師
訳 その技術者は, 放射線技師が近々使用を開始する予定のX線発生装置の操作方法を詳しく説明した。

0446 The confusion among staff after yesterday's announcement is exactly ------- they should always be notified in writing about policy changes.

(A) how
(B) that
(C) why
(D) when

0447 Meltis Company encourages all employees to get involved in volunteer activities in the communities in ------- they reside.

(A) where
(B) whose
(C) that
(D) which

0448 As part of the travel agency's efforts to increase sales, changes will be made to their Web site ------- necessary.

(A) whatever
(B) whichever
(C) whoever
(D) wherever

0449 Ms. Fenton taught new employees to give their business cards to ------- they meet for the first time outside the company.

(A) which
(B) whomever
(C) that
(D) what

0450 Right before publication, Mr. Timms pointed out a few spelling errors ------- other editors had overlooked.

(A) that
(B) when
(C) who
(D) what

0446 🔑 「結果」と「理由」を繋ぐ関係副詞　　　　　　　　　正解 (C)

空所の後ろには完全な文が続くため，空所には関係副詞が入ることが分かる。空所の前にはThe confusion among staff after yesterday's announcement is「昨日の発表後にスタッフの間で生じた混乱は〜である」という〈主語＋be動詞〉があるので，空所以下にはこの主語を説明する名詞節がくる。関係副詞の(C) whyを空所に入れると，空所以下が主語の「理由」を表すことになり，問題文の文意も通る。(A)（関係副詞），(B)（関係代名詞），(D)（関係副詞）。

語句 □ exactly まさに　□ in writing 書面で　□ policy change 方針転換

訳 昨日のお知らせの後にスタッフの間で生じた混乱こそが，まさにスタッフは方針転換については常に文書で知らされるべきであると考えられている理由となっている。

0447 🔑 場所を表すin which　　　　　　　　　　　　　正解 (D)

the communities「地域」を空所に入る関係代名詞の先行詞だと考える。空所は前置詞の後ろにあるので，関係代名詞の目的格として使うことのできる(D) whichを空所に入れると問題文の文意が通る。関係代名詞節の元の形はthey reside in the communities「彼らはその地域に住んでいる」となる。in which はwhereに言い換えることもできることを押さえておこう。(A)（関係副詞），(B)（関係代名詞），(C)（関係代名詞）。

語句 □ get involved in 〜 〜に参加する

訳 Meltis社は全従業員に，自分たちの住む地域のボランティア活動に参加するよう推奨している。

0448 🔑 空所の後ろに省略されている要素を見抜く　　　　正解 (D)

空所の後ろにはnecessary「必要な」があり，選択肢に並ぶ関係詞から，空所とnecessaryの間にはthey（＝changes）are「変更が〜だ」が省略されていると判断できる。空所の後ろには主語，述語動詞，補語の全てが本来揃うはずだと考えられるので，空所には複合関係副詞が入るのではないかと推測する。空所に(D) whereverを入れると，wherever（they are）necessary「（変更が）必要な全ての箇所」という表現になり，問題文の文意が通る。(A)（複合関係代名詞），(B)（複合関係代名詞），(C)（複合関係代名詞）。

語句 □ part of 〜 〜の一部　□ travel agency 旅行代理店

訳 その旅行代理店の売り上げを伸ばすための努力の一環として，ウェブサイト上の必要な箇所には全て変更が加えられる予定だ。

0449 🔑 〈前置詞＋that〉を選ばない　　　　　　　　　　正解 (B)

問題文にはgive A to B「AをBに渡す」の表現が使われている。Bに当たる ------- they meetの部分に注目したい。空所の後ろには他動詞meet「〜に会う」の目的語がないので，空所にはmeetの目的語になる，「人」を表す関係詞が入る。空所に複合関係代名詞の(B) whomeverを入れると，whomever they(= new employees) meet「彼ら（＝新入社員）が会う人は誰でも」という意味になり，問題文の文意が通る。「人」を表すことができる関係詞として，関係代名詞の目的格である(C) thatを選んだ人は要注意だ。関係代名詞のthatは前置詞の後ろに続けることができないので，空所の前に前置詞のtoがある本問では，正解にはなりえない。(A)（関係代名詞），(D)（関係代名詞）。

訳 Fentonさんは新入社員に，社外で初めて会う人に対しては誰であっても，名刺を渡すよう教えた。

0450 🔑 目的語が欠けていることを見抜く　　　　　　　　正解 (A)

空所の後ろに続く節にはhad overlooked「〜を見落とした」の目的語がない。a few spelling errors「いくつかのスペルミス」を先行詞だと考え，空所に関係代名詞の目的格として使うことができる(A) thatを入れると問題文の文意も通る。(B)（関係副詞），(C)（関係代名詞），(D)（関係代名詞）。

語句 □ point out 〜 〜を指摘する　□ spelling error スペルミス　□ editor 編集者　□ overlook 〜を見落とす

訳 出版の直前に，Timmsさんは他の編集者が見落としていたスペルミスをいくつか指摘した。

UNIT

7

数 問 題

数問題では，選択肢に主に数や量を表す形容詞が並ぶ。名詞の可算・不可算，単数・複数の情報などから，空所に適切な単語を選択する。

攻略ポイント 名詞のタイプの判別

数問題では，主に数や量を表す形容詞が選択肢に並んでいる。正解を導くためには，空所の近くにある名詞に注目することが重要だ。例題を解いて，数問題の攻略法を学んでいこう。

例題

Although Mr. Rogers worked tirelessly on the promotional campaign, the newly launched product did not receive ------- publicity.

(A) many
(B) several
(C) few
(D) much

選択肢には数量を表す形容詞が並んでいる。空所の後ろにpublicityという名詞があることに注目しよう。publicityは「評判，（世間に）知れ渡ること」という意味の不可算名詞である。選択肢のうち不可算名詞を修飾する形容詞は(D) much「たくさんの」だけなので，正解は(D)だ。muchを空所に入れると，後半の節はthe newly launched product did not receive much publicity「新発売の商品はそれほど多くの注目を集めなかった」となり，前半の節の内容と逆接の関係が成立する。(A)〜(C)はどれも可算名詞の複数形を修飾する形容詞なので，本問では正解にはなりえない。(A)「たくさんの」，(B)「いくつかの」，(C)「ほとんどない」。

数問題を解く際の観点は主に2つだ。1つ目は，修飾される名詞が可算名詞と不可算名詞のどちらであるかだ。そして2つ目は，その名詞が可算名詞であれば，単数形と複数形のどちらであるかだ。形容詞によって，可算・不可算いずれかの名詞を修飾するもの，あるいは可算名詞の中でも単数形のみを修飾するものなど，修飾対象はそれぞれ異なる。数や量を表す形容詞の用法をいかに正確に理解しているかが正解へのカギとなるので，それぞれの用法を確実に押さえておこう。

正解 (D)
語句 □tirelessly 精力的に　□promotional campaign 販促キャンペーン　□launched 発売された
訳 Rogersさんは販促キャンペーンに精力的に取り組んだが，新発売の商品はそれほど多くの注目を集めなかった。

ここでは，数や量を表す形容詞がそれぞれどのようなタイプの名詞を修飾するのかを復習しておこう。名詞を修飾する形容詞だけでなく，数量を表す代名詞が出題されることもあるので，あわせて覚えておきたい。

★ 数や量を表す語と修飾できる名詞のタイプ

数量を表す形容詞		可算名詞		不可算名詞	代名詞の用例
		単数形	複数形		
all	「全ての」	×	○	○	all of 〜
each	「それぞれの」	○	×	×	each of 〜
every	「全ての」	○	×	×	×
many	「たくさんの」	×	○	×	many of 〜
most	「ほとんどの」	×	○	○	most of 〜
much	「たくさんの」	×	×	○	much of 〜
some	「いくらかの」	○	○	○	some of 〜
any	「いくらかの」	○	○	○	any of 〜
several	「いくつかの」	×	○	×	several of 〜
(a) few	「ほとんどない, いくつかの」	×	○	×	(a) few of 〜
(a) little	「ほとんどない, 少しの」	×	×	○	(a) little of 〜
another	「もう1つの」	○	×	×	
the other	「もう一方の」	○	○	○	
other	「他の」	×	○	○	

【例】「全ての商品がよく売れている」

　　　　× **All** <u>item</u> is selling well.　　（item：可算名詞の単数形）

　　　　○ **All** <u>items</u> are selling well.　　（items：可算名詞の複数形）

　　　　○ **All** <u>merchandise</u> is selling well.　（merchandise：不可算名詞）

0451 Lightwarp Games organized a series of workshops for ------- staff
programmers who wanted to brush up on their coding skills.

(A) few
(B) any
(C) which
(D) almost

0452 Although Mr. Hayes liked ------- photographs, neither was of a
suitable resolution for the magazine.

(A) one another
(B) both
(C) any
(D) much

0453 Many employees had insufficient time to read the ------- report
before the meeting, so the speaker provided a brief summary.

(A) much
(B) most
(C) whole
(D) every

0454 You can return the rental car to this agency or to ------- one of our
locations, whichever is easiest for you.

(A) those
(B) another
(C) that
(D) sometime

0455 All of the members of the board of directors but ------- were
satisfied with the implementation of their business continuity plan
when production at the factory was suspended.

(A) many
(B) any
(C) one
(D) most

  試行錯誤の継続が，自分に最適な学習スタイルを作り上げます。その継続が必ず結果に繋がるのです。

0451 🔍 可算名詞を修飾する any　　　　　　正解 (B)

空所の後ろには staff programmers という可算名詞の複数形が続いている。空所に可算名詞を修飾する形容詞の(B) any を入れると, any staff programmers「常勤のプログラマーなら誰でも」という表現になり, 問題文の文意が通る。(A)「ほとんどない」, (C)(関係代名詞), (D)「ほとんど」。

語句 □ a series of ～ 一連の～　□ brush up on ～ ～の能力を磨き直す　□ coding skills コーディング技術

訳 Lightwarp ゲーム社は, コーディング技術を磨き直したいと思っている常勤のプログラマーのために, 一連のワークショップを開催した。

0452 🔍 neither に着目する　　　　　　正解 (B)

後半の節の主語である neither「どちらも～ない」に注目しよう。問題文全体の大意は,「Hayes さんは～の写真を気に入ったが, どちらも解像度が雑誌には適していなかった」というものだ。「どちらも」とあるので写真の枚数は2枚であるということが分かる。空所に2枚の写真を表す(B) both「両方の」を入れると, both photographs「両方の写真」という表現になり, 問題文の文意が通る。(A)「お互い」, (C)「いくつかの」, (D)「たくさんの」。

語句 □ suitable 適した　□ resolution 解像度

訳 Hayes さんは両方の写真を気に入ったが, どちらも雑誌に適した解像度ではなかった。

0453 🔍 the の後ろに置くことができる形容詞　　　　　　正解 (C)

空所の前には冠詞の the, 後ろには名詞の report「報告書」が続いている。選択肢に並ぶ形容詞の中で, the の後ろに置けるのは(B)と(C)だが, (C) whole「全体の」を空所に入れると the whole report「報告書全体」という表現になり, 問題文の文意が通る。the most は〈the most＋形容詞＋名詞〉「最も～な…」という語順で, 最上級を表す表現として使われる。(A)「たくさんの」, (B)「ほとんどの」, (D)「全ての」。

語句 □ insufficient 不十分な　□ brief summary 簡単な要約

訳 多くの従業員は会議前に報告書全体を読む十分な時間がなかったため, 発表者は簡単に要約したものを提供した。

0454 🔍 another one of ～　　　　　　正解 (B)

空所に(B) another「もう1つの」を入れると, another one of ～「別の～の中の1つ」という表現になり, 問題文の文意が通る。これは our locations「私たちの店舗」の中で this agency「当店」以外のどこかの店舗, という意味を表す表現だ。(A)「それらの, あれらの」, (C)「あの」, (D)「いつか」。問題文中で easiest「最も容易な」という最上級が使われているのは, 返却先となる可能性がある店舗が3つ以上あるからだ。そのような店舗が2つであるならば, easiest ではなく easier になる。

訳 レンタカーはこちらの店舗に返却するか, または当店の他のいずれかの店舗に返却するかのどちらかご都合のよい方で結構です。

0455 🔍 all but one のカタマリを見抜く　　　　　　正解 (C)

空所の前にある but は「～を除いて」という意味の前置詞として使われている。(C) one を空所に入れると, All of the members of the board of directors but one「1人を除く全ての取締役会のメンバー」となり, 問題文の文意が通る。空所の後ろに were が続いているからといって, (C)は誤答であると判断しないこと。all but one は「1人を除く全員」という意味で, 複数扱いの主語になる。(A)「多数の人・もの」, (B)「誰でも」, (D)「大部分」。

語句 □ implementation 実行　□ business continuity plan 事業継続計画　□ suspend ～を一時停止する

訳 工場での生産が一時停止された時, 1人を除く全ての取締役会のメンバーは事業継続計画を実行することに納得した。

0456 ------- of the glue supply was used on the lobby walls, so the additional order was necessary for the project to continue.

(A) Any
(B) Little
(C) Few
(D) Much

0457 Since the department did not have ------- budget to replace the old office equipment, they asked for an increase in funding.

(A) little
(B) every
(C) more
(D) enough

0458 Among the inhabitants of Mokihana Island, the Augello Shopping Mall is regarded as the most convenient by -------.

(A) many
(B) every
(C) any
(D) something

0459 With so ------- candidates to choose from, Mr. Peresi decided to extend the application period for the job.

(A) few
(B) anyone
(C) much
(D) those

0460 ------- of the important issues to be discussed during tomorrow's company-wide meeting are listed on the staff intranet.

(A) Either
(B) Some
(C) Every
(D) Little

0456 🔑 節同士の文脈の繋がりを捉える　　　　　　　　　　　　　　　　　　　正解▶(D)

後半の節の内容は,「追加の発注品が必要となった」というものだ。空所を含む前半の節に(D) Muchを入れると, Much of the glue supply was used「接着剤の蓄えの多くが使われた」という内容になり, 節同士の内容が自然に繋がる。このmuchは「多量」という意味の代名詞である。(B) Little「少量」も文法上は空所に入るが, 後半の節の内容と繋がらない。(A)「どれでも」, (C)「少数」。

　語句　□ glue 接着剤
　訳　ロビーの壁には接着剤の蓄えの多くが使われたので, プロジェクトを続けるために追加の発注品が必要となった。

0457 🔑 「十分な」を表すenough　　　　　　　　　　　　　　　　　　　　　　　正解▶(D)

後半の節は「資金の増額を依頼した」という内容なので, 理由を表す接続詞Since「〜なので」から始まる前半の節は「予算が足りない」という内容になるはずだ。空所に(D) enough「十分な」を入れると, did not have enough budget「十分な予算がなかった」という内容になり, 問題文の文意が通る。(A)「ほとんどない」, (B)「全ての」, (C)「より多くの」。

　語句　□ ask for 〜 〜を求める
　訳　その部署は古いオフィス機器を交換する十分な予算がなかったため, 資金の増額を依頼した。

0458 🔑 「人」を表す語を選ぶ　　　　　　　　　　　　　　　　　　　　　　　　正解▶(A)

空所の前は「ショッピングモールは便利だと見なされている」という内容なので, 空所を含むby以下は,「誰によって」見なされているのかを示している。よって, 空所には「人」を表す語が入る。人を表すことができるのは(A)と(C)だが, 文脈に合うのは(A) many「多数の人」だ。by manyは, by many inhabitants of Mokihana Island「多くのMokihana島の住民」のことを表す。(B)「全ての」, (C)「誰でも」, (D)「何か」。

　語句　□ inhabitant 住民　　□ be regarded as 〜 〜だと見なされている
　訳　Mokihana島の住民の間で, Augelloショッピングモールは多くの人によって最も便利であると見なされている。

0459 🔑 可算名詞を修飾するfew　　　　　　　　　　　　　　　　　　　　　　　正解▶(A)

カンマ以降の内容は,「Peresiさんはその仕事に対する申込期間を延長することに決めた」というもので, 文頭のWithから始まる句はその理由を表していると考える。可算名詞を修飾する(A) few「ほとんどない」を空所に入れると, With so few candidates to choose from「選択できる候補者がほとんどいなかったので」という意味になり, 問題文の文意が通る。(C) muchは不可算名詞を修飾するので, ここでは不正解となる。(B)「誰か」, (C)「たくさんの」, (D)「それらの, あれらの」。

　語句　□ application period 申込期間
　訳　選択できる候補者がほとんどいなかったので, Peresiさんはその仕事に対する申込期間を延長することに決めた。

0460 🔑 遠く離れた述語動詞areに注目する　　　　　　　　　　　　　　　　　　正解▶(B)

主語が入る文頭が空所になっていて, 対応する述語動詞は複数形の主語に対応するareとなっている。これを踏まえて空所に(B) Someを入れると, some of 〜「〜のいくつか」という表現になり, 問題文の文意が通る。主語と述語動詞が離れているので, 動詞がどのような形なのかを見落とさないように注意したい。(A) Eitherと(D) Littleは単数扱い, (C) Everyはevery of 〜の形を取らないのでそれぞれ不正解となる。(A)「どちらか一方の」, (C)「全ての」, (D)「ほとんどない」。

　語句　□ company-wide meeting 全社会議　　□ staff intranet 企業内ネットワーク
　訳　明日の全社会議で議論される重要な問題のいくつかは, 企業内ネットワーク上に記載されている。

UNIT **7** 数問題

0461 Separating ------- the shrimp shells from the meat inside took longer than the cook had thought it would.

(A) every
(B) all
(C) many
(D) almost

0462 Although ------- information has been revealed about Donpi's new TA-1 tablet, the tech journalist was able to uncover some details recently.

(A) little
(B) few
(C) such
(D) all

0463 Just ------- employee was of the opinion that the banquet should be put off till the following month.

(A) whole
(B) much
(C) one
(D) more

0464 Mr. Becker took notes on ------- but not all items discussed by the focus group during yesterday's meeting.

(A) anything
(B) everything
(C) some
(D) least

0465 According to the guest satisfaction survey, ------- guests who stayed on the eighth floor or higher especially liked the spectacular view of the coastline.

(A) little
(B) one
(C) many
(D) that

0461 〈all the＋名詞〉 正解 (B)

空所の後ろには the shrimp shells「エビの殻」という, 冠詞の the から始まる名詞句がある。これを前から修飾することができるのは, (B) all「全ての」だ。〈all the＋名詞〉で,「全ての〜」という意味を表す。これは, all of the 〜からofが外れた形であると考えること。(A)「全ての」, (C)「たくさんの」, (D)「ほとんど」。

語句 □ meat（カニやエビなどの）身　□ cook 料理人
訳 料理人が思っていた以上に, 全てのエビの殻を内側の身から剥がすには時間がかかった。

0462 不可算名詞 information に注目する 正解 (A)

不可算名詞 information「情報」を修飾する適切な形容詞を選ぶ問題だ。文頭に逆接の接続詞Although「〜だけれども」があるため, 前半の節と後半の節は対照的な内容になることが分かる。後半の節の大意は「ジャーナリストはいくつかの詳細を突き止めることができた」というものだ。空所に (A) little「ほとんどない」を入れ, Although little information has been revealed ...「ほとんどの情報が明かされていないが…」とすると, 2つの節の内容が適切に繋がる。(B) few も「ほとんどない」を意味するが, few は可算名詞を修飾するため不正解だ。(C)「そのような」, (D)「全ての」。

語句 □ reveal 〜を明らかにする　□ uncover 〜を暴く
訳 Donpi社の新しいTA-1タブレットについてはほとんどの情報が明かされていないが, 科学技術ジャーナリストは最近いくつかの詳細を突き止めることができた。

0463 「ただ1人の」を表す just one 正解 (C)

空所の前には Just「ただ, たった」という副詞があり, 後ろには employee「従業員」という名詞が続いている。空所に (C) one「1人の」を入れると, Just one employee「ただ1人の従業員」という表現になり, 適切な主語が完成する。(A)「全体の」, (B)「たくさんの」, (D)「より多くの」。

語句 □ be of the opinion that 〜という意見である　□ banquet 宴会　□ put off 〜 〜を延期する
訳 ただ1人の従業員だけが, 宴会は翌月まで延期されるべきだという意見を持っていた。

0464 some と not all の対比 正解 (C)

空所の前には took notes on「〜についてメモを取った」とあり, on の目的語となるのは, 空所の少し後ろにある items「項目」のことだと分かる。また, 空所の後ろには but not all items「項目の全てというわけではないが」という内容が続いているため, 空所に (C) some「いくつかの」を入れると問題文の文意が通る。この some は some items のことを表す。(A)「何でも, どんなものでも」, (B)「全てのもの」, (D)「最小」。

語句 □ focus group フォーカスグループ
訳 Beckerさんは昨日の会議の間に, フォーカスグループによって話し合われた項目について, 全てではないがいくつかについてはメモを取った。

0465 可算名詞の複数形を修飾する many 正解 (C)

空所の後ろには可算名詞の複数形である guests「客」が続いていることから, 空所に (C) many「たくさんの」を入れると, many guests who stayed on the eighth floor or higher「8階以上の階に宿泊した客の多く」という〈先行詞＋関係代名詞節〉が成り立ち, 問題文の文意が通る。(C)以外は, 可算名詞の複数形を修飾することはできない。(A)「ほとんどない」, (B)「1人の」, (D)「あの」。

語句 □ guest satisfaction survey 宿泊客の満足度調査　□ spectacular 壮大な, 壮観な　□ coastline 海岸線
訳 宿泊客の満足度調査によると, 8階以上の階に宿泊した客の多くは, 海岸線の壮大な景色を特に気に入ったとのことだ。

UNIT 7 数問題

0466 The prescription states that the medicine needs to be taken -------
eight to ten hours, preferably with a glass of water.

(A) most
(B) every
(C) such
(D) whole

0467 Larrie's Auto Repair keeps track of all complaints it receives, and
------- of them is dealt with in a professional and timely manner.

(A) each
(B) every
(C) a few
(D) most

0468 For decades, the government has had ------- influence over how
educational institutions organize and facilitate their programs.

(A) none
(B) little
(C) few
(D) any

0469 Work gloves will be given to ------- participant in the tree planting
event so that everyone can protect their hands.

(A) every
(B) all
(C) much
(D) those

0470 Preparing for the camping trip in Yellowwood National Park,
everyone made sure they would have ------- food to last for five
days.

(A) any
(B) enough
(C) a few
(D) many

0466 🔑 〈every＋数詞〉　　　　　　　　　　　　　　　　　　　　正解 **(B)**

空所に(B) everyを入れると, every eight to ten hours「8〜10時間おきに」という表現になり, 問題文の文意が通る。every「全ての」は通例可算名詞の単数形を修飾するが, 「8〜10時間おきに」といった「一定の間隔で起きること」を表す場合には, eight to ten hoursを「ひとかたまりのもの」と捉えて修飾することが可能だ。(A)「ほとんどの」, (C)「そのような」, (D)「全体の」。

語句 □ prescription 処方箋　□ state that 〜と述べる　□ preferably できれば, 希望を言えば

訳 処方箋には, この薬は8〜10時間おきに, できればコップ1杯の水で服用するよう明記されている。

0467 🔑 each of 〜の表現　　　　　　　　　　　　　　　　　　　　正解 **(A)**

空所の後ろには, of them「それらの〜」が続いている。問題文前半の内容から, themはcomplaints「クレーム」のことを指していると判断できる。空所に(A) each「それぞれ」を入れると, カンマ以降の大意が「クレームの一つ一つに対応している」となり, 問題文の文意が通る。each of 〜「〜のそれぞれ, 一つ一つ」という表現を押さえておくこと。(C) a fewや(D) mostもofを続けることができるが, 後半の節にある述語動詞はisなので, 本問では正解にはなりえない。(B)「全ての」, (C)「いくつか」, (D)「ほとんど」。

語句 □ keep track of 〜 〜を記録する　□ deal with 〜 〜に取り組む　□ in a timely manner 時宜を得たやり方で

訳 Larrie's自動車修理工場は寄せられる全てのクレームを記録して, それら一つ一つにプロ意識を持って適時対応している。

0468 🔑 不可算名詞influenceに注目する　　　　　　　　　　　　　　正解 **(B)**

空所の後ろには不可算名詞のinfluence「影響」があることに注目し, 不可算名詞を修飾する形容詞である(B) little「ほとんどない」を空所に入れると, 問題文の文意が通る。可算名詞を修飾する(C) fewを選ばないように注意すること。(A)「どれも〜ない」, (C)「ほとんどない」, (D)「どれでも」。

語句 □ for decades 何十年もの間　□ educational institution 教育機関　□ facilitate 〜を促進する

訳 何十年もの間, 教育機関がどのようにプログラムを計画し促進するかに対して, 政府はほとんど影響を与えてきていない。

0469 🔑 〈every＋可算名詞の単数形〉　　　　　　　　　　　　　　　正解 **(A)**

空所の後ろには, 可算名詞の単数形participantが続く。これを修飾するのにふさわしいのは, (A) every「全ての」だ。(B) all「全ての」は可算名詞の複数形を修飾するので, ここでは不正解となる。空所の後ろがparticipantsであれば正解となる。空所の後ろに続く名詞の単複に着目しよう。(C)「たくさんの」, (D)「それらの, あれらの」。

語句 □ work glove 作業用手袋　□ tree planting event 植樹イベント

訳 植樹イベントの参加者全員に, 手を保護することができるよう作業用手袋が配られる。

0470 🔑 to不定詞の内容に着目する　　　　　　　　　　　　　　　　正解 **(B)**

空所の後ろにある名詞food「食糧」を修飾する適切な形容詞を選ぶ問題だ。foodの後ろにはto不定詞が続いており, その内容はto last for five days「5日間もつくらいの」というものだ。よって, (B) enough「十分な」を空所に入れると, enough food to last for five days「5日間もつくらい十分な食糧」という意味になり, 問題文の文意が通る。(D) many「たくさんの」も日本語訳から正解であるように思えるかもしれないが, manyは可算名詞の複数形を修飾するため, 「食糧」という意味では不可算名詞であるfoodを修飾することはできない。(A)「どれでも」, (C)「いくつかの」。

語句 □ national park 国立公園　□ last 持続する, もつ

訳 Yellowwood国立公園でのキャンプ旅行の準備をする際, 全員が5日間もつくらいの十分な食糧があるようにした。

0471 The average wage paid by Kizecchi Company was higher compared
to Memeron Corporation, but the difference was not -------.

(A) much
(B) any
(C) some
(D) many

0472 To get to the Pellard Opera House, take the subway to Astoria
Station and then walk a ------- blocks south.

(A) little
(B) few
(C) such
(D) one

0473 Our research and development department comprises a diverse
group of talented individuals, ------- with a degree in science or
engineering.

(A) any
(B) every
(C) much
(D) most

0474 The bus will make a brief stop at Nashville Souvenirs if ------- extra
time is available at the end of the tour.

(A) little
(B) one
(C) none
(D) any

0475 For anyone seeking a job at Cypress Film Studios, there are
currently ------- job offers available in the production department.

(A) something
(B) a few
(C) much
(D) other

🔑 違いの大きさを表すmuch　　　　　　　　　　　　　正解 (A)

逆接の接続詞but「しかし」があるため, 空所のある後半の節の内容は前半の節で述べられている「平均賃金は他社と比べて高かった」という内容と相反するものになると分かる。空所に(A) muchを入れると the difference was not much「その違いは大きくなかった」という意味になり, 問題文の文意が通る。「違いが大きい, 小さい」は, much「大きい」, little「小さい」を使って表すということを覚えておくこと。not muchは「大きくない」を意味する表現だ。(B)「いくらかの」, (C)「いくらかの」, (D)「たくさんの」。

語句 □ average wage 平均賃金
訳 Kizecchi社によって支払われる平均賃金はMemeron社に比べると高かったが, その差は大きくなかった。

0472　🔑 littleに惑わされない　　　　　　　　　　　　　　正解 (B)

空所に(B) fewを入れると, blocksという可算名詞の複数形を修飾し, a few blocks「数ブロック」という表現になり問題文の文意が通る。a few「いくつかの」は可算名詞の複数形を修飾するということを確認しておきたい。(A) little「ほとんどない」は不可算名詞を修飾するので要注意だ。(C)「そのような」, (D)「1つの」。

訳 Pellardオペラハウスまで行くには, 地下鉄でAstoria駅まで行き, その後, 南に数ブロック歩いてください。

0473　🔑 2つの名詞句の並列　　　　　　　　　　　　　　　正解 (D)

空所の前にある名詞句のa diverse group of talented individuals「さまざまな才能ある人たち」と空所以下が名詞句同士の並びになり, 後ろの名詞句が前にある名詞句を説明している。空所に入る語は「人」を表すことができる語だと考え, 複数の人を表す(D) most「ほとんど(の人)」を空所に入れると問題文の文意が通る。(A)「どれでも」, (B)「全ての」, (C)「たくさんの」。

語句 □ comprise ～から構成される　□ talented 才能ある　□ with a degree in ～ ～の学位を持つ
訳 弊社の研究開発部門はさまざまな才能ある人たちで構成されており, ほとんどが科学または工学の学位を持つ。

0474　🔑 不可算名詞を修飾できるany　　　　　　　　　　　正解 (D)

前半の節には「このバスはNashville土産店に立ち寄る予定だ」とある。この内容に繋がるように空所に(D) anyを入れると, 後半の節がif any extra time is available「(いくらかの) 時間の余裕があれば」となり, 問題文の文意が通る。空所の後ろにあるtime「時間」は不可算名詞だが, anyが不可算名詞を修飾できるということを押さえておこう。(A)「ほとんどない」, (B)「1つの」, (C)「何も～ない」。

語句 □ make a brief stop 少し立ち寄る　□ at the end of ～ ～の終わり頃に
訳 ツアーの終わり頃に時間の余裕があれば, このバスはNashville土産店に立ち寄る予定だ。

0475　🔑 otherに惑わされない　　　　　　　　　　　　　　正解 (B)

空所の後ろにはjob offers「求人」という可算名詞の複数形がある。空所に(B) a few「いくつかの」を入れると, 「現在いくつかの求人がある」という内容になり, 問題文の文意が通る。(D) other「他の」も可算名詞の複数形を修飾することができるが, これを空所に入れる場合は, 「他の」仕事以外の何らかの仕事に関して問題文中で言及されている必要がある。(A)「何か」, (C)「たくさんの」。

語句 □ production department 制作部
訳 Cypress映画スタジオで仕事を探している方には, 現在制作部にいくつか求人があります。

UNIT **7** 数問題

0476 Prior to assembling your new speaker stand, check to make sure you have received ------- the required components.

(A) each
(B) all
(C) every
(D) almost

0477 Customers seem to like the pistachio macaron, but the dark chocolate flavor is the preferred choice of ------- employees.

(A) no
(B) the other
(C) most
(D) every

0478 Since Naggako's relocation to the suburbs, ------- staff have faced longer commuting times.

(A) another
(B) most
(C) that
(D) every

0479 Our customer service representatives are available to answer questions around the clock, so call us with ------- you may have.

(A) few
(B) any
(C) every
(D) much

0480 Since the region gets ------- rain throughout the year, its farmers rely on irrigation to water their crops.

(A) any
(B) none
(C) most
(D) little

0476 〈all the ＋名詞〉 正解 (B)

空所の後ろには the required components「必要な部品」という，冠詞のthe から始まる名詞句がある。これを前から修飾することができるのは，(B) all「全ての」だ。all theの後ろには，可算名詞と不可算名詞の両方を続けることができるということも押さえておこう。(D) almost「ほとんど」は，〈almost all the ＋名詞〉「ほとんど全ての〜」という形であれば取ることが可能だ。(A)「それぞれの」，(C)「全ての」。

語句 □ assemble 〜を組み立てる　□ component 部品
訳 新しいスピーカースタンドを組み立てる前に，必要な部品を全て受け取っていることを確認してください。

0477 the other に惑わされない 正解 (C)

空所の後ろには employees「従業員（たち）」という，名詞の複数形が続いている。空所に名詞の複数形を修飾する(C) most「ほとんどの」を入れると，preferred choice of most employees「ほとんどの従業員に好まれる選択」という意味になり，顧客の味の好みを述べている前半の節の内容と適切に繋がる。(B) the other「もう一方の」も複数形の名詞を修飾することができ，the other employees「もう一方の従業員（たち）」という表現を作ることができるが，本問では前半の節でthe otherと対比されるような従業員の存在は述べられていないので，ここでは不正解だ。(A)「何も〜ない」，(D)「全ての」。

語句 □ flavor 風味　□ preferred 好まれる　□ choice 選択
訳 顧客はピスタチオのマカロンを好むようだが，ほとんどの従業員はダークチョコレート味を好む。

0478 複数扱いの名詞staff 正解 (B)

空所の後ろには staff「社員」という名詞が続いている。名詞の複数形を修飾する(B) most「ほとんどの」を空所に入れると，most staff「ほとんどの社員」という意味になり，問題文の文意が通る。名詞staffの語尾にsは付いていないが，この名詞は複数扱いの名詞として使うことができるということを押さえておこう。staffが複数扱いであることは，述語動詞の形がhave facedであることからも分かる。(A)「もう1つの」，(C)「あの」，(D)「全ての」。

語句 □ the suburbs 郊外　□ face 〜に直面する　□ commuting time 通勤時間
訳 Naggako 社の郊外への移転以来，ほとんどの社員は，通勤時間がより長くなってしまったという事実に直面している。

0479 「何か」を表すany 正解 (B)

空所に(B) anyを入れるとcall us with any you may have「何かありましたらお問い合わせください」という内容になり，問題文の文意が通る。このanyは「何か」という意味の代名詞で，any questionsのことを表している。(C) every「全ての」は形容詞なので，単独で前置詞の目的語になることはできない。everyは常に後ろに単数形の名詞を伴う必要があるため，本問では正解にはなりえない。(A)「ほとんどない」，(D)「たくさんの」。

語句 □ representative 担当者　□ around the clock 24時間体制で
訳 弊社のカスタマーサービス担当者は24時間体制でご質問にお答えしておりますので，何かありましたらお電話ください。

0480 不可算名詞のrain 正解 (D)

rain「雨」は不可算名詞なので，不可算名詞を修飾する(D) little「（量が）ほとんどない」が正解だ。後半の節の内容が「農家は作物に水をやることに関しては灌漑に頼っている」というものであることからも，降雨量は「少ない」という内容にするのが適切であることが分かる。(A)「いくらかの」，(B)「どれも〜ない」，(C)「ほとんどの」。

語句 □ irrigation 灌漑　□ water 〜に水をやる　□ crop 作物
訳 その地域は1年を通じてほとんど雨が降らないので，農家は作物に水をやることに関しては灌漑に頼っている。

0481 ------- one of the laboratory assistants was asked to tidy up the lab and put everything back where it belongs.

(A) Each
(B) All
(C) Other
(D) Little

0482 The president reiterated that the position of chief technology officer is the ------- important position in the organization.

(A) little
(B) none
(C) each
(D) most

0483 After deliberating on the policy change for two hours, there was ------- need for further discussion on the matter.

(A) little
(B) either
(C) anything
(D) all

0484 A ------- members of the sales team left the trade fair early, but most stayed until the very end.

(A) none
(B) these
(C) little
(D) couple

0485 Snowmobiles can be rented on an hourly basis by ------- Chipmunk Resort guest who is at least eighteen years of age.

(A) most
(B) all
(C) those
(D) any

目の前のことに集中する。目の前にある問題1問1問に、全力で集中することだけを考えてください。

0481 🔍 名詞の複数形に惑わされない　　　　　　　　　　　正解 **(A)**

空所に (A) Each「それぞれの」を入れると, each one of 〜「〜の一人一人, 各自」という表現になり, 問題文の文意が通る。空所以降に名詞の複数形 assistants「アシスタント(たち)」があるからといって, 複数形の名詞を修飾する形容詞 (B)「全ての」を選ぶことのないように注意すること。Each から assistants までが長い主語となっているが, 中心は Each one なので, 主語は単数扱いだ。(C)「他の」, (D)「ほとんどない」。ちなみに本問は, 空所がなくても文が成立しうるということも理解しておきたい。

語句 □ tidy up 〜 〜を片付ける　□ lab 研究室　□ put A back A を(元の場所)に戻す

訳 研究室の各アシスタントは, 研究室を片付け, 全てを元にあった場所に戻すよう頼まれた。

0482 🔍 「最も〜な」を表す the most　　　　　　　　　　　正解 **(D)**

空所の前には the があり, 後ろには important position「重要なポジション」という名詞句が続いている。空所に (D) most を入れると, the most important position「最も重要なポジション」という表現になり, that 節の主語の the position of chief technology officer「最高技術責任者のポジション」を説明した文が完成する。(A)「ほとんどない」, (B)「どれも〜ない」, (C)「それぞれの」。

語句 □ reiterate 〜を何度も繰り返して言う

訳 社長は, 最高技術責任者のポジションは組織の中で最も重要なポジションだと, 何度も繰り返して言った。

0483 🔍 不可算名詞の need　　　　　　　　　　　　　　　正解 **(A)**

空所の後ろには不可算名詞として使われている need「必要」がある。不可算名詞を修飾することができるのは, (A) little と (D) all のいずれかだ。空所に (A)「ほとんどない」を入れると, カンマ以降が there was little need「(さらに話し合う)必要はほとんどなかった」という内容になり, カンマより前の「2時間審議した」という内容とかみ合う。(B)「どちらか一方の」, (C)「何でも, どんなものでも」, (D)「全ての」。

語句 □ deliberate on 〜 〜を慎重に検討する　□ policy change 方針転換

訳 方針転換について2時間審議した後, この件についてさらに話し合う必要はほとんどなかった。

0484 🔍 「いくつかの」を表す couple　　　　　　　　　　　正解 **(D)**

問題文中には逆接の接続詞 but「しかし」があるため, 空所を含む前半の節の内容は, 後半の節で述べられている「ほとんどの人は最後の最後まで残った」という内容に相反するのものになることが分かる。空所に (D) couple「いくつかの」を入れると, A couple members of the sales team「営業チームのメンバー数人」という表現になり, 問題文の文意が通る。(A)「誰も〜ない」, (B)「これらの」, (C)「ほとんどない」。

語句 □ trade fair 見本市　□ very end 最後の最後

訳 営業チームのメンバー数人は先に見本市を後にしたが, ほとんどの人は最後の最後まで残った。

0485 🔍 可算名詞の単数形を修飾する any　　　　　　　　　正解 **(D)**

空所の後ろには Chipmunk Resort guest「Chipmunk リゾートの宿泊客」という単数形の名詞句が続いている。(A)〜(C)の形容詞は, 可算名詞が後ろに続く場合には複数形でなければならない。よって, 正解は可算名詞の単数形を修飾することができる (D) any「どんな〜でも」だ。なお, any は可算名詞の単数形と複数形だけでなく, 不可算名詞も修飾することができる。(A)「ほとんどの」, (B)「全ての」, (C)「それらの, あれらの」。

語句 □ snowmobile スノーモービル　□ on an hourly basis 1時間単位で

訳 Chipmunk リゾートの18歳以上の宿泊客は誰でも, スノーモービルを1時間単位で借りることができる。

UNIT **7** 数問題

0486 Because workers are replacing a water pipe under the building, Futa Aquarium has been closed for the last ------- days.

(A) both
(B) each
(C) few
(D) some

0487 Even though either would likely have proved effective, Delila Fashions employed the more comprehensive social media strategy over ------- one.

(A) both
(B) others
(C) the other
(D) some

0488 Very ------- of the programmers working for Phelcom, which is based in San Francisco, are originally from the area.

(A) most
(B) much
(C) such
(D) few

0489 Three businesses were contacted about catering the dinner, and ------- sent their full menu to the event organizers.

(A) every
(B) much
(C) all
(D) both

0490 Although there is lots of arable land east of the Pansala Mountains, there is very ------- to the west of this range.

(A) few
(B) little
(C) many
(D) much

0486 ❓ fewを使った重要表現 　　　　　　　　　　正解 (C)

空所に (C) few を入れると, for the last few days「ここ数日間」という表現となり, 問題文の文意が通る。これは文末でよく使われる重要な表現なので, 必ず押さえておこう。(A)「両方の」, (B)「それぞれの」, (D)「いくらかの」。

語句 □ water pipe 水道管 　□ aquarium 水族館
訳 作業員が建物の下の水道管を交換しているため, Futa 水族館はここ数日間閉館している。

0487 ❓「2つあるうちのもう1つ」を表す the other one 　　　　正解 (C)

前半の節では主語に代名詞 either「どちらも」が使われていることから, 2つの事柄について述べた内容であることが分かる。また, 後半の節では employ A over B「B よりも A を採用する」という表現が使われており, 空所の後ろにある代名詞 one (= social media strategy) を修飾することのできる形容詞 (C) the other「(2つあるうちの) もう一方の」を空所に入れると, 問題文の大意が「どちらも効果を証明することができそうだったが, (2つあるうちのもう1つの方よりも) より包括的なソーシャルメディア戦略と言える方を採用した」となり, 2つの節が正しく繋がる。(A)「両方の」, (B)「他のもの」(複数形), (D)「いくらかの」。

語句 □ comprehensive 包括的な
訳 おそらくどちらも効果を証明することができそうだったにもかかわらず, Delila ファッション社はより包括的なソーシャルメディア戦略と言える方を採用した。

0488 ❓ much に飛びつかない 　　　　　　　　　　　正解 (D)

文頭にある Very「非常に」の被修飾語となれるのは (B) much と (D) few のいずれかだが, 後ろには可算名詞の複数形である programmers「プログラマー (たち)」が続いていることに着目しよう。可算名詞の複数形と一緒に使うことができるのは (D) を空所に入れた few of 〜だ。very few of 〜「〜はほとんどない」という表現を覚えておくこと。(B) much「たくさん」は不可算名詞と共に使う。(A)「ほとんどの」, (C)「そのような」。

語句 □ be based in 〜 〜に拠点を置く
訳 サンフランシスコに拠点を置く Phelcom 社で働くプログラマーの中で, その地域出身の人はほとんどいない。

0489 ❓ 3つという数に注目する 　　　　　　　　　　正解 (C)

文脈から, 空所には前半の節にある Three businesses「3つの企業」を表し, なおかつ単独で主語になれるものが入ることが分かる。よって, 正解は (C) all「全て」だ。この all は all businesses「(前半の節で述べられている3つの) 全ての企業」のことであると考えよう。(A) every「全ての」は形容詞なので, 単独で主語になることはできない。また, 「3つの企業」に言及しているので, 「両方を表す (D) both は, 本問では適切でないので要注意だ。(B)「多量」。

訳 ディナーのケータリングについて3つの企業に連絡があり, 全ての企業がそれぞれの全メニューをイベント主催者に送った。

0490 ❓ 不可算名詞 land 　　　　　　　　　　　　正解 (B)

前半の節では逆接を表す接続詞の Although「〜ではあるが」が使われており, 「(Pansala 山脈の東側には) 耕作に適した土地がたくさんあるが」とある。これに対し, 空所を含む後半の節の内容は「(この山脈の西側には) 耕作に適した土地が少ない」というものになると考えられる。空所に入る語が修飾する名詞 land「土地」は不可算名詞なので, 空所に (B) little「ほとんどない」を入れると there is very little (of arable land) to 〜「〜には (耕作に適した土地が) ほとんどない」という内容の節が完成し, 問題文の文意が通る。(D) much「たくさんの」も不可算名詞を修飾するが, 前半の節とは内容がかみ合わない。(A)「ほとんどない」, (C)「たくさんの」。

語句 □ arable 耕作に適した 　□ east of 〜 〜の東側に 　□ to the west of 〜 〜の西側に 　□ range 山脈
訳 Pansala 山脈の東側には耕作に適した土地がたくさんあるが, この山脈の西側にはほとんど見当たらない。

0491 Whether there are ------- who want to join the seminar or not, the larger conference room is going to be used.

(A) many
(B) every
(C) little
(D) least

0492 The store manager requested that all new pairs of sandals be removed from their boxes and ------- be placed on a display shelf.

(A) every
(B) each
(C) few
(D) everyone

0493 If ------- fewer members had shown up for last week's book club meeting, the discussion might have been even shorter.

(A) anyone
(B) ever
(C) any
(D) all

0494 According to the hardware store clerk, the Macky AT portable generator is as powerful as ------- on the market.

(A) more
(B) every
(C) neither
(D) any other

0495 ------- Oriona Air Flight 627 passengers can now retrieve their luggage at Carousel D in the baggage claim area.

(A) Ones
(B) All
(C) Each
(D) Every

0491　🔍「多数」を表すmany　　　　　　　　　　　　　正解 (A)

空所の後ろには関係代名詞のwhoがあり，その後ろには動詞のwantが続いている。wantが使われていることから，空所に入る先行詞は「人」を表す複数扱いの語になることが分かる。よって，正解は代名詞の(A) many「多数の人」だ。(B)「全ての」，(C)「わずか(のもの)，少量」，(D)「最小」。

訳 そのセミナーに参加したいと思っている人が多数いてもいなくても，より広い会議室が使用される予定だ。

0492　🔍「(複数あるものの)それぞれ」を表すeach　　　正解 (B)

主語となる空所に入る語が表すのは，that節の主語であるall new pairs of sandals「全ての新しいサンダル」だ。これを(B) each「それぞれ」を使って表すと，each be placed on a display shelf「(新しいサンダルの)それぞれが陳列棚に置かれる」という表現になり，問題文の文意が通る。問題文前半にある動詞request「～を要求する」が導くthat節の中は，前半の節の時制に関係なく動詞が原形になるので注意が必要だ(仮定法現在)。〈要求・提案・命令・依頼を表す表現＋主語＋動詞の原形〉の形になることを確認しておこう。(A)「全ての」，(C)「ほとんどない」，(D)「全ての人」。

語句 □ display shelf 陳列棚

訳 店長は，新しいサンダルを全て箱から出して，それぞれを陳列棚に置くよう頼んだ。

0493　🔍 anyが持つニュアンス　　　　　　　　　　　　正解 (C)

選択肢の中で名詞句であるfewer members「より少ないメンバー」の前に置くことができるのは，(C) any「いくらかの」だ。any fewerは「もう少し少なかったら」というニュアンスを表し，本問では「参加メンバーがもう少し少なかったら，議論はさらに短くなっていただろう」という，仮定法過去完了の文が成立している。(A)「誰か」，(B)「今までに」，(D)「全ての」。

語句 □ show up 現れる

訳 先週の読書クラブの集まりに参加したメンバーがもう少し少なかったら，議論はさらに短くなっていただろう。

0494　🔍 最上級に近い意味を表す原級表現　　　　　　　正解 (D)

空所に(D) any otherを入れると，〈as＋原級＋as any(＋単数名詞)〉「どの…にも劣らず～だ」という表現になり，問題文の文意が通る。これは「市場に出ている他のどのもの(＝携帯型発電機)にも劣らず強力だ」という意味の，最上級に近い表現だ。なお，「他のどの～よりも…だ」という「抜きん出て一番」を表す場合は，〈比較級＋than any other ～〉という表現を使う。(A)「より多くの」，(B)「全ての」，(C)「どちらも～ない」。

語句 □ hardware store ホームセンター　　□ portable generator 携帯型発電機

訳 そのホームセンターの店員によると，Macky AT社の携帯型発電機は，市場に出ている他のどのものにも劣らず強力だそうだ。

0495　🔍 名詞の複数形を見つける　　　　　　　　　　正解 (B)

問題文の主語は，複数形のpassengers「乗客」なので，空所には可算名詞の複数形を前から適切に修飾することができる形容詞が入る。よって，正解は(B) All「全ての」だ。(C) Each「それぞれの」と(D) Every「全ての」は，可算名詞の単数形を修飾する形容詞なので，決して選ぶことのないよう注意したい。(A)「人・もの」(複数形)。

語句 □ retrieve ～を回収する　　□ carousel (荷物引き取り用の)ターンテーブル　　□ baggage claim area 手荷物受取所

訳 Oriona航空627便の乗客の皆様はこれより，手荷物受取所のターンテーブルDから手荷物を回収することができます。

0496 The bus usually makes ------- stops at different locations within the city, but it will go directly to the Hanakino Convention Center tomorrow.

(A) each
(B) several
(C) none
(D) no

0497 Stremto has launched a new line of instant polaroid cameras, ------- with their own unique shape and design.

(A) any
(B) that
(C) every
(D) each

0498 The law firm's director received a considerable amount of support from the senior associates but ------- from the legal assistants.

(A) little
(B) few
(C) much
(D) neither

0499 While the company now executes contracts digitally, almost ------- of those signed last year had been printed on paper.

(A) much
(B) few
(C) some
(D) all

0500 ------- journalist working for an accredited news organization will be considered for a press pass to the national convention.

(A) Such
(B) Little
(C) Each
(D) Everyone

0496 🔑 可算名詞の複数形を修飾する several　　　　　　　　　　**正解** (B)

逆接の接続詞but「しかし」があるため, 空所を含む前半の節の内容は, 後半の節で述べられている「明日はHanakino会議場へ直行する予定だ」という内容に相反するものになることが分かる。空所に(B) several「いくつかの」を入れると, The bus usually makes several stops at different locations within the city「このバスは通常, 市内のいくつかの停留所に停車する」という節が完成し, 問題文の文意が通る。severalはstopsのような可算名詞の複数形を修飾する形容詞だ。(A)「それぞれの」, (C)「どれも～ない」, (D)「何も～ない」。

　語句 □ make a stop (バスなどが)停車する
　訳 このバスは通常, 市内のいくつかの停留所に停車するが, 明日はHanakino会議場へ直行する予定だ。

0497 🔑「それぞれ」を表す each　　　　　　　　　　　　　　　**正解** (D)

空所に(D) each「それぞれ」を入れると, カンマ以降がeach with their own unique shape and design「独自の個性的な形とデザインを持ったそれぞれ」となり, 問題文の文意が通る。eachは直前にあるinstant polaroid cameras「インスタントポラロイドカメラ」のことを指している。(A)「どれでも」, (B)「あの」, (C)「全ての」。

　語句 □ launch ～を発売する　□ a new line of ～ ～の新製品
　訳 Stremto社は, 独自の個性的な形とデザインをそれぞれ持つインスタントポラロイドカメラの新製品を発売した。

0498 🔑 不可算名詞 support　　　　　　　　　　　　　　　　**正解** (A)

逆接の接続詞but「しかし」があるため, 空所の後ろの内容は, その前で述べられている「シニアアソシエイトからかなりの支持を受けた」という内容に相反するものとなる。空所に(A) littleを入れると, (received) little (of support) from the legal assistants「パラリーガルからはほとんど(支持を受けてい)ない」という表現になり, 問題文の文意が通る。ポイントとなるのはsupport「支持」が不可算名詞であることだ。〈little＋不可算名詞〉の形を確認しておこう。(B)「ほとんどない」, (C)「たくさんの」, (D)「どちらも～ない」。

　語句 □ legal assistant パラリーガル
　訳 その法律事務所の重役は, シニアアソシエイトからはかなり支持を受けたが, パラリーガルからはほとんど支持されてはいなかった。

0499 🔑 重要表現 almost all of ～　　　　　　　　　　　　　**正解** (D)

空所の前にあるalmostと空所の後ろにあるofに注目しよう。空所に(D) allを入れると, almost all of ～「～のほぼ全て」という表現になり, 問題文の文意が通る。空所の後ろにあるthose signedは, those (contracts which were) signedのカッコ内にある表現を省略したものだと考えること。(A)「たくさんの」, (B)「ほとんどない」, (C)「いくらかの」。

　語句 □ execute (契約)を履行する　□ contract 契約　□ digitally デジタル方式で
　訳 現在その会社はデジタル方式で契約を履行している一方で, 昨年締結された契約のほとんどは紙に印刷されていた。

0500 🔑 可算名詞の単数形を修飾する each　　　　　　　　　　**正解** (C)

空所の後ろには, 名詞の単数形であるjournalist「ジャーナリスト」が続いている。可算名詞の単数形を修飾する(C) Each「それぞれの」を空所に入れると, Each journalist「各ジャーナリスト」となり, 問題文の文意が通る。(A)「そのような」, (B)「ほとんどない」, (D)「全ての人」。

　語句 □ accredited 公認の　□ news organization 報道機関　□ press pass 取材許可証
　　　　　□ national convention 全国党大会
　訳 公認の報道機関で働く各ジャーナリストは, 全国党大会の取材許可証の発行が考慮される予定だ。

UNIT 7 数問題

語彙問題

語彙問題では, 選択肢に同じ品詞の単語が4つ並ぶ(動詞・名詞・形容詞・副詞のいずれか)。また, 選択肢には句動詞が並ぶこともある。学習者は空所の前後関係や問題文の文意を把握しながら, 空所に入れるのに最も適切な語(句)を選ぶ。公開テストではPart 5の問題の約3分の1程度が語彙問題で構成されているため, このタイプの問題を攻略することは高得点取得の大きなカギになる。

攻略ポイント **1** 語法問題

「語彙問題は単語の意味を問う問題だから, 文法の知識はいらない」と思っている人がいたら, 要注意だ。語彙問題の難問の1つに, 語句の使い方について問われる語法問題がある。問題文の文意を理解するだけでは正解が絞り切れない場合も多く, 文法の知識も求められる難易度の高い問題だ。

例題

Due to lower-than-expected sales in the first two quarters of the year, management ------- hiring a new designer.

(A) decided
(B) postponed
(C) obliged
(D) devoted

選択肢には動詞の過去形が並んでいる。問題文の大意は,「売り上げが予想を下回ったため, 経営陣は新しいデザイナーを採用することを～した」というものだ。また, 空所の後ろには, 動名詞のhiring「～を採用すること」が続いている。postpone「～を延期する」の過去形である(B) postponedを空所に入れると, postpone *doing*「～することを延期する」という表現になり, 問題文の文意が通る。postponeは目的語に動名詞を取る動詞の1つだ。正解を導くには, postponeの語法を知っているかどうかがカギになる。

紛らわしいのは, decide「～を決める」の過去形である(A) decidedだ。この動詞の語法を知らないと,「経営陣は新しいデザイナーを採用することを決めた」となる可能性を考え, (A) decidedを選んでしまう人がいるかもしれない。decideは目的語にto不定詞を取り, decide to *do*「～することを決める」という形で使われるため, ここでは不正解だ。(C) obligedはoblige *A* to *do*「Aに～することを義務づける」, (D) devotedはdevote *oneself* to *doing*「～に専念する」の形で使われるということを覚えておこう。

目的語にto不定詞を取るか動名詞を取るか, また動詞は自動詞か他動詞かなどの観点, さらに選択肢に名詞が並ぶ場合は可算名詞と不可算名詞の識別などの観点が, 語法問題を解く際には必要だ。単語を覚える時はただその意味を覚えるだけで終わらせず, 語法も必ず確認することが重要だ。

訳 その年の最初の2四半期の売り上げが予想を下回ったため, 経営陣は新しいデザイナーを採用することを見送った。

攻略ポイント **2** 難単語

語彙問題では時折, 高得点者でも正解を選ぶのに悩んでしまうような難単語が選択肢に並ぶことがある。なじみの薄い難単語を攻略するには, 普段から英文をたくさん読み, 新しい単語に出合う回数を増やすことが重要だ。Part 5の問題に限らず, 全Partの英文を聴き, 読み, 難単語に出合ったら必ず, 「意味と用法を辞書で調べる」ことを徹底しよう。また, 接頭辞や接尾辞の意味をあらかじめ覚えておくことで, 知らない単語が選択肢に並んでいた時に, ある程度意味を推測することもできる。

攻略ポイント **3** コロケーション

語彙問題では, コロケーション(単語と単語の結びつき・相性)の観点から適切な単語を選ぶ問題も出題される。その単語がどのような単語と結びついて使われることが多いかを常に意識して学習することが肝心だ。日本語で意味を考えると成立しそうだが, 英語のコロケーションとしては不自然な表現になる, という場合があるので気を付けたい。

【例】 「きついスケジュール」

○ **tight** schedule × hard schedule

攻略ポイント **4** 重要・頻出表現

語彙問題では, 〈前置詞＋名詞〉や〈be動詞＋形容詞＋前置詞〉などで構成される重要・頻出表現が出題されることもある。本書に登場する全ての重要・頻出表現を押さえておくようにしよう。

〈前置詞＋名詞〉から成る重要・頻出表現例

in order「整った状態で」
with ease「容易に」
by express「速達で」

〈be動詞＋形容詞＋前置詞〉から成る重要・頻出表現例

be compatible with ～「～と互換性のある」
be exempt from ～「～を免除される」
be qualified for ～「～に適任である」
be subject to ～「～(の影響)を受けやすい」
be deficient in ～「～が不足している」

UNIT **8** 語彙問題

0501 An analysis of office spending revealed that we need to reduce
☐☐☐ electricity -------.

(A) deficiencies
(B) vocations
(C) expenditures
(D) apprentices

0502 Although he was a ------- of Ms. Chow's plan to adopt a four-day
☐☐☐ workweek, Mr. Hammond wanted to trial the idea first.

(A) predecessor
(B) superiority
(C) proponent
(D) cubage

0503 The primary ------- of the Nambour Arts Festival is to attract visitors
☐☐☐ to the city and bring about positive economic effects.

(A) reference
(B) aim
(C) official
(D) determination

0504 The accounting manager told employees that they cannot ------- to
☐☐☐ replace the old photocopier with a new one due to budget
constraints.

(A) mingle
(B) expound
(C) purchase
(D) afford

0505 Developers decided to buy up land in the Dundee hinterland in
☐☐☐ anticipation of a population -------.

(A) breadth
(B) boom
(C) council
(D) stock

考えるな、やれ。100の情報よりも、一度の体感を大切にしてください。

0501　🔑「減らす」対象を考える　　　　　　　　　　　　正解 (C)

選択肢には名詞の複数形が並んでいる。空所の前には動詞reduce「～を減らす」があり, その後ろには名詞のelectricity「電気」が続いている。空所には動詞reduceの目的語となり, 直前のelectricityとセットになって複合名詞を作るものが入る。空所に (C) expenditures「支出 (額), 消費」を入れると, electricity expenditures「電気代」という複合名詞になり,「減らす」対象としてふさわしくなる。文頭のAn analysis of office spending「オフィスの支出の分析」も正解を選ぶヒントになる。(A)「不足, 不備」, (B)「職業」, (D)「見習い工」。

語句 □ analysis 分析　□ spending 支出　□ reveal ～を明らかにする

訳 オフィスの支出の分析は, 我々が電気代を減らす必要があるということを明らかにした。

0502　🔑「人」を表す難単語 proponent　　　　　　　　正解 (C)

空所には主語he(＝Mr. Hammond)の補語となる名詞が入る。空所に「人」を表す (C) proponent「支持者」を入れると, a proponent of ～「～の支持者」という表現になり, 問題文の文意が通る。(A)も「前任者」という「人」を表す名詞だが, (A)を空所に入れると,「Hammondさんはある計画の前任者だったけれども, まずはその計画を試してみたかった」という文意になり, 節同士の内容が繋がらないので不正解だ。(B)「優位性, 優越」, (D)「体積, 容積」。

語句 □ adopt ～を採用する　□ four-day workweek 週4日勤務　□ trial ～を試す

訳 HammondさんはChowさんの週4日勤務を採用するという計画の支持者ではあったが, 彼はまずは (本格的に実行する前に) その計画を試してみたかった。

0503　🔑 primaryとのコロケーション　　　　　　　　　正解 (B)

選択肢には名詞が並んでいる。空所の直前にあるprimary「最も重要な」とセットで使われ, 空所に入れて問題文の文意が通るのは (B) aim「目標」だ。primary aimで「最も重要な目標」という意味になり, これは目標を具体的に説明しているto不定詞以下の内容と自然に繋がる。(A)「参照」, (C)「職員, 公務員」, (D)「決断」。

語句 □ attract *A* to *B* AをBに誘致する　□ bring about ～ ～をもたらす

訳 Nambour芸術祭の最も重要な目標は, 観光客を街に誘致し, よい経済効果をもたらすことである。

0504　🔑 後ろにto *do* の形を取る動詞　　　　　　　　　正解 (D)

cannotに続く動詞の原形を選ぶ問題だ。空所の後ろにto不定詞が続いているので, (D) affordを空所に入れると, afford to *do*「～する余裕がある」という表現になる。すると, that節の大意が「古いコピー機を新しいものに交換する余裕はない」というものになり, 問題文の文意が通る。(A)「～を混ぜる」, (B)「～を詳しく説明する」, (C)「～を購入する」。

語句 □ accounting manager 経理部長　□ budget constraint 予算の制約

訳 予算の制約が原因で, 古いコピー機を新しいものに交換する余裕がないということを, 経理部長は従業員らに伝えた。

0505　🔑 複合名詞 population boom　　　　　　　　　　正解 (B)

選択肢には名詞が並んでいる。空所の直前にも名詞population「人口」があるので, 空所に入る語とpopulationがセットになって複合名詞を作ると考えられる。空所に (B) boom「急上昇」を入れると, population boom「人口の急増」という複合名詞になり, 問題文の文意が通る。(A)「幅, 広さ」, (C)「地方議会」, (D)「在庫」。(A)の関連語には, length「長さ」, width「(幅の) 広さ」, depth「深さ」, height「高さ」などがあるのであわせて覚えておこう。

語句 □ developer 開発者　□ buy up ～ ～を買い占める　□ land 土地　□ hinterland 奥地
　　　　□ in anticipation of ～ ～を見越して

訳 開発者たちは, 人口の急増を見越してダンディーの奥地にある土地を買い占めることに決めた。

UNIT **8** 語彙問題

0506 Sales in the first and second quarters of the year were very strong, growing 25 percent and 32 percent -------.

(A) immensely
(B) eminently
(C) respectively
(D) implausibly

0507 *Spring Night* is a ------- film adaptation of the popular novel by Mary White.

(A) discretionary
(B) faithful
(C) persuasive
(D) groundless

0508 As the Umeno Library will close soon, please go to the service desk and ------- the book checkout procedure.

(A) inaugurate
(B) lease
(C) drop
(D) commence

0509 Employees traveled to the retreat at Glendale Spa Resort ------- because there were no shuttle buses available.

(A) marginally
(B) separately
(C) dependently
(D) selectively

0510 Due to a prior -------, Mr. Hammond was not able to attend the grand opening on July 5.

(A) subordinate
(B) extension
(C) commitment
(D) surrender

0506 🔍 「(前で述べられた人やものの)それぞれ」を表すrespectively　　　**正解** (C)

問題文では「第1四半期の売り上げ」と「第2四半期の売り上げ」の2つの事柄について述べられている。空所に(C) respectively「それぞれ」を入れると, growing 25 percent and 32 percent respectively「それぞれ(第1四半期の売り上げが)25パーセントと(第2四半期の売り上げが)32パーセント増大した」となり, 問題文の文意が通る。respectivelyは文末に置かれることが多く, 「(前で述べられた人やものに対して順番に)それぞれ, おのおの」という意味を表す重要な副詞だ。(A)「非常に, 広大に」, (B)「著しく」, (D)「信じがたく」。

> **訳** 第1四半期と第2四半期の売り上げは非常に勢いがよく, それぞれ25パーセントと32パーセント増大した。

0507 🔍 「映画化」を修飾する形容詞を選ぶ　　　**正解** (B)

選択肢には形容詞が並んでいる。空所の後ろに続く名詞句film adaptation「映画化」を修飾するのにふさわしいのは, (B) faithful「忠実な」だ。(A)「裁量に任された」, (C)「説得力のある」, (D)「事実無根の」。adaptationに関連して動詞adaptは, 他動詞だと「〜を順応させる」, 自動詞はadapt to 〜の形で「〜に順応する」という意味で使われるということを押さえておこう。

> **訳** *Spring Night*は, Mary Whiteによる人気小説を忠実に映画化したものだ。

0508 🔍 錯乱肢leaseのニュアンスに注意する　　　**正解** (D)

選択肢には動詞が並んでいる。空所に(D) commence「〜を始める」を入れると, commence the book checkout procedure「本の貸出手続きを始める」となり, 問題文の文意が通る。問題文は, 図書館の利用者向けの内容だ。(B) leaseは「(土地や家屋など)を賃借する」という意味の単語であり, 図書館で本を借りることを表す動詞としてはふさわしくないので要注意だ。(A)「〜を就任させる, (新事業・制作など)を開始する」, (C)「〜を落とす」。

> **語句** □ service desk サービスカウンター
> **訳** Umeno図書館は間もなく閉館となりますので, サービスカウンターへ行き, 本の貸出手続きを行ってください。

0509 🔍 「どのように」旅行したのかを表す副詞　　　**正解** (B)

後半の節のbecause以降が「利用可能なシャトルバスがなかったため」という内容なので, 前半の節の内容はシャトルバスがないために従業員たちが「どのようにして」研修が行われる場所まで移動をしたのかを表すと考えられる。空所に(B) separately「別々に」を入れると, 「(みんなで乗車できるシャトルバスがなかったので, 従業員たちは)別々に移動した」となり, 問題文の文意が通る。(A)「ぎりぎりに, わずかに」, (C)「依存して」, (D)「選択的に」。

> **語句** □ retreat 研修旅行
> **訳** 利用可能なシャトルバスがなかったため, 従業員はGlendale Spa Resortでの研修旅行へは, 別々に移動した。

0510 🔍 priorとのコロケーション　　　**正解** (C)

空所には, 直前にある形容詞のprior「前の, 事前の」が修飾する名詞が入る。(C) commitment「約束」を空所に入れると, prior commitment「先約」という表現になり, 問題文の文意が通る。(A)「部下」, (B)「内線, 延長」, (D)「明け渡し, 保険解約」。文頭にあるdue to 〜「〜が原因で」は, thanks to 〜, owing to 〜, because of 〜に言い換えられる。

> **訳** 先約により, Hammondさんは7月5日のグランドオープンに出席することができなかった。

UNIT **8** 語彙問題

0511 The organizers have come to an ------- regarding the location of the next Star Trekking Convention.

(A) occasion
(B) allowance
(C) agreement
(D) intention

0512 Ms. Corby visited Dunhill Rugs in person to ------- out some upholstery fabrics for the new reception area.

(A) step
(B) feel
(C) pick
(D) illuminate

0513 Please find the attached copy of your receipt, which you should keep on record for ------- reference.

(A) successive
(B) irrelevant
(C) future
(D) adaptive

0514 The planning department budget does not ------- for spending on non-essential items.

(A) elect
(B) lead
(C) allow
(D) inspire

0515 The equipment malfunction ------- from a cheap part that was not from the original manufacturer.

(A) resolved
(B) generated
(C) maneuvered
(D) stemmed

0511 🔑 重要表現 come to an agreement 　　　　　　　正解 (C)

空所に(C) agreement「合意」を入れると, come to an agreement「合意に至る」という表現になり, 問題文の文意が通る。似た形の表現であるcome to an end「終わる」と共に覚えておこう。(A)「出来事, 場合」, (B)「許容量, 手当, 値引き」, (D)「意図」。regarding「～に関して」は, concerning, in［with］regard to ～などに言い換えられるということも押さえておきたい。

語句 □ organizer 主催者　□ convention 大会
訳 次回のStarトレッキング大会の場所に関して, 主催者たちは合意に至った。

0512 🔑 「～を選ぶ」を表す pick out ～ 　　　　　　　正解 (C)

空所の直後にoutが続いていることに注目する。空所に(C) pickを入れるとpick out ～「～を選ぶ」という句動詞になり, 問題文の文意が通る。(A)を空所に入れるとstep out「外出する」という句動詞になるが, ここでこの表現を成立させても問題文の文意は通らない。(A)「歩く」, (B)「感じる」, (D)「～を明るくする」。

語句 □ in person 本人が直接　□ upholstery fabric 装飾用生地　□ reception area 受付
訳 Corbyさんは, 新しい受付用の装飾生地を選ぶためにDunhill Rugs社を自ら訪れた。

0513 🔑 重要表現 for future reference 　　　　　　　正解 (C)

空所に(C) future「未来の」を入れると, for future reference「(情報の記録などが) 今後必要になる場合に備えて」という表現になり, 問題文の文意が通る。(A)「連続する」, (B)「無関係の」, (D)「適応できる」。文頭のPlease find the attached ～の語順を変えた, Attached please find ～.「～を添付いたします。」という表現もあわせて覚えておくこと。

語句 □ attached 添付されている　□ receipt 領収書　□ keep on record 記録しておく
訳 添付の領収書のコピーをご確認いただき, 今後必要になる場合に備えて保管しておいてください。

0514 🔑 「～を考慮に入れる, 見込む」を表す allow for ～ 　　　　　　　正解 (C)

空所の直後に前置詞forがあることに注目する。空所に(C) allowを入れるとallow for ～「～を考慮に入れる, 見込む」という句動詞になり, 問題文の文意が通る。(A)「選ぶ」, (B)「(道やドアなどが, ある場所に) 通じる」, (D)「(人) にひらめきを与える」。(B)はlead to ～「(道などが) ～に通じる」という表現を覚えておくこと。

語句 □ planning department 企画部　□ non-essential item 必要不可欠ではないもの
訳 企画部の予算は, 必要不可欠ではないものへの支出を見込んでいない。

0515 🔑 「～から生じる」を表す stem from ～ 　　　　　　　正解 (D)

選択肢には動詞の過去形が並んでいる。空所の直後にある前置詞fromに注目だ。空所にstem「生じる」の過去形である(D) stemmedを入れると, stem from ～「～から生じる」という句動詞になり, 問題文の文意が通る。stemは「生じる, 起因する」という意味の動詞なので, 起点を表す前置詞fromと相性がよい。(A) resolve「～を解決する」, (B) generate「(利益・収入など) を生み出す」, (C) maneuver「～を操る」。

語句 □ malfunction 不調　□ original manufacturer 正規のメーカー
訳 その機器の不具合は, 正規のメーカー製ではない安価な部品から生じた。

0516 Wansan Café and Bistro has been offering an ------- menu of Mediterranean cuisine using fresh and organic produce.

(A) intricate
(B) oriented
(C) eclectic
(D) errant

0517 Ticks Enterprises recently purchased an ------- building on the edge of town, which it will refurbish.

(A) estimated
(B) opposed
(C) unfolded
(D) abandoned

0518 As demand for air conditioners is expected to ------- off toward the end of summer, Storan Appliance made a decrease in production.

(A) fade
(B) calculate
(C) ease
(D) sort

0519 Entry to the pier has been ------- as it will be under repair until March 23.

(A) accessed
(B) restricted
(C) formed
(D) disclosed

0520 BTR Equipment has finally begun to ------- the rewards of the sales team's hard work during those first few difficult years.

(A) reap
(B) suppress
(C) certify
(D) surpass

0516 🔑 難単語 eclectic 　　　　　　　　　　　　　　　　　　　　**正解** (C)

空所に (C) eclectic「幅広い, 折衷的な」を入れると, eclectic menu「多彩なメニュー」という表現になり, 問題文の文意が通る。eclecticは「さまざまな要素を含んだ」という意味の形容詞だ。趣味や意見などが幅広いことを示す時にも使われる形容詞なので, 意味とニュアンスをしっかり覚えておこう。(A)「複雑な」, (B)「(複合語で) 方向づけられた, ～指向の」, (D)「誤った, 逸脱した」。

語句 □ Mediterranean 地中海の　□ cuisine 料理　□ organic produce 有機野菜
訳 Wansan カフェアンドビストロは, 新鮮な有機野菜を使った地中海料理の多彩なメニューを提供している。

0517 🔑 refurbish をヒントに解く 　　　　　　　　　　　　　　　　**正解** (D)

空所には直後にある名詞の building「ビル」を適切に修飾する形容詞が入る。(D) abandoned「(物や人が) 見捨てられた」を空所に入れると abandoned building「廃墟ビル」という表現になり, 問題文の文意が通る。問題文後半にある動詞 refurbish「～を改修する」が abandoned を選ぶヒントとなる。(A)「推定の」, (B)「反対で」, (C)「折りたたまれていない」。

語句 □ enterprise 企業, 事業　□ on the edge of ～ ～の端に　□ refurbish ～を改修する
訳 Ticks 社は最近町外れにある廃墟ビルを購入し, それを改修する予定だ。

0518 🔑 「緩む」を表す ease off 　　　　　　　　　　　　　　　　　**正解** (C)

空所の後ろにある off とセットになって問題文の文意が通る句動詞を作るものを選ぶ。空所に (C) ease を入れると ease off「緩む, 弱くなる」という句動詞になり, 問題文の文意が通る。(A)は fade off で「力が衰える」という意味の句動詞になるが, ここでこの表現を成立させても問題文の文意は通らない。(A)「消えていく, 衰える」, (B)「計算する」, (D)「～を分類する」。

語句 □ be expected to do ～するはずだ　□ toward the end of ～ ～の終わり頃に
訳 エアコンの需要は夏の終わり頃に落ち着くと見込まれるので, Storan 電化製品社は生産量を減少させた。

0519 🔑 「桟橋への立ち入り」がどうなるのかを考える 　　　　　　　　　**正解** (B)

空所の前には has been があり, 選択肢には過去分詞が並んでいるので, それらがセットになって現在完了形の受動態を作ると考えられる。空所に restrict「～を制限する」の過去分詞である (B) restricted を入れると, 主語の Entry「立ち入り」が be restricted「制限される」となり, 問題文の文意が通る。be restricted to ～「～に限定されている」という表現も覚えておくこと。(A) access「～にアクセスする」, (C) form「～を形成する」, (D) disclose「～を開示する」。

語句 □ pier 桟橋　□ as ～なので　□ under repair 修理中で
訳 3月23日まで修理中のため, 桟橋への立ち入りは制限されている。

0520 🔑 難単語 reap 　　　　　　　　　　　　　　　　　　　　　　**正解** (A)

空所の後ろに the rewards of ～「～の報い」という名詞句があることに注目しよう。空所に (A) reap「(報酬など) を得る」を入れると, reap the rewards of ～「～が報われる」という表現になり, 問題文の文意が通る。reap は難単語の1つで, 「～を刈り取る, 収穫する」という意味もあるので, あわせて覚えておくこと。(B)「～を抑圧する」, (C)「(資格など) を証明する」, (D)「～を上回る」。

訳 BTR Equipment 社は, 最初の数年の困難な時期における営業チームの熱心な頑張りが, ついに報われ始めた。

0521 A ------- has been sent to all of the office staff reminding them of the new reporting procedures.

(A) justification
(B) memorandum
(C) precedent
(D) legislation

0522 The board of directors reached a conclusion that online advertising would be an ------- part of the new TX-4 tablet release plan in April.

(A) integral
(B) observant
(C) apprehensive
(D) inclusive

0523 Klimt Development has ------- into an agreement with Harper Towers Condominium that gives the real estate firm exclusive rights to sell the apartments.

(A) formed
(B) entered
(C) decided
(D) worked

0524 Four-wheel drive vehicles are usually in ------- demand during the snow seasons, so early reservations are highly recommended.

(A) tall
(B) hard
(C) proper
(D) high

0525 Rob Dunn worked hard at several top restaurants in order to ------- himself as a chef.

(A) persuade
(B) chronicle
(C) suffice
(D) establish

0521 🔑 文全体の内容から判断して適切な名詞を選ぶ　　　　**正解** (B)

空所に入るのは述語である has been sent to all of the office staff「全ての事務職員に送られた」の主語になるものであり, それは reminding them of the new reporting procedures「新たな報告手順について注意喚起する」ものだと述べられている。これらのことから, 空所に入れるのにふさわしいのは (B) memorandum「メモ」だ。(A)「正当化」, (C)「前例」, (D)「法律制定」。

語句 □ remind *A* of *B* BについてAに注意喚起する　□ reporting procedure 報告手順

訳 全ての事務職員に, 新たな報告手順について注意喚起するためのメモが送られた。

0522 🔑 part とのコロケーション　　　　**正解** (A)

(A) integral「不可欠の」を空所に入れると, 空所の前後にある語句と共に *be* an integral part of ～「～にとって不可欠な一部だ」という表現を作り, 問題文の文意が通る。(B)「観察力の鋭い」, (C)「心配して」, (D)「包括的な」。

語句 □ board of directors 取締役会　□ reach a conclusion 結論にたどり着く

訳 取締役会では, 4月の新たな TX-4 タブレット発売計画にはオンライン広告が不可欠になるだろうという結論にたどり着いた。

0523 🔑 自動詞の enter　　　　**正解** (B)

選択肢には過去分詞が並んでいる。空所に (B) entered を入れると, enter into an agreement with ～「～と契約を結ぶ」という表現になり, 問題文の文意が通る。enter は他動詞と自動詞の両方の用法があり, 本問では自動詞の用法で使われている。(A) form「～を形成する」, (C) decide「～ということを決定する」, (D) work「働く」。問題文中にある関係代名詞 that の先行詞は an agreement with Harper Towers Condominium であり, that 節にある the real estate firm は Klimt Development のことだ。

語句 □ real estate 不動産　□ exclusive right 独占権

訳 Klimt Development は Harper Towers Condominium と, その不動産会社にアパートを販売する独占権を与えるという契約を結んだ。

0524 🔑 錯乱肢 tall に惑わされない　　　　**正解** (D)

空所には後ろにある名詞 demand「需要」を適切に修飾する形容詞が入る。(D) high「高い」を空所に入れると high demand「高需要」という表現になり, 問題文の文意が通る。(A) tall も日本語では「高い」を意味するが, tall は「（身長などが）高い」のように, 物理的な高さを意味する単語なので, ここでは不正解だ。(B)「固い, 難しい, 熱心な」, (C)「適切な」。

語句 □ four-wheel drive vehicle 四輪駆動車　□ highly recommend ～を強く勧める

訳 四輪駆動車は通常, 雪の季節には需要が高まるので, 早めに予約することを強くお勧めします。

0525 🔑 establish *oneself* as ～　　　　**正解** (D)

選択肢には動詞が並んでいる。Rob Dunn worked hard at several top restaurants「Rob Dunn はいくつかの一流レストランで熱心に仕事をした」とあり, その理由が in order to *do*「～するために」以下で述べられている。空所に (D) establish を入れると, establish himself as a chef「自分自身をシェフとして確立する」という意味になり, 問題文の文意が通る。establish *oneself* as ～「（人が）～としての地位を確立する」という表現を覚えておこう。(A)「～を説得する」, (B)「～を年代順に記録する」, (C)「～に十分である」。(C) は形容詞の sufficient「十分な」や副詞 sufficiently「十分に」, (D) は名詞の establishment「設立, 施設」を押さえておきたい。正解の表現だけでなく, 本書に掲載している選択肢の派生語などもしっかり確認しておくこと。

訳 Rob Dunn はシェフとしての地位を確立するために, いくつかの一流レストランで熱心に仕事をした。

UNIT **8** 語彙問題

0526 The ------- of the hotel lobby was scheduled for a time when Cerejeiz Inn has the fewest visitors.

(A) adoption
(B) redecoration
(C) resolution
(D) authorization

0527 All Glareware devices sold online are ------- for 12 months from the date of purchase.

(A) guaranteed
(B) obligated
(C) assured
(D) provoked

0528 Ms. Waters was forced to leave the meeting early as she had a ------- appointment from 1:00 P.M.

(A) genuine
(B) factual
(C) masterful
(D) pressing

0529 The production crew of the television advertisement were given an ------- of delicious sandwiches for lunch each day.

(A) assortment
(B) outreach
(C) implication
(D) endorsement

0530 The book *Sweet Home Santorini* is ------- up of many short stories from the writer's childhood in Greece.

(A) taken
(B) made
(C) drawn
(D) thought

💡「予定されていること」を見抜く　　　　　　　　　　　　正解 (B)

前半の節は「ホテルのロビーの〜が予定された」という内容で, それは「Cerejeiz Innの宿泊客が最も少ない時期」に予定されたと述べられている。客の少ない時期にホテルのロビーをredecoration「改装」する予定だという内容にすれば問題文の文意が通るため, 正解は (B) redecorationだ。(A)「採用」, (C)「決意」, (D)「認可」。関係副詞whenは〈時を表す表現＋when＋完全な文〉の形で使い, ここではwhen以下が, 先行詞である時を表す表現a timeを後ろから説明している。

語句 □ be scheduled for 〜 〜に予定されている　□ the fewest 最も少ない

訳 ホテルのロビーの改装は, Cerejeiz Innの宿泊客が最も少ない時期に予定された。

0527 💡 guaranteeとassureの使い分け　　　　　　　　　　　　正解 (A)

選択肢には過去分詞が並んでいる。あるメーカーの機器のことが話題になっており, 空所には直前のbe動詞areとセットで「(機器が12カ月間) 保証されている」という意味になる語が入りそうだと推測できる。「〜を保証する」という意味を持つ語は(A)と(C)だが,「(保証書で製品の品質を)保証する」という意味を持つのはguaranteeなので, その過去分詞である(A) guaranteedが正解となる。assureは「人に〜を保証する」という意味で, 直後に人を表す語を続けるので, (C) assuredは不正解だ。(B) obligate「義務を負わせる」, (D) provoke「〜を引き起こす」。

語句 □ from the date of purchase 購入日から

訳 オンラインで販売されているGlareware社の全ての機器は, 購入日から12カ月間保証されている。

0528 💡「約束」を修飾する形容詞　　　　　　　　　　　　正解 (D)

接続詞のasから始まる後半の節が, 前半の節の内容の「理由」を表している。空所直後にあるappointment「約束」を適切に修飾し, 空所に入れて問題文の文意が通るのは, (D) pressing「急を要する, 差し迫った」だ。問題文は「急を要する約束があったので, 早めに会議を退席することを余儀なくされた」という内容になる。(A)「本物の, 誠実な」, (B)「事実の, 実際の」, (C)「横柄な」。

語句 □ be forced to do 〜することを余儀なくされる

訳 Watersさんは午後1時から急を要する約束があったので, 早めに会議を退席することを余儀なくされた。

0529 💡 重要表現an assortment of 〜　　　　　　　　　　　　正解 (A)

空所に入る名詞は主語である「テレビ広告の制作スタッフ」が与えられたもので, それはdelicious sandwiches「おいしいサンドウィッチ」の何かであることが分かる。(A) assortment「詰め合わせ」を空所に入れると, an assortment of delicious sandwiches「おいしいサンドウィッチの詰め合わせ」となり, 問題文の文意が通る。an assortment of 〜は「〜の詰め合わせ」という意味を表す表現だ。(B)「奉仕活動, 支援活動」, (C)「言外の意味」, (D)「承認, 支持」。

語句 □ production crew 制作スタッフ

訳 テレビ広告の制作スタッフには, 毎日昼食においしいサンドウィッチの詰め合わせが配られた。

0530 💡 重要表現be made up of 〜　　　　　　　　　　　　正解 (B)

選択肢は全て過去分詞であり, 空所の前にはbe動詞のis, 後ろにはup ofが続いていることに注目する。空所に(B) madeを入れるとbe made up of 〜「〜から成る, 〜で構成されている」という表現になり, 問題文の文意が通る。(A) take「〜を取る」, (C) draw「〜を描く」, (D) think「(〜を) 考える」。

語句 □ childhood 子ども時代

訳 書籍Sweet Home Santoriniは,〈作者のギリシャでの子ども時代を題材にした, たくさんの短編小説から成っている。

UNIT
8
語彙問題

0531 As there were no ------- questions about the contents of his lecture, Mr. Galway thanked the audience and left the stage.

(A) descriptive
(B) further
(C) partial
(D) bureaucratic

0532 Changumi Corporation's Human Resources department announced a new branch manager will be ------- in time for the end-of-year sale.

(A) depicted
(B) appointed
(C) reached
(D) agreed

0533 The temporary ------- road at the rear of the property is for construction vehicles only.

(A) access
(B) shuttle
(C) purpose
(D) excerpt

0534 Harry Dawe wrote a ------- article on product diversification for *BusinessNow* magazine.

(A) compulsory
(B) personable
(C) feasible
(D) fascinating

0535 Shihock Pro ------- the value of real estate properties based on certain standards.

(A) portrays
(B) appraises
(C) implements
(D) illuminates

0531　「質問」を修飾する形容詞　　　　正解 (B)

空所には後ろにある名詞 questions「質問」を適切に修飾する形容詞が入る。(B) further「さらなる」を空所に入れると, further questions「さらなる質問」という表現になり, 問題文の文意が通る。(A)「記述的な, 説明的な」, (C)「部分的な」, (D)「官僚的な」。問題文中にある audience「聴衆」は集合名詞だが, 観客を「1つの集合体」として捉える場合には単数扱い,「個々の観客」を指す場合は複数扱いとなる。

語句 □ contents 内容　□ lecture 講義　□ thank ～に感謝する
訳 彼の講義の内容に関する追加の質問はなかったので, Galwayさんは聴衆に礼を言い, ステージを去った。

0532　〈appoint＋役職名〉　　　　正解 (B)

選択肢には過去分詞が並んでいる。空所に (B) appointed を入れると, a new branch manager will be appointed「新支店長が任命される予定だ」という適切な文が成り立つ。動詞 appoint は「～を任命する」という意味で, 目的語には manager「マネージャー」や CEO「最高経営責任者」などの役職名が続く。本問では役職名を主語にした受動態が成立している。(A) depict「～を描く」, (C) reach「～に到着する」, (D) agree「～だと認める」。

語句 □ branch manager 支店長　□ end-of-year sale 年末セール
訳 Changumi 社の人事部は, 年末セールに間に合うよう新支店長が任命される予定であると告げた。

0533　複合名詞 access road　　　　正解 (A)

空所には後ろにある名詞の road「道路」を適切に修飾する名詞が入る。(A) access「接近, 通行」を空所に入れると, access road「連絡道路」という複合名詞になり, 問題文の文意が通る。(B)「定期往復便」, (C)「目的」, (D)「抜粋」は, いずれも road を修飾する名詞として適切ではない。

語句 □ at the rear of ～ ～の裏側に　□ property 建物　□ construction vehicle 工事車両
訳 建物裏の仮設連絡道路は, 工事車両専用です。

0534　「人」を修飾する形容詞に惑わされない　　　　正解 (D)

空所の直後にある名詞 article「記事」を適切に修飾し, 空所に入れて問題文の文意が通るのは, (D) fascinating「魅力的な, 興味をそそる」だ。ここで (B) personable を選んでしまった人は要注意だ。personable にも「魅力的な」という意味があるが, これは「(人柄と容姿が) 魅力的な」という意味の形容詞だ。article は「人」ではなく「もの」を表す名詞なので, (B) は正解にはなりえない。(A)「義務的な, 強制的な」, (C)「実現可能な」。

語句 □ product diversification 製品の多様化
訳 Harry Dawe は BusinessNow 誌に, 製品の多様化についての興味深い記事を書いた。

0535　難単語 appraise　　　　正解 (B)

選択肢には動詞の三人称単数現在形が並んでいる。空所には, 後ろに続く the value of real estate properties「不動産物件の価値」を目的語に取る動詞が入る。空所に入れて問題文の文意が通るのは, (B) appraises「～を評価する, 査定する」だ。「～を評価する」という意味の動詞には evaluate や value などが挙げられるが, 少し難し目の単語である appraise もセットで覚えておこう。(A) portray「(絵画などで) ～を表現する」, (C) implement「～を実行する」, (D) illuminate「～を明るくする」。

語句 □ real estate property 不動産物件　□ based on ～ ～に基づいて
訳 Shihock Pro 社は, ある基準に基づいて不動産物件の価値を評価する。

0536 With weather conditions expected to ------- in the coming months, □□□ the construction deadline has been extended.

(A) insulate
(B) worsen
(C) postulate
(D) procrastinate

0537 Clements Corp. ------- a reputation as one of Idaho's best bottling □□□ companies, which led to its business expansion.

(A) aligned
(B) disturbed
(C) earned
(D) assured

0538 The consultant ------- the content of the Web site and gave some □□□ practical advice on how to make it more attractive.

(A) outsourced
(B) detached
(C) scrutinized
(D) impersonated

0539 The positive impact that Macroking has had on the gaming industry □□□ is ------- to none.

(A) unlikely
(B) present
(C) alike
(D) second

0540 New workplace rules will go into ------- at the start of the year, and □□□ all employees must be familiar with them.

(A) order
(B) respect
(C) action
(D) effect

0536 🖋 天候の変化を表すことのできる動詞 正解 (B)

後半の節は「建設期限が延長された」という内容であり，その理由が文頭のWithからカンマの間で述べられている。この部分を「天候が悪化すると予測される」という内容にすれば問題文の文意が通るので，正解は (B) worsen「悪化する」だ。文頭のwithは，〈with＋目的語＋補語〉の形で「(目的語) が (補語) の状態なので」という意味を表す。(A)「～を隔離する」，(C)「～を仮定する」，(D)「先延ばしにする」。

語句 □ extend ～を延長する
訳 今後数カ月間は天候の悪化が予測されるため，建設の期限は延長された。

0537 🖋 reputationとのコロケーション 正解 (C)

選択肢には動詞の過去形が並んでいる。空所には後ろに続くa reputation「評判」を目的語とするのにふさわしい動詞が入る。動詞earn「～を得る」の過去形である(C) earnedを空所に入れると，earn a reputation「評判を得る」という表現になり問題文の文意が通る。動詞earnと名詞reputationは組み合わせて使われることが多いので，セットで覚えておくようにしたい。(A) align「～を1列に整列させる」，(B) disturb「～を妨げる」，(D) assure「～に (…を) 保証する」。

語句 □ bottling company 瓶詰め会社　□ expansion 拡大
訳 Clements社はアイダホで最も優れた瓶詰め会社の1つとして評判を得て，それが事業拡大に繋がった。

0538 🖋 contentとのコロケーション 正解 (C)

選択肢には動詞の過去形が並んでいる。空所にscrutinize「～を綿密に調べる」の過去形である(C) scrutinizedを入れると，scrutinize the content「内容を精査する」という表現になり，andの後ろに続く「それをより魅力的にする方法に関する実践的なアドバイスを与えた」という内容と適切に繋がる。(A) outsource「～を外注する」，(B) detach「～を取り外す，引き離す」，(D) impersonate「(人) になりすます」。

語句 □ content 内容　□ practical 実践的な　□ attractive 魅力的な
訳 コンサルタントはウェブサイトの内容を精査し，それをより魅力的にする方法に関する実践的なアドバイスを与えた。

0539 🖋 重要表現be second to none 正解 (D)

空所に(D) secondを入れると，be second to none「何にも劣らない」という表現になり，問題文の文意が通る。(A)「起こりそうもない」，(B)「現在の，出席して」，(C)「似ている」。(A)はbe unlikely to do「～しそうもない」，(B)はbe present at ～「～に出席している」という表現を覚えておくこと。

語句 □ positive impact 好影響　□ gaming industry ゲーム業界
訳 Macroking社がゲーム業界にもたらした好影響は，何にも劣らない。

0540 🖋 重要表現go into effect 正解 (D)

(D) effect「効果」を空所に入れるとgo into effect「実施される，発効される」という表現になり，問題文の文意が通る。(A)「注文，順番」，(B)「尊敬，(特定の) 点・事項」，(C)「行動」。(C)はa course of action「行動指針」という表現を覚えておくこと。また，(D)は派生語のeffective「効果的な」やbe effective from (日付)「(日付) から適用される」，effective immediately「すぐに施行されて」という表現を押さえておきたい。

語句 □ at the start of ～ ～の始まりから　□ be familiar with ～ ～を熟知している
訳 新しい職場の規則は年始から実施される予定で，全従業員は規則を熟知していなければならない。

0541 The strength of the new cleaning chemicals ------- exceeded
Cleanrabbits' advertised claims.

(A) upward
(B) far
(C) hard
(D) away

0542 Applications for an extension of the submission deadline will be
considered on a case by case -------.

(A) section
(B) allowance
(C) basis
(D) preference

0543 The ------- design of the Cranston Building has made it a Novaiz
City landmark for many years.

(A) cautious
(B) bold
(C) likely
(D) frequent

0544 From tomorrow, all Supornack's employees will be required to enter
an ------- code in order to gain admission to the building.

(A) expiration
(B) initiation
(C) authorization
(D) unification

0545 Memetan Tech is currently looking to hire ------- accountants to
work in its Springfield office.

(A) elevated
(B) perceived
(C) stranded
(D) qualified

信じることがブレをなくす。本気で何かを信じることができた時, 一切のブレはなくなります。

0541 程度を表す副詞 正解 (B)

空所には直後の動詞exceeded「～を上回った」を適切に修飾する副詞が入る。(B) far「はるかに」を空所に入れると, far exceeded Cleanrabbits' advertised claims「Cleanrabbits社の宣伝文句をはるかに上回った」となり, exceedの程度を表す内容になる。選択肢はいずれも語尾に-lyは付いていないが, 全て副詞の働きを持つ語だ。(A)「上へ, 上向きに」, (C)「熱心に」, (D)「離れて, 向こうへ」。

語句 □ strength 強さ □ cleaning chemical 洗剤 □ advertised claim 宣伝文句
訳 新たな洗剤の強力さは, Cleanrabbits社の宣伝文句をはるかに上回った。

0542 basisを使った重要表現 正解 (C)

空所に(C) basis「原則, 基準」を入れるとon a case by case basis「個々の場合に応じて」という表現になり, 問題文の文意も通る。on a ～ basis「～ベースで, ～方式で」を使った表現には, 他にもon a daily basis「日常的に」などがある。いずれも頻出の表現なので, 必ず覚えておこう。(A)「部分, 部門」, (B)「許容量, 手当, 値引き」, (D)「好み」。

語句 □ application 申請 □ extension 延長
訳 提出締め切り延長の申請は, 個々の場合に応じて検討される。

0543 「どんなデザインなのか」を表す形容詞 正解 (B)

空所には直後の名詞design「デザイン」を適切に修飾する形容詞が入る。(B) bold「派手な」を空所に入れると, bold design「派手なデザイン」という表現が完成し, 問題文の文意が通る。どんなデザインなのかを表す形容詞には, 他にもsimple「簡素な」, sophisticated「洗練された」, complex「複雑な」などが挙げられる。(A)「用心深い」, (C)「～しそうで」, (D)「頻繁な」。

語句 □ landmark ランドマーク, 歴史的建造物
訳 派手なデザインのおかげで, Cranstonビルは何年もの間ノバイズ市のランドマークとなっている。

0544 複合名詞authorization code 正解 (C)

空所には直後の名詞code「コード」を適切に修飾する名詞が入る。(C) authorizationを空所に入れると, authorization code「認証コード」という複合名詞が完成し, 問題文の文意が通る。(A)「期限切れ」, (B)「開始, 入会」, (D)「統一」は, いずれも本問の文脈においてcodeを修飾する名詞として適切ではない。

語句 □ gain admission to ～ ～への入場許可を得る
訳 明日から, Supornack社の全従業員は建物への入場許可を得るために, 認証コードを入力する必要がある。

0545 「人」を修飾する形容詞 正解 (D)

選択肢には形容詞や過去分詞が並んでいる。空所には, 後ろに続く名詞accountants「会計士」を適切に修飾するものが入る。空所に入れて問題文の文意が通るのは, (D) qualified「有資格の」だ。qualified accountantで「有資格の会計士」という意味になる。qualifiedは「人」を修飾する形容詞で, 採用に関するトピックの英文で頻出だ。(A)「高い」, (B) perceive「～を知覚する」, (C)「立ち往生した」。

語句 □ currently 現在 □ look to do ～するつもりでいる
訳 Memetan Tech社は現在, スプリングフィールド局で勤務する有資格の会計士を募集するつもりでいる。

0546 The courtyard of the hotel has an ------- water feature, which gives guests a hint of the luxury inside.

(A) occupational
(B) anticipatory
(C) illustrious
(D) exquisite

0547 Thanks to the excellent marketing campaign, people have been ------- to Don's Eats to try its new burgers.

(A) diluting
(B) delegating
(C) flocking
(D) subsiding

0548 All employees have been notified of the new vacation policy, which will take ------- in March of next year.

(A) name
(B) place
(C) effect
(D) break

0549 While prices tend to ------- from month to month, real estate is generally regarded as an excellent investment.

(A) preclude
(B) irritate
(C) provoke
(D) fluctuate

0550 To further expand his business, Mr. Jones is ------- into the idea of opening a second bakery in Broadbeach.

(A) inspecting
(B) considering
(C) advancing
(D) looking

0546 難単語 exquisite 正解 (D)

選択肢には形容詞が並んでいる。空所の後ろに続く名詞句 water feature「人工の池」を修飾するのにふさわしいのは、(D) exquisite「非常に繊細で美しい」だ。beautiful 以外の「美しい」を意味する形容詞として押さえておこう。(C) illustrious には「有名な」という意味があり、日本語訳から考えると正解に思えるかもしれないが、「(人が) 有名な」という意味を表すので、空所の後ろに「もの」が続いている本問では不正解だ。(A)「職業の」、(B)「予想の、見越しての」。

語句 □ courtyard 中庭 □ a hint of ~ ~の気配 □ luxury 豪華さ

訳 そのホテルの中庭には非常に繊細で美しい人工の池があり、ホテル内の豪華さを客にうかがわせている。

0547 gather 以外で表す「集まる」 正解 (C)

選択肢には現在分詞が並んでいる。問題文の前半には「優れたマーケティングキャンペーンのおかげで」とあるため、カンマの後ろでは「その結果何が起きたのか」が述べられることになる。空所の後ろに続く to と共に句動詞を形成し、なおかつ後ろに続く Don's Eats を目的語とするのにふさわしいのは、(C) flocking「集まっている」だ。flock to ~は「~に集まる、群がる」という意味を表す。(A) dilute「~を薄める」、(B) delegate「~を委任する」、(D) subside「静まる」。

訳 優れたマーケティングキャンペーンのおかげで、人々は新作のハンバーガーを試すために Don's Eats に集まっている。

0548 重要表現 take effect 正解 (C)

空所は the new vacation policy「新しい休暇の方針」を説明する関係代名詞節内に含まれ、動詞 take の後ろに続いている。空所に (C) effect「効果」を入れると take effect「実施される、効力を生じる」という表現になり、問題文の文意が通る。(B) を空所に入れると take place「開催される」という表現になるが、本問では問題文の文意が通らないので不適切だ。(A)「名前」、(B)「場所」、(D)「休憩」。

語句 □ be notified of ~ ~を通知される □ vacation policy 休暇の方針

訳 全ての従業員に、来年の3月から実施される新しい休暇の方針が通知された。

0549 難単語 fluctuate 正解 (D)

選択肢には動詞が並んでいる。空所を含む節の主語は prices「価格」なので、tend to do「(~する) 傾向がある」の do には prices の「状態」を表すのにふさわしい動詞が入る。また、文頭には対比を表す接続詞 while「~ではあるものの」があるため、前半の節と後半の節の内容は対照的なものになる。よって、空所にふさわしい動詞は (D) fluctuate「変動する」だ。fluctuate は難単語の1つで、数値や価格などが上下することを表す自動詞として使われる。(A)「~を排除する」、(B)「腹を立てる」、(C)「~を引き起こす」。

語句 □ from month to month 月ごとに □ be regarded as ~ ~と見なされる □ investment 投資

訳 価格は月によって変動する傾向があるが、不動産は一般的に優れた投資だと見なされている。

0550 「~を検討する」を表す look into ~ 正解 (D)

空所の前には is があり、選択肢には現在分詞が並んでいるので、それらがセットになって現在進行形を作ると考えられる。空所の後ろには into が続いているので、空所に (D) looking を入れると look into ~「(可能性など) を検討する」という句動詞になり、問題文の文意が通る。(A) inspect「~を検査する」、(B) consider「~を考慮する」、(C) advance「~を前へ進める」。

語句 □ expand ~を拡大する □ bakery パン屋

訳 事業をさらに拡大するため、Jones さんはブロードビーチに2店舗目のベーカリーを開業する計画を検討している。

UNIT **8** 語彙問題

0551 All the money and time Mr. Harashima spent in the research stage ------- off in many ways later on.

(A) benefitted
(B) built
(C) relieved
(D) paid

0552 The Dalton Golf Simulator will allow you to train to professional standards without even ------- foot on a golf course.

(A) responding
(B) allowing
(C) setting
(D) moving

0553 The department head calculated how much it would cost to put a ------- advertisement in the evening newspaper.

(A) numerical
(B) prudent
(C) classified
(D) combustible

0554 In order to determine the viability of solar panels, Mr. Harper made an ------- calculation of the annual electricity bill.

(A) exorbitant
(B) approximate
(C) orderly
(D) intermediate

0555 Most of the people at the residents' meeting ------- the proposal to open a fast-food restaurant in the neighborhood.

(A) opposed
(B) reversed
(C) preceded
(D) disagreed

0551 「報われる」を表すpay off   正解 (D)

選択肢には動詞の過去形が並んでいる。問題文の主語はAll the money and timeで，後ろに続く Mr. Harashima spent in the research stageは主語を修飾している。よって，空所には文全体の述語動詞が必要だ。空所の後ろにはoffがあるので，空所に (D) paidを入れるとpay off「報われる」という句動詞になり，問題文の文意が通る。(A) benefit「利益を得る」，(B) build「～を建てる」，(C) relieve「～を安心させる」。

語句 □ in many ways 多くの形で □ later on 後に
訳 Harashimaさんが研究段階に費やした全てのお金と時間は，後に多くの形で報われた。

0552 重要表現set foot on ～   正解 (C)

空所には，空所の前の前置詞withoutの目的語となる動名詞が入り，後ろにはその動名詞の目的語となるfoot「足」が続いている。空所にset「～を置く」の動名詞である (C) settingを入れると，without setting foot on ～「～に足を踏み入れることなく」という意味になり，問題文の文意が通る。set foot on ～「(場所)に足を踏み入れる」という表現を覚えておこう。(A) respond「応答する」，(B) allow「～を許可する」，(D) move「～を動かす」。

語句 □ standard 水準
訳 Daltonゴルフシミュレーターは，ゴルフコースに足を踏み入れることさえなく，プロフェッショナルな水準まであなたを訓練することができます。

0553 advertisementとの組み合わせを考える   正解 (C)

選択肢には形容詞が並んでいて，空所には後ろに続く名詞advertisement「広告」を適切に修飾するものが入ると考えられる。空所に (C) classified「分類された」を入れると，内容ごとに分類された広告を表すclassified advertisement「案内広告」という表現になり，問題文の文意が通る。これはclassified adとも表記されるので覚えておこう。(A)「数に関する」，(B)「分別のある」，(D)「可燃性の」。

語句 □ department head 部長 □ calculate ～を計算する □ evening newspaper 夕刊
訳 部長は夕刊に案内広告を掲載するといくらかかるかを計算した。

0554 calculationとのコロケーション   正解 (B)

空所の後ろに続くcalculation「計算」を前から適切に修飾し，空所に入れて問題文の文意が通るのは (B) approximate「おおよその」だ。approximate calculationで「概算」を意味する。(A)「(値段や要求などが) 法外な」，(C)「整頓された，整然と」，(D)「中級の」は，いずれもcalculationを修飾する形容詞としてふさわしくない。(C)のorderlyは語尾に -ly が付くが形容詞の働きを持つ語の1つだ。

語句 □ viability 実現性 □ make a calculation 計算をする □ electricity bill 電気料金
訳 太陽光パネルの実現性を判断するために，Harperさんは1年分の電気料金を概算した。

0555 他動詞 vs 自動詞   正解 (A)

選択肢には動詞の過去形が並んでいる。空所の後ろには目的語のthe proposal「計画」があるので，空所には他動詞が入ることが分かる。空所に他動詞oppose「～に反対する」の過去形である (A) opposedを入れると，問題文の文意が通る。同様の意味を表す (D)はdisagree with ～の形で「～に反対する」という意味を表す自動詞なので，本問では正解にはなりえない。意味が似ている2つの単語が選択肢に並んでいる場合，自動詞と他動詞の区別が正解を導くカギになることがあるので注意しよう。(B) reverse「～を逆転させる，反転させる」，(C) precede「～に先んじる」。

語句 □ resident 住民 □ neighborhood 近隣
訳 居住者による集まりの場にいたほとんどの人は，近隣にファストフード店を出店するという計画に反対した。

UNIT **8** 語彙問題

0556 The project team decided to put the grand opening of the Chicago
☐☐☐ store on ------- due to unexpected troubles they encountered.

(A) stay
(B) chain
(C) blank
(D) hold

0557 Since its -------, filmknowledge.com has been the most
☐☐☐ comprehensive database of movie information on the Internet.

(A) inconsistency
(B) dimension
(C) inception
(D) discipline

0558 Though Ms. White had only been with Meronan Solutions for a
☐☐☐ month, everyone ------- her as an important member of the team.

(A) supposed
(B) anticipated
(C) regarded
(D) hoped

0559 Max Arthur received the Harper Portrait Award for his ------- of the
☐☐☐ famous composer Reese Tully.

(A) litigation
(B) dissatisfaction
(C) depiction
(D) embrace

0560 The business consultant recommended that the Nutsbey Company
☐☐☐ ------- its product range in order to lessen its exposure to risk of
slow sales.

(A) destruct
(B) feed
(C) oblige
(D) broaden

0556 🔑 重要表現 put *A* on hold 正解 (D)

選択肢には名詞の働きを持つ語が並んでいる。問題文では decided to に続いて動詞 put が使われており，空所の前には前置詞の on があることに注目する。空所に (D) hold を入れると put *A* on hold「Aを保留にする」という表現になり，問題文の文意が通る。ここで使われている名詞の hold には「保留」という意味がある。(A)「滞在」，(B)「連鎖」，(C)「空白」。

語句 □ grand opening グランドオープン　□ unexpected 予期せぬ　□ encounter ～に直面する
訳 プロジェクトチームは，予期せぬトラブルに直面したために，シカゴ店のグランドオープンを保留することを決定した。

0557 🔑 since とのコロケーション 正解 (C)

選択肢には名詞が並んでいる。空所に (C) inception「開始」を入れると since its inception「(それ) の開始以来」という表現になり，問題文の文意が通る。(A)「不一致，矛盾」，(B)「寸法」，(D)「規律，訓練，(学問の) 領域・分野 (≒ field of study)」。(D)は派生語の名詞 disciple「弟子」も覚えておくこと。

語句 □ comprehensive 広範囲の　□ database データベース
訳 開設以来，filmknowledge.com はインターネット上で最も広範な映画情報のデータベースであり続けている。

0558 🔑 重要表現 regard *A* as *B* 正解 (C)

選択肢は全て動詞の過去形だ。文頭からカンマまでは接続詞 though が導く節なので，空所には後半の節の述語動詞となるものが必要だ。空所の後ろには as があるので，空所に (C) regarded を入れると regard *A* as *B*「AをBと見なす」という表現になり，問題文の文意が通る。(A) suppose「(明確な根拠はないが) ～だと考える」，(B) anticipate「～を予想する」，(D) hope「～を願う」。

訳 White さんは Meronan Solutions 社で働いてたった1カ月だったが，全員が彼女をチームの重要な一員だと感じた。

0559 🔑 「描くこと」を表す depiction 正解 (C)

問題文の大意は「Max Arthur は，Harper Portrait 賞を受賞した」であり，受賞した理由が for 以下で述べられている。空所に (C) depiction「描写」を入れると「有名な作曲家である Reese Tully を描いた」ことが受賞の理由となり，問題文の文意が通る。問題文中にある Portrait「肖像 (画)」という単語も，(C)を正解として選ぶためのヒントとなる。(A)「訴訟」，(B)「不満」，(D)「抱擁，容認」。

語句 □ award 賞　□ composer 作曲家
訳 Max Arthur は，有名な作曲家である Reese Tully を描いた作品で Harper Portrait 賞を受賞した。

0560 🔑 提案を表す recommend と仮定法現在 正解 (D)

主節は「その企業コンサルタントは勧めた」という内容だ。空所の直後にある its product range「(Nutsbey 社の) 商品の幅」を目的語とするのにふさわしい動詞は (D) broaden「～の幅を広げる」だ。空所に入る動詞が原形なのは，主節の述語動詞が提案を表す recommend だからで，〈要求・提案・命令・依頼を表す動詞＋that 節〉の形を取る場合，that 節の動詞は原形になるという，仮定法現在の用法が使われているからだ。(A)「～を自爆させる」，(B)「～に食べ物を与える」，(C)「(人に) ～することを義務づける」。

語句 □ lessen ～を減らす　□ exposure さらすこと
訳 その企業コンサルタントは売り上げ低迷のリスクを軽減するために，Nutsbey 社に商品の幅を広げることを勧めた。

UNIT **8** 語彙問題

0561 After receiving an award for her creative package design,
☐☐☐ Ms. Kadokawa was ------- out for praise in the company's monthly
newsletter.

(A) divided
(B) motioned
(C) served
(D) singled

0562 Unfortunately, the plans for the merger between VGT and Berko
☐☐☐ Corporation ------- through at the last minute.

(A) drove
(B) fell
(C) stuck
(D) returned

0563 The ------- crossing on Yucosh Street will be replaced with an
☐☐☐ overpass this month.

(A) distinct
(B) vernal
(C) lineal
(D) pedestrian

0564 Before the health inspectors came, the restaurant's staff worked
☐☐☐ hard to make sure that their commercial kitchen was -------.

(A) spontaneous
(B) spotless
(C) informal
(D) frugal

0565 If a parcel does not arrive within the estimated time -------, please
☐☐☐ contact the customer service department.

(A) flow
(B) station
(C) frame
(D) position

🔑 「〜を選び出す」を表すsingle out 〜　　　　　　　　　　　　正解 (D)

空所の前にはwasがあり, 選択肢には過去分詞が並んでいるので, それらがセットになって受動態を作ると考えられる。空所に(D) singledを入れるとbe singled out「選び出される」という表現になり, 問題文の文意が通る。single out 〜「〜を（複数の候補から）選び出す」という句動詞を覚えておくこと。(A) divide「〜を分ける」, (B) motion「〜に（身振りで）合図する」, (C) serve「（食事や飲み物など）を出す」。

語句 □ creative 創造的な　□ praise 称賛　□ monthly newsletter 月刊誌
訳 創造的なパッケージデザインで賞を受賞した後, Kadokawaさんは会社の月刊誌で取り上げられて称賛された。

0562　🔑 「失敗に終わる」を表すfall through　　　　　　　　　　　　　　正解 (B)

選択肢には動詞の過去形が並んでいる。空所の後ろにはthroughが続いているので, (B) fellを入れるとfall through「（計画などが）失敗に終わる」という句動詞になり, 問題文の文意が通る。(A) drive「〜を運転する」, (C) stick「〜をくっつける, 留める」, (D) return「戻る」。(C)はbe stuck「行き詰まっている」という表現を押さえておくこと。

語句 □ unfortunately 残念なことに　□ merger 合併　□ at the last minute 直前になって
訳 残念なことに, VGT社とBerko社の間の合併計画は直前で失敗に終わった。

0563　🔑 pedestrian crossing　　　　　　　　　　　　　　　　　　　　正解 (D)

空所の後ろにあるcrossingとセットになってpedestrian crossing「横断歩道」という表現を作る(D) pedestrian「歩行者（用）の」が正解だ。問題文の大意は「横断歩道は歩道橋に置き換わる」というものになる。(A)「（他のものと）はっきりと異なる」, (B)「春の」, (C)「直系の」。

語句 □ be replaced with 〜 〜に置き換えられる　□ overpass 歩道橋
訳 今月Yucosh通りの横断歩道は, 歩道橋に置き換えることになっている。

0564　🔑 「キッチンの状態」を考える　　　　　　　　　　　　　　　　正解 (B)

空所にはthat節の主語であるcommercial kitchen「業務用キッチン」の状態を表す形容詞が入る。空所に(B) spotless「汚れのない」を入れると, 「スタッフは業務用キッチンが汚れのない状態になるように熱心に働いた」という意味になり, 問題文の文意が通る。spotは「汚れ」を表す名詞で, これに「〜がない状態」を意味する接尾辞の-lessが組み合わさることにより, 「汚れのない」という形容詞になっている。(A)「自発的な」, (C)「非公式な」, (D)「質素な, 倹約な」。

語句 □ health inspector 衛生指導員　□ commercial 業務用の, 商業用の
訳 衛生指導員が来る前に, レストランのスタッフは業務用キッチンが汚れのない状態になるよう熱心に働いた。

0565　🔑 複合名詞time frame　　　　　　　　　　　　　　　　　　　正解 (C)

選択肢には名詞が並んでいる。空所には, 空所の直前にあるthe estimated timeとセットになって前置詞within「〜以内に」の目的語となるものが入る。(C) frame「枠, 枠組み」を空所に入れるとwithin the estimated time frame「予定時間枠内に」となり, 問題文の文意が通る。(A)「流れ」, (B)「駅, 部署」, (D)「位置」。

語句 □ parcel 荷物, 小包
訳 お荷物が予定時間枠内に到着しない場合には, カスタマーサービス部にご連絡ください。

UNIT
⑧
語彙問題

0566 As a three-time ------- of the Jupiter Technology Award, Rex Davies
□□□ was asked to give a speech at his old high school.

(A) resemblance
(B) nuisance
(C) recipient
(D) viability

0567 The opening of a new housing estate in Winchester has ------- the
□□□ widening of some roads in the area.

(A) conceded
(B) thrived
(C) swerved
(D) necessitated

0568 Invoices must be ------- by a member of the accounting department
□□□ before they are sent to clients.

(A) looked over
(B) taken to
(C) adhered to
(D) competed with

0569 Freemont cookies produced by Gri Confectionery are -------
□□□ wrapped to ensure maximum freshness.

(A) individually
(B) statistically
(C) implausibly
(D) collaboratively

0570 The Lazong Mall is easily accessible from Lazong Station, so foot
□□□ traffic is ------- high.

(A) vertically
(B) deliberately
(C) correspondingly
(D) grossly

0566 🔲 「人」を表す名詞の語尾　　　　　　　　　　　正解 **(C)**

空所にはa three-time「3度の」が前から適切に修飾し, なおかつof the Jupiter Technology Award「Jupiter 科学技術賞の」に繋がるものが入る。(C) recipient「受賞者」を空所に入れると, 「Jupiter 科学技術賞を3回受賞した者」という内容になり, 後半の節と自然に繋がる。「人」を表す名詞の多くは, -or, -er, -istなどといった接尾辞が単語の末尾に付くことが多いが, recipientやparticipant「参加者」のように-entや-antが付く場合もあるので押さえておこう。(A)「似ていること」, (B)「厄介者」, (D)「実現可能性」。

語句 □ award 賞　□ one's old school 〜の母校

訳 Jupiter 科学技術賞を3回受賞した者として, Rex Daviesは母校となる高校でスピーチをするよう頼まれた。

0567 🔲 難単語 necessitate　　　　　　　　　　　正解 **(D)**

選択肢は全て過去分詞だ。主語であるThe opening of a new housing estate in Winchester「ウィンチェスターでの新たな住宅団地の開設」と, 〈has＋空所〉の目的語となるthe widening of some roads in the area「その地域の一部の道路の拡張」との関係を適切に繋ぐのは, (D) necessitated「〜を必要とした」だ。「住宅団地が新しく開設されることに伴い, 道路の拡張が必要になった」というのが問題文の大意だ。(A) concede「(正当性・真実などを)認める, 譲歩する」, (B) thrive「繁栄する」, (C) swerve「急に向きを変える」。

語句 □ housing estate 住宅団地　□ widening 拡大

訳 ウィンチェスターでの新たな住宅団地の開設に伴って, その地域の一部の道路の拡張が必要となった。

0568 🔲 句動詞 look over 〜　　　　　　　　　　　正解 **(A)**

選択肢には句動詞の過去分詞が並んでいる。主語はInvoices「請求書」で, 空所の後ろにはby a member of the accounting department「経理部の社員によって」が続いている。空所にlook over 〜「〜に目を通す」の過去分詞である(A) looked overを入れると, 「請求書は経理部の社員によって目を通されなければならない」という受動態の文になり, 問題文の文意が通る。「〜に目を通す」を意味する他の表現として, look through 〜もあわせて覚えておこう。(B) take to「〜が好きになる」, (C) adhere to「〜を忠実に守る」, (D) compete with「〜と競争する」。

訳 請求書は, クライアントに送る前に経理部の社員が目を通さなければならない。

0569 🔲 動詞 wrapを修飾する副詞を考える　　　　　　正解 **(A)**

空所の直後にある過去分詞wrapped「包まれている」を適切に修飾し, Freemont cookies「Freemontクッキー」が「どのように」包まれているのかを表す副詞を選ぶ問題だ。また, 「そのように包む目的」として, to不定詞以下には「できたての状態を最大限に保つために」と述べられている。これらのヒントから, 空所に入れるのにふさわしいのは, (A) individually「個別に」だ。(B)「統計的に」, (C)「信じがたく」, (D)「協力して」。

語句 □ confectionery 菓子店　□ ensure 〜を確実にする　□ freshness 新鮮さ

訳 Gri菓子店で製造されるFreemontクッキーは, できたての状態を最大限に保つために個包装されている。

0570 🔲 前に述べた内容を受ける副詞 correspondingly　　正解 **(C)**

前半の節の内容は「LazongモールはLazong駅から行きやすい」というもので, 後半の節は「だから来店者が多い」という内容だ。(C) correspondingly「それに応じて」を空所に入れると, 「駅から行きやすい」という前の節の内容を受けた話の流れとなって, 問題文の文意が通る。(D) grosslyは「大いに, ひどく」を意味し, マイナスの意味の形容詞を修飾する際に使われるのでここでは不正解だ。(A)「垂直に」, (B)「故意に」。

語句 □ foot traffic 客の出足

訳 LazongモールはLazong駅から行きやすいので, 客の出足もそれ相応に多い。

0571 Branch managers are all required to ------- in quarterly sales reports
☐☐☐ on the last Friday of the month.

(A) spit
(B) submit
(C) release
(D) turn

0572 The training program was carried out to ------- factory workers with
☐☐☐ the significant changes in manufacturing procedures.

(A) fossilize
(B) familiarize
(C) legalize
(D) normalize

0573 The design of a structure as ambitious as the Giordano Dam is
☐☐☐ beyond the firm's current -------.

(A) disciplines
(B) practices
(C) ventilators
(D) capabilities

0574 The editor routinely checks that only ------- information is included
☐☐☐ in *HimNuts*' monthly newsletters.

(A) visionary
(B) pertinent
(C) immense
(D) thin

0575 In an effort to ------- up business, Shiromans Company has been
☐☐☐ offering generous discounts to local residents.

(A) beat
(B) drum
(C) maximize
(D) show

0571 🔑 submitに惑わされない 　　　　　　　　　　　　正解 (D)

選択肢には動詞の原形が並んでいる。空所の後ろには前置詞のinがあるので，空所に(D) turnを入れると turn in 〜「〜を提出する」という句動詞になり，問題文の文意が通る。(B) submit「〜を提出する」は他動詞なので，直後に目的語となる名詞(句)が続く必要がある。(A)「つばを吐く」，(C)「〜を新発売する」。

語句 □ branch manager 支店長 　□ quarterly 四半期の
訳 全支店長は月の最後の金曜日に，四半期の売上報告書を提出するよう義務付けられている。

0572 🔑 前置詞withとの組み合わせ 　　　　　　　　　　正解 (B)

選択肢は全て動詞の原形で，空所は「〜するために」という意味を表すto不定詞の一部である。後ろに〈名詞句＋with〉が続いているので，空所に(B) familiarize「〜を慣れ親しませる」を入れると，familiarize A with B「AをBに慣れさせる」という表現になり，問題文の文意が通る。(A)「〜を時代遅れにする」，(C)「〜を合法化する」，(D)「〜を正常化する」。

語句 □ carry out 〜 〜を実施する 　□ significant 重要な
訳 その研修プログラムは，製造工程における重要な変更に工場の従業員を慣れさせるために実施された。

0573 🔑 beyond *one's* capabilities 　　　　　　　　　正解 (D)

選択肢には名詞の複数形が並んでいる。主部の「Giordanoダムと同じくらい大掛かりな構造の設計」を，述部のis beyond the firm's current ------- 「事務所の現在の〜を超えている」が正しく説明する形になるものを空所に入れる。空所に(D) capabilities「能力」を入れると，「大掛かりな構造の設計が事務所の能力を超えている」という内容になり，問題文の文意が通る。beyond *one's* capabilitiesは「〜の能力の限界を超えた」という意味を表す。(A)「規律，訓練」，(B)「練習，実践」，(C)「換気装置」。

語句 □ design 設計(図) 　□ structure 構造 　□ ambitious 野心的な
訳 Giordanoダムと同じくらい大掛かりな構造の設計は，事務所の現在の能力では難しい。

0574 🔑 informationとのコロケーション 　　　　　　　正解 (B)

選択肢には形容詞が並んでいる。空所はthat節内の主語の一部で，後ろに続く名詞informationを修飾すると考えられる。空所に(B) pertinent「関連のある」を入れるとpertinent information「関連情報」という表現になり，問題文の文意が通る。(A)「洞察力のある」，(C)「膨大な，計り知れない」，(D)「薄い，痩せた」。

語句 □ routinely いつも，定期的に 　□ monthly newsletter 月刊誌
訳 その編集者は，関連情報のみが*HimNuts*の月刊誌に含まれていることをいつも確認している。

0575 🔑 drum up business 　　　　　　　　　　　　　正解 (B)

選択肢には動詞の原形が並んでいるが，空所の後ろにはup businessが続いていることに注目する。空所に(B) drumを入れるとdrum up business「顧客を増やす」という表現になり，問題文の文意が通る。(A)はbeat up 〜で「〜を激しくかき混ぜる」，(D)はshow upで「現れる」という意味になるが，問題文の文脈には合わない。(C)「〜を最大にする」。

語句 □ in an effort to *do* 〜するために 　□ generous 気前のよい
訳 顧客を増やすために，Shiromans社は地域住民に気前のよい割引を提供している。

0576 Max Beaumont has been known for his experience in ------- around
failing companies and making them profitable again.

(A) viewing
(B) turning
(C) reviving
(D) carrying

0577 A number of tourists are starting to take advantage of the warmer
weather to enjoy ------- on the Hopscotch River.

(A) turnouts
(B) outings
(C) hoteliers
(D) residues

0578 With the end of the ------- year approaching, many departments are
using the money remaining in their budgets to carry out
improvements.

(A) fiscal
(B) earnest
(C) calculable
(D) sturdy

0579 The company president Marshall Brown ------- his views on the
future direction of the company at the shareholders' meeting.

(A) referred
(B) aired
(C) validated
(D) depended

0580 A ------- work schedule has been e-mailed to every member of
StarRibbon's staff.

(A) numeric
(B) tenacious
(C) tentative
(D) prosperous

🔎「〜を好転させる」を表すturn around 〜　　　　　　　　　　正解 (B)

選択肢は全て動名詞である。空所の直前にあるinが導く形容詞句が, experience「経験」を修飾していると考えられる。空所の後ろにはaroundが続いているので, 空所に(B) turningを入れるとturn around 〜「(悪い状況など)を好転させる」という句動詞をdoing形にしたものになり, 問題文の文意が通る。(A) view「〜を見る」, (C) revive「〜を復活させる」, (D) carry「〜を運ぶ」。

語句 □ failing company 業績が悪化している会社　□ profitable もうかる, 利益になる
訳 Max Beaumontは, 業績が悪化している会社を立て直し, 再度利益をもたらすようにしたという経験があることで知られている。

0577 🔎「観光客が楽しむこと」を考える　　　　　　　　　　　　　　正解 (B)

選択肢には名詞の複数形が並んでいる。空所には, 動詞enjoy「〜を楽しむ, 享受する」の目的語となる名詞が入る。空所に(B) outings「お出かけ」を入れると, enjoy outings on the Hopscotch River「Hopscotch川へのお出かけを楽しむ」という意味になり, 暖かくなってきたことを機に観光客が楽しむこととして, ふさわしい内容になる。(A)「出席者」, (C)「ホテル経営者」, (D)「残り, 残されたもの」。問題文中にあるa number of 〜は「多数の〜」という意味だけでなく, 「いくらかの〜」という意味でも使われる。どちらも頻出なので覚えておくこと。

訳 暖かくなってきたことを機に, 多くの観光客がHopscotch川へのお出かけを楽しみ始めている。

0578 🔎 お金に関するトピックに登場するfiscal　　　　　　　　　　正解 (A)

空所には直後にある名詞year「年」を適切に修飾する形容詞が入る。(A) fiscal「財政の」を空所に入れると, fiscal year「会計年度」という表現になり, 問題文の文意が通る。fiscalは, お金に関連するトピックの英文に登場する形容詞として押さえておこう。(B)「熱心な」, (C)「計算できる」, (D)「丈夫な」は, いずれもyearを修飾する名詞として適切ではない。

語句 □ carry out 〜 〜を実行する　□ improvement 改善
訳 会計年度末が近づき, 多くの部署が改善を行うために残りの予算を使用している。

0579 🔎 難単語air　　　　　　　　　　　　　　　　　　　　　　正解 (B)

選択肢には動詞の過去形が並んでいる。空所の後ろに続くhis views「彼の見解」を目的語に取り, 空所に入れて問題文の文意が通るのは, (B) aired「〜を述べた」だ。動詞airは難単語の1つで, 「(意見や不満など)を世間に発表する, 述べる」という意味を持つ動詞だ。air one's views「〜の意見を述べる」という表現を覚えておこう。(A) refer「〜を(…に)差し向ける, 〜に(…を)参照させる」, (C) validate「〜を有効にする」, (D) depend「当てにする」。

語句 □ view 意見, 見解　□ future direction 将来の方向性　□ shareholder 株主(＝stockholder)
訳 社長であるMarshall Brownは株主総会で, 会社の将来の方向性について自身の見解を述べた。

0580 🔎 scheduleとのコロケーション　　　　　　　　　　　　　　正解 (C)

空所には後ろに続く複合名詞のwork schedule「仕事のスケジュール」を適切に修飾する形容詞が入る。(C) tentative「暫定的な」を空所に入れるとtentative work schedule「暫定的な仕事のスケジュール」という表現になり, 問題文の文意が通る。(A)「数の」, (B)「粘り強い, 頑固な」, (D)「繁栄している」。押さえておきたい派生語として, (A)は形容詞numerous「多数の」, (C)は副詞tentatively「暫定的に」, (D)は副詞prosperously「繁栄して」を押さえておこう。

語句 □ e-mail A to B AをBにEメールで送る　□ every member of 〜 〜の一人一人
訳 暫定的な仕事のスケジュールは, StarRibbon社の全従業員にEメールで送られた。

UNIT **8** 語彙問題

0581 Concerned about impending deadlines, the publishing company reached out to the author to check on the ------- of his latest novel.

(A) proximity
(B) relative
(C) progress
(D) disturbance

0582 Marc Rousseau is ------- that he will remain president of the company until its 50th anniversary.

(A) adamant
(B) demographic
(C) offensive
(D) illegible

0583 Applicants should be aware that while it is well-paid, the head accountant position is extremely -------.

(A) enchanting
(B) sustainable
(C) demanding
(D) triumphant

0584 Kokoromo Restaurant will alter its hours of ------- so that it can offer brunch on weekends.

(A) excursion
(B) preference
(C) operation
(D) insulation

0585 Since the city's public transportation system is so well-developed, ------- half of the employees at Peckerson Enterprises get to work by train.

(A) roughly
(B) knowingly
(C) indefinitely
(D) expertly

「きちんと英文を読むことから逃げない」という意識を常に持ち続けることが肝要です。

0581 🔑 重要表現 check on the progress of 〜　　　　　**正解 (C)**

空所に(C) progress「経過, 進捗」を入れるとcheck on the progress of 〜「〜の進行状況を確認する」という表現になり, 問題文の文意が通る。(A)「近いこと」, (B)「親戚」, (D)「妨害, 乱すこと」。(A)はin proximity to 〜「〜に近接して」という表現を覚えておくこと。

　語句 □ impending 差し迫った　□ reach out to 〜 〜へ連絡を取る
　訳 締め切りが迫っていることを懸念して, 出版社は最新作の本の進捗状況を確認するために著者へ連絡を取った。

0582 🔑 後ろにthat節を導く形容詞 adamant　　　　　**正解 (A)**

主語のMarc Rousseauの補語となり, なおかつ後ろにthat節が続くという使い方をする形容詞を選ぶ問題だ。空所にふさわしいのは, (A) adamant「断固主張して」だ。be adamant that は「〜ということを断固主張している」という意味の表現だ。(B)「人口統計上の」, (C)「侮辱的な」, (D)「(文字などが)読みにくい」。

　語句 □ anniversary 記念日, 〜周年
　訳 Marc Rousseauは, 会社の50周年まで社長であり続けると断固主張している。

0583 🔑 逆接を導く while　　　　　**正解 (C)**

選択肢には形容詞が並んでいる。最初の節は, 「応募者は(that節の内容を)認識しておくべきである」という内容だ。that節にはwhile it is well-paid「(経理部長の役職は)高給である一方で」という逆接の意味を含む前置きが述べられている。つまり, カンマ以降の節の内容は「高給であること(=よいこと)」の逆で「よくないこと, マイナスなこと」が述べられるはずだと推測できる。よって空所に(C) demanding「要求の厳しい, 過酷な」を入れると, 問題文の文意が通る。(A)「魅惑的な」, (B)「持続可能な」, (D)「勝利を収めた」。

　語句 □ be aware that 〜を認識する　□ well-paid 高給の　□ extremely 極端に
　訳 応募者は, 経理部長の役職は高給である一方で非常に過酷であることを認識しておくべきだ。

0584 🔑 重要表現 hours of operation　　　　　**正解 (C)**

空所は動詞alter「〜を変える」に続く目的語の一部である。空所に(C) operation「営業, 稼働」を入れるとhours of operation「営業時間」という表現になり, 問題文の文意が通る。(A)「小旅行」, (B)「好み」, (D)「絶縁, 防音」。(A)は類義語のouting「外出, ピクニック」やcompany retreat「社員旅行」とセットで覚えておくこと。

　語句 □ alter 〜を変更する　□ brunch ブランチ
　訳 Kokoromoレストランは, 週末にブランチを提供できるよう, 営業時間を変更する予定だ。

0585 🔑「およそ」を表す roughly　　　　　**正解 (A)**

選択肢は全て副詞だ。空所の後ろに続くhalf「半分」を前から適切に修飾し, 空所に入れて問題文の文意が通るのは(A) roughly「およそ」である。このroughlyはapproximatelyやaboutに置き換えられるということも覚えておこう。(B)「了解していることを示すように, 故意に」, (C)「無期限に, 漠然と, 曖昧に」, (D)「上手に, 専門的に」。

　語句 □ well-developed よく発達した　□ get to work 通勤する
　訳 その市の公共交通機関はとてもよく発達しているので, Peckerson社の社員のおよそ半分は電車で通勤している。

UNIT **8** 語彙問題

0586 Ms. Fields indicated that she was ------- with her job at Gontard Furniture, and was not interested in a promotion.

(A) determined
(B) content
(C) accustomed
(D) desired

0587 Sky & Clouds IT asks all applicants to supply them with at least two employment ------- from former employers.

(A) references
(B) quotations
(C) conditions
(D) characters

0588 The idea of ------- Chiemeng's product line was first floated by one of the interns in the marketing department.

(A) manipulating
(B) counting
(C) enlightening
(D) diversifying

0589 RAT Constructions assured investors that it would meet their expectations in ------- of both budget and quality.

(A) means
(B) terms
(C) forms
(D) pieces

0590 Drama directors are required to have the ability to be aware of the time and budget ------- of each project.

(A) tactics
(B) amplitude
(C) docility
(D) constraints

0586 💡「〜に満足している」を表す be content with 〜　　　正解 (B)

選択肢には形容詞の働きをする語が並んでいる。空所の前にはbe動詞のwas, 後ろにはwithがあるので, 空所に(B) contentを入れると be content with 〜「〜に満足している」という表現になり, 問題文の文意が通る。(A)「断固とした, 決心している」, (C)「慣れた」, (D)「期待通りの, 望まれた」。(C)は be accustomed to 〜で「〜に慣れている」という意味になるということも覚えておこう。

訳 Fieldsさんは, Gontard 家具店での仕事に満足しており, 昇進には興味がないことを明らかにした。

0587 💡 複合名詞 employment reference　　　正解 (A)

選択肢は全て名詞の複数形で, 空所はsupply A with B「AにBを供給する」という表現のBの一部だ。空所に(A) referencesを入れると, employment references「雇用証明書」という複合名詞になり, 問題文の文意が通る。referenceには「参照, 参考図書, 身元保証人, 推薦者」などの意味がある。(B)「見積書」, (C)「状態, 条件」, (D)「特徴」。(C)は terms and conditions「取引条件, 契約条件」という表現も覚えておくこと。

語句 □ applicant 応募者　□ supply A with B AにBを提供する　□ employer 雇用主
訳 Sky & Clouds IT 社は全ての応募者に対し, 以前の雇用者からの雇用証明書を少なくとも2通, 提出するよう要求している。

0588 💡「製品ラインをどうするのか」を考える　　　正解 (D)

空所は前置詞のofの後ろにあり, 選択肢には動名詞が並んでいる。文頭のThe ideaがどんなアイディアなのかを, ofに続く------- Chiemeng's product lineの部分が説明している。diversify「〜を多様化する」を動名詞にした(D) diversifyingを空所に入れるとdiversify the product line「製品ラインを多様化する」という表現になり, 問題文の文意が通る。(A) manipulate「〜を操作する」, (B) count「〜を数える」, (C) enlighten「〜を啓発する」。

語句 □ float 〜を提案する
訳 Chiemeng社の製品ラインを多様化するというアイディアは, マーケティング部のインターンの1人によって最初に提案された。

0589 💡 重要表現 in terms of 〜　　　正解 (B)

選択肢には名詞が並んでいる。空所の直前にin, 直後にofがあることに注目する。空所に(B) termsを入れると, in terms of 〜「〜の観点から」という表現になり, 問題文の文意が通る。(A)「手段, 方法」(単複同形), (C)「形」(複数形), (D)「作品, 曲」(複数形)。

語句 □ assure A that Aに〜を保証する　□ investor 投資家　□ meet one's expectations 〜の期待に応える
訳 RAT 建設会社は投資家たちに, 会社は予算と品質の両方の点から期待に応えることを保証した。

0590 💡 time, budgetとのコロケーション　　　正解 (D)

空所は be aware of 〜「〜に気付いている」に続く名詞句に含まれている。直前にbudget「予算」があるので, 空所に(D) constraints「制約」を入れるとbudget constraints「予算の制約」という表現になり, 問題文の文意が通る。andで並列されているtimeもconstraintsにかかっており, time constraintsは「時間の制約」という意味を表す。(A)「戦略」(単複同形), (B)「大きさ, 豊富さ」, (C)「おとなしさ, 従順さ」。

語句 □ director 監督
訳 ドラマ監督たちは, 各企画の時間や予算の制約を意識する能力が求められる。

UNIT ❽ 語彙問題

0591 The consultant ------- a plan to help the company attract more qualified job applicants.

(A) equalized
(B) conceived
(C) insulated
(D) collided

0592 The new copier can perform multiple functions, making many of the current devices -------.

(A) protective
(B) demographic
(C) inevitable
(D) redundant

0593 There are a number of ------- catering to gardening enthusiasts, though few feature articles on indoor gardening.

(A) refreshments
(B) commodities
(C) concessions
(D) publications

0594 The film has been criticized by a great many of its reviewers for its ------- on computer-generated imagery.

(A) prominence
(B) overreliance
(C) observance
(D) compliance

0595 Many of the staff look to Kate Yates when problems ------- because of her long years of experience and knowledge.

(A) arise
(B) output
(C) astound
(D) dictate

0591　💡 planとのコロケーション　　　正解 (B)

選択肢には動詞の過去形が並んでいる。問題文の主語はThe consultantなので, 空所にはこれに対応する述語動詞が必要だ。空所に (B) conceivedを入れると, conceive a plan「案を思い付く」という表現になり, 問題文の文意が通る。(A) equalize「～を等しくする」, (C) insulate「（音・熱など）を遮断する」。(D) collide「ぶつかる, 衝突する」。

> **語句** □ qualified 適任な　□ job applicant 求職者
> **訳** そのコンサルタントは, 会社がより適任な求職者を引き付けるのに役立つ案を思い付いた。

0592　💡 難単語redundant　　　正解 (D)

問題文は〈メインの文＋カンマ＋分詞＋α〉の形から成る分詞構文で, カンマ以降は「そして～する」という意味を表している。making以下はmake A B「AをBにする」の用法と考えられ, Aに当たるのがmany of the current devices, Bに当たるのが空所だ。(D) redundant「不要な」を空所に入れると「複数の機能を果たす新しいコピー機があることで, 現在の機器の多くが不要になる」という適切な文脈になる。(A)「保護する」, (B)「人口統計の」, (C)「不可避の」。

> **語句** □ perform ～を実行する　□ function 機能
> **訳** 新たなコピー機は複数の機能を果たすことができ, 現在の機器の多くは不要となる。

0593　💡 「出版物」を表すpublication　　　正解 (D)

選択肢には名詞の複数形が並んでいる。空所にはa number of ～の修飾を受ける名詞が入り, その名詞はcatering to gardening enthusiasts「園芸愛好家に向けた」ものだと分かる。また, カンマ以降には「室内園芸を特集する記事はほとんどない」とあるので, 空所に (D) publications「出版物」を入れると,「室内園芸の特集記事はほとんどないが, 園芸愛好家向けの出版物は多い」という適切な文脈になる。(A)「軽食」, (B)「商品」, (C)「譲歩」。

> **語句** □ cater to ～ ～に応じる　□ enthusiast 愛好家　□ feature ～を特集する
> **訳** 園芸愛好家に向けた出版物は多数あるが, 室内園芸を特集する記事はほとんどない。

0594　💡 「～への過度の依存」を表すoverreliance on ～　　　正解 (B)

選択肢には名詞が並び, 空所の後ろには前置詞onがある。(B) overreliance「過度の依存」を空所に入れるとoverreliance on ～「～への過度の依存」という表現になり, 問題文の文意が通る。(A)「卓越」, (C)「（法律や伝統などの）順守」, (D)「（命令などに）従うこと」。問題文中にあるcriticize「～を批判する」は, 派生語の名詞critic「批評家, 評論家」と共に覚えておくこと。

> **語句** □ reviewer 批評家　□ computer-generated imagery CG画像
> **訳** その映画はCG画像に頼りすぎていることに対して, 非常に多くの批評家から批判されている。

0595　💡 problemとのコロケーション　　　正解 (A)

選択肢には動詞が並んでおり, 空所の後ろには目的語がないので, 空所にはproblems「問題」に対応する自動詞が入ると考えられる。「問題が～する時, 多くのスタッフがKate Yatesを頼りにしている」という文脈になることを踏まえると, 空所にふさわしいのは (A) arise「生じる, 起こる」だ。(B)「～を産出する」, (C)「～をびっくり仰天させる」, (D)「命令する, 書き取らせる」。

> **語句** □ look to ～ ～に頼る
> **訳** 彼女の持つ長年の経験と知識を理由に, 問題が生じた際は多くのスタッフがKate Yatesを頼りにしている。

UNIT ⑧ 語彙問題

0596 Since it opened its doors last year, Green Sweets has received ------- recommendations from local patrons.

(A) distracting
(B) glowing
(C) remaining
(D) pending

0597 Until we can find an effective ------- to the supply chain holdups, we cannot accept any more orders.

(A) prediction
(B) collision
(C) intuition
(D) solution

0598 Many companies are ------- out insurance policies to protect themselves in the event of a natural disaster.

(A) striking
(B) saving
(C) taking
(D) getting

0599 Ms. Lee wrote a memo in regard to the new dress ------- for hotel employees.

(A) interaction
(B) objection
(C) certification
(D) code

0600 After numerous delays, we are delighted to announce that the factory is now fully -------.

(A) occasional
(B) operational
(C) promotional
(D) conditional

0596 🔑 難単語 glowing　　　　　　　　　　　正解 (B)

選択肢には形容詞の働きをする語が並んでいるので，空所の直後にある名詞 recommendations「推薦」を適切に修飾するものを選ぶ。(B) glowing「熱烈な」を空所に入れると glowing recommendations「熱烈な推薦」という意味になり，問題文の文意が通る。(A)「気を散らすような」，(C)「残りの」，(D)「未解決の，懸案の」。

語句 □ open one's door ～の事業を始める

訳 去年開店して以来，Green 製菓店は地元の顧客から称賛に満ちた声を受け続けている。

0597 🔑 「～への解決策」を表す solution to ～　　　正解 (D)

選択肢は全て名詞だ。空所は直前にある形容詞 effective に修飾される。空所の後ろには〈to ＋名詞句〉が続いているので，空所に (D) solution「解決策」を入れると solution to ～「～への解決策」となり，問題文の文意が通る。(A)「予想」，(B)「衝突」，(C)「直感」。問題文にある supply chain とは，製品が原材料の調達から生産，物流，販売を経て，消費者に届くまでの一連の流れのことを表す。

語句 □ holdup 停滞

訳 サプライチェーン停滞への効果的な解決策を見つけるまで，私たちはこれ以上いかなる注文も受け付けることはできません。

0598 🔑 重要表現 take out an insurance policy　　　正解 (C)

空所の前には be 動詞の are があり，選択肢には現在分詞が並んでいることから，〈are ＋空所〉が現在進行形を作ると考えられる。ここで，空所の後ろに続く語句に注目することがポイントだ。空所に (C) taking を入れると take out an insurance policy「保険に入る」という表現になり，問題文の文意が通る。(A) strike「～を打つ」，(B) save「～を救う，蓄える」，(D) get「～を得る」。

語句 □ in the event of ～ ～の場合には　□ natural disaster 自然災害

訳 多くの企業が，自然災害が起こった場合に自社を守るため，保険に加入している。

0599 🔑 複合名詞 dress code　　　　　　　　　正解 (D)

選択肢には名詞が並んでいる。空所は in regard to ～「～に関して」に続く名詞句に含まれる。直前に dress「服装」とあるので，空所に (D) code「規範，決まり」を入れると，dress code「服装規定，ドレスコード」という複合名詞になり，問題文の文意が通る。(A)「交流，相互作用」，(B)「反対すること，反論」，(C)「証明・認定（書）」。

訳 Lee さんは，ホテル従業員の新しい服装規定に関してメモを書いた。

0600 🔑 factory から連想される operational　　　正解 (B)

空所には that 節の主語である the factory「工場」の補語になるものが入る。(B) operational「（機械などが）運転中の」を空所に入れると，the factory is（now fully）operational「工場は（いまや全面的に）稼働している」という意味になり，主語と補語が適切な関係になる。factory という語から，operational を連想できるかどうかが正解のカギとなる。(A)「時折の」，(C)「販売促進の」，(D)「条件次第の」。

語句 □ numerous 多数の　□ be delighted to do 喜んで～する　□ fully 完全に

訳 何度も延期を繰り返しましたが，我々は工場がいまや全面的に稼働していることを発表でき，嬉しく思います。

0601 The committee in charge of the Susan Ross Foundation ------- funds to a number of worthy causes.

(A) purchases
(B) determines
(C) allocates
(D) prevents

0602 It was the fact that the cleaning procedure was hardly ------- in the user's manual that customers found frustrating.

(A) missed
(B) referred
(C) mentioned
(D) nominated

0603 A renewed ------- for a covered walkway between Building A and B was met with approval.

(A) call
(B) need
(C) protest
(D) load

0604 Lightbeacon Company's logo is featured ------- on all stationery.

(A) superficially
(B) jointly
(C) prominently
(D) methodically

0605 When the central bank decided to increase ------- rates, many economists criticized the move.

(A) enterprise
(B) influence
(C) interest
(D) audibility

🔧 allocate *A* to *B* **正解▶(C)**

選択肢には動詞の三人称単数現在形が並んでいる。空所の前までが文全体の主語に当たるので，空所に入る語は述語動詞となる。(C) allocates「〜を割り当てる」を空所に入れると，後ろの方にあるtoとセットになってallocate *A* to *B*「AをBに割り当てる」という表現を作り，問題文の文意が通る。(A) purchase「〜を購入する」，(B) determine「〜を決定する」，(D) prevent「〜を妨げる」。

語句 □ foundation 財団　□ fund 資金　□ worthy 価値のある　□ cause 活動, 運動

訳 Susan Ross財団を担当している委員会は，数多くの価値ある活動へ資金を割り当てている。

0602 🔧 referとmentionの語法の違い **正解▶(C)**

空所の少し前にはwasがあり，選択肢には過去分詞が並んでいるので，それらがセットになって受動態を作ると考えられる。that節の主語であるthe cleaning procedure「洗浄方法」，そしてwas hardly「ほとんど〜ではなかった」に続けて問題文の文意が通るのは，mention「〜について触れる」の過去分詞である(C) mentionedだ。(B) referは，「言及する」という意味で使われる場合は自動詞であるため，受動態にはならない。(A) miss「〜を見逃す」，(D) nominate「〜を推薦する」。

語句 □ hardly ほとんど〜ない　□ frustrating いらだたしい

訳 顧客がいらだたしく感じたのは，取扱説明書に洗浄方法がほとんど記載されていなかったという点であった。

0603 🔧 意外な意味を表すcall **正解▶(A)**

選択肢には名詞の働きをする語が並び，空所に入る語は直前のrenewed「新たな」という形容詞に修飾される。(A) call「要求」を空所に入れるとrenewed call「新たな要求」という表現になり，問題文の文意が通る。空所に入る名詞callは主部の中心となるもので，述部のwas met with approval「承認された」に適切に繋がる。(B)「必要」，(C)「抗議」，(D)「荷重, 負担」。

語句 □ covered walkway 屋根付き通路　□ *be* met with 〜 (賛否などの反応)を受ける

訳 建物Aと建物Bの間にある屋根付き通路に対する新たな要求は承認された。

0604 🔧 副詞 prominently **正解▶(C)**

選択肢に並ぶ単語から，問題文の文意に合う適切な副詞を選ぶ問題だ。空所に入る副詞は空所の前にあるis featured「取り上げられている」を修飾すると考えられるので，(C) prominently「目立つように」を空所に入れると問題文の文意が通る。prominentlyは，*be* prominently displayed「目立つよう展示されている」という表現も押さえておこう。(A)「表面的に」，(B)「一緒に」，(D)「系統的に, 念入りに」。

語句 □ *be* featured on 〜 〜に掲載されている

訳 Lightbeacon社のロゴは，全ての文房具に目立つように付けられている。

0605 🔧 「興味」以外のinterestの意味 **正解▶(C)**

選択肢には名詞が並んでいる。空所には，空所の後ろにある名詞ratesとセットになって複合名詞を作るものが入る。空所に(C) interestを入れると，interest rates「利率」という表現になり，問題文の文意が通る。interest ratesは空所の前にある述語動詞increase「〜を増やす」と共に，increase interest rates「利上げをする」という定番の表現になる。名詞interestは「興味, 関心」という意味以外に「利率, 金利」（不可算名詞）という意味があることを覚えておこう。(A)「事業, 企業」，(B)「影響」，(D)「聞き取れること, 可聴性」。

語句 □ criticize 〜を批判する　□ move 動き

訳 中央銀行が利上げを決定した時，多くの経済学者がこの動きを批判した。

UNIT **8** 語彙問題

0606 Builders involved in the Stephands Bridge construction project were ------- in their efforts to meet the deadline by the spate of inclement weather.

(A) earned
(B) protested
(C) afforded
(D) hindered

0607 Greene Supermarkets relies on a local ------- agency for most of its staffing needs.

(A) commodity
(B) metropolitan
(C) employment
(D) representative

0608 Having edited many nonfiction books, Ms. Iwatani is a ------- respected figure in the publishing industry.

(A) shortly
(B) adversely
(C) horizontally
(D) highly

0609 Because Ms. Holmes was unable to ------- to a five-year contract, another supplier was chosen in the end.

(A) obey
(B) adopt
(C) commit
(D) fulfill

0610 Sandra Mills is a ------- writer whose works have been adapted for film and television.

(A) consecutive
(B) picturesque
(C) prolific
(D) conceivable

0606 ♀ 難単語 hinder　　　　　　　　　　　　　　　　　　　正解 ▶ (D)

空所の前には were があり, 選択肢には過去分詞が並んでいるので, それらがセットになって受動態を作ると考えられる。文末に by the spate of inclement weather「連日の悪天候によって」とあるが, これによって主語の Builders「建設業者たち」は in their efforts to meet the deadline「期限に間に合わせるための努力をしている」という状態を were hindered「妨げられた」とすれば問題文の文意が通る。よって, 正解は hinder「～を妨げる」の過去分詞である (D) hindered だ。(A) earn「～を得る」, (B) protest「～に抗議する」, (C) afford「～を持つ余裕がある」。

語句 □ in *one's* effort to *do* ～しようと努力して　□ a spate of ～ (短期間に起こる) 一連の～

訳 Stephands 橋建設計画に携わる建設業者たちは, 連日の悪天候によって, 期限に間に合わせるための努力を妨げられた。

0607 ♀ 複合名詞 employment agency　　　　　　　　　　　正解 ▶ (C)

選択肢は全て名詞だ。空所の後ろにある agency とセットになって employment agency「人材派遣会社」(≒temp agency) という複合名詞を作る (C) employment が正解だ。(A)「商品」, (B)「都会人」, (D)「担当者, 代表者」。(D) は sales representative「販売員」という表現が頻出で, sales rep と省略されるということも押さえておこう。

語句 □ staffing need 人材に関するニーズ

訳 Greene スーパーマーケットは, 必要な人材確保のほとんどを地元の人材派遣会社に頼っている。

0608 ♀「高い評価を得ている人物」を表す highly respected figure　　正解 ▶ (D)

空所には, 後ろにある形容詞の respected「尊敬されている」を適切に修飾する副詞が入る。(D) highly「高く」を空所に入れると highly respected figure「高い評価を得ている人物」という表現になり, 問題文の文意が通る。(A)「間もなく」, (B)「逆に, 不利に」, (C)「水平に」。(B) は adversely affect「～に悪影響を与える」という表現を覚えておくこと。

語句 □ edit ～を編集する　□ figure 人物　□ publishing industry 出版業界

訳 Iwatani さんは数多くのノンフィクションの本を編集してきているので, 出版業界では高い評価を得ている人物である。

0609 ♀「～を約束する」を表す commit to ～　　　　　　　　正解 ▶ (C)

選択肢には動詞の原形が並んでいる。空所の後ろには前置詞 to があるので, 空所に (C) commit を入れると commit to ～「～を約束する」という句動詞になり, 問題文の文意が通る。(A)「～に従う」, (B)「～を採用する」, (D)「～を実行する, 満たす」。問題文の文末にある in the end「最終的には」は, 似た形の表現に to that end「その目的に向けて, 終わる頃になって」がある。それぞれ意味が異なるので, 混同しないよう注意したい。

語句 □ *be* unable to *do* ～することができない　□ supplier 供給業者　□ in the end 最終的には

訳 Holmes さんは 5 年契約を約束することができなかったため, 最終的には他の供給業者が選ばれた。

0610 ♀ 難単語 prolific　　　　　　　　　　　　　　　　　　正解 ▶ (C)

選択肢は全て形容詞だ。空所の後ろに続く writer「作家」を前から修飾し, 空所に入れることによって問題文の文意が通るのは, (C) prolific「多作の, 多くの作品を残す」だ。prolific は多くの意味を持つ単語で, 「(アスリートが) 得点力がある, (植物が) 多くの実をつける」などの意味もある。本問での使われ方とあわせて覚えておきたい。(A)「連続した」, (B)「絵のように美しい」, (D)「想像できる, 考えられる」。

語句 □ *be* adapted for film (小説などが) 映画化される

訳 Sandra Mills は作品が映画化やテレビ化をされている多作な作家である。

UNIT **8** 語彙問題

0611 Promes IT's office staff is ------- from leaving any items in the
□□□ refrigerator overnight.

(A) denied
(B) refused
(C) deferred
(D) discouraged

0612 Mr. Davis could not ------- the name of the consulting firm he had
□□□ outsourced some work to previously.

(A) recall
(B) remind
(C) replace
(D) reflect

0613 Some of the employees noted that they would not ------- working at
□□□ another office temporarily.

(A) deploy
(B) deduct
(C) object
(D) mind

0614 Marketing staff argued that a camera upgrade would not make a
□□□ great ------- of difference in the tablet's sales.

(A) grade
(B) deal
(C) lead
(D) matter

0615 To attract even more visitors, Howang Hotel has purchased a huge
□□□ piece of land ------- the beach.

(A) adjoining
(B) collapsing
(C) opting
(D) leaking

0611 🔑 *be discouraged from doing* 　　　　　　　　　　　正解 **(D)**

空所の前にはisがあり, 選択肢には過去分詞が並んでいるので, それらがセットになって受動態を作ると考えられる。空所の後ろにはfrom *doing*という形が続いていることに注目したい。空所にdiscourageの過去分詞である(D) discouragedを入れると, *be discouraged from doing*「〜しないよう指示される」という表現になり, 問題文の文意が通る。(A) deny「〜を否定する」, (B) refuse「〜を拒否する」, (C) defer「〜を延期する」。(A)は deny *doing*「〜することを否定する」やdeny *A B*「AにBを与えない」, (B)はrefuse to *do*「〜することを拒否する」という表現を覚えておこう。

　訳　Promes IT社の職員は, いかなるものも冷蔵庫に翌日まで置いていかないよう言われている。

0612 🔑 ofがあってもremindに飛びつかない 　　　　　　　　正解 **(A)**

選択肢には動詞の原形が並んでいる。空所に(A) recall「〜を思い出す」を入れるとrecall the name「名前を思い出す」という表現になり, 問題文の文意が通る。(B)は remind *A* of *B*という形を取るが,「AにBを思い出させる」という意味なので空所に入れても問題文の文意が通らない。(C)「〜を交換する, 〜の後任となる」, (D)「〜を反映する」。

　語句　□ outsource *A* to *B* AをBに外部委託する 　□ previously 以前
　訳　Davisさんは, 以前仕事を外部委託したコンサルティング会社の名前を思い出せなかった。

0613 🔑 後ろに動名詞を取るmind 　　　　　　　　　　　　　正解 **(D)**

would notに続く動詞を選ぶ問題だ。空所の後ろにはdoing形のworkingが続いているので, 空所に(D) mind「〜を嫌だと思う」を入れるとmind *doing*「〜することを嫌だと思う, 気にする」の否定, つまり「〜しても構わない」という表現が完成し, 問題文の文意が通る。(A)「(人)を配置する」, (B)「〜を控除する」, (C)「反対する」。(C)は object against [to] 〜「〜に反対する」という使い方を覚えておくこと。

　語句　□ note that 〜だと述べる
　訳　従業員の中には, 一時的に他のオフィスで働いても構わないと述べる者もいた。

0614 🔑 「大量の〜」を表すa great deal of 〜 　　　　　　　　正解 **(B)**

選択肢は全て名詞である。空所に(B) dealを入れるとa great deal of 〜「大量の〜, たくさんの〜」という表現になり, 問題文の文意が通る。a great [good] deal of 〜やa large [good] amount of 〜「大量の〜」の後ろには, 不可算名詞が続くということを押さえておくこと。(A)「等級, 学年」, (C)「先頭, 首位」, (D)「事, 問題」。

　語句　□ argue that 〜だと主張する
　訳　マーケティングスタッフは, カメラの性能を改良してもタブレットの売り上げに大きな差は生まれないだろうと主張した。

0615 🔑 難単語adjoin 　　　　　　　　　　　　　　　　　　　正解 **(A)**

選択肢には現在分詞が並んでいる。空所の前にあるa huge piece of land「広大な土地」をthe beachと共に後置修飾し, 空所に入れて問題文の文意が通るのは動詞adjoin「〜に隣接する」のdoing形である(A) adjoiningだ。関連表現のadjoining area「隣接地域」や類義表現のadjacent to 〜「〜に隣接した」も一緒に覚えておこう。(B) collapse「崩壊する」, (C) opt「選ぶ」, (D) leak「〜を漏らす」。

　訳　さらに多くの観光客を呼び込むために, Howangホテルは海辺に隣接する広大な土地を購入した。

UNIT **8** 語彙問題

0616 New measures to solve environmental pollution were passed -------
at the annual meeting on August 8.

(A) objectionably
(B) unanimously
(C) optimally
(D) stringently

0617 Many consumers find it difficult to ------- the difference between
our washing machine and the market leader's.

(A) orchestrate
(B) discern
(C) offset
(D) browse

0618 FRT's offer to purchase Vance Refrigeration was ------- rejected by
the company president Eun Sung Hon.

(A) dearly
(B) purely
(C) flatly
(D) tightly

0619 Ms. Kato decided to ------- down in Cincinnati, where she found
work as an illustrator.

(A) drop
(B) settle
(C) contend
(D) lay

0620 The documentary film *Rose the Rose* ------- out to be far more
popular than even the director herself had expected.

(A) produced
(B) affirmed
(C) showed
(D) turned

0616　🔊 *be* passed unanimously　　　　　正解 (B)

選択肢は全て副詞なので, 空所の直前にある were passed「可決された」を適切に修飾するものを選ぶ。
(B) unanimously「満場一致で」を空所に入れると be passed unanimously「満場一致で可決される」
という表現になり, 問題文の文意が通る。(A)「不愉快に, 気に障るように」, (C)「最適に」, (D)「厳しく」。
　語句　□ measures 施策　□ environmental pollution 環境汚染
　訳　環境汚染を解決するための新しい施策は, 8月8日の年次会議で満場一致で可決された。

0617　🔊 難単語 discern　　　　　正解 (B)

選択肢には動詞の原形が並んでいる。空所の後ろに続く the difference between *A* and *B* の前に置い
て「A と B の違いを見分ける」という表現を作る (B) discern「～を見分ける, 認める」を空所に入れると問
題文の文意が通る。(A)「～をうまくまとめあげる」, (C)「～を相殺する」, (D)「～をざっと見る」。
　語句　□ consumer 消費者　□ market leader 市場のリーダー, 大手
　訳　多くの消費者は, 我が社の洗濯機と市場大手の洗濯機の違いを見分けることは難しいと考えています。

0618　🔊 rejected を適切に修飾する副詞を選ぶ　　　　　正解 (C)

選択肢は全て副詞だ。受動態 was rejected「却下された」の間に入り, 過去分詞 rejected を前から適切
に修飾できるのは, (C) flatly「有無を言わせず, きっぱりと」だ。(A)「非常に, 愛情を込めて」, (B)「純粋に」,
(D)「きつく」。(B) や (D) は日本語訳から判断すると一見 rejected を修飾できるように思えるかもしれないが,
purely は「純粋に, 他の何かとの混じり気がない」ことを表し, tightly は「何かと何かがしっかりと結合し
ている」ことを表す副詞であるため, 本問では正解にはなりえない。
　語句　□ president 社長
　訳　Vance Refrigeration 社を買収するという FRT 社の申し出は, 社長の Eun Sung Hon によってきっぱりと却下
　　　された。

0619　🔊「住居を定める」を表す settle down　　　　　正解 (B)

選択肢には動詞の原形が並んでいる。後ろに down があるので, 空所に (B) settle を入れると settle
down「住居を定める」という句動詞になり, 後ろの in Cincinnati「シンシナティに」と適切に繋がる。(A)「落
ちる, ～を落とす」, (C)「争う, ～を強く主張する」, (D)「～を横たえる」。
　訳　Kato さんはシンシナティに定住することに決め, そこでイラストレーターとしての仕事を見つけた。

0620　🔊「～になる」を表す turn out ～　　　　　正解 (D)

選択肢には動詞の過去形が並んでいる。空所に (D) turned を入れると, turn out ～「～になる」という句
動詞になり, 問題文の文意が通る。(A) produce「～を生産する」, (B) affirm「～を支持する, 主張する」,
(C) show「～を見せる」。
　訳　ドキュメンタリー映画の *Rose the Rose* は, 監督自身の予想さえもはるかに超える人気となった。

UNIT **8** 語彙問題

0621 Ms. Anderton has a ------- of knowledge on corporate finance and investment.

(A) normality
(B) duration
(C) provision
(D) wealth

0622 The developer was allowed to go ahead with its plan to construct a 25-story skyscraper on the ------- of the old library.

(A) site
(B) scene
(C) premise
(D) scaffold

0623 The chances of any of Momone's stores running out of stock in the next week are ------- low.

(A) directly
(B) vehemently
(C) intentionally
(D) exceedingly

0624 Few citizens ------- opposition to the idea of turning the aging shopping mall on Wing Street into a corporate building.

(A) featured
(B) diluted
(C) voiced
(D) faced

0625 A ------- apartment is available for Pinacel's employees to use when they stay in New York on business.

(A) widespread
(B) plausible
(C) reactive
(D) spacious

0621 🔑 「豊富な〜」を表す a wealth of 〜 　　　　　　　　　　**正解** (D)

選択肢は全て名詞だ。空所の直前にaがあり、直後にはofが続いていることに注目する。空所に(D) wealth「豊富」を入れると a wealth of 〜「豊富な〜」という表現になり、問題文の文意が通る。(A)「正常」、(B)「(時間の)継続、継続時間」、(C)「供給」。

語句 □ corporate finance 企業財務 　□ investment 投資
訳 Andertonさんには、企業財務と投資に関する豊富な知識がある。

0622 🔑 「〜の跡地に、敷地内に」を表す on the site of 〜 　　　　　**正解** (A)

選択肢は全て名詞だ。空所に(A) site「場所、跡地」を入れると on the site of 〜「〜の跡地に、敷地内に」という表現になり、問題文の文意が通る。(B)「場面」、(C)「前提」、(D)「足場」。(C)は複数形 premises で「土地、敷地」の意味になり、on the premises で「構内に、敷地内に」という意味を表すということを覚えておくこと。

語句 □ developer 住宅開発業者 　□ go ahead with 〜 (仕事や計画など)を進める 　□ 25-story 25階建ての
　　　□ skyscraper 超高層ビル
訳 その住宅開発業者は、古い図書館の跡地に25階建ての超高層ビルを建設する企画を進めることを許可された。

0623 🔑 low とのコロケーション 　　　　　　　　　　　　　　　　**正解** (D)

空所の直後にある形容詞 low「低い」を適切に修飾する副詞を選ぶ問題だ。空所に(D) exceedingly「非常に」を入れると exceedingly low「非常に低い」という表現になり、問題文の文意が通る。(A)「直接」、(B)「熱烈に」、(C)「意図的に」。

語句 □ chance 可能性 　□ run out of 〜 〜を切らす
訳 Momone社のどの店舗も、来週中に在庫を切らすという可能性は非常に低い。

0624 🔑 opposition とのコロケーション 　　　　　　　　　　　　**正解** (C)

選択肢には動詞の過去形が並んでいる。空所には後ろに続く opposition「反対」を目的語とするのにふさわしい動詞が必要だ。voice「〜を表明する」の過去形である(C) voiced を空所に入れると、voice opposition「反対の声を上げる」という表現になり、問題文の文意が通る。(A) feature「〜を目玉とする」、(B) dilute「〜を薄める」、(D) face「〜に直面する」。

語句 □ citizen 市民 　□ turn A into B AをBに変える 　□ aging 老朽化した
訳 Wing通りにある老朽化したショッピングモールを企業ビルにするという考えに対して、反対する市民はほとんどいなかった。

0625 🔑 「どんな部屋か」を考える 　　　　　　　　　　　　　　　**正解** (D)

選択肢は全て形容詞だ。空所の後ろにある apartment「(1世帯分の)部屋」を前から適切に修飾するのは(D) spacious「広々とした」だ。(A)「(広範囲に)広がった」、(B)「もっともらしい」、(C)「反作用を示す、反発する」。問題文中の apartment は、ここではアパート内の住居を指し、建物全体は apartment building、もしくは apartment house で表す。

語句 □ on business 仕事で
訳 仕事でニューヨークに滞在する際に、Pinacel社の社員は広々とした部屋を利用することができる。

0626 Ms. Takimoto ------- as CEO to pursue her dream of becoming a professional accordionist.

(A) stepped down
(B) rolled out
(C) turned in
(D) came true

0627 The results of the survey Jobano Dining received from its loyal customers ------- that they should expand their menu selection.

(A) suggest
(B) inform
(C) tell
(D) refer

0628 In her ------- speech, Ms. Driscoll thanked her staff for all of their hard work in creating the amazing animation.

(A) removal
(B) acceptance
(C) attainment
(D) diagnosis

0629 As many firms close their Nova Hill offices, Carleton is becoming the financial ------- of the Portland Bay Area.

(A) patronage
(B) specialty
(C) center
(D) pastime

0630 The new software ------- in the home design process by providing instant 3D models.

(A) enables
(B) pioneers
(C) assists
(D) stabilizes

時間がない時は5分でも10分でもいいのです。全力を出し切るつもりで, 問題に取り組んでください。

0626 🔑 「～を辞任する」を表すstep down as ～　　　　　　正解 (A)

選択肢には句動詞の過去形が並んでいる。空所の直後にasがあることに注目しよう。空所に (A) stepped downを入れるとstep down as ～「～を辞任する」という表現になり, 問題文の文意が通る。(B) roll out「（新製品など）を公開する」, (C) turn in「～を提出する」, (D) come true「実現する」。(C)は, 類義語のsubmitやfileなどとセットで押さえておくこと。

語句 □ pursue ～を追求する　□ accordionist アコーディオン奏者
訳 Takimotoさんはプロのアコーディオン奏者になるという夢を追い求めるために, CEOの座を退いた。

0627 🔑 直後にthat節を続けることのできる動詞　　　　　　正解 (A)

文頭から空所までが主節であり, 空所の後ろにはthat節が続いている。直後にthat節を続けることができ, 空所に入れて問題文の文意が通るのは (A) suggest「～を示唆する」だ。他の選択肢の動詞は, いずれも直後にthat節を続けることはできない。(B)「～に知らせる」, (C)「～に話す」, (D)「言及する」。(B)は inform A of B「AにBを知らせる」という表現を押さえ, またthat節が続く場合はinform A that節の形を取るということも覚えておくこと。

語句 □ survey アンケート　□ loyal customer 常連客　□ expand ～を拡大する
訳 Jobano Diningが常連客から受け取ったアンケートの結果は, メニューの選択肢を増やすべきだということを示唆している。

0628 🔑 複合名詞 acceptance speech　　　　　　正解 (B)

選択肢は全て名詞だ。空所の後ろには名詞speech「スピーチ」があるので, 空所に入る名詞と合わせて複合名詞になると考えられる。(B) acceptanceを空所に入れるとacceptance speech「受賞スピーチ」という複合名詞になり, 問題文の文意が通る。(A)「撤去」, (C)「達成, 獲得」, (D)「診察, 診断」。

語句 □ thank A for B AにBのことに対してお礼を述べる　□ create ～を作る
訳 Driscollさんは自身の受賞スピーチで, 素晴らしいアニメーションを制作した時に懸命に働いてくれたスタッフへ感謝を述べた。

0629 🔑 「金融の中心地」を表すfinancial center　　　　　　正解 (C)

空所には, 直前にある形容詞financial「金融の」に適切に修飾される名詞が入る。(C) center「中心地」を空所に入れるとfinancial center「金融の中心地」という表現になり, 問題文の文意が通る。(A)「後援, 愛顧, 顧客」, (B)「（料理店, 土地などの）名物」, (D)「気晴らし, 娯楽」。

語句 □ bay area 湾岸地域
訳 多くの企業がノバ・ヒルにあるオフィスを閉鎖しているので, カールトンがポートランド湾岸地区の金融の中心地になりつつある。

0630 🔑 自動詞のassist　　　　　　正解 (C)

選択肢には動詞の三人称単数現在形が並んでおり, 空所には文全体の述語動詞が必要だ。直後にinがあるので, 空所に (C) assistsを入れるとassist in ～「～を支援する」という句動詞になり, 問題文の文意が通る。assistは他動詞としてだけではなく, 本問のように自動詞として使うこともできるということを押さえておこう。(A)（enable A to do の形で）「Aが～することを可能にする」, (B) pioneer「先駆者となる,（先駆けて）～を開発する」, (D) stabilize「安定する, ～を安定させる」。

語句 □ design 設計　□ instant 即時の
訳 新しいソフトウェアは3Dモデルを瞬時に提供することで, 住宅設計のプロセスを支援する。

0631 Work on the job site came to a ------- when the construction team ran out of needed building materials.

(A) stroll
(B) halt
(C) cascade
(D) surplus

0632 While many brands' refrigerators are very much alike, Vand's products have a ------- reputation for durability.

(A) solid
(B) short
(C) companionable
(D) previous

0633 Seanank Construction boasts approximately 1,000 employees working in its ------- companies.

(A) exposed
(B) superstitious
(C) affiliated
(D) factual

0634 Mr. Salinger did not expect his biography *Life Be Gorgeous* to ------- to the younger generation as much as it did.

(A) trace
(B) automate
(C) appeal
(D) promote

0635 Since ------- expenses for renovating Light Kids Nursery were needed, the owner decided to raise funds from locals.

(A) sizable
(B) prestigious
(C) defective
(D) adherent

0631　重要表現 come to a halt　　　正解▶(B)

選択肢は全て名詞だ。空所の前にcame to aがあるので, 空所に(B) halt「停止」を入れるとcome to a halt「停止する」という表現になり, 問題文の文意が通る。(A)「散策」, (C)「（階段状に連続する）滝」, (D)「余剰」。(A) strollは,「（～を）散策する」という意味の動詞としても使われる。

> **語句** □ job site（仕事の）現場　□ building material 建築資材
> **訳** 現場の作業は, 建設作業チームが必要な建築資材を切らした時に停止した。

0632　have a solid reputation for ～　　　正解▶(A)

前半の節では, 逆接の接続詞While「～ではあるものの」を使って,「多くのブランドの冷蔵庫は似たり寄ったりだが」という内容を表している。そのため, 後半の節の内容は「Vand社の製品は他社のものとは違う」という内容になることが想定される。これを踏まえて, 空所に(A) solid「確かな」を入れると問題文の文意が通る。have a solid reputation for ～「～に定評がある」という表現を覚えておこう。(B)「短い」, (C)「付き合いやすい, 気さくな」, (D)「以前の」。

> **語句** □ reputation 評判　□ durability 耐久性
> **訳** 多くのブランドの冷蔵庫は似たり寄ったりだが, Vand社の製品は耐久性に定評がある。

0633　「系列会社」を表す affiliated company　　　正解▶(C)

選択肢には形容詞の働きを持つ語が並んでおり, 空所には直後にあるcompaniesを修飾する語が入る。空所に(C) affiliated「系列の, 提携している」を入れるとaffiliated companies「系列会社」という表現になり, 問題文の文意が通る。名詞のaffiliateも「系列会社」を意味するということも覚えておこう。(A)「（風雨などに）さらされた」, (B)「迷信の」, (D)「事実の」。

> **語句** □ boast ～を持つ, 誇る　□ approximately およそ
> **訳** Seanank建設会社には, 系列会社で働くおよそ1,000人の従業員がいる。

0634　「～の興味を引く」を表す appeal to ～　　　正解▶(C)

空所に自動詞の(C) appealを入れるとappeal to ～「～の興味を引く」という句動詞になり, 問題文の文意が通る。(A)「～の跡をたどる」, (B)「～を自動化する」, (D)「～を宣伝する, 昇進させる」。問題文の文末にあるit didはhis biography *Life Be Gorgeous* appealed to the younger generationを〈代名詞＋代動詞〉を使って表したものだ。

> **語句** □ expect *A* to *do* *A*が～することを期待する　□ biography 伝記　□ generation 世代
> **訳** Salingerさんは, 彼の伝記 *Life Be Gorgeous* がこれほど若い世代の興味を引くとは思ってもみなかった。

0635　expenses とのコロケーション　　　正解▶(A)

空所には, 後ろにある名詞expenses「費用」を適切に修飾する形容詞が入る。(A) sizable「かなり（大きな）」を空所に入れるとsizable expenses「かなりの費用」という表現になり, 問題文の文意が通る。(B)「名声のある」, (C)「正常に機能しない, 欠陥のある」, (D)「粘着する」。(D)は, 派生語の動詞を使ったadhere to ～「～を忠実に守る, 支持する, ～にくっつく」も覚えておくこと。

> **語句** □ renovate ～を改修する　□ nursery 保育所　□ raise funds 資金を集める　□ locals（特定の）地域住民
> **訳** Light Kids保育所の改修にはかなりの費用が必要であったため, オーナーは地域住民から資金を集めることに決めた。

UNIT
8
語彙問題

0636 Everyone, with the ------- of the staff working in the loading dock, must come to a lunchtime meeting in the conference room today.

(A) restriction
(B) assessment
(C) hesitation
(D) exception

0637 Recent changes in state regulations have made it more important than ever for companies to monitor the ------- they cause.

(A) visibility
(B) deduction
(C) occurrence
(D) pollution

0638 The office ------- was completed ahead of schedule owing to the excellent work of the staff at Star Renovations.

(A) prerequisite
(B) plaster
(C) proximity
(D) refurbishment

0639 We are currently waiting on a shipment of promotional ------- from CRT Printing Company.

(A) resurgence
(B) altitude
(C) credibility
(D) material

0640 At Nensey Company, those who accept promotions to managerial positions will be ------- for benefits such as a company car and extra holidays.

(A) eligible
(B) proficient
(C) interactive
(D) captivating

0636 🔍 重要表現with the exception of ～　　　　　正解 (D)

選択肢は全て名詞だ。空所の直前にはwith the, 直後にはofがあることから, 空所に(D) exception「例外」を入れるとwith the exception of ～「～を除いて」という表現になり問題文の文意が通る。(A)「制限」, (B)「評価」, (C)「ためらい, 躊躇」。

語句 □ loading dock 搬入口

訳 搬入口で働いているスタッフを除く全員が, 本日会議室で開かれる昼食会議に参加しなければならない。

0637 🔍 複雑な文構造を掴む　　　　　正解 (D)

空所の前にあるto monitor「～を監視すること」の前までの内容は, 「最近の州の規則における変更が, it (= to以下の内容)を企業にとってこれまで以上に重要にした」というものだ。空所はmonitorの目的語となり, 同時にthey cause「彼らが引き起こす」の先行詞も兼ねている(空所の直後には関係代名詞の目的格が省略されていると考える)。これらを踏まえ, (D) pollution「汚染」を空所に入れると問題文の大意が「彼らが引き起こした汚染を監視することが重要になった」となり, 文意が通る。(A)「可視性」, (B)「控除」, (C)「出来事, 発生」。

語句 □ state regulation 州の規則　□ than ever かつてないほどに

訳 州の規則における最近行われた変更により, 企業にとって自らが引き起こす汚染を監視することがこれまで以上に重要になった。

0638 🔍 「完了したものが何か」を考える　　　　　正解 (D)

主語であるThe office -------には, was completed ahead of schedule「予定より早く完了した」という述部が続いている。これを踏まえて, 選択肢の中で空所に入れて問題文の文意が通るのは, (D) refurbishment「改装」だ。(A)「必要条件, 前もって必要なもの」, (B)「しっくい」, (C)「近いこと」。(C)は, proximity to ～「～に近いこと」という表現を覚えておこう。

語句 □ ahead of schedule 予定より早く　□ owing to ～ ～のおかげで

訳 Star Renovations社のスタッフの素晴らしい仕事のおかげで, オフィスの改装は予定より早く完了した。

0639 🔍 promotionalに修飾されるものを選ぶ　　　　　正解 (D)

空所には, 直前にある形容詞promotional「宣伝用の」に適切に修飾される名詞が入る。(D) material「資材」を空所に入れるとpromotional material「販促資材」という表現になり, 問題文の文意が通る。(A)「再開, 復帰」, (B)「高度」, (C)「信頼性」。問題文中にあるwait on ～「(出来事が起きるの)を待つ」は「(人)に仕える, 給仕する」という意味でもしばしば使われる。

訳 私たちは現在, CRT印刷会社からの販促資材の発送を待っている。

0640 🔍 「～に対して資格がある」を表すbe eligible for ～　　　　　正解 (A)

空所には主語のthose (who)「(～する)人々」の補語になるものが入る。空所の前にはbe, 後ろにはforがあるので, (A) eligible「資格のある」を空所に入れるとbe eligible for ～「～に対して資格がある」という表現になり, 問題文の文意が通る。関連表現のbe eligible to do「～する資格がある」もセットで押さえておくこと。(B)「熟達した」, (C)「双方向の」, (D)「うっとりさせる, 魅惑的な」。

語句 □ managerial position 管理職　□ benefits 福利厚生　□ extra holiday 特別休暇

訳 Nensey社では, 管理職への昇進を受け入れた人は社用車や特別休暇などの福利厚生を利用する資格を得る。

0641 The new warehouse monitoring system warns ShineStag's staff
when there is a risk of stock -------.

(A) commerce
(B) ensemble
(C) productivity
(D) depletion

0642 ------- profits seemed high last year, but in the end we netted very
little due to huge increases in material costs and other factors.

(A) Stance
(B) Intake
(C) Rise
(D) Gross

0643 Ms. Kaita created a business plan from ------- and had it looked
over by a consultant to receive some advice on it.

(A) tariff
(B) petal
(C) function
(D) scratch

0644 Douglad Auto's merger with Joynad Garage ------- about many big
changes to the company's hiring policies.

(A) shook
(B) enlightened
(C) delivered
(D) brought

0645 The Le Blanc Performing Arts Center will have a grand concert hall
as well as smaller, more ------- performance spaces.

(A) irrelevant
(B) erroneous
(C) lingering
(D) intimate

`0641` 🔑 複合名詞 stock depletion　　　　　　　　　　　正解 ▶ (D)

前半の節の内容は「新たな倉庫管理システムは, ShineStag 社のスタッフに警告する」というものなので, whenから始まる後半の節は「倉庫管理システムが警告を発するに値する状況」を表す内容になる。(D) depletion「減少, 枯渇」を空所に入れるとstock depletion「在庫切れ」という複合名詞が完成し, 問題文の文意が通る。(A)「商業」, (B)「アンサンブル」, (C)「生産性」。

語句 □ warehouse monitoring system 倉庫管理システム　□ warn 〜に警告する
訳 新たな倉庫管理システムは, 在庫切れの恐れがある時にShineStag 社のスタッフに警告する。

`0642` 🔑 複合名詞 gross profits　　　　　　　　　　　　正解 ▶ (D)

空所には, 後ろにある名詞profits「利益」を前から適切に修飾する名詞が入る。(D) Gross「総額」を空所に入れるとGross profits「売上総利益」という複合名詞になり, 問題文の文意が通る。(A)「(物事に対する) 姿勢」, (B)「摂取」, (C)「上昇」。

語句 □ net 〜を手に入れる　□ material costs 材料費
訳 昨年は売上総利益が高いように見えたが, 材料費の大幅な上昇やその他の要因で, 我々は結局ほとんどもうからなかった。

`0643` 🔑 「一から, 最初から」を表す from scratch　　　　　正解 ▶ (D)

選択肢は全て名詞だ。空所の前にはfromがあるので, 空所に (D) scratchを入れるとfrom scratch「一から, 最初から」という表現になり, 問題文の文意が通る。(A)「関税」, (B)「花弁, 花びら」, (C)「機能」。

語句 □ look over 〜 〜に目を通す
訳 Kaitaさんは事業計画書を一から作成し, それに関するアドバイスを得るために, コンサルタントに目を通してもらった。

`0644` 🔑 「〜をもたらす」を表す bring about 〜　　　　　正解 ▶ (D)

選択肢には動詞の過去形が並び, 問題文には述語動詞が欠けているのでそれを空所に補う。空所に bringの過去形の(D) broughtを入れるとbring about 〜「〜をもたらす, 引き起こす」という句動詞になり, 問題文の文意が通る。(A) shake「〜を振る」, (B) enlighten「〜を啓発する」, (C) deliver「〜を運ぶ」。

語句 □ merger 合併　□ garage 自動車修理工場　□ hiring policy 採用方針
訳 Douglad自動車のJoynad自動車修理工場との合併は, 会社の採用方針に多くの大きな変更をもたらした。

`0645` 🔑 難単語 intimate　　　　　　　　　　　　　　　正解 ▶ (D)

The Le Blanc Performing Arts Center「Le Blanc 舞台芸術センター」が所有するものとして, a grand concert hall「豪勢なコンサートホール」とsmaller, more ------- performance spaces「より小さく〜な演奏スペース」が挙げられている。空所に入れて問題文の文意が通るのは, (D) intimate「居心地のよい」だ。(A)「無関係の」, (B)「間違った」, (C)「長く続く」。

語句 □ grand 豪勢な　□ performance space 演奏スペース
訳 Le Blanc 舞台芸術センターには, 豪勢なコンサートホールだけでなく, より小さく居心地のよい演奏スペースもできるだろう。

UNIT **8** 語彙問題

0646 Hundreds of customers visited the store over the weekend to take ------- of the special offers.

(A) advantage
(B) assignment
(C) welcome
(D) refusal

0647 Mr. Yates was ------- in highly confidential work when he was employed at Carleton Research Facility.

(A) resolved
(B) engaged
(C) dedicated
(D) promoted

0648 Sakurada Parking is open to all visitors, but it charges a ------- of $22 a day, which is relatively high in the area.

(A) cost
(B) rate
(C) fine
(D) number

0649 Wallnod Foods' marketing department decided on a new ------- of action after they saw the initial sales figures.

(A) course
(B) trace
(C) gauge
(D) steam

0650 Pallmers Pharmacy has developed its own line of ------- priced hair care products.

(A) categorically
(B) superficially
(C) competitively
(D) comparatively

0646 🔑 重要表現 take advantage of ～　　　　　　　　　　　　　　　**正解** (A)

選択肢は全て名詞で，空所は「～するために」というto不定詞の中に含まれる。空所の前にはtake，後ろにはofがあるので，空所に(A) advantage「有利な点」を入れるとtake advantage of ～「～を利用する」という表現になり，問題文の文意が通る。(B)「任務，業務」，(C)「歓迎」，(D)「拒否」。

語句 □ hundreds of ～ 数百の～　□ special offer 特売
訳 特売を利用しようと，何百人もの客が週末にかけてその店を訪れた。

0647 🔑 「～に従事している」を表す *be* engaged in ～　　　　　　　　**正解** (B)

選択肢には過去分詞が並んでいる。空所にengage「～を従事させる」の過去分詞である(B) engagedを入れると*be* engaged in ～「～に従事している」という表現になり，問題文の文意が通る。意味の似た表現に*be* involved in ～「～に従事・関与している」があるが，*be* engaged in ～の方が「自ら関わろうとする意志がある」際に使う，より主体性のある表現だ。(A) resolve「～を解決する」，(C) dedicate「～を捧げる」，(D) promote「～を昇進させる，販売促進させる」。(C)はdedicate *oneself* to ～「～に専念する」という表現も押さえておこう。

語句 □ highly 非常に　□ confidential 機密性の高い　□ employ ～を雇う
訳 Yatesさんは Carleton 研究施設に勤めていた頃，非常に機密性の高い仕事に従事していた。

0648 🔑 重要表現 a rate of ～　　　　　　　　　　　　　　　　　　**正解** (B)

空所に(B) rate「料金」を入れるとa rate of ～「～の料金」という表現になり，問題文の文意が通る。(D)はa number of ～「多数の，いくつかの」という表現を作ることができるが，問題文の文意に合わないので不正解だ。空所の前後だけを見て正解を判断せず，問題文全体の意味を確認して解答するよう注意したい。(A)「費用」，(C)「罰金」，(D)「数」。問題文中のbe open to ～「～に開かれている」は，本問の内容からも分かるように「誰でも利用することができるが，無料であるとは限らない」という意味の表現だ。

語句 □ charge（代金）を請求する　□ relatively 比較的
訳 Sakurada 駐車場は全ての来訪者が利用可能だが，その地域では比較的高い，1日当たり22ドルの料金が請求される。

0649 🔑 重要表現 a course of action　　　　　　　　　　　　　　　　**正解** (A)

選択肢は全て名詞だ。空所に(A) course「（一連の出来事の）成り行き，進行」を入れて前後にあるaやof actionと共にa course of action「行動方針」という表現を作ると，問題文の大意が「Wallnod食品会社のマーケティング部は新しい行動方針を決定した」というものになり，問題文の文意が通る。(B)「跡」，(C)「計器」，(D)「蒸気」。

語句 □ decide on ～ ～を決定する　□ initial 初期の　□ sales figure 売上高
訳 Wallnod食品会社のマーケティング部は，初期の売上高を見た後に新しい行動指針を決定した。

0650 🔑 pricedとのコロケーション　　　　　　　　　　　　　　　　**正解** (C)

空所の後ろに続くpriced「値段をつけられた」を前から適切に修飾する副詞を選ぶ問題だ。空所に(C) competitively「競争的に」を入れると，competitively priced「他に負けない価格の」つまり「（他に比べて）安い」という意味になり，問題文の文意が通る。派生語のcompetitor「競合他社」，competition「大会」，そしてcompete with ～「～と競争する」などもセットで覚えておきたい。(A)「断定的に」，(B)「表面的に」，(D)「比較的」。

語句 □ *one's* own line of ～ ～の独自のライン
訳 Pallmers薬局は，他社に負けない価格のヘアケア商品の独自のラインを開発した。

0651 Martha Baartz is an internationally ------- violinist who has had
several sold-out solo tours.

(A) acclaimed
(B) ensured
(C) conveyed
(D) measured

0652 As the ------- of Greta Grey Inn, it is my sincere pleasure to
welcome you to our humble hotel.

(A) proprietor
(B) tendency
(C) premises
(D) testimony

0653 Decisions regarding outsourcing will be made at the project
manager's -------.

(A) grievance
(B) proofreading
(C) discretion
(D) blueprint

0654 Solarknowit.com has all the information you need to make an
------- choice about solar panels for your home.

(A) enhanced
(B) abridged
(C) attended
(D) informed

0655 If any questions arise, they will be handled by Mr. Carter, the head
of the planning -------.

(A) paper
(B) ambience
(C) bureaucrat
(D) committee

日々頑張っている人たちの SNS を覗いてみてください。悩み, 苦しんでいるのは自分だけではないのです。

0651 🔍 「ヴァイオリニスト」を修飾する形容詞　　　　　　　　正解 **(A)**

空所には, 後ろにある名詞violinist「ヴァイオリニスト」を適切に修飾する語が入る。acclaim「～を称賛する」の過去分詞である(A) acclaimed「称賛された」を空所に入れると, internationally acclaimed violinist「国際的に称賛されているヴァイオリニスト」となり, 問題文の文意が通る。(B) ensure「～を保証する」, (C) convey「～を伝える」, (D) measure「～を測定する」。

　語句　□ sold-out 完売の　□ solo tour 単独ツアー
　訳　Martha Baartzは, チケット完売の単独ツアーを何度か行った国際的に称賛されているヴァイオリニストである。

0652 🔍 どの目線からの文なのかを考える　　　　　　　　正解 **(A)**

最初にAs the ------- of Greta Grey Inn「Greta Greyホテルの～として」という前置きをしており, カンマ以降では「あなたをお迎えできることを心より嬉しく思う」と続けている。このことから, 前置きの部分では, この文の話し手の立場を示していると考えられるので, 空所に入れるものとしては(A) proprietor「経営者」が適切だ。(B)「傾向」, (C)「前提, 敷地」, (D)「証言」。問題文中にあるhumbleは「(謙遜して)つまらない」を意味し, 相手に対してへりくだる時に使われる形容詞だ。関連表現にin my humble opinion「私見では」が挙げられる。

　語句　□ it is my sincere pleasure to do ～することを心より嬉しく思う　□ welcome A to B AをBに迎える
　訳　Greta Greyホテルの経営者として, あなたを我々のホテルにお迎えできることを心より嬉しく思います。

0653 🔍 at *one's* discretion　　　　　　　　正解 **(C)**

選択肢は全て名詞だ。空所の前には前置詞のatと「人」を表すthe project manager's「プロジェクトマネージャーの」があることに注目しよう。空所に(C) discretion「裁量(権)」を入れると, at *one's* discretion「～の裁量で」という表現になり, 外部委託に関する決定がどのようになされるのかを表した適切な文になる。(A)「苦情(の原因)」, (B)「校正」, (D)「設計図」。(D)はdesignやdraftに言い換えることができる。

　語句　□ outsourcing 外部委託
　訳　外部委託に関する決定は, プロジェクトマネージャーの裁量で行われる。

0654 🔍 choiceとのコロケーション　　　　　　　　正解 **(D)**

空所には, 後ろにある名詞choice「選択」を適切に修飾する語が入る。inform「～に知らせる」の過去分詞である(D) informed「情報に基づいた」を空所に入れると, informed choice「情報を受けた上での選択」という表現になり, 問題文の文意が通る。informed decision「詳細な情報を得た上での決断」やinformed consent「告知に基づく同意」もセットで押さえておこう。(A) enhance「～を高める」, (B) abridge「～を要約する」, (C) attend「～に参加する」。

　語句　□ solar panel ソーラーパネル, 太陽電池パネル
　訳　Solarknowit.comは, 自宅のソーラーパネルに関して説明を受けた上での選択をするために必要な全ての情報を有しています。

0655 🔍 複合名詞planning committee　　　　　　　　正解 **(D)**

空所には, 前にある名詞planning「企画」が適切に修飾する名詞が入る。(D) committee「委員会」を空所に入れるとplanning committee「企画委員会」という複合名詞になり, 問題文の文意が通る。(A)「新聞, 研究論文」, (B)「雰囲気」, (C)「官僚」。(A) paperは「新聞, 論文」という意味で使われる場合は可算名詞であることに注意したい。

　語句　□ arise 生じる　□ handle ～に対応する　□ head (集団の)長, 代表
　訳　もし何か質問がありましたら, 企画委員会の委員長であるCarterさんが対応いたします。

0656 Despite its shabby -------, Woolmaster Café is one of the city's premier culinary destinations.

(A) attic
(B) appearance
(C) duration
(D) foundation

0657 The hotel has ------- agreed to store the group's luggage until 4:00 P.M., when the bus will come to transfer them to the airport.

(A) radically
(B) graciously
(C) fiercely
(D) spaciously

0658 While outsourcing has relieved some of the strain on workers, we do not plan to rely on it for the long -------.

(A) term
(B) take
(C) mission
(D) portion

0659 With 67 percent of the vote, Noriko Hamada has won the runoff election against ------- mayor Kenzo Kubota.

(A) sparse
(B) distinct
(C) whole
(D) incumbent

0660 The ------- feature of the H-1 vacuum cleaner released by Nordens is its long battery life.

(A) apprehensive
(B) watertight
(C) noteworthy
(D) revisory

0656 🔑 前置詞despiteから適切な文脈を考える 　　　　　　　　　 正解 **(B)**

カンマ以降の文は「Woolmasterカフェは町で最高の飲食店の1つだ」という内容だ。また, 文頭の
Despite「〜にもかかわらず」は, 「期待とは異なる状況」を表す時に使われる前置詞である。(B)
appearance「見かけ」を空所に入れると, 「みすぼらしい見かけによらず, Woolmasterカフェは町で最高
の飲食店の1つだ」という内容になり, 問題文の文意が通る。(A)「屋根裏」, (C)「期間」, (D)「創立」。

　語句　□ shabby みすぼらしい, 荒れ果てた
　訳　みすぼらしい見かけによらず, Woolmasterカフェは町で最高の飲食店の1つだ。

0657 🔑 agreeとのコロケーション 　　　　　　　　　　　　　　　 正解 **(B)**

空所には, 後ろにある過去分詞のagreed「同意した」を適切に修飾する副詞が入る。(B) graciously「親
切に, 寛大に」を空所に入れると, graciously agree to *do*「〜することに快く同意する」という表現になり,
問題文の文意が通る。(A)「根本的に」, (C)「激しく」, (D)「広々と」。選択肢にある語は形容詞も押さえて
おくこと。(A)から順にradical「根本的な, 急進的な」, gracious「親切な, 丁重な」, fierce「激しい, 猛烈
な」, spacious「広々とした」。

　語句　□ store 〜を保管する　□ transfer *A* to *B* AをBに移動させる
　訳　そのホテルは団体を空港まで送るバスが来る午後4時まで, 彼らの荷物を預かることに快く同意した。

0658 🔑 重要表現for the long term 　　　　　　　　　　　　　　 正解 **(A)**

空所に(A) term「期間」を入れるとfor the long term「長期にわたって」という表現になり, 問題文の文
意が通る。termは「期間」の他にも「学期, 用語」という意味で使われ, 複数形termsは「条件, 条項」と
いう意味で使われるということも覚えておくこと。(B)「見解, 売上高」, (C)「任務, 使命」, (D)「部分, 一部」。

　語句　□ outsourcing 外注　□ relieve 〜を軽くする, 安心させる　□ strain 負担　□ rely on 〜 〜に頼る
　訳　外注は労働者の負担を一部軽くしましたが, 我々は長期にわたってそれに頼るつもりはありません。

0659 🔑 難単語incumbent 　　　　　　　　　　　　　　　　　　　 正解 **(D)**

選択肢は全て形容詞だ。空所に(D) incumbent「現職の」を入れるとincumbent mayor「現市長」となり,
問題文の文意が通る。(A)「まばらな, わずかな」, (B)「（他のものとは）はっきりと異なる, 違った」, (C)「全
てを含んだ」。(C)は, 〈the whole＋名詞の単数形〉という形で使われることが多い。類義語のentireと共
に押さえておくこと。

　語句　□ vote 投票（総数）　□ runoff election against 〜 〜との決選投票
　訳　67パーセントの得票率で, Noriko Hamadaは現市長のKenzo Kubotaとの決選投票に勝利した。

0660 🔑 featureとのコロケーション 　　　　　　　　　　　　　　 正解 **(C)**

選択肢は全て形容詞だ。空所に(C) noteworthy「注目に値する」を入れるとnoteworthy feature「注目
すべき特徴」という表現になり, 問題文の文意が通る。(A)「恐れて, 心配して」, (B)「防水の」, (D)「改訂
の」。(A)は, be apprehensive about 〜「〜について心配している」という形で覚えておこう。

　語句　□ vacuum cleaner 掃除機　□ release 〜を発売する　□ battery life バッテリー寿命
　訳　Nordens社によって発売されたH-1掃除機の注目すべき特徴は, その長いバッテリー寿命である。

UNIT **8**
語彙問題

0661 The filters on the restaurant's air conditioners are replaced on a regular ------- for sanitary reasons.

(A) spectrum
(B) duration
(C) basis
(D) timing

0662 The ------- inspection of the property revealed that it was in need of some plumbing repairs.

(A) select
(B) rotting
(C) initial
(D) ambiguous

0663 The Cheeza Festival, which has been delayed by severe weather several times, will finally take ------- on the first weekend of May.

(A) occasion
(B) action
(C) place
(D) measures

0664 The event organizers ------- the plan they had prepared over the previous 12 months.

(A) sent away
(B) watched out
(C) adhered to
(D) passed out

0665 The ------- of Luisa Wu's latest novel bears a striking resemblance to a famous Canadian entrepreneur.

(A) protagonist
(B) irrigation
(C) equivalent
(D) liquidation

0661　重要表現on a ～ basis　　　正解 (C)

空所の前にはon a regularがあることに注目する。空所に(C) basisを入れるとon a regular basis「定期的に」という表現になり，問題文の文意が通る。regularの部分にはさまざまな「期間を表す表現」を入れることができ，on a weekly basis「毎週，週1回の頻度で」のようにも使うことができる表現だ。(A)「残像，範囲」，(B)「期間」，(D)「タイミング」。

語句 □ replace ～を交換する　□ sanitary 衛生の
訳 レストランのエアコンのフィルターは，衛生上の理由で定期的に交換される。

0662　inspectionとのコロケーション　　　正解 (C)

空所には，直後に続く名詞inspection「点検」を適切に修飾する形容詞が入る。(C) initial「最初の」を空所に入れるとinitial inspection「初回点検」となり，問題文の文意が通る。(A)「選ばれた，選り抜きの，高級な」，(B)「腐っている，朽ちかけた」，(D)「曖昧な」。問題文中にあるplumbing「配管」は，名詞plumber「配管工」もセットで覚えておくこと。

語句 □ property 物件　□ in need of ～ ～を必要として　□ plumbing 配管
訳 物件の初回点検で，配管修理が必要であることが明らかになった。

0663　「行われる」を表すtake place　　　正解 (C)

空所の前には動詞takeがあることに注目する。空所に(C) placeを入れるとtake place「行われる」という表現になり，問題文の文意が通る。take placeはbe heldに言い換えられるということも押さえておくこと。(A)「出来事，チャンス」，(B)「行動」，(D)「対策」。(A)はon occasion「時折」，(D)はtake measures「対策を講じる」という表現も覚えておこう。

語句 □ severe weather 荒天
訳 Cheeza祭は，荒天によって何度か延期されてきたが，最終的に5月の第1週目の週末に行われる予定だ。

0664　「～に忠実に従う」を表すadhere to ～　　　正解 (C)

選択肢には句動詞の過去形が並んでいる。空所に(C) adhered to「～に忠実に従った」を入れると，「準備してきた計画に忠実に従った」という意味になり，問題文の文意が通る。(A) send away ～「～を追い払う」，(B) watch out ～「～に気を付ける」，(D) pass out「気絶する」。問題文中のthe planは先行詞で，直後には関係代名詞のwhich[that]が省略されていると考えること。

語句 □ organizer 主催者　□ previous 以前の
訳 イベントの主催者は，過去12カ月にわたって準備してきた計画に忠実に従った。

0665　難単語protagonist　　　正解 (A)

選択肢は全て名詞だ。空所はofの前にあるのでLuisa Wu's latest novel「Luisa Wuの最新の小説」の「何か」であり，bears a striking resemblance to a famous Canadian entrepreneur「有名なカナダの起業家と著しい類似点がある」の主語としてふさわしいものである必要がある。よって，正解は(A) protagonist「(小説や映画などの)主人公」だ。(B)「灌漑」，(C)「同等のもの」，(D)「清算」。

語句 □ bear a resemblance to ～ ～と類似点を持つ　□ striking 著しい　□ entrepreneur 起業家
訳 Luisa Wuの最新の小説の主人公は，有名なカナダの起業家と著しい類似点がある。

UNIT **8** 語彙問題

0666 The successful ------- will be required to spend a week in Los Angeles for intensive training in team building and management skills.

(A) pedestrian
(B) inhabitant
(C) candidate
(D) spectator

0667 Ms. Brown found it hard to ------- her team at the end of her employment contract.

(A) leave for
(B) part with
(C) fill up
(D) lead to

0668 Deltascan uses proprietary software for document storage and is not ------- with any other formats.

(A) perishable
(B) eligible
(C) disputable
(D) compatible

0669 Mike Waters had a ------- career as a curator before switching to fiction writing.

(A) synthetic
(B) distinguished
(C) descriptive
(D) premium

0670 Renters must receive ------- permission from the owner of Berry Notch Building before making any changes to the interior.

(A) even
(B) explicit
(C) void
(D) erratic

0666 「研修を受ける人物」を考える 正解 (C)

選択肢には「人」を表す名詞が並んでいる。空所以降の内容は，主語であるThe successful ------ が「チームビルディングとマネジメントスキルの集中的な研修を受ける必要がある」というものだ。(C) candidate「候補者」を空所に入れるとsuccessful candidate「合格者」という表現になり，研修を受ける人物としてふさわしいものになる。(A)「歩行者」，(B)「居住者」，(D)「観客」。

語句 □ intensive 集中的な　□ training 研修
訳 合格者はロサンゼルスで1週間，チームビルディングとマネジメントスキルの集中的な研修を受ける必要がある。

0667 「〜と別れる」を表すpart with 〜 正解 (B)

選択肢には句動詞が並んでいる。空所に (B) part with「〜と別れる，〜を手放す」という句動詞を入れると，「雇用契約終了時にチームと別れることを辛く感じた」という内容になり，問題文の文意が通る。(A)「〜へ出発する」，(C)「〜を満たす」，(D)「〜に通じる」。問題文中にある第5文型のfind it *A* to *do*「〜することがAだと分かる」では，itの内容がto *do* 以下で説明されている。

語句 □ at the end of 〜 〜の終わりに　□ employment contract 雇用契約
訳 Brownさんは，雇用契約の終了時に彼女のチームと別れることを辛く感じた。

0668 重要表現 *be* compatible with 〜 正解 (D)

前半の節の内容は「Deltascanは独自のソフトウェアを文書の保存に用いている」というものだ。後半の節を見ると，空所の後ろに前置詞のwithがある。これをヒントにして空所に (D) compatibleを入れると，*be* compatible with 〜「〜と互換性のある」という表現が成立し，後半の節の内容が「(そのソフトウェアが) 他のいかなるフォーマットとも互換性がない」というものになり，問題文の文意が通る。(A)「(食料品などが) 傷みやすい」，(B)「資格がある」，(C)「議論の余地がある」。

語句 □ proprietary 私有の，独自の　□ document storage 文書の保存
訳 Deltascanは独自のソフトウェアを文書の保存に用いており，他のいかなるフォーマットとも互換性がない。

0669 「キャリア」を修飾する形容詞 正解 (B)

空所の後ろにある名詞career「経歴，キャリア」を適切に修飾し，空所に入れて問題文の文意が通るのは (B) distinguished「際立って優れた」だ。(A)「合成の」，(C)「記述的な」，(D)「高級な」は，いずれもcareerを修飾する形容詞としてふさわしくない。(D) premiumは，綴りの似ているpremiere「プレミア試写会，映画を封切る，主要な，主演女優」と混同しないよう注意したい。

語句 □ curator 学芸員　□ switch to 〜 〜に転向する　□ fiction writing 小説の執筆
訳 Mike Watersは小説の執筆に転向する前，学芸員として際立って優れたキャリアを持っていた。

0670 「どんな許可か」を考える 正解 (B)

空所には，後ろにある名詞permission「許可」を適切に修飾する形容詞が入る。(B) explicit「明確な」を空所に入れるとexplicit permission「明確な許可」という表現になり，問題文の文意が通る。(A)「平らな，均一な」，(C)「中身がない，無効な」，(D)「目的の定まらない，不規則な」。問題文中のpermission「許可」は不可算名詞だが，permit「許可証」は可算名詞であることも確認しておこう。

語句 □ renter 賃借人　□ make changes to 〜 〜を変更する　□ interior 内部
訳 賃借人は内装を変更する前に，Berry Notch ビルのオーナーの明確な許可を得なければならない。

UNIT **8** 語彙問題

0671 Free passes for the play's opening night will be ------- to employees on Monday.

(A) received
(B) dispersed
(C) validated
(D) distributed

0672 Some new safety ------- are urgently required for those who work in the construction industry.

(A) procedures
(B) stimulations
(C) penchants
(D) segments

0673 When it ------- to interior decorating, you will find no one with more experience than Marshallen Interiors.

(A) manages
(B) assures
(C) comes
(D) requires

0674 Users can ------- assured that our programming team is urgently working on an update that will solve connectivity issues.

(A) rest
(B) align
(C) vanish
(D) accept

0675 After dinner, many hotel guests enjoy taking a ------- walk along the shoreline stretching eastward.

(A) tremendous
(B) impartial
(C) leisurely
(D) bountiful

0671 💡「～に配布される」を表す*be* distributed to ～　　　　正解 (D)

空所の前にはbeがあり, 選択肢には過去分詞が並んでいるので, それらがセットになって受動態を作ると考えられる。空所にdistribute「～を配布する」の過去分詞である(D)を入れると*be* distributed to ～「～に配布される」となり, 問題文の文意が通る。(A) receive「～を受け取る」, (B) disperse「～を散らす」, (C) validate「～を (法的に) 有効にする」。

語句 □ play 劇　□ opening night 初日, 初演
訳 その劇の初演の無料入場券は, 月曜日に従業員に配布される予定である。

0672 💡 複合名詞 safety procedures　　　　正解 (A)

選択肢には名詞が並んでいるので, 空所に入る語は直前にある名詞safety「安全」と共に複合名詞を形成すると考えられる。(A) procedures「手順」を空所に入れるとsafety procedures「安全手順」という複合名詞になり, 問題文の文意が通る。(B)「刺激」, (C)「傾向, 好み」, (D)「部分」。問題文中にあるthose who「～する人々」はpeople whoに言い換えることが可能だ。

語句 □ urgently 緊急に, 差し迫って　□ construction industry 建設業界
訳 建設業で働く人々のために, 新しい安全手順が差し迫って必要とされている。

0673 💡 重要表現 when it comes to ～　　　　正解 (C)

選択肢には動詞の三人称単数現在形が並んでいる。空所に(C) comesを入れるとwhen it comes to ～「～のこととなると」という表現になり, カンマ以降の「Marshallenインテリア会社よりも経験豊富な会社は見つからない」という内容と適切に文が繋がる。(A) manage「～を管理する」, (B) assure「～を保証する」, (D) require「～を必要とする」。

語句 □ interior decorating 内装
訳 内装のこととなると, Marshallenインテリア会社よりも経験豊富な会社は見つからない。

0674 💡 重要表現 rest assured that　　　　正解 (A)

選択肢は全て動詞の原形である。空所に(A) restを入れると, 後ろに続くassured thatと共にrest assured that「～なのでご安心ください」という表現になり, 問題文の文意が通る。このrestは「～をそのままの状態にしておく」という意味の動詞で, 主語がassured「保証された」という状態のままである, つまり主語に対して「ご安心ください」ということを伝えたい時に使う表現となる。(B)「～を一直線に並べる」, (C)「消える」, (D)「～を引き受ける」。

語句 □ work on ～ ～に取り組む　□ connectivity issue 接続問題
訳 弊社のプログラミングチームが接続問題を解決するアップデートに緊急で取り組んでいるので, 利用者はご安心ください。

0675 💡 重要表現 take a leisurely walk　　　　正解 (C)

空所に(C) leisurely「のんびりした, くつろいだ」を入れるとtake a leisurely walk「のんびり散歩する」という表現になり, 問題文の文意が通る。(A)「とてつもなく大きい」, (B)「偏らない, 公平な」, (D)「(物が) 豊富な, 気前がよい」。(D)は名詞bounty「報奨金, 気前のよさ, 豊富に与えられるもの」も押さえておきたい。

語句 □ shoreline 海岸線　□ stretch 伸びる　□ eastward 東に向かって
訳 夕食の後, 多くのホテル宿泊客は東方に伸びる海岸線に沿ってのんびり散歩することを満喫する。

0676 Norad Company will test a new marketing ------- involving both Internet and radio advertising as of April 1.

(A) leader
(B) strategy
(C) share
(D) research

0677 The design for the GTU smartphone was modified since it ------- a rival's product too closely.

(A) differed
(B) appeared
(C) resembled
(D) looked

0678 Over the past 10 years, the solar panels have saved HTI Corporation a ------- amount on electricity bills.

(A) methodical
(B) deliberate
(C) considerable
(D) prevalent

0679 In order to make room for more employees, we will get ------- of the filing cabinets on the west side of the office.

(A) rid
(B) lost
(C) set
(D) lit

0680 While the company president ------- the changes Ms. Willis had made, she reminded her to get permission in advance.

(A) reflected on
(B) approved of
(C) checked in
(D) planned out

無理せず毎日確実にこなせる目標を立てると, 長く学習を続けることができますよ。

0676 💡 marketingとのコロケーション　　　　　　　　　　　正解 (B)

空所に(B) strategy「戦略」を入れると, marketing strategy「マーケティング戦略」という表現になり, 問題文の文意が通る。(D)はmarketing research「市場調査」という表現があるが, この表現を成立させても問題文の文意には合わない。(A)はmarket leader「(市場の)最大手企業」, (C)はmarket share「市場占有率」という表現を押さえておこう。(A)「先導者」, (C)「株, 占有率」, (D)「研究, 調査」。

> **語句** □ test 〜を試す　□ involve 〜に関係する　□ advertising 広告
> **訳** Norad社は4月1日以降, インターネット広告とラジオ広告の両方に関係する新しいマーケティング戦略を試す予定だ。

0677 💡「似ている」ことを表す動詞　　　　　　　　　　　　正解 (C)

選択肢は全て動詞の過去形である。前半の節は「GTUスマートフォンのデザインは修正された」という内容で, 接続詞since「〜なので」から始まる後半の節でその理由を説明している。resemble「〜に似ている」の過去形である(C) resembledを空所に入れると, その節が「それはライバル社の製品に酷似していたので」という内容になり, 前半の節に対する適切な説明となる。(A) differ「異なる」, (B) appear「〜のように見える」, (D) look「見る, 〜のように見える」。

> **語句** □ modify 〜を修正する　□ resemble A too closely Aに酷似している
> **訳** GTUスマートフォンのデザインは, ライバル社の製品に酷似していたため修正された。

0678 💡「量」を修飾する形容詞　　　　　　　　　　　　　正解 (C)

空所の後ろにある名詞amount「量」を適切に修飾し, 空所に入れて問題文の文意が通るのは(C) considerable「かなりの」だ。述語動詞として使われているsave「〜を節約する」は, save A Bの形で「AにBを節約させる」という意味を表す。Aに当たるのがHTI Corporation「HTI社」, Bに当たるのがa considerable amount on electricity bills「かなりの量の電気代」となる。(A)「順序だった」, (B)「思慮深い, 熟考された」, (D)「普及している」。

> **語句** □ solar panel 太陽光パネル　□ corporation 法人, 有限(株式)会社
> **訳** 過去10年にわたって, 太陽光パネルはHTI社のかなりの量の電気代を節約してきた。

0679 💡「〜を処分する」を表すget rid of 〜　　　　　　　正解 (A)

選択肢は全て過去分詞だ。空所に(A) ridを入れるとget rid of 〜「〜を取り除く, 処分する」という表現になり, 問題文の文意が通る。rid「〜を取り除く」は原形・過去形・過去分詞とも同じ形である。rid A of B「AからBを取り除く」という表現も覚えておくこと。(B) lose「〜を失う」, (C) set「〜を配置する」, (D) light「〜を明るくする」。

> **語句** □ make room for 〜 〜のためのスペースを確保する　□ filing cabinet 書類整理棚
> □ on the west side of 〜 〜の西側にある
> **訳** より多くの従業員のためのスペースを確保するために, オフィスの西側にある書類整理棚を処分する予定です。

0680 💡「〜を承認する」を表すapprove of 〜　　　　　　　正解 (B)

選択肢には句動詞の過去形が並んでいる。空所には, 譲歩を表す接続詞While「〜ではあるものの」が導く前半の節の述語動詞が入る。approve of 〜「〜を承認する」の過去形である(B) approved ofを空所に入れると, 「変更を承認したが, (今後は)事前に許可を得てほしい」という自然な文脈となる。(A) reflect on「〜を熟考する」, (C) check in「(ホテルなど)にチェックインする」, (D) plan out「〜を綿密に計画する」。

> **語句** □ president 社長　□ remind A to do Aに〜するよう念を押す
> **訳** 社長はWillisさんが加えた変更を承認したが, 事前に許可を得るよう彼女に念を押した。

UNIT **8** 語彙問題

0681
□□□ Nileways Online Shopping had no choice but to offer free shipping on all orders to ------- competitive.

(A) attain
(B) remain
(C) engrave
(D) compare

0682
□□□ Having worked at Vandelay Books, Mr. Sakamoto is well ------- with the publishing industry.

(A) acquainted
(B) entailed
(C) documented
(D) praised

0683
□□□ In the long run, it can be cheaper to purchase more expensive building materials as they tend to ------- longer.

(A) assess
(B) last
(C) extend
(D) sum

0684
□□□ Employees have been made ------- of the new security procedures required when entering the building.

(A) clear
(B) aware
(C) proper
(D) secure

0685
□□□ Mr. Timms appeared on *Morning Talk* and spoke ------- about his company's expansion plans.

(A) candidly
(B) mutually
(C) reportedly
(D) apparently

0681 🔑 後ろに補語を取る remain　　　　　　　　　　　**正解** (B)

選択肢は全て動詞の原形だ。空所の後ろに形容詞の competitive「競争力のある」が続き，そこで文が終わっていることに注目しよう。後ろに補語を必要とする不完全自動詞の (B) remain「〜のままである」を空所に入れると，問題文後半の to 不定詞以下が to remain competitive「(Nileways Online Shopping が) 競争力を維持するために」となり，問題文前半の「全ての送料を無料にせざるをえなかった」ことの「理由」として適切な内容になる。(A)「〜を達成する」，(C)「〜を彫る，刻む」，(D)「〜を比べる」。

語句 □ have no choice but to *do* 〜せざるをえない　□ free shipping 無料配送

訳 Nileways Online Shopping は競争力を維持するために，全ての注文における送料を無料にせざるをえなかった。

0682 🔑 *be* acquainted with 〜　　　　　　　　　　　**正解** (A)

選択肢には過去分詞が並んでいる。acquaint「〜に (…を) 知らせる」の過去分詞である (A) acquainted を空所に入れると *be* acquainted with 〜「〜に精通している」という表現になり，問題文の文意が通る。この表現は *be* familiar with 〜に言い換えることが可能だ。(B) entail「〜を伴う」，(C) document「〜を文書で記録する」，(D) praise「〜を褒める」。問題文では分詞構文を用いており，冒頭の Having worked「働いていたので」は Because he has worked と同義である。

語句 □ publishing industry 出版業界

訳 Vandelay 書店で働いていたので，Sakamoto さんは出版業界に非常に精通している。

0683 🔑 「長持ちする」を表す last long　　　　　　　　　**正解** (B)

選択肢には動詞の原形が並んでいる。空所に (B) last「持ちこたえる」を入れると last long「長持ちする」という表現になり，問題文の文意が通る。(A)「〜を評価する」，(C)「〜を延ばす」，(D)「〜を合計する」。

語句 □ in the long run 長い目で見れば　□ building material 建材　□ tend to *do* 〜する傾向がある

訳 長い目で見れば，より高価な建材を購入する方がより長持ちする傾向にあるため，費用が安く済む可能性がある。

0684 🔑 重要表現 *be* made aware of 〜　　　　　　　　**正解** (B)

選択肢には形容詞が並んでいる。空所の前には been made，後ろには of があることから，空所に (B) aware「気付いて，知って」を入れると *be* made aware of 〜「〜を知らされる」という表現になり，問題文の文意が通る。能動態の make *A* aware of 〜「*A* に〜を意識させる」とセットで覚えておくこと。(A)「澄んだ，鮮明な」，(C)「適切な」，(D)「安全な」。

語句 □ security procedure 安全対策

訳 従業員は，ビルに入る際に必要とされる新しい安全対策について知らされた。

0685 🔑 「どう話したのか」を考える　　　　　　　　　　**正解** (A)

空所には前にある動詞 spoke「話した」を適切に修飾する副詞が入る。(A) candidly「率直に」を空所に入れると，spoke candidly「率直に語った」という表現になり，問題文の文意が通る。(B)「相互に」，(C)「伝えられるところによると」，(D)「見たところ (聞いたところ) 〜らしい，明らかに」は，いずれも本問の文脈において spoke を修飾する副詞として適切ではない。

語句 □ appear 現れる　□ expansion plan 拡大計画

訳 Timms さんは *Morning Talk* に出演し，彼の会社の拡大計画について率直に語った。

0686 The production crew of *Finding the Star* is in ------- need of a qualified camera operator with experience in indoor shooting.

(A) resourceful
(B) exhaustive
(C) desperate
(D) deliberate

0687 Since the weather is quite ------- in the mountains, be sure to bring rain gear such as umbrellas or raincoats to the tour.

(A) versatile
(B) vulnerable
(C) frugal
(D) unstable

0688 ERD employees and their ------- family members are eligible for 5 percent discounts on all our quality sportswear.

(A) immediate
(B) climactic
(C) similar
(D) foremost

0689 The development of a commercial ------- between Beaumont and Kingsley will create a lot of jobs for local residents.

(A) texture
(B) proponent
(C) endowment
(D) district

0690 Since its foundation, Lornpop Corp. has ------- connections with a number of wholesale suppliers in both India and New Zealand.

(A) reached
(B) determined
(C) afforded
(D) established

0686 🔑 need「必要性」を修飾する形容詞　　　　　　　　　　　　**正解 (C)**

空所の前後にはin need of ～「～を必要として」という表現があり, 空所にはこのneedを適切に修飾する形容詞を選ぶ。(C) desperate「極度の」を空所に入れると, in desperate need of ～「～がどうしても必要で」という表現が完成し問題文の文意が通る。(A)「機知に富んだ, 臨機応変の」, (B)「徹底的な」, (D)「意図的な, 熟考した上での」。

語句 □ crew（一緒に仕事をする）チーム　□ qualified 資格のある　□ indoor 屋内の　□ shooting 撮影
訳 *Finding the Star*の制作チームは, 屋内での撮影経験を持つ有資格のカメラ・オペレーターを切望している。

0687 🔑 天気の状態を表す形容詞　　　　　　　　　　　　　　　　**正解 (D)**

前半の節の主語であるthe weather「天気」の補語となる形容詞を選ぶ問題だ。後半の節の大意は「ツアーには雨具を持参するように」というもので, このことから空所に (D) unstable「不安定な」を入れると, 「理由」を表す前半の節がSince the weather is quite unstable in the mountains「山の中は天気がかなり不安定なので」という内容になり, 問題文の文意が通る。weatherを前から修飾し, unstable weather「不安定な天気」と表すこともあるので覚えておこう。(A)「(物が) 用途の広い, (人が) 多才な」, (B)「弱い, 脆弱な」, (C)「質素な, 倹約する」。

語句 □ rain gear 雨具
訳 山の中は天気がかなり不安定なので, ツアーには必ず傘やレインコートなどの雨具をお持ちください。

0688 🔑 immediateの意外な意味　　　　　　　　　　　　　　　　**正解 (A)**

空所には, 後ろに続く複合名詞family members「親族」を適切に修飾する形容詞が入る。(A) immediateを空所に入れると, immediate family members「近親者」という表現になり, 問題文の文意が通る。immediateには「即時の」だけでなく, 「(関係などが) 直近の, 直接の」という意味もあることを押さえておこう。(B)「クライマックスの, 最高潮の」, (C)「類似の」, (D)「一番先の」。

語句 □ *be* eligible for ～ ～に対して資格がある　□ quality 高品質な
訳 ERD社の従業員とその近親者は, 当店の高品質なスポーツウェア全てに対して, 5パーセントの割引を受ける資格があります。

0689 🔑 commercialとのコロケーション　　　　　　　　　　　　**正解 (D)**

空所には, 前にある形容詞commercial「商業の」に修飾される名詞が入る。(D) district「区域, 地域」を空所に入れると, commercial district「商業地域」という表現になり, 問題文の文意が通る。(A)「生地, 手触り」, (B)「提案者, 支持者」, (C)「寄付, 寄贈」。(C)は, endorsement「承認」と綴りが非常に似ているので混同しないよう注意が必要だ。

語句 □ development 開発　□ local resident 地元住民
訳 ボーモントとキングズリーの間での商業地区の開発は, 地元住民に対して多くの雇用を生み出すだろう。

0690 🔑 connectionsとのコロケーション　　　　　　　　　　　　**正解 (D)**

選択肢は全て過去分詞だ。空所には後ろに続くconnections「繋がり」を目的語とするのにふさわしい過去分詞が入る。establish「(関係など) を生じさせる」の過去分詞 (D) establishedを空所に入れると, have established connections「繋がりを築いてきた」という表現になり, 問題文の文意が通る。(A) reach「～に達する」, (B) determine「～を決定する」, (C) afford「～を持つ余裕がある」。

語句 □ since ～以来　□ foundation 設立　□ a number of ～ 多くの～　□ wholesale supplier 卸売業者
訳 設立以来Lornpop社は, インドとニュージーランド両国の多くの卸売業者との繋がりを築いてきた。

0691 Mr. Day was ------- editor-in-chief when Marge Wilson retired in May.

(A) named
(B) attributed
(C) alleged
(D) allowed

0692 Customers from a wide range of industries ------- Tullox Printing for their promotional materials.

(A) figure out
(B) count on
(C) prepare for
(D) turn in

0693 Kappan Organization is raising funds from the general ------- to build a library in the town.

(A) improvisation
(B) public
(C) admission
(D) inheritance

0694 ------- of the new accounting system will require an investment in employee training.

(A) Rationale
(B) Prospectus
(C) Implementation
(D) Rapport

0695 As the weather in August is difficult to predict, organizers decided that a ------- plan would also be necessary.

(A) containment
(B) tension
(C) contingency
(D) responsibility

`0691` 🔑 「AをBに任命する」を表すname *A B*   正解 ▶ **(A)**

空所の前にはbe動詞のwasがあり, 選択肢には過去分詞が並んでいるので, それらがセットになって受動態を作ると考えられる。(A) namedを空所に入れると, was named editor-in-chief「編集長に任命された」となり, 問題文の文意が通る。これはname *A B*「AをBに任命する」が受動態になった形だ。editor-in-chiefに冠詞が付いていないのは, この表現が「役職」を表しているからだということも押さえておきたい。(B) (attribute *A* to *B*の形で)「AをBのせいにする」, (C) allege「～だと主張する」, (D) allow「～を許可する」。

語句 □ retire 引退する

訳 Dayさんは, 5月にMarge Wilsonが引退した時に, 編集長に任命された。

`0692` 🔑 句動詞count on ～   正解 ▶ **(B)**

選択肢には句動詞が並んでいる。空所の後ろには社名であるTullox Printing「Tullox印刷会社」という名詞句が続いていることに着目しよう。空所に(B) count on「～を頼りにする」を入れると, count on Tullox Printing for their promotional materials「広告用資材 (を製作する際) はTullox印刷会社を頼りにしている」となり, 問題文の文意が通る。count on ～はdepend on ～やrely on ～, look to ～などに言い換えることが可能だ。(A)「～だと分かる」, (C)「～の準備をする」, (D)「～を提出する」。

語句 □ promotional material 広告用資材

訳 幅広い業界の顧客が, 広告用資材 (を製作する際) はTullox印刷会社を頼りにしている。

`0693` 🔑 generalとのコロケーション   正解 ▶ **(B)**

問題文の大意は, 「図書館建設のためにKappan協会が一般の～から資金を集めている」というものだ。空所に(B) public「公衆, 一般の人々」を入れると, general public「一般大衆」という表現が成立し, 資金を集める対象としてふさわしい語句となる。(A)「即興」, (C)「入場」, (D)「相続, 継承」。

訳 町に図書館を建てるために, Kappan協会は一般大衆から資金を集めている。

`0694` 🔑 「会計システムの何なのか」を考える   正解 ▶ **(C)**

選択肢は全て名詞だ。問題文は「新しい会計システムの～は従業員研修への投資が必要となる」という内容であり, 空所に(C) Implementation「実施」を入れると問題文の文意が通る。implementationに関連して動詞のimplement「～を実施する」も頻出なので押さえておこう。(A)「論理的根拠」, (B)「趣意書, 案内書」, (D)「良好な関係」。

語句 □ accounting system 会計システム　□ investment 投資　□ employee training 従業員研修

訳 新しい会計システムの実施には, 従業員研修への投資が必要となる。

`0695` 🔑 複合名詞contingency plan   正解 ▶ **(C)**

空所には, 後ろの名詞plan「計画」を適切に修飾する名詞が入る。(C) contingency「不慮の出来事」を空所に入れるとcontingency plan「不測の事態に備えての計画」という複合名詞になり, 問題文の文意が通る。形容詞のcontingent「不測の, 不慮の」も覚えておくこと。(A)「抑制」, (B)「緊張」, (D)「責任」。

語句 □ predict ～を予測する

訳 8月の天候は予測するのが難しいので, 主催者は不測の事態に備えての計画も必要だと判断した。

UNIT **8** 語彙問題

0696 Some customers complained online that it was difficult to ------- sense of the assembly instructions for the furniture.

(A) grow
(B) make
(C) discern
(D) constitute

0697 A ------- study showed that the land at 551 Carter Avenue would be an unsuitable site for a cinema complex.

(A) material
(B) deprivation
(C) feasibility
(D) consideration

0698 Please water the plant two times a day and keep it out of the sun so that it will not -------.

(A) forge
(B) wither
(C) destruct
(D) breeze

0699 At a book signing event, Mr. Freeman gave a ------- speech on the benefits of daily exercise.

(A) persuasive
(B) stagnant
(C) diagnostic
(D) simultaneous

0700 Ms. Holmes founded a ------- of profitable businesses before she met her current business partner.

(A) preparation
(B) collision
(C) succession
(D) definition

0696 🔑 重要表現 make sense of 〜 　　　　　　　　　　　　　　　　正解 (B)

選択肢には動詞の原形が並んでおり, 空所は be difficult to do 「〜するのが難しい」という表現の to 不定詞の部分に当たる。空所の後ろに sense of が続いていることに注目しよう。空所に (B) make を入れると make sense of 〜「〜の意味を理解する」という表現になり, 問題文の文意が通る。make sense 「意味を成す」と共に押さえておくこと。(A)「成長する, 〜を育てる」, (C)「〜を見分ける」, (D)「〜を構成する」。

語句 □ assembly 組み立て　□ instructions 説明書
訳 一部の顧客は, 家具の組み立て説明書を理解するのが難しいとオンライン上で不満を述べた。

0697 🔑 複合名詞 feasibility study 　　　　　　　　　　　　　　　　正解 (C)

空所には, 後ろの名詞 study 「調査」を適切に修飾する名詞が入る。(C) feasibility 「実現可能性」を空所に入れると, feasibility study 「(計画などの) 実行可能性の調査」という複合名詞になり, 問題文の文意が通る。(A)「資料」, (B)「剥奪」, (D)「考慮」。(B)は動詞 deprive の用法を deprive A of B 「A から B を奪う」の形で覚えておこう。

語句 □ land 土地　□ avenue 大通り　□ unsuitable 不適切な　□ cinema complex シネコン (複数のスクリーンがある映画館)
訳 実現可能性を調査したところ, Carter 大通り551番地の土地はシネコンには不適切な場所であることが分かった。

0698 🔑 難単語 wither 　　　　　　　　　　　　　　　　正解 (B)

選択肢には動詞の原形が並び, 空所は so that 「〜するように」に続く後半の節の一部である。後半の節の主語である it は前半の節の the plant 「植物」を指しているので, 空所に (B) wither 「枯れる」を入れると that 節の内容が「それ (植物) が枯れないように」というものになり, 「1日2回植物に水をあげて, 日の当たらない場所に置いてください」という前半の内容と繋がる。(A)「〜を築く, 構築する」, (C)「〜を自爆させる」, (D)「軽やかに動く」。

語句 □ water 〜に水をやる　□ keep A out of B A を B から遠ざけておく
訳 植物が枯れないよう1日2回水をあげて, 日の当たらない場所に置いてください。

0699 🔑 speech とのコロケーション 　　　　　　　　　　　　　　　　正解 (A)

空所の後ろにある名詞 speech 「スピーチ」を適切に修飾する形容詞を選ぶ問題だ。空所に (A) persuasive 「説得力のある」を入れると, persuasive speech 「説得力のあるスピーチ」という表現になり, 問題文の文意が通る。(B)「(経済などが) 停滞気味の」, (C)「診断の」, (D)「同時に起こる」。

語句 □ book signing event 書籍のサイン会　□ benefit 恩恵　□ exercise 運動
訳 書籍のサイン会で, Freeman さんは毎日運動を行うことの恩恵について説得力のあるスピーチをした。

0700 🔑 重要表現 a succession of 〜 　　　　　　　　　　　　　　　　正解 (C)

空所に (C) succession 「連続, 連なり」を入れると a succession of 〜「一連の〜, 連続する〜」という表現が完成する。すると, 前半の節が「Holmes さんは収益性の高い事業を次々と設立した」という内容になり, 問題文の文意が通る。(A)「準備」, (B)「衝突」, (D)「定義」。(A)は preparation for 〜「〜の準備」, (B)は collision with 〜「〜との衝突」という形も押さえておくこと。

語句 □ found 〜を設立する　□ profitable 利益性の高い　□ current 現在の
訳 Holmes さんは現在のビジネスパートナーに出会う前, 収益性の高い事業を次々と設立した。

0701 Please be sure to have your insurance policy number at hand when ------- a claim.

(A) filing
(B) sourcing
(C) stepping
(D) running

0702 The weather forecast said that there was a ------- chance that the Starllad City Marathon would be able to go ahead.

(A) stable
(B) persistent
(C) harsh
(D) slim

0703 All employees at Nobina, Inc., were required to take part in the ------- workshop on customer service and submit a report on it.

(A) fascinated
(B) introductory
(C) equivalent
(D) dwindling

0704 Mr. Townsend left the conference quickly in order to ------- an emergency at his branch office.

(A) clean out
(B) attend to
(C) merge with
(D) stick to

0705 The new parking lot is a big ------- as we have had a 30 percent increase in sales since it was built.

(A) plus
(B) drain
(C) source
(D) perception

0701 claimとのコロケーション

空所には，後ろに続くa claim「請求，要求」を目的語とするのにふさわしい現在分詞が入る。file「～を申し立てる」の現在分詞である(A) filingを空所に入れると，file a claim「請求を申し立てる，苦情を申し立てる」という表現になり，問題文の文意が通る。(B) source「～を調達する」，(C) step「～を踏む」，(D) run「～を運営する」。when filingは，when you are filingから主語とbe動詞を省略したものだと考えること。

語句 □ be sure to do 必ず～する □ insurance policy 保険証券 □ at hand 手元に
訳 支払いを請求する時は，保険証券番号をお手元にご用意ください。

0702 chance「見込み」を修飾する形容詞 　　　正解 (D)

前半の節にはThe weather forecast said「天気予報は～だと伝えた」とあり，続くthat節では「スターラッドシティマラソンが開催される～な見込みがある」と述べられている。この文脈から空所の後ろに続くchance「見込み，可能性」を修飾して問題文の文意が通るのは，(D) slim「(ほんの)わずかな」だ。(A)「安定した」，(B)「存在し続ける，持続性の」，(C)「厳しい，辛辣な」。

語句 □ weather forecast 天気予報 □ go ahead 起こる，行われる
訳 天気予報はスターラッドシティマラソンが開催されるわずかな見込みがあるということを伝えた。

0703 「入門の」を意味するintroductory 　　　正解 (B)

空所には，後ろに続く名詞workshop「ワークショップ」を適切に修飾する形容詞が入る。(B) introductory「入門の」を空所に入れると，introductory workshop「入門ワークショップ」という表現になり，問題文の文意が通る。(A)はfascinating「興味深い，魅力的な」であれば正解になりえるが，fascinatedなので不正解だ。(C)「同等の」，(D)「(徐々に)減少する」はいずれもworkshopを修飾する形容詞としてはふさわしくない。

語句 □ take part in ～ ～に参加する □ submit ～を提出する
訳 Nobina社の全従業員は接客の入門ワークショップに参加し，それに関するレポートを提出することが求められた。

0704 attendが持つ多様な意味 　　　正解 (B)

選択肢には句動詞が並んでいる。空所に(B) attend to「～に対応する」を入れると，attend to an emergency「緊急事態に対応する」という表現になり，問題文の文意が通る。attend to ～は「(人の)世話をする」という意味も表すので押さえておこう。(A)「～を掃除する」，(C)「～と合併する」，(D)「～に固執する，(決心・約束など)を守る」。

語句 □ emergency 緊急事態 □ branch office 支店
訳 Townsendさんは彼の支店で起こった緊急事態に対応するために，急いで会議を退席した。

0705 a big plus「大きな利益」 　　　正解 (A)

空所には，前にある形容詞big「大きな」に修飾される名詞が入る。(A) plus「利点，利益」を空所に入れると，a big plus「大きな利益」という表現になり，問題文の文意が通る。(B)「排水管，流出，消耗」，(C)「源」，(D)「知覚」。(D)は動詞perceive「～に気付く，～を理解する」も押さえておくこと。

語句 □ parking lot 駐車場 □ an increase in sales 売り上げの増加
訳 新たな駐車場が建設されて以来弊社の売り上げは30パーセント増えたので，大きな利益となっています。

UNIT **8** 語彙問題

0706 The illustrious literary critic Ms. Nonaka spoke highly of the serial novel, *Brisbane Tales*, saying that there was no room for -------.

(A) appreciation
(B) performance
(C) improvement
(D) fulfillment

0707 One reason for the mall's ------- sales figures was the foul weather, which discouraged many shoppers from leaving home.

(A) robust
(B) mediocre
(C) numerous
(D) foremost

0708 The tour guides do their best to ------- that groups arrive at their destination on time.

(A) assess
(B) accompany
(C) attract
(D) ensure

0709 Staff may not provide consultancy services to private businesses while they are in the ------- of Moreton Shire Council.

(A) promotion
(B) reputation
(C) employ
(D) sacrifice

0710 To apply for a position at Heart Foods, the candidates must have a proven ability to perform well in team -------.

(A) settings
(B) intakes
(C) capacities
(D) origins

0706 💡 前半の節との繋がりを考える 　　　　　　正解 (C)

文頭からカンマまでは「Nonakaさんはある小説を称賛している」という内容である。また、空所を含むsaying以下は分詞構文で、Nonakaさんが述べた内容を補足している（このsayingはand she saidのことだと考えること）。空所に (C) improvement「改善」を入れるとthere was no room for improvement「改善する所がなかった」となり、前半の内容と自然に繋がる。(A)「感謝、評価、鑑賞」、(B)「業績、実行、演奏」、(D)「実現」。

語句 □ illustrious 有名な　□ literary 文学の、文芸の　□ critic 批評家　□ speak highly of ～ ～を称賛する
　　　□ serial novel 連載小説　□ room for ～ ～の余地

訳 有名な文芸批評家であるNonakaさんは、連載小説 *Brisbane Tales* を改善する所がないほど完璧だと称賛した。

0707 💡 文脈から「売り上げがどうであったのか」を考える 　　正解 (B)

カンマまでの前半の節では、「そのショッピングモールの～な売り上げの理由の1つ」はthe foul weather「悪天候」であると述べられている。また、続く関係詞節では、この悪天候がdiscouraged many shoppers from leaving home「多くの買い物客に家から出る気をなくさせた」と述べられているため、この文脈においてsales figuresを適切に修飾して問題文の文意が通るのは、(B) mediocre「さえない、並みの」だ。(A)「頑丈な」、(C)「多数の」、(D)「一番先の、抜きん出た」。

語句 □ sales figure 売り上げ　□ foul（天気が）悪い

訳 そのショッピングモールのさえない売り上げの理由の1つは、悪天候のために多くの買い物客が家から出る気にならなかったことだ。

0708 💡 that 節を続けることができる動詞を見抜く 　　　　正解 (D)

問題文には、「ツアーガイドは団体が時間通りに目的地へ到着することを～するために最善を尽くす」とある。空所の後ろにはthat節が続いていることから、空所に (D) ensure「～を保証する」を入れると、ensure that「～ということを保証する」という表現になり、問題文の文意が通る。(A)「～を評価する」、(B)「～に同行する」、(C)「～を引き付ける」はいずれも後ろにthat節を続けることができないため不正解だ。

語句 □ destination 目的地　□ on time 時間通りに

訳 ツアーガイドは、団体が時間通りに目的地へ到着することを保証するために最善を尽くす。

0709 💡 重要表現 *be* in the employ of ～ 　　　　　　正解 (C)

空所に (C) employ「雇用」を入れると*be* in the employ of ～「～に雇用されている」という表現になり、問題文の文意が通る。(A)「昇進・昇格、販売促進」、(B)「評判」、(D)「犠牲」。問題文中にあるmay notは「～することができない」という意味で使われているが、「～しないかもしれない」という意味でも使われる。文脈から判断してどちらの意味で使われているのかを見極めよう。

語句 □ provide *A* to *B* AをBに提供する　□ private business 民間企業

訳 モレトン・シア地方議会のもとで働いている間は、従業員は民間企業にコンサルタント業務を提供することができない。

0710 💡 意外と知られていない setting の意味 　　　　　正解 (A)

空所には、前にある名詞team「チーム」に修飾される名詞が入る。(A) settingsを空所に入れるとin team settings「チームを組んだ中で」という表現になり、問題文の文意が通る。settingには「状況、環境」という意味があるということを覚えておこう。(B)「摂取量、入場者数」、(C)「収容能力、（最大の）生産量」、(D)「起源」。

語句 □ candidate 志願者　□ perform（仕事）を遂行する

訳 Heart食品会社の職に応募するには、志願者はチームの中で上手く働けるという、証明済みの能力を持っていなければならない。

0711 It was necessary to ------- the shelves in the storage room in preparation for the office relocation.

(A) pledge
(B) dismantle
(C) overwhelm
(D) deprive

0712 Since May, Western Hospital has been operating under the ------- of Dr. Gladstone, who has years of experience in hospital management.

(A) vocation
(B) direction
(C) nomination
(D) affection

0713 From a safety ------- of view, entry to the Hateruma Building should be restricted throughout next week.

(A) hazard
(B) place
(C) point
(D) letter

0714 Norsand Café usually has additional staff on duty during the evening ------- to handle the evening rush.

(A) utensils
(B) hours
(C) stocks
(D) means

0715 After the Simmon Bridge construction project was over, the engineering team took a break to -------.

(A) jeopardize
(B) recuperate
(C) sprout
(D) commit

0711 🔍 「棚をどうするのか」を考える　　　　　　　　　　　　　正解 **(B)**

選択肢には動詞の原形が並んでいる。問題文の最後にin preparation for the office relocation「オフィスの移転に備えて」とあり，これを行う上でIt was necessary「必要だった」ことはto ------- the shelves in the storage room「倉庫にある棚を〜すること」だと述べられている。これらの内容から，空所に入れるのにふさわしいのは(B) dismantle「〜を分解する」だ。(A)「〜を誓う」，(C)「〜を圧倒する」，(D)「〜から(…を)奪う」。

■ 訳 ■ オフィスの移転に備えて，倉庫にある棚を分解することが必要だった。

0712 🔍 重要表現 under the direction of 〜　　　　　　　　　　正解 **(B)**

空所に(B) direction「指導，指揮」を入れると，under the direction of 〜「〜の指揮のもとで」という表現が成り立つ。すると，問題文の大意も「Western HospitalはGladstone先生の指揮のもとで経営されている」という自然な文脈になる。(A)「適性，天職」，(C)「指名，推薦，任命」，(D)「愛情」。(C)は動詞nominate「〜を指名する，推薦する」とnominate *A* for *B*「AをBに指名する，推薦する」の形を押さえておこう。

■ 語句 ■ □ operate 経営されている　□ hospital management 病院経営
■ 訳 ■ 5月以降Western Hospitalは，長年の病院経営経験を有するGladstone先生の指揮のもとで経営されている。

0713 🔍 重要表現 from a 〜 point of view　　　　　　　　　　正解 **(C)**

カンマ以降の節の大意は「Haterumaビルへの立ち入りが制限されるべきである」というものだ。空所に(C) point「点」を入れると，from a 〜 point of view「〜の観点から」という表現になり，「安全性の観点から立ち入りが制限されるべきだ」という自然な文脈になる。(A) hazard「脅威」は，safety hazard「安全上の問題」という複合名詞を作るが，of viewとは繋がらないため不正解だ。(B)「場所」，(D)「文字」。

■ 語句 ■ □ restrict 〜を制限する　□ throughout 〜中
■ 訳 ■ 安全性の観点から，来週中はHaterumaビルへの立ち入りが制限されるべきです。

0714 🔍 duringの後ろに続く期間を表す語句を見抜く　　　　　正解 **(B)**

空所には，前にある名詞evening「夕方」に修飾される名詞が入る。(B) hours「時間」を空所に入れるとevening hours「夕方の時間」という複合名詞になり，期間を表す語句が後ろに続く前置詞during「〜の間」の目的語としてふさわしい。(A)「台所用品」(複数形)，(C)「在庫，備蓄，株」(複数形)，(D)「手段，方法」(単複同形)。(D)は単複同形で，なおかつ動詞mean「〜を意味する」の三人称単数現在形も同じ形になるので注意したい。

■ 語句 ■ □ on duty 勤務時間中で　□ the rush 忙しい時間帯
■ 訳 ■ Norsandカフェは，通常夕方の時間には追加の従業員が勤務し，夕方の忙しい時間帯に対応するようにしている。

0715 🔍 難単語 recuperate　　　　　　　　　　　　　　　　　正解 **(B)**

選択肢は全て動詞の原形で，空所は「〜するために」を表すto不定詞の部分に当たる。空所に(B) recuperate「回復する」を入れると，take a break to recuperate「回復するために休憩する」という表現になり，問題文の文意が通る。(A)「〜を危険にさらす」，(C)「発芽する」，(D)「〜を犯す，委託する」。(D)は*be* committed to 〜「〜に専心している」を押さえておくこと。このtoの後ろには，名詞もしくは動詞のdoing形が続く。

■ 語句 ■ □ construction project 建設計画　□ over 終わって　□ engineering 技術者
■ 訳 ■ Simmon橋の建設計画が終了した後，技術者のチームは回復するために休憩した。

0716 The product ------- team is working hard to have the new VD1 console model finished in time for the end-of-year holidays.

(A) status
(B) development
(C) standing
(D) benefit

0717 Sanders Engineering has ------- a reputation for excellence among the construction firms it serves.

(A) reiterated
(B) acquired
(C) undertaken
(D) observed

0718 Tarnad Star Repairs has ------- trained mechanics on staff at each of its stores in Birmingham.

(A) alternatively
(B) consequently
(C) thoroughly
(D) audibly

0719 The building manager has indicated that she will ------- unauthorized parking in the garage.

(A) drop in on
(B) get on with
(C) clamp down on
(D) live up to

0720 Although new at Hargraved Constructions, Ms. Devonshire made many ------- arguments for procedural changes.

(A) desiring
(B) preventing
(C) existing
(D) convincing

0716 セットで使われるproductとdevelopment 正解 (B)

問題文の主語は，空所を含むThe product ------ team「その製品～チーム」の部分だ。(B) development「開発，発展」を空所に入れるとproduct development team「製品開発チーム」という複合名詞になり，問題文の文意が通る。(A)「地位，状況」，(C)「地位，身分」，(D)「利益」。問題文中のhave以下は，〈have＋目的語＋過去分詞〉から成る「～を…させる」という使役の表現が使われている。

語句 □ console コンソール（制御装置） □ in time for ～ ～に間に合うように
　　　　 □ the end-of-year holidays 年末休暇
訳 その製品開発チームは年末休暇に間に合うよう，新しいVD1コンソールモデルを完成させようと熱心に仕事に取り組んでいる。

0717 reputationとのコロケーション 正解 (B)

空所の前にはhasがあり，選択肢には過去分詞が並んでいるので，それらがセットになって現在完了形を作ると考えられる。そして空所の後ろには，その目的語となるa reputation「評判」がある。reputationを目的語に取り，空所に入れて問題文の文意が通るのは，acquire「～を得る」の過去分詞(B) acquiredだ。acquire a reputation for excellence「素晴らしいとの評判を得る」という表現を覚えておくこと。(A) reiterate「～を何度も繰り返し言う」，(C) undertake「～を引き受ける，～に着手する」，(D) observe「～を観察する，順守する」。

語句 □ construction firm 建設会社 □ serve ～のために働く
訳 Sanders Engineering社は，取引先の建設会社の間で素晴らしいという評判を得た。

0718 trainedを修飾する副詞 正解 (C)

空所には，後ろの形容詞trained「訓練を受けた」を適切に修飾する副詞が入る。(C) thoroughly「徹底的に」を空所に入れると，thoroughly trained mechanics「徹底的に訓練を受けた修理工」という表現になり，問題文の文意が通る。(A)「代わりに」，(B)「その結果として」，(D)「聞こえるように」。

語句 □ mechanics 修理工
訳 Tarnad Star Repairs社はバーミンガム内の各店舗に，徹底的に訓練を受けた修理工を揃えている。

0719 「～を厳しく取り締まる」を表すclamp down on ～ 正解 (C)

選択肢には句動詞が並んでいる。空所はindicated「～を述べた」に続くthat節内にあり，that節では主節の主語であるThe building managerが行うことが述べられている。空所に(C) clamp down on「～を厳しく取り締まる」を入れると，「車庫の無断駐車を厳しく取り締まる」という内容になり，問題文の文意が通る。難単語であるclamp「～を締める，留め具」を含むclamp down on ～ という表現を，必ず覚えておこう。(A)「～に立ち寄る」，(B)「～と仲良くやっていく」，(D)「～の期待に沿う」。

語句 □ building manager ビルの管理人 □ unauthorized 権限のない
訳 ビルの管理人は，車庫の無断駐車を厳しく取り締まる予定だと述べた。

0720 argumentsを修飾する形容詞 正解 (D)

選択肢には形容詞の働きを持つ語が並んでいる。(D) convincing「説得力のある」を空所に入れると，convincing arguments「説得力のある主張」という表現になり，問題文の文意が通る。(A)「強く欲している」，(B)「～を妨げている」，(C)「既存の」。問題文の冒頭にあるAlthough「～ではあるが」の後ろにはshe (= Ms. Devonshire) wasが省略されていると考えること。

語句 □ procedural change 手続き上の変更
訳 Hargraved Constructions社の新人ではあるが，Devonshireさんは手続き上の変更について多くの説得力のある主張をした。

UNIT **8** 語彙問題

0721 The government has commissioned the development of some local infrastructure projects to ------- economic growth.

(A) admire
(B) receive
(C) thrive
(D) foster

0722 Neison Garage gives all customers an ------- bill for the work that is carried out on their cars promptly.

(A) appreciated
(B) observed
(C) itemized
(D) enforced

0723 As the tractor showed ------- of wear and tear, Mr. Launder had it inspected by a qualified mechanic.

(A) signs
(B) meanings
(C) forces
(D) sounds

0724 Since May, Mr. Hawke has thrown his ------- support behind the project planners.

(A) absorbent
(B) wholehearted
(C) rounded
(D) inaudible

0725 Chef Roberts has a fresh ------- on traditional fish and chips that has been hugely popular with guests for a long time.

(A) catch
(B) take
(C) aim
(D) order

目に見える形で努力が報われることは稀有ですが, その数少ない機会を与えてくれるのがTOEICなのです。

0721 🔑 「経済成長をどうするのか」を考える　　　　　　　　**正解** (D)

選択肢は全て動詞の原形である。空所には, 後ろに続くeconomic growth「経済成長」を目的語に取って文意が通る動詞が入る。(D) foster「～を促進する」を空所に入れると, foster economic growth「経済成長を促進する」という表現になり, 問題文の文意が通る。(A)「～を称賛する」, (B)「～を受け取る」, (C)「繁栄する」。問題文中にあるinfrastructure「インフラ」は, 電気・ガス・水道・鉄道・道路など, 生活の基礎となる設備全般のことを指す。

語句 □ commission ～を委託する　□ development 開発
訳 政府は経済成長を促進するために, いくつかの地域インフラの開発プロジェクトを委託した。

0722 🔑 「請求明細書」を表すitemized bill　　　　　　　　**正解** (C)

選択肢には形容詞の働きをする語が並び, 空所には直後に続く名詞bill「請求書」を適切に修飾するものが入る。(C) itemized「明細を記された」を空所に入れると, itemized bill「請求明細書」という表現になり, 問題文の文意が通る。(A)「評価された」, (B)「観測された」, (D)「強制的な」。

語句 □ carry out ～ ～を実行する　□ promptly 迅速に
訳 Neison自動車修理工場は, 全ての顧客に車の修理にかかった費用の請求明細書を迅速にお渡しします。

0723 🔑 「～の兆候が見られる」を表すshow a sign of ～　　　　　　　　**正解** (A)

選択肢は全て名詞の複数形だ。空所に(A) signs「兆候」を入れるとshow a sign of ～「～の兆候が見られる」という表現になり, 空所の前後が「トラクターに摩耗の兆候が見られた」という意味となって問題文の文意が通る。(B)「意味」, (C)「力, 強さ」, (D)「音」。問題文中のhad it inspected「それを点検してもらった」は, 〈have＋目的語＋過去分詞〉の形で「～を…してもらう」を表す使役の表現だ。

語句 □ wear and tear 摩耗　□ inspect ～を点検する　□ qualified 有能な　□ mechanic 整備士
訳 トラクターに摩耗の兆候が見られたので, Launderさんは有能な整備士に点検してもらった。

0724 🔑 「支援」を適切に修飾する形容詞　　　　　　　　**正解** (B)

空所には, 後ろにある名詞support「支援」を適切に修飾する形容詞が入る。(B) wholehearted「心からの」を空所に入れると, wholehearted support「心からの支援」という表現になり, 問題文の文意が通る。ここで使われているthrow one's support behind ～「～の支持に回る」という表現も覚えておこう。(A)「吸収力のある」, (C)「曲線的な, バランスのよい」, (D)「聞き取れない」。

語句 □ project planner プロジェクト立案者
訳 5月以降, Hawkeさんはそのプロジェクト立案者たちを全面的に支援している。

0725 🔑 重要表現have a fresh take on～　　　　　　　　**正解** (B)

空所には, 前にある形容詞fresh「新たな, 新鮮な」に修飾される名詞が入る。(B) take「見方, 見解」を空所に入れると, have a fresh take on ～「～について新たな見方をしている」という表現になり, 問題文の文意が通る。(A)「捕えること, 捕獲量」, (C)「目標, 狙うこと」, (D)「注文」は, いずれも本問の文脈においてfreshに修飾される名詞として適切ではない。

語句 □ fish and chips フィッシュアンドチップス　□ hugely 大いに
訳 Robertsシェフは長い間食事客に絶大な人気を誇る伝統的なフィッシュアンドチップスに関して, 新たな見方をしている。

0726 The ------- meeting of the Reddale Chamber of Commerce was held at Hale Hotel on July 6 this year.

(A) numerical
(B) descriptive
(C) formidable
(D) inaugural

0727 The fabric has a ------- to shrink during the first few washes.

(A) tendency
(B) repertoire
(C) laundry
(D) mill

0728 The exact ------- and the materials of the cabinet are both available in Supernick's online catalog.

(A) arbitrations
(B) practitioners
(C) dimensions
(D) installations

0729 Empty stores have become a common ------- in the area, which the local administration sees as a problem.

(A) sight
(B) destination
(C) mishap
(D) sidewalk

0730 Mr. Ebrahem ------- the company's management to outsource the design of its promotional materials.

(A) suggested
(B) relinquished
(C) requested
(D) compromised

0726 🔑 meetingとのコロケーション　　　　　　　　　　　正解 (D)

空所の後ろに続く名詞meeting「会議」を適切に修飾する形容詞を選ぶ問題だ。(D) inaugural「就任の, 初開催の」を空所に入れると, inaugural meeting「創立総会」という表現になり, 問題文の文意が通る。これに関連するinaugural speech「就任演説」という表現も覚えておこう。(A)「数字上の」, (B)「説明的な, 記述的な」, (C)「恐ろしい, 大変な」。

語句 □ chamber of commerce 商工会議所
訳 Reddale商工会議所の創立総会は, 今年の7月6日にHaleホテルで開催された。

0727 🔑 重要表現have a tendency to *do*　　　　　　　　　正解 (A)

選択肢は全て名詞だ。空所の前には動詞のhas, 空所の後ろにはto 不定詞が続いていることに注目しよう。空所に(A) tendency「傾向」を入れると, have a tendency to *do*「(主語が)〜する傾向がある」という表現になり, 問題文の文意が通る。(B)「レパートリー」, (C)「洗濯物, 洗濯」, (D)「製粉場」。

語句 □ fabric 生地, 布地　□ shrink 縮む　□ wash 洗濯
訳 その生地は最初の何回かの洗濯で縮んでしまいやすい。

0728 🔑 「寸法」を意味するdimension　　　　　　　　　　正解 (C)

選択肢は全て名詞の複数形だ。空所に(C) dimensions「寸法, 側面」を入れると問題文の主語がThe exact dimensions and the materials of the cabinet「戸棚の正確な寸法と素材」という自然なものになり, 問題文の文意も通る。(A)「仲裁」, (B)「開業医, 弁護士」, (D)「取り付け」。(D)は, installment「(雑誌や新聞などの) 連載の1回分, 分割払いの1回分」と混同しないよう注意したい。

語句 □ cabinet 戸棚
訳 戸棚の正確な寸法と素材は, 両方ともSupernick社のオンラインカタログで知ることができる。

0729 🔑 commonとのコロケーション　　　　　　　　　　正解 (A)

空所には前にある形容詞common「ありふれた」に修飾される名詞が入る。また, 空所に入る語はa commonとセットになって, 主語のEmpty stores「空き店舗」の補語になることが分かる。(A) sight「景色, 視界」を空所に入れると, a common sight「ありふれた光景」という表現になり, 問題文の文意が通る。(B)「目的地」, (C)「不運, 不幸」, (D)「歩道」。

語句 □ local administration 地方行政
訳 その地域では空き店舗がよく見られるようになっており, 地方行政はそのことを問題視している。

0730 🔑 後ろに〈目的語＋to *do*〉の形を取るrequest　　　　正解 (C)

選択肢には動詞の過去形が並んでいる。空所に(C) requestedを入れるとrequest A to *do*「Aに〜するよう頼む」という表現になり, 問題文の文意が通る。(A) suggest「〜を提案する」, (B) relinquish「〜を手放す, 諦める」, (D) compromise「妥協する, 〜を危うくする」。

語句 □ management 経営陣　□ outsource 〜を外注する　□ promotional material 販促資料
訳 Ebrahemさんは販促資材のデザインを外注するよう, 会社の経営陣に頼んだ。

0731 The media reported that Ms. Collins had made a ------- donation to a local charity on behalf of Loveng Company.

(A) fluent
(B) diligent
(C) generous
(D) protective

0732 Michael Green clearly stated that ------- is one of the most important characteristics of a successful salesperson.

(A) implementation
(B) dilemma
(C) perseverance
(D) machinery

0733 As part of his push to improve efficiency and boost employee -------, Mr. Brown first conducted a company-wide survey.

(A) morale
(B) divider
(C) turnover
(D) expense

0734 Timberline Coffee's products have been in high ------- following its appearance in a popular drama.

(A) demand
(B) process
(C) applause
(D) compliment

0735 Improving ------- is one of the easiest ways to raise profit levels in many service-based businesses.

(A) productivity
(B) saturation
(C) justification
(D) installment

0731　「寄付」を修飾する形容詞　　　　　　　　　　正解 (C)

空所の前後には make a donation「寄付をする」という表現が使われており, 空所にはその中の donation「寄付」を修飾する形容詞が入る。空所に (C) generous「寛大な, たくさんの」を入れると, make a generous donation to ～「～に多額の寄付を行う」という表現になり, 問題文の文意が通る。(A)「流暢な」, (B)「勤勉な」, (D)「保護する」。問題文中にある on behalf of ～「～の代わりに, ～を代表して」は頻出表現だ。

語句 □ charity 慈善団体

訳 Loveng 社を代表して, Collins さんが地元の慈善団体に多額の寄付を行ったことをメディアが報じた。

0732　「成功する販売員の特徴」として適切なものを考える　　　正解 (C)

空所は that 節の主語であり, これは one of the most important characteristics of a successful salesperson「成功する販売員の最も重要な特徴の1つ」であると述べられている。「成功する販売員の特徴」としてふさわしいのは, (C) perseverance「忍耐」だ。(A)「実施」, (B)「ジレンマ, 板挟み」, (D)「機械」は, いずれも成功する販売員の特徴としてはふさわしくない。

訳 Michael Green は, 根気強さが成功する販売員の最も重要な特徴の1つであると明言した。

0733　難単語 morale　　　　　　　　　　　　　　正解 (A)

文頭に As part of ～「～の一環として」があり, カンマ以降には「全社的な調査を行った」という内容が述べられている。つまり, カンマより前では全社的な調査が行われた「目的」が述べられていると考えられる。空所に (A) morale「士気」を入れると boost employee morale「従業員の士気を高める」という表現になり, その前にある improve efficiency「効率を上げる」という内容と共に調査の目的を表すことができる。(B)「仕切り板」, (C)「離職率, 売上高」, (D)「費用」。

語句 □ push 努力　□ conduct a survey 調査を行う　□ company-wide 全社的な

訳 効率を上げ, 従業員の士気を高める努力の一環として, 最初に Brown さんは全社的な調査を行った。

0734　人気が高いことを表す in high demand　　　　　正解 (A)

空所に (A) demand「需要」を入れると in high demand「人気が高い, 需要が多い」という表現になり, 問題文の文意が通る。関連表現の in short supply「供給が少ない」とセットで覚えておくこと。(C) applause「拍手喝采, 称賛」や (D) compliment「賛辞」も空所に入りそうに思えるかもしれないが, in high に続けて使う用法はない。(B)「過程」。

語句 □ following ～の後　□ appearance 登場

訳 Timberline コーヒーの製品は, 人気ドラマに出てきてから高い人気を誇っている。

0735　「何を向上させるか」を考える　　　　　　　　正解 (A)

選択肢は全て名詞だ。主語となる Improving -------「～を向上させること」は, one of the easiest ways to raise profit levels「利益水準を上げる最も簡単な方法の1つ」であると述べられている。空所に (A) productivity「生産性」を入れると, 文脈が自然なものになる。(B)「飽和 (状態)」, (C)「正当化 (すること)」, (D)「(連載や分割払いの) 1回分」。

語句 □ raise ～を上げる　□ profit level 利益水準　□ service-based business サービス業

訳 生産性の向上は, 多くのサービス業において利益水準を上げる最も簡単な方法の1つです。

UNIT **8** 語彙問題

0736 The shortage of raw materials could ------- Roberd Manufacturing's profitability in the future.

(A) motivate
(B) jeopardize
(C) administer
(D) formalize

0737 Yeardley Advertising is ------- committed to creating innovative advertisements for its clients at reasonable prices.

(A) entirely
(B) contentiously
(C) fluently
(D) abruptly

0738 Hansel Hotel ------- an invitation to regular guests to join a special discount program.

(A) alternated
(B) extended
(C) vacated
(D) dispensed

0739 Mr. Peterson drove all the way back to the office from the airport to ------- his mobile phone, resulting in missing his flight.

(A) refund
(B) verify
(C) retrieve
(D) obstruct

0740 Mr. Chow had a detailed ------- of the property's value carried out before he agreed to purchase it.

(A) manifest
(B) congestion
(C) appraisal
(D) finance

0736 💡 難単語 jeopardize　　　　正解 (B)

選択肢は全て動詞の原形だ。主語 The shortage of raw materials「原材料の不足」と目的語 Roberd Manufacturing's profitability「Roberd製造社の利益率」を適切に繋ぐ動詞は, (B) jeopardize「〜を危うくする」だ。空所の前にある could は can の過去形だが, ここでは「〜する可能性がある」という意味の「推量」を表す助動詞で, 時制は現在である。(A)「(人)をやる気にさせる」, (C)「〜を管理する」, (D)「〜を正式なものにする」。

語句 □ shortage 不足　□ raw material 原材料　□ profitability 利益率
訳 原材料の不足により, 将来的に Roberd 製造社の利益率が危うくなる可能性がある。

0737 💡 committed を適切に修飾する副詞　　　　正解 (A)

be committed to *doing* という表現は「〜することに尽力している」という意味で, 空所はその表現の間に含まれる。この表現を適切に修飾し, 空所に入れて問題文の文意が通るのは (A) entirely「もっぱら」だ。(B)「議論のある状態で」, (C)「流暢に」, (D)「突然」。

語句 □ reasonable 手頃な
訳 Yeardley 広告会社は, 手頃な価格で斬新な広告をクライアントに向けて制作することにもっぱら尽力している。

0738 💡「〜を延ばす」ではない extend の意味　　　　正解 (B)

選択肢には動詞の過去形が並び, 空所にはこの問題文の述語動詞となるものが入る。extend の過去形である (B) extended を空所に入れると, extend an invitation to 〜「〜を招待する」という表現になり, 問題文の文意が通る。関連して, extend an apology for 〜「〜に対して謝罪する」も押さえておきたい。(A) alternate「〜を交互に行う」, (C) vacate「〜を辞任する, 立ち退く」, (D) dispense「〜を分配する」。

語句 □ regular guest 常連客　□ discount program 割引プログラム
訳 Hansel ホテルは常連客に, 特別割引プログラムに参加するよう誘った。

0739 💡 難単語 retrieve　　　　正解 (C)

選択肢は全て動詞の原形だ。カンマまでの文の内容は「Peterson さんは空港からオフィスまでわざわざ携帯電話を〜しに戻った」というものだ。his mobile phone を目的語とし, 空所に入れて問題文の文意が通るのは (C) retrieve「〜を回収する, 取り戻す」だ。(A)「〜を払い戻す」, (B)「〜を検証する」, (D)「〜を妨害する」。resulting in 以下は分詞構文で,「〜という結果となった」という意味を表している。

語句 □ drive back to 〜 車で〜に戻る　□ all the way はるばる
訳 Peterson さんははるばる空港からオフィスまで携帯電話を取りに戻り, 結果としてフライトを逃した。

0740 💡 value と相性のよい appraisal　　　　正解 (C)

問題文の had 以下は「〜を…してもらう」を表す〈have＋目的語＋過去分詞(句)〉という形になっており, 目的語が a detailed ------- of the property's value「物件の価値の詳細な〜」, 過去分詞句が carried out「実行される」だ。空所に (C) appraisal「査定」を入れると, 前半の節が「Chow さんは物件の価値の詳細な査定をしてもらった」という内容になり, before 以降の「彼(Chow さん)がそれを購入することに同意する前に」という内容と自然に繋がる。(A)「積荷目録, 乗客名簿」, (B)「密集, 混雑状態」, (D)「財務, 財政学, 融資」。

語句 □ detailed 詳細な　□ property 物件
訳 Chow さんは購入することに同意する前に, その物件の価値の詳細な査定をしてもらった。

0741 The Shorefront Preservation Society gets most of its ------- from donations from local businesses.

(A) ambience
(B) funding
(C) release
(D) debt

0742 The IT department has ------- against updating the operating system on your company computer at the beginning of the workday.

(A) utilized
(B) advised
(C) aligned
(D) sorted

0743 Mr. Oyama was ------- that the other managers agreed to go along with his expansion plans.

(A) reserved
(B) thanked
(C) relieved
(D) involved

0744 The sign states that cars without parking permits will be ------- away at the owner's expense.

(A) scattered
(B) fluctuated
(C) towed
(D) banned

0745 With the increase in the number of people using public transportation, the city is looking at replacing its buses with more fuel ------- models.

(A) fluent
(B) subtle
(C) lengthy
(D) efficient

0741　「寄付金から得られるもの」を考える　　正解▶ (B)

選択肢は全て名詞だ。空所はgetsの目的語の一部で，直後には前置詞のfromが続いていることから，空所に入る名詞は後ろにあるdonations from local businesses「地元企業からの寄付金」が出どころだということが分かる。このことから，空所に入れて問題文の文意が通るのは (B) funding「資金」だ。(A)「雰囲気」，(C)「発売」，(D)「負債」は，いずれも寄付金が出どころになるようなものではない。

語句　□ shorefront 海岸　□ preservation 保存，保全　□ society 協会　□ donation 寄付金，寄進物
訳　海岸保全協会は，その資金のほとんどを地元企業からの寄付金でまかなっている。

0742　重要表現 advise against *doing*　　正解▶ (B)

空所の前にはhasがあり，選択肢には過去分詞が並んでいるので，それらがセットになって現在完了形を作ると考えられる。advise「忠告する」の過去分詞 (B) advisedを空所に入れると，advise against *doing*「〜しないよう忠告する」という表現になり，問題文の文意が通る。(A) utilize「〜を利用する」，(C) align「〜を一直線に並べる」，(D) sort「〜を分類する」。

語句　□ operating system オペレーティングシステム
訳　IT部門は，仕事の始めに会社のパソコンのオペレーティングシステムの更新をすることを控えるよう忠告した。

0743　that節の内容との繋がりを考える　　正解▶ (C)

空所の前にはwasがあり，選択肢には過去分詞が並んでいるので，それらがセットになって受動態を作ると考えられる。that節が「他の責任者たちが彼の拡張計画を支持してくれた」という前向きな内容なので，relieveの過去分詞 (C) relievedを空所に入れると，be relieved that「〜ということに安心する」という表現になり，問題文の文意が通る。(A) reserve「〜を予約する」，(B) thank「〜に感謝する」，(D) involve「〜に関与させる」。

語句　□ go along with 〜 〜に賛成する，支持する　□ expansion plan 拡張計画
訳　Oyamaさんは，他の責任者たちが彼の拡張計画を支持してくれたことに安心した。

0744　「(車など)をレッカー移動させる」を表すtow away 〜　　正解▶ (C)

空所の前にはbeがあり，選択肢には過去分詞が並んでいるので，それらがセットになって受動態を作ると考えられる。that節の主語はcars without parking permits「駐車許可のない車」であり，tow「〜をけん引する」の過去分詞 (C) towedを空所に入れるとbe towed away 〜「(車が)レッカー移動される」という表現になり，主語と補語の関係が適切なものになる。(A) scatter「〜をまき散らす」，(B) fluctuate「〜を変動させる」，(D) ban「〜を禁止する」。

語句　□ sign 看板　□ parking permit 駐車許可(証)　□ at *one's* expense 自費で
訳　その看板には，駐車許可のない車は所有者負担でレッカー移動させると記されている。

0745　fuelとのコロケーション　　正解▶ (D)

空所には，後ろに続く名詞models「モデル」を適切に修飾する形容詞が入る。(D) efficient「効率的な」を空所に入れると，fuel efficient models「燃費効率がよい車種」という表現になり，問題文の文意が通る。(A)「流暢な」，(B)「微妙な」，(C)「長ったらしい，非常に長い」。

語句　□ the number of 〜 〜の数　□ public transportation 公共交通機関　□ look at 〜 〜を検討する
訳　公共交通機関を利用する人の増加によって，市はバスをより燃費効率がよい車種に交換することを検討している。

UNIT ⑧ 語彙問題

0746 The Scranton Building, which formerly ------- the town's largest
□□□ department store, is now being converted into private apartments.

(A) established
(B) attained
(C) housed
(D) catered

0747 In order to ensure that client data is not -------, staff are prohibited
□□□ from taking computers home with them at night.

(A) differentiated
(B) personalized
(C) compromised
(D) reactivated

0748 Benerit's sales staff must stay ------- of all the latest advancements
□□□ in photocopier technology.

(A) abreast
(B) seldom
(C) onward
(D) along

0749 Organizers ------- more people to attend this year's convention than
□□□ ever before in the event's history.

(A) hope
(B) absorb
(C) interact
(D) expect

0750 According to city bylaws, factories cannot be built within a
□□□ five-kilometer radius of the wildlife -------.

(A) impression
(B) circumstance
(C) preserve
(D) commitment

0746　名詞ではない house の意味　　　正解 (C)

選択肢は全て動詞の過去形だ。関係代名詞節の主語である which の先行詞は The Scranton Building 「Scranton ビル」という建物、空所の後ろに続く目的語は the town's largest department store「町最大のデパート」という施設の種類であることが分かる。空所に動詞の house「（建物が）〜を収容する」の過去形である (C) housed を入れると、「建物が施設を収容していた」という大意になり、問題文の文意が通る。動詞の house は「〜を保管する、収納する」という意味で使われるということを覚えておこう。(A) establish「〜を設立する」、(B) attain「〜を達成する」、(D) cater「（料理など）を仕出しする」。

語句 □ formerly 以前　□ be converted into 〜 〜に変えられる　□ private 民間の
訳 かつて町最大のデパートを有していた Scranton ビルは、現在民間のアパートに改装されているところだ。

0747　「妥協する」以外の compromise の意味　　　正解 (C)

空所の前にある is not とセットになって、適切な内容の受動態を作る過去分詞を選ぶ問題だ。カンマ以降は「従業員は夜にコンピューターを家に持ち帰ることを禁止されている」という内容なので、In order to do から始まる前半は「コンピューターの持ち帰りを禁止する理由」を表すはずだ。よって、文意に合うのは compromise「〜を危険にさらす」の過去分詞 (C) compromised だ。compromise a database「データベースを危険にさらす」という表現も押さえておこう。(A) differentiate「〜を区別する」、(B) personalize「〜に氏名を記入する」、(D) reactivate「〜を復活させる」。

語句 □ in order to do 〜するために　□ ensure 〜を保証する、確実にする
訳 顧客情報を危険にさらさないようにするために、従業員は夜にコンピューターを家に持ち帰ることを禁止されている。

0748　重要表現 stay abreast of 〜　　　正解 (A)

選択肢は全て副詞だ。空所の前には stay、後ろには of があることに注目する。(A) abreast を空所に入れると stay abreast of 〜「（時勢など）に遅れないようにする」という表現になり、問題文の文意が通る。abreast は「進度が遅れずに、横に並んで」という意味の副詞だ。keep abreast of 〜もほぼ同義の表現なので、こちらもセットで覚えておくこと。(B)「めったに〜しない」、(C)「前方へ」、(D)「一緒に」。

語句 □ latest 最新の　□ advancement 進歩
訳 Benerit 社の販売スタッフは、コピー機に関する技術における全ての最新の進歩を常に把握していなければならない。

0749　後ろに〈目的語＋to do〉の形を取る動詞　　　正解 (D)

選択肢は全て動詞の現在形で、この文の述語動詞となるものを選ぶ問題だ。空所に (D) expect を入れると expect A to do「A が〜することを期待する」という表現になり、問題文の文意が通る。(A) hope は「〜を望む」という意味を持ち、日本語の意味から考えると空所に当てはまりそうに思えるかもしれないが、hope to do「〜することを望む」という形で使われるので本問では正解にはなりえない。(B)「〜を吸収する」、(C)「（相互に）作用する、（人と）交流する」。(B)は be absorbed in 〜「〜に没頭している」、(C)は interact with 〜「〜と交流する」という句動詞を覚えておくこと。

語句 □ organizer 主催者　□ than ever before かつてないほど
訳 主催者は、同イベントの歴史の中でこれまでより多くの人々が今年のコンベンションに参加することを期待している。

0750　複合名詞 wildlife preserve　　　正解 (C)

空所には、前にある名詞 wildlife「野生生物」に修飾される名詞が入る。(C) preserve「自然保護地域」を空所に入れると、wildlife preserve「野生生物保護区」という複合名詞になり、問題文の文意が通る。(A)「印象」、(B)「状況、事情」、(D)「献身、専念」。wildlife は不可算名詞であるということも押さえておくこと。(B)は given the circumstances「このような状況なので」という表現を覚えておきたい。

語句 □ city bylaw 市の条例　□ radius 半径
訳 市の条例によると、野生生物保護区の半径5キロメートル以内に工場を建てることはできない。

0751 The successful applicant will have experience dealing with complicated scheduling issues and price -------.

(A) concoctions
(B) consciences
(C) attachments
(D) negotiations

0752 Ms. Shields was responsible for the successful advertising ------- that brought the company back to profitability.

(A) depletion
(B) signature
(C) transition
(D) campaign

0753 According to *Beacon Dining Out* magazine, Montezuma serves the most ------- Mexican food on the Gold Coast.

(A) intangible
(B) successive
(C) statistical
(D) authentic

0754 MTR Insurance's Total Coverage package ensures that you and your assets will be protected no matter what comes to -------.

(A) proceed
(B) benefit
(C) pass
(D) lose

0755 All Moon brand tools are tested ------- before they leave the factory to ensure dependability.

(A) anonymously
(B) exponentially
(C) vigorously
(D) unanimously

0751 🔑 複合名詞price negotiation　　　　　　　　正解 (D)

選択肢は全て名詞の複数形だ。experience「経験」を後ろから説明するdealing withの目的語として, complicated scheduling issues「複雑なスケジューリングの問題」とprice -------「価格～」がandで並列されている。空所に(D) negotiations「交渉」を入れるとprice negotiations「価格交渉」という表現になり, complicated scheduling issuesと適切に並列されて, 問題文の文意が通る。(A)「混ぜ合わせ料理」, (B)「良心」, (C)「添付書類, 付属品」。

語句 □ successful applicant 合格者　□ deal with ～ ～に対処する　□ complicated 複雑な　□ issue 問題
訳 合格者は, 複雑なスケジューリングの問題や価格交渉に対処した経験を持っているだろう。

0752 🔑 advertisingとのコロケーション　　　　　　　　正解 (D)

空所は関係代名詞thatの前にあり, the successful advertising -------がその先行詞となっている。空所に(D) campaign「キャンペーン」を入れると, the successful advertising campaign「成功した広告キャンペーン」という表現になり, 関係代名詞節の内容が説明する対象として適切な先行詞になって, 問題文の文意が通る。(A)「減少, 枯渇」, (B)「署名」, (C)「移行」。(A)は動詞のdeplete「～を激減させる, 使い果たす」も覚えておくこと。

語句 □ be responsible for ～ ～の責任を負う　□ bring A back to B AをBに戻す　□ profitability 収益性
訳 Shieldsさんは, 会社を黒字化させることに成功した広告キャンペーンの責任を負っていた。

0753 🔑 「料理」を適切に修飾する形容詞　　　　　　　　正解 (D)

空所の後ろに続くMexican food「メキシコ料理」を適切に修飾する形容詞を選ぶ問題だ。(D) authentic「本物の」を空所に入れると, authentic Mexican food「本場のメキシコ料理」という表現になり, 問題文の文意が通る。(A)「漠然とした, 不可解な」, (B)「連続する」, (C)「統計の, 統計に基づく」。

語句 □ according to ～ ～によると　□ serve（食事や飲み物）を出す
訳 Beacon Dining Out誌によると, Montezumaはゴールドコーストの中で最も本場に近いメキシコ料理を提供している。

0754 🔑 重要表現come to pass　　　　　　　　正解 (C)

選択肢には動詞の原形が並んでいる。空所に(C) passを入れるとcome to pass「（事が）起こる」という表現になり, 問題文の文意が通る。(A)「始める, 進む」, (B)「利益を得る, ～に利益をもたらす」, (D)「～を失う」。問題文中にあるno matter what「たとえ何があろうとも」は譲歩を表す副詞節を作っているが, この使い方のno matter whatはwhateverに言い換えることが可能だ。

語句 □ insurance 保険　□ asset 財産　□ protect ～を守る
訳 MTR保険のトータル保証パックでは, たとえ何が起ころうともあなたとあなたの財産が必ず守られます。

0755 🔑 「どのようにテストされるのか」を考える　　　　　　　　正解 (C)

空所に入る副詞は前にあるtested「テストされる」を後置修飾する。問題文の後半のto不定詞で始まる句が「信頼性を保証するために」という内容なので, 空所には「信頼性を保証するためにどのようにテストされるのが自然なのか」を表す副詞が入る。よって, 正解は(C) vigorously「精力的に, しっかりと」だ。(A)「匿名で」, (B)「急激に」, (D)「満場一致で」。

語句 □ dependability 信頼性
訳 Moon社ブランドの全ての工具は, 信頼性を保証するために工場から出荷される前にしっかりとテストされている。

0756
□□□ ------- for the annual food fair exceeded the expectations of organizers by a wide margin.

(A) Screening
(B) Turnout
(C) Downfall
(D) Uptake

0757
□□□ Employees are reminded to minimize ------- in their work areas in order to avoid inconveniencing their coworkers.

(A) heritage
(B) clutter
(C) influence
(D) breadth

0758
□□□ Ms. Giordano left her job in San Diego and moved to a new city to make a ------- start as an attorney.

(A) fresh
(B) ready
(C) straight
(D) optimistic

0759
□□□ Sayako Yamashita is widely respected for her business -------, which she attributes to her experience working under her father.

(A) deliberation
(B) acumen
(C) descendant
(D) restriction

0760
□□□ The winners of the competition will be ------- promptly of their prizes via e-mail.

(A) announced
(B) described
(C) revealed
(D) notified

0756 💡「来場者数」を表すturnout　　　　　　　　　正解 (B)

空所には問題文の主語となる名詞が入るが，その名詞はfor the annual food fair「年に一度のフードフェアへの」という説明を受けるのにふさわしいものである必要がある。また，主語は後ろにあるexceeded the expectations「期待を上回った」に適切に繋がるものでなければならないことから，正解は(B) Turnout「来場者数」だ。(A)「適性検査」，(C)「失墜，降雨」，(D)「理解，摂取」。

語句 □ exceed ～を上回る　□ expectation 期待　□ organizer 主催者
　　　　□ by a wide margin 大差で，かなりの差を付けて
訳 年に一度のフードフェアへの来場者数は，主催者の期待をかなり大きく上回った。

0757 💡「オフィスで減らすもの」を考える　　　　　　　正解 (B)

問題文の後半にあるin order to以下には，in order to avoid inconveniencing their coworkers「同僚に迷惑をかけないように」という「目的」が述べられている。このことを踏まえて，「従業員が仕事場で減らすように念押しされているもの」が何なのかを考える。空所に(B) clutter「散らかり」を入れると，minimize clutter「散らかりを最小限にする」という表現になり，問題文の文意が通る。(A)「遺産」，(C)「影響」，(D)「幅」。

語句 □ minimize ～を最小限にする　□ inconvenience ～に迷惑をかける
訳 従業員は，同僚に迷惑をかけないよう，仕事場の散らかりを最小限にするよう念を押されている。

0758 💡重要表現make a fresh start　　　　　　　　　正解 (A)

空所の後ろにある名詞start「スタート」を適切に修飾する形容詞を選ぶ問題だ。空所に(A) fresh「新たな，新鮮な」を入れるとmake a fresh start「新たなスタートを切る」という表現になり，空所の前にあるmoved to a new city「新しい都市に移った」という内容とも自然に繋がる。(B)「用意ができて」，(C)「まっすぐな」，(D)「楽観的な」。(B)は副詞readily「すぐに，容易に」，(D)は反意語のpessimistic「悲観的な」もセットで覚えておくこと。

語句 □ attorney 弁護士
訳 Giordanoさんは弁護士として新たなスタートを切るためにサンディエゴでの職を離れ，新しい都市に移った。

0759 💡難単語acumen　　　　　　　　　　　　　　　正解 (B)

選択肢は全て名詞だ。be respected for ～「～で尊敬されている」という表現の目的語となるのがher business -------なので，この部分は「Sayako Yamashitaが広く尊敬されている理由」となる必要がある。また，それは「父のもとで働いたという彼女の経験」から得られたものであると，後ろに続く関係代名詞節で述べられている。これらの条件から選択肢を絞り込むと，空所にふさわしいのは(B) acumen「洞察力」だ。(A)「熟考」，(C)「子孫，門下生」，(D)「制限」。

語句 □ attribute A to B AをBのおかげだと考える
訳 Sayako Yamashitaはビジネスの洞察力があることで広く尊敬されており，彼女はそれを父のもとで働いた経験のおかげだと考えている。

0760 💡前置詞ofと一緒に使われる動詞　　　　　　　　正解 (D)

空所の前にはwill beがあり，選択肢には過去分詞が並んでいるので，それらがセットになって受動態を作ると考えられる。空所の後ろに〈of＋名詞句〉があることに注目しよう。notify「～に知らせる」の過去分詞(D) notifiedを空所に入れると，be notified of ～「～を知らされる」という表現になり，問題文の文意が通る。これはnotify A of B「AにBを知らせる」を受動態にしたものだ。(A) announce「～を発表する」，(B) describe「～を描写する」，(C) reveal「～を明らかにする」。

語句 □ competition コンテスト　□ promptly 速やかに　□ prize 賞品　□ via ～を用いて，経由して
訳 コンテストの入賞者は，Eメールで速やかに賞品について通知されます。

0761 Rebecca Hill explained how recent world events were a big ------- of inspiration for her latest novel *Voice and Power.*

(A) surplus
(B) chapter
(C) source
(D) emphasis

0762 The large bay windows on the apartment's east side are a ------- point of the room.

(A) concise
(B) receptive
(C) focal
(D) tense

0763 A recent study ------- what Seanutts' product designers believed about the mobile phone market.

(A) intervenes
(B) terminates
(C) contradicts
(D) purifies

0764 *Moondays* is a ------- film that leaves a lasting impression on all that see it.

(A) compatible
(B) magnificent
(C) pressing
(D) principal

0765 We have decided to do ------- with the requirement to submit a report for business trips of two days or shorter.

(A) across
(B) away
(C) forward
(D) nearly

英語を使って仕事をする, 字幕なしで映画を見る, 洋書を楽しむ。夢を叶えるため, 今日も努力あるのみ。

0761　inspirationとのコロケーション　　正解 (C)

explainedに続く節では,「近年の世界での出来事」がa big ------- of inspiration「インスピレーションの大きな~」であったと述べられている。空所に入る語としてふさわしいのは(C) source「源」だ。a big source of inspirationで「インスピレーションの大きな源」を意味する。(A)「余剰」, (B)「章」, (D)「強調」。

訳 Rebecca Hillは,近年の世界での出来事が彼女の最新作の小説である*Voice and Power*のインスピレーションの大きな源であったことを説明した。

0762　pointと相性のよい形容詞 focal　　正解 (C)

選択肢は全て形容詞だ。空所には,後ろに続く名詞point「点」とセットになって主語のThe large bay windows「大きな出窓」の補語になるものが入る。(C) focal「焦点の,中心的な」を空所に入れると,focal point「焦点,(話題・活動などの)中心」という表現になり,問題文の文意が通る。(A)「簡潔な」, (B)「受け入れ可能な」, (D)「緊張した」。

語句 □ bay window 出窓

訳 アパートの東側にある大きな出窓が,その部屋の目を引く点となっている。

0763　難単語 contradict　　正解 (C)

選択肢には動詞の三人称単数現在形が並んでいる。主語のA recent study「最近の研究」と,空所に入る動詞の目的語となる関係代名詞節のwhat Seanutts' product designers believed「Seanutts社のプロダクトデザイナーが考えていたこと」を適切に繋ぐことができるのは,contradict「~と相反する」の三人称単数現在形である(C) contradictsだ。(A) intervene「介入する」, (B) terminate「~を終わらせる」, (D) purify「~を浄化する」。

語句 □ study 研究

訳 最近の研究は,Seanutts社のプロダクトデザイナーが携帯電話市場について考えていたことと相反する結果を示している。

0764　「映画」を適切に修飾する形容詞　　正解 (B)

空所を含むa ------- filmが,主語*Moondays*の補語となる。空所に(B) magnificent「素晴らしい,壮大な」を入れると,a magnificent movie「素晴らしい映画」という表現になり,問題文の文意が通る。(A)「互換性のある,相性がよい」, (C)「差し迫った」, (D)「主要な」。(A)は be compatible with ~「~と互換性がある,相性がよい」という表現を覚えておくこと。

語句 □ leave an impression on ~ ~に感銘を与える　□ lasting 長く続く

訳 *Moondays*は,それを見た全員に長く続く感銘を与える素晴らしい映画である。

0765　重要表現 do away with ~　　正解 (B)

選択肢には副詞の働きをする語が並んでいる。空所に(B) awayを入れるとdo away with ~「~を廃止する」という表現になり,問題文の文意が通る。do away with ~は動詞abolish「~を廃止する」に言い換えることが可能なので,セットで覚えておくこと。(A)「横切って」, (C)「前方へ」, (D)「ほとんど」。

訳 我々は,2日以下の短い出張に対する報告書の提出義務を廃止することに決めました。

UNIT 8 語彙問題

0766 An interview with the distinguished director Lin Han will be
published in an upcoming ------- of the magazine, *Marlot Times*.

(A) script
(B) issue
(C) influx
(D) consequence

0767 With the weather advisory telling people to stay home, Ms. Greene
decided that she ------- as well close the office earlier than usual.

(A) might
(B) could
(C) must
(D) should

0768 Hardang Home Repair can provide references from previous clients
upon -------.

(A) denial
(B) request
(C) release
(D) liaison

0769 After Fenex's design team found themselves facing various
technical -------, they started to look for consultants with relevant
experience.

(A) challenges
(B) consistencies
(C) acknowledgments
(D) forecasts

0770 All of Yamanoda Appliance's product ------- can be seen in the
newly updated online catalog.

(A) contributions
(B) offerings
(C) provisions
(D) standings

0766　♀ 雑誌などの「次号」を表す upcoming issue　　正解 (B)

問題文の主な内容は「著名な監督である Lin Han のインタビューが掲載される」というもので, in 以降でそれが「どのような媒体に掲載されるのか」を説明している。このことを踏まえて空所に (B) issue「(雑誌などの) 号」を入れると, an upcoming issue of the magazine「雑誌の次号」となり, 問題文の文意が通る。(A)「台本」, (C)「流入」, (D)「結果」。

語句 □ distinguished 著名な　□ director (映画・TV番組などの) 監督
訳 著名な監督である Lin Han のインタビューは, 雑誌 *Marlot Times* の次号に掲載される。

0767　♀ 重要表現 might as well *do*　　正解 (A)

選択肢は全て助動詞だ。空所に (A) might を入れると might as well *do*「〜した方がいい」という表現になり, 問題文の文意が通る。(B)「〜するかもしれない」, (C)「〜しなければならない」, (D)「〜するべきだ」。

語句 □ weather advisory 気象注意報
訳 気象注意報が外出を控えるよう言っていたので, Greene さんはいつもより早く事務所を閉めた方がいいと判断した。

0768　♀ 重要表現 upon request　　正解 (B)

空所に (B) request「要求, 依頼」を入れると upon request「要求に応じて」という表現になり, 「以前の顧客からの意見を参考として用意することができる」という問題文前半の内容と適切に繋がる。(A)「否定」, (C)「(出版物の) 発売, (映画などの) 公開」, (D)「連絡係」。問題文中にある reference「参照, 参考」は「身元保証 (人), 推薦状」という意味でもしばしば使われる。

訳 Hardang 住宅修繕会社は, 要求に応じて以前の顧客からの意見を参考として用意することができる。

0769　♀ face と相性のよい challenges　　正解 (A)

選択肢は全て名詞の複数形だ。After が導く前半の節では find O C「O が C だと気付く」という第5文型が使われており, O に当たるのが themselves, C に当たるのが facing various technical ------- である。facing「〜に直面している」は, 基本的に後ろに「困難なこと」を表す語句が続くため, 「難しいがやりがいのあるもの」を表す (A) challenges「課題」を空所に入れると問題文の文意が通る。(B)「一貫性」, (C)「承認」, (D)「予想」。

語句 □ various さまざまな　□ technical 技術上の　□ look for 〜 〜を探す
訳 Fenex 社の設計チームはさまざまな技術上の課題に直面していることに気付いた後, 関連する経験を持つコンサルタントを探し始めた。

0770　♀ 複合名詞 product offering　　正解 (B)

選択肢は全て名詞の複数形だ。文頭から空所までが問題文の主語なので, 直前にある product「製品」と共に複合名詞を作って問題文の文脈に合う語を空所に入れる。(B) offerings「提供されたもの」を空所に入れると, product offerings「提供された製品」という表現になり, 問題文の文意が通る。(A)「貢献」, (C)「食糧, 必需品」(D)「身分, 地位, 名声」。

語句 □ newly 新しく　□ updated 更新された
訳 Yamanoda Appliance が提供する全製品は, 新たに更新されたオンラインカタログで見ることができる。

0771 An inspector will visit Novachan Restaurant every six months to confirm that employees are in ------- with local health codes.

(A) significance
(B) compliance
(C) awareness
(D) fulfillment

0772 Sales of travel items have been lower than originally expected due to unfavorable market -------.

(A) reflections
(B) terrains
(C) conditions
(D) collisions

0773 Thanks to its simplicity of use, Holloway's staff was able to get accustomed to the new bookkeeping software with relative -------.

(A) training
(B) ease
(C) exercise
(D) time

0774 Any changes in your membership level will be reflected in the next billing -------.

(A) cycle
(B) delivery
(C) turn
(D) round

0775 Staff members are reminded to make ------- of the private meeting rooms when discussing confidential matters.

(A) reservation
(B) policy
(C) stand
(D) use

0771 🔑 重要表現 *be* in compliance with ～　　　**正解▶ (B)**

空所に (B) compliance「服従，順守」を入れると *be* in compliance with ～「～の規定に従っている」という表現になり，問題文の文意が通る。形容詞 compliant「従順な」を使った，*be* compliant with ～「～に準拠している」も覚えておくこと。(A)「重要性」，(C)「気付いていること」，(D)「実現」。

語句 □ inspector 検査官　□ health code 衛生規定
訳 検査官は，従業員が地域の衛生規定に従っているかを確認するために，6カ月ごとに Novachan レストランを訪れる予定だ。

0772 🔑 複合名詞 market conditions　　　**正解▶ (C)**

選択肢は全て名詞の複数形だ。空所には，直前にある名詞 market「市場」に修飾される名詞が入る。(C) conditions「状況」を空所に入れると market conditions「市況」という複合名詞になり，問題文の文意が通る。(A)「反映，反射」，(B)「地形」，(D)「衝突，不調和，不一致」。

語句 □ travel item 旅行用品　□ unfavorable 好ましくない
訳 市況の悪さが原因で，当初の予想より旅行用品の売り上げは低かった。

0773 🔑 重要表現 with relative ease　　　**正解▶ (B)**

空所には，前にある形容詞 relative「比較的」に修飾される名詞が入る。(B) ease「容易さ」を空所に入れると with relative ease「比較的簡単に」という表現になり，「新たな簿記のソフトウェアに慣れることができた」という内容を後ろから自然に説明する形になる。relative は「親戚」という意味でも頻出であることを押さえておこう。(A)「研修」，(C)「運動」，(D)「時間」。

語句 □ thanks to ～ ～のおかげで　□ simplicity 簡単さ　□ get accustomed to ～ ～に慣れる
　　　□ bookkeeping 簿記
訳 使い方が簡単なおかげで，Holloway 社のスタッフは比較的簡単に新たな簿記のソフトウェアに慣れることができた。

0774 🔑 複合名詞 billing cycle　　　**正解▶ (A)**

空所には，前にある名詞 billing「請求」に修飾される名詞が入る。(A) cycle「サイクル，周期」を空所に入れると，billing cycle「請求サイクル」という複合名詞になり，問題文の文意が通る。(B)「配達」，(C)「順番」，(D)「(決まり切った仕事などの) 連続」。文頭にある any は「どんな～でも」という意味の形容詞だ。

語句 □ membership 会員であること　□ reflect ～を反映する
訳 ご自身の会員レベルのいかなる変更も，次の請求サイクルに反映されます。

0775 🔑 reservation に惑わされない　　　**正解▶ (D)**

選択肢は全て名詞だ。空所に (D) use「利用」を入れると make use of ～「～を利用する」という表現になり，to 以下が「機密事項について話し合う時は個別の会議室を利用する」という自然な内容になる。make use of ～は，make the most of ～「～を最大限利用する」という表現とセットで覚えておこう。「会議室を予約する」という意味だと考え，(A) reservation を選んだ人は要注意だ。「予約」を意味する reservation は可算名詞で，冠詞とセットで make a reservation としなければならない。本問では空所の前に冠詞がないため，この表現は成立しない。reservation は「懸念，心配，(権利などの) 留保」を意味することも押さえておくこと。(B)「方針」，(C)「屋台」。

語句 □ be reminded to *do* ～するよう念を押される　□ private 個人用の　□ confidential matter 機密事項
訳 職員たちは，機密事項について話し合う時，個別の会議室を利用するよう念を押されている。

0776 Many of the customers' suggestions are ------- of further investigation to ascertain their viability.

(A) worthy
(B) fond
(C) skeptical
(D) valuable

0777 Road maps can be obtained free of ------- at the main office of Gladway Auto Rentals.

(A) price
(B) fee
(C) fare
(D) charge

0778 Tim Cleminson spoke ------- on the role of managers in setting attainable goals for employees.

(A) allegedly
(B) comfortlessly
(C) eloquently
(D) reliably

0779 Guests of the Lemone Hotel often ------- surprise when they first see the magnificent water fountain at the entrance.

(A) express
(B) pronounce
(C) extend
(D) chance

0780 Employees are reminded to keep away from the east wing as some major construction work is ------- there.

(A) underdone
(B) underactive
(C) underway
(D) underfed

0776 🔊 fondに惑わされない　　　　　　　　　　　　　　　　　**正解▶ (A)**

空所の後ろにある前置詞ofに注目しよう。空所に (A) worthy「値する, 価値がある」を入れると, be worthy of ~「~の価値がある, ~に値する」という表現になり, 問題文の文意が通る。(B) fond「好きな」も be fond of ~「(人が) ~を好む」という表現を作るが, 問題文の主語は「物」なので, 本問では正解にはなりえない。(C)「懐疑的な」, (D)「高価な, 貴重な」。

■語句 □ ascertain ~を解明する, 突き止める　□ viability 実現性
■訳 顧客の提案の多くは, 実現性を確かめるためのさらなる調査を行う価値がある。

0777 🔊 お金にまつわる語の重要表現　　　　　　　　　　　　　　　**正解▶ (D)**

選択肢には「お金」に関連する語が並んでいる。空所に (D) charge「料金」を入れると, free of charge「無料で」という表現になり, 問題文の文意が通る。(A)「(商品などの) 価格」, (B)「報酬, 授業料, 入場料, 会費」, (C)「(交通機関の) 運賃」。(A)はat a fraction of the price「その値段の何分の1かの値段で」, (B)はnominal fee「わずかな料金」, (C)はsingle fare「片道運賃」とround-trip fare「往復運賃」という表現を覚えておくこと。

■訳 道路地図はGladwayレンタカーの本社にて, 無料で入手することができる。

0778 🔊 話し方を表す副詞　　　　　　　　　　　　　　　　　　　**正解▶ (C)**

空所に (C) eloquently「雄弁に」を入れると, speak eloquently「雄弁に語る」という表現になり, 問題文の文意が通る。この表現はspeak with eloquenceにも言い換えることが可能だ。「どのように」話すかを表す副詞の1つとして, 必ず押さえておこう。(A)「伝えられるところによれば」, (B)「快適でなく, 楽しみもなく」, (D)「信頼すべき筋から」。

■語句 □ set ~を設定する　□ attainable 達成可能な, 到達できる
■訳 Tim Cleminsonは, 従業員にとって達成可能な目標を設定するマネージャーの役割について雄弁に講演した。

0779 🔊 〈express＋感情を表す名詞〉　　　　　　　　　　　　　　　**正解▶ (A)**

空所の後ろに続く名詞のsurprise「驚き」を目的語に取り, 前半の節の内容を「入口にある荘厳な噴水を初めて目にした時」という後半の節の内容と適切に繋ぐことができるのは, (A) express「~を表す」だ。express surpriseで「驚きを表す」という意味になる。express anger「怒りを表す」, express joy「喜びを表す」などの関連表現も覚えておこう。(B)「~を発音する」, (C)「~を延長する」, (D)「偶然起こる」。

■語句 □ magnificent 荘厳な　□ water fountain 噴水
■訳 Lemoneホテルの宿泊客は入口にある荘厳な噴水を初めて目にした時, たいてい驚きを表す。

0780 🔊 underから始まる形容詞の意味を押さえる　　　　　　　　　　**正解▶ (C)**

選択肢には形容詞が並んでいる。空所に (C) underway「進行中で」を入れると, be underway「~が進行中である」という表現になり, 問題文の文意が通る。(A)「火が十分に通っていない, 生煮えの」, (B)「活動の鈍い」, (D)「栄養不良の」。

■語句 □ keep away from ~ ~に近づかない
■訳 東棟でいくつかの大規模な建設工事が進行中のため, 従業員たちはそこに近づかないよう念を押されている。

UNIT **8** 語彙問題

0781 As it was built in the last 20 years, Thompson House is ------- from certain safety inspections at the moment.

(A) exempt
(B) remote
(C) arguable
(D) opportune

0782 Although Michael Nicks' solo concert was ------- promoted on the radio, it failed to attract a large audience.

(A) effortlessly
(B) heavily
(C) respectively
(D) apparently

0783 Mr. Takagi had the advertising ------- shipped to the conference center directly from the printing company.

(A) reputation
(B) transaction
(C) bankruptcy
(D) literature

0784 Several customers have ------- complaints about the unsanitary conditions at the hotel.

(A) infringed
(B) designated
(C) lodged
(D) depleted

0785 Cancellations must be made in ------- with airline policies, which are explained on Korean Heart Airlines' Web site.

(A) dependence
(B) affect
(C) contact
(D) accordance

0781 🔑 空所の後ろに続くfromに注目する　　　　　　　　　　正解 (A)

空所に(A) exempt「免除された」を入れると, be exempt from ～「～を免除されている」という表現になり, 問題文の文意が通る。(B)「(距離が)遠い」, (C)「議論の余地がある」, (D)「適切な, 好都合の」。(B)は副詞remotely「遠く」を使ったI'm working remotely.「私はリモートワークをしています」を覚えておこう。問題文中にあるin the last 20 yearsは「過去20年の間に」を表すが, in 20 yearsは「20年後に」を表すので違いを確認しておこう。

🔲語句 □ safety inspection 安全点検　　□ at the moment 現在のところ
🔲訳 過去20年の間に建てられたため, Thompson Houseは現在のところ, 特定の安全点検を免除されている。

0782 🔑 量や程度を表すheavily　　　　　　　　　　　　　正解 (B)

前半の節には逆接の接続詞Although「～だけれども」があるため, 後半の節の内容は前半の節の内容から予想されることと反対のものになる。空所に(B) heavily「大いに, はなはだしく」を入れるとwas heavily promoted「大々的に宣伝された」という表現になり, 「(それに反して)多くの観客は集まらなかった」という後半の節の内容に適切に繋がる。(A)「苦もなく, 楽々と」, (C)「それぞれ」, (D)「見た(聞いた)ところでは」。

🔲語句 □ fail to do ～しそこなう
🔲訳 Michael Nicksのソロコンサートはラジオで大々的に宣伝されたが, 多くの観客を集めることはできなかった。

0783 🔑 複合名詞advertising literature　　　　　　　　　正解 (D)

空所には, 直前にある名詞のadvertising「宣伝すること」が適切に修飾する名詞が入る。(D) literature「(宣伝用の)印刷物」を空所に入れるとadvertising literature「宣伝用のチラシ」という複合名詞になり, 問題文の文意も通る。(A)「評判」, (B)「取引」, (C)「倒産」。

🔲語句 □ ship A to B AをBに発送する　　□ directly 直接　　□ printing company 印刷会社
🔲訳 Takagiさんは, 宣伝用のチラシを印刷会社から会議場に直接発送してもらった。

0784 🔑 難単語lodge　　　　　　　　　　　　　　　　　正解 (C)

空所の後ろに続くcomplaints「苦情」を目的語に取り, 空所に入れて問題文の文意が通るのは, lodge「(苦情など)を申し立てる」の過去分詞である(C) lodgedだ。lodge a complaint「苦情を申し立てる」という表現を覚えておこう。lodgeは「山小屋」という意味の名詞で主に知られているが, 本問のように動詞として使われることもある。(A) infringe「～を侵害する」, (B) designate「～を指定する」, (D) deplete「(受身形で)～を使い果たす」。(D)の反意語であるreplenish「～を補充する」もあわせて覚えておくこと。

🔲語句 □ unsanitary 不衛生な
🔲訳 そのホテルの不衛生な状態について, 複数の顧客が苦情を申し立てた。

0785 🔑 重要表現in accordance with ～　　　　　　　　正解 (D)

空所に(D) accordanceを入れると, in accordance with ～「～に従って」という表現になり, 問題文の文意が通る。名詞のaccordance自体は, 「一致, 調和」を意味する。(A)「依存」, (B)「感情, 情緒」, (C)「連絡」。

🔲語句 □ cancellation キャンセル　　□ policy 方針
🔲訳 キャンセルをする際は, 韓国Heart航空のウェブサイトで説明されている航空会社の方針に従わなければならない。

UNIT **8** 語彙問題

0786 Creating a supply contract is a good way to ------- against unforeseen price rises.

(A) exaggerate
(B) escape
(C) safeguard
(D) liquidate

0787 The quality of the landscaping at Harper Starscape Resort is ------- of the luxury inside.

(A) substantial
(B) judicious
(C) indicative
(D) tempting

0788 As Mr. Durant will attend a social ------- tonight, he will not be able to travel to London until tomorrow.

(A) requisite
(B) function
(C) gratuity
(D) confirmation

0789 Any messages from ------- buyers left on the answering machine should be responded to as swiftly as possible.

(A) prospective
(B) conclusive
(C) transparent
(D) sanitary

0790 Several important points to ------- in mind when choosing a conference venue were identified in the internal meeting.

(A) stay
(B) believe
(C) capture
(D) keep

情熱は内に秘め、謙虚な姿勢で生きましょう。謙虚と感謝の気持ちを持つことが成功への必須条件です。

0786 🔑 againstから導くsafeguard 　　　　　　　　　　　　正解 (C)

文頭にCreating a supply contract is a good way to ～「供給契約を結ぶことは～するのによい方法である」とあるので，空所に適切な動詞を入れて「何をするのによい方法」なのかを表せばよい。空所に (C) safeguardを入れると，safeguard against ～「～から守る，～を防ぐ」という表現になり，問題文の文意が通る。safeguardの後ろに人を続け，safeguard A against B「AをBから守る」という表現もある。(A)「～を誇張する」，(B)「逃げる」，(D)「～を清算する」。

語句 □ create ～を設定する　□ unforeseen 予測できない
訳 供給契約を結ぶことは，予期せぬ価格の上昇に対抗するよい方法である。

0787 🔑 be動詞と前置詞ofに注目する 　　　　　　　　　　　　正解 (C)

(C) indicative「示す，暗示する」を空所に入れると，空所の前後にあるbe動詞とofとセットになって，be indicative of ～「～を示している」という表現が成り立つ。be indicative of the luxury insideは「(質の高い造園は) 内部の豪華さを示している」，つまり「豪華さを暗に物語っている」という意味になる。(A)「かなりの」，(B)「思慮分別のある」，(D)「魅力的な」。

語句 □ landscaping 造園　□ luxury 豪華さ
訳 Harper Starscapeリゾートの質の高い造園は，内部の豪華さを暗に物語っている。

0788 🔑 functionの意外な意味 　　　　　　　　　　　　正解 (B)

空所には，前にある形容詞のsocial「社交を目的とした」に適切に修飾される名詞が入る。(B) function「行事，会合」を空所に入れると，social function「社交的な集まり」という表現になり，問題文の文意が通る。functionは「機能」という意味でよく使われるが，本問でのような意味で使われることもある。(A)「必需品，要件」，(C)「チップ，謝礼」，(D)「確認」。

訳 Durantさんは今夜社交的な集まりに出席することになっているため，明日になるまでロンドンへ移動することができきない。

0789 🔑「人」を修飾する形容詞 　　　　　　　　　　　　正解 (A)

空所の後ろに続くbuyers「購入者」を前から適切に修飾し，空所に入れることで問題文の文意が通るのは，(A) prospective「見込みのある」だ。prospective buyer [customer] で「見込み客」という意味を表す。これはpotential buyer [customer] に言い換えることも可能だ。(B)「決定的な」，(C)「透明な」，(D)「衛生的な，衛生の」。

語句 □ answering machine 留守番電話　□ swiftly 迅速に
訳 留守番電話に残された見込み客からのメッセージには，できるだけ迅速に応答するべきだ。

0790 🔑 重要表現keep in mind 　　　　　　　　　　　　正解 (D)

空所の後ろにあるin mindに注目しよう。空所に (D) keepを入れると，keep in mind「留意する，覚えておく」という表現になり，問題文の文意が通る。(A)は，stay in one's mindの形で「(記憶や光景が) 心に残っている」という意味の表現を作る。(A)「～のままでいる」，(B)「～を信じる」，(C)「～を捕える」。

語句 □ identify (身元など) を明らかにする　□ internal meeting 社内会議
訳 社内会議で会議の会場を決める際，留意すべきいくつかの重要な点が明らかにされた。

UNIT **8** 語彙問題

0791 The design team will take some time on Monday to ------- feedback from the focus group.

(A) confer
(B) converse
(C) respond
(D) discuss

0792 Many ------- experts recommend the use of Supershine to protect your vehicle's paintwork.

(A) advancing
(B) lingering
(C) leading
(D) admiring

0793 Paula Truman first attracted media attention for her ------- of entrepreneur Hamilton Davies.

(A) supplement
(B) biography
(C) probation
(D) preservation

0794 We would like to ------- an apology to customers who have been affected by the supply chain breakdowns.

(A) extend
(B) obstruct
(C) nominate
(D) fulfill

0795 Mr. Anderson decided to ------- up on his Chinese language skills before he traveled there on business.

(A) live
(B) grow
(C) embark
(D) brush

0791 ♀ 「議論する」を表す他動詞　　　　　　　　　　　　　　　　**正解** (D)

空所に(D) discuss「〜について議論する」を入れると, discuss feedback「意見について話し合う」という表現になり, 問題文の文意が通る。(A) conferも「議論する, 話し合う」を意味する動詞だが, この意味で使う場合は, 前置詞を伴ってconfer with 〜「〜と話し合う」となる。(B)「会話をする」, (C)「(質問などに)答える, 返事をする」。

> **訳** フォーカスグループからの意見について話し合うために, デザインチームは月曜日に時間を取る予定である。

0792 ♀ 「人」を修飾する形容詞　　　　　　　　　　　　　　　　**正解** (C)

空所には, 後ろにある名詞のexperts「専門家」を適切に修飾する形容詞が入る。(C) leading「一流の」を空所に入れると, leading experts「一流の専門家」という表現になり, 問題文の文意が通る。leadingを使った表現として, a leading company「一流企業, 主要企業」も頻出なので押さえておくこと。(A)「前進する」, (B)「長く続く」, (D)「称賛の念に満ちた」。

> **語句** □ paintwork 塗装
> **訳** 多くの一流の専門家が, 自動車の塗装を保護するためにSupershineを使用することを推奨している。

0793 ♀ 「人の何が注目を集めたか」を考える　　　　　　　　　　**正解** (B)

空所の後ろにof entrepreneur Hamilton Davies「起業家であるHamilton Daviesの」があることに注目しよう。空所に(B) biography「伝記」を入れると, 主語であるPaula Trumanが注目を集めたのは「起業家であるHamilton Daviesの伝記(を出版したこと)が理由だ」という意味になり, 問題文の文意が通る。(A)「補足, 栄養補助食品」, (C)「試用期間」, (D)「保存, 保護」。

> **語句** □ media attention メディアの注目　　□ entrepreneur 起業家
> **訳** Paula Trumanは, 起業家であるHamilton Daviesの伝記を出版したことで最初メディアの注目を集めた。

0794 ♀ apologyとのコロケーション　　　　　　　　　　　　　　**正解** (A)

空所の後ろには, 空所に入る動詞の目的語となるan apology「お詫び」があり, 空所に(A) extendを入れると, extend an apology to 〜「〜に対し謝罪する」という表現になり, 問題文の文意が通る。頻出のextend an invitation to 〜「〜を招待する」という表現もあわせて覚えておくこと。(B)「〜を妨害する」, (C)「〜を推薦する」, (D)「〜を満たす」。

> **語句** □ supply chain サプライチェーン　　□ breakdown 故障, 断絶
> **訳** サプライチェーンの分断により影響を受けたお客様に, お詫びを申し上げます。

0795 ♀ 「能力, スキル」を目的語に取る表現　　　　　　　　　　**正解** (D)

空所に(D) brushを入れると, brush up on 〜「〜の能力を磨き直す」という表現になり, 問題文の文意が通る。(A)「住む」, (B)「成長する」, (C)「乗り込む, 〜を乗船させる, 搭乗させる」。(A)はlive up to 〜「〜の期待に応える」, (B)はgrow up「成長する」, (C)はembark on 〜「(計画や事業など)に乗り出す」という表現を覚えておくこと。

> **訳** Andersonさんは, 現地へ出張に行く前に自身の中国語のスキルを磨き直そうと決心した。

0796 After much consideration, the building's landlord lowered the rent to encourage businesses to -------.

(A) stay
(B) nullify
(C) build
(D) convene

0797 The Boston Baseball Museum has a wonderful collection of ------- from the last 50 years.

(A) souvenir
(B) memorabilia
(C) repercussion
(D) validation

0798 Many of the employees at Pearapp choose to ------- company-owned accommodations because of the financial benefits it offers.

(A) run into
(B) pass up
(C) straighten out
(D) reside in

0799 There is a lot of noise from the nearby railroad line at -------, which makes the office ill-suited for some businesses.

(A) periods
(B) moments
(C) times
(D) terms

0800 Our technicians will get in ------- with you at a later date to discuss the cost of solar panel installation.

(A) place
(B) motion
(C) touch
(D) hand

0796 ⚲ 「賃料を下げた理由」を考える　　　　　正解 (A)

問題文の大意は「建物の大家は賃料を下げた」というもので，賃料を下げた理由がto encourage以下で述べられている。空所に(A) stay「とどまる」を入れると，to不定詞以下がto encourage businesses to stay「（その建物を現在借りている）企業がとどまるように」という意味になり，問題文の文意が通る。(B)「〜を無効にする」，(C)「〜を建てる」，(D)「（人・委員などが）集まる」。

語句 □ consideration 熟考　□ landlord 大家　□ lower 〜を下げる
訳 熟考した結果，企業がとどまることを促すため建物の大家は賃料を下げた。

0797 ⚲ 難単語 memorabilia　　　　　正解 (B)

空所には，The Boston Baseball Museum「Boston野球博物館」が所有するのにふさわしく，a wonderful collection「素晴らしいコレクション」がどのようなものなのかを補足する語が入る。また，それはfrom the last 50 years「過去50年間」のものであることが分かる。これらの条件を満たすのは，(B) memorabilia「（有名人などにまつわる）記念品」だ。(A)「（旅行の）土産」，(C)「跳ね返り，反動」，(D)「検証，証明」。

訳 Boston野球博物館には，過去50年間の素晴らしい記念品のコレクションが所蔵されている。

0798 ⚲ live 以外で表す「住む」　　　　　正解 (D)

選択肢には句動詞が並んでいる。(D) reside in「〜に住む」を空所に入れると，後ろに続くcompany-owned accommodations「社宅」と自然に繋がり，問題文の文意が通る。(A)「〜にばったり会う」，(B)「（機会など）をあえて見送る」，(C)「〜を解決する」。

語句 □ financial benefit 経済的メリット
訳 Pearapp社の従業員の多くは，経済的メリットを理由に社宅に住むことを選択する。

0799 ⚲ 低い頻度を表す at times　　　　　正解 (C)

選択肢には名詞の複数形が並んでいる。空所に(C) timesを入れるとat times「時々」という表現になり，問題文の文意が通る。(A)「（一定の）期間，時期」，(B)「瞬間」，(D)「学期，任期」。(B)はat the moment「その時に，今」という表現を覚えておこう。(D)は「条件」という意味で頻出だ。terms and conditions「契約条件」という表現も覚えておくこと。

語句 □ railroad line 鉄道線路　□ ill-suited 不向きな，不似合いな
訳 時々近くの鉄道線路からの騒音がひどく，そのオフィスは一部の企業にとって不向きなものになっている。

0800 ⚲ contact 以外で表す「連絡する」　　　　　正解 (C)

空所に(C) touchを入れると，get in touch with 〜「〜に連絡する」という表現になり，問題文の大意が「技術者があなたに連絡する」となって文意が通る。(A)「場所」，(B)「動き」，(D)「手，拍手，（時計などの）針」。(A)はin place of 〜「〜の代わりに」，(B)はbe in motion「動いている，運行中である」，(D)は「手助け，手伝い」を表す可算名詞であることも押さえておこう。(D)はneed a hand「手助けを必要とする」という表現が頻出だ。

語句 □ solar panel 太陽光パネル　□ installation 設置
訳 弊社の技術者が，太陽光パネルの設置費用について話し合うために後日連絡します。

UNIT **8** 語彙問題

0801 The warranty for our agricultural equipment does not ------- damage that occurs as a result of misuse.

(A) assure
(B) cover
(C) revive
(D) withhold

0802 Arrowpongs revealed that they plan to build two new factories in Seattle in order to ------- production.

(A) redeem
(B) affirm
(C) garner
(D) boost

0803 The merger was finalized after the company presidents came up with a plan that both ------- agreeable.

(A) found
(B) arranged
(C) established
(D) composed

0804 Meitreware is so confident in the quality of its tools that it accepts returns -------.

(A) succinctly
(B) profoundly
(C) dismissively
(D) unconditionally

0805 The landlord ------- the right to make improvements or repairs to the property when necessary.

(A) reserves
(B) rewards
(C) implores
(D) demolishes

0801　♀ assure に惑わされない　　　　　　　　　　　　　　　正解 ▶ (B)

空所には damage「損害」を目的語とするのにふさわしい動詞が入る。(B) cover「〜を含む, 〜に適用される」を空所に入れると, cover damage「(補償の範囲が) 損害に適用される」という表現になり, 問題文の文意が通る。(A) assure「〜を保証する」は目的語に人を取り, assure A that 〜「Aに〜を保証する」の形になるので不正解だ。(C)「〜を復活させる」, (D)「〜を差し控える」。

語句 □ agricultural 農業の　□ as a result of 〜 〜の結果として　□ misuse 誤用
訳 弊社の農業機械の保証は, 誤った使用の結果として発生した損害には適用されません。

0802　♀ production とのコロケーション　　　　　　　　　　　　正解 ▶ (D)

that 節の内容は「シアトルに2つの新しい工場を建設する予定だ」というもので, その後ろに in order to do「〜するために」を使って「新しく工場を建設する」理由を続けている。(D) boost「〜を増やす」を空所に入れると, in order to boost production「生産を増大させるために」という表現になり, 問題文の文意が通る。(A)「〜を取り戻す」, (B)「〜と断言する」, (C)「〜を獲得する」。

語句 □ reveal 〜を明らかにする　□ production 生産
訳 Arrowpongs 社は, 生産を増大させるためにシアトルに2つの新しい工場を建設する予定だということを明らかにした。

0803　♀ find O C「OがCだと分かる」　　　　　　　　　　　　正解 ▶ (A)

選択肢には動詞の過去形が並んでいる。a plan「計画」の後ろに続く that が関係代名詞の目的格であると考えれば, 後ろに主語 both (presidents)「双方 (の社長)」, 空所には述語動詞が入り, その目的語は先行詞 (= a plan) として〈関係代名詞＋主語〉の前に移動, そして補語となる形容詞の agreeable「(喜んで) 同意する」が続くということが分かる。空所に入るのは後ろに〈目的語＋補語〉を続けることのできる, 第5文型で使われる動詞だ。find「〜だと分かる」はこの形を取る動詞であり, (A) found を空所に入れると問題文の文意も通る。(B) arrange「〜を手配する」, (C) establish「〜を設立する」, (D) compose「〜を構成する」。

語句 □ merger 合併　□ finalize 〜に決着を付ける　□ come up with 〜 〜を考案する
訳 双方の社長が合意できる計画を考案した後, 合併は最終決定された。

0804　♀ so 〜 that 構文から文の流れを掴む　　　　　　　　　正解 ▶ (D)

問題文では so A that B「とてもAなのでBだ」の構文が使われている。「Meitreware 社は自社のツールの品質にとても自信がある」ので「無条件で返品を受け付けている」という文脈にすれば問題文の文意が通るため, 正解は (D) unconditionally「無条件に」だ。(A)「簡潔に」, (B)「深く, 大いに」, (C)「否定的に」。

訳 Meitreware 社は自社のツールの品質にとても自信があるため, 無条件で返品を受け付けている。

0805　♀ reserve the right to do　　　　　　　　　　　　　　正解 ▶ (A)

選択肢には動詞の三人称単数現在形が並んでいる。「〜を保有する」を意味する (A) reserves を空所に入れると, reserve the right to do「〜する権利を保有する」という表現になり, 問題文の文意が通る。(B) reward「〜に報酬を与える」, (C) implore「〜に懇願する」, (D) demolish「〜を取り壊す」。

語句 □ landlord 家主　□ make improvements to 〜 〜を改善する　□ when necessary 必要な時は
訳 家主は, 必要な時には不動産の改善や修理をする権利を保有している。

UNIT **8** 語彙問題

0806 Mr. Holmes chose the Le Grande photocopier as it was ------- faster and cheaper than any of its competitors.

(A) willingly
(B) mutually
(C) demonstrably
(D) accurately

0807 There are many academic institutions in the area ------- Beacon Street, which makes this particular neighborhood an ideal place to build the new student hostel.

(A) surrounding
(B) longing
(C) revolving
(D) sparing

0808 After *Hillview Heights* received an overwhelming ------- from television viewers, the production company approved a second season.

(A) response
(B) posture
(C) script
(D) component

0809 It has become necessary to ------- some products whose sales have been under projections for three consecutive years.

(A) discontinue
(B) mishandle
(C) foretell
(D) cultivate

0810 On a monthly basis, Harry Gilmore travels ------- to meet with textile manufacturers around the world.

(A) supposedly
(B) effectively
(C) receptively
(D) extensively

0806 🔍 難単語 demonstrably　　　　　　　　　　正解 (C)

前半の節の内容は「HolmesさんはLe Grande社のコピー機を選んだ」というもので，接続詞のas「〜なので」から始まる後半の節でその理由が述べられている。空所の後ろに続くfaster and cheaper「より速くて安い」を適切に修飾し，空所に入れることで問題文の文意が通るのは，(C) demonstrably「（簡単に証明できるほど）明らかに」だ。(A)「喜んで，進んで」，(B)「相互に」，(D)「正確に」。

語句 □ photocopier コピー機　□ competitor 競合他社
訳 どの競合他社のものよりも明らかに速くて安かったため，HolmesさんはLe Grande社のコピー機を選んだ。

0807 🔍 area とのコロケーション　　　　　　　　　正解 (A)

選択肢には形容詞の働きを持つ語が並んでいる。空所に (A) surrounding「周辺の，付近の」を入れると，the area surrounding Beacon Street「Beacon通りの周辺地域」という意味になり，問題文の文意が通る。(B)「切望する」，(C)「循環する」，(D)「倹約な」。

語句 □ academic institution 学術機関　□ ideal 理想的な，申し分のない　□ hostel 学生寮
訳 Beacon通りの周辺地域には多くの学術機関があり，特にこの近隣は新しい学生寮の建設には理想的な場所となっている。

0808 🔍 圧倒的な「何」を受けたかを考える　　　　　正解 (A)

空所にはreceived「〜を得た」の目的語となり，前にある形容詞のoverwhelming「圧倒的な」に適切に修飾される名詞が入る。(A) response「反響」を空所に入れると，overwhelming response「圧倒的な反響」という表現になり，問題文の文意が通る。(B)「姿勢，態度」，(C)「台本」，(D)「部品」。

語句 □ viewer 視聴者　□ production company 制作会社
訳 *Hillview Heights*がテレビ視聴者から大きな反響を得たことで，制作会社はセカンドシーズンの制作を承認した。

0809 🔍 product とのコロケーション　　　　　　　　正解 (A)

問題文にはIt has become necessary「（それは）必要となった」とあり，「何が必要となったのか」をto不定詞以下で表している。空所の後ろには空所に入る動詞の目的語となるsome products「いくつかの製品」があるので，空所に (A) discontinue「〜の生産を停止する」を入れると，「売上予測を下回っている製品の生産を停止することが必要となった」という文脈となり，問題文の文意が通る。(B)「〜の取り扱いを誤る」，(C)「〜を予告する」，(D)「〜を耕す，育てる」。

語句 □ projection 予測　□ consecutive 連続した
訳 3年連続して売上予測を下回っているいくつかの製品の生産を，停止することが必要となった。

0810 🔍 「範囲」を表す extensively　　　　　　　　　正解 (D)

空所には，前にある動詞のtravels「旅をする」を適切に修飾する副詞が入る。(D) extensively「広く」を空所に入れると，travel extensively「広く旅をする」という表現になり，問題文の文意が通る。(A)「推定では（〜だと思われる），おそらく」，(B)「効果的に」，(C)「理解力のある態度で」。

語句 □ on a monthly basis 月に1回の頻度で　□ textile manufacturer 繊維メーカー
訳 月に1回の頻度で，Harry Gilmoreは世界中の繊維メーカーと会うために広く旅をしている。

0811 All orders will require an additional charge of $23 for postage and
□□□ ------- as well as insurance.

(A) handling
(B) servicing
(C) housing
(D) boarding

0812 Water-rich foods such as fruits and vegetables should be kept in
□□□ the middle part of the NH-1 refrigerator ------- to avoid being
frozen.

(A) dimension
(B) attribution
(C) assembler
(D) compartment

0813 Mr. Thompson is ------- pressure on the people in his department to
□□□ take time off to be with their families.

(A) roaring
(B) exerting
(C) grasping
(D) devising

0814 It has become ------- for businesspeople to use tablet computers to
□□□ communicate with clients.

(A) dependent
(B) vulnerable
(C) outgoing
(D) commonplace

0815 Mayor Robert Hammond ------- to take active measures to improve
□□□ the sewer system on Planama Street.

(A) ensured
(B) implemented
(C) adhered
(D) pledged

0811　🔊 重要表現 postage and handling　　正解 (A)

選択肢は全て名詞だ。空所には，前にある postage「郵送」と and で同等に並列されるものが入る。空所に (A) handling「取り扱い」を入れると，an additional charge of $23「23ドルの追加料金」が for postage and handling「郵送料と手数料として（必要となる）」という話の流れになり，問題文の文意が通る。(B)「点検」, (C)「住宅」, (D)「乗船」。

語句 □ additional charge 追加料金
訳 全ての注文には保険料に加えて郵送料と手数料として，23ドルの追加料金が必要となる。

0812　🔊 複合名詞 refrigerator compartment　　正解 (D)

空所に (D) compartment「区画，仕切られた空間」を入れると in the middle part of the NH-1 refrigerator compartment「NH-1冷蔵庫の中段で」となり，問題文の文意が通る。(A)「寸法」, (B)「帰属, 属性」, (C)「組み立てる人」。

語句 □ water-rich 水分の多い　□ frozen 凍結した
訳 フルーツや野菜のような水分の多い食品は，凍結を避けるためにNH-1冷蔵庫の中段で保存してください。

0813　🔊 exert pressure on *A* to *do*　　正解 (B)

選択肢には動詞の doing 形が並んでいる。exert「（力など）を働かせる，行使する」の doing 形である (B) exerting を空所に入れると，exert pressure on *A* to *do*「Aに〜するよう圧力をかける」という表現が成立し，問題文の文意が通る。関連して，exert extreme caution in 〜「〜に細心の注意を払う」という表現も押さえておきたい。(A) roar「大声をあげる」, (C) grasp「〜を把握する」, (D) devise「〜を考案する」。

訳 Thompson さんは部署の人々たちに，家族と過ごすための休暇を取るよう働きかけている。

0814　🔊 to 以下の内容を表す形容詞を見抜く　　正解 (D)

問題文には，It has become ------- for businesspeople「（それは）働く人々にとって〜になってきている」とあり，「何が〜になってきているのか」が，後ろに続く to 不定詞以下で表されている。空所に (D) commonplace「当たり前の」を入れると，問題文の大意が「タブレット端末を用いることは当たり前になってきている」というものになり，文意が通る。(A)「頼っている」, (B)「弱い, 脆弱な」, (C)「社交的な」。

訳 顧客と連絡を取り合うためにタブレット端末を用いることは，働く人々にとって当たり前のことになってきている。

0815　🔊 to 不定詞を目的語に取る pledge　　正解 (D)

選択肢には動詞の過去形が並んでいる。空所に pledge「〜を誓約する」の過去形 (D) pledged を入れると，pledge to *do*「〜することを約束する」という表現になり，問題文の文意が通る。(C) の動詞 adhere も adhere to 〜「（規則など）を忠実に守る」という表現を作るが，空所に入れても問題文の文意が通らない。(A) の動詞 ensure は後ろに to 不定詞ではなく that 節が続くので，正解にはなりえない。ensure that「〜ということを保証する」という表現を覚えておこう。(B) implement「〜を実行する」。

語句 □ mayor 市長　□ take measures 対策を講じる　□ sewer system 下水設備
訳 Robert Hammond 市長は，Planama 通りの下水設備を改善するために積極的な対策を講じることを約束した。

UNIT 8 語彙問題

0816 Mr. Onozawa itemized all the possible expenses for the company ------- and carefully rechecked the numbers.

(A) occupancy
(B) raffle
(C) plaque
(D) retreat

0817 Ms. White ------- in on the new employees every 20 minutes to make sure they were not having any difficulties.

(A) looked
(B) appeared
(C) provoked
(D) considered

0818 Organizers of the annual charity fund-raising event will discuss any security ------- that may be needed at this week's meeting.

(A) measures
(B) compliances
(C) effects
(D) threats

0819 Roggern Hotel is carpeted throughout to minimize noise and allow guests to have a ------- sleep at any hour of the day or night.

(A) comprehensive
(B) sound
(C) lively
(D) dormant

0820 The factory equipment upgrades have led to substantial ------- in productivity and have proven to be well worth the expense.

(A) departures
(B) outskirts
(C) gains
(D) surroundings

0816　🔑 複合名詞 company retreat　　　　　　　　　　正解 (D)

問題文では itemized「～を箇条書きにした」の目的語である経費について, all the possible expenses for the company -------「考えられる～のための経費全て」と述べられている。空所に (D) retreat を入れると company retreat「社員旅行」という複合名詞になり, 問題文の文意が通る。retreat は「休養の場所, 避難, 撤退」といった意味だが, company retreat とすると「仕事から離れて休養を取る場所」という意味になり,「社員旅行」を表す。(A)「(場所や地位を) 占めること」, (B)「ラッフル (慈善などを目的としたくじ)」, (C)「(賞・記念の) 盾」。

語句 □ itemize ～を箇条書きにする　□ possible 考えられる, 可能性がある
　　　□ recheck ～を再チェックする, 再照合する
訳 Onozawa さんは考えられる社員旅行の経費を全て箇条書きにして, 入念に金額を再照合した。

0817　🔑 空所の後ろに続く前置詞に着目する　　　　　　正解 (A)

選択肢には動詞の過去形が並んでいる。空所の後ろに続く in on に注目しよう。空所に look の過去形である (A) looked を入れると, look in on ～「～をちょっと訪ねる, 覗いてみる」という表現になり, 問題文の文意が通る。(B) appear「現れる」, (C) provoke「～を引き起こす」, (D) consider「～を熟考する」。

語句 □ have difficulty 困難を感じる
訳 White さんは困っていることがないかを確かめるために, 20分おきに新入社員たちの様子を見に行った。

0818　🔑 複合名詞 security measures　　　　　　　　　正解 (A)

選択肢には名詞の複数形が並んでいる。空所には, 空所の前にある any security とセットになり, その前にある他動詞 discuss「～について議論する」の目的語となる名詞句を作るものが入る。空所に (A) measures「対策, 措置」を入れると, discuss any security measures「あらゆるセキュリティー対策について議論する」という表現になり, 問題文の文意が通る。security measures「セキュリティー対策」は頻出の表現だ。(B)「服従, 順守」, (C)「効果」, (D)「脅威」。

語句 □ annual 年に一度の　□ fund-raising 資金集めの
訳 年に一度のチャリティ募金イベントの幹事たちが, 必要になると思われるあらゆるセキュリティー対策について今週の会議で議論する予定である。

0819　🔑「どんな眠りか」を表す形容詞 sound　　　　　　正解 (B)

空所の後ろに続く sleep「睡眠」を前から適切に修飾するのは (B) sound「(眠りが) 十分な, しっかりとした」だ。sound は sleep「眠り」と一緒に使われることが多く, sound sleep で「熟睡」という意味を表す。(D) dormant は「睡眠状態の, 休止状態の」を意味し, 主に火山が活動していない状態や動物が冬眠中であることなどを表す時に使われるので, sleep を修飾する形容詞としては不適切だ。(A)「包括的な, 理解力のある」, (C)「生き生きとした」。

語句 □ carpet ～にカーペットを敷く　□ minimize ～を最小限にする　□ noise 物音
訳 Roggern ホテルでは, 物音を最小限に抑え, 昼夜を問わず宿泊客がぐっすり眠れるようカーペットが敷き詰められている。

0820　🔑 substantial とのコロケーション　　　　　　　正解 (C)

選択肢には名詞の複数形が並んでいる。空所には前にある形容詞の substantial「相当な, たくさんの」に適切に修飾される名詞が入る。(C) gains「増加」を空所に入れると, substantial gains「大幅な増加」という表現になり, 問題文の文意が通る。空所以降の productivity「生産性」も, 正解を選ぶためのヒントとなる。(A)「出発」, (B)「郊外」, (D)「環境, 周囲のもの」。

語句 □ lead to ～ ～に繋がる
訳 工場設備のアップグレードは生産性の大幅な増加に繋がり, 費用に十分見合っていることが証明された。

UNIT **8** 語彙問題

0821 Payments for Naiba Run's gym membership will be ------- from your
bank account on the fifth of every month.

(A) distanced
(B) improvised
(C) preceded
(D) deducted

0822 Unless otherwise -------, all items are 20 percent off the list price.

(A) dressed
(B) booked
(C) invited
(D) noted

0823 Ms. Parnell was not able to ------- with the preparations for the
annual banquet since she had her hands full with other projects.

(A) arrange
(B) support
(C) assist
(D) respond

0824 The company managed to achieve record sales in the ------- of
strong competition from foreign brands.

(A) place
(B) face
(C) cause
(D) response

0825 At the press conference, a reporter at the Dolby Times asked a
question in ------- to the firm's hiring policies.

(A) relation
(B) point
(C) consideration
(D) concern

0821 お金にまつわる動詞 deduct 　　　正解 (D)

選択肢には過去分詞が並んでいる。空所には主語のPayments「支払い」の補語になるものが入るが，deduct「〜を差し引く」の過去分詞である(D) deductedを空所に入れると，be deducted from 〜「（支払い金額が）〜から引き落とされる」という表現になり，問題文の文意が通る。(A) distance「〜を遠ざける」，(B) improvise「〜を即興で作る」，(C) precede「〜に先んじる」。

語句 □ membership 会員であること　□ bank account 銀行口座
訳 Naiba Runのジム会員のお支払いは，毎月5日に銀行口座から引き落とされます。

0822 〈unless otherwise＋過去分詞〉 　　　正解 (D)

選択肢には過去分詞が並んでいる。note「〜を書き留める」の過去分詞である(D) notedを空所に入れると，unless otherwise noted「特に断りがない限り」という表現になり，問題文の文意が通る。〈unless otherwise＋過去分詞〉「特に〜されない限り」という表現を覚えておこう。この過去分詞の前には〈主語＋be動詞〉のit isが省略されている。(A) dress「〜に服を着せる」，(B) book「〜を予約する」，(C) invite「〜を招待する」。

語句 □ list price 表示価格
訳 特に断りがない限り，全ての商品は表示価格から20パーセントオフとなっています。

0823 自動詞と他動詞の区別 　　　正解 (C)

空所に(C) assist「手伝う」を入れると，assist with 〜「〜を手伝う」という表現になり，問題文の文意が通る。ここで似た意味を持つ(B) support「〜を支える，支援する」を選ばないように注意したい。supportは他動詞なので後ろに前置詞は続かないため，本問では正解にはなりえない。(A)「〜を手配する」，(D)「応答する」。

語句 □ annual 年に1回の　□ have one's hands full with 〜 〜で手が一杯だ
訳 Parnellさんは他の企画で手一杯だったため，毎年恒例の宴会の準備を手伝うことができなかった。

0824 重要表現 in the face of 〜 　　　正解 (B)

空所に(B) faceを入れると，in the face of 〜「（悪い状況）にもかかわらず，〜に直面して」という表現になり，問題文の文意が通る。(A)はin place of 〜の形で「〜の代わりに」，(D)はin response to 〜の形で「〜に応えて」を意味するが，本問では正解にはなりえない。(C)「原因」。

語句 □ record sales 記録的な売り上げ　□ brand ブランド
訳 海外ブランドとの激しい競争があったにもかかわらず，その会社は記録的な売り上げを達成することができた。

0825 「〜に関して」を表す表現 　　　正解 (A)

空所に(A) relation「関係，関連」を入れると，in relation to 〜「〜に関して」という表現になり，問題文の文意が通る。be related to 〜「〜に関連している」やbe relevant to 〜「〜に関係がある」もセットで押さえておきたい。(B)「点」，(C)「考慮」，(D)「関心事，懸案事項」。(C)はtake into consideration「〜を考慮に入れる」，(D)は前置詞concerning「〜に関して」（≒regarding, in [with] regard to 〜）を覚えておくこと。

語句 □ press conference 記者会見　□ hiring policy 採用方針
訳 記者会見でDolby Timesのリポーターは，その会社の採用方針について質問した。

UNIT 8 語彙問題

0826 The application process includes a practical component that gives
☐☐☐ candidates an opportunity to ------- their skills.

(A) waive
(B) alleviate
(C) demonstrate
(D) repave

0827 Since the essential renovation work was fully completed, we are
☐☐☐ currently ------- the addition of a second wing to the hospital.

(A) contemplating
(B) engrossing
(C) outweighing
(D) encountering

0828 The proposal from Cox Landscaping takes into ------- the cost of
☐☐☐ upkeep and the aesthetics of the surrounding properties.

(A) proportion
(B) finance
(C) account
(D) preference

0829 The widening of Carter Highway greatly ------- traffic congestion
☐☐☐ between Scottsdale and the city center.

(A) refined
(B) alleviated
(C) maneuvered
(D) connected

0830 The local newspaper has reported that the suspension of the
☐☐☐ project was ------- due to lack of funding.

(A) dimly
(B) financially
(C) professionally
(D) primarily

0826　🔑「実際にやって見せる」を表す動詞　　　正解 (C)

空所に (C) demonstrate「〜を実演して見せる，論証する」を入れると，demonstrate *one's* skill「自分の技術を示す，実演する」という表現になり，文意が通る。demonstrate の代わりに show を使って show *one's* skill と言い換えることも可能だ。(A)「〜を放棄する，差し控える」，(B)「〜を軽減する」，(D)「〜を再舗装する」。

> **語句** □ application process 応募過程　□ practical 実践的な　□ component（構成）要素
> **訳** 応募過程には，候補者に自らの技術を示す機会を与えるという実践的な要素が含まれる。

0827　🔑 難単語 contemplate　　　正解 (A)

選択肢には動詞の doing 形が並んでいる。前半の節は「重要な改修工事が全て完了したので」という内容なので，後半の節の内容は「その後」に行うのにふさわしいものとなる。the addition「追加」を目的語とするのにふさわしい (A) contemplating「〜を熟考している」を空所に入れると contemplating the addition「増設を考えている」という表現になり問題文の文意が通るため，正解は (A) だ。動詞 contemplate「〜を熟考する，深く考える」を，ここで確実に覚えておこう。(B) engross「〜を没頭させる」，(C) outweigh「〜より上回る」，(D) encounter「〜と出会う」。

> **語句** □ essential 重要な　□ fully 完全に　□ wing 棟
> **訳** 重要な改修工事が全て完了したので，我々は現在，病院の第2棟の増設を考えています。

0828　🔑 重要表現 take 〜 into account　　　正解 (C)

空所に (C) account を入れると，take 〜 into account「〜を考慮に入れる」という表現になり，問題文の文意が通る。本問のように account の後ろに目的語が続く場合があることを押さえておこう。take 〜 into account は take 〜 into consideration に言い換えることも可能だ。また，account には「（預金）口座，考慮，顧客」といったさまざまな意味があるが，「（順を追ってする詳しい）話」という意味があることも押さえておくこと。(A)「割合，比率」，(B)「財務，財政学，融資」，(D)「好み」は，いずれも take into の後ろには続かないので正解にはなりえない。

> **語句** □ landscaping 造園　□ cost of upkeep 維持費　□ aesthetics 美的感覚
> **訳** Cox 造園会社からの提案は，維持費と周囲の建物の芸術的外観を考慮に入れている。

0829　🔑 難単語 alleviate　　　正解 (B)

主語の The widening of Carter Highway「Carter 道路の拡張」と空所の後ろに続く traffic congestion「交通渋滞」を適切に繋ぐ動詞を入れる問題だ。選択肢には動詞の過去形が並んでおり，alleviate「〜を緩和する」の過去形である (B) alleviated を空所に入れると，問題文の文意が通る。(A) refine「〜を精製する」，(C) maneuver「〜を操作する」，(D) connect「〜を接続する」。

> **語句** □ widening 拡張　□ highway 幹線道路　□ traffic congestion 交通渋滞
> **訳** Carter 道路の拡張は，スコッツデールと市中心部の間の交通渋滞を大いに緩和した。

0830　🔑 due to 〜とのコロケーション　　　正解 (D)

空所に (D) primarily「主に」を入れると，primarily due to 〜「主に〜が原因だ」という表現になり，問題文の文意が通る。(A)「薄暗く」，(B)「財政的に」，(C)「職業的に，専門的に」。なお，選択肢に並ぶ副詞は形容詞も覚えておこう。(A) から順に dim「薄暗い」，financial「財政の」，professional「専門的な，プロの」，primary「主な」。

> **語句** □ suspension 中止　□ lack of funding 資金不足
> **訳** 地元の新聞は，計画の中止は主に資金不足が原因であると報じた。

UNIT 8 語彙問題

0831 As electricity costs rise, Seiyan Company has been trying to ------- down on power consumption for the past few months.

(A) cut
(B) tear
(C) rely
(D) afford

0832 The latest sales figures of Redda Cars have shown a ------- improvement over the previous quarter's.

(A) mundane
(B) responsive
(C) functional
(D) distinct

0833 Morozong, Inc., started an employee ------- program in an attempt to improve their productivity and morale.

(A) endorsement
(B) discontent
(C) incentive
(D) endeavor

0834 A ------- breakfast is included for guests staying at the Continental Summer Hotel for three days or more.

(A) momentous
(B) sparing
(C) devoted
(D) complimentary

0835 Sharon Gerhardt moved to Sydney and made a ------- for herself as a leading chef in the competitive culinary scene there.

(A) dispute
(B) tale
(C) remainder
(D) name

0831 💡「減らす」を表す表現　　　　　　　　　　正解 (A)

空所に(A) cutを入れると, cut down on ～「～を削減する」という表現になり, その目的語となるpower consumption「消費電力」と自然に繋がる。(B) tearや(C) relyはそれぞれ, tear down ～「～を取り壊す」, rely on ～「～に頼る」という表現を作るが, 空所に入れても問題文の文意が通らない。(D)「～を持つ余裕がある」。

語句 □ electricity cost 電気代　□ power consumption 消費電力
訳 電気代の高騰に伴い, Seiyan社はここ数カ月間消費電力を減らそうとしている。

0832 💡「どのような改善か」を考える　　　　　　　正解 (D)

空所の後ろに続くimprovement「改善」を前から適切に修飾し, 空所に入れて問題文の文意が通るのは(D) distinct「顕著な」だ。distinct improvement「顕著な改善」という表現を覚えておこう。名詞のdistinction「区別, 特徴,（成績の）優秀性」もあわせて押さえておくこと。(A)「平凡な, ありふれた」, (B)「反応が早い」, (C)「機能的な」。

語句 □ sales figure 売上高　□ quarter 四半期
訳 Redda Cars社の最新の売上高は, 前四半期に比べて顕著な改善を示している。

0833 💡複合名詞 incentive program　　　　　　　正解 (C)

空所には, 後ろにある名詞のprogram「プログラム」を適切に修飾する名詞が入る。(C) incentive「動機づけ, 励みとなるもの」を空所に入れると, employee incentive program「（従業員向けの）奨励プログラム」という複合名詞になり, 問題文の文意が通る。(A)「承認, 推薦」, (B)「不満」, (D)「努力」。

語句 □ in an attempt to do ～しようとして　□ morale 士気, やる気
訳 Morozong社は, 従業員の生産性とやる気を向上させる試みとして奨励プログラムを開始した。

0834 💡free以外で表す「無料の」　　　　　　　　正解 (D)

空所に(D) complimentary「無料の」を入れると, complimentary breakfast「無料の朝食」という表現になり, 問題文の文意が通る。complimentaryは類義語のgratuitous「無料の」とセットで覚えておくこと。(A)「重大な, 重要な」, (B)「控え目の, 倹約な」, (C)「献身的な」。

語句 □ include ～を含む　□ stay at ～ ～に滞在する
訳 Continental Summerホテルに3日間以上滞在する客には, 無料の朝食が付く。

0835 💡重要表現 make a name for *oneself*　　　　　正解 (D)

選択肢には名詞が並んでいるため, 空所には, 空所の前にある他動詞made「～の状態を作り出した」の目的語となるものが入る。(D) name「名声」を入れるとmake a name for *oneself*「名を成す, 有名になる」という表現になり, 問題文の文意が通る。(A)「論争」, (B)「物語」, (C)「残り物」。

語句 □ leading 一流の　□ the ～ scene ～界　□ culinary 料理の, 調理の
訳 Sharon Gerhardtはシドニーへ引っ越し, その競争激しい料理界において一流シェフとして名声を得た。

0836 Ms. Sumner proved ------- capable of running the office in the manager's absence.

(A) drastically
(B) unbearably
(C) perfectly
(D) doubtfully

0837 In order to encourage maximum participation, the Bonbado Festival was timed to ------- with a national holiday.

(A) coincide
(B) match
(C) struggle
(D) prioritize

0838 The company asked Ms. Suganuma to be the section manager on an ------- basis until a suitable replacement could be found.

(A) assuming
(B) interim
(C) entangled
(D) onboard

0839 Dr. Morrison spoke at ------- on the importance of maintaining a clean work environment.

(A) expert
(B) opposition
(C) length
(D) paper

0840 Several clients ------- about the slow replies from the customer service department.

(A) claimed
(B) discussed
(C) complained
(D) refused

0836 ♀「申し分なく」を表すperfectly　　　　　　　　　　正解 (C)

空所の後ろに続くcapable of doing「〜することができる」を前から適切に修飾し, 空所に入れて問題文の文意が通るのは(C) perfectly「申し分なく, 完全に」だ。(A)「大幅に, 劇的に」, (B)「我慢できないほど」, (D)「疑わしげに」は, いずれもcapableを修飾する副詞としてふさわしくない。

語句 □ run 〜を運営する　□ absence 不在

訳 Sumnerさんはマネージャー不在の間, 申し分なくオフィスを運営できることを証明した。

0837 ♀ 後ろにwithを取る錯乱肢に惑わされない　　　　　　　正解 (A)

空所の後ろにあるwithに注目しよう。(A) coincide「同時に起こる」を空所に入れると, 前置詞のwithとセットでcoincide with 〜「〜と同時に起こる」という表現になり, 問題文の文意が通る。(B) matchや(C) struggleも後ろにwithを続けることができるが, それぞれmatch with 〜「〜と調和する」, struggle with 〜「〜と奮闘する」という意味を表すため, それらを空所に入れても問題文の文意は通らない。(D)「〜を優先させる」。

語句 □ be timed to do 〜するよう予定される　□ national holiday 国民の祝日

訳 参加者を最大限に増やすため, Bonbado祭は国民の祝日と重なるよう予定された。

0838 ♀ on a 〜 basisの応用表現　　　　　　　　　　　　正解 (B)

空所に(B) interim「中間の, 暫定的な」を入れると, on an interim basis「一時的に, 暫定的に」という表現になり, 問題文の文意が通る。on a 〜 basisは頻出表現で, 空所の部分にはon a daily basis「毎日(のように)」のように, 期間を表す語句を入れてさまざまな表現を作ることが可能だ。(A)「生意気な, 傲慢な」, (C)「からまって」, (D)「機内の」。

語句 □ section manager 課長　□ suitable ふさわしい　□ replacement 後任

訳 会社はSuganumaさんに, ふさわしい後任が見つかるまで一時的に課長になるようお願いした。

0839 ♀ 重要表現at length　　　　　　　　　　　　　　　正解 (C)

空所に(C) lengthを入れるとat length「長々と」という表現になり, 問題文の文意が通る。Dr. Morrison「Morrison博士」という語から連想される, (A) expert「専門家」に飛びつかないように注意したい。(B)「反対, 対戦相手」, (D)「新聞, 研究論文」。

語句 □ importance 重要性　□ maintain 〜を保つ

訳 Morrison博士は, 清潔な職場環境を保つことの重要性について長々と話をした。

0840 ♀ claimは「クレーム」ではない　　　　　　　　　　　正解 (C)

選択肢には動詞の過去形が並んでいる。complain「文句を言う」の過去形である(C) complainedを空所に入れると, complain about 〜「〜について苦情を言う」という表現になり, 問題文の文意が通る。(A) の動詞claimは「〜を主張する」という意味の動詞で, 日本語で使われる「クレームを言う」という意味は持たないので注意しよう。(B) discussは「〜について話し合う」という意味の他動詞なので, 空所に入れる場合, 直後に続くaboutは不要である。(D) refuse「〜を断る」。

語句 □ reply 返答

訳 カスタマーサービス部門からの返答が遅いことについて, 複数の顧客が苦情を言った。

0841 After learning of their competitors' plans for a new smartphone, □□□ Sango Corp. decided that their own product development needed to be -------.

(A) accelerated
(B) reverted
(C) denounced
(D) disputed

0842 Dharma Food has a range of ready-made dinners in ------- to its □□□ hugely popular frozen desserts.

(A) respect
(B) response
(C) association
(D) addition

0843 As the Public Relations department is on an exceptionally ------- □□□ budget this year, the annual banquet has been called off.

(A) superior
(B) tight
(C) broad
(D) thick

0844 The security expert advises all organizations to ------- update their □□□ security software to protect sensitive information.

(A) constantly
(B) monumentally
(C) confidently
(D) surpassingly

0845 Several development plans that had been submitted for □□□ consideration were ------- out due to cost concerns.

(A) ruled
(B) disqualified
(C) dismissed
(D) enforced

選択肢には過去分詞が並んでいる。問題文後半には, their own product development needed to be -------「自社の製品開発を〜させるべきだ」とある。文頭からカンマまでの節の大意は「競合他社の新製品の計画を知った」というものなので, accelerate「〜を加速する」の過去分詞である(A) acceleratedを空所に入れると, 「競合他社の新製品の計画を知った後, 自社の製品開発を加速させる必要があると判断した」という内容になり, 問題文の文意が通る。(B) revert「振り返る」, (C) denounce「〜を非難する」, (D) dispute「〜を議論する」。

語句 □ learn of 〜 〜を知る　□ product development 製品開発
訳 競合他社の新しいスマートフォンの計画を知ったSango社は, 自社の製品開発を加速させる必要があると判断した。

0842 💡「追加」を表す in addition to 〜　　　　　　　　　　　　　正解 (D)

選択肢には名詞が並んでいる。空所に(D) addition「追加」を入れると in addition to 〜「〜に加えて」という表現になり, 問題文の後半が, 主語であるDharma Food「Dharma食品会社」が提供するものの具体例を「追加」で述べるという自然な文脈になる。(A)は in respect of 〜の形で「〜の点では」, (B)は in response to 〜の形で「〜に応えて」, (C)は in association with 〜の形で「〜に関連して」を意味する。

語句 □ a range of 〜 幅広い〜　□ ready-made dinner 出来合いの夕食　□ frozen dessert 冷凍デザート
訳 Dharma食品会社は大人気の冷凍デザートに加えて, 出来合いの夕食を幅広く提供している。

0843 💡 budgetとのコロケーション　　　　　　　　　　　　　　　正解 (B)

空所には, 後ろに続く名詞のbudget「予算」を適切に修飾する形容詞が入る。(B) tight「厳しい」を空所に入れると, be on a tight budget「予算が厳しい」という表現になり, 問題文の文意が通る。(A)「優れた」, (C)「(幅が)広い」, (D)「厚みのある, 濃い」。

語句 □ Public Relations department 広報部　□ exceptionally 例外的に, 非常に　□ call off 〜 〜を中止する
訳 今年は広報部の予算が非常に厳しいため, 年に一度の宴会は中止となった。

0844 💡 updateとのコロケーション　　　　　　　　　　　　　　　正解 (A)

空所には, 後ろにある動詞のupdate「〜をアップデートする」を適切に修飾する副詞が入る。(A) constantly「常に」を空所に入れると, constantly update「〜を常にアップデートする」という表現になり, 問題文の文意が通る。(B)「極めて」, (C)「自信を持って」, (D)「並外れて」。

語句 □ sensitive information 機密情報
訳 セキュリティーの専門家は, 機密情報を保護するために常にセキュリティーソフトウェアをアップデートするよう, 全ての組織に助言している。

0845 💡 outが後ろに続く句動詞　　　　　　　　　　　　　　　　正解 (A)

選択肢には過去分詞が並んでいる。空所の後ろのoutに注目し, 空所に(A) ruledを入れると, rule out 〜「〜を除外する」という句動詞になり, 問題文全体の大意が「いくつかの開発計画が費用の懸念から除外された」という自然な内容になる。(B) disqualify「〜を不適格と見なす」, (C) dismiss「〜を解雇する」, (D) enforce「〜を実施する」。

語句 □ development plan 開発計画
訳 検討のために提出されたいくつかの開発計画は, 費用の懸念を理由に除外された。

UNIT **8**
語彙問題

0846 It will be necessary to ------- a charge on residents using the shared barbecue from next month.

(A) extract
(B) dispatch
(C) impose
(D) spoil

0847 Denny Hall Financial offers excellent returns on investments with only a ------- level of risk.

(A) decisive
(B) moderate
(C) generous
(D) miraculous

0848 Our current problem is that production delays are being caused by ------- equipment.

(A) strenuous
(B) justified
(C) exponential
(D) outdated

0849 While the office manager was on vacation, some staff members ------- on additional responsibilities.

(A) accepted
(B) performed
(C) got
(D) took

0850 Sakuraba Condominium is ------- priced and located between Clarksville and Trenton, making it perfect for commuting to either community.

(A) simultaneously
(B) overwhelmingly
(C) affordably
(D) indefinitely

道は自分で切り開く。自分の人生に意味を持たせることができるのは、自分だけなのです。

0846 🔋 charge とのコロケーション　　　正解 (C)

空所の後ろに続く a charge「料金」を目的語に取り, 空所に入れて問題文の文意が通るのは (C) impose「〜を課す」だ。impose A on B「A を B に課す」という表現を覚えておくこと。(A)「〜を抽出する」, (B)「〜を発送する」, (D)「〜を台無しにする」は, いずれも a charge を目的語とする動詞としてふさわしくない。

語句 □ shared 共用の　□ barbecue バーベキュー（器具）

訳 来月から共用のバーベキュー器具を利用する住人に対して, 使用料を課すことが必要となります。

0847 🔋「程度」を表す moderate　　　正解 (B)

空所に (B) moderate「ほどほどの」を入れると with only a moderate level of risk「ほどほどのレベルのリスクだけを伴う状態で」という表現になり, 問題文の文意が通る。a moderate level of 〜「ほどほどのレベルの〜」という表現を覚えておこう。(A)「決定的な」, (C)「寛大な」, (D)「奇跡的な」。

語句 □ investment 出資（金）

訳 Denny Hall Financial は, 出資金に対し, それほど高くないリスクで優れたリターンを提供している。

0848 🔋「どんな設備か」を考える　　　正解 (D)

that 節の内容は「〜な設備によって生産に遅れが生じている」というものなので, 「生産の遅れの原因」を ------- equipment「〜な設備」の形で表せるものが正解だ。(D) outdated「旧式の」を空所に入れると, outdated equipment「旧式の設備」という表現になり, 問題文の文意が通る。(A)「精力的な」, (B)「理にかなった」, (C)「急激な」。

訳 我々の現在の問題は, 旧式の設備によって生産に遅れが生じているということである。

0849 🔋 他動詞 accept に注意する　　　正解 (D)

選択肢には動詞の過去形が並んでいる。空所に (D) took を入れると, take on 〜「〜を引き受ける」という表現が成立し, 「追加の責任を引き受けた」という自然な内容となる。accept「〜を引き受ける」の過去形の (A) accepted は, 他動詞なので後ろに前置詞 on を伴わない。日本語の意味に惑わされないよう注意したい。(B) perform「〜を行う」, (C) get「〜を得る」。

語句 □ additional 追加の　□ responsibility 責任

訳 事務長が休暇を取っている間, 一部のスタッフは追加の責任を引き受けた。

0850 🔋 priced とのコロケーション　　　正解 (C)

空所には, 後ろにある過去分詞 priced「価格の付けられた」を適切に修飾する副詞が入る。(C) affordably「手頃な, 購入しやすい」を空所に入れると, affordably priced「手頃な価格である」という表現になり, 問題文の文意が通る。(A)「同時に」, (B)「圧倒的に」, (D)「無期限に」。カンマの後ろにある making は, which makes に置き換えることが可能だ。

語句 □ make A perfect for 〜 A を〜に適したものにする　□ commute to 〜 〜に通勤する

訳 Sakuraba 分譲マンションは手頃な価格で, なおかつクラークスビルとトレントンの間に位置しているため, どちらの地域にも通勤しやすい。

0851 Warehouse workers must be ------- careful that chemical containers are labeled correctly.

(A) nearly
(B) variably
(C) erratically
(D) doubly

0852 Passengers should be aware that mobile phone use is ------- during all STW flights.

(A) prohibited
(B) rented
(C) averted
(D) received

0853 CEO Norita Kazumasa predicts that the new London branch is not expected to ------- a profit in its first 12 months of operation.

(A) transfer
(B) obligate
(C) yield
(D) govern

0854 Mr. Townsend was praised for his ------- solutions to a number of marketing problems Zonnock, Inc., faced.

(A) flawed
(B) hectic
(C) volatile
(D) ingenious

0855 Chrono Company decided to ------- up on copy paper and ink cartridges while prices were low.

(A) fill
(B) remain
(C) take
(D) stock

0851　難単語 doubly　　正解 (D)

空所の後ろに続く careful「気を付ける」を前から適切に修飾し, 空所に入れて問題文の文意が通る副詞は (D) doubly「2倍に」だ。doubly careful は「2倍気を付ける」という意味を表す。関連表現として, 動詞の double-check「〜をダブルチェックする」も押さえておこう。(A)「ほとんど」, (B)「変化しやすく」, (C)「不規則に」。

語句 □ chemical 化学薬品　□ container 容器　□ label 〜にラベルを貼る
訳 倉庫作業員は化学薬品の容器に正しくラベルが貼られていることに対して, いつもの2倍気を付ける必要がある。

0852　use とのコロケーション　　正解 (A)

選択肢には過去分詞が並んでいる。空所に prohibit「〜を禁止する」の過去分詞である (A) prohibited を入れると, that 節内において mobile phone use「携帯電話の使用」が be prohibited「禁止されている」という正しい主述関係が成り立つ。(B) rent「〜を賃貸しする, 賃借りする」, (C) avert「〜を回避する」, (D) receive「〜を受け取る」。

語句 □ be aware that 〜にご注意ください, ご留意ください
訳 全ての STW 社のフライトの間, 携帯電話の使用は禁止されていますのでご注意ください。

0853　profit とのコロケーション　　正解 (C)

空所には後ろに続く a profit「利益」を目的語とするのにふさわしい動詞が入る。(C) yield「〜をもたらす」を空所に入れると, yield a profit「利益をもたらす」という表現になり, 問題文の文意が通る。(A)「〜を移動させる」, (B)「〜に義務を負わせる」, (D)「〜を統治する」。(A) は be transferred to 〜「〜に転勤する」という頻出の表現を押さえておこう。

語句 □ predict 〜を予測する　□ operation 稼働, 運営
訳 最高経営責任者の Norita Kazumasa は, 新しいロンドン支店は開設から最初の12カ月間は利益を出せないだろうと予測している。

0854　難単語 ingenious　　正解 (D)

空所に入る形容詞は直後にある solutions「解決策」を修飾し, その解決策は a number of marketing problems「いくつものマーケティング上の問題」を解決するものだ。また, それらは Townsend さんが was praised「称賛された」という水準のものであると述べられている。よって, 空所にふさわしいのは (D) ingenious「独創的な」だ。(A)「欠点のある」, (B)「非常に忙しい」, (C)「気まぐれな」は, いずれも Townsend さんが称賛された解決策の修飾語としては不適切だ。

語句 □ be praised for 〜 〜を称賛される　□ solution to 〜 〜の解決策
訳 Townsend さんは Zonnock 社が直面したいくつものマーケティング上の問題に対して, 独創的な解決策を考案したとして称賛された。

0855　stock を使った重要表現　　正解 (D)

選択肢には動詞の原形が並んでいる。空所に (D) stock「〜を仕入れる」を入れると, stock up on 〜「〜を買い込む」という表現になり, 問題文の文意が通る。stock up on 〜は, stock「在庫」を積み上げていくイメージの表現だ。stock を名詞として使った in stock「在庫がある」, その反意表現の out of stock「在庫切れ」も覚えておくこと。(A)「〜をいっぱいに満たす」, (B)「〜のままである」, (C)「〜を取る」。

語句 □ cartridge カートリッジ
訳 Chrono 社は, 安価なうちにコピー用紙とインクカートリッジを買い込むことに決めた。

UNIT **8** 語彙問題

0856 As Seth Daniels is an ------- of classic cars and motorcycles, the publisher contacted him to write a foreword for the new book.

(A) irrigation
(B) ovation
(C) aficionado
(D) intermission

0857 Recent advancements in automotive technology have made many of the company's cars -------.

(A) strenuous
(B) edible
(C) obsolete
(D) populous

0858 Lovang Manufacturing must hire an additional 200 factory hands to reach its ------- capacity by March, when the company plans to ramp up production.

(A) complete
(B) full
(C) groundless
(D) bare

0859 The last person to leave should run through a checklist to make sure the facility is ------- secure.

(A) patiently
(B) briefly
(C) periodically
(D) completely

0860 Premium Club cardholders are ------- to discounts on stays at any of the hotel's 120 locations.

(A) unabridged
(B) slanted
(C) entitled
(D) belated

0856 🔍 難単語 aficionado

正解 (C)

空所からカンマまでは, 前半の節の主語であるSeth Danielsがどのような人物なのかを説明した内容である。空所に (C) aficionado「愛好家」を入れると, an aficionado of classic cars and motorcycles「クラシックカーとオートバイの愛好家」という表現になり, 後半の節の「出版社は彼 (= Seth Daniels) に新刊の前書きの執筆を依頼するために連絡した」という内容と自然に繋がる。(A)「灌漑」, (B)「拍手喝采」, (D)「休憩時間, 休止」。

語句 □ motorcycle オートバイ □ foreword 前書き

訳 Seth Danielsがクラシックカーとオートバイの愛好家であることから, 出版社は彼に新刊の前書きの執筆を依頼するために連絡した。

0857 🔍 使役動詞の表現を見抜く

正解 (C)

本問は使役動詞のmakeを使ったmake A B「AをBにする」を中心とする文だ。主語の「最近の自動車技術の進歩」が, 目的語である「会社の車の多く」をobsolete「時代遅れの」状態にする, という文脈にすれば問題文の文意が通るため, 正解は (C) obsolete「時代遅れの」だ。(A)「精力的な」, (B)「食べられる」, (D)「人口の多い」。

語句 □ advancement 進歩 □ automotive 自動車の

訳 最近の自動車技術における進歩により, その会社の車の多くは時代遅れになっている。

0858 🔍 「どんな生産能力か」を考える

正解 (B)

問題文前半に「Lovang製造業者は, 追加の工場労働者を200人雇わなければならない」とあり, その理由をto不定詞以下で「3月までに〜の生産能力に達するために」と述べている。また, when以降の関係副詞節には「大量生産を計画している」とあり, これは先行詞Marchがどのような月であるのかを説明したものだ。空所に (B) full「最大限の」を入れると「3月は大量生産を計画しているので, 最大限の生産能力に達するために多くの労働者を雇わなければならない」という文脈になり, 問題文の文意が通る。(A)「完全な」, (C)「根拠のない」, (D)「覆いがない」。

語句 □ factory hand 工場労働者 □ ramp up 〜 〜を増やす

訳 Lovang Manufacturingは, 大量生産を計画している3月までに最大限の生産能力に達するために, 追加の工場労働者を200人雇わなければならない。

0859 🔍 secureとのコロケーション

正解 (D)

空所には, 後ろにある形容詞のsecure「安全な」を適切に修飾する副詞が入る。(D) completely「完全に」を空所に入れると, completely secure「完全に安全な」となり, 問題文の文意が通る。(A)「辛抱強く」, (B)「手短に」, (C)「定期的に」。

語句 □ run through 〜 〜に目を通す □ facility 施設

訳 最後に退出する人は, 施設の安全性が完全に確保されていることを確認するために, チェックリストに目を通す必要がある。

0860 🔍 重要表現 be entitled to 〜

正解 (C)

空所に (C) entitled「資格を持った」を入れると, be entitled to 〜「〜を得る資格がある」という表現になり, 問題文の文意が通る。be entitled to 〜の後ろには, 名詞だけでなく, 動詞の原形を続けることもできる。(A)「省略されてない」, (B)「傾斜した」, (D)「遅れた」。

語句 □ cardholder カードの保持者 □ discount on 〜 〜の割引

訳 プレミアムクラブカードを持っている人は, 120カ所あるホテルのどの場所でも宿泊料が割引になる。

0861 While Elon Corporation is renowned for its products' use of the latest technology, the lack of ------- of these devices has been a source of criticism.

(A) podium
(B) evacuation
(C) suspension
(D) longevity

0862 For a ------- fee, Moreton Car Storage will provide a complete interior and exterior cleaning of your car before you pick it up.

(A) mature
(B) modest
(C) synthetic
(D) natural

0863 Top Rop Company has been in a good financial position to take on any challenges that ------- ahead.

(A) forge
(B) serve
(C) look
(D) lie

0864 Immediately after the technician had explained the cause of the -------, he started fixing the photocopier.

(A) speculation
(B) outgrowth
(C) malfunction
(D) denial

0865 Veritas Antiques uses special packaging to make sure that items remain ------- during the shipping process.

(A) seated
(B) unfinished
(C) intact
(D) silent

0861 ❓ whileを使った2つの節の対比　　正解 (D)

前半の節の大意は，「Elon社は最新技術を使用していることで有名だ」である。それに対し，後半の節ではthe lack of ------- of these devices has been a source of criticism「機械の〜の欠如には批判の声もある」というマイナスな内容が述べられている。空所に(D) longevity「(人や物の)寿命」を入れると，「最新技術を使用していることで有名な一方で，機械の寿命は短いと批判を受けている」という，2つの節の内容が対比された自然な文になる。(A)「演壇」，(B)「避難」，(C)「中止，一時停止」。

語句 □ *be* renowned for 〜 〜で有名だ　□ criticism 批判
訳 Elon社は，同社の製品が最新技術を使用していることで有名だが，その一方で機械の寿命の短さには批判の声もある。

0862 ❓ 大きさや量などの程度を表すmodest　　正解 (B)

空所に(B) modest「わずかな，ささやかな」を入れると，for a modest fee「わずかな料金で」という表現になり，問題文の文意が通る。modestは，人の性格や気質を表した「控え目な，謙遜した」という意味だけでなく，大きさや量などの程度を表すこともできるということを覚えておくこと。ここでのmodestは，smallやnominalに言い換えることもできる。(A)「熟成した」，(C)「合成の」，(D)「自然の」。

語句 □ interior 内部の　□ exterior 外部の　□ pick 〜 up 〜を受け取る
訳 わずかな料金で，Moreton Car Storageはお受け取りの前にお客様の車の内装と外装を徹底的に清掃します。

0863 ❓ 空所の後ろに続くaheadに着目する　　正解 (D)

空所の前にあるthatは主格の関係代名詞で，先行詞はany challenges「いかなる困難も」だ。空所に(D) lieを入れるとlie ahead「この先に待ち受けている」という表現になり，any challenges that lie ahead「この先に待ち受けているいかなる困難も」という適切な内容の〈先行詞＋関係代名詞節〉が成立する。自動詞lie「横たわる」はlie-lay-lainと活用し，他動詞lay「〜を横たえる」は，lay-laid-laidと活用することもおさらいしておこう。(A)「(関係など)を構築する」，(B)「(人に)仕える」，(C)「見る」。

語句 □ financial position 財政状態　□ take on 〜 〜を引き受ける，請け負う
訳 Top Rop社はこの先に待ち受けているどんな困難にも挑戦できるほど，よい財政状態であり続けている。

0864 ❓ 文中にちりばめられたヒントに気付く　　正解 (C)

空所に(C) malfunction「(機械などの)不調」を入れると，the cause of the malfunction「故障の原因」という表現になり，started fixing the photocopier「コピー機を修理し始めた」という後半の節の内容に自然に繋がる。fix「〜を修理する」や，機器を表すphotocopier「コピー機」などの文中の語をヒントにして正解を選ぼう。(A)「憶測」，(B)「伸び出すこと，副産物」，(D)「否定」。

語句 □ immediately after 〜の直後に　□ technician 技術者
訳 技術者は故障の原因を説明した直後に，そのコピー機を修理し始めた。

0865 ❓ 商品の状態を表す形容詞を見抜く　　正解 (C)

(C) intact「無傷で」を空所に入れると，items remain intact「商品は壊れないままでいる」という表現が成立し，問題文の文意が通る。remainは形容詞remaining「残っている」や名詞remainder「残り，残り物」もセットで覚えておくこと。(A)「座っている」，(B)「未完成の，不完全な」，(D)「静かな」。

語句 □ packaging 梱包材　□ during the shipping process 配送中に
訳 Veritas骨董品店では，配送中に商品が破損しないよう特別な梱包材を使用している。

0866 To keep costs down, Harper Business Hotel's rooms are equipped with nothing but the ------- essentials.

(A) bare
(B) certified
(C) unspoiled
(D) intimate

0867 The department manager ------- aside a couple of days for staff to attend a retreat in Iowa.

(A) saved
(B) set
(C) landed
(D) made

0868 Launched three years ago, the FD1000 dishwasher from KitchPro has been known for its -------.

(A) fertility
(B) expiration
(C) rejection
(D) durability

0869 The production delays are, to some -------, a result of factors outside Durantz Corporation's control.

(A) level
(B) extent
(C) amount
(D) spectrum

0870 Ms. Sakurai suggested that her company should ------- marketing costs and focus on improving the quality of their products.

(A) diffuse
(B) mingle
(C) safeguard
(D) curtail

0866　essentialsとのコロケーション　　　　正解▶ (A)

空所には後ろに続く名詞のessentials「(生活) 必需品」を適切に修飾する形容詞が入る。(A) bare「最低限の」を空所に入れると、bare essentials「最小限の必需品」という表現になり、問題文の文意が通る。(B)「資格を持っている、(品質などが) 保証された」、(C)「傷んでいない」、(D)「親密な」。(B)に関しては、頻出のcertified (public) accountant「公認会計士」を覚えておくこと。

語句 □ keep *A* B *A*をBの状態に保つ　□ nothing but ～ ～だけ
訳 コストを抑えるため、Harperビジネスホテルの部屋には必要最小限のものしか備えられていない。

0867　asideとセットになる動詞　　　　正解▶ (B)

選択肢には動詞の過去形が並んでいる。空所の後ろにあるasideに注目しよう。空所に(B) setを入れると、set aside ～「(時間・お金など)を確保する」という句動詞になり、問題文の文意が通る。(A) save「救う」、(C) land「着陸する」、(D) make「～を作る」。

語句 □ department manager 部長　□ a couple of ～ 2, 3の～　□ retreat (研修) 旅行
訳 部長は、スタッフがアイオワでの研修旅行に参加できるよう、数日を確保しておいた。

0868　商品の特徴を表す語　　　　正解▶ (D)

問題文の骨子の内容は「食洗機は～で有名だ」というものだ。「食洗機」が有名である理由として適切だと考えられるものは、(D) durability「耐久性」だ。(A)「肥沃度」、(B)「期限切れ」、(C)「拒否」。問題文の最初にある分詞構文は、Since it was launched three years ago「3年前に発売されて以来」から接続詞と主語、そして本来であればbeingに変換されて文頭に残してもよいwasを省略したものであると考えよう。

訳 3年前に発売されて以来、KitchProのFD1000食洗機はその耐久性で有名だ。

0869　level vs extent　　　　正解▶ (B)

空所に(B) extent「程度、範囲」を入れるとto some extent「ある程度」という表現になり、The production delays「生産の遅れ」の程度を表す自然な内容の文が成立する。(A) levelも「程度」を意味する名詞だが、at some levelの形で「ある程度ではあるが」という表現を成す。これら2つの表現は、紛らわしいのできちんと区別して覚えておこう。(A)「程度、水準」、(C)「量」、(D)「範囲」。

語句 □ factor 要因　□ control 管理
訳 生産の遅れはある程度、Durantz社が管理できる範囲外の要因の結果である。

0870　難単語 curtail　　　　正解▶ (D)

空所に(D) curtail「～を切り詰める、短縮する」を入れると、curtail marketing costs「マーケティングコストを削減する」という表現になり、問題文の文意が通る。(A)「～を発散する」、(B)「～を混ぜる」、(C)「～を守る」。

語句 □ focus on ～ ～に集中する
訳 Sakuraiさんは、自身の会社がマーケティングコストを減らして商品の質を改善することに集中すべきだと提案した。

UNIT **8** 語彙問題

0871 As stated in the employee manual, the Riverside Kabasan Hotel
------- customer satisfaction above all.

(A) consults
(B) turns
(C) values
(D) responds

0872 Harpertech is on ------- to achieve an annual sales record for the
third year in a row.

(A) times
(B) way
(C) target
(D) state

0873 The housing shortage and road congestion in the town -------
mainly from the sudden population increase.

(A) caused
(B) followed
(C) produced
(D) resulted

0874 Every ------- will be made to ensure that the shipment arrives within
three days of the customer's order.

(A) try
(B) virtue
(C) effort
(D) take

0875 The marketing team arranged a special event to show their -------
for Mr. Lee's work in designing a great advertisement.

(A) demonstration
(B) sensation
(C) appreciation
(D) sanitation

0871 目的語に着目する　**正解** (C)

選択肢には動詞の三人称単数現在形が並んでいる。空所の後ろに続くcustomer satisfaction「顧客満足」を目的語に取り，空所に入れて問題文の文意が通るのは(C) values「～を尊重する，重んじる」だ。(A) consult「～に相談する」，(B) turn「～を回転させる」，(D) respond「応答する」。

語句 □ as stated in ～ ～で述べられているように　□ above all とりわけ，何にもまして

訳 従業員マニュアルにあるように，Riverside Kabasanホテルは何よりもお客様の満足を重んじます。

0872 重要表現*be* on target to *do*　**正解** (C)

空所に(C) target「目標」を入れると，*be* on target to *do*「～する方向に向かっている」という表現になり，「3年連続で年間販売記録の達成に向かっている」という自然な文脈が完成する。(A)「回，倍」(複数形)，(B)「方法」，(D)「状態」。問題文中にあるfor the third year in a row「3年連続で」はfor the third consecutive yearなどにも言い換えることができる。

語句 □ achieve ～を達成する　□ annual sales record 年間販売記録

訳 Harpertech社は，3年連続で年間販売記録の達成に向かっている。

0873 錯乱肢causeに惑わされない　**正解** (D)

選択肢には動詞の過去形が並んでいる。空所に(D) resultedを入れると，result from ～「～に起因する」という表現になり，問題文の文意が通る。「～を引き起こした」を意味する(A) causedを選んでしまった人は要注意だ。causeは他動詞で，直後に前置詞は続かないため正解にはなりえない。(B) follow「～に続く」，(C) produce「～を生産する」。

語句 □ housing 住居　□ shortage 不足　□ congestion 渋滞

訳 町の住宅不足と交通渋滞は，主に突然の人口増加に起因していた。

0874 every effort will be made to *do*　**正解** (C)

選択肢は全て名詞だ。空所に(C) effort「努力」を入れるとevery effort will be made to *do*「～するためにあらゆる努力をする」という表現になり，問題文の文意が通る。in an effort to *do*「～しようと努力して」という表現もセットで覚えておくこと。(A)「試み」，(B)「美徳」，(D)「取得」。

語句 □ ensure ～を保証する　□ shipment 荷物

訳 お客様のご注文から3日以内に荷物が届くよう，最大限努力いたします。

0875 「(人に対して)何を示すのか」を考える　**正解** (C)

問題文のメインの内容は「マーケティングチームは特別なイベントを企画した」というもので，その理由をto不定詞以下が説明している。空所に(C) appreciation「感謝」を入れると，show *one's* appreciation「感謝の気持ちを示す」という表現になり，「感謝の気持ちを示すためにイベントを企画した」という自然な文脈になる。(A)「実演」，(B)「興奮，大評判」，(D)「公衆衛生」。

語句 □ arrange ～を手配する

訳 マーケティングチームは素晴らしい広告をデザインしてくれたLeeさんに感謝の気持ちを示すために，特別なイベントを企画した。

0876 For the last three years, Sunflower Net has been facing ------- competition from various online service providers.

(A) prosperous
(B) fierce
(C) secluded
(D) identical

0877 Malvo Appliances has a vacancy on its team for a sales ------- with at least five years of experience.

(A) market
(B) client
(C) petition
(D) associate

0878 The human resources team has a lot of job applications to ------- through before any interviews can be scheduled.

(A) fill
(B) get
(C) find
(D) hand

0879 Ms. Durant stated that she was ------- with the outcome of the multilateral negotiations.

(A) pleasing
(B) full
(C) happy
(D) satisfying

0880 Mr. White's experience as an engineer gave him a unique ------- point of the challenges the car's designers were facing.

(A) attribute
(B) effect
(C) premiere
(D) vantage

0876 💡 難単語 fierce　　　　　　　　　　　　　　正解 (B)

選択肢には形容詞が並んでいる。空所の後ろに続く名詞のcompetition「競争」を前から適切に修飾し，空所に入れて問題文の文意が通るのは (B) fierce「激しい」だ。fierce competition「激しい競争」という定番表現を覚えておこう。(A)「成功している」，(C)「他の人と交わらない，人里離れた」，(D)「同一の」。

語句 □ face ～に直面する
訳 この3年間，Sunflower Net社はさまざまなインターネットサービスプロバイダーとの激しい競争に直面している。

0877 💡 marketに惑わされない　　　　　　　　　　　　正解 (D)

空所には，前にある形容詞のsales「販売の」に適切に修飾される名詞が入る。(D) associate「従業員」を空所に入れるとsales associate「販売員」という表現になり，問題文の文意が通る。(A) market「市場」を入れるとsales market「販売市場」という表現が成立するが，後ろに続くwith at least five years of experience「少なくとも5年の経験」が説明する対象として適切ではない。(B)「依頼人，顧客」，(C)「嘆願」。

語句 □ vacancy 空き
訳 Malvo Appliancesでは，少なくとも5年の経験を有する販売員を募集している。

0878 💡 空所の直後にあるthroughに着目する　　　　　　正解 (B)

空所に (B) getを入れると，get through ～「～を処理する」という表現になり，前にある名詞句a lot of job applications「たくさんの求人応募」を適切に修飾することができる。問題文が採用関係のトピックであることから，fill a position「職務を果たす」などの表現で使うことのできる(A) fill「～を果たす」を選ばないよう注意したい。(C)「～を見つける」，(D)「～を手渡す」。

語句 □ job application 求人応募　□ schedule ～の予定を決める
訳 その人事チームには，面接の予定を決める前に処理しなければならないたくさんの求人応募がある。

0879 💡 感情を表す語の使い分け　　　　　　　　　　　正解 (C)

空所に (C) happyを入れると，be happy with ～「～に満足している」という表現になり，問題文の文意が通る。(D) satisfyingは，satisfiedという過去分詞であれば，be satisfied with ～「（人が）～に満足している」という表現が成り立ち正解となる。感情を示す他動詞（ここではsatisfy「～を満足させる」）を使って主語の感情を表す場合は，このように受動態を使って表すのが基本だ。(A)「（人に）喜びを与える」，(B)「（許容量まで）いっぱいの，満ちた」。

語句 □ outcome 結果　□ multilateral 多国間の　□ negotiations 交渉
訳 Durantさんは多国間交渉の結果に満足していると述べた。

0880 💡 「視点」を意味する重要表現　　　　　　　　　　正解 (D)

空所には，後ろにある名詞のpoint「点」を適切に修飾する名詞が入る。(D) vantageを空所に入れると，vantage point「物事を見る視点・観点」という表現になり，問題文の文意が通る。vantage pointには「有利な位置」という意味もあるので覚えておこう。(A)「特性，特質」，(B)「効果」，(C)「（演劇などの）初日，（映画の）プレミア試写会」。

語句 □ unique 独自の　□ challenge 課題
訳 Whiteさんのエンジニアとしての経験は彼に，車の設計者が直面していた課題に対して独自の視点を与えた。

0881 BookNow.com ------- data from dozens of online bookstores enabling you to find the least expensive copy of any book you desire.

(A) persuades
(B) compiles
(C) interferes
(D) speculates

0882 The ------- plans for the Chanmeg Exhibition are scheduled to be reviewed by museum management next Tuesday.

(A) tireless
(B) apologetic
(C) preliminary
(D) industrial

0883 A careful ------- of the manufacturing process turned up a number of inefficiencies that must be addressed.

(A) analysis
(B) prospect
(C) compound
(D) excursion

0884 All leftover materials must be ------- of in accordance with recently updated city regulations.

(A) dealt
(B) assimilated
(C) depleted
(D) disposed

0885 Ryotama Company made a ------- response to the recent merger offer from Franklin Industries.

(A) noted
(B) considered
(C) slanted
(D) curved

0881 🔑 dataとのコロケーション

選択肢には動詞の三人称単数現在形が並んでいる。空所の後ろに続くdata「データ」を目的語とし, 空所に入れて問題文の文意が通るのは, compile「～を収集する」の三人称単数現在形である(B) compilesだ。(A) persuade「～を説得する」, (C) interfere「邪魔をする」, (D) speculate「熟考する, 推測する」。(D)はspeculate about ～「～について熟考する」という表現を押さえておこう。

語句 □ dozens of ～ 多数の～ □ copy (本の)部数, 冊 □ desire ～を望む
訳 BookNow.com社は, あなたが望むいかなる本も最安値で見つけられるよう, 多数のオンライン書店からデータを収集しています。

0882 🔑 難単語 preliminary   正解 (C)

空所には, 後ろにある名詞のplans「計画」を適切に修飾する形容詞が入る。(C) preliminary「予備の」を空所に入れるとpreliminary plans「予備計画」という表現になり, 問題文の文意が通る。(A)「疲れを見せない」, (B)「謝罪の」, (D)「業界の」。(D)は関連するindustrious「勤勉な」もセットで覚えておこう。

語句 □ review ～をよく調べる □ management 経営陣
訳 Chanmeg展の予備計画については, 来週の火曜日に美術館の経営陣によって審査される予定である。

0883 🔑 問題文にちりばめられたヒントに着目する   正解 (A)

空所には主語になる名詞が入り, それは直前にあるcareful「注意深い」に修飾される。また, 空所に入る語はof the manufacturing process「製造工程の～」によって後ろから説明されている。動詞turned以下の内容は「いくつもの非効率な点を見つけ出した」というものなので, これに対応する主語としてふさわしい名詞は(A) analysis「分析」だ。(B)「見込み」, (C)「合成」, (D)「小旅行」。

語句 □ turn up ～ ～を見つけ出す □ inefficiency 非効率な点 □ address ～に対処する, 取り組む
訳 製造工程を注意深く分析したところ, 対処すべきいくつもの非効率な点が見つかった。

0884 🔑 ofとセットになる動詞   正解 (D)

空所には過去分詞が並んでいる。dispose「処分する」の過去分詞(D) disposedを空所に入れると, be disposed of「処分される」という表現になり, 問題文の文意が通る。能動態であるdispose of ～「～を処分する」を基本の形として覚えておくこと。(A) deal「～を分配する」, (B) assimilate「～を吸収する, 理解する」, (C) deplete「～を激減させる」。(B)はassimilate *A* into *B*「AをBの中に取り込む」という表現を押さえておくこと。

語句 □ leftover 余った □ in accordance with ～ ～に従って □ city regulation 市の規則
訳 余った全ての材料は, 最近更新された市の規則に従って処分されるべきである。

0885 🔑 「どんな回答か」を考える   正解 (B)

空所には, 後ろにある名詞のresponse「回答」を適切に修飾する形容詞が入る。(B) considered「熟考の上での」を空所に入れるとconsidered response「熟慮した上での回答」という表現になり, 問題文の文意が通る。(A)「著名な」, (C)「傾斜した」, (D)「湾曲した, 曲がった」。

語句 □ make a response to ～ ～に回答する □ merger 合併
訳 Ryotama社は最近のFranklin工業からの合併申し入れに対して, 熟考した上で回答をした。

0886 Mr. Ortega suggested that signing a contract with a shipping company would be an attractive ------- to purchasing a fleet of delivery vans.

(A) tuition
(B) alternative
(C) optimum
(D) withdrawal

0887 It ------- that the warehouse has sent some customers the wrong products since the shipping software was updated.

(A) stands
(B) hears
(C) appears
(D) signifies

0888 The magazine editor made several ------- to one article just before sending it to the printer.

(A) analysis
(B) rights
(C) findings
(D) amendments

0889 The Rolans Festival ------- off to a good start with a concert at Charmody Park.

(A) came
(B) got
(C) made
(D) held

0890 The author Ms. Travis takes the ------- to reply to every letter she receives from enthusiastic fans.

(A) way
(B) serial
(C) claim
(D) trouble

0886 🔑 空所の前後の繋がりを理解する　　　　　　　　　　　　　　正解 **(B)**

(B) alternative「取って代わるもの」を空所に入れると, 空所の後ろにあるtoとセットになってan alternative to ～「～に対する代案」という表現を作る。すると,「配送会社と契約を結ぶこと」と「何台もバンを購入すること」が対比され, 自然な文脈となる。alternative toの後ろには, 名詞や動名詞が続くということを必ず押さえておこう。(A)「授業料」, (C)「最適条件」, (D)「(預金の)引き出し」。

語句 □ sign a contract with ～ ～と契約を結ぶ　□ fleet (車や飛行機の)集団

訳 Ortegaさんは, 配送会社と契約を結ぶことは何台もの配送用のバンを購入するよりも魅力的な代案になると言った。

0887 🔑 It appears that ～の構文　　　　　　　　　　　　　　　　正解 **(C)**

選択肢には動詞の三人称単数現在形が並んでいる。appear「～に見える」の三人称単数現在形である(C) appearsを空所に入れると, It appears that ～「～であるように見える, ～であるようだ」という構文になり, 問題文の文意が通る。類義表現にIt seems that ～があり, これらはthatの後ろに必ず節が続く。(A) stand「立つ」, (B) hear「聞こえる」, (D) signify「～を示す」。

訳 発送ソフトウェアが更新されて以降, 倉庫は一部の顧客に違う商品を送ってしまったようだ。

0888 🔑 難単語amendment　　　　　　　　　　　　　　　　　　　正解 **(D)**

空所には, 空所の前にある動詞made「～の状態を作り出した」の目的語となる名詞が入る。空所の直後にある前置詞toに着目しよう。名詞amendment「修正」の複数形である(D) amendmentsを空所に入れると, make amendments to ～「～に修正を加える」という表現になり, 問題文の文意が通る。(A)「分析」, (B)「権利」, (C)「見つけたもの, 調査結果」。

語句 □ editor 編集者　□ printer 印刷業者

訳 雑誌の編集者は印刷業者に送る直前に, 1つの記事に対していくつかの修正を行った。

0889 🔑 重要表現get off to a good start　　　　　　　　　　　　　正解 **(B)**

選択肢には動詞の過去形が並んでいる。空所にgetの過去形(B) gotを入れると, get off to a good start「幸先のよいスタートを切る」という表現になり, 問題文の文意が通る。get off to a better start「無難なスタートを切る」やget off to a bad start「悪いスタートを切る」のように, goodの部分にはstartを修飾するさまざまな形容詞が入るということも覚えておくこと。(A) come「来る」, (C) make「～を作り出す」, (D) hold「～を開催する」。

語句 □ festival 祝祭, 行事

訳 Rolans祭はCharmody公園におけるコンサートで, 幸先のよいスタートを切った。

0890 🔑 重要表現take the trouble to *do*　　　　　　　　　　　　　正解 **(D)**

空所に(D) trouble「苦労」を入れると, take the trouble to *do*「わざわざ～する」という表現になり, 問題文の文意が通る。(A)「方法」, (B)「続きもの, 連続もの」, (C)「主張」。(B)はserial number「通し番号」という表現も押さえておくこと。

語句 □ enthusiastic 熱狂的な

訳 作家のTravisさんは, 熱狂的なファンからもらった全ての手紙にわざわざ返事を書く。

0891
☐☐☐ Meunaron Bank ------- no expense in the design of its new corporate headquarters.

(A) prepared
(B) spared
(C) formalized
(D) maneuvered

0892
☐☐☐ The opening of Goldbake's first overseas office is a ------- in the company's history.

(A) milestone
(B) reference
(C) connotation
(D) forefront

0893
☐☐☐ Ms. Wang followed up her announcement with an e-mail to further ------- the new procedural requirements.

(A) consist
(B) await
(C) clarify
(D) dismiss

0894
☐☐☐ The exhibition of ------- artists hosted at the Tremblay Art Gallery in London was a huge success.

(A) additive
(B) momentary
(C) contemporary
(D) functional

0895
☐☐☐ Poor planning occasionally leads to embarrassing ------- which can be expensive to solve.

(A) drowsiness
(B) collaborations
(C) predicaments
(D) compensations

0891　spareの意外な意味　　　　　　　　　　正解　(B)

選択肢には動詞の過去形が並んでいる。空所にspareの過去形である(B)を入れると, spare no expense「費用を惜しまない」という表現になり, 問題文の文意が通る。このspareは,「～を出し惜しむ」という意味で使われている。spare no effortであれば,「努力を惜しまない」という意味になる。(A) prepare「～を準備する」, (C) formalize「～を形式化する」, (D) maneuver「～を操作する」。

訳　Meunaron銀行は, 新しい本社の設計に費用を惜しまなかった。

0892　難単語 milestone　　　　　　　　　　正解　(A)

主語のThe opening of Goldbake's first overseas office「Goldbake社にとって初の海外拠点の開設」は, in the company's history「同社の歴史の中」において何であるのかを考える。それが(A) milestone「画期的な出来事」であるとすれば, 問題文の文意が通る。(B)「言及, 参照」, (C)「言外の意味」, (D)「最前線」。

語句　□ opening 開設

訳　Goldbake社にとって初の海外拠点の開設は, 同社の歴史の中で画期的な出来事である。

0893　目的語に着目する　　　　　　　　　　正解　(C)

メインとなる文の内容を, to不定詞を使って後ろから説明している文だ。the new procedural requirements「新たな手続き上の要件」を目的語に取る動詞としてふさわしいのは, (C) clarify「～を明確にする」だ。(A)「成る」, (B)「～を待つ」, (D)「～を解雇する」。

語句　□ follow up A with B Aをした後にBをする　□ procedural requirement 手続き上の要件

訳　Wangさんは新たな手続き上の要件をさらに明確にするため, 発表の後にEメールを送った。

0894　「人」を修飾する形容詞　　　　　　　　　　正解　(C)

空所には, 後ろにある名詞のartists「芸術家」を適切に修飾する形容詞が入る。(C) contemporary「現代の」を空所に入れると, contemporary artists「現代の芸術家」という表現になり, 問題文の文意も通る。(A)「追加の」, (B)「瞬間の, つかの間の」, (D)「機能的な, 動作する」。問題文にあるexhibitionは「(比較的大きめの)展示会」のことを表し, exhibitは「(比較的小さめの)展示会, 展示品」のことを表す。

語句　□ host ～を開催する　□ huge success 大成功

訳　ロンドンのTremblay画廊で開催された現代の芸術家の展覧会は大成功だった。

0895　難単語 predicament　　　　　　　　　　正解　(C)

選択肢には名詞の複数形が並んでいる。前半の節の主語であるPoor planning「ずさんな計画」が, 後ろに続くoccasionally leads to embarrassing -------「時として, 厄介な～に繋がることがある」に適切に繋がるものを選ぶ。predicaments「苦境」を空所に入れると問題文の文意が通るため, 正解は(C)だ。embarrassing predicament「厄介な苦境」という表現を押さえておこう。(A)「眠気」, (B)「協力」, (D)「補償」。

訳　ずさんな計画は時として, 解決するのに高額な費用を要する厄介な苦境に繋がることがある。

0896 ☐☐☐ One after another, the major auto manufacturers have been ------- production to electric vehicles.

(A) finalizing
(B) chasing
(C) lugging
(D) switching

0897 ☐☐☐ Department budgets are ------- by the staff in the accounting section, who use data from previous years' spending.

(A) pronounced
(B) evacuated
(C) determined
(D) entailed

0898 ☐☐☐ Ozomo Logistics will hire ------- consultants to review its shipping procedures and make necessary improvements.

(A) enviable
(B) aqueous
(C) external
(D) evident

0899 ☐☐☐ His high-profile achievements in the field of science brought him a lot of -------.

(A) evacuation
(B) prestige
(C) constraint
(D) inadequacy

0900 ☐☐☐ Artists submitting pieces to the contest must not ------- the specifications outlined in the guidelines.

(A) deviate from
(B) take off
(C) push for
(D) turn to

自分の人生が有意義で満ち溢れた時, その溢れた分を他の学習者の器に分けてあげてください。

0896　switch *A* to *B* の形を見抜く　　正解 (D)

選択肢には現在完了進行形の一部を構成する現在分詞が並んでいる。switchの現在分詞である(D) switchingを空所に入れると, switch *A* to *B* 「AをBに切り替える」という表現になり, 問題文の文意が通る。(A) finalize「～を終わらせる」, (B) chase「～を追う」, (C) lug「(重いもの)を苦労して運ぶ, 引きずる」。

語句 □ one after another 次から次へと　□ electric vehicle 電気自動車
訳 大手自動車メーカーは, 次から次へと生産を電気自動車に切り替えている。

0897　「予算がどうされるのか」を考える　　正解 (C)

選択肢には過去分詞が並んでいる。前半の節の大意は「予算は経理部の従業員によって～される」というものだ。determine「～を決定する」の過去分詞である(C) determinedを空所に入れると, 問題文全体が「支出のデータを扱う経理部の従業員によって部門の予算は決定される」という内容となって, 文意が通る。(A) pronounce「～を発音する」, (B) evacuate「～を避難させる」, (D) entail「～を伴う」。

訳 部門の予算は, 過年度の支出のデータを扱う経理部の従業員によって決定される。

0898　「人」を修飾する形容詞　　正解 (C)

空所に(C) external「外部の」を入れると, external consultant「外部コンサルタント」という表現になり, 問題文の文意が通る。形容詞externalは, 対義語のinternal「内部の」とセットで覚えておくこと。(A)「羨ましい」, (B)「水の」, (D)「明らかな」。問題文中にある名詞improvements「改善」に関連する, make improvements to ～「～を改善する」という表現も押さえておきたい。

語句 □ logistics 物流　□ shipping procedure 発送手続き
訳 Ozomo物流会社は発送手続きを見直して必要な改善を図るために, 外部コンサルタントを雇う予定である。

0899　「もたらされたもの」を考える　　正解 (B)

問題文ではbring *A B*「AにBをもたらす」という表現が使われている。主語はHis high-profile achievements in the field of science「彼の科学技術の分野における注目すべき功績」なので, これが人に何をもたらしたのかを考える。功績によってもたらされるものとしてふさわしいのは, (B) prestige「名声」だ。(A)「避難」, (C)「制約」, (D)「不十分」。

語句 □ high-profile 注目を集める, 脚光を浴びる
訳 科学技術の分野における注目すべき功績によって, 彼は多くの名声を得た。

0900　句動詞 deviate from ～　　正解 (A)

選択肢には句動詞が並んでいる。空所に(A) deviate from「～から逸脱する」を入れると, 問題文は「アーティストたちはガイドラインにある詳細から逸脱してはならない」という大意となって文意が通る。deviateは「ある方針や基準から外れる」ことを表す動詞だ。(B)「～を脱ぐ」, (C)「～を得ようと努める」, (D)「～に頼る」。

語句 □ piece 作品　□ outline ～の要点を説明する
訳 コンテストに作品を出品するアーティストの方々は, ガイドラインに記載されている詳細から逸脱してはなりません。

UNIT ⑧ 語彙問題

0901 The ------- of coastline between Mermaid Waters and Runaway Bay is renowned for its natural beauty.

(A) stretch
(B) form
(C) trash
(D) estate

0902 Volunteers will receive a ------- from one of the event organizers when it is time to serve the food.

(A) capacity
(B) fine
(C) signal
(D) triumph

0903 The Boultries Research Group ------- an extensive survey of the surrounding steel mills to examine their safety.

(A) browsed
(B) conducted
(C) illustrated
(D) penetrated

0904 The townsfolk think that there is a ------- lack of quality dining options in Timonton Township.

(A) passable
(B) conspicuous
(C) fruitful
(D) vigilant

0905 Intended for beginners, the textbook is written with a ------- vocabulary and simple explanations.

(A) momentous
(B) dubious
(C) tactical
(D) limited

0901　意外と知らないstretchの意味　　　正解 (A)

空所に(A) stretch「(陸地や海などの) 広がり」を入れると, The stretch of coastline「一続きの海岸線」という表現になり, 問題文の文意が通る。stretchの持つ「(手足を伸ばす) ストレッチ」以外の意味を覚えておこう。(B)「形」, (C)「ゴミ」, (D)「私有地, 不動産」。(C)は trash bin「ゴミ箱」という表現を押さえておきたい。

語句 □ coastline 海岸線

訳 マーメイドウォーターズとランナウェイベイの間に伸びる一続きの海岸線は, その自然の美しさで知られている。

0902　「受け取るもの」を考える　　　正解 (C)

空所には, 他動詞 receive「〜を受け取る」の目的語となる名詞が入る。(C) signal「合図」を入れると, receive a signal「合図を受け取る」という表現になり, 問題文の文意が通る。(A)「収容能力, (最大の) 生産量」, (B)「罰金」, (D)「勝利, 偉業, 大成功」。

語句 □ serve (食事や飲み物)を出す

訳 ボランティアの人は食事を配膳する時間になったら, イベントの主催者の1人から合図を受け取る予定だ。

0903　surveyとのコロケーション　　　正解 (B)

選択肢には動詞の過去形が並んでいる。空所の後ろには, 空所に入る動詞の目的語となる an extensive survey「大規模な調査」が続いている。conduct「〜を行う」の過去形である(B) conductedを空所に入れると, conduct a survey「調査を行う」という表現になり, 問題文の文意が通る。(A) browse「(本など)を閲覧する」, (C) illustrate「〜を(実例や図表で)説明する」, (D) penetrate「〜に浸透する」。(A)は類義表現のpage through 〜「(本など)のページをパラパラとめくる」も押さえておくこと。

語句 □ extensive 広範囲にわたる　□ steel mill 製鋼所

訳 Boultries 研究グループは, 安全性を調べるために周囲の製鋼所の大規模な調査を行った。

0904　難単語 conspicuous　　　正解 (B)

空所には, 後ろに続く名詞のlack「不足」を前から適切に修飾する形容詞が入る。(B) conspicuous「著しい」を空所に入れると, conspicuous lack「著しい不足」という表現になり, 問題文の文意が通る。(A)「通行できる」, (C)「実りの多い, (作家が) 多作の」, (D)「用心深い」。

語句 □ townsfolk 町の人々　□ quality 質の高い, 高級な

訳 町の人々は, ティモントン郡区には質の高い食事の選択肢が著しく不足していると考えている。

0905　vocabularyとのコロケーション　　　正解 (D)

空所に(D) limited「限られた」を入れると, written with a limited vocabulary and simple explanations「限られた語彙と簡単な説明で書かれている」となり, 文頭にある「初心者向けのため」という内容と繋がる。(A)「重大な」, (B)「疑わしい」, (C)「戦術的な」。Intended for beginnersはBecause the textbook is intended for beginnersを分詞構文にしたものだ。

語句 □ intended for 〜 〜を対象としている

訳 初心者向けのものなので, その教科書は限られた語彙と簡単な説明で書かれている。

UNIT 8 語彙問題

0906 Mr. Jones instructs the salespeople to ------- offering discounts on the newer models.

(A) refuse
(B) exempt
(C) retrieve
(D) avoid

0907 HB Sports has an ------- agreement with Portland Sportswear, which makes them the only retail outlet in New York.

(A) exclusive
(B) inconclusive
(C) affluent
(D) incidental

0908 Making the Brent Campgrounds free has become controversial as it has given ------- to a number of problems including overcrowding.

(A) rise
(B) occasion
(C) conclusion
(D) offer

0909 Lollipeach's staff members have been putting up with intermittent network ------- since May 17.

(A) functions
(B) provisions
(C) expeditions
(D) outages

0910 Some outdoor lighting has been used to illuminate the sign so that it ------- more.

(A) lingers on
(B) takes in
(C) stands out
(D) brings up

0906　🔑 動名詞を目的語に取る動詞　　　　　　　　　　　　　正解 (D)

空所を含む to 不定詞以下は, Jones さんが販売員に指示した内容だ。空所に (D) avoid を入れると, avoid *doing*「〜するのを避ける」という表現になり, 問題文の文意が通る。日本語訳から (A) refuse「〜することを拒否する」も空所に入りそうだと考える人がいるかもしれないが, refuse は to 不定詞を目的語に取るのでここでは不正解だ。(B)「〜を免除する」, (C)「〜を取り戻す, 回収する」。

語句 □ instruct *A* to *do* A に〜するよう指示する
訳 Jones さんは, 新しいモデルの値引きは避けるよう販売員に指示している。

0907　🔑 関係詞節の内容に着目する　　　　　　　　　　　　　正解 (A)

空所には後ろに続く agreement を前から適切に修飾する形容詞が入る。また, 前半の節の内容を理由として, そのことが makes them the only retail outlet in New York「HB スポーツ社をニューヨークで唯一の (ポートランドスポーツウェア社の商品の) 小売店にしている」と関係詞節では述べられている。よって, (A) exclusive「独占的な」が空所にはふさわしい。exclusive agreement「独占契約」という表現を覚えておこう。(B)「結論に達しない」, (C)「裕福な」, (D)「偶然の」。

語句 □ have an agreement with 〜 〜と契約を結んでいる　□ retail outlet 小売店
訳 HB スポーツ社はポートランドスポーツウェア社と独占契約を結んでおり, それにより同社はニューヨークで唯一の小売店となっている。

0908　🔑 重要表現 give rise to 〜　　　　　　　　　　　　　正解 (A)

空所の前後にある動詞の give や前置詞の to と共に give rise to 〜「〜を引き起こす」という表現を作ると, 問題文の大意が「キャンプ場を無料にしたことは, 多くの問題を引き起こした」というものになり, 文意が通る。よって, 正解は (A) rise だ。(B)「出来事, 場合」, (C)「結論」, (D)「申し出」。

語句 □ controversial 議論を引き起こす　□ overcrowding 過密
訳 Brent キャンプ場の無料化は過密状態を含む多くの問題を引き起こしたため, 議論を呼んでいる。

0909　🔑 network とのコロケーション　　　　　　　　　　　　正解 (D)

選択肢には名詞の複数形が並んでいる。空所に (D) outages「停止」を入れると, network outage「ネットワークの停止」という表現になり, 問題文の文意が通る。(A)「機能」, (B)「提供」, (C)「調査旅行, 小旅行」。問題文中にある put up with 〜「〜に耐える」は, bear「(困難など) に耐える」や endure「(長期にわたって苦痛など) に耐える」などに言い換えることができる。

語句 □ intermittent 断続的な
訳 Lollipeach 社の職員たちは, 5月17日以降, 断続的なネットワークの停止に耐え続けている。

0910　🔑 句動詞 stand out　　　　　　　　　　　　　　　　正解 (C)

選択肢には句動詞の三人称単数現在形が並んでいる。空所の前にある it は the sign「看板」のことを指しているので, 「看板がどうなるために屋外照明が使われているのか」を考える。句動詞 stand out「目立つ」の三人称単数現在形である (C) stands out「目立つ」を空所に入れると, 「看板をより目立つよう照らすために照明が使われている」という自然な文脈になる。(A) linger on「ぐずぐずする」, (B) take in「〜を取り入れる」, (D) bring up「〜を連れていく」。

語句 □ outdoor lighting 屋外照明　□ illuminate 〜を照らす
訳 屋外照明は, 看板をより目立つよう照らすために使用されている。

UNIT **8** 語彙問題

0911 A team of engineers was sent to the factory to ------- the cause of the production delays.

(A) punctuate
(B) accentuate
(C) discourage
(D) investigate

0912 Delivery drivers are advised to ------- caution on the roads this winter as record low temperatures are forecast.

(A) travel
(B) assign
(C) exercise
(D) signify

0913 It was necessary for the car manufacturer to ------- a part that was no longer in production.

(A) fabricate
(B) recede
(C) conform
(D) inhabit

0914 Among most shipping companies surveyed, ------- was determined to be the most important attribute of delivery vans.

(A) reliability
(B) submission
(C) interruption
(D) optimism

0915 Each department of Marshaw Company has the right to have their budgets increased in exceptional -------.

(A) circumstances
(B) formulations
(C) promotions
(D) approximations

0911 🔍 cause とのコロケーション 　　　　　　　　　　　　　　　　　　**正解** (D)

空所の前までの内容は「エンジニアのチームが工場に派遣された」というものだ。「なぜ派遣されたのか」に対する適切な理由を, 空所を含む to 不定詞以降で説明する。空所に (D) investigate「〜を調査する」を入れると, investigate the cause of 〜「〜の原因を調査する」という表現になり, 問題文の文意が通る。(A)「〜に句読点を付ける」, (B)「〜を強調する」, (C)「〜に思いとどまらせる」。

　訳 　生産の遅れの原因を調査するために, エンジニアのチームが工場に派遣された。

0912 🔍 exercise の意外な意味 　　　　　　　　　　　　　　　　　　**正解** (C)

空所の後ろには, 空所に入る動詞の目的語となる caution「注意」がある。空所に (C) exercise「(精神力・能力など)を働かせる」を入れると, exercise caution「注意を払う」という表現になり, 問題文の文意が通る。「体を動かす」という意味ではない exercise の使い方を覚えておこう。exercise caution は use caution に言い換えることも可能だ。(A)「旅行する」, (B)「〜を割り当てる」, (D)「〜を示す」。

　語句 　□ record 記録的な　　□ temperature 気温　　□ forecast 〜を予測する
　訳 　この冬は記録的に低い気温が予測されているため, 宅配ドライバーは路面に注意を払うよう警告されている。

0913 🔍 part とのコロケーション 　　　　　　　　　　　　　　　　　　**正解** (A)

空所に入る動詞は a part「部品」を目的語とし, さらにその部品は was no longer in production「もう生産されていない」と述べられている。(A) fabricate「〜を作り上げる」を空所に入れると「もう生産されていない部品を作り上げることが, その自動車メーカーにとって必要だった」という文脈になり, 問題文の文意が通る。(B)「退く」, (C)「〜を一致させる」, (D)「〜に住む」。

　語句 　□ be in production 生産されている
　訳 　その自動車メーカーは, もう生産されていない部品を作り上げる必要があった。

0914 🔍「(車の)重要な性質に当たるもの」を考える 　　　　　　　　　　　　　　**正解** (A)

空所に入る名詞は, the most important attribute of delivery vans「配達車の最も重要な性質」だと判断されたものである。(A) reliability「信頼性」を空所に入れると, メインとなる節が「信頼性が配達車の最も重要な性質だということが明らかにされた」という内容になり, 問題文の文意が通る。(B)「提出」, (C)「妨害, 中止」, (D)「楽観主義」。

　訳 　調査対象とされた運送会社のほとんどで, 信頼性が配達車の最も重要な性質であることが明らかにされた。

0915 🔍 exceptional とのコロケーション 　　　　　　　　　　　　　　　　　**正解** (A)

選択肢には名詞の複数形が並んでいる。空所には, 直前にある形容詞の exceptional「例外的な」に適切に修飾される名詞が入る。(A) circumstances「状況」(通例複数形)を空所に入れると, in exceptional circumstances「例外的な状況において」という表現になり, 問題文の文意が通る。(B)「公式化」, (C)「昇進」, (D)「接近, 概算」。

　語句 　□ have the right to do 〜する権利を有する
　訳 　Marshaw 社の各部署は, 例外的な状況において予算を増額してもらう権利を有する。

0916 Max Dunbell's latest film, *Heart the Heart*, was well ------- by critics and audiences alike.

(A) immersed
(B) received
(C) issued
(D) conducted

0917 The power costs have been a large drain on Smith Manufacturing's financial ------- for the past few months.

(A) associations
(B) resources
(C) estimates
(D) dividends

0918 It was last week that Mr. Anderson gave formal ------- of his retirement from Stamps Cleaning.

(A) effect
(B) notice
(C) lodgment
(D) apology

0919 While the exterior walls were under repair, Nohank Museum had to ------- its operations.

(A) upholster
(B) resign
(C) sprinkle
(D) suspend

0920 Construction of the new high-rise apartment ------- in Mill Grove took twice as long as anticipated.

(A) livestock
(B) complex
(C) rationale
(D) compliment

0916　🔈 wellとのコロケーション　　　正解▶(B)

選択肢には過去分詞が並んでいる。主語のMax Dunbell 's latest film, *Heart the Heart*「Max Dunbellの最新の映画である*Heart the Heart*」の補語になる過去分詞を選ぶ問題だ。receive「〜を受け取る」の過去分詞である(B) receivedを空所に入れると, *be well received*「好評を博する」という表現になり, 問題文の文意が通る。(A) immerse「〜を浸す」, (C) issue「〜を発行する」, (D) conduct「〜を行う」。

語句 □ *A and B* alike AもBも同様に　□ critic 批評家
訳 Max Dunbellの最新の映画である*Heart the Heart*は, 批評家からも観客からも好評を博した。

0917　🔈「電力費で枯渇するもの」を考える　　　正解▶(B)

選択肢には名詞の複数形が並んでいる。「電力費がSmith製造社の財政的な〜において大きな負担となっている」というのが本問の内容の骨子だ。a drain on 〜で「〜の減少・枯渇の原因」という意味を表すため, 後ろには「電力費が原因となって減ってしまうもの」が続く。空所に(B) resources「供給源」を入れると, 空所の前にあるfinancial「財政の」と共にfinancial resources「財源」という表現になり, 問題文の文意が通る。(A)「協会」, (C)「見積もり」, (D)「配当金」。

語句 □ power cost 電力費　□ drain 浪費の元, 枯渇の原因
訳 電力費はここ数カ月の間, Smith製造社の財源において大きな負担となっている。

0918　🔈「通知」を意味する頻出表現　　　正解▶(B)

空所には, 前にある形容詞のformal「正式な」に適切に修飾される名詞が入る。(B) notice「通知」を空所に入れるとformal notice「正式な通知」という表現になり, 問題文の文意が通る。(A)「効果」, (C)「宿泊」, (D)「謝罪」。(D)は extend *one 's* apology for 〜「〜に対して謝罪する」を覚えておくこと。

語句 □ give notice of 〜 〜を通知する
訳 AndersonさんがStamps清掃会社を退職するという正式な通知を出したのは, 先週のことだった。

0919　🔈 operationsとのコロケーション　　　正解▶(D)

空所には後ろに続くits operations「(その) 営業」を目的語とするのにふさわしい動詞が入る。(D) suspend「〜を一時停止する」を空所に入れると, suspend operations「営業を一時停止する」という表現になり, 問題文の文意が通る。(A)「(椅子など) に張り物をする」, (B)「〜を辞める」, (C)「〜をまき散らす」。

語句 □ exterior wall 外壁　□ under repair 修理中で
訳 外壁が修理されている間, Nohank美術館は営業を一時停止する必要があった。

0920　🔈 複合名詞apartment complex　　　正解▶(B)

選択肢には名詞が並んでいるため, 空所には空所の前にあるthe new high-rise apartmentとセットになって問題文の文意に合う名詞句を作るものが入る。(B) complex「複合施設」を空所に入れると, the new high-rise apartment complex「新しい高層アパート」という表現になり, 問題文の文意が通る。(A)「家畜」, (C)「論理的根拠」, (D)「賛辞」。(D)は形容詞である, complimentary「無料の」も頻出だ。complementary「補足的な」と混同しないよう注意すること。

訳 ミルグローブにおける新たな高層アパートの建設には, 予想の2倍の時間がかかった。

0921 Ms. Dalton has decided against renovating as it would be more
□□□ ------- to relocate the office completely.

(A) transient
(B) invalid
(C) reasonable
(D) exclusive

0922 Propertynow.com is the ------- resource for those who look for
□□□ investment properties available for purchase in the New York area.

(A) insightful
(B) definitive
(C) bustling
(D) intensive

0923 *Fisher King* is a ------- magazine with subscribers in 12 different
□□□ countries including Japan.

(A) horizontal
(B) guarded
(C) stringent
(D) quarterly

0924 Some of the staff members came ------- with suggestions for the
□□□ upcoming sales demonstration at electronics stores.

(A) hence
(B) straight
(C) hereafter
(D) forward

0925 Mr. Timms accepted an award for industrial design in ------- of the
□□□ company CEO, Mr. Green.

(A) line
(B) place
(C) position
(D) work

節同士の繋がりを意識する　　　　　　　　　　　　　　　　　正解 (C)

前半の節の大意は,「(事務所を)改装しないことに決めた」というものだ。このことに対する「理由」が, asから始まる後半の節で述べられている。空所に(C) reasonable「合理的な」を入れると, 後半の節が「事務所を完全に移転する方がより合理的なので」という内容になり, 2つの節同士が自然に繋がる。(A)「一時的な」, (B)「無効な」, (D)「独占的な」。

訳　事務所を完全に移転する方がより合理的なので, Daltonさんは改装しないことに決めた。

0922　難単語 definitive　　　　　　　　　　　　　　　　　　　　　正解 (B)

選択肢には後ろに続くresource「供給源」を修飾する候補となる形容詞が並んでいる。(B) definitive「最も信頼できる」を空所に入れると,「Propertynow.comは最も信頼できる(情報の)供給源だ」という内容になり, 問題文の文意が通る。(A) insightful「洞察力のある」は「(人が持っている)本質を見抜く力があること」を表すため, resource「供給源」を修飾する形容詞としては不適切だ。(C)「賑わっている」, (D)「集中的な」。

訳　Propertynow.comはニューヨーク地域で購入可能な投資物件を探している人にとって, 最も信頼できる情報源である。

0923　magazineとのコロケーション　　　　　　　　　　　　　　　正解 (D)

空所の後ろに続くmagazineを前から修飾し, 空所に入れて問題文の文意が通るのは(D) quarterly「年4回の」だ。quarterly magazineで「季刊誌」という意味の表現になる。quarterlyは語尾が-lyだが形容詞だ。(A)「水平線の, 水平な」, (B)「用心深い」, (C)「厳しい, 説得力のある」。(C)は stringent arguments「説得力のある議論」という表現を押さえておくこと。

語句　□ subscriber 購読者　　□ including ~を含めて
訳　*Fisher King*は, 日本を含む12の国々で購読者をもつ季刊誌である。

0924　句動詞 come forward with ~　　　　　　　　　　　　　　　正解 (D)

選択肢には副詞が並んでいる。空所に(D) forwardを入れると, come forward with ~「~を伝えに来る, (案など)を提出する」という句動詞になり, 後ろに続く目的語 suggestions「提案」と自然に繋がる。(A)「それゆえに」, (B)「まっすぐに」, (C)「これから先, 今後」。

語句　□ upcoming 今度の　　□ sales demonstration 実演販売
訳　一部の職員が, 今度の家電販売店での実演販売に向けた提案をした。

0925　重要表現 in place of ~　　　　　　　　　　　　　　　　　正解 (B)

空所に(B) placeを入れると, in place of ~「~の代わりに」という表現になり, 問題文の文意が通る。in place of ~は instead of ~に言い換えることが可能だ。(A)「取扱商品」, (C)「職」, (D)「仕事, 作業, 作品」。(C)は「~を適切な場所に配置する」という意味の動詞としても使われるということを押さえておくこと。

語句　□ accept ~を快く受け取る　　□ award 賞
訳　Timmsさんは会社の最高経営責任者であるGreenさんの代わりに, 工業デザイン賞を受賞した。

UNIT **8** 語彙問題

0926 The strategies mentioned in Marg Dunn's new book are widely
□□□ ------- in a variety of industries.

(A) irrational
(B) applicable
(C) tolerant
(D) cohesive

0927 If the new software ------- to meet our needs, we will switch back
□□□ immediately.

(A) fails
(B) amends
(C) lacks
(D) testifies

0928 The article covered the news of Mr. Jones' ------- efforts to host the
□□□ soccer championship in Beenleigh, which may finally pay off in the
near future.

(A) refined
(B) ongoing
(C) thankful
(D) receptive

0929 After much speculation, the CEO ------- announced his retirement
□□□ as of May 10 in a press release.

(A) superficially
(B) invariably
(C) continually
(D) formally

0930 The content of the online seminar will ------- from the latest research
□□□ findings to general environmental problems.

(A) attribute
(B) condemn
(C) range
(D) splurge

0926 🔑 widelyとのコロケーション 　　　　　　　　　　　　　正解 (B)

主語のThe strategies「戦略」の補語となる形容詞を選ぶ問題だ。空所に(B) applicable「適用できる」を入れると, widely applicable「広く適用できる」という表現になり,「その戦略はさまざまな業界で広く適用できる」という自然な文脈になる。(A)「不合理な」, (C)「寛容な」, (D)「粘着性のある, 密着した」。

語句 □ strategy 戦略　□ widely 幅広く

訳 Marg Dunnの最新の書籍で述べられている戦略は, さまざまな業界で広く適用できる。

0927 🔑 notを使わない否定の表現 　　　　　　　　　　　　　　　正解 (A)

選択肢には動詞の三人称単数現在形が並んでいる。空所の後ろにあるtoに着目しよう。空所にfailの三人称単数現在形である(A) failsを入れると, fail to do「〜しそこなう, できない」という表現になり,「要求を満たせなければ元に戻す」という自然な文脈になる。(B) amend「〜を修正する」, (C) lack「〜を欠いている」, (D) testify「〜を証言する」。switch backの後ろには, to the software that we were using before「私たちが以前使っていたソフトウェアに」が省略されていると考えること。

語句 □ meet one's needs 〜の要求を満たす　□ switch back (to 〜) 元の案や方法に戻す

訳 もしも新たなソフトウェアが我々の要求を満たすことができなければ, 即座に元に戻すつもりである。

0928 🔑「どんな努力か」を考える 　　　　　　　　　　　　　　　　正解 (B)

空所には後ろに続くefforts「努力」を修飾するのにふさわしい形容詞が入る。空所以降の内容は「〜な努力がついに実を結ぶかもしれない」というものなので, (B) ongoing「継続的な」を空所に入れてongoing efforts「継続的な努力」という表現にすると問題文の文意が通る。(A)「洗練された」, (C)「感謝している」, (D)「理解力のある」。

語句 □ cover 〜を報道する　□ championship 選手権　□ pay off (努力などが) 報われる

訳 その記事は, ビーンレイでサッカー選手権を開催するためのJonesさんの継続的な努力が, 近い将来ついに実を結ぶかもしれないというニュースを報じた。

0929 🔑 announceとのコロケーション 　　　　　　　　　　　　　正解 (D)

メインの文の内容は「最高経営責任者はプレスリリースで, 5月10日をもっての引退を〜に発表した」というものだ。このような文脈において, 前から適切にannounced「〜を発表した」を修飾するのは, (D) formally「正式に」だ。(A)「表面的に」, (B)「いつも, 常に」, (C)「絶えず, 継続的に」。

語句 □ speculation 憶測　□ retirement 引退　□ as of 〜 〜の時点で

訳 数々の憶測が流れた後, 最高経営責任者はプレスリリースで5月10日をもっての引退を正式に発表した。

0930 🔑 離れたfromとtoに気付けるか 　　　　　　　　　　　　正解 (C)

問題文中のfromとtoに着目しよう。空所に(C) range「及ぶ」を入れると, range from A to B「AからBへ及んでいる」という表現になり, 問題文の文意が通る。(A)「〜のせいにする」, (B)「〜を非難する」, (D)「贅沢をする, 散財する」。(A)はattribute A to B「AをBのせいにする」の形が頻出だ。

語句 □ research findings 研究成果　□ general 一般的な

訳 そのオンラインセミナーの内容は, 最新の研究成果から一般的な環境問題にまで及ぶ予定だ。

UNIT **8**
語彙問題

413

0931 Ms. Todd ------- work to some of the interns in her section to give them much needed experience.

(A) appointed
(B) delegated
(C) signed
(D) accredited

0932 Mr. Ito mentioned that it would be necessary to ------- a committee to plan for next year's City Art Festival.

(A) collect
(B) convene
(C) belong
(D) deserve

0933 Because Max Paine's film adaptation of Garry Cho's novel followed the book -------, it has been highly praised by fans of the original.

(A) faithfully
(B) reflectively
(C) superficially
(D) spaciously

0934 If you have any queries about the use of our health equipment, do not ------- to call us at 786-555-3122.

(A) mind
(B) escape
(C) hesitate
(D) avoid

0935 Many survey respondents indicated that they ------- the original sugar flavor, which has been sold for more than a decade, to the vanilla version.

(A) care
(B) like
(C) delight
(D) prefer

0931 🔧 空所の直後にある*A* to *B*の形を見抜く　　　　　　　**正解** (B)

選択肢には動詞の過去形が並んでいる。空所にdelegate「～を委任する」の過去形である(B) delegatedを入れると, delegate *A* to *B*「AをBに委任する」という表現になり, 問題文の文意が通る。(A) appointedは appoint *A B*「AをBに任命する」, appoint *A* as *B*「AをBとして任命する」の形で使われる。(C) sign「～に署名する」, (D) accredit「(業績や発見を)～の功績と信じる」。

語句 □ section 部署

訳 Toddさんは非常に必要とされる経験をさせるために, 彼女の部署のインターン生の何人かに仕事を任せた。

0932 🔧 committeeとのコロケーション　　　　　　　**正解** (B)

空所には後ろに続くa committee「委員会」を目的語とするのにふさわしい動詞が入る。(B) convene「～を招集する」を空所に入れると, convene a committee「委員会を招集する」という表現になり, 問題文の文意が通る。(A) collectにも「～を集める」という意味があるが, 「物や情報を集める, 収集する」ことを表す場合に使う動詞なので, 本問では正解にはなりえない。(C)「所属する」, (D)「～を受けるに値する」。

訳 Itoさんは来年度の市の芸術祭の計画を立てるために, 委員会を招集する必要があると言及した。

0933 🔧 「どのように従ったのか」を考える　　　　　　　**正解** (A)

空所には前半の節の動詞followed「～に従った」を適切に修飾する副詞が入る。正解は(A) faithfully「忠実に」だ。(B)「反射して」, (C)「一見, 表面的に」, (D)「広々と, ゆったりして」は, いずれも本問の文脈においてfollowedを修飾する副詞として適切ではない。

語句 □ film adaptation 映画化　□ highly 非常に　□ original 原作

訳 Max PaineによるGarry Choの小説の映画化は, 本の内容に忠実に従っていたため, 原作のファンから高く評価されている。

0934 🔧 to不定詞を目的語に取る動詞　　　　　　　**正解** (C)

空所の後ろにto不定詞が続いていることに注目しよう。(C) hesitateを空所に入れると, hesitate to *do*「～することをためらう」という表現になり, 問題文の文意が通る。(A)と(D)はmind *doing*「～することを嫌がる」, avoid *doing*「～することを避ける」のように, 後ろにはto不定詞ではなく動名詞が続く。(B)はescape to [from] ～で「～へ逃げる, ～から逃げる」という意味になる。

語句 □ query 質問　□ use 使用

訳 当社の健康器具の使用に関してご不明な点がございましたら, 786-555-3122までお気軽にお電話ください。

0935 🔧 離れたtoに気付けるか　　　　　　　**正解** (D)

問題文の後半にある前置詞toに着目しよう。空所に(D) prefer「～を好む」を入れると, このtoとセットで prefer *A* to *B*「BよりもAを好む」という表現になり, 2つの味が対比された自然な文脈となる。the original sugar flavorを先行詞とするwhich以降の関係詞節の挿入に惑わされ, preferから離れた位置にあるtoを見逃さないように注意すること。(A)「気にする」, (B)「～を好む」, (C)「～を大喜びさせる」。

語句 □ survey respondent 調査回答者

訳 調査回答者の多くは, バニラ味よりも10年以上売られ続けているオリジナルのシュガー味の方を好むということを示した。

0936 Workers ------- into trouble at the Milwaukie plant when one of the new robots started to malfunction.

(A) solved
(B) came
(C) hired
(D) ran

0937 The manufacturer ------- that the engine be serviced and cleaned every six months.

(A) relocates
(B) nominates
(C) recommends
(D) encourages

0938 Ms. Love expressed ------- about the project timeline because it did not take seasonal holidays into account.

(A) periodicals
(B) concerns
(C) petitions
(D) possessions

0939 The influx of reservations resulting from its media exposure put a ------- on Manuel Dining's kitchen staff.

(A) stress
(B) highlight
(C) strain
(D) morale

0940 At the section leaders' meeting, Ms. Gold ------- a suggestion that could save the company thousands of dollars.

(A) put forward
(B) handed out
(C) laid off
(D) marked off

0936 🔑 重要表現 run into ～
正解 (D)

選択肢には動詞の過去形が並んでいる。空所にrunの過去形である(D) ranを入れると, run into ～「(困難や問題など)に出くわす」という表現になり, 問題文の文意が通る。(A) solve「～を解決する」, (B) come「来る」, (C) hire「～を雇う」。

訳 ミルウォーキーの工場で新しいロボットの1つが正常に作動しなくなった時, 労働者たちは問題に直面した。

0937 🔑 直後にthat節を続ける動詞
正解 (C)

選択肢には動詞の三人称単数現在形が並んでいる。recommend「～を勧める」の三人称単数現在形である(C) recommendsを空所に入れると, recommend that「～ということを勧める」という表現になり, 問題文の文意が通る。that節の動詞が原形を使ったbe serviced「点検される」となっていることも重要なポイントだ(仮定法現在)。that節を否定文にしたい場合には, not be servicedのように, 動詞の原形の前にnotだけを置くということも押さえておきたい。(A) relocate「～を移転する」, (B) nominate「～を推薦する」, (D) encourage「～を励ます」。

語句 □ service ～を点検する
訳 製造業者は, 6カ月ごとにエンジンの点検と掃除を行うことを推奨している。

0938 🔑 感情を表す名詞を見抜く
正解 (B)

選択肢には名詞の複数形が並んでいる。空所には, 空所の前にある動詞expressed「(気持ちなどを態度で)表した」の目的語となる名詞が入る。(B) concerns「懸念」を空所に入れると, express concerns「懸念を示す」という表現が成立し, 後半の節のbecause「～なので」以下が, Loveさんが懸念を示したことに対する適切な理由になる。(A)「定期刊行物」, (C)「請願」, (D)「所有(物)」。

語句 □ timeline スケジュール □ take A into account Aを考慮に入れる □ seasonal 季節の
訳 季節ごとの祝日が考慮されていなかったため, Loveさんはプロジェクトのスケジュールについて懸念を示した。

0939 🔑 重要表現 put a strain on ～
正解 (C)

空所に(C) strain「負担, 緊張」を入れると, put a strain on ～「～に負担をかける」という表現になり, 問題文の文意が通る。(A)「圧力, 緊張」, (B)「見どころ, 呼び物」, (D)「やる気, 士気」。問題文中にあるreservations「予約」は, 「懸念」という意味でも使われる。1つ前の問題に登場しているconcerns「懸念」と共に覚えておこう。

語句 □ influx 流入, 殺到 □ exposure 露出
訳 メディアへの露出により生じた予約の殺到は, Manuel Diningの厨房スタッフに負担をかけた。

0940 🔑 句動詞 put forward ～
正解 (A)

選択肢には句動詞の過去形が並んでいる。put forward ～「～を提案する」の過去形である(A)を入れると, put forward a suggestion「提案・提言する」という表現になり, 問題文の文意が通る。(B) hand out「～を配る」, (C) lay off「～を解雇する」, (D) mark off「(線を引いて場所など)を区切る」。

語句 □ section leader 部長 □ thousands of ～ 数千の～
訳 部長会議で, Goldさんは会社が数千ドルを節約しうる案を出した。

0941 Carson's employees will have planning meetings ahead of the acquisition to ensure a seamless ------- of ownership.

(A) stationery
(B) transition
(C) disposal
(D) sanction

0942 Timber prices are set to ------- now that the housing boom appears to be over in the Locong district.

(A) modify
(B) amplify
(C) violate
(D) plummet

0943 The client was impressed with the ------- of the software but questioned the high price Octopsley Company charges.

(A) versatility
(B) deficiency
(C) vicinity
(D) redundancy

0944 CEO Hiroe Tanaka ------- a visit to the Phoenix store to congratulate the staff on their magnificent work.

(A) paid
(B) stayed
(C) got
(D) broke

0945 The conference center staff will do their best to accommodate your request, but this may ------- an additional charge in some cases.

(A) redeem
(B) encompass
(C) mandate
(D) incur

0941 🔑 seamlessとのコロケーション 　　　　　　　　　正解 ▶ (B)

問題文のメインの内容は「Carson社の従業員は買収に先立って企画会議を行う」というもので, その理由をto不定詞以下が説明している。空所に(B) transition「移行」を入れると, seamless transition「円滑な移行」という表現になり,「円滑な移行を行うために企画会議を行う」という自然な文脈となる。(A)「文房具」, (C)「処分」, (D)「認可」。(C)はat one's disposal「(人)が自由に使える」とat the disposal of ～「(人)が自由に使える」という表現を押さえておこう。

語句 □ planning meeting 企画会議　□ acquisition 買収　□ ownership 所有権
訳 Carson社の従業員は, 所有権の円滑な移行を確実にするために, 買収に先立って企画会議を行う予定だ。

0942 🔑 後半の節との繋がりを考える 　　　　　　　　　正解 ▶ (D)

選択肢は全て動詞の原形だ。now that「今や～なので」から始まる後半の節の内容は「ロコン地区では住宅ブームが終わりそうなので」というものなので, 前半の節の内容は「その結果起こりうること」である必要がある。(D) plummet「急落する」を空所に入れると,「住宅ブームが終わりそうなので, 木材価格の急落が始まっている」という自然な文脈になる。(A)「～を修正する」, (B)「～を増幅する」, (C)「～に違反する」。

語句 □ timber 木材　□ be set to do ～する方向に向かっている　□ housing boom 住宅ブーム
　　　　□ appear to do ～するように見える　□ be over 終わる
訳 ロコン地区では住宅ブームが終わりそうなので, 木材価格の急落が始まっている。

0943 🔑 難単語 versatility 　　　　　　　　　正解 ▶ (A)

空所に(A) versatility「多機能, 用途の広さ」を入れると, the versatility of the software「ソフトウェアの多機能性」という表現になり, 問題文の文章が通る。形容詞のversatile「多用途の, 多才な」も頻出だ。(B)「不足」, (C)「近所, 近接」, (D)「余分, 余剰」。(C)はin the vicinity of ～「～の近くに」を覚えておくこと。

語句 □ be impressed with ～ ～に感銘を受ける　□ question ～を疑問に思う
訳 その顧客はソフトウェアの多機能性に感銘を受けたが, Octopsley社が請求する高い価格には疑問を抱いた。

0944 🔑 重要表現 pay a visit to ～ 　　　　　　　　　正解 ▶ (A)

選択肢には動詞の過去形が並んでいる。空所にpayの過去形である(A) paidを入れると, pay a visit to ～「～を訪問する」という表現になり, 問題文の文意が通る。動詞のvisit「～を訪れる」は他動詞なので直後に目的語となる場所を表す表現が続くが, 名詞のvisit「訪問」は後ろに場所を表す表現を続ける場合には前置詞のtoが必要だ。(B) stay「滞在する」, (C) get「～を手に入れる」, (D) break「～を壊す」。

語句 □ congratulate A on B AをBのことで祝う　□ magnificent 立派な
訳 最高経営責任者のHiroe Tanakaは, Phoenixの店舗を訪れてスタッフたちの立派な働きを祝福した。

0945 🔑 chargeとのコロケーション 　　　　　　　　　正解 ▶ (D)

空所には後ろに続くan additional charge「追加の料金」を目的語とするのにふさわしい動詞が入る。(D) incur「～をこうむる, 負う」を空所に入れると, incur an additional charge「追加料金が発生する」という表現になり, 問題文の文意が通る。(A)「(クーポンなど)を商品と引き換える」, (B)「～の周りを取り囲む」, (C)「～を義務付ける」。

語句 □ accommodate (要求など)を引き受ける　□ charge 料金
訳 会議場のスタッフはあなたのご要望に応えるよう最善を尽くしますが, 時として追加の料金が発生する可能性もございます。

0946 Thanks to plenty of hard practice before the game, the lacrosse team won by a wide -------.

(A) plus
(B) gathering
(C) margin
(D) variety

0947 Gertie Supermarket sources most of its vegetables locally and therefore has a lot of seasonal -------.

(A) balance
(B) produce
(C) outlay
(D) approach

0948 One of our sales associates will ------- to customer's inquiries within 24 hours excluding Saturdays and Sundays.

(A) answer
(B) respond
(C) suggest
(D) comply

0949 Colby Boots have become known for their ------- looks and comfortable designs, making them popular among outdoor enthusiasts.

(A) astute
(B) rugged
(C) averse
(D) sizable

0950 Lamplights Restaurant has an ------- atmosphere, which makes it popular with families or groups of friends.

(A) absolute
(B) interactive
(C) incidental
(D) informal

絶対に目標を達成したいのであれば, あれこれ考えずやれることは全てやるという意気込みが大切です。

0946 🔊 重要表現 by a wide margin　　　　正解 (C)

選択肢には名詞が並んでいる。空所を含む後半の節では, the lacrosse team won「ラクロスチームは勝った」と述べられている。空所に (C) margin「差」を入れると, by a wide margin「大差で, かなりの差をつけて」という表現になり, どのように勝ったのかを表す適切な内容となる。本問のように動詞の win とセットで使われることも多いので, win by a wide margin「大差をつけて勝利する」という表現も覚えておこう。(D) variety「多様性, 種類」は a wide variety of 〜の形で「多種多様な〜」という意味を表すが, 空所の後ろには of がなく, 空所に入れても文意が通らない。(A)「有利なこと, 利点」, (B)「集まり, 集会」。

語句 □ thanks to 〜 〜のおかげで　□ lacrosse ラクロス
訳 試合前の厳しい猛練習のおかげで, そのラクロスチームは大差をつけて勝利した。

0947 🔊 seasonal とのコロケーション　　　　正解 (B)

空所には, 前にある形容詞の seasonal「季節の」に適切に修飾される名詞が入る。(B) produce「農産物」(不可算名詞) を空所に入れると, seasonal produce「季節の農産物」という表現になり問題文の文意が通る。(A)「バランス」, (C)「支出」, (D)「接近」。問題文中にある接続副詞の therefore「その結果」は節同士を繋ぐことはできないので, 本問では接続詞の and と共に使われている。

語句 □ source 〜を調達する
訳 Gertie スーパーマーケットは野菜のほとんどを地元で調達しており, その結果, 数多くの季節の農産物を取り揃えている。

0948 🔊 answer に惑わされない　　　　正解 (B)

空所に (B) respond「応答する, 返答する」を入れると respond to an inquiry「問い合わせに対応する」という表現になり, 問題文の文意が通る。(A) answer「〜に答える」は, answer to 〜「(要求や目的など) にかなう」という表現の中で使われる場合は前置詞の to が後ろに続くが, 本問の文脈では正解にはなりえない。(C)「〜を提案する, 示唆する」, (D)「従う」。(D) は comply with 〜「〜に従う」を覚えておくこと。

語句 □ sales associate 販売員
訳 土曜日と日曜日を除き, 弊社の販売員の1人が24時間以内にお客様のお問い合わせに応答します。

0949 🔊 難単語 rugged　　　　正解 (B)

空所には, 後ろにある名詞の looks「見た目」を適切に修飾する形容詞が入る。(B) rugged「(物が) 頑丈な, しっかりした」を空所に入れると rugged looks「頑丈な見た目」という表現になり, 主語の Colby Boots「Colbyブーツ」を適切に説明する。(A)「抜け目のない, 明敏な」, (C)「嫌っている」, (D)「かなり大きな」。

語句 □ enthusiast 熱中している人, 愛好家
訳 Colby ブーツは頑丈な見た目と快適なデザインで知られており, アウトドア愛好家の間で人気を博している。

0950 🔊 関係詞節の内容と繋げて考える　　　　正解 (D)

空所には, 後ろにある名詞の atmosphere「雰囲気」を適切に修飾する形容詞が入る。(D) informal「くだけた, 形式ばらない」を空所に入れると informal atmosphere「カジュアルな雰囲気」という表現になり, 関係詞節の「家族や友人グループとの利用で人気だ」という内容に自然に繋がる。(A)「絶対の」, (B)「双方向の」, (C)「偶発的な」。(A) は副詞 absolutely「絶対的に, 完全に」も押さえておこう。相手の発言に完全に同意する際には Definitely.「その通りです」と応答することがあるが, Absolutely. も同様の意味で頻繁に使われる。

訳 Lamplights レストランはカジュアルな雰囲気であるため, 家族や友人グループと利用する人たちの間で人気がある。

0951 COT Appliances gave its customers a 15 percent discount to ------- the inconvenience caused by the shipping delays.

(A) call for
(B) buy up
(C) result in
(D) make up for

0952 ------- interpreters are required to have the power of concentration and impeccable knowledge of two or more languages.

(A) Simultaneous
(B) Elusive
(C) Arbitrary
(D) Interchangeable

0953 Survey results showed that the new advertisement was overly ------- to the point of being annoying.

(A) upcoming
(B) repetitive
(C) nutritious
(D) contingent

0954 Mr. Love and Ms. Rivers ------- Manchester early so that they could be there in time for the client meeting.

(A) left out
(B) exceled at
(C) set out for
(D) called for

0955 During his ------- in office, Mr. Yamamoto was mainly committed to leading the movement to preserve the city's green spaces.

(A) tenure
(B) turnout
(C) fraud
(D) raffle

0951 🔧 句動詞 make up for ～

選択肢には句動詞が並んでいる。空所に (D) make up for「～を補う，～の埋め合わせをする」を入れると，make up for the inconvenience「不便の埋め合わせをする」という表現になり，問題文の文意が通る。問題文中の customers「顧客」や discount「割引」という言葉から，buy「～を買う」が含まれている (B) buy up「～を買い占める」を選ばないように注意すること。(A)「～を要求する」，(C)「～という結果になる」。

語句 □ inconvenience 不便

訳 COT Appliances は発送の遅れによってもたらされた不便の埋め合わせをするために，顧客に15パーセントの割引を提供した。

0952 🔧 職業名を意味する表現を見抜く

正解 (A)

空所に (A) Simultaneous「同時の」を入れると，simultaneous interpreter「同時通訳者」という表現になり，問題文の文意が通る。(B)「理解しにくい」，(C)「任意の」，(D)「互いに交換できる」。選択肢にある語は副詞も押さえておくこと。(A) から順に simultaneously「同時に」，elusively「（意味などが）捉えにくいように」，arbitrarily「任意に」，interchangeably「互いに交換して」。

語句 □ power of concentration 集中力　□ impeccable 非の打ちどころがない

訳 同時通訳者は集中力と，2つかそれ以上の数の言語について非の打ちどころがない知識を持っていることが求められる。

0953 🔧 to the point of ～以降の内容に注目する

正解 (B)

空所の後ろに続く to the point of ～は「～と思われるくらいに」という意味の表現だ。「それがどのくらいなのか」というと，being annoying「うっとうしくさせる」くらいであると述べられている。空所に (B) repetitive「何度も繰り返す」を入れると，the new advertisement was overly repetitive「新たな広告は過度に何度も繰り返された」となり，空所以下の内容と適切に繋がる。(A)「来たる」，(C)「栄養になる」，(D)「偶発的な」。

訳 調査結果により，新たな広告はうっとうしいと思われるほど過度に何度も繰り返されていたことが明らかになった。

0954 🔧 句動詞 set out for ～

正解 (C)

選択肢には句動詞の過去形が並んでいる。空所の後ろには，場所を表す Manchester「マンチェスター」という語があることに注目しよう。空所に (C) set out for「～に向けて出発する」という句動詞を入れると，問題文の文意が通る。(A) leave out「～を省略する」，(B) excel at「～に優れる」，(D) call for「～を要求する」。

語句 □ be in time for ～ ～に間に合うように

訳 Love さんと Rivers さんは，顧客との会議に間に合うよう，早めにマンチェスターへと出発した。

0955 🔧 難単語 tenure

正解 (A)

空所に (A) tenure「在職期間」を入れると，during one's tenure in office「～の在職期間中」という表現になり，問題文の文意が通る。(B)「参加者（数），出席者（数）」，(C)「不正行為」，(D)「くじ」。問題文中にある be committed to doing「～することに専念する」は頻出表現だ。to の後ろには名詞か doing 形が続く。

語句 □ preserve ～を保護する

訳 在職期間中，Yamamoto さんは主に市の緑地を保護するための活動を率いることに専念した。

0956 Passengers are asked to ------- updates, which will be announced over the public address system.

(A) come down with
(B) get on toward
(C) stand by for
(D) cut down on

0957 We will ------- all of the current furniture and replace it with new pieces selected by an interior decorator.

(A) purchase
(B) discard
(C) install
(D) disperse

0958 With a rapidly growing population, the town is full of ------- as a location for investment.

(A) promise
(B) vicinity
(C) sequence
(D) insignificance

0959 After Mr. Simmon had retired from his career as a legal consultant, he led a ------- life in his hometown.

(A) foggy
(B) daunting
(C) depleted
(D) secluded

0960 At Ribbon IT Solutions, employees are ------- for expenses related to business trips as soon as they submit their receipts.

(A) reimbursed
(B) defended
(C) articulated
(D) overlooked

0956　句動詞 stand by for ～　　　　　　　　　正解 (C)

選択肢には句動詞が並んでいる。空所に (C) stand by for「～に備えて待機する」を入れると，目的語の updates「最新情報」と適切に繋がり，問題文の文意が通る。(A)「(病気)にかかる」，(B)「(年齢や時間などが)～に近づく」，(D)「～を切り詰める」。

語句 □ update 最新情報　□ public address system（場内や機内の）アナウンス設備

訳 乗客は，機内のアナウンスを通じて伝えられる最新情報を待つよう求められる。

0957　purchase にだまされない　　　　　　　　正解 (B)

空所の後ろには all of the current furniture「今ある家具の全て」という目的語があり，問題文後半では replace it with new pieces「それ（＝今ある家具の全て）を新しいものに交換する」という内容が続いている。これらのことから空所に (B) discard「～を捨てる」を入れると，discard the furniture「家具を廃棄する」という表現になり，問題文後半の内容と適切に繋がる。「家具を購入する」という意味で (A) purchase「～を購入する」を選んでしまった人は要注意だ。(A) を空所に入れると「今ある家具の全てを購入し，それを新しいものに交換する」という意味になり，問題文の文意が通らない。(C)「～を取り付ける」，(D)「～を散らす」。

語句 □ replace A with B AをBと交換する　□ interior decorator インテリアデザイナー

訳 我々は今ある家具を全て廃棄し，インテリアデザイナーに選んでもらった新しいものに交換する予定です。

0958　promise の意外な意味　　　　　　　　　正解 (A)

空所に (A) promise「見込み」を入れると，be full of promise「有望な，未来のある」という表現になり，問題文の文意が通る。promise は「約束」という意味でよく知られているが，「見込み」という意味があるということを押さえておこう。(B)「近辺，近接」，(C)「連続，一続き」，(D)「取るに足らないこと，無意味」。文頭の With a rapidly growing population「人口が急増しているので」は，カンマ以降で述べられている状況を作り出した「原因」を表している。

語句 □ with ～が原因で　□ growing 増え続けている

訳 人口が急増しているので，その町は投資先として非常に期待できる。

0959　life とのコロケーション　　　　　　　　　正解 (D)

空所に (D) secluded「人目に付かない」を入れると，secluded life「隠遁生活」という表現になり，問題文の文意が通る。空所の前後にある lead a life「生活を送る」という表現も覚えておくこと。(A)「霧がかかった」，(B)「おじけづかせる，ひるませる」，(C)「激減した，枯渇した」。

語句 □ retire from ～ ～を退く　□ as ～として　□ hometown 故郷

訳 Simmon さんは弁護士としての職を退いた後，故郷で隠遁生活を送った。

0960　「出費がどうなるのか」を考える　　　　　　正解 (A)

選択肢には過去分詞が並んでいる。後半の節は「彼ら（＝従業員）は領収書を提出するとすぐに」という内容なので，前半の節は「出費の払い戻しを受ける」という内容にするのが自然であると推測できる。よって，空所に reimburse「～を払い戻す」の過去分詞 (A) reimbursed を入れると問題文の文意が通る。be reimbursed for expenses「出費の払い戻しを受ける」という表現を覚えておこう。(B) defend「～を守る」，(C) articulate「～を明確に述べる」，(D) overlook「～を見落とす」。

訳 Ribbon IT Solutions 社では，従業員は領収書を提出するとすぐに出張に関する出費の払い戻しを受ける。

UNIT 8 語彙問題

0961 Rules for the disposal of ------- items may differ depending on your local government.

(A) symbolic
(B) combustible
(C) susceptible
(D) kinesthetic

0962 After a three-day international conference and a trip home that included two transfers, Ms. Hwang got back ------- to Brisbane.

(A) fluently
(B) domestically
(C) safely
(D) deductively

0963 Someone with ------- skills and a strong background in finance will receive an enthusiastic welcome from Harper Investment.

(A) interpersonal
(B) disputable
(C) subsequent
(D) poignant

0964 Vance Conference Center charges a 50 percent cancellation fee and does not grant any -------.

(A) mishaps
(B) exemptions
(C) hesitations
(D) dedications

0965 An excellent ------- of Japanese is required of applicants for the position at Orchad's Tokyo office.

(A) breakthrough
(B) résumé
(C) strength
(D) command

0961 🔊 難単語 combustible 　　　　　　　　　　　　　　正解 (B)

選択肢には形容詞が並んでいる。空所に (B) combustible「燃えやすい」を入れると, combustible item「可燃物」という表現になり, 問題文の文意が通る。combustible は名詞の用法もあり, 通例複数形で「可燃物」という意味を表す。incombustibles「不燃物」とセットで覚えておくこと。(A)「象徴の」, (C)「影響を受けやすい」, (D)「運動感覚の」。

語句 □ local government 地方自治体
訳 可燃物の処分の規則は, お住まいの地方自治体によって変わる可能性があります。

0962 🔊 get back とのコロケーション 　　　　　　　　　　　　正解 (C)

空所に (C) safely「無事に」を入れると get back safely to 〜「〜に無事に戻る」という表現になり, 問題文の文意が通る。get back「戻る」と相性のよい副詞として覚えておこう。(A)「流暢に」, (B)「国内で, 家庭内で」, (D)「演繹的に」。

語句 □ international conference 国際会議　□ transfer 乗り継ぎ
訳 3日間の国際会議と2回の乗り継ぎを含む帰路の末, Hwang さんは無事にブリスベンへ戻った。

0963 🔊 skills とのコロケーション 　　　　　　　　　　　　　正解 (A)

空所には, 後ろにある名詞の skills「技能」を適切に修飾する名詞が入る。(A) interpersonal「対人関係の」を空所に入れると interpersonal skills「対人能力」という表現になり, 問題文の文意が通る。(B)「議論の余地がある」, (C)「次の, 後続の」, (D)「心が痛む, 辛辣な, 感動的な」は, いずれも本問の文脈において skills を修飾する形容詞として適切ではない。

語句 □ strong background 優れた経歴　□ enthusiastic 熱烈な　□ welcome 歓迎
訳 対人能力と財務に関する優れた経歴を持つ人は, Harper 投資会社から熱烈な歓迎を受けるだろう。

0964 🔊 grant とのコロケーション 　　　　　　　　　　　　　正解 (B)

選択肢には名詞の複数形が並んでいる。問題文の前半では「Vance 会議場では50パーセントのキャンセル料が発生する」という「ルール」が述べられている。空所に (B) exemptions「(義務や支払いの) 免除」を入れると, and 以降の後半の節の内容が「いかなる支払いの免除も認めない」というものになり, 問題文の文意が通る。(A)「不運, 不幸」, (C)「躊躇」, (D)「献身, 専念」。

語句 □ charge (代金) を請求する　□ cancellation fee キャンセル料
訳 Vance 会議場では50パーセントのキャンセル料が発生し, いかなる支払いの免除も認めない。

0965 🔊 「言語」から連想される名詞 　　　　　　　　　　　　正解 (D)

空所の後ろにある of Japanese「日本語の」から連想される (D) command「(言語などの) 運用能力」を空所に入れると, An excellent command of Japanese「優れた日本語運用能力」という表現になり, 問題文の文意が通る。(B) に関しては, 「日本語で書かれた履歴書」と表したいのであれば a résumé (written) in Japanese となるので注意しよう。(A)「飛躍的進歩」, (B)「履歴書」, (C)「強さ」。

語句 □ be required of 〜 〜に要求される　□ applicant 応募者　□ position 職
訳 Orchard 社の東京オフィスにおける職への応募者には, 優れた日本語運用能力が要求される。

0966 The long lines at the Yurang Amusement Park ------- many people
to spread their visit over two days.

(A) compel
(B) endorse
(C) afford
(D) let

0967 ------- arrangements will need to be considered if we are unable to
get tickets for the 7:00 P.M. flight for Sydney.

(A) Honorable
(B) Watchful
(C) Alternative
(D) Apparent

0968 Since ------- weather was forecast that evening, the orientation
seminar was cut short to allow participants to leave early.

(A) foul
(B) coarse
(C) scarce
(D) uneven

0969 Some critics have pointed out that the current ------- of affairs at
Wilson Industries is a result of poor planning.

(A) situation
(B) content
(C) validity
(D) state

0970 Mr. Donaldson ------- to the stage to give the keynote speech at the
Freeman Technology Conference to thunderous applause from the
audience.

(A) set
(B) took
(C) chased
(D) alighted

0966 ○ 〈人＋to *do*〉の形から正解を見抜く　　　　　正解 (A)

空所の後ろには人を表す語とto不定詞が続いていることに注目しよう。空所に(A) compelを入れると, compel *A* to *do*「Aに〜することを強いる」というto不定詞を使った表現が成立し, 問題文の文意が通る。(B)「〜を承認する, (有名人が商品)を宣伝する」, (C)「〜を持つ余裕がある」, (D) (let *A do* の形で)「Aに〜させる」。

語句 □ spread 〜を延ばす

訳 Yurang遊園地では長蛇の列ができるため, 多くの人が滞在を2日間に延ばすことになる。

0967 ○ if節の内容を理解する　　　　　正解 (C)

if「もし〜なら」以下は条件を表す副詞節で, 本問では「チケットを入手することができない場合は」と述べられている。前半の節では, 「その場合どのようなことを行うのか」が先に述べられているため, 空所に(C) Alternative「代わりの」を入れると「代わりの手はずを検討する必要がある」という内容になり, 問題文の文意が通る。(A)「尊敬に値する」, (B)「油断のない, 用心した」, (D)「明らかな」。

訳 午後7時のシドニー行きの便のチケットを手に入れられない場合は, 代わりの手はずを検討する必要がある。

0968 ○ 天気の状態を表す難単語　　　　　正解 (A)

空所には, 後ろにある名詞のweather「天気」を適切に修飾する形容詞が入る。(A) foul「(天候が)悪い, 荒れた」を空所に入れるとfoul weather「悪天候」という表現になり, 問題文の文意が通る。foul weatherはbad weatherやinclement weatherと表すことが多い。(B)「粗野な, 粗い」, (C)「乏しい」, (D)「一様でない, 等しくない」は, いずれもweatherを修飾する形容詞として適切ではない。(B)はcourse「進路, (学校の)講座」と混同しないよう注意しよう。

語句 □ forecast 〜を予測する　□ be cut short 短縮される

訳 その夕方には悪天候が予想されていたので, 参加者を早く帰らせるためにオリエンテーションセミナーは短縮された。

0969 ○ 重要表現 state of affairs　　　　　正解 (D)

空所の後ろにあるof affairsに適切に繋がる表現を考える問題だ。空所に(D) state「状態」を入れると, state of affairs「状況」という表現になり, 問題文の文意が通る。(A)「状況」, (B)「中身」, (C)「正当さ, 妥当性」。問題文中にはa result of 〜「〜の結果」という表現があるが, これに関連して, 動詞のresultを使ったresult from 〜「〜に起因する」とresult in 〜「〜に終わる」という表現も押さえておくこと。

語句 □ critic 批評家　□ point out 〜 〜を指摘する　□ poor planning 不十分な計画

訳 何人かの批評家は, Wilson産業の現在の状況は不十分な計画の結果だと指摘した。

0970 ○ 空所の後ろにあるtoに着目する　　　　　正解 (B)

選択肢には動詞の過去形が並んでいる。空所にtakeの過去形である(B) tookを入れると, take to the stage「ステージに上がる」という表現になり, 問題文の文意が通る。(A) set「〜を設定する」, (C) chase「〜を追う」, (D) alight「(乗り物から)降りる」。問題文中にあるkeynote speech「基調演説」は頻出の表現だ。

語句 □ thunderous 万雷の, 大音響の　□ audience 聴衆

訳 DonaldsonさんはFreeman科学技術協議会で基調演説をするためにステージに上がり, 聴衆から万雷の拍手を浴びた。

0971 With the merger -------, Mr. Douglass was hesitant to hire any new staff.

(A) imminent
(B) collective
(C) enviable
(D) prevalent

0972 Plume University was able to ------- funding for a research project that will involve over 100 students.

(A) shortcut
(B) bargain
(C) dissolve
(D) secure

0973 Light Woods Tower is a residential building, and tenants are not allowed to ------- business of any kind.

(A) duplicate
(B) streamline
(C) return
(D) transact

0974 The construction company ------- difficulties in completing Crara Hotel because of its difficult location.

(A) withheld
(B) deteriorated
(C) collaborated
(D) encountered

0975 It is vital for real estate agents to ------- any additional expenses that buyers may face.

(A) resume
(B) merge
(C) compel
(D) disclose

0971 🔈 理由のwithに気付く 正解 ▶ (A)

選択肢には形容詞が並んでいる。空所を含む文頭からカンマまでは，〈with＋目的語＋補語〉「（目的語）が〜な状態なので」という表現が使われていることに気付こう。空所に (A) imminent「差し迫った」を入れると，空所の前の名詞the merger「合併」の状態を正しく説明し，「Douglassさんは新しいスタッフを雇うことをためらった」という，カンマ以降にあるメインの文の「理由」を表した適切な内容になる。(B)「集団の」，(C)「ねたましい，羨ましい」，(D)「普及している」。

> **語句** □ be hesitant to do 〜することをためらう
> **訳** 合併が目前に迫っているので，Douglassさんは新しいスタッフを雇うことをためらった。

0972 🔈 fundingとのコロケーション 正解 ▶ (D)

空所には後ろに続くfunding「資金」を目的語とするのにふさわしい動詞が入る。(D) secure「〜を確保する」を空所に入れると，secure funding「資金を確保する」という表現になり，問題文の文意が通る。(A)「手っ取り早い方法を取る」，(B)「（取引などの）交渉をする」，(C)「〜を解散する，解消する」は，いずれも本問の文脈においてfundingを目的語とする動詞として適切ではない。

> **訳** Plume大学は，100名以上の学生が携わる予定の研究プロジェクトの資金を確保することができた。

0973 🔈 businessとのコロケーション 正解 ▶ (D)

空所には後ろに続くbusiness「商取引」を目的語とするのにふさわしい動詞が入る。(D) transact「（取引など）を行う」を空所に入れると，transact business「商取引を行う」という表現になり，問題文の文意が通る。(A)「〜を複製する」，(B)「〜を合理化する」，(C)「〜を返品する」。

> **語句** □ residential 居住の　□ any kind いかなる種類
> **訳** Light Woods Towerは居住用のビルであり，テナントはいかなる種類の商取引も行うことができない。

0974 🔈 difficultyとのコロケーション 正解 ▶ (D)

選択肢には動詞の過去形が並んでいる。空所には後ろに続くdifficulties「困難」を目的語とするのにふさわしい動詞が入る。encounter「〜に出合う」の過去形である(D) encounteredを空所に入れると，encounter difficulties「困難にぶつかる」という表現になり，問題文の文意が通る。(A) withhold「〜を差し控える」，(B) deteriorate「悪化する」，(C) collaborate「協力する」。(B)はaggravate「〜を悪化させる」もセットで覚えておこう。

> **語句** □ difficult location 立地条件の悪さ
> **訳** 立地条件の悪さにより，その建設会社はCraraホテルを完成させるのに苦労した。

0975 🔈 難単語disclose 正解 ▶ (D)

問題文はIt is 〜 for A to doの構文なので，to不定詞以下の内容がvital for real estate agents「不動産業者にとって極めて重要である」ものだと考える。空所に (D) disclose「〜を公開する」を入れると，to不定詞以下が「購入者が直面する可能性のある追加費用を公開すること」という意味になり，問題文の文意が通る。(A)「〜を再開する」，(B)「合併する」，(C)「〜を強制する」。

> **語句** □ vital 極めて重要　□ real estate agent 不動産業者　□ face 〜に直面する
> **訳** 不動産業者にとって，購入者が直面する可能性のある追加費用を公開することは極めて重要である。

0976 Cranston Hardware has a ------- selection of paints at very
reasonable prices.

(A) prompt
(B) sweeping
(C) massive
(D) baffling

0977 The documentary crew was given permission to film the artist at his
studio and capture his creative ------- in action.

(A) empathy
(B) process
(C) accommodations
(D) calculations

0978 Mr. Freemont has been recognized for his contributions to the
coastline ------- effort.

(A) conservation
(B) partition
(C) impulse
(D) increment

0979 Competition organizers made it clear that an extension of the
submission deadline would be out of the -------.

(A) request
(B) service
(C) question
(D) knowledge

0980 The construction of a ------- center in Short Creek will provide work
for many local residents.

(A) solution
(B) revolution
(C) distribution
(D) precaution

0976 🔑 重要表現 a massive selection of ～　　　　　　　　　　　正解 (C)

空所の前後にはa selection of ～「～の品揃え」という表現がある。前からselectionを適切に修飾するのは (C) massive「巨大な, 膨大な」だ。a massive selection of ～で「膨大な種類の～」という意味を表す。massiveの代わりにwide「幅広い」などの形容詞が使われることもあるので覚えておこう。(A)「即座の」, (B)「広範囲にわたる」, (D)「不可解な」。問題文中にあるHardwareは「工具店」のことを指す。

語句　□ paint 塗料
訳　Cranston工具店は, 膨大な種類の塗料を非常に手頃な価格で取り扱っている。

0977 🔑 creativeとのコロケーション　　　　　　　　　　　　　　正解 (B)

空所の前には形容詞のcreative「創作的な, 創造的な」がある。空所に (B) process「プロセス, 過程」を入れると, creative process「創作プロセス」という表現になり, 問題文の主語であるThe documentary crew「ドキュメンタリークルー」がアーティストのスタジオで撮影する対象として, 適切なものになる。(A)「共感」, (C)「宿泊設備」, (D)「計算」。

語句　□ give A permission Aに許可を与える　□ capture ～を収める, 撮影する　□ in action 活動中で
訳　ドキュメンタリークルーは, スタジオでアーティストを撮影し彼の創作プロセスの様子を収める許可を得た。

0978 🔑 coastlineとのコロケーション　　　　　　　　　　　　　正解 (A)

名詞coastline「海岸線」とセットで複合名詞となってeffort「(目的達成のための) 活動」を修飾し, なおかつ contributions to ～「～への貢献」の目的語となる名詞句を作るのにふさわしいのは, (A) conservation「保護」だ。(B)「仕切り」, (C)「衝動」, (D)「増加」。(B) partitionはdividerに言い換えることができる。また, (D) incrementはinclement「(天候が) 荒れ模様の」と混同しないよう注意が必要だ。

語句　□ recognize ～を評価する
訳　Freemontさんは, 海岸線の保護活動への貢献で評価されている。

0979 🔑 重要表現 out of the question　　　　　　　　　　　　　正解 (C)

空所に (C) question「問題, 論点」を入れると, be out of the question「問題外である, 不可能である」という表現になり, 問題文の文意が通る。(B) service「(列車などの) 運行」も out of ～とセットになってout of service「操業・運転休止中で」という表現を作るということを覚えておこう。(A)「依頼」, (D)「知識」。

語句　□ make it clear that ～ということを明確にする　□ extension 延長
訳　大会主催者は, 提出期限の延長は一切認められないということを明確にした。

0980 🔑 複合名詞 distribution center　　　　　　　　　　　　　正解 (C)

空所には, 後ろにある名詞のcenter「センター, 施設」を適切に修飾する名詞が入る。(C) distribution「物流, 流通」を空所に入れると, distribution center「物流センター」という複合名詞になり, 問題文の文意が通る。(A)「解決策」, (B)「革命」, (D)「予防措置, 用心」。(D)はexercise safety precautions「安全措置を行う」という表現を押さえておくこと。

訳　ショートクリークに物流センターを建設することにより, 多くの地域住民へ職を提供することになるだろう。

0981 As the problem had occurred only -------, it took considerable time
☐☐☐ for the mechanics to find the cause and the solution.

(A) regrettably
(B) gracefully
(C) considerably
(D) intermittently

0982 Once the ------- of the problem has been accurately identified, it
☐☐☐ will be communicated to the head office in Manchester.

(A) desire
(B) footage
(C) nature
(D) closure

0983 If you are ------- up with complicated travel booking procedures,
☐☐☐ easygotraveler.com can help you book your airline tickets quickly
with our mobile app.

(A) reserved
(B) fed
(C) contained
(D) attained

0984 Time travel has been a ------- theme in Timothy Savage's films, all
☐☐☐ of which have garnered rave reviews.

(A) literate
(B) clinical
(C) discerning
(D) recurrent

0985 There should always be a member of the customer service team
☐☐☐ ------- available to assist shoppers as they arrive.

(A) inadvertently
(B) vibrantly
(C) sparingly
(D) readily

0981 　🔍 難単語 intermittently　　　　　　　　　　　　正解 (D)

前半の節の内容は,「その問題は〜のように発生したので」というものだ。その「結果」として, 後半の節には「修理工がその原因と解決策を発見するのにかなりの時間を要した」と述べられている。問題の原因と解決策の発見に時間がかかるような「問題の起こり方」だったことが分かるため, 空所に入れるのにふさわしい副詞は (D) intermittently「断続的に」だ。(A)「残念ながら」, (B)「優雅に」, (C)「かなり」。

訳 その問題は断続的にしか発生しなかったため, 修理工がその原因と解決策を発見するのにかなりの時間を要した。

0982 　🔍 nature の意外な意味　　　　　　　　　　　　正解 (C)

空所に (C) nature「本質」を入れると, the nature of the problem「その問題の本質」という表現になり, 前半の節の内容が「ひとたびその問題の本質が正確に特定されると」というものになって, 問題文の文意が通る。nature は「自然」という意味だけでなく,「(物事の) 本質, 性質」という意味も持っていることを押さえておこう。(A)「願望」, (B)「(映画やテレビの) 一連の映像」, (D)「閉鎖」。

語句 □ identify 〜を特定する　□ communicate A to B AをBに伝達する

訳 ひとたびその問題の本質が正確に特定されると, それはマンチェスターの本社に伝えられる。

0983 　🔍 重要表現 be fed up with 〜　　　　　　　　　正解 (B)

選択肢には過去分詞が並んでいる。feed「〜に食べ物を与える」の過去分詞である (B) fed を空所に入れると, be fed up with 〜「〜にうんざりしている」という表現になり, 問題文の文意が通る。これは「たくさん食べさせられる」という意味が転じて,「(与えられすぎて) うんざりする」という意味に変化した表現だ。(A) reserve「〜を予約する」, (C) contain「〜を含む」, (D) attain「〜を達成する」。

語句 □ booking 予約　□ procedure 手続き　□ airline ticket 航空券

訳 もしあなたが複雑な旅行予約の手続きにうんざりしているのなら, easygotraveler.com がモバイルアプリで素早く航空券を予約するお手伝いをいたします。

0984 　🔍 難単語 recurrent　　　　　　　　　　　　　　正解 (D)

a ------- theme「〜なテーマ」は前半の節の主語である Time travel「タイムトラベル」の補語となり, なおかつそれは in Timothy Savage's films「Timothy Savage の映画に」登場するものであると述べられている。(D) recurrent「繰り返される, 頻発する」を空所に入れると,「タイムトラベルは Timothy Savage の映画で繰り返し用いられているテーマだ」という自然な文脈となる。(A)「読み書きができる」, (B)「臨床の」, (C)「洞察力のある」。

語句 □ theme テーマ　□ garner 〜を得る, 集める　□ rave review 好意的な評論, 絶賛

訳 タイムトラベルは Timothy Savage の映画で繰り返し用いられているテーマであり, それら全てが好意的な評価を得ている。

0985 　🔍 available とのコロケーション　　　　　　　　正解 (D)

空所の後ろに続く available「対応できる」を前から適切に修飾し, 空所に入れることで問題文の文意が通るのは (D) readily「ただちに」だ。(A)「不注意にも, 軽率にも」, (B)「活気に満ちて」, (C)「控え目に」。主語である a member 以降の文構造は, a member of the customer service team「顧客サービスチームのメンバー」を, 〈形容詞 + α〉である available to assist shoppers「買い物客に対応できる」が修飾しており, 空所に入る副詞の readily が修飾語のカタマリの先頭にある available を前から修飾しているというものだ。

語句 □ available (人が) 対応できる　□ shopper 買い物客

訳 買い物客が到着する際に, 彼らにただちに対応できる, 顧客サービスチームのメンバーが常にいるべきです。

UNIT
8
語彙問題

0986 Millard Pharmacy has developed ------- relationships with its
□□□ customers by providing personalized service.

(A) comparative
(B) lasting
(C) pensive
(D) janitorial

0987 Yuchan Apparel offers a variety of special rewards for -------
□□□ customers, including members only discounts.

(A) poised
(B) retrieved
(C) zealous
(D) loyal

0988 There was an ------- article in the newspaper about innovative ways
□□□ to use social media for marketing.

(A) ergonomic
(B) implicit
(C) obligatory
(D) intriguing

0989 ------- weather conditions resulted in the postponement of the
□□□ beach cleanup, which was originally scheduled to be held on July 6.

(A) Gustatory
(B) Unfavorable
(C) Tolerant
(D) Feeble

0990 Barnaby Toys has given its factories instructions to -------
□□□ production in time for the holiday season.

(A) lift off
(B) ramp up
(C) iron out
(D) sum up

0986 💡「どんな関係性か」を考える 正解 (B)

空所には，後ろにある名詞のrelationships「関係性」を適切に修飾する形容詞が入る。(B) lasting「長期的な，長続きする」を空所に入れると，lasting relationship「長期的な関係性」という表現になり，問題文の文意が通る。(A)「比較の，相対的な」，(C)「物思いにふけった」，(D)「管理人の，清掃員の」。問題文中にあるpersonalized「個別の」はtailoredに言い換えることが可能だ。

訳 Millard薬局は，一人一人に適したサービスを提供することで，顧客と長期的な関係性を築いてきた。

0987 💡 頻出表現loyal customer 正解 (D)

選択肢には形容詞や過去分詞が並んでいる。空所には，後ろに続く名詞customers「顧客」を適切に修飾する語が入る。(D) loyal「(客が)常連の」を空所に入れると，loyal customer「常連客，上顧客」という，「特典を受ける相手としてふさわしい客」を意味する表現になり，問題文の文意が通る。(A)「落ち着きのある」，(B) retrieve「〜を回収する」，(C)「熱心な」。

語句 □ apparel 衣服　□ reward 特典　□ including 〜を含めて
訳 Yuchan衣料品店は，メンバー限定割引を含む，常連客へのさまざまな特典を提供している。

0988 💡 interesting以外で表す「興味深い」 正解 (D)

空所に(D) intriguing「興味深い」を入れると，intriguing article「興味深い記事」という表現になり，問題文の文意が通る。形容詞intriguing「興味をそそる」は，「興味深い」を表す基本語interestingの類義語として押さえておきたい。動詞intrigue「(人の)興味を引き付ける」も覚えておくこと。(A)「人間工学の」，(B)「暗黙の」，(C)「義務的な，必須の」。(C)は動詞obligate「〜に義務を負わせる」を使った，be obligated to do「〜する義務がある」を覚えておこう。

訳 その新聞には，マーケティングにソーシャルメディアを用いる革新的な方法に関する興味深い記事があった。

0989 💡 天気の状態を表す形容詞 正解 (B)

空所に(B) Unfavorable「好ましくない」を入れると，unfavorable weather conditions「悪天候」という表現になり，「悪天候が清掃の延期を招いた」という自然な文脈となる。(A)「味覚の」，(C)「耐性のある，寛容な」，(D)「弱い，貧弱な」。

語句 □ postponement 延期　□ cleanup 清掃
訳 悪天候は，当初7月6日に行われる予定であった海岸清掃の延期という結果を招いた。

0990 💡 productionとのコロケーション 正解 (B)

選択肢には句動詞が並んでいる。空所に(B) ramp up「〜を急に増やす」を入れると，ramp up production「製品を増産する」という表現になり，問題文の文意が通る。(A)「離陸する」，(C)「(困難など)を解決する」，(D)「〜を要約する」。問題文中にあるin time for 〜「〜に間に合って」という表現は，対義表現の(be) late for 〜「〜に遅れる」とセットで覚えておくこと。

訳 Barnaby玩具店は，ホリデーシーズンに間に合うように製品を増産するよう工場へ指示を出した。

0991 We are currently investigating the situation and will notify you when the connection problem has been -------.

(A) evacuated
(B) erased
(C) typed
(D) resolved

0992 Max Klinger's latest drama got disastrous reviews, which was ------- because of its similarity to his previous series.

(A) correspondingly
(B) chiefly
(C) correctly
(D) mutually

0993 All of the ingredients Yatalan Dining uses are ------- grown in our own gardens located behind the restaurant.

(A) inconclusively
(B) regretfully
(C) organically
(D) purely

0994 The labor shortage is likely to ------- Darett Company's ability to expand in the next 12 months.

(A) adhere
(B) impede
(C) strive
(D) maintain

0995 Until all the repairs are complete, Monoton Corporation will be ------- access to the rear stairwell.

(A) covering
(B) detailing
(C) merging
(D) restricting

🔊 problemとのコロケーション　　　　　　　　　　　　正解 (D)

空所にresolve「〜を解消する」の過去分詞(D) resolvedを入れると, whenから始まる副詞節の内容が the connection problem「接続障害」が has been resolved「解消された」というものになり, 問題文の文意が通る。resolveはresolve to do「〜しようと決心する」という表現も覚えておくこと。(A) evacuate「〜を避難させる」, (B) erase「〜を消す」, (C) type「(キーボードで文字など)をタイプする」。

語句 □ investigate 〜を調査する　□ notify 〜に知らせる
訳 我々は現在状況の調査をしており, 接続障害が解消され次第お知らせいたします。

0992　🔊 becauseとのコロケーション　　　　　　　　　　　　　正解 (B)

空所の後ろに続くbecause of以下の句を前から適切に修飾し, 空所に入れて問題文の文意が通るのは(B) chiefly「主に」だ。chiefly because「主に〜の理由で」という表現を覚えておくこと。あわせて押さえておきたい表現に, simply because「単に〜という理由で」, mainly because「主に〜の理由で」, largely because「主に〜の理由で」などがある。(A)「それに応じて」, (C)「正しく」, (D)「相互に」。

語句 □ disastrous 悲惨な　□ similarity to 〜 〜と似ていること, 〜との類似性
訳 Max Klingerの最新のドラマはひどいレビューを受けたが, それは主に前シリーズと似ていることが原因だった。

0993　🔊「どのように育てられているか」を考える　　　　　　　正解 (C)

空所には後ろに続いている過去分詞grown「育てられている」を適切に修飾する副詞が入る。(C) organically「有機栽培で, 有機的に」を空所に入れると, organically grown「有機栽培されている」という表現になり, 主語であるingredients「食材」を説明した自然な内容の補語となる。(A)「結論に到達せずに」, (B)「後悔して」, (D)「純粋に」。

語句 □ ingredient (料理の)材料　□ located behind 〜 〜の裏側に位置する
訳 Yatalan Diningが使用している全ての食材は, 当レストランの裏側に位置する自家菜園で有機栽培されています。

0994　🔊「原因」に対する「結果」の内容を考える　　　　　　　正解 (B)

空所の前にis likely to「〜しそうだ」があることを踏まえ, 主語のThe labor shortage「労働力不足」が空所の後ろに続いているDarett Company's ability to expand「Darett社が事業を拡大するための能力」に対してどのような影響を与えそうなのかを考える。(B) impede「〜を妨げる」を空所に入れると「労働力不足が事業拡大を阻害する」という自然な文脈となり, 問題文の文意が通る。impedeは「〜を遅らせる」という意味ではdelayと, 「〜を妨げる」という意味ではpreventと置き換えられる重要語だ。(A)「忠実に従う」, (C)「努力する」, (D)「〜を維持する」。

訳 今後12カ月間, 労働力不足はDarett社の事業拡大を阻害すると考えられる。

0995　🔊 accessとのコロケーション　　　　　　　　　　　　　正解 (D)

選択肢には現在分詞が並んでいる。restrict「〜を制限する」の現在分詞(D) restrictingを空所に入れると, restrict access to 〜「〜への立ち入りを制限する」という表現になり, 問題文の文意が通る。(A) cover「〜を覆う」, (B) detail「〜を詳述する」, (C) merge「〜を合併する」。問題文中にある名詞stairwell「吹き抜けの階段」は難易度の高い語だが, ここでしっかりと押さえておこう。

語句 □ rear 後方の
訳 全ての修理が完了するまで, Monoton社は後方の吹き抜けの階段への立ち入りを制限する予定だ。

UNIT **8** 語彙問題

0996 □□□ Flowerick Company is currently ------- new markets in Asia and the Middle East.

(A) pursuing
(B) resorting
(C) awarding
(D) attempting

0997 □□□ Regenta Roofing has a huge number of ------- from satisfied clients on its Web site.

(A) hardships
(B) testimonials
(C) deviations
(D) pavements

0998 □□□ The grand opening of the Haliburton Bridge was ------- by a local politician, Kenzo Nagamoto.

(A) implored
(B) disbanded
(C) preoccupied
(D) officiated

0999 □□□ Carter Environmental Association is ------- money to save a rare species of lizard native to the area.

(A) raising
(B) attending
(C) conducting
(D) adopting

1000 □□□ The refrigerator in the conference room is kept fully ------- in case an important client comes unannounced.

(A) furnished
(B) replied
(C) adhered
(D) stocked

最後まで完走できた自分に誇りを持ってください。本書から得た知見が次のステージへの糧となります。

選択肢には現在分詞が並んでいる。pursue「～を追い求める」の現在分詞(A) pursuingを空所に入れると, pursue a new market「新たな市場を求める」という表現になり, 問題文の文意が通る。(B) (resort to ～の形で)「(ある手段に)訴える」, (C) award「(賞など)を与える」, (D) attempt「～を試みる」。

　訳　Flowerick社は, 現在アジアや中東に新たな市場を求めている。

0997 📍「顧客から受け取るもの」を考える 　　　　　　　　正解 **(B)**

選択肢には名詞の複数形が並んでいる。空所に(B) testimonials「顧客の声」を入れると, testimonials from satisfied clients「満足した顧客からの声」という表現になり, 問題文の文意が通る。「顧客の声, 推薦の言葉」という意味でのtestimonialsは通例複数形で使うということを覚えておくこと。(A)「苦難」, (C)「逸脱」, (D)「舗装道路, 舗道」。a huge number of ～「膨大な数の～」の後ろには可算名詞の複数形が続くが, a huge amount of ～「膨大な量の～」の後ろには不可算名詞が続くということを押さえておこう。

　語句　☐ roofing 屋根ふき, 屋根ふき材
　訳　Regenta Roofing社のウェブサイト上には, 満足した顧客からの多くの声が掲載されている。

0998 📍 難単語 officiate 　　　　　　　　　　　　　　　正解 **(D)**

選択肢には過去分詞が並んでいる。officiate「～を取り仕切る」の過去分詞(D) officiatedを空所に入れると, *be* officiated by ～「～によって取り仕切られる」という表現になり, 問題文の文意が通る。(A) implore「～を懇願する」, (B) disband「(組織など)を解散する」, (C) preoccupy「～を悩ませる」。

　訳　Haliburton橋のグランドオープンは, 地元の政治家であるKenzo Nagamotoによって取り仕切られた。

0999 📍 moneyとのコロケーション 　　　　　　　　　　正解 **(A)**

空所には, 後ろに続くmoney「お金」を目的語とするのにふさわしい現在分詞が入る。raise「～を集める」の現在分詞(A) raisingを空所に入れると, raise money「資金を集める」という表現になり, 問題文の文意が通る。(B) attend「～に参加する」, (C) conduct「～を行う」, (D) adopt「～を採用する」。

　語句　☐ environmental association 環境協会　　☐ lizard トカゲ　　☐ native to ～ ～特有の
　訳　Carter環境協会は, その地域に生息する珍種のトカゲを保護するための資金を集めている。

1000 📍 fullyとのコロケーション 　　　　　　　　　　　正解 **(D)**

選択肢には形容詞や過去分詞が並んでいる。stock「～を蓄える」の過去分詞(D) stockedを空所に入れると, *be* kept fully stocked「十分に蓄えられている」という表現になり, 問題文の文意が通る。(A)「家具付きの」, (B) reply「返事をする」, (C) adhere「付着する」。問題文中にあるin case (that)「～の場合に備えて」は, 後ろに名詞(句)が続くin case of ～「～に備えて」とセットで押さえておくこと。

　語句　☐ unannounced 予告なしの, 抜き打ちの
　訳　会議室の冷蔵庫は, 大切な顧客が突然来た場合に備えて十分に蓄えられている。

解答用紙 ① [0001〜0200]

UNIT 1

No.	ANSWER A B C D ?	No.	ANSWER A B C D ?	No.	ANSWER A B C D ?	No.	ANSWER A B C D ?	No.	ANSWER A B C D ?	No.	ANSWER A B C D ?	No.	ANSWER A B C D ?	No.	ANSWER A B C D ?	No.	ANSWER A B C D ?	No.	ANSWER A B C D ?
0001	Ⓐ Ⓑ Ⓒ Ⓓ ☐	0011	Ⓐ Ⓑ Ⓒ Ⓓ ☐	0021	Ⓐ Ⓑ Ⓒ Ⓓ ☐	0031	Ⓐ Ⓑ Ⓒ Ⓓ ☐	0041	Ⓐ Ⓑ Ⓒ Ⓓ ☐	0051	Ⓐ Ⓑ Ⓒ Ⓓ ☐	0061	Ⓐ Ⓑ Ⓒ Ⓓ ☐	0071	Ⓐ Ⓑ Ⓒ Ⓓ ☐	0081	Ⓐ Ⓑ Ⓒ Ⓓ ☐	0091	Ⓐ Ⓑ Ⓒ Ⓓ ☐
0002	Ⓐ Ⓑ Ⓒ Ⓓ ☐	0012	Ⓐ Ⓑ Ⓒ Ⓓ ☐	0022	Ⓐ Ⓑ Ⓒ Ⓓ ☐	0032	Ⓐ Ⓑ Ⓒ Ⓓ ☐	0042	Ⓐ Ⓑ Ⓒ Ⓓ ☐	0052	Ⓐ Ⓑ Ⓒ Ⓓ ☐	0062	Ⓐ Ⓑ Ⓒ Ⓓ ☐	0072	Ⓐ Ⓑ Ⓒ Ⓓ ☐	0082	Ⓐ Ⓑ Ⓒ Ⓓ ☐	0092	Ⓐ Ⓑ Ⓒ Ⓓ ☐
0003	Ⓐ Ⓑ Ⓒ Ⓓ ☐	0013	Ⓐ Ⓑ Ⓒ Ⓓ ☐	0023	Ⓐ Ⓑ Ⓒ Ⓓ ☐	0033	Ⓐ Ⓑ Ⓒ Ⓓ ☐	0043	Ⓐ Ⓑ Ⓒ Ⓓ ☐	0053	Ⓐ Ⓑ Ⓒ Ⓓ ☐	0063	Ⓐ Ⓑ Ⓒ Ⓓ ☐	0073	Ⓐ Ⓑ Ⓒ Ⓓ ☐	0083	Ⓐ Ⓑ Ⓒ Ⓓ ☐	0093	Ⓐ Ⓑ Ⓒ Ⓓ ☐
0004	Ⓐ Ⓑ Ⓒ Ⓓ ☐	0014	Ⓐ Ⓑ Ⓒ Ⓓ ☐	0024	Ⓐ Ⓑ Ⓒ Ⓓ ☐	0034	Ⓐ Ⓑ Ⓒ Ⓓ ☐	0044	Ⓐ Ⓑ Ⓒ Ⓓ ☐	0054	Ⓐ Ⓑ Ⓒ Ⓓ ☐	0064	Ⓐ Ⓑ Ⓒ Ⓓ ☐	0074	Ⓐ Ⓑ Ⓒ Ⓓ ☐	0084	Ⓐ Ⓑ Ⓒ Ⓓ ☐	0094	Ⓐ Ⓑ Ⓒ Ⓓ ☐
0005	Ⓐ Ⓑ Ⓒ Ⓓ ☐	0015	Ⓐ Ⓑ Ⓒ Ⓓ ☐	0025	Ⓐ Ⓑ Ⓒ Ⓓ ☐	0035	Ⓐ Ⓑ Ⓒ Ⓓ ☐	0045	Ⓐ Ⓑ Ⓒ Ⓓ ☐	0055	Ⓐ Ⓑ Ⓒ Ⓓ ☐	0065	Ⓐ Ⓑ Ⓒ Ⓓ ☐	0075	Ⓐ Ⓑ Ⓒ Ⓓ ☐	0085	Ⓐ Ⓑ Ⓒ Ⓓ ☐	0095	Ⓐ Ⓑ Ⓒ Ⓓ ☐
0006	Ⓐ Ⓑ Ⓒ Ⓓ ☐	0016	Ⓐ Ⓑ Ⓒ Ⓓ ☐	0026	Ⓐ Ⓑ Ⓒ Ⓓ ☐	0036	Ⓐ Ⓑ Ⓒ Ⓓ ☐	0046	Ⓐ Ⓑ Ⓒ Ⓓ ☐	0056	Ⓐ Ⓑ Ⓒ Ⓓ ☐	0066	Ⓐ Ⓑ Ⓒ Ⓓ ☐	0076	Ⓐ Ⓑ Ⓒ Ⓓ ☐	0086	Ⓐ Ⓑ Ⓒ Ⓓ ☐	0096	Ⓐ Ⓑ Ⓒ Ⓓ ☐
0007	Ⓐ Ⓑ Ⓒ Ⓓ ☐	0017	Ⓐ Ⓑ Ⓒ Ⓓ ☐	0027	Ⓐ Ⓑ Ⓒ Ⓓ ☐	0037	Ⓐ Ⓑ Ⓒ Ⓓ ☐	0047	Ⓐ Ⓑ Ⓒ Ⓓ ☐	0057	Ⓐ Ⓑ Ⓒ Ⓓ ☐	0067	Ⓐ Ⓑ Ⓒ Ⓓ ☐	0077	Ⓐ Ⓑ Ⓒ Ⓓ ☐	0087	Ⓐ Ⓑ Ⓒ Ⓓ ☐	0097	Ⓐ Ⓑ Ⓒ Ⓓ ☐
0008	Ⓐ Ⓑ Ⓒ Ⓓ ☐	0018	Ⓐ Ⓑ Ⓒ Ⓓ ☐	0028	Ⓐ Ⓑ Ⓒ Ⓓ ☐	0038	Ⓐ Ⓑ Ⓒ Ⓓ ☐	0048	Ⓐ Ⓑ Ⓒ Ⓓ ☐	0058	Ⓐ Ⓑ Ⓒ Ⓓ ☐	0068	Ⓐ Ⓑ Ⓒ Ⓓ ☐	0078	Ⓐ Ⓑ Ⓒ Ⓓ ☐	0088	Ⓐ Ⓑ Ⓒ Ⓓ ☐	0098	Ⓐ Ⓑ Ⓒ Ⓓ ☐
0009	Ⓐ Ⓑ Ⓒ Ⓓ ☐	0019	Ⓐ Ⓑ Ⓒ Ⓓ ☐	0029	Ⓐ Ⓑ Ⓒ Ⓓ ☐	0039	Ⓐ Ⓑ Ⓒ Ⓓ ☐	0049	Ⓐ Ⓑ Ⓒ Ⓓ ☐	0059	Ⓐ Ⓑ Ⓒ Ⓓ ☐	0069	Ⓐ Ⓑ Ⓒ Ⓓ ☐	0079	Ⓐ Ⓑ Ⓒ Ⓓ ☐	0089	Ⓐ Ⓑ Ⓒ Ⓓ ☐	0099	Ⓐ Ⓑ Ⓒ Ⓓ ☐
0010	Ⓐ Ⓑ Ⓒ Ⓓ ☐	0020	Ⓐ Ⓑ Ⓒ Ⓓ ☐	0030	Ⓐ Ⓑ Ⓒ Ⓓ ☐	0040	Ⓐ Ⓑ Ⓒ Ⓓ ☐	0050	Ⓐ Ⓑ Ⓒ Ⓓ ☐	0060	Ⓐ Ⓑ Ⓒ Ⓓ ☐	0070	Ⓐ Ⓑ Ⓒ Ⓓ ☐	0080	Ⓐ Ⓑ Ⓒ Ⓓ ☐	0090	Ⓐ Ⓑ Ⓒ Ⓓ ☐	0100	Ⓐ Ⓑ Ⓒ Ⓓ ☐

UNIT 2

No.	ANSWER A B C D ?	No.	ANSWER A B C D ?	No.	ANSWER A B C D ?	No.	ANSWER A B C D ?	No.	ANSWER A B C D ?	No.	ANSWER A B C D ?	No.	ANSWER A B C D ?	No.	ANSWER A B C D ?	No.	ANSWER A B C D ?	No.	ANSWER A B C D ?
0101	Ⓐ Ⓑ Ⓒ Ⓓ ☐	0111	Ⓐ Ⓑ Ⓒ Ⓓ ☐	0121	Ⓐ Ⓑ Ⓒ Ⓓ ☐	0131	Ⓐ Ⓑ Ⓒ Ⓓ ☐	0141	Ⓐ Ⓑ Ⓒ Ⓓ ☐	0151	Ⓐ Ⓑ Ⓒ Ⓓ ☐	0161	Ⓐ Ⓑ Ⓒ Ⓓ ☐	0171	Ⓐ Ⓑ Ⓒ Ⓓ ☐	0181	Ⓐ Ⓑ Ⓒ Ⓓ ☐	0191	Ⓐ Ⓑ Ⓒ Ⓓ ☐
0102	Ⓐ Ⓑ Ⓒ Ⓓ ☐	0112	Ⓐ Ⓑ Ⓒ Ⓓ ☐	0122	Ⓐ Ⓑ Ⓒ Ⓓ ☐	0132	Ⓐ Ⓑ Ⓒ Ⓓ ☐	0142	Ⓐ Ⓑ Ⓒ Ⓓ ☐	0152	Ⓐ Ⓑ Ⓒ Ⓓ ☐	0162	Ⓐ Ⓑ Ⓒ Ⓓ ☐	0172	Ⓐ Ⓑ Ⓒ Ⓓ ☐	0182	Ⓐ Ⓑ Ⓒ Ⓓ ☐	0192	Ⓐ Ⓑ Ⓒ Ⓓ ☐
0103	Ⓐ Ⓑ Ⓒ Ⓓ ☐	0113	Ⓐ Ⓑ Ⓒ Ⓓ ☐	0123	Ⓐ Ⓑ Ⓒ Ⓓ ☐	0133	Ⓐ Ⓑ Ⓒ Ⓓ ☐	0143	Ⓐ Ⓑ Ⓒ Ⓓ ☐	0153	Ⓐ Ⓑ Ⓒ Ⓓ ☐	0163	Ⓐ Ⓑ Ⓒ Ⓓ ☐	0173	Ⓐ Ⓑ Ⓒ Ⓓ ☐	0183	Ⓐ Ⓑ Ⓒ Ⓓ ☐	0193	Ⓐ Ⓑ Ⓒ Ⓓ ☐
0104	Ⓐ Ⓑ Ⓒ Ⓓ ☐	0114	Ⓐ Ⓑ Ⓒ Ⓓ ☐	0124	Ⓐ Ⓑ Ⓒ Ⓓ ☐	0134	Ⓐ Ⓑ Ⓒ Ⓓ ☐	0144	Ⓐ Ⓑ Ⓒ Ⓓ ☐	0154	Ⓐ Ⓑ Ⓒ Ⓓ ☐	0164	Ⓐ Ⓑ Ⓒ Ⓓ ☐	0174	Ⓐ Ⓑ Ⓒ Ⓓ ☐	0184	Ⓐ Ⓑ Ⓒ Ⓓ ☐	0194	Ⓐ Ⓑ Ⓒ Ⓓ ☐
0105	Ⓐ Ⓑ Ⓒ Ⓓ ☐	0115	Ⓐ Ⓑ Ⓒ Ⓓ ☐	0125	Ⓐ Ⓑ Ⓒ Ⓓ ☐	0135	Ⓐ Ⓑ Ⓒ Ⓓ ☐	0145	Ⓐ Ⓑ Ⓒ Ⓓ ☐	0155	Ⓐ Ⓑ Ⓒ Ⓓ ☐	0165	Ⓐ Ⓑ Ⓒ Ⓓ ☐	0175	Ⓐ Ⓑ Ⓒ Ⓓ ☐	0185	Ⓐ Ⓑ Ⓒ Ⓓ ☐	0195	Ⓐ Ⓑ Ⓒ Ⓓ ☐
0106	Ⓐ Ⓑ Ⓒ Ⓓ ☐	0116	Ⓐ Ⓑ Ⓒ Ⓓ ☐	0126	Ⓐ Ⓑ Ⓒ Ⓓ ☐	0136	Ⓐ Ⓑ Ⓒ Ⓓ ☐	0146	Ⓐ Ⓑ Ⓒ Ⓓ ☐	0156	Ⓐ Ⓑ Ⓒ Ⓓ ☐	0166	Ⓐ Ⓑ Ⓒ Ⓓ ☐	0176	Ⓐ Ⓑ Ⓒ Ⓓ ☐	0186	Ⓐ Ⓑ Ⓒ Ⓓ ☐	0196	Ⓐ Ⓑ Ⓒ Ⓓ ☐
0107	Ⓐ Ⓑ Ⓒ Ⓓ ☐	0117	Ⓐ Ⓑ Ⓒ Ⓓ ☐	0127	Ⓐ Ⓑ Ⓒ Ⓓ ☐	0137	Ⓐ Ⓑ Ⓒ Ⓓ ☐	0147	Ⓐ Ⓑ Ⓒ Ⓓ ☐	0157	Ⓐ Ⓑ Ⓒ Ⓓ ☐	0167	Ⓐ Ⓑ Ⓒ Ⓓ ☐	0177	Ⓐ Ⓑ Ⓒ Ⓓ ☐	0187	Ⓐ Ⓑ Ⓒ Ⓓ ☐	0197	Ⓐ Ⓑ Ⓒ Ⓓ ☐
0108	Ⓐ Ⓑ Ⓒ Ⓓ ☐	0118	Ⓐ Ⓑ Ⓒ Ⓓ ☐	0128	Ⓐ Ⓑ Ⓒ Ⓓ ☐	0138	Ⓐ Ⓑ Ⓒ Ⓓ ☐	0148	Ⓐ Ⓑ Ⓒ Ⓓ ☐	0158	Ⓐ Ⓑ Ⓒ Ⓓ ☐	0168	Ⓐ Ⓑ Ⓒ Ⓓ ☐	0178	Ⓐ Ⓑ Ⓒ Ⓓ ☐	0188	Ⓐ Ⓑ Ⓒ Ⓓ ☐	0198	Ⓐ Ⓑ Ⓒ Ⓓ ☐
0109	Ⓐ Ⓑ Ⓒ Ⓓ ☐	0119	Ⓐ Ⓑ Ⓒ Ⓓ ☐	0129	Ⓐ Ⓑ Ⓒ Ⓓ ☐	0139	Ⓐ Ⓑ Ⓒ Ⓓ ☐	0149	Ⓐ Ⓑ Ⓒ Ⓓ ☐	0159	Ⓐ Ⓑ Ⓒ Ⓓ ☐	0169	Ⓐ Ⓑ Ⓒ Ⓓ ☐	0179	Ⓐ Ⓑ Ⓒ Ⓓ ☐	0189	Ⓐ Ⓑ Ⓒ Ⓓ ☐	0199	Ⓐ Ⓑ Ⓒ Ⓓ ☐
0110	Ⓐ Ⓑ Ⓒ Ⓓ ☐	0120	Ⓐ Ⓑ Ⓒ Ⓓ ☐	0130	Ⓐ Ⓑ Ⓒ Ⓓ ☐	0140	Ⓐ Ⓑ Ⓒ Ⓓ ☐	0150	Ⓐ Ⓑ Ⓒ Ⓓ ☐	0160	Ⓐ Ⓑ Ⓒ Ⓓ ☐	0170	Ⓐ Ⓑ Ⓒ Ⓓ ☐	0180	Ⓐ Ⓑ Ⓒ Ⓓ ☐	0190	Ⓐ Ⓑ Ⓒ Ⓓ ☐	0200	Ⓐ Ⓑ Ⓒ Ⓓ ☐

UNIT 3

No.	ANSWER (A B C D ?)	No.	ANSWER (A B C D ?)	No.	ANSWER (A B C D ?)	No.	ANSWER (A B C D ?)	No.	ANSWER (A B C D ?)
0201	Ⓐ Ⓑ Ⓒ Ⓓ □	0211	Ⓐ Ⓑ Ⓒ Ⓓ □	0221	Ⓐ Ⓑ Ⓒ Ⓓ □	0231	Ⓐ Ⓑ Ⓒ Ⓓ □	0241	Ⓐ Ⓑ Ⓒ Ⓓ □
0202	Ⓐ Ⓑ Ⓒ Ⓓ □	0212	Ⓐ Ⓑ Ⓒ Ⓓ □	0222	Ⓐ Ⓑ Ⓒ Ⓓ □	0232	Ⓐ Ⓑ Ⓒ Ⓓ □	0242	Ⓐ Ⓑ Ⓒ Ⓓ □
0203	Ⓐ Ⓑ Ⓒ Ⓓ □	0213	Ⓐ Ⓑ Ⓒ Ⓓ □	0223	Ⓐ Ⓑ Ⓒ Ⓓ □	0233	Ⓐ Ⓑ Ⓒ Ⓓ □	0243	Ⓐ Ⓑ Ⓒ Ⓓ □
0204	Ⓐ Ⓑ Ⓒ Ⓓ □	0214	Ⓐ Ⓑ Ⓒ Ⓓ □	0224	Ⓐ Ⓑ Ⓒ Ⓓ □	0234	Ⓐ Ⓑ Ⓒ Ⓓ □	0244	Ⓐ Ⓑ Ⓒ Ⓓ □
0205	Ⓐ Ⓑ Ⓒ Ⓓ □	0215	Ⓐ Ⓑ Ⓒ Ⓓ □	0225	Ⓐ Ⓑ Ⓒ Ⓓ □	0235	Ⓐ Ⓑ Ⓒ Ⓓ □	0245	Ⓐ Ⓑ Ⓒ Ⓓ □
0206	Ⓐ Ⓑ Ⓒ Ⓓ □	0216	Ⓐ Ⓑ Ⓒ Ⓓ □	0226	Ⓐ Ⓑ Ⓒ Ⓓ □	0236	Ⓐ Ⓑ Ⓒ Ⓓ □	0246	Ⓐ Ⓑ Ⓒ Ⓓ □
0207	Ⓐ Ⓑ Ⓒ Ⓓ □	0217	Ⓐ Ⓑ Ⓒ Ⓓ □	0227	Ⓐ Ⓑ Ⓒ Ⓓ □	0237	Ⓐ Ⓑ Ⓒ Ⓓ □	0247	Ⓐ Ⓑ Ⓒ Ⓓ □
0208	Ⓐ Ⓑ Ⓒ Ⓓ □	0218	Ⓐ Ⓑ Ⓒ Ⓓ □	0228	Ⓐ Ⓑ Ⓒ Ⓓ □	0238	Ⓐ Ⓑ Ⓒ Ⓓ □	0248	Ⓐ Ⓑ Ⓒ Ⓓ □
0209	Ⓐ Ⓑ Ⓒ Ⓓ □	0219	Ⓐ Ⓑ Ⓒ Ⓓ □	0229	Ⓐ Ⓑ Ⓒ Ⓓ □	0239	Ⓐ Ⓑ Ⓒ Ⓓ □	0249	Ⓐ Ⓑ Ⓒ Ⓓ □
0210	Ⓐ Ⓑ Ⓒ Ⓓ □	0220	Ⓐ Ⓑ Ⓒ Ⓓ □	0230	Ⓐ Ⓑ Ⓒ Ⓓ □	0240	Ⓐ Ⓑ Ⓒ Ⓓ □	0250	Ⓐ Ⓑ Ⓒ Ⓓ □

UNIT 4

No.	ANSWER (A B C D ?)	No.	ANSWER (A B C D ?)	No.	ANSWER (A B C D ?)
0251	Ⓐ Ⓑ Ⓒ Ⓓ □	0261	Ⓐ Ⓑ Ⓒ Ⓓ □	0271	Ⓐ Ⓑ Ⓒ Ⓓ □
0252	Ⓐ Ⓑ Ⓒ Ⓓ □	0262	Ⓐ Ⓑ Ⓒ Ⓓ □	0272	Ⓐ Ⓑ Ⓒ Ⓓ □
0253	Ⓐ Ⓑ Ⓒ Ⓓ □	0263	Ⓐ Ⓑ Ⓒ Ⓓ □	0273	Ⓐ Ⓑ Ⓒ Ⓓ □
0254	Ⓐ Ⓑ Ⓒ Ⓓ □	0264	Ⓐ Ⓑ Ⓒ Ⓓ □	0274	Ⓐ Ⓑ Ⓒ Ⓓ □
0255	Ⓐ Ⓑ Ⓒ Ⓓ □	0265	Ⓐ Ⓑ Ⓒ Ⓓ □	0275	Ⓐ Ⓑ Ⓒ Ⓓ □
0256	Ⓐ Ⓑ Ⓒ Ⓓ □	0266	Ⓐ Ⓑ Ⓒ Ⓓ □	0276	Ⓐ Ⓑ Ⓒ Ⓓ □
0257	Ⓐ Ⓑ Ⓒ Ⓓ □	0267	Ⓐ Ⓑ Ⓒ Ⓓ □	0277	Ⓐ Ⓑ Ⓒ Ⓓ □
0258	Ⓐ Ⓑ Ⓒ Ⓓ □	0268	Ⓐ Ⓑ Ⓒ Ⓓ □	0278	Ⓐ Ⓑ Ⓒ Ⓓ □
0259	Ⓐ Ⓑ Ⓒ Ⓓ □	0269	Ⓐ Ⓑ Ⓒ Ⓓ □	0279	Ⓐ Ⓑ Ⓒ Ⓓ □
0260	Ⓐ Ⓑ Ⓒ Ⓓ □	0270	Ⓐ Ⓑ Ⓒ Ⓓ □	0280	Ⓐ Ⓑ Ⓒ Ⓓ □

UNIT 4

No.	ANSWER (A B C D ?)	No.	ANSWER (A B C D ?)
0281	Ⓐ Ⓑ Ⓒ Ⓓ □	0291	Ⓐ Ⓑ Ⓒ Ⓓ □
0282	Ⓐ Ⓑ Ⓒ Ⓓ □	0292	Ⓐ Ⓑ Ⓒ Ⓓ □
0283	Ⓐ Ⓑ Ⓒ Ⓓ □	0293	Ⓐ Ⓑ Ⓒ Ⓓ □
0284	Ⓐ Ⓑ Ⓒ Ⓓ □	0294	Ⓐ Ⓑ Ⓒ Ⓓ □
0285	Ⓐ Ⓑ Ⓒ Ⓓ □	0295	Ⓐ Ⓑ Ⓒ Ⓓ □
0286	Ⓐ Ⓑ Ⓒ Ⓓ □	0296	Ⓐ Ⓑ Ⓒ Ⓓ □
0287	Ⓐ Ⓑ Ⓒ Ⓓ □	0297	Ⓐ Ⓑ Ⓒ Ⓓ □
0288	Ⓐ Ⓑ Ⓒ Ⓓ □	0298	Ⓐ Ⓑ Ⓒ Ⓓ □
0289	Ⓐ Ⓑ Ⓒ Ⓓ □	0299	Ⓐ Ⓑ Ⓒ Ⓓ □
0290	Ⓐ Ⓑ Ⓒ Ⓓ □	0300	Ⓐ Ⓑ Ⓒ Ⓓ □

UNIT 4

No.	ANSWER (A B C D ?)	No.	ANSWER (A B C D ?)	No.	ANSWER (A B C D ?)	No.	ANSWER (A B C D ?)
0301	Ⓐ Ⓑ Ⓒ Ⓓ □	0311	Ⓐ Ⓑ Ⓒ Ⓓ □	0321	Ⓐ Ⓑ Ⓒ Ⓓ □	0331	Ⓐ Ⓑ Ⓒ Ⓓ □
0302	Ⓐ Ⓑ Ⓒ Ⓓ □	0312	Ⓐ Ⓑ Ⓒ Ⓓ □	0322	Ⓐ Ⓑ Ⓒ Ⓓ □	0332	Ⓐ Ⓑ Ⓒ Ⓓ □
0303	Ⓐ Ⓑ Ⓒ Ⓓ □	0313	Ⓐ Ⓑ Ⓒ Ⓓ □	0323	Ⓐ Ⓑ Ⓒ Ⓓ □	0333	Ⓐ Ⓑ Ⓒ Ⓓ □
0304	Ⓐ Ⓑ Ⓒ Ⓓ □	0314	Ⓐ Ⓑ Ⓒ Ⓓ □	0324	Ⓐ Ⓑ Ⓒ Ⓓ □	0334	Ⓐ Ⓑ Ⓒ Ⓓ □
0305	Ⓐ Ⓑ Ⓒ Ⓓ □	0315	Ⓐ Ⓑ Ⓒ Ⓓ □	0325	Ⓐ Ⓑ Ⓒ Ⓓ □	0335	Ⓐ Ⓑ Ⓒ Ⓓ □
0306	Ⓐ Ⓑ Ⓒ Ⓓ □	0316	Ⓐ Ⓑ Ⓒ Ⓓ □	0326	Ⓐ Ⓑ Ⓒ Ⓓ □	0336	Ⓐ Ⓑ Ⓒ Ⓓ □
0307	Ⓐ Ⓑ Ⓒ Ⓓ □	0317	Ⓐ Ⓑ Ⓒ Ⓓ □	0327	Ⓐ Ⓑ Ⓒ Ⓓ □	0337	Ⓐ Ⓑ Ⓒ Ⓓ □
0308	Ⓐ Ⓑ Ⓒ Ⓓ □	0318	Ⓐ Ⓑ Ⓒ Ⓓ □	0328	Ⓐ Ⓑ Ⓒ Ⓓ □	0338	Ⓐ Ⓑ Ⓒ Ⓓ □
0309	Ⓐ Ⓑ Ⓒ Ⓓ □	0319	Ⓐ Ⓑ Ⓒ Ⓓ □	0329	Ⓐ Ⓑ Ⓒ Ⓓ □	0339	Ⓐ Ⓑ Ⓒ Ⓓ □
0310	Ⓐ Ⓑ Ⓒ Ⓓ □	0320	Ⓐ Ⓑ Ⓒ Ⓓ □	0330	Ⓐ Ⓑ Ⓒ Ⓓ □	0340	Ⓐ Ⓑ Ⓒ Ⓓ □

No.	ANSWER (A B C D ?)	No.	ANSWER (A B C D ?)
0341	Ⓐ Ⓑ Ⓒ Ⓓ □	0351	Ⓐ Ⓑ Ⓒ Ⓓ □
0342	Ⓐ Ⓑ Ⓒ Ⓓ □	0352	Ⓐ Ⓑ Ⓒ Ⓓ □
0343	Ⓐ Ⓑ Ⓒ Ⓓ □	0353	Ⓐ Ⓑ Ⓒ Ⓓ □
0344	Ⓐ Ⓑ Ⓒ Ⓓ □	0354	Ⓐ Ⓑ Ⓒ Ⓓ □
0345	Ⓐ Ⓑ Ⓒ Ⓓ □	0355	Ⓐ Ⓑ Ⓒ Ⓓ □
0346	Ⓐ Ⓑ Ⓒ Ⓓ □	0356	Ⓐ Ⓑ Ⓒ Ⓓ □
0347	Ⓐ Ⓑ Ⓒ Ⓓ □	0357	Ⓐ Ⓑ Ⓒ Ⓓ □
0348	Ⓐ Ⓑ Ⓒ Ⓓ □	0358	Ⓐ Ⓑ Ⓒ Ⓓ □
0349	Ⓐ Ⓑ Ⓒ Ⓓ □	0359	Ⓐ Ⓑ Ⓒ Ⓓ □
0350	Ⓐ Ⓑ Ⓒ Ⓓ □	0360	Ⓐ Ⓑ Ⓒ Ⓓ □

UNIT 5

No.	ANSWER (A B C D ?)	No.	ANSWER (A B C D ?)	No.	ANSWER (A B C D ?)	No.	ANSWER (A B C D ?)
0361	Ⓐ Ⓑ Ⓒ Ⓓ □	0371	Ⓐ Ⓑ Ⓒ Ⓓ □	0381	Ⓐ Ⓑ Ⓒ Ⓓ □	0391	Ⓐ Ⓑ Ⓒ Ⓓ □
0362	Ⓐ Ⓑ Ⓒ Ⓓ □	0372	Ⓐ Ⓑ Ⓒ Ⓓ □	0382	Ⓐ Ⓑ Ⓒ Ⓓ □	0392	Ⓐ Ⓑ Ⓒ Ⓓ □
0363	Ⓐ Ⓑ Ⓒ Ⓓ □	0373	Ⓐ Ⓑ Ⓒ Ⓓ □	0383	Ⓐ Ⓑ Ⓒ Ⓓ □	0393	Ⓐ Ⓑ Ⓒ Ⓓ □
0364	Ⓐ Ⓑ Ⓒ Ⓓ □	0374	Ⓐ Ⓑ Ⓒ Ⓓ □	0384	Ⓐ Ⓑ Ⓒ Ⓓ □	0394	Ⓐ Ⓑ Ⓒ Ⓓ □
0365	Ⓐ Ⓑ Ⓒ Ⓓ □	0375	Ⓐ Ⓑ Ⓒ Ⓓ □	0385	Ⓐ Ⓑ Ⓒ Ⓓ □	0395	Ⓐ Ⓑ Ⓒ Ⓓ □
0366	Ⓐ Ⓑ Ⓒ Ⓓ □	0376	Ⓐ Ⓑ Ⓒ Ⓓ □	0386	Ⓐ Ⓑ Ⓒ Ⓓ □	0396	Ⓐ Ⓑ Ⓒ Ⓓ □
0367	Ⓐ Ⓑ Ⓒ Ⓓ □	0377	Ⓐ Ⓑ Ⓒ Ⓓ □	0387	Ⓐ Ⓑ Ⓒ Ⓓ □	0397	Ⓐ Ⓑ Ⓒ Ⓓ □
0368	Ⓐ Ⓑ Ⓒ Ⓓ □	0378	Ⓐ Ⓑ Ⓒ Ⓓ □	0388	Ⓐ Ⓑ Ⓒ Ⓓ □	0398	Ⓐ Ⓑ Ⓒ Ⓓ □
0369	Ⓐ Ⓑ Ⓒ Ⓓ □	0379	Ⓐ Ⓑ Ⓒ Ⓓ □	0389	Ⓐ Ⓑ Ⓒ Ⓓ □	0399	Ⓐ Ⓑ Ⓒ Ⓓ □
0370	Ⓐ Ⓑ Ⓒ Ⓓ □	0380	Ⓐ Ⓑ Ⓒ Ⓓ □	0390	Ⓐ Ⓑ Ⓒ Ⓓ □	0400	Ⓐ Ⓑ Ⓒ Ⓓ □

解答用紙 ③ [0401〜0600]

UNIT 6

No.	A	B	C	D	?
0401	Ⓐ	Ⓑ	Ⓒ	Ⓓ	☐
0402	Ⓐ	Ⓑ	Ⓒ	Ⓓ	☐
0403	Ⓐ	Ⓑ	Ⓒ	Ⓓ	☐
0404	Ⓐ	Ⓑ	Ⓒ	Ⓓ	☐
0405	Ⓐ	Ⓑ	Ⓒ	Ⓓ	☐
0406	Ⓐ	Ⓑ	Ⓒ	Ⓓ	☐
0407	Ⓐ	Ⓑ	Ⓒ	Ⓓ	☐
0408	Ⓐ	Ⓑ	Ⓒ	Ⓓ	☐
0409	Ⓐ	Ⓑ	Ⓒ	Ⓓ	☐
0410	Ⓐ	Ⓑ	Ⓒ	Ⓓ	☐
0411	Ⓐ	Ⓑ	Ⓒ	Ⓓ	☐
0412	Ⓐ	Ⓑ	Ⓒ	Ⓓ	☐
0413	Ⓐ	Ⓑ	Ⓒ	Ⓓ	☐
0414	Ⓐ	Ⓑ	Ⓒ	Ⓓ	☐
0415	Ⓐ	Ⓑ	Ⓒ	Ⓓ	☐
0416	Ⓐ	Ⓑ	Ⓒ	Ⓓ	☐
0417	Ⓐ	Ⓑ	Ⓒ	Ⓓ	☐
0418	Ⓐ	Ⓑ	Ⓒ	Ⓓ	☐
0419	Ⓐ	Ⓑ	Ⓒ	Ⓓ	☐
0420	Ⓐ	Ⓑ	Ⓒ	Ⓓ	☐
0421	Ⓐ	Ⓑ	Ⓒ	Ⓓ	☐
0422	Ⓐ	Ⓑ	Ⓒ	Ⓓ	☐
0423	Ⓐ	Ⓑ	Ⓒ	Ⓓ	☐
0424	Ⓐ	Ⓑ	Ⓒ	Ⓓ	☐
0425	Ⓐ	Ⓑ	Ⓒ	Ⓓ	☐
0426	Ⓐ	Ⓑ	Ⓒ	Ⓓ	☐
0427	Ⓐ	Ⓑ	Ⓒ	Ⓓ	☐
0428	Ⓐ	Ⓑ	Ⓒ	Ⓓ	☐
0429	Ⓐ	Ⓑ	Ⓒ	Ⓓ	☐
0430	Ⓐ	Ⓑ	Ⓒ	Ⓓ	☐
0431	Ⓐ	Ⓑ	Ⓒ	Ⓓ	☐
0432	Ⓐ	Ⓑ	Ⓒ	Ⓓ	☐
0433	Ⓐ	Ⓑ	Ⓒ	Ⓓ	☐
0434	Ⓐ	Ⓑ	Ⓒ	Ⓓ	☐
0435	Ⓐ	Ⓑ	Ⓒ	Ⓓ	☐
0436	Ⓐ	Ⓑ	Ⓒ	Ⓓ	☐
0437	Ⓐ	Ⓑ	Ⓒ	Ⓓ	☐
0438	Ⓐ	Ⓑ	Ⓒ	Ⓓ	☐
0439	Ⓐ	Ⓑ	Ⓒ	Ⓓ	☐
0440	Ⓐ	Ⓑ	Ⓒ	Ⓓ	☐
0441	Ⓐ	Ⓑ	Ⓒ	Ⓓ	☐
0442	Ⓐ	Ⓑ	Ⓒ	Ⓓ	☐
0443	Ⓐ	Ⓑ	Ⓒ	Ⓓ	☐
0444	Ⓐ	Ⓑ	Ⓒ	Ⓓ	☐
0445	Ⓐ	Ⓑ	Ⓒ	Ⓓ	☐
0446	Ⓐ	Ⓑ	Ⓒ	Ⓓ	☐
0447	Ⓐ	Ⓑ	Ⓒ	Ⓓ	☐
0448	Ⓐ	Ⓑ	Ⓒ	Ⓓ	☐
0449	Ⓐ	Ⓑ	Ⓒ	Ⓓ	☐
0450	Ⓐ	Ⓑ	Ⓒ	Ⓓ	☐

UNIT 7

No.	A	B	C	D	?
0451	Ⓐ	Ⓑ	Ⓒ	Ⓓ	☐
0452	Ⓐ	Ⓑ	Ⓒ	Ⓓ	☐
0453	Ⓐ	Ⓑ	Ⓒ	Ⓓ	☐
0454	Ⓐ	Ⓑ	Ⓒ	Ⓓ	☐
0455	Ⓐ	Ⓑ	Ⓒ	Ⓓ	☐
0456	Ⓐ	Ⓑ	Ⓒ	Ⓓ	☐
0457	Ⓐ	Ⓑ	Ⓒ	Ⓓ	☐
0458	Ⓐ	Ⓑ	Ⓒ	Ⓓ	☐
0459	Ⓐ	Ⓑ	Ⓒ	Ⓓ	☐
0460	Ⓐ	Ⓑ	Ⓒ	Ⓓ	☐
0461	Ⓐ	Ⓑ	Ⓒ	Ⓓ	☐
0462	Ⓐ	Ⓑ	Ⓒ	Ⓓ	☐
0463	Ⓐ	Ⓑ	Ⓒ	Ⓓ	☐
0464	Ⓐ	Ⓑ	Ⓒ	Ⓓ	☐
0465	Ⓐ	Ⓑ	Ⓒ	Ⓓ	☐
0466	Ⓐ	Ⓑ	Ⓒ	Ⓓ	☐
0467	Ⓐ	Ⓑ	Ⓒ	Ⓓ	☐
0468	Ⓐ	Ⓑ	Ⓒ	Ⓓ	☐
0469	Ⓐ	Ⓑ	Ⓒ	Ⓓ	☐
0470	Ⓐ	Ⓑ	Ⓒ	Ⓓ	☐
0471	Ⓐ	Ⓑ	Ⓒ	Ⓓ	☐
0472	Ⓐ	Ⓑ	Ⓒ	Ⓓ	☐
0473	Ⓐ	Ⓑ	Ⓒ	Ⓓ	☐
0474	Ⓐ	Ⓑ	Ⓒ	Ⓓ	☐
0475	Ⓐ	Ⓑ	Ⓒ	Ⓓ	☐
0476	Ⓐ	Ⓑ	Ⓒ	Ⓓ	☐
0477	Ⓐ	Ⓑ	Ⓒ	Ⓓ	☐
0478	Ⓐ	Ⓑ	Ⓒ	Ⓓ	☐
0479	Ⓐ	Ⓑ	Ⓒ	Ⓓ	☐
0480	Ⓐ	Ⓑ	Ⓒ	Ⓓ	☐
0481	Ⓐ	Ⓑ	Ⓒ	Ⓓ	☐
0482	Ⓐ	Ⓑ	Ⓒ	Ⓓ	☐
0483	Ⓐ	Ⓑ	Ⓒ	Ⓓ	☐
0484	Ⓐ	Ⓑ	Ⓒ	Ⓓ	☐
0485	Ⓐ	Ⓑ	Ⓒ	Ⓓ	☐
0486	Ⓐ	Ⓑ	Ⓒ	Ⓓ	☐
0487	Ⓐ	Ⓑ	Ⓒ	Ⓓ	☐
0488	Ⓐ	Ⓑ	Ⓒ	Ⓓ	☐
0489	Ⓐ	Ⓑ	Ⓒ	Ⓓ	☐
0490	Ⓐ	Ⓑ	Ⓒ	Ⓓ	☐
0491	Ⓐ	Ⓑ	Ⓒ	Ⓓ	☐
0492	Ⓐ	Ⓑ	Ⓒ	Ⓓ	☐
0493	Ⓐ	Ⓑ	Ⓒ	Ⓓ	☐
0494	Ⓐ	Ⓑ	Ⓒ	Ⓓ	☐
0495	Ⓐ	Ⓑ	Ⓒ	Ⓓ	☐
0496	Ⓐ	Ⓑ	Ⓒ	Ⓓ	☐
0497	Ⓐ	Ⓑ	Ⓒ	Ⓓ	☐
0498	Ⓐ	Ⓑ	Ⓒ	Ⓓ	☐
0499	Ⓐ	Ⓑ	Ⓒ	Ⓓ	☐
0500	Ⓐ	Ⓑ	Ⓒ	Ⓓ	☐

UNIT 8

No.	A	B	C	D	?
0501	Ⓐ	Ⓑ	Ⓒ	Ⓓ	☐
0502	Ⓐ	Ⓑ	Ⓒ	Ⓓ	☐
0503	Ⓐ	Ⓑ	Ⓒ	Ⓓ	☐
0504	Ⓐ	Ⓑ	Ⓒ	Ⓓ	☐
0505	Ⓐ	Ⓑ	Ⓒ	Ⓓ	☐
0506	Ⓐ	Ⓑ	Ⓒ	Ⓓ	☐
0507	Ⓐ	Ⓑ	Ⓒ	Ⓓ	☐
0508	Ⓐ	Ⓑ	Ⓒ	Ⓓ	☐
0509	Ⓐ	Ⓑ	Ⓒ	Ⓓ	☐
0510	Ⓐ	Ⓑ	Ⓒ	Ⓓ	☐
0511	Ⓐ	Ⓑ	Ⓒ	Ⓓ	☐
0512	Ⓐ	Ⓑ	Ⓒ	Ⓓ	☐
0513	Ⓐ	Ⓑ	Ⓒ	Ⓓ	☐
0514	Ⓐ	Ⓑ	Ⓒ	Ⓓ	☐
0515	Ⓐ	Ⓑ	Ⓒ	Ⓓ	☐
0516	Ⓐ	Ⓑ	Ⓒ	Ⓓ	☐
0517	Ⓐ	Ⓑ	Ⓒ	Ⓓ	☐
0518	Ⓐ	Ⓑ	Ⓒ	Ⓓ	☐
0519	Ⓐ	Ⓑ	Ⓒ	Ⓓ	☐
0520	Ⓐ	Ⓑ	Ⓒ	Ⓓ	☐
0521	Ⓐ	Ⓑ	Ⓒ	Ⓓ	☐
0522	Ⓐ	Ⓑ	Ⓒ	Ⓓ	☐
0523	Ⓐ	Ⓑ	Ⓒ	Ⓓ	☐
0524	Ⓐ	Ⓑ	Ⓒ	Ⓓ	☐
0525	Ⓐ	Ⓑ	Ⓒ	Ⓓ	☐
0526	Ⓐ	Ⓑ	Ⓒ	Ⓓ	☐
0527	Ⓐ	Ⓑ	Ⓒ	Ⓓ	☐
0528	Ⓐ	Ⓑ	Ⓒ	Ⓓ	☐
0529	Ⓐ	Ⓑ	Ⓒ	Ⓓ	☐
0530	Ⓐ	Ⓑ	Ⓒ	Ⓓ	☐
0531	Ⓐ	Ⓑ	Ⓒ	Ⓓ	☐
0532	Ⓐ	Ⓑ	Ⓒ	Ⓓ	☐
0533	Ⓐ	Ⓑ	Ⓒ	Ⓓ	☐
0534	Ⓐ	Ⓑ	Ⓒ	Ⓓ	☐
0535	Ⓐ	Ⓑ	Ⓒ	Ⓓ	☐
0536	Ⓐ	Ⓑ	Ⓒ	Ⓓ	☐
0537	Ⓐ	Ⓑ	Ⓒ	Ⓓ	☐
0538	Ⓐ	Ⓑ	Ⓒ	Ⓓ	☐
0539	Ⓐ	Ⓑ	Ⓒ	Ⓓ	☐
0540	Ⓐ	Ⓑ	Ⓒ	Ⓓ	☐
0541	Ⓐ	Ⓑ	Ⓒ	Ⓓ	☐
0542	Ⓐ	Ⓑ	Ⓒ	Ⓓ	☐
0543	Ⓐ	Ⓑ	Ⓒ	Ⓓ	☐
0544	Ⓐ	Ⓑ	Ⓒ	Ⓓ	☐
0545	Ⓐ	Ⓑ	Ⓒ	Ⓓ	☐
0546	Ⓐ	Ⓑ	Ⓒ	Ⓓ	☐
0547	Ⓐ	Ⓑ	Ⓒ	Ⓓ	☐
0548	Ⓐ	Ⓑ	Ⓒ	Ⓓ	☐
0549	Ⓐ	Ⓑ	Ⓒ	Ⓓ	☐
0550	Ⓐ	Ⓑ	Ⓒ	Ⓓ	☐
0551	Ⓐ	Ⓑ	Ⓒ	Ⓓ	☐
0552	Ⓐ	Ⓑ	Ⓒ	Ⓓ	☐
0553	Ⓐ	Ⓑ	Ⓒ	Ⓓ	☐
0554	Ⓐ	Ⓑ	Ⓒ	Ⓓ	☐
0555	Ⓐ	Ⓑ	Ⓒ	Ⓓ	☐
0556	Ⓐ	Ⓑ	Ⓒ	Ⓓ	☐
0557	Ⓐ	Ⓑ	Ⓒ	Ⓓ	☐
0558	Ⓐ	Ⓑ	Ⓒ	Ⓓ	☐
0559	Ⓐ	Ⓑ	Ⓒ	Ⓓ	☐
0560	Ⓐ	Ⓑ	Ⓒ	Ⓓ	☐
0561	Ⓐ	Ⓑ	Ⓒ	Ⓓ	☐
0562	Ⓐ	Ⓑ	Ⓒ	Ⓓ	☐
0563	Ⓐ	Ⓑ	Ⓒ	Ⓓ	☐
0564	Ⓐ	Ⓑ	Ⓒ	Ⓓ	☐
0565	Ⓐ	Ⓑ	Ⓒ	Ⓓ	☐
0566	Ⓐ	Ⓑ	Ⓒ	Ⓓ	☐
0567	Ⓐ	Ⓑ	Ⓒ	Ⓓ	☐
0568	Ⓐ	Ⓑ	Ⓒ	Ⓓ	☐
0569	Ⓐ	Ⓑ	Ⓒ	Ⓓ	☐
0570	Ⓐ	Ⓑ	Ⓒ	Ⓓ	☐
0571	Ⓐ	Ⓑ	Ⓒ	Ⓓ	☐
0572	Ⓐ	Ⓑ	Ⓒ	Ⓓ	☐
0573	Ⓐ	Ⓑ	Ⓒ	Ⓓ	☐
0574	Ⓐ	Ⓑ	Ⓒ	Ⓓ	☐
0575	Ⓐ	Ⓑ	Ⓒ	Ⓓ	☐
0576	Ⓐ	Ⓑ	Ⓒ	Ⓓ	☐
0577	Ⓐ	Ⓑ	Ⓒ	Ⓓ	☐
0578	Ⓐ	Ⓑ	Ⓒ	Ⓓ	☐
0579	Ⓐ	Ⓑ	Ⓒ	Ⓓ	☐
0580	Ⓐ	Ⓑ	Ⓒ	Ⓓ	☐
0581	Ⓐ	Ⓑ	Ⓒ	Ⓓ	☐
0582	Ⓐ	Ⓑ	Ⓒ	Ⓓ	☐
0583	Ⓐ	Ⓑ	Ⓒ	Ⓓ	☐
0584	Ⓐ	Ⓑ	Ⓒ	Ⓓ	☐
0585	Ⓐ	Ⓑ	Ⓒ	Ⓓ	☐
0586	Ⓐ	Ⓑ	Ⓒ	Ⓓ	☐
0587	Ⓐ	Ⓑ	Ⓒ	Ⓓ	☐
0588	Ⓐ	Ⓑ	Ⓒ	Ⓓ	☐
0589	Ⓐ	Ⓑ	Ⓒ	Ⓓ	☐
0590	Ⓐ	Ⓑ	Ⓒ	Ⓓ	☐
0591	Ⓐ	Ⓑ	Ⓒ	Ⓓ	☐
0592	Ⓐ	Ⓑ	Ⓒ	Ⓓ	☐
0593	Ⓐ	Ⓑ	Ⓒ	Ⓓ	☐
0594	Ⓐ	Ⓑ	Ⓒ	Ⓓ	☐
0595	Ⓐ	Ⓑ	Ⓒ	Ⓓ	☐
0596	Ⓐ	Ⓑ	Ⓒ	Ⓓ	☐
0597	Ⓐ	Ⓑ	Ⓒ	Ⓓ	☐
0598	Ⓐ	Ⓑ	Ⓒ	Ⓓ	☐
0599	Ⓐ	Ⓑ	Ⓒ	Ⓓ	☐
0600	Ⓐ	Ⓑ	Ⓒ	Ⓓ	☐

UNIT 8

No.	A	B	C	D	?	No.	A	B	C	D	?	No.	A	B	C	D	?	No.	A	B	C	D	?	No.	A	B	C	D	?	No.	A	B	C	D	?	No.	A	B	C	D	?	No.	A	B	C	D	?
0601	Ⓐ	Ⓑ	Ⓒ	Ⓓ	☐	0611	Ⓐ	Ⓑ	Ⓒ	Ⓓ	☐	0621	Ⓐ	Ⓑ	Ⓒ	Ⓓ	☐	0631	Ⓐ	Ⓑ	Ⓒ	Ⓓ	☐	0641	Ⓐ	Ⓑ	Ⓒ	Ⓓ	☐	0651	Ⓐ	Ⓑ	Ⓒ	Ⓓ	☐	0661	Ⓐ	Ⓑ	Ⓒ	Ⓓ	☐	0671	Ⓐ	Ⓑ	Ⓒ	Ⓓ	☐
0602	Ⓐ	Ⓑ	Ⓒ	Ⓓ	☐	0612	Ⓐ	Ⓑ	Ⓒ	Ⓓ	☐	0622	Ⓐ	Ⓑ	Ⓒ	Ⓓ	☐	0632	Ⓐ	Ⓑ	Ⓒ	Ⓓ	☐	0642	Ⓐ	Ⓑ	Ⓒ	Ⓓ	☐	0652	Ⓐ	Ⓑ	Ⓒ	Ⓓ	☐	0662	Ⓐ	Ⓑ	Ⓒ	Ⓓ	☐	0672	Ⓐ	Ⓑ	Ⓒ	Ⓓ	☐
0603	Ⓐ	Ⓑ	Ⓒ	Ⓓ	☐	0613	Ⓐ	Ⓑ	Ⓒ	Ⓓ	☐	0623	Ⓐ	Ⓑ	Ⓒ	Ⓓ	☐	0633	Ⓐ	Ⓑ	Ⓒ	Ⓓ	☐	0643	Ⓐ	Ⓑ	Ⓒ	Ⓓ	☐	0653	Ⓐ	Ⓑ	Ⓒ	Ⓓ	☐	0663	Ⓐ	Ⓑ	Ⓒ	Ⓓ	☐	0673	Ⓐ	Ⓑ	Ⓒ	Ⓓ	☐
0604	Ⓐ	Ⓑ	Ⓒ	Ⓓ	☐	0614	Ⓐ	Ⓑ	Ⓒ	Ⓓ	☐	0624	Ⓐ	Ⓑ	Ⓒ	Ⓓ	☐	0634	Ⓐ	Ⓑ	Ⓒ	Ⓓ	☐	0644	Ⓐ	Ⓑ	Ⓒ	Ⓓ	☐	0654	Ⓐ	Ⓑ	Ⓒ	Ⓓ	☐	0664	Ⓐ	Ⓑ	Ⓒ	Ⓓ	☐	0674	Ⓐ	Ⓑ	Ⓒ	Ⓓ	☐
0605	Ⓐ	Ⓑ	Ⓒ	Ⓓ	☐	0615	Ⓐ	Ⓑ	Ⓒ	Ⓓ	☐	0625	Ⓐ	Ⓑ	Ⓒ	Ⓓ	☐	0635	Ⓐ	Ⓑ	Ⓒ	Ⓓ	☐	0645	Ⓐ	Ⓑ	Ⓒ	Ⓓ	☐	0655	Ⓐ	Ⓑ	Ⓒ	Ⓓ	☐	0665	Ⓐ	Ⓑ	Ⓒ	Ⓓ	☐	0675	Ⓐ	Ⓑ	Ⓒ	Ⓓ	☐
0606	Ⓐ	Ⓑ	Ⓒ	Ⓓ	☐	0616	Ⓐ	Ⓑ	Ⓒ	Ⓓ	☐	0626	Ⓐ	Ⓑ	Ⓒ	Ⓓ	☐	0636	Ⓐ	Ⓑ	Ⓒ	Ⓓ	☐	0646	Ⓐ	Ⓑ	Ⓒ	Ⓓ	☐	0656	Ⓐ	Ⓑ	Ⓒ	Ⓓ	☐	0666	Ⓐ	Ⓑ	Ⓒ	Ⓓ	☐	0676	Ⓐ	Ⓑ	Ⓒ	Ⓓ	☐
0607	Ⓐ	Ⓑ	Ⓒ	Ⓓ	☐	0617	Ⓐ	Ⓑ	Ⓒ	Ⓓ	☐	0627	Ⓐ	Ⓑ	Ⓒ	Ⓓ	☐	0637	Ⓐ	Ⓑ	Ⓒ	Ⓓ	☐	0647	Ⓐ	Ⓑ	Ⓒ	Ⓓ	☐	0657	Ⓐ	Ⓑ	Ⓒ	Ⓓ	☐	0667	Ⓐ	Ⓑ	Ⓒ	Ⓓ	☐	0677	Ⓐ	Ⓑ	Ⓒ	Ⓓ	☐
0608	Ⓐ	Ⓑ	Ⓒ	Ⓓ	☐	0618	Ⓐ	Ⓑ	Ⓒ	Ⓓ	☐	0628	Ⓐ	Ⓑ	Ⓒ	Ⓓ	☐	0638	Ⓐ	Ⓑ	Ⓒ	Ⓓ	☐	0648	Ⓐ	Ⓑ	Ⓒ	Ⓓ	☐	0658	Ⓐ	Ⓑ	Ⓒ	Ⓓ	☐	0668	Ⓐ	Ⓑ	Ⓒ	Ⓓ	☐	0678	Ⓐ	Ⓑ	Ⓒ	Ⓓ	☐
0609	Ⓐ	Ⓑ	Ⓒ	Ⓓ	☐	0619	Ⓐ	Ⓑ	Ⓒ	Ⓓ	☐	0629	Ⓐ	Ⓑ	Ⓒ	Ⓓ	☐	0639	Ⓐ	Ⓑ	Ⓒ	Ⓓ	☐	0649	Ⓐ	Ⓑ	Ⓒ	Ⓓ	☐	0659	Ⓐ	Ⓑ	Ⓒ	Ⓓ	☐	0669	Ⓐ	Ⓑ	Ⓒ	Ⓓ	☐	0679	Ⓐ	Ⓑ	Ⓒ	Ⓓ	☐
0610	Ⓐ	Ⓑ	Ⓒ	Ⓓ	☐	0620	Ⓐ	Ⓑ	Ⓒ	Ⓓ	☐	0630	Ⓐ	Ⓑ	Ⓒ	Ⓓ	☐	0640	Ⓐ	Ⓑ	Ⓒ	Ⓓ	☐	0650	Ⓐ	Ⓑ	Ⓒ	Ⓓ	☐	0660	Ⓐ	Ⓑ	Ⓒ	Ⓓ	☐	0670	Ⓐ	Ⓑ	Ⓒ	Ⓓ	☐	0680	Ⓐ	Ⓑ	Ⓒ	Ⓓ	☐

No.	A	B	C	D	?
0681	Ⓐ	Ⓑ	Ⓒ	Ⓓ	☐
0682	Ⓐ	Ⓑ	Ⓒ	Ⓓ	☐
0683	Ⓐ	Ⓑ	Ⓒ	Ⓓ	☐
0684	Ⓐ	Ⓑ	Ⓒ	Ⓓ	☐
0685	Ⓐ	Ⓑ	Ⓒ	Ⓓ	☐
0686	Ⓐ	Ⓑ	Ⓒ	Ⓓ	☐
0687	Ⓐ	Ⓑ	Ⓒ	Ⓓ	☐
0688	Ⓐ	Ⓑ	Ⓒ	Ⓓ	☐
0689	Ⓐ	Ⓑ	Ⓒ	Ⓓ	☐
0690	Ⓐ	Ⓑ	Ⓒ	Ⓓ	☐
0691	Ⓐ	Ⓑ	Ⓒ	Ⓓ	☐
0692	Ⓐ	Ⓑ	Ⓒ	Ⓓ	☐
0693	Ⓐ	Ⓑ	Ⓒ	Ⓓ	☐
0694	Ⓐ	Ⓑ	Ⓒ	Ⓓ	☐
0695	Ⓐ	Ⓑ	Ⓒ	Ⓓ	☐
0696	Ⓐ	Ⓑ	Ⓒ	Ⓓ	☐
0697	Ⓐ	Ⓑ	Ⓒ	Ⓓ	☐
0698	Ⓐ	Ⓑ	Ⓒ	Ⓓ	☐
0699	Ⓐ	Ⓑ	Ⓒ	Ⓓ	☐
0700	Ⓐ	Ⓑ	Ⓒ	Ⓓ	☐

UNIT 8

No.	A	B	C	D	?	No.	A	B	C	D	?	No.	A	B	C	D	?	No.	A	B	C	D	?	No.	A	B	C	D	?	No.	A	B	C	D	?	No.	A	B	C	D	?
0701	Ⓐ	Ⓑ	Ⓒ	Ⓓ	☐	0711	Ⓐ	Ⓑ	Ⓒ	Ⓓ	☐	0721	Ⓐ	Ⓑ	Ⓒ	Ⓓ	☐	0731	Ⓐ	Ⓑ	Ⓒ	Ⓓ	☐	0741	Ⓐ	Ⓑ	Ⓒ	Ⓓ	☐	0751	Ⓐ	Ⓑ	Ⓒ	Ⓓ	☐	0761	Ⓐ	Ⓑ	Ⓒ	Ⓓ	☐
0702	Ⓐ	Ⓑ	Ⓒ	Ⓓ	☐	0712	Ⓐ	Ⓑ	Ⓒ	Ⓓ	☐	0722	Ⓐ	Ⓑ	Ⓒ	Ⓓ	☐	0732	Ⓐ	Ⓑ	Ⓒ	Ⓓ	☐	0742	Ⓐ	Ⓑ	Ⓒ	Ⓓ	☐	0752	Ⓐ	Ⓑ	Ⓒ	Ⓓ	☐	0762	Ⓐ	Ⓑ	Ⓒ	Ⓓ	☐
0703	Ⓐ	Ⓑ	Ⓒ	Ⓓ	☐	0713	Ⓐ	Ⓑ	Ⓒ	Ⓓ	☐	0723	Ⓐ	Ⓑ	Ⓒ	Ⓓ	☐	0733	Ⓐ	Ⓑ	Ⓒ	Ⓓ	☐	0743	Ⓐ	Ⓑ	Ⓒ	Ⓓ	☐	0753	Ⓐ	Ⓑ	Ⓒ	Ⓓ	☐	0763	Ⓐ	Ⓑ	Ⓒ	Ⓓ	☐
0704	Ⓐ	Ⓑ	Ⓒ	Ⓓ	☐	0714	Ⓐ	Ⓑ	Ⓒ	Ⓓ	☐	0724	Ⓐ	Ⓑ	Ⓒ	Ⓓ	☐	0734	Ⓐ	Ⓑ	Ⓒ	Ⓓ	☐	0744	Ⓐ	Ⓑ	Ⓒ	Ⓓ	☐	0754	Ⓐ	Ⓑ	Ⓒ	Ⓓ	☐	0764	Ⓐ	Ⓑ	Ⓒ	Ⓓ	☐
0705	Ⓐ	Ⓑ	Ⓒ	Ⓓ	☐	0715	Ⓐ	Ⓑ	Ⓒ	Ⓓ	☐	0725	Ⓐ	Ⓑ	Ⓒ	Ⓓ	☐	0735	Ⓐ	Ⓑ	Ⓒ	Ⓓ	☐	0745	Ⓐ	Ⓑ	Ⓒ	Ⓓ	☐	0755	Ⓐ	Ⓑ	Ⓒ	Ⓓ	☐	0765	Ⓐ	Ⓑ	Ⓒ	Ⓓ	☐
0706	Ⓐ	Ⓑ	Ⓒ	Ⓓ	☐	0716	Ⓐ	Ⓑ	Ⓒ	Ⓓ	☐	0726	Ⓐ	Ⓑ	Ⓒ	Ⓓ	☐	0736	Ⓐ	Ⓑ	Ⓒ	Ⓓ	☐	0746	Ⓐ	Ⓑ	Ⓒ	Ⓓ	☐	0756	Ⓐ	Ⓑ	Ⓒ	Ⓓ	☐	0766	Ⓐ	Ⓑ	Ⓒ	Ⓓ	☐
0707	Ⓐ	Ⓑ	Ⓒ	Ⓓ	☐	0717	Ⓐ	Ⓑ	Ⓒ	Ⓓ	☐	0727	Ⓐ	Ⓑ	Ⓒ	Ⓓ	☐	0737	Ⓐ	Ⓑ	Ⓒ	Ⓓ	☐	0747	Ⓐ	Ⓑ	Ⓒ	Ⓓ	☐	0757	Ⓐ	Ⓑ	Ⓒ	Ⓓ	☐	0767	Ⓐ	Ⓑ	Ⓒ	Ⓓ	☐
0708	Ⓐ	Ⓑ	Ⓒ	Ⓓ	☐	0718	Ⓐ	Ⓑ	Ⓒ	Ⓓ	☐	0728	Ⓐ	Ⓑ	Ⓒ	Ⓓ	☐	0738	Ⓐ	Ⓑ	Ⓒ	Ⓓ	☐	0748	Ⓐ	Ⓑ	Ⓒ	Ⓓ	☐	0758	Ⓐ	Ⓑ	Ⓒ	Ⓓ	☐	0768	Ⓐ	Ⓑ	Ⓒ	Ⓓ	☐
0709	Ⓐ	Ⓑ	Ⓒ	Ⓓ	☐	0719	Ⓐ	Ⓑ	Ⓒ	Ⓓ	☐	0729	Ⓐ	Ⓑ	Ⓒ	Ⓓ	☐	0739	Ⓐ	Ⓑ	Ⓒ	Ⓓ	☐	0749	Ⓐ	Ⓑ	Ⓒ	Ⓓ	☐	0759	Ⓐ	Ⓑ	Ⓒ	Ⓓ	☐	0769	Ⓐ	Ⓑ	Ⓒ	Ⓓ	☐
0710	Ⓐ	Ⓑ	Ⓒ	Ⓓ	☐	0720	Ⓐ	Ⓑ	Ⓒ	Ⓓ	☐	0730	Ⓐ	Ⓑ	Ⓒ	Ⓓ	☐	0740	Ⓐ	Ⓑ	Ⓒ	Ⓓ	☐	0750	Ⓐ	Ⓑ	Ⓒ	Ⓓ	☐	0760	Ⓐ	Ⓑ	Ⓒ	Ⓓ	☐	0770	Ⓐ	Ⓑ	Ⓒ	Ⓓ	☐

No.	A	B	C	D	?	No.	A	B	C	D	?
0771	Ⓐ	Ⓑ	Ⓒ	Ⓓ	☐	0791	Ⓐ	Ⓑ	Ⓒ	Ⓓ	☐
0772	Ⓐ	Ⓑ	Ⓒ	Ⓓ	☐	0792	Ⓐ	Ⓑ	Ⓒ	Ⓓ	☐
0773	Ⓐ	Ⓑ	Ⓒ	Ⓓ	☐	0793	Ⓐ	Ⓑ	Ⓒ	Ⓓ	☐
0774	Ⓐ	Ⓑ	Ⓒ	Ⓓ	☐	0794	Ⓐ	Ⓑ	Ⓒ	Ⓓ	☐
0775	Ⓐ	Ⓑ	Ⓒ	Ⓓ	☐	0795	Ⓐ	Ⓑ	Ⓒ	Ⓓ	☐
0776	Ⓐ	Ⓑ	Ⓒ	Ⓓ	☐	0796	Ⓐ	Ⓑ	Ⓒ	Ⓓ	☐
0777	Ⓐ	Ⓑ	Ⓒ	Ⓓ	☐	0797	Ⓐ	Ⓑ	Ⓒ	Ⓓ	☐
0778	Ⓐ	Ⓑ	Ⓒ	Ⓓ	☐	0798	Ⓐ	Ⓑ	Ⓒ	Ⓓ	☐
0779	Ⓐ	Ⓑ	Ⓒ	Ⓓ	☐	0799	Ⓐ	Ⓑ	Ⓒ	Ⓓ	☐
0780	Ⓐ	Ⓑ	Ⓒ	Ⓓ	☐	0800	Ⓐ	Ⓑ	Ⓒ	Ⓓ	☐

解答用紙 ⑤ [0801〜1000]

UNIT 8

No.	ANSWER	No.	ANSWER	No.	ANSWER	No.	ANSWER	No.	ANSWER	No.	ANSWER
	A B C D ?		A B C D ?		A B C D ?		A B C D ?		A B C D ?		A B C D ?
0801	Ⓐ Ⓑ Ⓒ Ⓓ ☐	0811	Ⓐ Ⓑ Ⓒ Ⓓ ☐	0821	Ⓐ Ⓑ Ⓒ Ⓓ ☐	0831	Ⓐ Ⓑ Ⓒ Ⓓ ☐	0841	Ⓐ Ⓑ Ⓒ Ⓓ ☐	0851	Ⓐ Ⓑ Ⓒ Ⓓ ☐
0802	Ⓐ Ⓑ Ⓒ Ⓓ ☐	0812	Ⓐ Ⓑ Ⓒ Ⓓ ☐	0822	Ⓐ Ⓑ Ⓒ Ⓓ ☐	0832	Ⓐ Ⓑ Ⓒ Ⓓ ☐	0842	Ⓐ Ⓑ Ⓒ Ⓓ ☐	0852	Ⓐ Ⓑ Ⓒ Ⓓ ☐
0803	Ⓐ Ⓑ Ⓒ Ⓓ ☐	0813	Ⓐ Ⓑ Ⓒ Ⓓ ☐	0823	Ⓐ Ⓑ Ⓒ Ⓓ ☐	0833	Ⓐ Ⓑ Ⓒ Ⓓ ☐	0843	Ⓐ Ⓑ Ⓒ Ⓓ ☐	0853	Ⓐ Ⓑ Ⓒ Ⓓ ☐
0804	Ⓐ Ⓑ Ⓒ Ⓓ ☐	0814	Ⓐ Ⓑ Ⓒ Ⓓ ☐	0824	Ⓐ Ⓑ Ⓒ Ⓓ ☐	0834	Ⓐ Ⓑ Ⓒ Ⓓ ☐	0844	Ⓐ Ⓑ Ⓒ Ⓓ ☐	0854	Ⓐ Ⓑ Ⓒ Ⓓ ☐
0805	Ⓐ Ⓑ Ⓒ Ⓓ ☐	0815	Ⓐ Ⓑ Ⓒ Ⓓ ☐	0825	Ⓐ Ⓑ Ⓒ Ⓓ ☐	0835	Ⓐ Ⓑ Ⓒ Ⓓ ☐	0845	Ⓐ Ⓑ Ⓒ Ⓓ ☐	0855	Ⓐ Ⓑ Ⓒ Ⓓ ☐
0806	Ⓐ Ⓑ Ⓒ Ⓓ ☐	0816	Ⓐ Ⓑ Ⓒ Ⓓ ☐	0826	Ⓐ Ⓑ Ⓒ Ⓓ ☐	0836	Ⓐ Ⓑ Ⓒ Ⓓ ☐	0846	Ⓐ Ⓑ Ⓒ Ⓓ ☐	0856	Ⓐ Ⓑ Ⓒ Ⓓ ☐
0807	Ⓐ Ⓑ Ⓒ Ⓓ ☐	0817	Ⓐ Ⓑ Ⓒ Ⓓ ☐	0827	Ⓐ Ⓑ Ⓒ Ⓓ ☐	0837	Ⓐ Ⓑ Ⓒ Ⓓ ☐	0847	Ⓐ Ⓑ Ⓒ Ⓓ ☐	0857	Ⓐ Ⓑ Ⓒ Ⓓ ☐
0808	Ⓐ Ⓑ Ⓒ Ⓓ ☐	0818	Ⓐ Ⓑ Ⓒ Ⓓ ☐	0828	Ⓐ Ⓑ Ⓒ Ⓓ ☐	0838	Ⓐ Ⓑ Ⓒ Ⓓ ☐	0848	Ⓐ Ⓑ Ⓒ Ⓓ ☐	0858	Ⓐ Ⓑ Ⓒ Ⓓ ☐
0809	Ⓐ Ⓑ Ⓒ Ⓓ ☐	0819	Ⓐ Ⓑ Ⓒ Ⓓ ☐	0829	Ⓐ Ⓑ Ⓒ Ⓓ ☐	0839	Ⓐ Ⓑ Ⓒ Ⓓ ☐	0849	Ⓐ Ⓑ Ⓒ Ⓓ ☐	0859	Ⓐ Ⓑ Ⓒ Ⓓ ☐
0810	Ⓐ Ⓑ Ⓒ Ⓓ ☐	0820	Ⓐ Ⓑ Ⓒ Ⓓ ☐	0830	Ⓐ Ⓑ Ⓒ Ⓓ ☐	0840	Ⓐ Ⓑ Ⓒ Ⓓ ☐	0850	Ⓐ Ⓑ Ⓒ Ⓓ ☐	0860	Ⓐ Ⓑ Ⓒ Ⓓ ☐

No.	ANSWER	No.	ANSWER	No.	ANSWER	No.	ANSWER
	A B C D ?		A B C D ?		A B C D ?		A B C D ?
0861	Ⓐ Ⓑ Ⓒ Ⓓ ☐	0871	Ⓐ Ⓑ Ⓒ Ⓓ ☐	0881	Ⓐ Ⓑ Ⓒ Ⓓ ☐	0891	Ⓐ Ⓑ Ⓒ Ⓓ ☐
0862	Ⓐ Ⓑ Ⓒ Ⓓ ☐	0872	Ⓐ Ⓑ Ⓒ Ⓓ ☐	0882	Ⓐ Ⓑ Ⓒ Ⓓ ☐	0892	Ⓐ Ⓑ Ⓒ Ⓓ ☐
0863	Ⓐ Ⓑ Ⓒ Ⓓ ☐	0873	Ⓐ Ⓑ Ⓒ Ⓓ ☐	0883	Ⓐ Ⓑ Ⓒ Ⓓ ☐	0893	Ⓐ Ⓑ Ⓒ Ⓓ ☐
0864	Ⓐ Ⓑ Ⓒ Ⓓ ☐	0874	Ⓐ Ⓑ Ⓒ Ⓓ ☐	0884	Ⓐ Ⓑ Ⓒ Ⓓ ☐	0894	Ⓐ Ⓑ Ⓒ Ⓓ ☐
0865	Ⓐ Ⓑ Ⓒ Ⓓ ☐	0875	Ⓐ Ⓑ Ⓒ Ⓓ ☐	0885	Ⓐ Ⓑ Ⓒ Ⓓ ☐	0895	Ⓐ Ⓑ Ⓒ Ⓓ ☐
0866	Ⓐ Ⓑ Ⓒ Ⓓ ☐	0876	Ⓐ Ⓑ Ⓒ Ⓓ ☐	0886	Ⓐ Ⓑ Ⓒ Ⓓ ☐	0896	Ⓐ Ⓑ Ⓒ Ⓓ ☐
0867	Ⓐ Ⓑ Ⓒ Ⓓ ☐	0877	Ⓐ Ⓑ Ⓒ Ⓓ ☐	0887	Ⓐ Ⓑ Ⓒ Ⓓ ☐	0897	Ⓐ Ⓑ Ⓒ Ⓓ ☐
0868	Ⓐ Ⓑ Ⓒ Ⓓ ☐	0878	Ⓐ Ⓑ Ⓒ Ⓓ ☐	0888	Ⓐ Ⓑ Ⓒ Ⓓ ☐	0898	Ⓐ Ⓑ Ⓒ Ⓓ ☐
0869	Ⓐ Ⓑ Ⓒ Ⓓ ☐	0879	Ⓐ Ⓑ Ⓒ Ⓓ ☐	0889	Ⓐ Ⓑ Ⓒ Ⓓ ☐	0899	Ⓐ Ⓑ Ⓒ Ⓓ ☐
0870	Ⓐ Ⓑ Ⓒ Ⓓ ☐	0880	Ⓐ Ⓑ Ⓒ Ⓓ ☐	0890	Ⓐ Ⓑ Ⓒ Ⓓ ☐	0900	Ⓐ Ⓑ Ⓒ Ⓓ ☐

UNIT 8

No.	ANSWER	No.	ANSWER	No.	ANSWER	No.	ANSWER	No.	ANSWER	No.	ANSWER
	A B C D ?		A B C D ?		A B C D ?		A B C D ?		A B C D ?		A B C D ?
0901	Ⓐ Ⓑ Ⓒ Ⓓ ☐	0911	Ⓐ Ⓑ Ⓒ Ⓓ ☐	0921	Ⓐ Ⓑ Ⓒ Ⓓ ☐	0931	Ⓐ Ⓑ Ⓒ Ⓓ ☐	0941	Ⓐ Ⓑ Ⓒ Ⓓ ☐	0951	Ⓐ Ⓑ Ⓒ Ⓓ ☐
0902	Ⓐ Ⓑ Ⓒ Ⓓ ☐	0912	Ⓐ Ⓑ Ⓒ Ⓓ ☐	0922	Ⓐ Ⓑ Ⓒ Ⓓ ☐	0932	Ⓐ Ⓑ Ⓒ Ⓓ ☐	0942	Ⓐ Ⓑ Ⓒ Ⓓ ☐	0952	Ⓐ Ⓑ Ⓒ Ⓓ ☐
0903	Ⓐ Ⓑ Ⓒ Ⓓ ☐	0913	Ⓐ Ⓑ Ⓒ Ⓓ ☐	0923	Ⓐ Ⓑ Ⓒ Ⓓ ☐	0933	Ⓐ Ⓑ Ⓒ Ⓓ ☐	0943	Ⓐ Ⓑ Ⓒ Ⓓ ☐	0953	Ⓐ Ⓑ Ⓒ Ⓓ ☐
0904	Ⓐ Ⓑ Ⓒ Ⓓ ☐	0914	Ⓐ Ⓑ Ⓒ Ⓓ ☐	0924	Ⓐ Ⓑ Ⓒ Ⓓ ☐	0934	Ⓐ Ⓑ Ⓒ Ⓓ ☐	0944	Ⓐ Ⓑ Ⓒ Ⓓ ☐	0954	Ⓐ Ⓑ Ⓒ Ⓓ ☐
0905	Ⓐ Ⓑ Ⓒ Ⓓ ☐	0915	Ⓐ Ⓑ Ⓒ Ⓓ ☐	0925	Ⓐ Ⓑ Ⓒ Ⓓ ☐	0935	Ⓐ Ⓑ Ⓒ Ⓓ ☐	0945	Ⓐ Ⓑ Ⓒ Ⓓ ☐	0955	Ⓐ Ⓑ Ⓒ Ⓓ ☐
0906	Ⓐ Ⓑ Ⓒ Ⓓ ☐	0916	Ⓐ Ⓑ Ⓒ Ⓓ ☐	0926	Ⓐ Ⓑ Ⓒ Ⓓ ☐	0936	Ⓐ Ⓑ Ⓒ Ⓓ ☐	0946	Ⓐ Ⓑ Ⓒ Ⓓ ☐	0956	Ⓐ Ⓑ Ⓒ Ⓓ ☐
0907	Ⓐ Ⓑ Ⓒ Ⓓ ☐	0917	Ⓐ Ⓑ Ⓒ Ⓓ ☐	0927	Ⓐ Ⓑ Ⓒ Ⓓ ☐	0937	Ⓐ Ⓑ Ⓒ Ⓓ ☐	0947	Ⓐ Ⓑ Ⓒ Ⓓ ☐	0957	Ⓐ Ⓑ Ⓒ Ⓓ ☐
0908	Ⓐ Ⓑ Ⓒ Ⓓ ☐	0918	Ⓐ Ⓑ Ⓒ Ⓓ ☐	0928	Ⓐ Ⓑ Ⓒ Ⓓ ☐	0938	Ⓐ Ⓑ Ⓒ Ⓓ ☐	0948	Ⓐ Ⓑ Ⓒ Ⓓ ☐	0958	Ⓐ Ⓑ Ⓒ Ⓓ ☐
0909	Ⓐ Ⓑ Ⓒ Ⓓ ☐	0919	Ⓐ Ⓑ Ⓒ Ⓓ ☐	0929	Ⓐ Ⓑ Ⓒ Ⓓ ☐	0939	Ⓐ Ⓑ Ⓒ Ⓓ ☐	0949	Ⓐ Ⓑ Ⓒ Ⓓ ☐	0959	Ⓐ Ⓑ Ⓒ Ⓓ ☐
0910	Ⓐ Ⓑ Ⓒ Ⓓ ☐	0920	Ⓐ Ⓑ Ⓒ Ⓓ ☐	0930	Ⓐ Ⓑ Ⓒ Ⓓ ☐	0940	Ⓐ Ⓑ Ⓒ Ⓓ ☐	0950	Ⓐ Ⓑ Ⓒ Ⓓ ☐	0960	Ⓐ Ⓑ Ⓒ Ⓓ ☐

No.	ANSWER	No.	ANSWER	No.	ANSWER	No.	ANSWER
	A B C D ?		A B C D ?		A B C D ?		A B C D ?
0961	Ⓐ Ⓑ Ⓒ Ⓓ ☐	0971	Ⓐ Ⓑ Ⓒ Ⓓ ☐	0981	Ⓐ Ⓑ Ⓒ Ⓓ ☐	0991	Ⓐ Ⓑ Ⓒ Ⓓ ☐
0962	Ⓐ Ⓑ Ⓒ Ⓓ ☐	0972	Ⓐ Ⓑ Ⓒ Ⓓ ☐	0982	Ⓐ Ⓑ Ⓒ Ⓓ ☐	0992	Ⓐ Ⓑ Ⓒ Ⓓ ☐
0963	Ⓐ Ⓑ Ⓒ Ⓓ ☐	0973	Ⓐ Ⓑ Ⓒ Ⓓ ☐	0983	Ⓐ Ⓑ Ⓒ Ⓓ ☐	0993	Ⓐ Ⓑ Ⓒ Ⓓ ☐
0964	Ⓐ Ⓑ Ⓒ Ⓓ ☐	0974	Ⓐ Ⓑ Ⓒ Ⓓ ☐	0984	Ⓐ Ⓑ Ⓒ Ⓓ ☐	0994	Ⓐ Ⓑ Ⓒ Ⓓ ☐
0965	Ⓐ Ⓑ Ⓒ Ⓓ ☐	0975	Ⓐ Ⓑ Ⓒ Ⓓ ☐	0985	Ⓐ Ⓑ Ⓒ Ⓓ ☐	0995	Ⓐ Ⓑ Ⓒ Ⓓ ☐
0966	Ⓐ Ⓑ Ⓒ Ⓓ ☐	0976	Ⓐ Ⓑ Ⓒ Ⓓ ☐	0986	Ⓐ Ⓑ Ⓒ Ⓓ ☐	0996	Ⓐ Ⓑ Ⓒ Ⓓ ☐
0967	Ⓐ Ⓑ Ⓒ Ⓓ ☐	0977	Ⓐ Ⓑ Ⓒ Ⓓ ☐	0987	Ⓐ Ⓑ Ⓒ Ⓓ ☐	0997	Ⓐ Ⓑ Ⓒ Ⓓ ☐
0968	Ⓐ Ⓑ Ⓒ Ⓓ ☐	0978	Ⓐ Ⓑ Ⓒ Ⓓ ☐	0988	Ⓐ Ⓑ Ⓒ Ⓓ ☐	0998	Ⓐ Ⓑ Ⓒ Ⓓ ☐
0969	Ⓐ Ⓑ Ⓒ Ⓓ ☐	0979	Ⓐ Ⓑ Ⓒ Ⓓ ☐	0989	Ⓐ Ⓑ Ⓒ Ⓓ ☐	0999	Ⓐ Ⓑ Ⓒ Ⓓ ☐
0970	Ⓐ Ⓑ Ⓒ Ⓓ ☐	0980	Ⓐ Ⓑ Ⓒ Ⓓ ☐	0990	Ⓐ Ⓑ Ⓒ Ⓓ ☐	1000	Ⓐ Ⓑ Ⓒ Ⓓ ☐

TOEIC® L&R テスト990点攻略　文法・語彙問題1000

 TOEIC is a registered trademark of ETS.
This publication is not endorsed or approved by ETS.
L&R means LISTENING AND READING.

旺文社

頂点を極める千本ノック

- 本書では，本冊に掲載されている練習問題をシャッフルし再掲しています。
- 本冊で学習した後の「まとめの千本ノック」としても，本冊に取り組む前の「力試しの千本ノック」としてもお使いいただけます。
- 1問20秒以内で解きましょう。

→ 0093
本冊の問題番号を示しています。

1. Making the Brent Campgrounds free has become controversial as it has given ------- to a number of problems including overcrowding.

(A) rise
(B) occasion
(C) conclusion
(D) offer　　　　　→ 0208

2. ------- incentives to attract businesses to attend the convention will be the top priority in the next meeting.

(A) Discuss
(B) Discussing
(C) To be discussed
(D) Having discussed　　　→ 0122

3. With New York's culinary scene -------, Nana Yamane decided to establish a catering company of her own.

(A) booming
(B) boomer
(C) booms
(D) boomed　　　　　→ 0095

5. On a monthly basis, Harry Gilmore travels ------- to meet with textile manufacturers around the world.

(A) supposedly
(B) effectively
(C) receptively
(D) extensively　　　→ 0810

6. Employees who park their vehicles at headquarters must obtain a ------- issued by the administration department.

(A) permissively
(B) permitting
(C) permit
(D) permissive　　　→ 0093

7. Mr. Davis could not ------- the name of the consulting firm he had outsourced some work to previously.

(A) recall
(B) remind
(C) replace
(D) reflect　　　　→ 0612

8. Roberta Grey's latest book is a practical and comprehensive ------- for anyone interested in rare plant species.

(A) resourcefulness
(B) resour...

(C) lugging
(D) switching　　　→ 0896

10. Although Creekton has grown in size over the years, the town has not lost ------- old-fashioned look and charm.

(A) each other
(B) those
(C) its
(D) itself　　　　　→ 0360

ここで正解を確認しましょう。

1. Making the Brent Campgrounds free has become controversial as it has given ------- to a number of problems including overcrowding.

   (A) rise
   (B) occasion
   (C) conclusion
   (D) offer →0908

2. ------- incentives to attract businesses to attend the convention will be the top priority in the next meeting.

   (A) Discuss
   (B) Discussing
   (C) To be discussed
   (D) Having discussed →0122

3. With New York's culinary scene -------, Nana Yamane decided to establish a catering company of her own.

   (A) booming
   (B) boomer
   (C) booms
   (D) boomed →0095

4. The salary of the sound technician will be commensurate with the experience and qualifications of ------- we hire.

   (A) wherever
   (B) whomever
   (C) however
   (D) whichever →0402

5. On a monthly basis, Harry Gilmore travels ------- to meet with textile manufacturers around the world.

   (A) supposedly
   (B) effectively
   (C) receptively
   (D) extensively →0810

6. Employees who park their vehicles at headquarters must obtain a ------- issued by the administration department.

   (A) permissively
   (B) permitting
   (C) permit
   (D) permissive →0093

7. Mr. Davis could not ------- the name of the consulting firm he had outsourced some work to previously.

   (A) recall
   (B) remind
   (C) replace
   (D) reflect →0612

8. Roberta Grey's latest book is a practical and comprehensive ------- for anyone interested in rare plant species.

   (A) resourcefulness
   (B) resources
   (C) resource
   (D) resourceful →0075

9. One after another, the major auto manufacturers have been ------- production to electric vehicles.

   (A) finalizing
   (B) chasing
   (C) lugging
   (D) switching →0896

10. Although Creekton has grown in size over the years, the town has not lost ------- old-fashioned look and charm.

   (A) each other
   (B) those
   (C) its
   (D) itself →0360

11. Immediately after the technician had explained the cause of the -------, he started fixing the photocopier.

(A) speculation
(B) outgrowth
(C) malfunction
(D) denial →0864

12. Although Mr. Hayes liked ------- photographs, neither was of a suitable resolution for the magazine.

(A) one another
(B) both
(C) any
(D) much →0452

13. Mike Waters had a ------- career as a curator before switching to fiction writing.

(A) synthetic
(B) distinguished
(C) descriptive
(D) premium →0669

14. Saloway, which was once the top household cleaning product brand, has reported ------- sales in recent years.

(A) disappointed
(B) disappointing
(C) disappointment
(D) disappointedly →0008

15. Once the owner and Ms. Fujita agree on a price, she will be presented ------- a contract to purchase the property.

(A) to
(B) with
(C) for
(D) as →0232

16. Canola crops across the region ------- damage in the severe heatwave, according to local farmers.

(A) sustainable
(B) sustaining
(C) sustained
(D) sustainably →0090

17. The production delays are, to some -------, a result of factors outside Durantz Corporation's control.

(A) level
(B) extent
(C) amount
(D) spectrum →0869

18. Tomorrow's boat race across Tampa Bay will get under way at 7:00 A.M. ------- the water remains relatively calm.

(A) if
(B) only
(C) despite
(D) that →0316

19. After the Brightmood Golf Course was constructed in Pine Valley, the value of ------- properties rose considerably.

(A) neighborly
(B) neighbors
(C) neighbored
(D) neighboring →0005

20. The chances of any of Momone's stores running out of stock in the next week are ------- low.

(A) directly
(B) vehemently
(C) intentionally
(D) exceedingly →0623

21. The new recording equipment has many sophisticated features, ------- of which the production sound mixers must fully understand.

(A) each
(B) that
(C) no
(D) every → 0378

22. The Sunpeak Resort in Honolulu boasts that all windows of its eighty-six rooms face ------- Kaneohe Bay.

(A) toward
(B) outside
(C) before
(D) via → 0217

23. The successful ------- will be required to spend a week in Los Angeles for intensive training in team building and management skills.

(A) pedestrian
(B) inhabitant
(C) candidate
(D) spectator → 0666

24. The Shorefront Preservation Society gets most of its ------- from donations from local businesses.

(A) ambience
(B) funding
(C) release
(D) debt → 0741

25. Simon Emsley was hired to do the illustrations for the customer newsletter ------- the recommendation of the marketing director.

(A) firstly
(B) until
(C) in case
(D) on → 0336

26. Artists submitting pieces to the contest must not ------- the specifications outlined in the guidelines.

(A) deviate from
(B) take off
(C) push for
(D) turn to → 0900

27. The lab technician went on ------- the measuring instrument until the readings were accurate.

(A) calibrations
(B) calibrating
(C) calibrates
(D) to calibrate → 0194

28. Mr. Rodriguez is certain that ------- his student decides to work for will be lucky to have her as an employee.

(A) however
(B) whoever
(C) whenever
(D) wherever → 0411

29. As the Public Relations department is on an exceptionally ------- budget this year, the annual banquet has been called off.

(A) superior
(B) tight
(C) broad
(D) thick → 0843

30. The consultant ------- the content of the Web site and gave some practical advice on how to make it more attractive.

(A) outsourced
(B) detached
(C) scrutinized
(D) impersonated → 0538

31. At the press conference, the mayor said that the $26 million development project would have a significant impact ------- the community.

(A) to
(B) of
(C) at
(D) on
→ 0268

32. Many employees had insufficient time to read the ------- report before the meeting, so the speaker provided a brief summary.

(A) much
(B) most
(C) whole
(D) every
→ 0453

33. At OdaTech, the ------- of new employees' making belief statements on the first day of work has continued for many years.

(A) conventional
(B) convening
(C) convention
(D) conventions
→ 0077

34. After the Simmon Bridge construction project was over, the engineering team took a break to -------.

(A) jeopardize
(B) recuperate
(C) sprout
(D) commit
→ 0715

35. ------- almost all the students expressed interest in participating in the research study, most were too busy with other activities to commit.

(A) While
(B) Every
(C) Rather than
(D) As a result of
→ 0298

36. We have received your e-mail ------- your request for a refund for the hair dryer you purchased on our Web site.

(A) during
(B) in regard to
(C) as soon as
(D) now
→ 0273

37. ------- about the decision to terminate the lease agreement did not surprise Mr. Merino as much as had been anticipated.

(A) Having informed
(B) Informs
(C) To inform
(D) Being informed
→ 0114

38. Having worked at Vandelay Books, Mr. Sakamoto is well ------- with the publishing industry.

(A) acquainted
(B) entailed
(C) documented
(D) praised
→ 0682

39. Although the interest rate cuts last year affected share prices, the impact on financial institutions was -------.

(A) minimize
(B) minimal
(C) minimally
(D) minimum
→ 0092

40. While the exterior walls were under repair, Nohank Museum had to ------- its operations.

(A) upholster
(B) resign
(C) sprinkle
(D) suspend
→ 0919

41. Mr. Stewart believes that the budget ------- faced by municipalities across the country were the result of numerous factors.

(A) constrains
(B) constraint
(C) constraining
(D) constraints → 0078

42. The first payment for students who elected ------- in the advanced Bengali course under the payment plan was due yesterday.

(A) enrolls
(B) to enroll
(C) enrolling
(D) enroll → 0189

43. The conference center staff will do their best to accommodate your request, but this may ------- an additional charge in some cases.

(A) redeem
(B) encompass
(C) mandate
(D) incur → 0945

44. Ms. Kato decided to ------- down in Cincinnati, where she found work as an illustrator.

(A) drop
(B) settle
(C) contend
(D) lay → 0619

45. Among all the durable roofing materials, the Armourix-LD shingle is considered ------- least likely to be damaged by strong winds.

(A) what
(B) some
(C) the one
(D) one of → 0392

46. Carpenters who specialize in ------- furniture designs always have many woodworking tools at their disposal.

(A) customarily
(B) customization
(C) custom
(D) customize → 0029

47. With the weather advisory telling people to stay home, Ms. Greene decided that she ------- as well close the office earlier than usual.

(A) might
(B) could
(C) must
(D) should → 0767

48. Harry Dawe wrote a ------- article on product diversification for *BusinessNow* magazine.

(A) compulsory
(B) personable
(C) feasible
(D) fascinating → 0534

49. *Doctor Dietrich's Journey* is by far the most entertaining play that Kirsty Soriano has performed in ------- date.

(A) on
(B) at
(C) by
(D) to → 0263

50. The prescription states that the medicine needs to be taken ------- eight to ten hours, preferably with a glass of water.

(A) most
(B) every
(C) such
(D) whole → 0466

正解 **41.** (D) **42.** (B) **43.** (D) **44.** (B) **45.** (C) **46.** (C) **47.** (A) **48.** (D) **49.** (D) **50.** (B)

51. Deltascan uses proprietary software for document storage and is not ------- with any other formats.

(A) perishable
(B) eligible
(C) disputable
(D) compatible →0668

52. The Human Resources department has distributed new guidelines on how their ------- appraisal will be conducted.

(A) perform
(B) performed
(C) performing
(D) performance →0087

53. A careful ------- of the manufacturing process turned up a number of inefficiencies that must be addressed.

(A) analysis
(B) prospect
(C) compound
(D) excursion →0883

54. PTD Laboratories uses a technologically advanced instrument ------- measures the pressure of gas in metal containers.

(A) whose
(B) either
(C) that
(D) what →0431

55. BookNow.com ------- data from dozens of online bookstores enabling you to find the least expensive copy of any book you desire.

(A) persuades
(B) compiles
(C) interferes
(D) speculates →0881

56. Mr. Ortega suggested that signing a contract with a shipping company would be an attractive ------- to purchasing a fleet of delivery vans.

(A) tuition
(B) alternative
(C) optimum
(D) withdrawal →0886

57. The president of Wesfam Fertilizer ------- his staff at the end of last year for achieving extraordinary sales results.

(A) congratulates
(B) is congratulating
(C) congratulated
(D) has congratulated →0145

58. Arrowpongs revealed that they plan to build two new factories in Seattle in order to ------- production.

(A) redeem
(B) affirm
(C) garner
(D) boost →0802

59. An analysis of office spending revealed that we need to reduce electricity -------.

(A) deficiencies
(B) vocations
(C) expenditures
(D) apprentices →0501

60. If your computer display is blurry ------- flickering, please contact our technical support department to request assistance.

(A) by
(B) so
(C) otherwise
(D) or →0338

61. Sales of travel items have been lower than originally expected due to unfavorable market -------.

(A) reflections
(B) terrains
(C) conditions
(D) collisions　　　→ 0772

62. Supervisors at the manufacturing plant are tasked with the responsibility of alerting clients when production falls ------- schedule.

(A) despite
(B) inside
(C) behind
(D) quite　　　→ 0297

63. Since its -------, filmknowledge.com has been the most comprehensive database of movie information on the Internet.

(A) inconsistency
(B) dimension
(C) inception
(D) discipline　　　→ 0557

64. After Mr. Madden reported having problems with the machine, his supervisor asked if ------- else had experienced similar difficulties.

(A) what
(B) another
(C) everything
(D) anyone　　　→ 0368

65. Our software for logistics and supply chain companies uses artificial intelligence to mitigate the risk of exceeding ------- capacity.

(A) stores
(B) storing
(C) storage
(D) stored　　　→ 0057

66. The technician explained in detail how to operate the X-ray generator ------- the radiographers will soon start using.

(A) when
(B) where
(C) who
(D) that　　　→ 0445

67. The new copier can perform multiple functions, making many of the current devices -------.

(A) protective
(B) demographic
(C) inevitable
(D) redundant　　　→ 0592

68. The Employment Centre offers résumé building workshops ------- occasion and classes to help students improve their interview skills.

(A) over
(B) for
(C) around
(D) on　　　→ 0211

69. It is vital for real estate agents to ------- any additional expenses that buyers may face.

(A) resume
(B) merge
(C) compel
(D) disclose　　　→ 0975

70. The directors are encouraged to discuss the proposed restructuring plan ------- themselves before attending tomorrow's meeting on the issue.

(A) as for
(B) among
(C) within
(D) but also　　　→ 0309

71. Since the prototype drone ------- very slowly, the engineers decided to replace its propeller motors.

(A) is functioning
(B) functioning
(C) function
(D) functioned　　　→ 0107

72. The Boultries Research Group ------- an extensive survey of the surrounding steel mills to examine their safety.

(A) browsed
(B) conducted
(C) illustrated
(D) penetrated　　　→ 0903

73. The Scranton Building, which formerly ------- the town's largest department store, is now being converted into private apartments.

(A) established
(B) attained
(C) housed
(D) catered　　　→ 0746

74. Poor planning occasionally leads to embarrassing ------- which can be expensive to solve.

(A) drowsiness
(B) collaborations
(C) predicaments
(D) compensations　　　→ 0895

75. We not only serve as a tourist information center but also provide advice to those ------- to Belgium from overseas.

(A) has relocated
(B) relocating
(C) relocates
(D) to relocate　　　→ 0179

76. While Elon Corporation is renowned for its products' use of the latest technology, the lack of ------- of these devices has been a source of criticism.

(A) podium
(B) evacuation
(C) suspension
(D) longevity　　　→ 0861

77. Because workers are replacing a water pipe under the building, Futa Aquarium has been closed for the last ------- days.

(A) both
(B) each
(C) few
(D) some　　　→ 0486

78. Ms. Todd ------- work to some of the interns in her section to give them much needed experience.

(A) appointed
(B) delegated
(C) signed
(D) accredited　　　→ 0931

79. The editor-in-chief was pleased with the number of ideas that the project team came up with during yesterday's ------- session.

(A) brainstormer
(B) brainstorming
(C) brainstorms
(D) brainstormed　　　→ 0056

80. After much speculation, the CEO ------- announced his retirement as of May 10 in a press release.

(A) superficially
(B) invariably
(C) continually
(D) formally　　　→ 0929

81. Intended for beginners, the textbook is written with a ------- vocabulary and simple explanations.

(A) momentous
(B) dubious
(C) tactical
(D) limited →0905

82. ------- the vast majority of cases, customers call the service hotline to ask a question about our home appliances.

(A) To
(B) In
(C) Around
(D) Over →0253

83. Creative marketing strategies ------- using colorful digital signage outside a retail business help to increase the number of walk-ins.

(A) because of
(B) such as
(C) even so
(D) as far as →0276

84. The Stamford Historical Museum is much more likely to ------- in the autumn, when it attracts fewer visitors.

(A) be refurbished
(B) be refurbishing
(C) refurbish
(D) have refurbished →0105

85. The application process includes a practical component that gives candidates an opportunity to ------- their skills.

(A) waive
(B) alleviate
(C) demonstrate
(D) repave →0826

86. Since the department did not have ------- budget to replace the old office equipment, they asked for an increase in funding.

(A) little
(B) every
(C) more
(D) enough →0457

87. Mr. Lamont was unable to assemble the components of the grinding machine ------- the proper tools.

(A) but
(B) save
(C) except
(D) without →0206

88. Since it opened its doors last year, Green Sweets has received ------- recommendations from local patrons.

(A) distracting
(B) glowing
(C) remaining
(D) pending →0596

89. According to the guest satisfaction survey, ------- guests who stayed on the eighth floor or higher especially liked the spectacular view of the coastline.

(A) little
(B) one
(C) many
(D) that →0465

90. The widening of Carter Highway greatly ------- traffic congestion between Scottsdale and the city center.

(A) refined
(B) alleviated
(C) maneuvered
(D) connected →0829

91. Right before publication, Mr. Timms pointed out a few spelling errors ------- other editors had overlooked.

(A) that
(B) when
(C) who
(D) what → 0450

92. Since May, Western Hospital has been operating under the ------- of Dr. Gladstone, who has years of experience in hospital management.

(A) vocation
(B) direction
(C) nomination
(D) affection → 0712

93. BTR Equipment has finally begun to ------- the rewards of the sales team's hard work during those first few difficult years.

(A) reap
(B) suppress
(C) certify
(D) surpass → 0520

94. The CEO of Wayton Gas will retire soon, though the board of directors has yet to decide on ------- as his successor.

(A) them
(B) other
(C) much
(D) anybody → 0365

95. Mr. Peterson drove all the way back to the office from the airport to ------- his mobile phone, resulting in missing his flight.

(A) refund
(B) verify
(C) retrieve
(D) obstruct → 0739

96. For a ------- fee, Moreton Car Storage will provide a complete interior and exterior cleaning of your car before you pick it up.

(A) mature
(B) modest
(C) synthetic
(D) natural → 0862

97. Her colleagues were ------- the impression she was considering resigning from the company based on some comments she had made.

(A) amid
(B) under
(C) near
(D) within → 0259

98. The latest sales figures of Redda Cars have shown a ------- improvement over the previous quarter's.

(A) mundane
(B) responsive
(C) functional
(D) distinct → 0832

99. Plaroviz has sold fewer monitors this year, but its directors agree that the October sales report is ------- overall.

(A) encouragement
(B) encouraging
(C) encouraged
(D) encouragingly → 0099

100. The housing shortage and road congestion in the town ------- mainly from the sudden population increase.

(A) caused
(B) followed
(C) produced
(D) resulted → 0873

101. Hansel Hotel ------- an invitation to regular guests to join a special discount program.

(A) alternated
(B) extended
(C) vacated
(D) dispensed → 0738

102. Residents of the neighborhood want city developers to let them know ------- construction of the new library was delayed.

(A) which
(B) it
(C) why
(D) where → 0442

103. The human resources department is looking for ------- with the ability to speak fluent Portuguese as well as English.

(A) someone
(B) each
(C) the other
(D) whoever → 0370

104. Mr. Davison felt he lacked sufficient experience ------- the launch of the electric vehicle battery next month on his own.

(A) to oversee
(B) oversee
(C) oversees
(D) oversaw → 0120

105. A ------- apartment is available for Pinacel's employees to use when they stay in New York on business.

(A) widespread
(B) plausible
(C) reactive
(D) spacious → 0625

106. Propertynow.com is the ------- resource for those who look for investment properties available for purchase in the New York area.

(A) insightful
(B) definitive
(C) bustling
(D) intensive → 0922

107. The Belfry Sun Hotel is conveniently located in the heart of Charleston and ------- walking distance of the historic district.

(A) besides
(B) toward
(C) within
(D) until → 0204

108. There are many academic institutions in the area ------- Beacon Street, which makes this particular neighborhood an ideal place to build the new student hostel.

(A) surrounding
(B) longing
(C) revolving
(D) sparing → 0807

109. An excellent ------- of Japanese is required of applicants for the position at Orchad's Tokyo office.

(A) breakthrough
(B) résumé
(C) strength
(D) command → 0965

110. The idea to put a geometric pattern on the handkerchief which became a hot seller ------- by an intern.

(A) suggest
(B) suggested
(C) was suggested
(D) is suggested → 0115

111. ------- of the new accounting system will require an investment in employee training.

(A) Rationale
(B) Prospectus
(C) Implementation
(D) Rapport   →0694

112. The ------- of the invention designed by Joseph Watford, on exhibit at the Pennet Museum, still functions well.

(A) prototypical
(B) prototyped
(C) prototypes
(D) prototype   →0066

113. Our customer service representatives are available to answer questions around the clock, so call us with ------- you may have.

(A) few
(B) any
(C) every
(D) much   →0479

114. Construction of the new high-rise apartment ------- in Mill Grove took twice as long as anticipated.

(A) livestock
(B) complex
(C) rationale
(D) compliment   →0920

115. Since April of this year, Ortizo International has been carrying out an array of marketing activities aimed at ------- generation.

(A) profitless
(B) profiting
(C) profit
(D) profitable   →0069

116. ------- interpreters are required to have the power of concentration and impeccable knowledge of two or more languages.

(A) Simultaneous
(B) Elusive
(C) Arbitrary
(D) Interchangeable   →0952

117. By the time the festival organizers found the error in the pamphlet, it ------- to roughly 600 people already.

(A) is distributing
(B) was distributing
(C) had been distributed
(D) had distributed   →0195

118. The quality of the landscaping at Harper Starscape Resort is ------- of the luxury inside.

(A) substantial
(B) judicious
(C) indicative
(D) tempting   →0787

119. Sunray Airlines recommends that its passengers check in for their flight via its app ------- their arrival at the airport.

(A) beforehand
(B) prior to
(C) whenever
(D) aside from   →0272

120. Changumi Corporation's Human Resources department announced a new branch manager will be ------- in time for the end-of-year sale.

(A) depicted
(B) appointed
(C) reached
(D) agreed   →0532

121. The new warehouse monitoring system warns ShineStag's staff when there is a risk of stock -------.

(A) commerce
(B) ensemble
(C) productivity
(D) depletion → 0641

122. Renters must receive ------- permission from the owner of Berry Notch Building before making any changes to the interior.

(A) even
(B) explicit
(C) void
(D) erratic → 0670

123. Larrie's Auto Repair keeps track of all complaints it receives, and ------- of them is dealt with in a professional and timely manner.

(A) each
(B) every
(C) a few
(D) most → 0467

124. Developers decided to buy up land in the Dundee hinterland in anticipation of a population -------.

(A) breadth
(B) boom
(C) council
(D) stock → 0505

125. Professor Harris not only offered ------- insights into the nature of volcanoes but also showed extraordinary photographs during her talk.

(A) captivating
(B) captivated
(C) captivators
(D) captivates → 0049

126. ------- the last decade, Varpul has grown from a small start-up to a diversified enterprise with offices in fourteen countries.

(A) As
(B) When
(C) Over
(D) Lately → 0341

127. All orders will require an additional charge of $23 for postage and ------- as well as insurance.

(A) handling
(B) servicing
(C) housing
(D) boarding → 0811

128. When Mr. Sweeney woke up and checked his phone, he had no idea ------- his coworker had called the night before.

(A) why
(B) which
(C) after
(D) about → 0405

129. Luxian Condos residents can enter the lobby via the main entrance or from the parking garage ------- the building.

(A) despite
(B) beneath
(C) amid
(D) besides → 0270

130. The local newspaper has reported that the suspension of the project was ------- due to lack of funding.

(A) dimly
(B) financially
(C) professionally
(D) primarily → 0830

正解 **121.** (D) **122.** (B) **123.** (A) **124.** (B) **125.** (A) **126.** (C) **127.** (A) **128.** (A) **129.** (B) **130.** (D)

131. Marketing staff argued that a camera upgrade would not make a great ------- of difference in the tablet's sales.

(A) grade
(B) deal
(C) lead
(D) matter →0614

132. The health department plans to ensure that the new guidelines ------- by local restaurants and other businesses selling food.

(A) are adopting
(B) are adopted
(C) adopted
(D) have adopted →0151

133. The project team decided to put the grand opening of the Chicago store on ------- due to unexpected troubles they encountered.

(A) stay
(B) chain
(C) blank
(D) hold →0556

134. Max Beaumont has been known for his experience in ------- around failing companies and making them profitable again.

(A) viewing
(B) turning
(C) reviving
(D) carrying →0576

135. ------- Mr. Ellis had six years of experience as a physiotherapy specialist, the position was given to another candidate.

(A) Despite
(B) As well as
(C) Regarding
(D) Even though →0306

136. Mr. Chow had a detailed ------- of the property's value carried out before he agreed to purchase it.

(A) manifest
(B) congestion
(C) appraisal
(D) finance →0740

137. Entry to the pier has been ------- as it will be under repair until March 23.

(A) accessed
(B) restricted
(C) formed
(D) disclosed →0519

138. Earlier this year, Willsong Foods changed its process for making ------- orange juice so that it stays fresh for longer.

(A) concentrating
(B) concentrated
(C) concentrates
(D) concentration →0032

139. The Seattle Branch was out of the brochures outlining the travel insurance policy and asked other branches if they had -------.

(A) which
(B) each
(C) few
(D) any →0397

140. Invoices must be ------- by a member of the accounting department before they are sent to clients.

(A) looked over
(B) taken to
(C) adhered to
(D) competed with →0568

141. The Plumchan Hospital was able to reach its ------- goal of $1 million within the time frame it had set for itself.

(A) fundraise
(B) fundraised
(C) fundraising
(D) fundraises → 0013

142. To keep costs down, Harper Business Hotel's rooms are equipped with nothing but the ------- essentials.

(A) bare
(B) certified
(C) unspoiled
(D) intimate → 0866

143. Sayako Yamashita is widely respected for her business -------, which she attributes to her experience working under her father.

(A) deliberation
(B) acumen
(C) descendant
(D) restriction → 0759

144. The ------- meeting of the Reddale Chamber of Commerce was held at Hale Hotel on July 6 this year.

(A) numerical
(B) descriptive
(C) formidable
(D) inaugural → 0726

145. While the article about the merger between the two financial companies was true ------- a certain extent, it included a number of factual errors.

(A) over
(B) at
(C) on
(D) to → 0267

146. The newly released LB-12 Humidifier is almost ------- in size to the previous model LB-11.

(A) comparing
(B) comparison
(C) comparable
(D) comparative → 0040

147. Veritas Antiques uses special packaging to make sure that items remain ------- during the shipping process.

(A) seated
(B) unfinished
(C) intact
(D) silent → 0865

148. The construction of a ------- center in Short Creek will provide work for many local residents.

(A) solution
(B) revolution
(C) distribution
(D) precaution → 0980

149. Due to the train delay, the delegates were not able to make it to the ceremony before the opening speech -------.

(A) having begun
(B) begun
(C) began
(D) begin → 0192

150. The movie posters at the antique store were faded ------- they had been exposed to sunlight over a long period.

(A) because
(B) around
(C) so that
(D) yet → 0293

正解 **141.** (C) **142.** (A) **143.** (B) **144.** (D) **145.** (D) **146.** (C) **147.** (C) **148.** (C) **149.** (C) **150.** (A)

151. Some outdoor lighting has been used to illuminate the sign so that it ------- more.

(A) lingers on
(B) takes in
(C) stands out
(D) brings up →0910

152. As part of the travel agency's efforts to increase sales, changes will be made to their Web site ------- necessary.

(A) whatever
(B) whichever
(C) whoever
(D) wherever →0448

153. After a long and detailed discussion, a contract ------- to both firms was finally drawn up.

(A) advantages
(B) advantageous
(C) advantage
(D) advantaged →0036

154. Staff are not permitted to use the office printers or photocopiers for personal reasons or ------- any outside organization.

(A) even if
(B) in support of
(C) resulting from
(D) while →0307

155. An inspector will visit Novachan Restaurant every six months to confirm that employees are in ------- with local health codes.

(A) significance
(B) compliance
(C) awareness
(D) fulfillment →0771

156. The winners of the competition will be ------- promptly of their prizes via e-mail.

(A) announced
(B) described
(C) revealed
(D) notified →0760

157. As many firms close their Nova Hill offices, Carleton is becoming the financial ------- of the Portland Bay Area.

(A) patronage
(B) specialty
(C) center
(D) pastime →0629

158. Yukko Academy School is known as an institution ------- on funding from the local government.

(A) dependent
(B) dependence
(C) dependently
(D) depend →0055

159. Ms. Ishikawa sent a message to Mr. Bowen informing him that he could use ------- of the extra monitors.

(A) either one
(B) others
(C) something
(D) anyone →0389

160. An interview with the distinguished director Lin Han will be published in an upcoming ------- of the magazine, *Marlot Times*.

(A) script
(B) issue
(C) influx
(D) consequence →0766

161. Shareholders attending the annual meeting indicated that they want to keep the CEO's compensation ------- reason.

(A) beneath
(B) inside
(C) within
(D) behind → 0212

162. Although Ms. Powell was all for ------- Mr. Marantz to the administrative officer position, other directors were against the idea.

(A) nominating
(B) nomination
(C) being nominated
(D) nominates → 0153

163. The consultant ------- a plan to help the company attract more qualified job applicants.

(A) equalized
(B) conceived
(C) insulated
(D) collided → 0591

164. Wallnod Foods' marketing department decided on a new ------- of action after they saw the initial sales figures.

(A) course
(B) trace
(C) gauge
(D) steam → 0649

165. Harpro Systems has implemented ------- in order to eliminate the risk of mechanical failures on its production line.

(A) measuring
(B) measures
(C) measureless
(D) measured → 0001

166. Because Max Paine's film adaptation of Garry Cho's novel followed the book -------, it has been highly praised by fans of the original.

(A) faithfully
(B) reflectively
(C) superficially
(D) spaciously → 0933

167. During the annual coastline cleanup on Saturday, ------- of the participating organizations will hand out gloves and garbage bags.

(A) one
(B) other
(C) that
(D) every → 0395

168. Carson's employees will have planning meetings ahead of the acquisition to ensure a seamless ------- of ownership.

(A) stationery
(B) transition
(C) disposal
(D) sanction → 0941

169. Recent changes in state regulations have made it more important than ever for companies to monitor the ------- they cause.

(A) visibility
(B) deduction
(C) occurrence
(D) pollution → 0637

170. All the clinical research coordinators received the agenda ------- e-mail in advance of the important meeting.

(A) via
(B) to
(C) beyond
(D) for → 0226

正解 **161.** (C) **162.** (A) **163.** (B) **164.** (A) **165.** (B) **166.** (A) **167.** (A) **168.** (B) **169.** (D) **170.** (A)

171. The townsfolk think that there is a ------- lack of quality dining options in Timonton Township.

(A) passable
(B) conspicuous
(C) fruitful
(D) vigilant →0904

172. While the company now executes contracts digitally, almost ------- of those signed last year had been printed on paper.

(A) much
(B) few
(C) some
(D) all →0499

173. Alleviating employee concerns about poor ventilation in the waste treatment facility will depend on ------- management handles the matter.

(A) who
(B) that
(C) what
(D) how →0421

174. We want our customers to appreciate the artistry and craftsmanship that goes ------- making each of our products.

(A) into
(B) without
(C) just as
(D) when →0315

175. The design for the GTU smartphone was modified since it ------- a rival's product too closely.

(A) differed
(B) appeared
(C) resembled
(D) looked →0677

176. To attract even more visitors, Howang Hotel has purchased a huge piece of land ------- the beach.

(A) adjoining
(B) collapsing
(C) opting
(D) leaking →0615

177. The sharp increases in oil prices were ------- to the recent change in the supply-demand balance.

(A) attributes
(B) to be attributed
(C) attributed
(D) attribute →0133

178. Until all the repairs are complete, Monoton Corporation will be ------- access to the rear stairwell.

(A) covering
(B) detailing
(C) merging
(D) restricting →0995

179. The several crates of automotive parts that Parkham Auto imported from Italy were cleared through ------- on May 5.

(A) customs
(B) custom
(C) customary
(D) customarily →0100

180. A team of engineers was sent to the factory to ------- the cause of the production delays.

(A) punctuate
(B) accentuate
(C) discourage
(D) investigate →0911

181. After numerous delays, we are delighted to announce that the factory is now fully -------.

(A) occasional
(B) operational
(C) promotional
(D) conditional →0600

182. With fourteen years of ------- as a writer for *Centopic Magazine*, Ms. Jones is suitable for the managing editor position.

(A) experience
(B) experiencing
(C) experiential
(D) experienced →0074

183. Showing charts and diagrams to clients during an investment banking presentation is useful in helping them ------- data.

(A) visualizes
(B) visualizing
(C) visualized
(D) visualize →0103

184. Wrights Electric frequently participates in trade exhibitions ------- it promotes a range of products using eye-catching displays.

(A) what
(B) why
(C) which
(D) where →0441

185. Norad Company will test a new marketing ------- involving both Internet and radio advertising as of April 1.

(A) leader
(B) strategy
(C) share
(D) research →0676

186. As the Umeno Library will close soon, please go to the service desk and ------- the book checkout procedure.

(A) inaugurate
(B) lease
(C) drop
(D) commence →0508

187. Mr. Davila stepped off his driveway and onto the lawn as the delivery truck backed up slowly ------- him.

(A) about
(B) outside
(C) within
(D) toward →0260

188. Customers seem to like the pistachio macaron, but the dark chocolate flavor is the preferred choice of ------- employees.

(A) no
(B) the other
(C) most
(D) every →0477

189. Timothy Perkins has more than ten years of experience as a consultant helping clients make and manage their -------.

(A) invests
(B) investor
(C) investing
(D) investments →0028

190. Mr. Patterson said it was a pleasure chatting with us today ------- our organization's accounting software needs.

(A) concerning
(B) among
(C) because
(D) furthermore →0290

191. Mr. Townsend was praised for his ------- solutions to a number of marketing problems Zonnock, Inc., faced.

(A) flawed
(B) hectic
(C) volatile
(D) ingenious　→ 0854

192. In the months ------- Ms. Rothwell joined the charity, she traveled to multiple locations both domestically and abroad.

(A) even though
(B) whether
(C) as far as
(D) after　→ 0292

193. At Saredda Financial, employees are instructed ------- their computer passwords instead of writing them down.

(A) memorizing
(B) to memorize
(C) to be memorized
(D) having memorized　→ 0110

194. MilkBow's garments made ------- cashmere wool are lightweight enough to wear all day long without people feeling tired.

(A) into
(B) for
(C) out
(D) of　→ 0227

195. The company executives ------- post-merger integration issues in the board meeting scheduled for Thursday of the coming week.

(A) are addressing
(B) had been addressing
(C) addressed
(D) were addressed　→ 0136

196. The weather forecast said that there was a ------- chance that the Starllad City Marathon would be able to go ahead.

(A) stable
(B) persistent
(C) harsh
(D) slim　→ 0702

197. As a three-time ------- of the Jupiter Technology Award, Rex Davies was asked to give a speech at his old high school.

(A) resemblance
(B) nuisance
(C) recipient
(D) viability　→ 0566

198. Delivery drivers should take extra care ------- gift baskets because they often include flowers and breakable items.

(A) transporting
(B) to be transported
(C) transportation
(D) transported　→ 0143

199. Satisfying customers with innovative and high-quality products is ------- that will remain one of Norand Clothings' foremost priorities.

(A) anyone
(B) what
(C) something
(D) each other　→ 0385

200. Simon Rossi, the recently hired architect at Madex Studios, has a talent for accurately ------- detailed sketches.

(A) draws
(B) drawing
(C) having drawn
(D) to draw　→ 0175

201. Ms. Brown found it hard to ------- her team at the end of her employment contract.

(A) leave for
(B) part with
(C) fill up
(D) lead to → 0667

202. In his autobiography, Aaron Weaver wrote that his parents taught him to always finish what he started, ------- challenge he faced.

(A) however
(B) whenever
(C) whatever
(D) wherever → 0420

203. The strength of the new cleaning chemicals ------- exceeded Cleanrabbits' advertised claims.

(A) upward
(B) far
(C) hard
(D) away → 0541

204. Among all the desktop printers sold by Maxfield Tech, ------- of them prints color copies as fast as the PDX-88.

(A) few
(B) some
(C) all
(D) none → 0387

205. Renfeld Farms purchased the tractor on ------- and will make payments in monthly installments over the next two years.

(A) credits
(B) credited
(C) crediting
(D) credit → 0023

206. Solarknowit.com has all the information you need to make an ------- choice about solar panels for your home.

(A) enhanced
(B) abridged
(C) attended
(D) informed → 0654

207. The Roussel Gallery will be exhibiting several artworks by renowned contemporary French artists ------- the winter.

(A) throughout
(B) across
(C) besides
(D) including → 0203

208. The store manager requested that all new pairs of sandals be removed from their boxes and ------- be placed on a display shelf.

(A) every
(B) each
(C) few
(D) everyone → 0492

209. Trenex's factory is running behind schedule because a defect in its electric razors ------- during a quality control check.

(A) had identified
(B) identified
(C) was identified
(D) were identified → 0185

210. Chef Roberts has a fresh ------- on traditional fish and chips that has been hugely popular with guests for a long time.

(A) catch
(B) take
(C) aim
(D) order → 0725

211. Ms. Lee wrote a memo in regard to the new dress ------- for hotel employees.

(A) interaction
(B) objection
(C) certification
(D) code   → 0599

212. At the press conference, a reporter at the Dolby Times asked a question in ------- to the firm's hiring policies.

(A) relation
(B) point
(C) consideration
(D) concern   → 0825

213. The used bookstore on 7th Street has moved to a larger retail space ------- the Plymouth Theater on Clovis Avenue.

(A) moreover
(B) opposite
(C) wherever
(D) across   → 0289

214. Expanding Fazell Gas's propane distribution business to new marketplaces caused ------- in the fourth quarter to soar.

(A) profited
(B) profitably
(C) profits
(D) profiting   → 0080

215. Management has made it clear that budget funds cannot be spent without ------- the expenditure first.

(A) authorized
(B) authorization
(C) authorizing
(D) authorize   → 0109

216. As part of his push to improve efficiency and boost employee -------, Mr. Brown first conducted a company-wide survey.

(A) morale
(B) divider
(C) turnover
(D) expense   → 0733

217. Many people crowded around the stage at the music festival while the organizers tried to keep the situation ------- control.

(A) into
(B) below
(C) inside
(D) under   → 0230

218. Hardang Home Repair can provide references from previous clients upon -------.

(A) denial
(B) request
(C) release
(D) liaison   → 0768

219. Before your commercial license expires, you will be sent a ------- notice along with an application form.

(A) renewed
(B) renewable
(C) renewal
(D) renewing   → 0007

220. Roggern Hotel is carpeted throughout to minimize noise and allow guests to have a ------- sleep at any hour of the day or night.

(A) comprehensive
(B) sound
(C) lively
(D) dormant   → 0819

正解 **211.** (D) **212.** (A) **213.** (B) **214.** (C) **215.** (C) **216.** (A) **217.** (D) **218.** (B) **219.** (C) **220.** (B)   23

221. Even though it was her first stage production, the actor performed as if ------- had been acting for many years.

(A) it
(B) she
(C) itself
(D) herself   →0364

222. As there were no ------- questions about the contents of his lecture, Mr. Galway thanked the audience and left the stage.

(A) descriptive
(B) further
(C) partial
(D) bureaucratic   →0531

223. The sign states that cars without parking permits will be ------- away at the owner's expense.

(A) scattered
(B) fluctuated
(C) towed
(D) banned   →0744

224. Ms. Atkinson returned to work and was brought ------- to speed on the latest computer science trends.

(A) from
(B) up
(C) out
(D) off   →0247

225. When tree removal ------- by a resident of Fairfax County, Greenlead Services will complete the job within twenty-four hours.

(A) requested
(B) was requested
(C) will be requested
(D) is requested   →0193

226. Mr. Rommel generally takes over for the office manager whenever she is ------- of town on business.

(A) next
(B) outside
(C) beyond
(D) out   →0266

227. Most of the people at the residents' meeting ------- the proposal to open a fast-food restaurant in the neighborhood.

(A) opposed
(B) reversed
(C) preceded
(D) disagreed   →0555

228. Yeardley Advertising is ------- committed to creating innovative advertisements for its clients at reasonable prices.

(A) entirely
(B) contentiously
(C) fluently
(D) abruptly   →0737

229. The merger was finalized after the company presidents came up with a plan that both ------- agreeable.

(A) found
(B) arranged
(C) established
(D) composed   →0803

230. Materad's employees working in the packing department ------- product defects to the factory manager, Anne Harper.

(A) reportable
(B) reporting
(C) reporter
(D) report   →0096

正解 **221.** (B) **222.** (B) **223.** (C) **224.** (B) **225.** (D) **226.** (D) **227.** (A) **228.** (A) **229.** (A) **230.** (D)

231. Repair work being undertaken on Ronnell Bridge was the reason ------- traffic was backed up all the way to Cherry Street.

(A) so
(B) where
(C) why
(D) how → 0416

232. ------- public complaints about pollution, the manufacturer suspended operations.

(A) Received
(B) Receive
(C) Having received
(D) To receive → 0188

233. According to the hardware store clerk, the Macky AT portable generator is as powerful as ------- on the market.

(A) more
(B) every
(C) neither
(D) any other → 0494

234. Many of the staff look to Kate Yates when problems ------- because of her long years of experience and knowledge.

(A) arise
(B) output
(C) astound
(D) dictate → 0595

235. Rosedale Clinic is seeking ------- candidates who have undergone rigorous training in veterinary clinical practices.

(A) qualifications
(B) qualifying
(C) qualified
(D) qualifiedly → 0058

236. All the money and time Mr. Harashima spent in the research stage ------- off in many ways later on.

(A) benefitted
(B) built
(C) relieved
(D) paid → 0551

237. The exact ------- and the materials of the cabinet are both available in Supernick's online catalog.

(A) arbitrations
(B) practitioners
(C) dimensions
(D) installations → 0728

238. If you would like housekeeping to replace your linens, ------- call the front desk staff and let them know.

(A) even
(B) though
(C) yet
(D) just → 0277

239. Lollipeach's staff members have been putting up with intermittent network ------- since May 17.

(A) functions
(B) provisions
(C) expeditions
(D) outages → 0909

240. The tour guides do their best to ------- that groups arrive at their destination on time.

(A) assess
(B) accompany
(C) attract
(D) ensure → 0708

241. The bus will make a brief stop at Nashville Souvenirs if ------- extra time is available at the end of the tour.

(A) little
(B) one
(C) none
(D) any　　　→ 0474

242. The strategies mentioned in Marg Dunn's new book are widely ------- in a variety of industries.

(A) irrational
(B) applicable
(C) tolerant
(D) cohesive　　　→ 0926

243. At Nensey Company, those who accept promotions to managerial positions will be ------- for benefits such as a company car and extra holidays.

(A) eligible
(B) proficient
(C) interactive
(D) captivating　　　→ 0640

244. Mr. Ryan's keys fell ------- of his pocket someplace between the community center and his car in the parking lot.

(A) from
(B) in
(C) out
(D) along　　　→ 0208

245. A ------- study showed that the land at 551 Carter Avenue would be an unsuitable site for a cinema complex.

(A) material
(B) deprivation
(C) feasibility
(D) consideration　　　→ 0697

246. We would like to ------- an apology to customers who have been affected by the supply chain breakdowns.

(A) extend
(B) obstruct
(C) nominate
(D) fulfill　　　→ 0794

247. Payments for Naiba Run's gym membership will be ------- from your bank account on the fifth of every month.

(A) distanced
(B) improvised
(C) preceded
(D) deducted　　　→ 0821

248. Tiny cracks on solar panels can occur ------- poor handling of the devices and affect total power output.

(A) below
(B) inside
(C) pending
(D) from　　　→ 0255

249. After *Hillview Heights* received an overwhelming ------- from television viewers, the production company approved a second season.

(A) response
(B) posture
(C) script
(D) component　　　→ 0808

250. Time travel has been a ------- theme in Timothy Savage's films, all of which have garnered rave reviews.

(A) literate
(B) clinical
(C) discerning
(D) recurrent　　　→ 0984

　正解　**241.** (D)　**242.** (B)　**243.** (A)　**244.** (C)　**245.** (C)　**246.** (A)　**247.** (D)　**248.** (D)　**249.** (A)　**250.** (D)

251. Even though all accountants in MacMeg IT were thoroughly trained to use the newly ------- software, some are still having difficulty using it.

(A) releasing
(B) release
(C) released
(D) releasable →0048

252. The refrigerator in the conference room is kept fully ------- in case an important client comes unannounced.

(A) furnished
(B) replied
(C) adhered
(D) stocked →1000

253. The reporter's article about the scientific breakthrough has been proofread ------- not yet published in the newspaper.

(A) but
(B) that
(C) as
(D) to →0282

254. Ms. Wang followed up her announcement with an e-mail to further ------- the new procedural requirements.

(A) consist
(B) await
(C) clarify
(D) dismiss →0893

255. Equipment maintenance and upgrades should be performed regularly, as ------- can impact production in a factory.

(A) some
(B) both
(C) any
(D) much →0369

256. The office ------- was completed ahead of schedule owing to the excellent work of the staff at Star Renovations.

(A) prerequisite
(B) plaster
(C) proximity
(D) refurbishment →0638

257. Although the proposed design for the machine is highly innovative, we are unable ------- forward with development at this time.

(A) to move
(B) moving
(C) to be moved
(D) having moved →0144

258. The construction foreman clearly explained ------- cleaning the cement mixer after each use would help to prevent corrosion.

(A) so
(B) for
(C) how
(D) where →0443

259. According to its latest annual report, Meteorg Books receives a remarkable 10,000 online orders per day on -------.

(A) averaging
(B) averageness
(C) averaged
(D) average →0061

260. The long lines at the Yurang Amusement Park ------- many people to spread their visit over two days.

(A) compel
(B) endorse
(C) afford
(D) let →0966

261. The developer was allowed to go ahead with its plan to construct a 25-story skyscraper on the ------- of the old library.

(A) site
(B) scene
(C) premise
(D) scaffold　　　　→ 0622

262. In an effort to increase Fontana University's overall student body, it will raise the ------- quota for foreign students.

(A) enrollment
(B) enrollee
(C) enrolling
(D) enroll　　　　→ 0083

263. Since Naggako's relocation to the suburbs, ------- staff have faced longer commuting times.

(A) another
(B) most
(C) that
(D) every　　　　→ 0478

264. A renewed ------- for a covered walkway between Building A and B was met with approval.

(A) call
(B) need
(C) protest
(D) load　　　　→ 0603

265. The accounting manager told employees that they cannot ------- to replace the old photocopier with a new one due to budget constraints.

(A) mingle
(B) expound
(C) purchase
(D) afford　　　　→ 0504

266. The final episode of *Epic Voyages*, the acclaimed docuseries ------- by CNT TV, will air tomorrow at 7:00 P.M.

(A) broadcasting
(B) broadcast
(C) broadcasts
(D) broadcaster　　　　→ 0039

267. Before tomorrow's painting class with Mr. Esposito begins, beginners ------- from the advanced students.

(A) separating
(B) will be separated
(C) separates
(D) is being separated　　　　→ 0169

268. Some critics have pointed out that the current ------- of affairs at Wilson Industries is a result of poor planning.

(A) situation
(B) content
(C) validity
(D) state　　　　→ 0969

269. The construction company ------- difficulties in completing Crara Hotel because of its difficult location.

(A) withheld
(B) deteriorated
(C) collaborated
(D) encountered　　　　→ 0974

270. Due to a prior -------, Mr. Hammond was not able to attend the grand opening on July 5.

(A) subordinate
(B) extension
(C) commitment
(D) surrender　　　　→ 0510

271. ------- has been interviewed for the graphic designer job yet, so hiring someone for the position before March 31 is unlikely.

(A) Any other
(B) No one
(C) Anyone
(D) Those   →0356

272. Benerit's sales staff must stay ------- of all the latest advancements in photocopier technology.

(A) abreast
(B) seldom
(C) onward
(D) along   →0748

273. After the company's television commercial had aired, our marketing team tried to determine ------- it might have affected sales.

(A) what
(B) how
(C) once
(D) for   →0406

274. Our custom ------- sofas and couches range from traditional to contemporary in various shapes and sizes.

(A) upholstering
(B) upholsterer
(C) upholstered
(D) upholsters   →0073

275. ERD employees and their ------- family members are eligible for 5 percent discounts on all our quality sportswear.

(A) immediate
(B) climactic
(C) similar
(D) foremost   →0688

276. The product ------- team is working hard to have the new VD1 console model finished in time for the end-of-year holidays.

(A) status
(B) development
(C) standing
(D) benefit   →0716

277. ------- strict time constraints, six members of the hotel staff decorated the entire ballroom for the banquet.

(A) At
(B) Under
(C) Below
(D) Inside   →0224

278. The handouts for Mr. Ekberg's sales presentation were being printed when a malfunction in the printer -------.

(A) have occurred
(B) occurring
(C) occurs
(D) occurred   →0118

279. The city council would have approved the infrastructure project for downtown Sacramento ------- it had not been so expensive.

(A) to
(B) but
(C) or
(D) if   →0343

280. The company president Marshall Brown ------- his views on the future direction of the company at the shareholders' meeting.

(A) referred
(B) aired
(C) validated
(D) depended   →0579

281. Whereas most office cleaning services charge customers a flat rate, ------- prefer to charge by the hour.

(A) everyone
(B) some
(C) any
(D) which →0363

282. Some Killarney residents are opposed to the Orsung Group's construction of a ------- plant in their area, while others hope to work there.

(A) productivity
(B) production
(C) producer
(D) produced →0033

283. Applications for an extension of the submission deadline will be considered on a case by case -------.

(A) section
(B) allowance
(C) basis
(D) preference →0542

284. Amural Restaurant introduced a system that allows customers to order food from a mobile app while they are waiting ------- line.

(A) for
(B) until
(C) up
(D) in →0240

285. Hundreds of customers visited the store over the weekend to take ------- of the special offers.

(A) advantage
(B) assignment
(C) welcome
(D) refusal →0646

286. The study by the research institute ------- that the new organic soil additive significantly improves the health of plants.

(A) was revealed
(B) revealed
(C) has been revealed
(D) have been revealing →0161

287. Decisions regarding outsourcing will be made at the project manager's -------.

(A) grievance
(B) proofreading
(C) discretion
(D) blueprint →0653

288. Though Ms. White had only been with Meronan Solutions for a month, everyone ------- her as an important member of the team.

(A) supposed
(B) anticipated
(C) regarded
(D) hoped →0558

289. The fabric has a ------- to shrink during the first few washes.

(A) tendency
(B) repertoire
(C) laundry
(D) mill →0727

290. A product recall of the VH-1 Air Circulator ------- in July has been announced on the manufacturer's Web site.

(A) launched
(B) launch
(C) launching
(D) to launch →0159

正解 **281.** (B) **282.** (B) **283.** (C) **284.** (D) **285.** (A) **286.** (B) **287.** (C) **288.** (C) **289.** (A) **290.** (A)

291. The development of a commercial ------- between Beaumont and Kingsley will create a lot of jobs for local residents.

(A) texture
(B) proponent
(C) endowment
(D) district →0689

292. All data the company collects is ------- improving the effectiveness of its marketing programs.

(A) own
(B) as far as
(C) in order not
(D) for the purpose of →0275

293. The ------- of Luisa Wu's latest novel bears a striking resemblance to a famous Canadian entrepreneur.

(A) protagonist
(B) irrigation
(C) equivalent
(D) liquidation →0665

294. Present the necessary documentation to the person in charge so that Banan Bank can move forward ------- your loan application.

(A) without
(B) past
(C) with
(D) behind →0262

295. With so ------- candidates to choose from, Mr. Peresi decided to extend the application period for the job.

(A) few
(B) anyone
(C) much
(D) those →0459

296. The policy ------- the company's privacy protections and sets out requirements for the use of personal information.

(A) outline
(B) outlines
(C) outlining
(D) outlined →0004

297. All employees have been notified of the new vacation policy, which will take ------- in March of next year.

(A) name
(B) place
(C) effect
(D) break →0548

298. The new inventory management system is ------- anything the software engineers have created before.

(A) round
(B) upon
(C) unlike
(D) by →0220

299. The committee in charge of the Susan Ross Foundation ------- funds to a number of worthy causes.

(A) purchases
(B) determines
(C) allocates
(D) prevents →0601

300. Tara Jackson is qualified to take over the plant manager position, ------- requires overseeing all of the daily operations.

(A) which
(B) when
(C) that
(D) it →0419

301. The bicycle shop on Tisdale Street has been owned and operated by the Milligan family ------- the early 1950s.

(A) since
(B) for
(C) to
(D) about → 0251

302. The musical performance ------- Ms. Silvestri attended was the most exciting she had seen in a while.

(A) where
(B) when
(C) whatever
(D) that → 0412

303. After learning of their competitors' plans for a new smartphone, Sango Corp. decided that their own product development needed to be -------.

(A) accelerated
(B) reverted
(C) denounced
(D) disputed → 0841

304. When Geenal Company received the technology award, the president referred to the employee, John Smith, as a leading -------.

(A) innovative
(B) innovate
(C) innovation
(D) innovator → 0060

305. With weather conditions expected to ------- in the coming months, the construction deadline has been extended.

(A) insulate
(B) worsen
(C) postulate
(D) procrastinate → 0536

306. Before the health inspectors came, the restaurant's staff worked hard to make sure that their commercial kitchen was -------.

(A) spontaneous
(B) spotless
(C) informal
(D) frugal → 0564

307. The results of the clinical study ------- the treatment is sometimes ineffective were of the utmost concern to Dr. Sanchez.

(A) indicate
(B) indicated
(C) indication
(D) indicating → 0015

308. Hoyodan Cars uses the ------- latest technology for manufacturing and developing automotive components.

(A) much
(B) very
(C) though
(D) so → 0294

309. The content of the online seminar will ------- from the latest research findings to general environmental problems.

(A) attribute
(B) condemn
(C) range
(D) splurge → 0930

310. The company had ------- corporate logo printed on their T-shirts for the annual Fun Run event.

(A) them
(B) themselves
(C) itself
(D) its own → 0388

正解 **301.** (A) **302.** (D) **303.** (A) **304.** (D) **305.** (B) **306.** (B) **307.** (D) **308.** (B) **309.** (C) **310.** (D)

311. The production crew of *Finding the Star* is in ------- need of a qualified camera operator with experience in indoor shooting.

(A) resourceful
(B) exhaustive
(C) desperate
(D) deliberate → 0686

312. ------- our return policy, customers can return defective items within seven days after the purchase.

(A) On condition that
(B) In accordance with
(C) In case of
(D) Among → 0331

313. It was necessary for the car manufacturer to ------- a part that was no longer in production.

(A) fabricate
(B) recede
(C) conform
(D) inhabit → 0913

314. The construction crew was resurfacing Palmer Street yesterday and it ------- that they will reopen the road sometime this afternoon.

(A) will be anticipating
(B) is anticipated
(C) anticipates
(D) has anticipated → 0131

315. ------- of the glue supply was used on the lobby walls, so the additional order was necessary for the project to continue.

(A) Any
(B) Little
(C) Few
(D) Much → 0456

316. Shihock Pro ------- the value of real estate properties based on certain standards.

(A) portrays
(B) appraises
(C) implements
(D) illuminates → 0535

317. Since the ------- road condition information about Highway 67 was wrong, Mr. Okino issued a correction on air.

(A) reporter
(B) reported
(C) report
(D) reporting → 0009

318. Flowerick Company is currently ------- new markets in Asia and the Middle East.

(A) pursuing
(B) resorting
(C) awarding
(D) attempting → 0996

319. About half the cruise ship passengers indicated they would rather sleep ------- at ports than stay at a hotel.

(A) yet
(B) concerning
(C) on board
(D) but → 0308

320. Survey results showed that the new advertisement was overly ------- to the point of being annoying.

(A) upcoming
(B) repetitive
(C) nutritious
(D) contingent → 0953

321. Mr. Holmes chose the Le Grande photocopier as it was ------- faster and cheaper than any of its competitors.

(A) willingly
(B) mutually
(C) demonstrably
(D) accurately　　　→ 0806

322. The president's speech underscored the company's ------- to reverse its reputation for using substandard materials in its products.

(A) determinism
(B) determination
(C) determined
(D) determines　　　→ 0071

323. Ms. Ichikawa sent an e-mail to her client informing him that she would be a few minutes late to their meeting ------- online.

(A) to hold
(B) holding
(C) held
(D) had been held　　　→ 0163

324. Employees are reminded to keep away from the east wing as some major construction work is ------- there.

(A) underdone
(B) underactive
(C) underway
(D) underfed　　　→ 0780

325. Lightbeacon Company's logo is featured ------- on all stationery.

(A) superficially
(B) jointly
(C) prominently
(D) methodically　　　→ 0604

326. Very ------- of the programmers working for Phelcom, which is based in San Francisco, are originally from the area.

(A) most
(B) much
(C) such
(D) few　　　→ 0488

327. As demand for air conditioners is expected to ------- off toward the end of summer, Storan Appliance made a decrease in production.

(A) fade
(B) calculate
(C) ease
(D) sort　　　→ 0518

328. Although he was a ------- of Ms. Chow's plan to adopt a four-day workweek, Mr. Hammond wanted to trial the idea first.

(A) predecessor
(B) superiority
(C) proponent
(D) cubage　　　→ 0502

329. Our current problem is that production delays are being caused by ------- equipment.

(A) strenuous
(B) justified
(C) exponential
(D) outdated　　　→ 0848

330. The curator assigned Mark Cohen the responsibility of relocating the museum's modern sculpture collection ------- the new exhibition space.

(A) as
(B) to
(C) at
(D) out　　　→ 0269

331. Morozong, Inc., started an employee ------- program in an attempt to improve their productivity and morale.

(A) endorsement
(B) discontent
(C) incentive
(D) endeavor →0833

332. Please be sure to have your insurance policy number at hand when ------- a claim.

(A) filing
(B) sourcing
(C) stepping
(D) running →0701

333. The manager called an impromptu meeting to form a consensus ------- opinion on how to deal with the staff shortage.

(A) through
(B) onto
(C) of
(D) for →0249

334. Thanks to plenty of hard practice before the game, the lacrosse team won by a wide -------.

(A) plus
(B) gathering
(C) margin
(D) variety →0946

335. The conference featured a few seminars on hydropower, ------- most of the talks were on the topic of solar energy.

(A) even
(B) but
(C) for
(D) by →0311

336. Driving to the various sites on the tour took less time than anyone in the group had thought ------- would.

(A) each other
(B) those
(C) it
(D) they →0393

337. Should you ------- any further questions about the rental car, please do not hesitate to contact our customer service team.

(A) having had
(B) have
(C) to have
(D) had →0152

338. The directors of Chemto Corp. have struggled ------- the new personal information management system due to technical issues.

(A) operation
(B) operate
(C) operating
(D) to operate →0158

339. Mr. Jarvis devised a new calculation method for estimating how much a car will depreciate ------- value over time.

(A) beyond
(B) under
(C) of
(D) in →0233

340. Meltis Company encourages all employees to get involved in volunteer activities in the communities in ------- they reside.

(A) where
(B) whose
(C) that
(D) which →0447

---

341. Astryma's impressive commercial for its new line of skincare products has been ------- the air for six weeks.

(A) from
(B) up
(C) above
(D) on　　　　→ 0261

342. *Moondays* is a ------- film that leaves a lasting impression on all that see it.

(A) compatible
(B) magnificent
(C) pressing
(D) principal　　　　→ 0764

343. Max Arthur received the Harper Portrait Award for his ------- of the famous composer Reese Tully.

(A) litigation
(B) dissatisfaction
(C) depiction
(D) embrace　　　　→ 0559

344. The oil paintings by Anita Huang have been positioned ------- everyone entering the museum lobby can easily see them.

(A) with
(B) while
(C) how
(D) where　　　　→ 0417

345. The majority of the faculty members feel that the monthly parking fee ------- on students should be scrapped immediately.

(A) will impose
(B) has been imposed
(C) imposed
(D) imposing　　　　→ 0191

346. Cultural awareness training helps our sales team correspond more effectively ------- the company's overseas branches.

(A) with
(B) over
(C) along
(D) aboard　　　　→ 0254

347. The Mahdra Group implemented a company-wide messaging system, ------- enabling its various divisions and branches to communicate more effectively.

(A) which
(B) so
(C) thus
(D) to　　　　→ 0312

348. Agricultural ------- maker Patcor Industrial has significantly expanded its manufacturing operations in the Asia-Pacific region.

(A) equipped
(B) equipper
(C) equipping
(D) equipment　　　　→ 0003

349. The amended proposal has yet to be received by any organization ------- under the Partners Landscape Project.

(A) commission
(B) commissions
(C) commissioning
(D) commissioned　　　　→ 0104

350. Malvo Appliances has a vacancy on its team for a sales ------- with at least five years of experience.

(A) market
(B) client
(C) petition
(D) associate　　　　→ 0877

　正解　**341.** (D)　**342.** (B)　**343.** (C)　**344.** (D)　**345.** (C)　**346.** (A)　**347.** (C)　**348.** (D)　**349.** (D)　**350.** (D)

351. With the merger -------,
Mr. Douglass was hesitant to hire
any new staff.

(A) imminent
(B) collective
(C) enviable
(D) prevalent → 0971

352. Domeck's ------- production almost
doubled from the previous year due
to the mass orders they received.

(A) industrious
(B) industrialist
(C) industriously
(D) industrial → 0041

353. Timberline Coffee's products have
been in high ------- following its
appearance in a popular drama.

(A) demand
(B) process
(C) applause
(D) compliment → 0734

354. A sign posted on the library's
bulletin board urges patrons
------- from leaving their bags and
coats on vacant chairs.

(A) refraining
(B) to refrain
(C) to be refrained
(D) refrain → 0184

355. Branch managers are all required to
------- in quarterly sales reports on
the last Friday of the month.

(A) spit
(B) submit
(C) release
(D) turn → 0571

356. Since canola oil or grapeseed oil
are both suitable for making savory
stir-fry dishes, you can use -------.

(A) either
(B) which
(C) something
(D) each other → 0380

357. ------- profits seemed high last year,
but in the end we netted very little
due to huge increases in material
costs and other factors.

(A) Stance
(B) Intake
(C) Rise
(D) Gross → 0642

358. Mr. Becker took notes on ------- but
not all items discussed by the focus
group during yesterday's meeting.

(A) anything
(B) everything
(C) some
(D) least → 0464

359. The shortage of raw materials could
------- Roberd Manufacturing's
profitability in the future.

(A) motivate
(B) jeopardize
(C) administer
(D) formalize → 0736

360. Checking the inventory of medical
supplies on a regular basis keeps
employees ------- forgetting to
order items when necessary.

(A) to
(B) from
(C) off
(D) out → 0256

361. Since May, Mr. Hawke has thrown his ------- support behind the project planners.

(A) absorbent
(B) wholehearted
(C) rounded
(D) inaudible → 0724

362. Few citizens ------- opposition to the idea of turning the aging shopping mall on Wing Street into a corporate building.

(A) featured
(B) diluted
(C) voiced
(D) faced → 0624

363. The chief marketing officer understood ------- the work to a social media agency would be the best solution.

(A) outsources
(B) outsourced
(C) to be outsourced
(D) outsourcing → 0112

364. Michael asked his cooking instructor if he should use a slow cooker or pressure cooker for the dish and was told ------- would be fine.

(A) either
(B) all
(C) ones
(D) the other → 0399

365. Since its foundation, Lornpop Corp. has ------- connections with a number of wholesale suppliers in both India and New Zealand.

(A) reached
(B) determined
(C) afforded
(D) established → 0690

366. ------- of the new Internet regulation imposed by the government claim it will restrict people's rights to free speech.

(A) Opponents
(B) Opponent
(C) Opposition
(D) Opposing → 0050

367. Ms. Fenton taught new employees to give their business cards to ------- they meet for the first time outside the company.

(A) which
(B) whomever
(C) that
(D) what → 0449

368. Despite its shabby -------, Woolmaster Café is one of the city's premier culinary destinations.

(A) attic
(B) appearance
(C) duration
(D) foundation → 0656

369. Barnaby Toys has given its factories instructions to ------- production in time for the holiday season.

(A) lift off
(B) ramp up
(C) iron out
(D) sum up → 0990

370. The Nanchan gallery partitions were removed since more space was needed for the sculptures in the upcoming -------.

(A) exhibitable
(B) exhibiting
(C) exhibitor
(D) exhibit → 0042

371. The hotel has ------- agreed to store the group's luggage until 4:00 P.M., when the bus will come to transfer them to the airport.

(A) radically
(B) graciously
(C) fiercely
(D) spaciously →0657

372. If the machine needs -------, the red light on the unit will flash.

(A) to repair
(B) being repaired
(C) to have repaired
(D) repairing →0130

373. Ms. Anderton has a ------- of knowledge on corporate finance and investment.

(A) normality
(B) duration
(C) provision
(D) wealth →0621

374. Many ------- experts recommend the use of Supershine to protect your vehicle's paintwork.

(A) advancing
(B) lingering
(C) leading
(D) admiring →0792

375. Abby's Burgers has grown from a small hamburger stand ------- a restaurant chain with franchises in nine countries.

(A) into
(B) past
(C) out
(D) up →0219

376. Captains Sportswear has implemented a number of structural reforms ------- bolster its competitiveness and profitability.

(A) in order to
(B) as much as
(C) as a consequence
(D) with regard to →0339

377. Recent advancements in automotive technology have made many of the company's cars -------.

(A) strenuous
(B) edible
(C) obsolete
(D) populous →0857

378. To get to the Pellard Opera House, take the subway to Astoria Station and then walk a ------- blocks south.

(A) little
(B) few
(C) such
(D) one →0472

379. As the ------- of Greta Grey Inn, it is my sincere pleasure to welcome you to our humble hotel.

(A) proprietor
(B) tendency
(C) premises
(D) testimony →0652

380. The primary ------- of the Nambour Arts Festival is to attract visitors to the city and bring about positive economic effects.

(A) reference
(B) aim
(C) official
(D) determination →0503

---

381. Max Klinger's latest drama got disastrous reviews, which was ------- because of its similarity to his previous series.

(A) correspondingly
(B) chiefly
(C) correctly
(D) mutually → 0992

382. Only half the residents who were surveyed are ------- favor of demolishing the historic Bellevue Inn on Potters Road.

(A) of
(B) to
(C) in
(D) on → 0246

383. It has become necessary to ------- some products whose sales have been under projections for three consecutive years.

(A) discontinue
(B) mishandle
(C) foretell
(D) cultivate → 0809

384. The positive impact that Macroking has had on the gaming industry is ------- to none.

(A) unlikely
(B) present
(C) alike
(D) second → 0539

385. A number of tourists are starting to take advantage of the warmer weather to enjoy ------- on the Hopscotch River.

(A) turnouts
(B) outings
(C) hoteliers
(D) residues → 0577

386. Mr. Sampson assured the retailer that the ------- of his warehouse was sufficient to store their merchandise.

(A) capaciously
(B) capacious
(C) capacity
(D) capacities → 0091

387. The labor shortage is likely to ------- Darett Company's ability to expand in the next 12 months.

(A) adhere
(B) impede
(C) strive
(D) maintain → 0994

388. The city hall on Jefferson Street ------- due to major structural issues with the old building.

(A) demolishes
(B) was demolished
(C) had demolished
(D) are demolished → 0113

389. Mr. Freemont has been recognized for his contributions to the coastline ------- effort.

(A) conservation
(B) partition
(C) impulse
(D) increment → 0978

390. Please select the city in ------- you reside and find the nearest shop to you on our mobile application.

(A) that
(B) which
(C) where
(D) whom → 0403

正解 381. (B) 382. (C) 383. (A) 384. (D) 385. (B) 386. (C) 387. (B) 388. (B) 389. (A) 390. (B)

391. The sports program volunteers were busy yesterday morning, but there was not much for ------- to do today.

(A) they
(B) themselves
(C) their own
(D) them → 0379

392. Since ------- weather was forecast that evening, the orientation seminar was cut short to allow participants to leave early.

(A) foul
(B) coarse
(C) scarce
(D) uneven → 0968

393. If any questions arise, they will be handled by Mr. Carter, the head of the planning -------.

(A) paper
(B) ambience
(C) bureaucrat
(D) committee → 0655

394. To strengthen its logistics business, Ultrawave Enterprises has entered into a strategic partnership ------- with Taloft Shipping.

(A) agreements
(B) agrees
(C) agreeing
(D) agreement → 0019

395. After receiving an award for her creative package design, Ms. Kadokawa was ------- out for praise in the company's monthly newsletter.

(A) divided
(B) motioned
(C) served
(D) singled → 0561

396. At the Corbin Museum, visitors can learn about chemistry while ------- having fun with the interactive and immersive exhibits.

(A) just as
(B) also
(C) lastly
(D) on → 0335

397. One reason for the mall's ------- sales figures was the foul weather, which discouraged many shoppers from leaving home.

(A) robust
(B) mediocre
(C) numerous
(D) foremost → 0707

398. Douglad Auto's merger with Joynad Garage ------- about many big changes to the company's hiring policies.

(A) shook
(B) enlightened
(C) delivered
(D) brought → 0644

399. Snowmobiles can be rented on an hourly basis by ------- Chipmunk Resort guest who is at least eighteen years of age.

(A) most
(B) all
(C) those
(D) any → 0485

400. Even though Ms. Maxwell composes music ------- a living, she hopes to one day work in the field of dentistry and medicine.

(A) from
(B) on
(C) by
(D) for → 0257

正解 **391.** (D) **392.** (A) **393.** (D) **394.** (D) **395.** (D) **396.** (B) **397.** (B) **398.** (D) **399.** (D) **400.** (D) ■ 41

401. ------- more new clients than any other salesperson on the team, Mr. Larson was given the largest bonus possible.

(A) To have landed
(B) Land
(C) Having landed
(D) Landed → 0168

402. ------- would like to attend the staff picnic on June 16 should let Ms. Devlin in administration know by this Friday.

(A) Wherever
(B) Whatever
(C) Whenever
(D) Whoever → 0409

403. Many of the customers' suggestions are ------- of further investigation to ascertain their viability.

(A) worthy
(B) fond
(C) skeptical
(D) valuable → 0776

404. Whoever is responsible for taking out the recyclables should make sure they are ------- at the waste collection point by 10:00 A.M.

(A) everything
(B) many
(C) either
(D) all → 0371

405. Work gloves will be given to ------- participant in the tree planting event so that everyone can protect their hands.

(A) every
(B) all
(C) much
(D) those → 0469

406. Customers can call our round-the-clock customer service hotline when ------- further assistance.

(A) required
(B) requires
(C) requiring
(D) require → 0156

407. Accuris Recruiting's Web site allows job applicants to search for open ------- not only by job category but also by location.

(A) positions
(B) positioning
(C) positioned
(D) positional → 0068

408. Some of the employees noted that they would not ------- working at another office temporarily.

(A) deploy
(B) deduct
(C) object
(D) mind → 0613

409. As stated in the employee manual, the Riverside Kabasan Hotel ------- customer satisfaction above all.

(A) consults
(B) turns
(C) values
(D) responds → 0871

410. Everyone involved in the reforestation project ------- the seedlings to grow well in the fertile soil.

(A) expects
(B) expecting
(C) expect
(D) to expect → 0180

411. There are a number of ------- catering to gardening enthusiasts, though few feature articles on indoor gardening.

(A) refreshments
(B) commodities
(C) concessions
(D) publications   → 0593

412. Marc Rousseau is ------- that he will remain president of the company until its 50th anniversary.

(A) adamant
(B) demographic
(C) offensive
(D) illegible   → 0582

413. Any local business can join the Naperville Baseball Tournament, and ------- parties can download a registration form at www.napervilleevents.org.

(A) interestingly
(B) interesting
(C) interests
(D) interested   → 0054

414. The last person to leave should run through a checklist to make sure the facility is ------- secure.

(A) patiently
(B) briefly
(C) periodically
(D) completely   → 0859

415. The automotive technicians in the training program are eager to put their new skills ------- practice after it wraps up.

(A) through
(B) before
(C) from
(D) into   → 0209

416. Ms. Parnell was not able to ------- with the preparations for the annual banquet since she had her hands full with other projects.

(A) arrange
(B) support
(C) assist
(D) respond   → 0823

417. During the sales meeting, Mr. Mitchell suggested ------- a loyalty program to encourage customers to return to the store.

(A) introducing
(B) to introduce
(C) introduce
(D) to be introduced   → 0183

418. As it was built in the last 20 years, Thompson House is ------- from certain safety inspections at the moment.

(A) exempt
(B) remote
(C) arguable
(D) opportune   → 0781

419. Ms. McKernan decided to give up her position in management ------- she could devote all her time to clinical research.

(A) far
(B) how
(C) so
(D) for   → 0340

420. One of our sales associates will ------- to customer's inquiries within 24 hours excluding Saturdays and Sundays.

(A) answer
(B) respond
(C) suggest
(D) comply   → 0948

421. Just ------- employee was of the opinion that the banquet should be put off till the following month.

(A) whole
(B) much
(C) one
(D) more　　→ 0463

422. While the company president ------- the changes Ms. Willis had made, she reminded her to get permission in advance.

(A) reflected on
(B) approved of
(C) checked in
(D) planned out　　→ 0680

423. Each department of Marshaw Company has the right to have their budgets increased in exceptional -------.

(A) circumstances
(B) formulations
(C) promotions
(D) approximations　　→ 0915

424. Ms. Phillips and another sales manager are against ------- the satellite offices until a more suitable location can be found.

(A) to combine
(B) combination
(C) combining
(D) combined　　→ 0128

425. According to *Beacon Dining Out* magazine, Montezuma serves the most ------- Mexican food on the Gold Coast.

(A) intangible
(B) successive
(C) statistical
(D) authentic　　→ 0753

426. Among the accounting ------- covered during the training program were the identification and recording of transactions.

(A) procedure
(B) procedures
(C) proceeded
(D) procedural　　→ 0014

427. Greene Books distributed one original bookmark to customers ------- book purchased during the week.

(A) under
(B) on
(C) at
(D) per　　→ 0238

428. As Mr. Durant will attend a social ------- tonight, he will not be able to travel to London until tomorrow.

(A) requisite
(B) function
(C) gratuity
(D) confirmation　　→ 0788

429. Roadwork on Elm Avenue had been slated to begin on April 3, ------- unexpected heavy rain prevented workers from getting started.

(A) even so
(B) but
(C) amid
(D) in spite of　　→ 0345

430. The author Ms. Travis takes the ------- to reply to every letter she receives from enthusiastic fans.

(A) way
(B) serial
(C) claim
(D) trouble　　→ 0890

正解 421. (C)　422. (B)　423. (A)　424. (C)　425. (D)　426. (B)　427. (D)　428. (B)　429. (B)　430. (D)

431. Pilnan Construction's workers write their name inside their helmet so they can easily determine which one is -------.

(A) they
(B) their
(C) them
(D) theirs → 0366

432. The next round of judging cannot proceed without ------- the contestants of who has been selected as finalists.

(A) notification
(B) having notified
(C) notified
(D) notify → 0181

433. Mr. Ito mentioned that it would be necessary to ------- a committee to plan for next year's City Art Festival.

(A) collect
(B) convene
(C) belong
(D) deserve → 0932

434. The brand-new Ultamo XB-8 model can be extremely difficult to operate, ------- for the most experienced tractor drivers.

(A) nearly
(B) enough
(C) even
(D) as → 0302

435. Ms. Corby visited Dunhill Rugs in person to ------- out some upholstery fabrics for the new reception area.

(A) step
(B) feel
(C) pick
(D) illuminate → 0512

436. The acquisition was not ------- until after several months of negotiations between the two organizations.

(A) finalizing
(B) finalize
(C) finalized
(D) to finalize → 0148

437. The award will be given to academics ------- ideas led to research breakthroughs and technological advances.

(A) whose
(B) where
(C) those
(D) then → 0410

438. The sales manager remarked that the profit levels of the company ------- simply by implementing basic cost management measures.

(A) had maintained
(B) to maintain
(C) maintaining
(D) were maintained → 0141

439. The Politan Cafeteria on the ground floor of the head office can cater small gatherings ------- the company premises.

(A) when
(B) on
(C) yet
(D) early → 0317

440. Applicants should be aware that while it is well-paid, the head accountant position is extremely -------.

(A) enchanting
(B) sustainable
(C) demanding
(D) triumphant → 0583

441. The confusion among staff after yesterday's announcement is exactly ------- they should always be notified in writing about policy changes.

(A) how
(B) that
(C) why
(D) when → 0446

442. Mr. Wong indicated that advertising a new line of Obunsher Shoes online is necessary in order for ------- to be more widely recognized.

(A) them
(B) those
(C) him
(D) another → 0386

443. Whenever someone signs up for our business seminars, we ------- them to read the preparation material prior to attending.

(A) had encouraged
(B) are encouraged
(C) encouraged
(D) encourage → 0162

444. *Cythering Magazine* is a periodical ------- focused on gardening and horticulture in Australia and New Zealand.

(A) publisher
(B) publication
(C) publish
(D) publishing → 0002

445. The temporary ------- road at the rear of the property is for construction vehicles only.

(A) access
(B) shuttle
(C) purpose
(D) excerpt → 0533

446. Paula Truman first attracted media attention for her ------- of entrepreneur Hamilton Davies.

(A) supplement
(B) biography
(C) probation
(D) preservation → 0793

447. Separating ------- the shrimp shells from the meat inside took longer than the cook had thought it would.

(A) every
(B) all
(C) many
(D) almost → 0461

448. Over the next three years, ChanNanz employees will strive ------- the objectives set forth in the company's management plan.

(A) accomplishments
(B) to accomplish
(C) accomplish
(D) accomplishing → 0119

449. ------- their renewed popularity, vinyl records have become very popular at Lopchap's stores in recent years.

(A) Such as
(B) Owing to
(C) In the event that
(D) Together with → 0318

450. There is a lot of noise from the nearby railroad line at -------, which makes the office ill-suited for some businesses.

(A) periods
(B) moments
(C) times
(D) terms → 0799

正解 **441.** (C) **442.** (A) **443.** (D) **444.** (B) **445.** (A) **446.** (B) **447.** (B) **448.** (B) **449.** (B) **450.** (C)

451. ------- all the advantages of online banking, many Varclay Financial customers prefer to do their banking in person.

(A) Despite
(B) Although
(C) Whether
(D) Before   → 0329

452. Yuchan Apparel offers a variety of special rewards for ------- customers, including members only discounts.

(A) poised
(B) retrieved
(C) zealous
(D) loyal   → 0987

453. Orcina Textile, which produces high-quality cotton yarns and fabrics, ------- for longer than any of its competitors in the region.

(A) is establishing
(B) has been established
(C) established
(D) establishes   → 0165

454. Mr. Jackson started his business with a small budget and a ------- number of employees, but it has grown and is now very profitable.

(A) limiting
(B) limited
(C) limit
(D) limitless   → 0025

455. After Mr. Simmon had retired from his career as a legal consultant, he led a ------- life in his hometown.

(A) foggy
(B) daunting
(C) depleted
(D) secluded   → 0959

456. With 67 percent of the vote, Noriko Hamada has won the runoff election against ------- mayor Kenzo Kubota.

(A) sparse
(B) distinct
(C) whole
(D) incumbent   → 0659

457. Ms. Ogawa has been recognized for her outstanding ------- to the project and for her excellent organizational skills.

(A) commitment
(B) commitments
(C) committing
(D) committed   → 0012

458. The training program was carried out to ------- factory workers with the significant changes in manufacturing procedures.

(A) fossilize
(B) familiarize
(C) legalize
(D) normalize   → 0572

459. The lecture on finance was so dense and intricate that it was ------- the reach of attendees' comprehension.

(A) across
(B) beyond
(C) under
(D) through   → 0252

460. The Dalton Golf Simulator will allow you to train to professional standards without even ------- foot on a golf course.

(A) responding
(B) allowing
(C) setting
(D) moving   → 0552

461. Memetan Tech is currently looking to hire ------- accountants to work in its Springfield office.

(A) elevated
(B) perceived
(C) stranded
(D) qualified → 0545

462. During the seminar, attendees were given tips on how to safeguard ------- from computer security threats.

(A) itself
(B) themselves
(C) their own
(D) its → 0381

463. Light Woods Tower is a residential building, and tenants are not allowed to ------- business of any kind.

(A) duplicate
(B) streamline
(C) return
(D) transact → 0973

464. During the survey, customers were asked to rate their shopping experience based on ------- they had been treated in the store.

(A) what
(B) how
(C) either
(D) once → 0434

465. Ms. Sakurai suggested that her company should ------- marketing costs and focus on improving the quality of their products.

(A) diffuse
(B) mingle
(C) safeguard
(D) curtail → 0870

466. The company asked Ms. Suganuma to be the section manager on an ------- basis until a suitable replacement could be found.

(A) assuming
(B) interim
(C) entangled
(D) onboard → 0838

467. The auction house announced that it had sold the painting, but the ------- of the successful bidder has yet to be revealed.

(A) identified
(B) identity
(C) identifier
(D) identify → 0045

468. Ms. Kaita created a business plan from ------- and had it looked over by a consultant to receive some advice on it.

(A) tariff
(B) petal
(C) function
(D) scratch → 0643

469. At the Garden Festival, a kiosk set up for volunteers will offer coffee service ------- the duration of the event.

(A) whenever
(B) moreover
(C) throughout
(D) including → 0300

470. Mr. Salinger did not expect his biography *Life Be Gorgeous* to ------- to the younger generation as much as it did.

(A) trace
(B) automate
(C) appeal
(D) promote → 0634

正解 **461.** (D) **462.** (B) **463.** (D) **464.** (B) **465.** (D) **466.** (B) **467.** (B) **468.** (D) **469.** (C) **470.** (C)

471. Several clients ------- about the slow replies from the customer service department.

(A) claimed
(B) discussed
(C) complained
(D) refused → 0840

472. No one in the focus group could taste any difference ------- the two new soft drinks that Lyons Beverage had developed.

(A) especially
(B) while
(C) after
(D) between → 0296

473. The editor routinely checks that only ------- information is included in *HimNuts*' monthly newsletters.

(A) visionary
(B) pertinent
(C) immense
(D) thin → 0574

474. The opening of a new housing estate in Winchester has ------- the widening of some roads in the area.

(A) conceded
(B) thrived
(C) swerved
(D) necessitated → 0567

475. Clements Corp. ------- a reputation as one of Idaho's best bottling companies, which led to its business expansion.

(A) aligned
(B) disturbed
(C) earned
(D) assured → 0537

476. The president reiterated that the position of chief technology officer is the ------- important position in the organization.

(A) little
(B) none
(C) each
(D) most → 0482

477. Not long after she ------- her degree in electrical engineering, Ms. Kikuchi took a job as a computer network architect.

(A) had completed
(B) will complete
(C) completes
(D) has completed → 0147

478. Amero Rentals' exceptional customer service and affordable prices set it ------- other rental car companies in Australia.

(A) additionally
(B) with regard to
(C) apart from
(D) meanwhile → 0304

479. Indigo Cabins has many canoes ------- hire that guests can use, along with paddles, life jackets and other equipment.

(A) onto
(B) for
(C) during
(D) inside → 0248

480. The documentary crew was given permission to film the artist at his studio and capture his creative ------- in action.

(A) empathy
(B) process
(C) accommodations
(D) calculations → 0977

481. Meunaron Bank ------- no expense in the design of its new corporate headquarters.

(A) prepared
(B) spared
(C) formalized
(D) maneuvered   → 0891

482. At the section leaders' meeting, Ms. Gold ------- a suggestion that could save the company thousands of dollars.

(A) put forward
(B) handed out
(C) laid off
(D) marked off   → 0940

483. The majority of the board directors supported ------- the chief financial officer's concerns over the organization's viability.

(A) disclosing
(B) to disclose
(C) disclosure
(D) discloses   → 0166

484. The new parking lot is a big ------- as we have had a 30 percent increase in sales since it was built.

(A) plus
(B) drain
(C) source
(D) perception   → 0705

485. Despite her busy schedule, Ms. Peterson attended the ------- exhibition in Minneapolis to represent the company.

(A) trades
(B) trader
(C) traded
(D) trade   → 0037

486. ------- of the pharmaceutical companies involved in the joint clinical study has thus far reported on their findings.

(A) Some
(B) None
(C) All
(D) Almost   → 0367

487. Mr. Soriano told the reporters when the new device would be launched ------- notifying them of the location of its unveiling.

(A) its
(B) without
(C) in that
(D) still   → 0349

488. The opening of Goldbake's first overseas office is a ------- in the company's history.

(A) milestone
(B) reference
(C) connotation
(D) forefront   → 0892

489. Mr. Bremmer's logo design was chosen ------- Ms. Burke's because it was more colorful and eye-catching.

(A) out
(B) along
(C) onto
(D) over   → 0234

490. It will be necessary to ------- a charge on residents using the shared barbecue from next month.

(A) extract
(B) dispatch
(C) impose
(D) spoil   → 0846

正解 481. (B) 482. (A) 483. (A) 484. (A) 485. (D) 486. (B) 487. (B) 488. (A) 489. (D) 490. (C)

491. The author mentioned that the best moment of his life is ------- he receives positive reviews from the readers.

(A) when
(B) what
(C) this
(D) which　→ 0435

492. Mr. Timms accepted an award for industrial design in ------- of the company CEO, Mr. Green.

(A) line
(B) place
(C) position
(D) work　→ 0925

493. Sharon Gerhardt moved to Sydney and made a ------- for herself as a leading chef in the competitive culinary scene there.

(A) dispute
(B) tale
(C) remainder
(D) name　→ 0835

494. ------- one of the laboratory assistants was asked to tidy up the lab and put everything back where it belongs.

(A) Each
(B) All
(C) Other
(D) Little　→ 0481

495. Due to the blizzard, all ------- trains connecting Philadelphia with areas south of the city were not running this morning.

(A) commuting
(B) commuted
(C) commuter
(D) commutes　→ 0043

496. To apply for a position at Heart Foods, the candidates must have a proven ability to perform well in team -------.

(A) settings
(B) intakes
(C) capacities
(D) origins　→ 0710

497. The magazine editor made several ------- to one article just before sending it to the printer.

(A) analysis
(B) rights
(C) findings
(D) amendments　→ 0888

498. The evidence from the GNI research team was so ------- and reasonable that no further studies of the method's efficacy have been conducted.

(A) detailing
(B) details
(C) detailed
(D) detailedness　→ 0051

499. Most members of our mentorship program are ------- business professionals who have valuable information to share.

(A) accomplishment
(B) accomplishing
(C) accomplished
(D) accomplishable　→ 0079

500. The client was impressed with the ------- of the software but questioned the high price Octopsley Company charges.

(A) versatility
(B) deficiency
(C) vicinity
(D) redundancy　→ 0943

501. Stremto has launched a new line of instant polaroid cameras, ------- with their own unique shape and design.

(A) any
(B) that
(C) every
(D) each   → 0497

502. Sky & Clouds IT asks all applicants to supply them with at least two employment ------- from former employers.

(A) references
(B) quotations
(C) conditions
(D) characters   → 0587

503. Creating a workplace environment where all employees can freely exchange their opinions can benefit -------.

(A) either
(B) any
(C) everyone
(D) other   → 0354

504. Because Ms. Holmes was unable to ------- to a five-year contract, another supplier was chosen in the end.

(A) obey
(B) adopt
(C) commit
(D) fulfill   → 0609

505. ------- she visited the Resolla Building to change money, Olivia was unaware that the currency exchange had closed.

(A) Whether
(B) Until
(C) Because
(D) Neither   → 0301

506. In order to encourage maximum participation, the Bonbado Festival was timed to ------- with a national holiday.

(A) coincide
(B) match
(C) struggle
(D) prioritize   → 0837

507. Someone with ------- skills and a strong background in finance will receive an enthusiastic welcome from Harper Investment.

(A) interpersonal
(B) disputable
(C) subsequent
(D) poignant   → 0963

508. The hiring director wishes to interview the one ------- résumé was submitted to the human resources department on March 3.

(A) when
(B) which
(C) those who
(D) whose   → 0436

509. Sales in the first and second quarters of the year were very strong, growing 25 percent and 32 percent -------.

(A) immensely
(B) eminently
(C) respectively
(D) implausibly   → 0506

510. Once the ------- of the problem has been accurately identified, it will be communicated to the head office in Manchester.

(A) desire
(B) footage
(C) nature
(D) closure   → 0982

■ 正解 **501.** (D) **502.** (A) **503.** (C) **504.** (C) **505.** (B) **506.** (A) **507.** (A) **508.** (D) **509.** (C) **510.** (C)

511. The forecast from the National Meteorological Agency prompted authorities ------- a warning about the storm to vessels in the bay.

(A) to broadcast
(B) broadcast
(C) have broadcast
(D) broadcasts →0171

512. Some customers complained online that it was difficult to ------- sense of the assembly instructions for the furniture.

(A) grow
(B) make
(C) discern
(D) constitute →0696

513. Passengers are asked to ------- updates, which will be announced over the public address system.

(A) come down with
(B) get on toward
(C) stand by for
(D) cut down on →0956

514. Ms. Hernandez placed the order for stationery only yesterday and was not ------- it to arrive so soon.

(A) expectant
(B) expectation
(C) expects
(D) expecting →0064

515. The filters on the restaurant's air conditioners are replaced on a regular ------- for sanitary reasons.

(A) spectrum
(B) duration
(C) basis
(D) timing →0661

516. Participants are grouped ------- ability rather than age in the Tekonoma Gardening Workshop.

(A) as long as
(B) according to
(C) except for
(D) in addition →0328

517. Klimt Development has ------- into an agreement with Harper Towers Condominium that gives the real estate firm exclusive rights to sell the apartments.

(A) formed
(B) entered
(C) decided
(D) worked →0523

518. Drama directors are required to have the ability to be aware of the time and budget ------- of each project.

(A) tactics
(B) amplitude
(C) docility
(D) constraints →0590

519. At Ribbon IT Solutions, employees are ------- for expenses related to business trips as soon as they submit their receipts.

(A) reimbursed
(B) defended
(C) articulated
(D) overlooked →0960

520. Montclair Heart Antiques will be selling a wide assortment of vintage furniture ------- a discount from October 16 to 22.

(A) to
(B) by
(C) at
(D) as →0207

521. Since the weather is quite ------- in the mountains, be sure to bring rain gear such as umbrellas or raincoats to the tour.

(A) versatile
(B) vulnerable
(C) frugal
(D) unstable → 0687

522. New measures to solve environmental pollution were passed ------- at the annual meeting on August 8.

(A) objectionably
(B) unanimously
(C) optimally
(D) stringently → 0616

523. The Brantford Library holds workshops for anyone ------- guidance on how to improve their public speaking skills.

(A) has sought
(B) seeks
(C) sought
(D) seeking → 0121

524. Seadley Corp., ------- is currently located in midtown Shanghai, has formally announced that it is relocating its headquarters to Beijing.

(A) where
(B) which
(C) that
(D) each → 0426

525. The Alex Resort Group uses video testimonials from ------- customers to promote its brand and services.

(A) satisfied
(B) satisfying
(C) satisfaction
(D) satisfy → 0063

526. Preparing for the camping trip in Yellowwood National Park, everyone made sure they would have ------- food to last for five days.

(A) any
(B) enough
(C) a few
(D) many → 0470

527. Heavy rainfall and other inclement weather impacted sporting events last summer, ------- of which had to be canceled or postponed.

(A) many
(B) either
(C) little
(D) anything → 0362

528. Please find the attached copy of your receipt, which you should keep on record for ------- reference.

(A) successive
(B) irrelevant
(C) future
(D) adaptive → 0513

529. We are currently waiting on a shipment of promotional ------- from CRT Printing Company.

(A) resurgence
(B) altitude
(C) credibility
(D) material → 0639

530. A growing number of technology firms ------- production to factories in South America in recent years to reduce costs.

(A) outsourcing
(B) have been outsourcing
(C) had outsourced
(D) will outsource → 0170

531. Builders involved in the Stephands Bridge construction project were ------- in their efforts to meet the deadline by the spate of inclement weather.

(A) earned
(B) protested
(C) afforded
(D) hindered →0606

532. Passengers should be aware that mobile phone use is ------- during all STW flights.

(A) prohibited
(B) rented
(C) averted
(D) received →0852

533. Mr. Johnson confirmed ------- reached with overseas suppliers had yet to be approved by senior management.

(A) dealt
(B) dealer
(C) deals
(D) dealing →0053

534. At a book signing event, Mr. Freeman gave a ------- speech on the benefits of daily exercise.

(A) persuasive
(B) stagnant
(C) diagnostic
(D) simultaneous →0699

535. Owing to today's heavy snowfall and road closures, we are extending the deadline for submitting an application ------- one day.

(A) to
(B) by
(C) up
(D) at →0245

536. Staff members are reminded to make ------- of the private meeting rooms when discussing confidential matters.

(A) reservation
(B) policy
(C) stand
(D) use →0775

537. ------- please find a copy of Axeltech's latest catalog, including our complete line-up of measuring and analytical instruments.

(A) Enclosed
(B) Enclosing
(C) Enclosure
(D) Enclose →0067

538. Ms. Durant stated that she was ------- with the outcome of the multilateral negotiations.

(A) pleasing
(B) full
(C) happy
(D) satisfying →0879

539. Dogoda Communications is committed to supporting the environment ------- effective recycling and waste management solutions.

(A) provided
(B) between
(C) through
(D) among →0284

540. In the long run, it can be cheaper to purchase more expensive building materials as they tend to ------- longer.

(A) assess
(B) last
(C) extend
(D) sum →0683

541. Thanks to the excellent marketing campaign, people have been ------- to Don's Eats to try its new burgers.

(A) diluting
(B) delegating
(C) flocking
(D) subsiding   → 0547

542. For anyone seeking a job at Cypress Film Studios, there are currently ------- job offers available in the production department.

(A) something
(B) a few
(C) much
(D) other   → 0475

543. Since ------- applied for the job they had posted, the Human Resources department rethought where to put advertisements for it.

(A) nobody
(B) those
(C) whoever
(D) it   → 0394

544. Mayor Robert Hammond ------- to take active measures to improve the sewer system on Planama Street.

(A) ensured
(B) implemented
(C) adhered
(D) pledged   → 0815

545. In her ------- speech, Ms. Driscoll thanked her staff for all of their hard work in creating the amazing animation.

(A) removal
(B) acceptance
(C) attainment
(D) diagnosis   → 0628

546. The human resources team has a lot of job applications to ------- through before any interviews can be scheduled.

(A) fill
(B) get
(C) find
(D) hand   → 0878

547. The second edition of Catherine Padilla's famous novel about life in the eighteenth century is ------- as valuable as the first.

(A) over
(B) since
(C) nearly
(D) well   → 0313

548. Journalist Anna Burdett will travel to regions of India ------- she will report on the country's general election.

(A) where
(B) why
(C) which
(D) that   → 0444

549. The large bay windows on the apartment's east side are a ------- point of the room.

(A) concise
(B) receptive
(C) focal
(D) tense   → 0762

550. Sakuraba Condominium is ------- priced and located between Clarksville and Trenton, making it perfect for commuting to either community.

(A) simultaneously
(B) overwhelmingly
(C) affordably
(D) indefinitely   → 0850

正解 **541.** (C) **542.** (B) **543.** (A) **544.** (D) **545.** (B) **546.** (B) **547.** (C) **548.** (A) **549.** (C) **550.** (C)

551. ------- more information regarding product line-ups or to purchase our products, please visit our online store.

(A) About
(B) To
(C) With
(D) For → 0216

552. Warehouse workers must be ------- careful that chemical containers are labeled correctly.

(A) nearly
(B) variably
(C) erratically
(D) doubly → 0851

553. Rules for the disposal of ------- items may differ depending on your local government.

(A) symbolic
(B) combustible
(C) susceptible
(D) kinesthetic → 0961

554. The customer service consultant told Mr. Ramos he could download the corresponding ------- manual for the grinder device he owned.

(A) instructed
(B) instructively
(C) instructing
(D) instruction → 0016

555. Mr. Nelson wrote a message to his staff ------- he could not have won the Stirling Architecture Award without their support.

(A) acknowledged
(B) acknowledging
(C) acknowledges
(D) has acknowledged → 0139

556. Every ------- will be made to ensure that the shipment arrives within three days of the customer's order.

(A) try
(B) virtue
(C) effort
(D) take → 0874

557. The film has been criticized by a great many of its reviewers for its ------- on computer-generated imagery.

(A) prominence
(B) overreliance
(C) observance
(D) compliance → 0594

558. The ------- package Norsand Corp. offers its employees is listed on the company's Web site.

(A) benefits
(B) benefitting
(C) benefitted
(D) beneficent → 0006

559. Competition organizers made it clear that an extension of the submission deadline would be out of the -------.

(A) request
(B) service
(C) question
(D) knowledge → 0979

560. *Fisher King* is a ------- magazine with subscribers in 12 different countries including Japan.

(A) horizontal
(B) guarded
(C) stringent
(D) quarterly → 0923

561. No matter ------- critically acclaimed each of her films is, director Pamela Durbin continually strives to make better ones.

(A) what
(B) how
(C) the one
(D) where　　　→ 0414

562. The press release stated that Starwin Corp. signed an agreement with Sora Networks ------- on the development of a communications satellite.

(A) collaborate
(B) has collaborated
(C) collaborated
(D) to collaborate　　　→ 0173

563. To further expand his business, Mr. Jones is ------- into the idea of opening a second bakery in Broadbeach.

(A) inspecting
(B) considering
(C) advancing
(D) looking　　　→ 0550

564. Invio Systems has introduced a new technology that could potentially be used in ------- processing and recycling operations.

(A) waste
(B) wasting
(C) wasted
(D) waster　　　→ 0047

565. Since none of the knobs were attached to the newly installed kitchen cabinets, Mr. White screwed ------- on this morning.

(A) his
(B) him
(C) theirs
(D) them　　　→ 0384

566. The law firm's director received a considerable amount of support from the senior associates but ------- from the legal assistants.

(A) little
(B) few
(C) much
(D) neither　　　→ 0498

567. All leftover materials must be ------- of in accordance with recently updated city regulations.

(A) dealt
(B) assimilated
(C) depleted
(D) disposed　　　→ 0884

568. Tarnad Star Repairs has ------- trained mechanics on staff at each of its stores in Birmingham.

(A) alternatively
(B) consequently
(C) thoroughly
(D) audibly　　　→ 0718

569. The signboard says that the Heart Warm monument is roughly two kilometers ------- the famous Hannel Bridge.

(A) through
(B) by
(C) among
(D) past　　　→ 0202

570. Many survey respondents indicated that they ------- the original sugar flavor, which has been sold for more than a decade, to the vanilla version.

(A) care
(B) like
(C) delight
(D) prefer　　　→ 0935

　正解 **561.** (B)　**562.** (D)　**563.** (D)　**564.** (A)　**565.** (D)　**566.** (A)　**567.** (D)　**568.** (C)　**569.** (D)　**570.** (D)

571. Kokoromo Restaurant will alter its hours of ------- so that it can offer brunch on weekends.

(A) excursion
(B) preference
(C) operation
(D) insulation →0584

572. The new software developed by Maxcycle Data ------- users to create sophisticated graphics for Web sites and other platforms.

(A) to enable
(B) enabling
(C) enables
(D) enable →0142

573. It was last week that Mr. Anderson gave formal ------- of his retirement from Stamps Cleaning.

(A) effect
(B) notice
(C) lodgment
(D) apology →0918

574. Cranston Hardware has a ------- selection of paints at very reasonable prices.

(A) prompt
(B) sweeping
(C) massive
(D) baffling →0976

575. Tavita's Tacos has commissioned Lizven Fashions to design a new uniform ------- employees of the fast-food chain.

(A) on
(B) once
(C) for
(D) till →0286

576. As the tractor showed ------- of wear and tear, Mr. Launder had it inspected by a qualified mechanic.

(A) signs
(B) meanings
(C) forces
(D) sounds →0723

577. In comparison to previous forecasts, ------- sales for last fiscal year increased by far more than anticipated.

(A) consolidation
(B) consolidated
(C) consolidating
(D) consolidates →0072

578. The building manager has indicated that she will ------- unauthorized parking in the garage.

(A) drop in on
(B) get on with
(C) clamp down on
(D) live up to →0719

579. ------- the recent arrival of warmer weather, the personnel department is reminding all staff to follow the dress code.

(A) Considering
(B) Besides
(C) Against
(D) Over →0205

580. Ticks Enterprises recently purchased an ------- building on the edge of town, which it will refurbish.

(A) estimated
(B) opposed
(C) unfolded
(D) abandoned →0517

581. Many organizations store even their undisclosed information on the cloud, ------- others are reluctant to do so.

(A) after all
(B) whereas
(C) in spite of
(D) so that → `0332`

582. ------- Oriona Air Flight 627 passengers can now retrieve their luggage at Carousel D in the baggage claim area.

(A) Ones
(B) All
(C) Each
(D) Every → `0495`

583. The ------- crossing on Yucosh Street will be replaced with an overpass this month.

(A) distinct
(B) vernal
(C) lineal
(D) pedestrian → `0563`

584. A ------- breakfast is included for guests staying at the Continental Summer Hotel for three days or more.

(A) momentous
(B) sparing
(C) devoted
(D) complimentary → `0834`

585. The floral centerpieces were chosen by the decorator ------- the bright and cheerful interior of the banquet hall.

(A) complements
(B) to complement
(C) has complemented
(D) complementing → `0178`

586. The idea of ------- Chiemeng's product line was first floated by one of the interns in the marketing department.

(A) manipulating
(B) counting
(C) enlightening
(D) diversifying → `0588`

587. The historic estate ------- Fallsview Adventures regularly takes its touring guests is currently closed for renovations.

(A) once
(B) then
(C) where
(D) what → `0429`

588. *Spring Night* is a ------- film adaptation of the popular novel by Mary White.

(A) discretionary
(B) faithful
(C) persuasive
(D) groundless → `0507`

589. Details pertaining to our product prices, shipping fees, and delivery times are all ------- in the service agreement.

(A) specification
(B) specify
(C) specifying
(D) specified → `0094`

590. Ms. Love expressed ------- about the project timeline because it did not take seasonal holidays into account.

(A) periodicals
(B) concerns
(C) petitions
(D) possessions → `0938`

591. Any changes in your membership level will be reflected in the next billing -------.

(A) cycle
(B) delivery
(C) turn
(D) round → 0774

592. At Wicmaco's new office building, the company will ------- parking for those who visit for a meeting or job interview.

(A) to validate
(B) have been validated
(C) be validated
(D) be validating → 0138

593. According to the ship's manifest, dozens of containers ------- the vessel contain hazardous chemicals that need to be handled with care.

(A) beyond
(B) onto
(C) aboard
(D) beneath → 0236

594. The illustrious literary critic Ms. Nonaka spoke highly of the serial novel, *Brisbane Tales*, saying that there was no room for -------.

(A) appreciation
(B) performance
(C) improvement
(D) fulfillment → 0706

595. Neison Garage gives all customers an ------- bill for the work that is carried out on their cars promptly.

(A) appreciated
(B) observed
(C) itemized
(D) enforced → 0722

596. The directors moved the teleconference forward so that Ms. Capaldi could join ------- before her doctor's appointment.

(A) those
(B) each
(C) its
(D) it → 0382

597. Rebecca Hill explained how recent world events were a big ------- of inspiration for her latest novel *Voice and Power*.

(A) surplus
(B) chapter
(C) source
(D) emphasis → 0761

598. Empty stores have become a common ------- in the area, which the local administration sees as a problem.

(A) sight
(B) destination
(C) mishap
(D) sidewalk → 0729

599. Much to the relief of the head of security, all of the necessary precautions ------- in advance of the music concert.

(A) have undertaken
(B) are undertaking
(C) had been undertaken
(D) undertaken → 0196

600. Many companies are ------- out insurance policies to protect themselves in the event of a natural disaster.

(A) striking
(B) saving
(C) taking
(D) getting → 0598

601. Mr. Timms appeared on *Morning Talk* and spoke ------- about his company's expansion plans.

(A) candidly
(B) mutually
(C) reportedly
(D) apparently → 0685

602. Working for Dynos Labs five years ago, Ms. Gallagher and her colleagues ------- a new chemical substance.

(A) discovered
(B) discovering
(C) have discovered
(D) were discovered → 0149

603. Dr. Martinez and his research team discovered a new species of bird ------- for their magnificent wings.

(A) remarkableness
(B) remarks
(C) remarked
(D) remarkable → 0098

604. According to the Web site, those who ------- to enroll in the Librarian Certification Program must do so by August 20.

(A) intend
(B) intends
(C) is intended
(D) intending → 0129

605. Improving ------- is one of the easiest ways to raise profit levels in many service-based businesses.

(A) productivity
(B) saturation
(C) justification
(D) installment → 0735

606. While Berrypop's new soda is available only at certain stores, its flagship products can be purchased -------.

(A) whichever
(B) whatever
(C) everything
(D) anywhere → 0359

607. The automaker has been asked to provide more information about ------- its new pickup truck was not recalled sooner.

(A) or
(B) that
(C) which
(D) why → 0425

608. Creating a supply contract is a good way to ------- against unforeseen price rises.

(A) exaggerate
(B) escape
(C) safeguard
(D) liquidate → 0786

609. Whether there are ------- who want to join the seminar or not, the larger conference room is going to be used.

(A) many
(B) every
(C) little
(D) least → 0491

610. Disinfecting all the production equipment was much more ------- than the cleaning crew could handle in a single day.

(A) workers
(B) working
(C) works
(D) work → 0035

611. Stribo Services won a major contract to upgrade the water supply system ------- the sanitation facility on Yavallo Island.

(A) otherwise
(B) not only
(C) along with
(D) even though　→ 0324

612. The studio not only canceled the premiere of its documentary but also pushed its release back ------- September 28.

(A) of
(B) up
(C) at
(D) to　→ 0223

613. If a donation does not reach its intended -------, the donor will be eligible for a full refund.

(A) benefitted
(B) beneficial
(C) beneficence
(D) beneficiary　→ 0026

614. COT Appliances gave its customers a 15 percent discount to ------- the inconvenience caused by the shipping delays.

(A) call for
(B) buy up
(C) result in
(D) make up for　→ 0951

615. Everyone, with the ------- of the staff working in the loading dock, must come to a lunchtime meeting in the conference room today.

(A) restriction
(B) assessment
(C) hesitation
(D) exception　→ 0636

616. Since the end-of-the-year office party is a casual affair, staff members are welcome to dress ------- they'd like that evening.

(A) rather
(B) however
(C) even
(D) because　→ 0344

617. Promes IT's office staff is ------- from leaving any items in the refrigerator overnight.

(A) denied
(B) refused
(C) deferred
(D) discouraged　→ 0611

618. The entire staff at Mindaura Graphics spent the evening ------- having been in business for ten years.

(A) celebrated
(B) to celebrate
(C) celebrating
(D) celebrates　→ 0132

619. Greene Supermarkets relies on a local ------- agency for most of its staffing needs.

(A) commodity
(B) metropolitan
(C) employment
(D) representative　→ 0607

620. Department budgets are ------- by the staff in the accounting section, who use data from previous years' spending.

(A) pronounced
(B) evacuated
(C) determined
(D) entailed　→ 0897

621. Information about upcoming publications from Carlisle Books and their release dates ------- on our Web site shortly.

(A) will be posted
(B) were posting
(C) are posted
(D) will post

→ 0187

622. All but one of the members of the focus group ------- the sour cream potato chips to the habanero-flavored type.

(A) to prefer
(B) preferring
(C) prefers
(D) prefer

→ 0198

623. At Lloyds Movers, we know that moving your furniture from one location to ------- requires careful planning and preparation.

(A) either
(B) another
(C) what
(D) anything

→ 0352

624. Having edited many nonfiction books, Ms. Iwatani is a ------- respected figure in the publishing industry.

(A) shortly
(B) adversely
(C) horizontally
(D) highly

→ 0608

625. Although ------- information has been revealed about Donpi's new TA-1 tablet, the tech journalist was able to uncover some details recently.

(A) little
(B) few
(C) such
(D) all

→ 0462

626. Volunteers will receive a ------- from one of the event organizers when it is time to serve the food.

(A) capacity
(B) fine
(C) signal
(D) triumph

→ 0902

627. Julia Ashby ------- consultations on legal affairs related to taxation in Ontario since she moved there eight years ago.

(A) is providing
(B) has been providing
(C) had provided
(D) provides

→ 0150

628. ------- weather conditions resulted in the postponement of the beach cleanup, which was originally scheduled to be held on July 6.

(A) Gustatory
(B) Unfavorable
(C) Tolerant
(D) Feeble

→ 0989

629. If you have called us ------- regular business hours, be sure to leave a message including your name and phone number.

(A) toward
(B) though
(C) until
(D) outside

→ 0348

630. Mr. Takagi had the advertising ------- shipped to the conference center directly from the printing company.

(A) reputation
(B) transaction
(C) bankruptcy
(D) literature

→ 0783

正解 **621.** (A) **622.** (D) **623.** (B) **624.** (D) **625.** (A) **626.** (C) **627.** (B) **628.** (B) **629.** (D) **630.** (D)

631. Turning the red dial on the spotlight's control panel will either increase or decrease its brightness, ------- you prefer.

(A) whichever
(B) either
(C) whoever
(D) both →0432

632. After dinner, many hotel guests enjoy taking a ------- walk along the shoreline stretching eastward.

(A) tremendous
(B) impartial
(C) leisurely
(D) bountiful →0675

633. Customers who sign up for a Zoelly Apparel membership card will receive a twenty percent ------- on their first purchase.

(A) discounts
(B) discounted
(C) discount
(D) discounting →0089

634. Plume University was able to ------- funding for a research project that will involve over 100 students.

(A) shortcut
(B) bargain
(C) dissolve
(D) secure →0972

635. The book *Sweet Home Santorini* is ------- up of many short stories from the writer's childhood in Greece.

(A) taken
(B) made
(C) drawn
(D) thought →0530

636. The Pretal Agency provides legal translation services by professional translators on a ------- basis and at affordable rates.

(A) timeliness
(B) timing
(C) timed
(D) timely →0022

637. Road maps can be obtained free of ------- at the main office of Gladway Auto Rentals.

(A) price
(B) fee
(C) fare
(D) charge →0777

638. With a rapidly growing population, the town is full of ------- as a location for investment.

(A) promise
(B) vicinity
(C) sequence
(D) insignificance →0958

639. Logopock's device uses GPS technology ------- drivers about traffic congestion, road closures, and even the availability of parking spaces.

(A) notifies
(B) notify
(C) notified
(D) to notify →0140

640. Ms. Nguyen's assistant has been tasked ------- reducing the length of the press release without omitting anything important.

(A) into
(B) with
(C) except
(D) despite →0201

641. Brandon Wallace ------- the position of executive director following Dana Tinsley's retirement this coming May.

(A) will assume
(B) has assumed
(C) assuming
(D) assumed   → 0167

642. The ------- figure of *Find the Rainbow* is 95,000 this year and they are now sold in every region of the country.

(A) circulative
(B) circulatory
(C) circulator
(D) circulation   → 0011

643. Martha Baartz is an internationally ------- violinist who has had several sold-out solo tours.

(A) acclaimed
(B) ensured
(C) conveyed
(D) measured   → 0651

644. While prices tend to ------- from month to month, real estate is generally regarded as an excellent investment.

(A) preclude
(B) irritate
(C) provoke
(D) fluctuate   → 0549

645. Work on the job site came to a ------- when the construction team ran out of needed building materials.

(A) stroll
(B) halt
(C) cascade
(D) surplus   → 0631

646. Mr. Brooks decided to repair the dishwasher on his own ------- of returning it to the store where he had purchased it.

(A) likewise
(B) because
(C) instead
(D) concerning   → 0347

647. Lovang Manufacturing must hire an additional 200 factory hands to reach its ------- capacity by March, when the company plans to ramp up production.

(A) complete
(B) full
(C) groundless
(D) bare   → 0858

648. ------- answering the telephone, make sure to identify yourself and the company in a courteous and professional manner.

(A) Whomever
(B) Whichever
(C) Whenever
(D) Whatever   → 0404

649. Mr. Donaldson ------- to the stage to give the keynote speech at the Freeman Technology Conference to thunderous applause from the audience.

(A) set
(B) took
(C) chased
(D) alighted   → 0970

650. Kappan Organization is raising funds from the general ------- to build a library in the town.

(A) improvisation
(B) public
(C) admission
(D) inheritance   → 0693

正解 **641.** (A) **642.** (D) **643.** (A) **644.** (D) **645.** (B) **646.** (C) **647.** (B) **648.** (C) **649.** (B) **650.** (B)

651. Telefona West offers two separate mobile communication services, one for individual users and ------- for business entities.

(A) either
(B) some
(C) the ones
(D) the other →0361

652. In order to determine the viability of solar panels, Mr. Harper made an ------- calculation of the annual electricity bill.

(A) exorbitant
(B) approximate
(C) orderly
(D) intermediate →0554

653. MTR Insurance's Total Coverage package ensures that you and your assets will be protected no matter what comes to -------.

(A) proceed
(B) benefit
(C) pass
(D) lose →0754

654. Once the conference wraps up this weekend, the organizers ------- its attendee survey on both days of the event.

(A) will have administered
(B) administered
(C) have administered
(D) have been administering →0123

655. The ------- plans for the Chanmeg Exhibition are scheduled to be reviewed by museum management next Tuesday.

(A) tireless
(B) apologetic
(C) preliminary
(D) industrial →0882

656. The new software ------- in the home design process by providing instant 3D models.

(A) enables
(B) pioneers
(C) assists
(D) stabilizes →0630

657. Mr. Seppala asked the aerobics instructor to turn down the music in her room so that it wouldn't interfere ------- his yoga class.

(A) into
(B) for
(C) with
(D) against →0222

658. Water-rich foods such as fruits and vegetables should be kept in the middle part of the NH-1 refrigerator ------- to avoid being frozen.

(A) dimension
(B) attribution
(C) assembler
(D) compartment →0812

659. You can return the rental car to this agency or to ------- one of our locations, whichever is easiest for you.

(A) those
(B) another
(C) that
(D) sometime →0454

660. Our technicians will get in ------- with you at a later date to discuss the cost of solar panel installation.

(A) place
(B) motion
(C) touch
(D) hand →0800

---

651. (D) **652.** (B) **653.** (C) **654.** (A) **655.** (C) **656.** (C) **657.** (C) **658.** (D) **659.** (B) **660.** (C)   67

661. Launched three years ago, the FD1000 dishwasher from KitchPro has been known for its -------.

(A) fertility
(B) expiration
(C) rejection
(D) durability →0868

662. Ms. Nguyen was reminded to check the departure ------- for her flight and arrive at the boarding gate early.

(A) timer
(B) times
(C) time
(D) timed →0010

663. The Boston Baseball Museum has a wonderful collection of ------- from the last 50 years.

(A) souvenir
(B) memorabilia
(C) repercussion
(D) validation →0797

664. Vance Conference Center charges a 50 percent cancellation fee and does not grant any -------.

(A) mishaps
(B) exemptions
(C) hesitations
(D) dedications →0964

665. One customer at our Hamilton location ------- bought the Mac-IX Printer complained that its user manual is difficult to follow.

(A) who
(B) which
(C) where
(D) when →0424

666. Although there is lots of arable land east of the Pansala Mountains, there is very ------- to the west of this range.

(A) few
(B) little
(C) many
(D) much →0490

667. Our quarterly catalog, which covers our complete line of products for the current season, ------- to addresses across Ireland.

(A) ship
(B) ships
(C) to ship
(D) shipping →0127

668. In accordance with the labor law, employers must necessarily ------- their workers a one-hour break during shifts that are eight hours or longer.

(A) grants
(B) grant
(C) granting
(D) granted →0059

669. After much consideration, the building's landlord lowered the rent to encourage businesses to -------.

(A) stay
(B) nullify
(C) build
(D) convene →0796

670. Employees traveled to the retreat at Glendale Spa Resort ------- because there were no shuttle buses available.

(A) marginally
(B) separately
(C) dependently
(D) selectively →0509

正解 **661.** (D) **662.** (C) **663.** (B) **664.** (B) **665.** (A) **666.** (B) **667.** (B) **668.** (B) **669.** (A) **670.** (B)

671. Encouragement from peers can be highly motivational for ------- endeavoring to achieve a long-term goal.

(A) whoever
(B) another
(C) those
(D) something →0390

672. ------- for the annual food fair exceeded the expectations of organizers by a wide margin.

(A) Screening
(B) Turnout
(C) Downfall
(D) Uptake →0756

673. Norsand Café usually has additional staff on duty during the evening ------- to handle the evening rush.

(A) utensils
(B) hours
(C) stocks
(D) means →0714

674. Once inside the center, conference attendees will be directed to the ------- desk, where they can obtain their pass.

(A) registers
(B) registration
(C) registered
(D) registering →0024

675. We have decided to do ------- with the requirement to submit a report for business trips of two days or shorter.

(A) across
(B) away
(C) forward
(D) nearly →0765

676. We will contact all bidders and inform them of our decision ------- our committee has selected a contractor.

(A) around
(B) whereas
(C) only
(D) once →0278

677. The government has commissioned the development of some local infrastructure projects to ------- economic growth.

(A) admire
(B) receive
(C) thrive
(D) foster →0721

678. Free passes for the play's opening night will be ------- to employees on Monday.

(A) received
(B) dispersed
(C) validated
(D) distributed →0671

679. The personnel director made clear where she stands ------- the issue of offering employees the option of a compressed workweek.

(A) by
(B) to
(C) across
(D) on →0241

680. Staff may not provide consultancy services to private businesses while they are in the ------- of Moreton Shire Council.

(A) promotion
(B) reputation
(C) employ
(D) sacrifice →0709

681. Meitreware is so confident in the quality of its tools that it accepts returns -------.

(A) succinctly
(B) profoundly
(C) dismissively
(D) unconditionally →0804

682. You will receive an e-mail with your login details ------- we have confirmed your subscription to *Photoshot Magazine*.

(A) therefore
(B) as soon as
(C) in order that
(D) resulting from →0323

683. Cancellations must be made in ------- with airline policies, which are explained on Korean Heart Airlines' Web site.

(A) dependence
(B) affect
(C) contact
(D) accordance →0785

684. Wansan Café and Bistro has been offering an ------- menu of Mediterranean cuisine using fresh and organic produce.

(A) intricate
(B) oriented
(C) eclectic
(D) errant →0516

685. All the voice actors at Dynoz Studios work there ------- as full-time employees or on a freelance basis.

(A) both
(B) whom
(C) either
(D) each →0287

686. From tomorrow, all Supornack's employees will be required to enter an ------- code in order to gain admission to the building.

(A) expiration
(B) initiation
(C) authorization
(D) unification →0544

687. The Dickinson Library attached additional ------- to the bookshelves on which its sets of encyclopedias are arranged.

(A) supporter
(B) supporting
(C) supports
(D) supported →0084

688. Rob Dunn worked hard at several top restaurants in order to ------- himself as a chef.

(A) persuade
(B) chronicle
(C) suffice
(D) establish →0525

689. If ------- of the budget cuts result in reduced advertising, our company will be at risk of losing market share.

(A) which
(B) what
(C) any
(D) whether →0358

690. Mr. Ebrahem ------- the company's management to outsource the design of its promotional materials.

(A) suggested
(B) relinquished
(C) requested
(D) compromised →0730

691. Chrono Company decided to ------- up on copy paper and ink cartridges while prices were low.

(A) fill
(B) remain
(C) take
(D) stock　→ 0855

692. All Wirgen Utility employees, including part-time and temporary workers, ------- to attend the training workshop next month.

(A) will require
(B) are required
(C) to be required
(D) requiring　→ 0102

693. Premium Club cardholders are ------- to discounts on stays at any of the hotel's 120 locations.

(A) unabridged
(B) slanted
(C) entitled
(D) belated　→ 0860

694. The Rolans Festival ------- off to a good start with a concert at Charmody Park.

(A) came
(B) got
(C) made
(D) held　→ 0889

695. All of the members of the board of directors but ------- were satisfied with the implementation of their business continuity plan when production at the factory was suspended.

(A) many
(B) any
(C) one
(D) most　→ 0455

696. With the end of the ------- year approaching, many departments are using the money remaining in their budgets to carry out improvements.

(A) fiscal
(B) earnest
(C) calculable
(D) sturdy　→ 0578

697. ------- the short publicity period, the film's box office revenues were much higher than expected.

(A) Despite
(B) Unlike
(C) To
(D) From　→ 0210

698. Although Michael Nicks' solo concert was ------- promoted on the radio, it failed to attract a large audience.

(A) effortlessly
(B) heavily
(C) respectively
(D) apparently　→ 0782

699. The Wickells Corporation operates a manufacturing plant in Colombia ------- currently employs approximately 600 workers.

(A) who
(B) where
(C) that
(D) whose　→ 0418

700. After Fenex's design team found themselves facing various technical -------, they started to look for consultants with relevant experience.

(A) challenges
(B) consistencies
(C) acknowledgments
(D) forecasts　→ 0769

701. It was necessary to ------- the shelves in the storage room in preparation for the office relocation.

(A) pledge
(B) dismantle
(C) overwhelm
(D) deprive   → 0711

702. ------- the award for her outstanding work, Theresa Seldon received a research grant from the Washington Science Council.

(A) Past
(B) Besides
(C) Since
(D) Toward   → 0242

703. All of the ingredients Yatalan Dining uses are ------- grown in our own gardens located behind the restaurant.

(A) inconclusively
(B) regretfully
(C) organically
(D) purely   → 0993

704. Guests of the Lemone Hotel often ------- surprise when they first see the magnificent water fountain at the entrance.

(A) express
(B) pronounce
(C) extend
(D) chance   → 0779

705. While outsourcing has relieved some of the strain on workers, we do not plan to rely on it for the long -------.

(A) term
(B) take
(C) mission
(D) portion   → 0658

706. Before the Human Resources department orders a background check of a potential employee, the candidate needs to sign an ------- form.

(A) authorization
(B) authorizes
(C) authority
(D) author   → 0027

707. If you have any queries about the use of our health equipment, do not ------- to call us at 786-555-3122.

(A) mind
(B) escape
(C) hesitate
(D) avoid   → 0934

708. The Hoskins Gallery of Modern Art in downtown Melbourne ------- a large selection of works by contemporary Australian artists.

(A) feature
(B) featuring
(C) have featured
(D) features   → 0155

709. According to city bylaws, factories cannot be built within a five-kilometer radius of the wildlife -------.

(A) impression
(B) circumstance
(C) preserve
(D) commitment   → 0750

710. Mr. Jarvis was unable to take on additional assignments, ------- he had his hands full with other work.

(A) for
(B) although
(C) already
(D) for example   → 0333

　正解 **701.** (B) **702.** (B) **703.** (C) **704.** (A) **705.** (A) **706.** (A) **707.** (C) **708.** (D) **709.** (C) **710.** (A)

711. The ------- of the hotel lobby was scheduled for a time when Cerejeiz Inn has the fewest visitors.

(A) adoption
(B) redecoration
(C) resolution
(D) authorization →0526

712. The renowned architect Jacob Favreau ------- by a construction firm this week to design a skyscraper for the city of Houston.

(A) hires
(B) hired
(C) is hiring
(D) was hired →0101

713. With the increase in the number of people using public transportation, the city is looking at replacing its buses with more fuel ------- models.

(A) fluent
(B) subtle
(C) lengthy
(D) efficient →0745

714. Since the essential renovation work was fully completed, we are currently ------- the addition of a second wing to the hospital.

(A) contemplating
(B) engrossing
(C) outweighing
(D) encountering →0827

715. The employee handbook specifies the conditions under ------- changes can be made to the following day's work schedule.

(A) what
(B) which
(C) where
(D) how →0428

716. Ms. Giordano left her job in San Diego and moved to a new city to make a ------- start as an attorney.

(A) fresh
(B) ready
(C) straight
(D) optimistic →0758

717. The documentary film *Rose the Rose* ------- out to be far more popular than even the director herself had expected.

(A) produced
(B) affirmed
(C) showed
(D) turned →0620

718. After Maxford Stadium was rebuilt, some locals were surprised that there was absolutely ------- left of the original structure.

(A) both
(B) nothing
(C) anything
(D) another →0383

719. Mr. Anderson decided to ------- up on his Chinese language skills before he traveled there on business.

(A) live
(B) grow
(C) embark
(D) brush →0795

720. Our research and development department comprises a diverse group of talented individuals, ------- with a degree in science or engineering.

(A) any
(B) every
(C) much
(D) most →0473

721. The proposal from Cox Landscaping takes into ------- the cost of upkeep and the aesthetics of the surrounding properties.

(A) proportion
(B) finance
(C) account
(D) preference
→ 0828

722. Singer-songwriter Gary Williams has come a long way since the days ------- he played guitar for passersby in Olive Park.

(A) then
(B) how
(C) which
(D) when
→ 0437

723. Delivery drivers are advised to ------- caution on the roads this winter as record low temperatures are forecast.

(A) travel
(B) assign
(C) exercise
(D) signify
→ 0912

724. Norand Clothing's sales figures have been steadily going up for the past few months compared to ------- of their competitors.

(A) them
(B) what
(C) which
(D) those
→ 0398

725. The position is based ------- of the main office in Seattle, doing business with a number of IT companies.

(A) out
(B) except
(C) down
(D) beyond
→ 0264

726. New workplace rules will go into ------- at the start of the year, and all employees must be familiar with them.

(A) order
(B) respect
(C) action
(D) effect
→ 0540

727. Among the inhabitants of Mokihana Island, the Augello Shopping Mall is regarded as the most convenient by -------.

(A) many
(B) every
(C) any
(D) something
→ 0458

728. A recent study ------- what Seanutts' product designers believed about the mobile phone market.

(A) intervenes
(B) terminates
(C) contradicts
(D) purifies
→ 0763

729. All employees at Nobina, Inc., were required to take part in the ------- workshop on customer service and submit a report on it.

(A) fascinated
(B) introductory
(C) equivalent
(D) dwindling
→ 0703

730. Our employees use cotton cloths and non-abrasive sponges ------- avoid scratching the vehicles they wash and wax.

(A) given that
(B) as long as
(C) in case
(D) so as to
→ 0321

正解 **721.** (C) **722.** (D) **723.** (C) **724.** (D) **725.** (A) **726.** (D) **727.** (A) **728.** (C) **729.** (B) **730.** (D)

731. The department head calculated how much it would cost to put a ------- advertisement in the evening newspaper.

(A) numerical
(B) prudent
(C) classified
(D) combustible　　　→ 0553

732. In response to receiving numerous reports about its CWT-86 toaster overheating, Fanton Appliance ------- the product.

(A) had been recalled
(B) have been recalled
(C) recall
(D) has recalled　　　→ 0134

733. After Ms. Thurman came up with a market entry strategy, she directed her staff on how ------- it.

(A) to be implemented
(B) implement
(C) implementing
(D) to implement　　　→ 0106

734. HB Sports has an ------- agreement with Portland Sportswear, which makes them the only retail outlet in New York.

(A) exclusive
(B) inconclusive
(C) affluent
(D) incidental　　　→ 0907

735. The new manager has been striving to create a working environment ------- of sharing ideas.

(A) facilitating
(B) facilitated
(C) facilitative
(D) facilitators　　　→ 0070

736. The courtyard of the hotel has an ------- water feature, which gives guests a hint of the luxury inside.

(A) occupational
(B) anticipatory
(C) illustrious
(D) exquisite　　　→ 0546

737. Mayor David Wallace presided ------- the official opening of the Frisk Gymnastics Center on October 24.

(A) into
(B) near
(C) toward
(D) over　　　→ 0228

738. Ms. White ------- in on the new employees every 20 minutes to make sure they were not having any difficulties.

(A) looked
(B) appeared
(C) provoked
(D) considered　　　→ 0817

739. The ------- design of the Cranston Building has made it a Novaiz City landmark for many years.

(A) cautious
(B) bold
(C) likely
(D) frequent　　　→ 0543

740. Since ------- expenses for renovating Light Kids Nursery were needed, the owner decided to raise funds from locals.

(A) sizable
(B) prestigious
(C) defective
(D) adherent　　　→ 0635

741. The power costs have been a large drain on Smith Manufacturing's financial ------- for the past few months.

(A) associations
(B) resources
(C) estimates
(D) dividends → 0917

742. ------- recent dietary trends, Lorad Restaurant has added a steak salad with plenty of locally grown vegetables to its menu.

(A) In response to
(B) Prior to
(C) However
(D) While → 0274

743. The port authority on Kafala Island demands all vessels ------- immediately upon entering its harbor.

(A) registers
(B) register
(C) registered
(D) registering → 0034

744. For the last three years, Sunflower Net has been facing ------- competition from various online service providers.

(A) prosperous
(B) fierce
(C) secluded
(D) identical → 0876

745. At the Mayview Giftshop, sales assistants select wrapping paper and bows ------- the type of gift being purchased.

(A) on the basis of
(B) such as
(C) by means of
(D) that → 0288

746. The ------- of coastline between Mermaid Waters and Runaway Bay is renowned for its natural beauty.

(A) stretch
(B) form
(C) trash
(D) estate → 0901

747. Since ------- of the inspections will be carried out in the plant's packaging facility, staff there are to tidy up thoroughly beforehand.

(A) few
(B) which
(C) some
(D) little → 0372

748. Mr. Townsend left the conference quickly in order to ------- an emergency at his branch office.

(A) clean out
(B) attend to
(C) merge with
(D) stick to → 0704

749. Three businesses were contacted about catering the dinner, and ------- sent their full menu to the event organizers.

(A) every
(B) much
(C) all
(D) both → 0489

750. The city council regularly invites residents ------- in public consultation events and offer their feedback on proposals.

(A) participating
(B) to participate
(C) have participated
(D) participate → 0124

正解 **741.** (B)　**742.** (A)　**743.** (B)　**744.** (B)　**745.** (A)　**746.** (A)　**747.** (C)　**748.** (B)　**749.** (C)　**750.** (B)

751. All Glareware devices sold online are ------- for 12 months from the date of purchase.

(A) guaranteed
(B) obligated
(C) assured
(D) provoked → 0527

752. An hour before the used book fair ended, a sign was put up to inform visitors they could take ------- they like.

(A) wherever
(B) however
(C) whatever
(D) whoever → 0440

753. Timber prices are set to ------- now that the housing boom appears to be over in the Locong district.

(A) modify
(B) amplify
(C) violate
(D) plummet → 0942

754. Many consumers find it difficult to ------- the difference between our washing machine and the market leader's.

(A) orchestrate
(B) discern
(C) offset
(D) browse → 0617

755. The ------- institute will be situated within the rainforest so that its scientists can be closer to the species they study.

(A) researchable
(B) research
(C) researches
(D) researcher → 0018

756. Mr. Calloway has declined ------- for the docuseries because of concerns that doing so would take considerable time.

(A) interview
(B) to be interviewed
(C) having interviewed
(D) interviewing → 0160

757. A ------- work schedule has been e-mailed to every member of StarRibbon's staff.

(A) numeric
(B) tenacious
(C) tentative
(D) prosperous → 0580

758. Even when a consensus ------- the committee members is obvious, a vote is held for the sake of formality.

(A) among
(B) since
(C) toward
(D) beside → 0225

759. Sanders Engineering has ------- a reputation for excellence among the construction firms it serves.

(A) reiterated
(B) acquired
(C) undertaken
(D) observed → 0717

760. Accounting department staff have been advised ------- all orders for stationery and other office supplies must be placed with a company approved vendor.

(A) thus
(B) in
(C) what
(D) that → 0283

761. Mr. Onozawa itemized all the possible expenses for the company ------- and carefully rechecked the numbers.

(A) occupancy
(B) raffle
(C) plaque
(D) retreat → 0816

762. The speaker for the ribbon-cutting ceremony will be Keith Matthews, ------- became CEO of the McPherson Hotel Group last month.

(A) that
(B) what
(C) who
(D) whose → 0407

763. Ms. Guerrero's upcoming webinar will cover practical and theoretical approaches ------- studying biochemical systems.

(A) to
(B) from
(C) both
(D) ever → 0325

764. ------- of the important issues to be discussed during tomorrow's company-wide meeting are listed on the staff intranet.

(A) Either
(B) Some
(C) Every
(D) Little → 0460

765. Ms. Rodriguez said that she will either fly to Nashville for the technology conference or drive there ------- tomorrow.

(A) her
(B) hers
(C) her own
(D) herself → 0351

766. The factory workers are told to put off ------- the food packaging machine until the end of their shift.

(A) to be sanitized
(B) sanitization
(C) to sanitize
(D) sanitizing → 0111

767. Even though tickets for the eagerly anticipated musical went on sale ------- yesterday, they are already sold out.

(A) to
(B) only
(C) as
(D) latest → 0337

768. The argument among the managers during Wednesday's meeting reflects the growing division ------- the sales teams.

(A) underneath
(B) against
(C) opposite
(D) between → 0258

769. Carter Environmental Association is ------- money to save a rare species of lizard native to the area.

(A) raising
(B) attending
(C) conducting
(D) adopting → 0999

770. We will ------- all of the current furniture and replace it with new pieces selected by an interior decorator.

(A) purchase
(B) discard
(C) install
(D) disperse → 0957

771. Please be aware that you have to pay the ------- seven days prior to your departure date.

(A) balancing
(B) balance
(C) balancer
(D) balanced → 0046

772. Mr. Oyama was ------- that the other managers agreed to go along with his expansion plans.

(A) reserved
(B) thanked
(C) relieved
(D) involved → 0743

773. Unfortunately, the plans for the merger between VGT and Berko Corporation ------- through at the last minute.

(A) drove
(B) fell
(C) stuck
(D) returned → 0562

774. Mr. Reilly consented ------- the team of medical interns to observe while the physician conducted the test.

(A) to allow
(B) to be allowed
(C) allowing
(D) allowed → 0190

775. Michael Green clearly stated that ------- is one of the most important characteristics of a successful salesperson.

(A) implementation
(B) dilemma
(C) perseverance
(D) machinery → 0732

776. In order to ensure that client data is not -------, staff are prohibited from taking computers home with them at night.

(A) differentiated
(B) personalized
(C) compromised
(D) reactivated → 0747

777. All of Yamanoda Appliance's product ------- can be seen in the newly updated online catalog.

(A) contributions
(B) offerings
(C) provisions
(D) standings → 0770

778. Professor Lopez pointed out that while certain drugs are not ------- by doctors in some countries, they are in others.

(A) prescribes
(B) prescriptive
(C) prescribable
(D) prescription → 0097

779. It ------- that the warehouse has sent some customers the wrong products since the shipping software was updated.

(A) stands
(B) hears
(C) appears
(D) signifies → 0887

780. Ms. Holmes founded a ------- of profitable businesses before she met her current business partner.

(A) preparation
(B) collision
(C) succession
(D) definition → 0700

781. Ms. Sumner proved -------
capable of running the office in the
manager's absence.

(A) drastically
(B) unbearably
(C) perfectly
(D) doubtfully   → 0836

782. Bergen Street from Pearson Road
to Walnut Drive will be -------
construction for approximately the
next six weeks.

(A) between
(B) next
(C) under
(D) through   → 0265

783. Many of the employees at Pearapp
choose to ------- company-owned
accommodations because of the
financial benefits it offers.

(A) run into
(B) pass up
(C) straighten out
(D) reside in   → 0798

784. Rory Cooper is known throughout
the ------- industry as a leading
talent scout who has worked with
countless performers.

(A) entertaining
(B) entertainingly
(C) entertain
(D) entertainment   → 0021

785. The event organizers ------- the
plan they had prepared over the
previous 12 months.

(A) sent away
(B) watched out
(C) adhered to
(D) passed out   → 0664

786. Mr. Baxter responded to a
reporter's question about whether
his company had effectively -------
its reliance on fossil fuels.

(A) to minimize
(B) minimizes
(C) minimizing
(D) minimized   → 0125

787. During her lecture, the professor
outlined a number of purposes
for ------- the personal data of
customers are processed.

(A) how
(B) which
(C) what
(D) that   → 0413

788. Employees are reminded to
minimize ------- in their work areas
in order to avoid inconveniencing
their coworkers.

(A) heritage
(B) clutter
(C) influence
(D) breadth   → 0757

789. It has become ------- for
businesspeople to use tablet
computers to communicate with
clients.

(A) dependent
(B) vulnerable
(C) outgoing
(D) commonplace   → 0814

790. Mr. Nielsen called maintenance
to request that ------- repair the
entrance awning, which had been
damaged during the storm.

(A) they
(B) their
(C) their own
(D) themselves   → 0374

　 正解 **781.** (C) **782.** (C) **783.** (D) **784.** (D) **785.** (C) **786.** (D) **787.** (B) **788.** (B) **789.** (D) **790.** (A)

791. Dharma Food has a range of ready-made dinners in ------- to its hugely popular frozen desserts.

(A) respect
(B) response
(C) association
(D) addition → 0842

792. A recall will be issued ------- any cosmetic product fails to comply with the new safety regulation.

(A) ever since
(B) other than
(C) in the event that
(D) but also → 0327

793. The BeautifyAgain campaign was created out of a ------- that more funding would be needed to restore the historic building.

(A) recognizably
(B) recognition
(C) recognize
(D) recognizability → 0020

794. When it ------- to interior decorating, you will find no one with more experience than Marshallen Interiors.

(A) manages
(B) assures
(C) comes
(D) requires → 0673

795. Max Dunbell's latest film, *Heart the Heart*, was well ------- by critics and audiences alike.

(A) immersed
(B) received
(C) issued
(D) conducted → 0916

796. The exhibition of ------- artists hosted at the Tremblay Art Gallery in London was a huge success.

(A) additive
(B) momentary
(C) contemporary
(D) functional → 0894

797. ------- its revenue target for the current fiscal year, Axway Motors will aim for a higher target in the year ahead.

(A) Surpass
(B) Surpassed
(C) Having surpassed
(D) To have surpassed → 0154

798. His high-profile achievements in the field of science brought him a lot of -------.

(A) evacuation
(B) prestige
(C) constraint
(D) inadequacy → 0899

799. The proceedings undertaken by the Labor Advisory Committee were considered ------- by its senior members.

(A) ordering
(B) orders
(C) orderly
(D) order → 0044

800. Prior to assembling your new speaker stand, check to make sure you have received ------- the required components.

(A) each
(B) all
(C) every
(D) almost → 0476

801. Ms. McAdams hastened ------- her staff with the new cash register before opening her boutique on Wednesday morning.

(A) familiarizing
(B) familiarization
(C) having familiarized
(D) to familiarize →0135

802. Ms. Fields indicated that she was ------- with her job at Gontard Furniture, and was not interested in a promotion.

(A) determined
(B) content
(C) accustomed
(D) desired →0586

803. The architecture firm proposed two designs for the railroad bridge in Edmonton, but the city planning commission selected -------.

(A) any
(B) someone
(C) neither
(D) one another →0396

804. Ms. Silvestri is widely regarded ------- an exceptionally talented architect with remarkable creative skills.

(A) and
(B) to
(C) so
(D) as →0342

805. The Cheeza Festival, which has been delayed by severe weather several times, will finally take ------- on the first weekend of May.

(A) occasion
(B) action
(C) place
(D) measures →0663

806. Even though either would likely have proved effective, Delila Fashions employed the more comprehensive social media strategy over ------- one.

(A) both
(B) others
(C) the other
(D) some →0487

807. Four-wheel drive vehicles are usually in ------- demand during the snow seasons, so early reservations are highly recommended.

(A) tall
(B) hard
(C) proper
(D) high →0524

808. The company managed to achieve record sales in the ------- of strong competition from foreign brands.

(A) place
(B) face
(C) cause
(D) response →0824

809. ------- the excitement leading up to the championship final, the basketball players signed many autographs for fans.

(A) Between
(B) Amid
(C) Inside
(D) Across →0237

810. How many people turn out for the symposium depends on how well the organizers ------- it over the next few weeks.

(A) promote
(B) to promote
(C) promoting
(D) having promoted →0116

811. As electricity costs rise, Seiyan Company has been trying to ------- down on power consumption for the past few months.

(A) cut
(B) tear
(C) rely
(D) afford →0831

812. Members of Royalty Fitness ------- three-month membership is set to expire should notify our staff if they wish to renew.

(A) who
(B) whose
(C) which
(D) its →0430

813. While the office manager was on vacation, some staff members ------- on additional responsibilities.

(A) accepted
(B) performed
(C) got
(D) took →0849

814. Lamplights Restaurant has an ------- atmosphere, which makes it popular with families or groups of friends.

(A) absolute
(B) interactive
(C) incidental
(D) informal →0950

815. At Aces Hardware, each and every one of our water heaters is covered by an ------- ten-year warranty.

(A) extend
(B) extensively
(C) extended
(D) extensional →0081

816. Vendors at the Cunningham Festival are obliged ------- a valid business license on the exterior of their food stall.

(A) to be displayed
(B) displaying
(C) displays
(D) to display →0182

817. The marketing team arranged a special event to show their ------- for Mr. Lee's work in designing a great advertisement.

(A) demonstration
(B) sensation
(C) appreciation
(D) sanitation →0875

818. Headquartered in London, AMOS Tech employs more than ten thousand people ------- its operations in and outside of England.

(A) away
(B) then
(C) provided
(D) across →0305

819. There was an ------- article in the newspaper about innovative ways to use social media for marketing.

(A) ergonomic
(B) implicit
(C) obligatory
(D) intriguing →0988

820. Mr. Jones instructs the salespeople to ------- offering discounts on the newer models.

(A) refuse
(B) exempt
(C) retrieve
(D) avoid →0906

821. Inspired by the success of their first studio album, the band will begin work on a second ------- next month.

(A) either
(B) more
(C) one
(D) other → 0376

822. ------- the snow is cleared at the border crossing soon, shipments between the countries can resume without much delay.

(A) Even though
(B) So that
(C) Provided that
(D) In order for → 0346

823. The department manager ------- aside a couple of days for staff to attend a retreat in Iowa.

(A) saved
(B) set
(C) landed
(D) made → 0867

824. In order to make room for more employees, we will get ------- of the filing cabinets on the west side of the office.

(A) rid
(B) lost
(C) set
(D) lit → 0679

825. The summer sale at Pennyworth Stationery will run from August 17 ------- the end of the month.

(A) onto
(B) following
(C) during
(D) through → 0218

826. Corway Corp. is seeking a marketing specialist ------- experience developing engaging content for Web sites and other online media.

(A) whose
(B) with
(C) while
(D) that → 0314

827. There should always be a member of the customer service team ------- available to assist shoppers as they arrive.

(A) inadvertently
(B) vibrantly
(C) sparingly
(D) readily → 0985

828. The individual with ------- Mr. Hirsch was discussing the details of the lease agreement was the tenant of the property.

(A) whom
(B) whoever
(C) them
(D) which → 0408

829. The successful applicant will have experience dealing with complicated scheduling issues and price -------.

(A) concoctions
(B) consciences
(C) attachments
(D) negotiations → 0751

830. Quinpax Motors now has its own recruiting platform ------- attracting highly skilled workers to join the company.

(A) how
(B) along with
(C) as a means of
(D) so that → 0295

831. After deliberating on the policy change for two hours, there was ------- need for further discussion on the matter.

(A) little
(B) either
(C) anything
(D) all ➔ 0483

832. ------- people's environmental awareness has been increasing, there has been a growing demand for Kizezza's solar panels.

(A) In spite of
(B) As
(C) Regardless
(D) Then ➔ 0330

833. If ------- properly and on a regular basis, your Petocal HR-7 lawnmower should last for at least ten years.

(A) maintenance
(B) maintaining
(C) maintained
(D) maintains ➔ 0065

834. Spikon Library users are allowed to borrow electronic devices such as computers as long as they ------- for research purposes.

(A) use
(B) used
(C) are used
(D) are using ➔ 0137

835. Pelwin University has digitized all its research materials ------- they can be accessed by students and faculty online.

(A) as soon as
(B) now that
(C) in order
(D) so that ➔ 0334

836. Dr. Morrison spoke at ------- on the importance of maintaining a clean work environment.

(A) expert
(B) opposition
(C) length
(D) paper ➔ 0839

837. The Culture Festival in Gainesville, held in March every year, brings together ------- craftspeople from all over the region.

(A) mastered
(B) masterly
(C) mastering
(D) masters ➔ 0086

838. Please water the plant two times a day and keep it out of the sun so that it will not -------.

(A) forge
(B) wither
(C) destruct
(D) breeze ➔ 0698

839. Mr. White's experience as an engineer gave him a unique ------- point of the challenges the car's designers were facing.

(A) attribute
(B) effect
(C) premiere
(D) vantage ➔ 0880

840. Mr. Krantz makes it a rule to read editorials published by several newspapers and ------- his own opinion on them.

(A) write
(B) written
(C) wrote
(D) writing ➔ 0126

841. On the first page of the manual, users are advised to take appropriate care ------- assembling or operating the table saw.

(A) whenever
(B) whichever
(C) however
(D) those
→ 0438

842. Customers from a wide range of industries ------- Tullox Printing for their promotional materials.

(A) figure out
(B) count on
(C) prepare for
(D) turn in
→ 0692

843. Instructions in the user manual for the espresso machine ------- so that anyone could easily understand how to use it.

(A) simplify
(B) simplified
(C) to be simplified
(D) were simplified
→ 0186

844. For decades, the government has had ------- influence over how educational institutions organize and facilitate their programs.

(A) none
(B) little
(C) few
(D) any
→ 0468

845. Ms. Brown was unable to find the book on personal finance in the library on account ------- it having already been checked out.

(A) with
(B) for
(C) of
(D) to
→ 0213

846. The ------- feature of the H-1 vacuum cleaner released by Nordens is its long battery life.

(A) apprehensive
(B) watertight
(C) noteworthy
(D) revisory
→ 0660

847. Kahler Tech has in recent years promoted a variety of activities ------- to mitigate the impacts of climate change.

(A) to intend
(B) intends
(C) intended
(D) intend
→ 0174

848. Seanank Construction boasts approximately 1,000 employees working in its ------- companies.

(A) exposed
(B) superstitious
(C) affiliated
(D) factual
→ 0633

849. Ms. Kobinsky ------- to meet with the prospective client, but the appointment was canceled at the last minute.

(A) has been arranged
(B) has arranged
(C) arranges
(D) had arranged
→ 0197

850. ------- we miss the nine o'clock ferry to Hartsville, we can take the one departing forty-five minutes later.

(A) Despite
(B) As soon as
(C) Supposing
(D) Often
→ 0285

正解 **841.** (A) **842.** (B) **843.** (D) **844.** (B) **845.** (C) **846.** (C) **847.** (C) **848.** (C) **849.** (D) **850.** (C)

851. Organizers ------- more people to attend this year's convention than ever before in the event's history.

(A) hope
(B) absorb
(C) interact
(D) expect　　　→ 0749

852. The equipment malfunction ------- from a cheap part that was not from the original manufacturer.

(A) resolved
(B) generated
(C) maneuvered
(D) stemmed　　　→ 0515

853. The article covered the news of Mr. Jones' ------- efforts to host the soccer championship in Beenleigh, which may finally pay off in the near future.

(A) refined
(B) ongoing
(C) thankful
(D) receptive　　　→ 0928

854. Moore & Sullivan offers business advisory services across a broad range of sectors including ------- and accounting.

(A) finances
(B) finance
(C) financed
(D) financial　　　→ 0088

855. ------- speaking to a large audience, Mr. Spenser always tries to imagine that he is addressing a single person.

(A) By
(B) Whenever
(C) Nearly
(D) As if　　　→ 0281

856. Ryotama Company made a ------- response to the recent merger offer from Franklin Industries.

(A) noted
(B) considered
(C) slanted
(D) curved　　　→ 0885

857. The planning department budget does not ------- for spending on non-essential items.

(A) elect
(B) lead
(C) allow
(D) inspire　　　→ 0514

858. We contacted three hotels situated near the Keeton Conference Hall, and ------- still have rooms available on May 8.

(A) any
(B) all
(C) another
(D) it　　　→ 0355

859. Project managers who may require a deadline extension on any assignment are advised to request it sooner ------- later.

(A) at least
(B) rather than
(C) except
(D) whereas　　　→ 0303

860. The design team will take some time on Monday to ------- feedback from the focus group.

(A) confer
(B) converse
(C) respond
(D) discuss　　　→ 0791

861. The grand opening of the Haliburton Bridge was ------- by a local politician, Kenzo Nagamoto.

(A) implored
(B) disbanded
(C) preoccupied
(D) officiated → 0998

862. Martha Schmidt is celebrating the launch of her new book, *Open Air Designs*, a practical guide ------- landscaping in Australia.

(A) that
(B) from
(C) though
(D) to → 0291

863. Nileways Online Shopping had no choice but to offer free shipping on all orders to ------- competitive.

(A) attain
(B) remain
(C) engrave
(D) compare → 0681

864. The organizers of the Adelaide Hiking Club picked a mountain ------- none of the members had previously climbed.

(A) how
(B) when
(C) that
(D) what → 0439

865. CEO Hiroe Tanaka ------- a visit to the Phoenix store to congratulate the staff on their magnificent work.

(A) paid
(B) stayed
(C) got
(D) broke → 0944

866. Some employees have appealed to the president to expand ------- her reasons for changing the long-standing administrative policy.

(A) from
(B) for
(C) upon
(D) about → 0229

867. The Le Blanc Performing Arts Center will have a grand concert hall as well as smaller, more ------- performance spaces.

(A) irrelevant
(B) erroneous
(C) lingering
(D) intimate → 0645

868. As soon as the discrepancy was found in the tax records, Ms. Peters acknowledged that the error was -------.

(A) she
(B) her
(C) hers
(D) herself → 0400

869. Sandra Mills is a ------- writer whose works have been adapted for film and television.

(A) consecutive
(B) picturesque
(C) prolific
(D) conceivable → 0610

870. The design of a structure as ambitious as the Giordano Dam is beyond the firm's current -------.

(A) disciplines
(B) practices
(C) ventilators
(D) capabilities → 0573

871. Ms. Shields was responsible for the successful advertising ------- that brought the company back to profitability.

(A) depletion
(B) signature
(C) transition
(D) campaign　　→ 0752

872. Goldstars Law Firm will soon move to a new building, but currently ------- the top floor of Wade Tower on Bingham Street.

(A) occupies
(B) occupying
(C) occupy
(D) is occupied　　→ 0146

873. Mr. Yates was ------- in highly confidential work when he was employed at Carleton Research Facility.

(A) resolved
(B) engaged
(C) dedicated
(D) promoted　　→ 0647

874. Mayor Debra Maclean said that plans are currently underway to build a ------- hub near the Woodward Shopping Center.

(A) transportability
(B) transportable
(C) transporting
(D) transportation　　→ 0062

875. Unless otherwise -------, all items are 20 percent off the list price.

(A) dressed
(B) booked
(C) invited
(D) noted　　→ 0822

876. The warranty for our agricultural equipment does not ------- damage that occurs as a result of misuse.

(A) assure
(B) cover
(C) revive
(D) withhold　　→ 0801

877. Lightwarp Games organized a series of workshops for ------- staff programmers who wanted to brush up on their coding skills.

(A) few
(B) any
(C) which
(D) almost　　→ 0451

878. Determining ------- the logistics hurdles in the region can be overcome is the responsibility of the supply chain manager.

(A) as well as
(B) either
(C) whether
(D) in case of　　→ 0280

879. The results of the questionnaire on the online art class ------- students would rather attend their lessons in person.

(A) to indicate
(B) indicates
(C) indicating
(D) indicate　　→ 0199

880. It was the fact that the cleaning procedure was hardly ------- in the user's manual that customers found frustrating.

(A) missed
(B) referred
(C) mentioned
(D) nominated　　→ 0602

881. The security expert advises all organizations to ------- update their security software to protect sensitive information.

(A) constantly
(B) monumentally
(C) confidently
(D) surpassingly → 0844

882. The Antropica Resort provides a comfortable setting ------- guests can enjoy the ultimate in both privacy and luxury.

(A) which
(B) whose
(C) where
(D) what → 0423

883. The results of the survey Jobano Dining received from its loyal customers ------- that they should expand their menu selection.

(A) suggest
(B) inform
(C) tell
(D) refer → 0627

884. If ------- fewer members had shown up for last week's book club meeting, the discussion might have been even shorter.

(A) anyone
(B) ever
(C) any
(D) all → 0493

885. If you find ------- making more mistakes than usual when typing, take a five-minute break to regain your focus.

(A) your
(B) yourself
(C) yours
(D) you → 0391

886. The Argentina travel guidebook that Mr. Dunham lent ------- Ms. Cazorla was helpful when she planned the annual company retreat.

(A) by
(B) with
(C) to
(D) on → 0231

887. Ms. Takimoto ------- as CEO to pursue her dream of becoming a professional accordionist.

(A) stepped down
(B) rolled out
(C) turned in
(D) came true → 0626

888. The Lazong Mall is easily accessible from Lazong Station, so foot traffic is ------- high.

(A) vertically
(B) deliberately
(C) correspondingly
(D) grossly → 0570

889. Ozomo Logistics will hire ------- consultants to review its shipping procedures and make necessary improvements.

(A) enviable
(B) aqueous
(C) external
(D) evident → 0898

890. ------- Meisoran's game products are released, the filming and editing of the promotional commercials will have been completed.

(A) Only
(B) Unless
(C) Whenever
(D) By the time → 0310

正解 881. (A) 882. (C) 883. (A) 884. (C) 885. (B) 886. (C) 887. (A) 888. (C) 889. (C) 890. (D)

891. Concentrated detergents that Koarz Manufacturing developed ------- available from the end of October onward.

(A) was
(B) has been
(C) will be
(D) had been → 0200

892. Harpertech is on ------- to achieve an annual sales record for the third year in a row.

(A) times
(B) way
(C) target
(D) state → 0872

893. Employees have been made ------- of the new security procedures required when entering the building.

(A) clear
(B) aware
(C) proper
(D) secure → 0684

894. ------- earning his flight instructor certificate, Mr. Atkins applied for a job training pilots at an academy.

(A) Onto
(B) Unlike
(C) About
(D) Upon → 0239

895. The factory equipment upgrades have led to substantial ------- in productivity and have proven to be well worth the expense.

(A) departures
(B) outskirts
(C) gains
(D) surroundings → 0820

896. Orbvue Cam users can find detailed instructions on installing the security camera on page four of its ------- manual.

(A) operating
(B) operated
(C) operate
(D) operability → 0038

897. Mr. Thompson is ------- pressure on the people in his department to take time off to be with their families.

(A) roaring
(B) exerting
(C) grasping
(D) devising → 0813

898. In an effort to ------- up business, Shiromans Company has been offering generous discounts to local residents.

(A) beat
(B) drum
(C) maximize
(D) show → 0575

899. The vice president expressed his surprise that the logistics services contract with Baverro Associates had ------- to be renewed.

(A) nor
(B) accordingly
(C) beyond
(D) yet → 0326

900. If the new software ------- to meet our needs, we will switch back immediately.

(A) fails
(B) amends
(C) lacks
(D) testifies → 0927

901. A ------- has been sent to all of the office staff reminding them of the new reporting procedures.

(A) justification
(B) memorandum
(C) precedent
(D) legislation　　　→ 0521

902. The media reported that Ms. Collins had made a ------- donation to a local charity on behalf of Loveng Company.

(A) fluent
(B) diligent
(C) generous
(D) protective　　　→ 0731

903. The marketing director praised Ms. Lui for designing a shampoo bottle that is ------- with an eye-catching color.

(A) shape
(B) shaping
(C) shaped
(D) shapely　　　→ 0031

904. Among most shipping companies surveyed, ------- was determined to be the most important attribute of delivery vans.

(A) reliability
(B) submission
(C) interruption
(D) optimism　　　→ 0914

905. Ms. Dalton has decided against renovating as it would be more ------- to relocate the office completely.

(A) transient
(B) invalid
(C) reasonable
(D) exclusive　　　→ 0921

906. The bus usually makes ------- stops at different locations within the city, but it will go directly to the Hanakino Convention Center tomorrow.

(A) each
(B) several
(C) none
(D) no　　　→ 0496

907. Until we can find an effective ------- to the supply chain holdups, we cannot accept any more orders.

(A) prediction
(B) collision
(C) intuition
(D) solution　　　→ 0597

908. The quality control manager is trying to figure out ------- exactly occurred on the assembly line in order to prevent its recurrence.

(A) when
(B) where
(C) what
(D) how　　　→ 0401

909. While many brands' refrigerators are very much alike, Vand's products have a ------- reputation for durability.

(A) solid
(B) short
(C) companionable
(D) previous　　　→ 0632

910. The IT department has ------- against updating the operating system on your company computer at the beginning of the workday.

(A) utilized
(B) advised
(C) aligned
(D) sorted　　　→ 0742

911. Since the city's public transportation system is so well-developed, ------- half of the employees at Peckerson Enterprises get to work by train.

(A) roughly
(B) knowingly
(C) indefinitely
(D) expertly →　0585

912. If your library card becomes lost or damaged, please inform one of our librarians so we can issue -------.

(A) another
(B) one another
(C) others
(D) other →　0375

913. The board of directors reached a conclusion that online advertising would be an ------- part of the new TX-4 tablet release plan in April.

(A) integral
(B) observant
(C) apprehensive
(D) inclusive →　0522

914. We are unable to review your application ------- such time as we receive your transcripts and test scores.

(A) until
(B) except
(C) over
(D) despite →　0244

915. From a safety ------- of view, entry to the Hateruma Building should be restricted throughout next week.

(A) hazard
(B) place
(C) point
(D) letter →　0713

916. Gertie Supermarket sources most of its vegetables locally and therefore has a lot of seasonal -------.

(A) balance
(B) produce
(C) outlay
(D) approach →　0947

917. Although Tanya Hargrave had previously played the part on stage, the role ------- to an actor with experience in film.

(A) given
(B) is giving
(C) was given
(D) gives →　0108

918. Organizers of the annual charity fund-raising event will discuss any security ------- that may be needed at this week's meeting.

(A) measures
(B) compliances
(C) effects
(D) threats →　0818

919. Mr. Pritchard asked his supervisor for help because he forgot ------- to back up data to an external drive.

(A) before
(B) now that
(C) how
(D) whether →　0299

920. If a parcel does not arrive within the estimated time -------, please contact the customer service department.

(A) flow
(B) station
(C) frame
(D) position →　0565

921. The Denlogo Group and its consolidated subsidiaries ------- approximately half a million people in the Middle East and Europe.

(A) employs
(B) employing
(C) employ
(D) were employed → 0164

922. Residents of the Oakville subdivision all share the ------- duty of keeping their yards tidy throughout the year.

(A) neighborly
(B) neighboring
(C) neighbored
(D) neighbors → 0052

923. Several important points to ------- in mind when choosing a conference venue were identified in the internal meeting.

(A) stay
(B) believe
(C) capture
(D) keep → 0790

924. The president congratulated Ms. Harlow ------- the whole staff for being selected as sales employee of the year.

(A) on behalf of
(B) in that
(C) because of
(D) on → 0350

925. Several customers have ------- complaints about the unsanitary conditions at the hotel.

(A) infringed
(B) designated
(C) lodged
(D) depleted → 0784

926. The production crew of the television advertisement were given an ------- of delicious sandwiches for lunch each day.

(A) assortment
(B) outreach
(C) implication
(D) endorsement → 0529

927. ------- journalist working for an accredited news organization will be considered for a press pass to the national convention.

(A) Such
(B) Little
(C) Each
(D) Everyone → 0500

928. At the beginning of his sales presentation, Mr. Edwards explained ------- the new product line was underperforming in Asian markets.

(A) for
(B) why
(C) what
(D) which → 0427

929. Sakurada Parking is open to all visitors, but it charges a ------- of $22 a day, which is relatively high in the area.

(A) cost
(B) rate
(C) fine
(D) number → 0648

930. Freemont cookies produced by Gri Confectionery are ------- wrapped to ensure maximum freshness.

(A) individually
(B) statistically
(C) implausibly
(D) collaboratively → 0569

正解 **921.** (C) **922.** (A) **923.** (D) **924.** (A) **925.** (C) **926.** (A) **927.** (C) **928.** (B) **929.** (B) **930.** (A)

931. Although new at Hargraved Constructions, Ms. Devonshire made many ------- arguments for procedural changes.

(A) desiring
(B) preventing
(C) existing
(D) convincing   →`0720`

932. The product number of Flowerick's hot pot and ------- uses can be found on the company's Web site.

(A) it
(B) this
(C) which
(D) its   →`0377`

933. Top Rop Company has been in a good financial position to take on any challenges that ------- ahead.

(A) forge
(B) serve
(C) look
(D) lie   →`0863`

934. The new security cameras installed at the McQuoid Chemical facility cover all areas around the -------.

(A) premise
(B) premises
(C) premised
(D) premising   →`0082`

935. Thanks to its simplicity of use, Holloway's staff was able to get accustomed to the new bookkeeping software with relative -------.

(A) training
(B) ease
(C) exercise
(D) time   →`0773`

936. Millard Pharmacy has developed ------- relationships with its customers by providing personalized service.

(A) comparative
(B) lasting
(C) pensive
(D) janitorial   →`0986`

937. The organizers have come to an ------- regarding the location of the next Star Trekking Convention.

(A) occasion
(B) allowance
(C) agreement
(D) intention   →`0511`

938. The executives are weighing the advantages of merging with its subsidiary ------- the benefits of remaining a separate entity.

(A) aboard
(B) of
(C) versus
(D) toward   →`0243`

939. Some scientists have recently been questioning the safety of a herbicide commonly ------- on wheat crops in the area.

(A) was sprayed
(B) sprays
(C) sprayed
(D) spraying   →`0177`

940. Several development plans that had been submitted for consideration were ------- out due to cost concerns.

(A) ruled
(B) disqualified
(C) dismissed
(D) enforced   →`0845`

---

941. The business consultant recommended that the Nutsbey Company ------- its product range in order to lessen its exposure to risk of slow sales.

(A) destruct
(B) feed
(C) oblige
(D) broaden → 0560

942. We are currently investigating the situation and will notify you when the connection problem has been -------.

(A) evacuated
(B) erased
(C) typed
(D) resolved → 0991

943. Since the region gets ------- rain throughout the year, its farmers rely on irrigation to water their crops.

(A) any
(B) none
(C) most
(D) little → 0480

944. As Seth Daniels is an ------- of classic cars and motorcycles, the publisher contacted him to write a foreword for the new book.

(A) irrigation
(B) ovation
(C) aficionado
(D) intermission → 0856

945. When the central bank decided to increase ------- rates, many economists criticized the move.

(A) enterprise
(B) influence
(C) interest
(D) audibility → 0605

946. Any messages from ------- buyers left on the answering machine should be responded to as swiftly as possible.

(A) prospective
(B) conclusive
(C) transparent
(D) sanitary → 0789

947. The business consultant listens to ------- a company is aiming for carefully and provides appropriate advice and unique strategies.

(A) whom
(B) what
(C) which
(D) how → 0415

948. Colby Boots have become known for their ------- looks and comfortable designs, making them popular among outdoor enthusiasts.

(A) astute
(B) rugged
(C) averse
(D) sizable → 0949

949. The ------- inspection of the property revealed that it was in need of some plumbing repairs.

(A) select
(B) rotting
(C) initial
(D) ambiguous → 0662

950. The metropolitan government is seeking bids for the construction of a subway line ------- downtown Paden City and Grady Street.

(A) among
(B) since
(C) between
(D) amidst → 0214

 正解 **941.** (D) **942.** (D) **943.** (D) **944.** (C) **945.** (C) **946.** (A) **947.** (B) **948.** (B) **949.** (C) **950.** (C)

951. Concerned about impending deadlines, the publishing company reached out to the author to check on the ------- of his latest novel.

(A) proximity
(B) relative
(C) progress
(D) disturbance → 0581

952. The superintendent saw only one bottle of detergent in the broom closet but ------- found more in the storage room in the basement.

(A) each
(B) any
(C) others
(D) much → 0353

953. If you are ------- up with complicated travel booking procedures, easygotraveler.com can help you book your airline tickets quickly with our mobile app.

(A) reserved
(B) fed
(C) contained
(D) attained → 0983

954. ------- arrangements will need to be considered if we are unable to get tickets for the 7:00 P.M. flight for Sydney.

(A) Honorable
(B) Watchful
(C) Alternative
(D) Apparent → 0967

955. Due to robust demand for renewable energy, the country's energy sector ------- major changes over the past decade.

(A) has undergone
(B) is undergoing
(C) will have undergone
(D) to undergo → 0172

956. Advertisers are required to obtain permission from artists ------- using their material for commercial purposes.

(A) within
(B) despite
(C) later
(D) before → 0271

957. Some new safety ------- are urgently required for those who work in the construction industry.

(A) procedures
(B) stimulations
(C) penchants
(D) segments → 0672

958. Users can ------- assured that our programming team is urgently working on an update that will solve connectivity issues.

(A) rest
(B) align
(C) vanish
(D) accept → 0674

959. Due to ------- demand for its premium sports drink, Powersnap Company decided to ramp up production.

(A) overwhelmed
(B) overwhelms
(C) overwhelming
(D) overwhelmingly → 0030

960. RAT Constructions assured investors that it would meet their expectations in ------- of both budget and quality.

(A) means
(B) terms
(C) forms
(D) pieces → 0589

961. After a three-day international conference and a trip home that included two transfers, Ms. Hwang got back ------- to Brisbane.

(A) fluently
(B) domestically
(C) safely
(D) deductively
→ 0962

962. The landlord ------- the right to make improvements or repairs to the property when necessary.

(A) reserves
(B) rewards
(C) implores
(D) demolishes
→ 0805

963. The grant ------- to Wascon Systems will fund the building of an air quality monitoring station in Cleveland.

(A) has awarded
(B) awards
(C) awarded
(D) awarding
→ 0176

964. All ------- one of *Sunset Street*'s main cast members agreed to return for filming of the television show's final season.

(A) out
(B) past
(C) but
(D) for
→ 0279

965. The vacant retail space inside the Greenwich Mall is ------- Champs Yoghurt used to have a shop.

(A) that
(B) whose
(C) where
(D) when
→ 0433

966. As the problem had occurred only -------, it took considerable time for the mechanics to find the cause and the solution.

(A) regrettably
(B) gracefully
(C) considerably
(D) intermittently
→ 0981

967. How potentially damaging the detergent is to the water environment ------- by a group of aquatic biologists.

(A) determined
(B) being determined
(C) is being determined
(D) are determined
→ 0157

968. The audience was asked to exit ------- the burgundy doors located at the end of each aisle when leaving the theater.

(A) inside
(B) through
(C) along
(D) except
→ 0215

969. Over the past 10 years, the solar panels have saved HTI Corporation a ------- amount on electricity bills.

(A) methodical
(B) deliberate
(C) considerable
(D) prevalent
→ 0678

970. The average wage paid by Kizecchi Company was higher compared to Memeron Corporation, but the difference was not -------.

(A) much
(B) any
(C) some
(D) many
→ 0471

971. FRT's offer to purchase Vance Refrigeration was ------- rejected by the company president Eun Sung Hon.

(A) dearly
(B) purely
(C) flatly
(D) tightly → 0618

972. Tim Cleminson spoke ------- on the role of managers in setting attainable goals for employees.

(A) allegedly
(B) comfortlessly
(C) eloquently
(D) reliably → 0778

973. It was nearly impossible to hear the keynote speaker at the summit ------- the malfunctioning microphone.

(A) in spite of
(B) in compliance with
(C) one time
(D) on account of → 0319

974. As the weather in August is difficult to predict, organizers decided that a ------- plan would also be necessary.

(A) containment
(B) tension
(C) contingency
(D) responsibility → 0695

975. Mr. Love and Ms. Rivers ------- Manchester early so that they could be there in time for the client meeting.

(A) left out
(B) exceled at
(C) set out for
(D) called for → 0954

976. The cleaning staff are reminded to be careful ------- handling corrosive substances including certain detergents.

(A) while
(B) that
(C) most
(D) from → 0320

977. As a result of the traffic jam on Highway 35, ------- was late to the meeting at the convention center.

(A) no one
(B) everyone
(C) one another
(D) ourselves → 0373

978. Safeguarding cyber security has become one of the most pressing ------- faced by many companies.

(A) challenges
(B) challenge
(C) challenged
(D) challengers → 0017

979. The manufacturer ------- that the engine be serviced and cleaned every six months.

(A) relocates
(B) nominates
(C) recommends
(D) encourages → 0937

980. Pallmers Pharmacy has developed its own line of ------- priced hair care products.

(A) categorically
(B) superficially
(C) competitively
(D) comparatively → 0650

981. Workers ------- into trouble at the Milwaukie plant when one of the new robots started to malfunction.

(A) solved
(B) came
(C) hired
(D) ran → 0936

982. The influx of reservations resulting from its media exposure put a ------- on Manuel Dining's kitchen staff.

(A) stress
(B) highlight
(C) strain
(D) morale → 0939

983. If Mr. Grayson is hired as a journalist for Spectra News, he ------- to a variety of locations around the world.

(A) was traveling
(B) had been traveled
(C) will be traveling
(D) travels → 0117

984. In her speech at the awards ceremony, CEO Hikari Endo described what the company was ------- when she first joined.

(A) like
(B) from
(C) beneath
(D) in → 0221

985. During his ------- in office, Mr. Yamamoto was mainly committed to leading the movement to preserve the city's green spaces.

(A) tenure
(B) turnout
(C) fraud
(D) raffle → 0955

986. The probability that Niski Architectural, Inc., will move its head office overseas is growing more likely with each ------- day.

(A) passed
(B) passably
(C) passable
(D) passing → 0085

987. CEO Norita Kazumasa predicts that the new London branch is not expected to ------- a profit in its first 12 months of operation.

(A) transfer
(B) obligate
(C) yield
(D) govern → 0853

988. The walk-in refrigerator, where we store meat, must be kept at minus eighteen degrees Celsius ------- cold the weather is.

(A) however
(B) whenever
(C) whichever
(D) whatever → 0422

989. Some of the staff members came ------- with suggestions for the upcoming sales demonstration at electronics stores.

(A) hence
(B) straight
(C) hereafter
(D) forward → 0924

990. All Moon brand tools are tested ------- before they leave the factory to ensure dependability.

(A) anonymously
(B) exponentially
(C) vigorously
(D) unanimously → 0755

正解 981. (D) 982. (C) 983. (C) 984. (A) 985. (A) 986. (D) 987. (C) 988. (A) 989. (D) 990. (C)

991. The ferry was supposed to leave at seven o'clock, but ------- the circumstances the crew decided to delay the departure.

(A) given
(B) within
(C) beyond
(D) past →0235

992. Regenta Roofing has a huge number of ------- from satisfied clients on its Web site.

(A) hardships
(B) testimonials
(C) deviations
(D) pavements →0997

993. The way Ms. Williams managed the business was drastically different from the ------- by which Mr. Johnston ran it.

(A) manner
(B) manners
(C) mannered
(D) mannerless →0076

994. Denny Hall Financial offers excellent returns on investments with only a ------- level of risk.

(A) decisive
(B) moderate
(C) generous
(D) miraculous →0847

995. Mr. Day was ------- editor-in-chief when Marge Wilson retired in May.

(A) named
(B) attributed
(C) alleged
(D) allowed →0691

996. Harrisburg Honey Art Gallery has announced that it will be adding a third wing to the building ------- later this year.

(A) anywhere
(B) sometime
(C) whenever
(D) something →0357

997. Ms. Waters was forced to leave the meeting early as she had a ------- appointment from 1:00 P.M.

(A) genuine
(B) factual
(C) masterful
(D) pressing →0528

998. A ------- members of the sales team left the trade fair early, but most stayed until the very end.

(A) none
(B) these
(C) little
(D) couple →0484

999. Periton Electric reported that sales of its new tablet continued to rise ------- fierce competition in the digital device market.

(A) while
(B) up
(C) in spite of
(D) even so →0322

1000. The paintings conservator recommends applying a coat of varnish ------- the artwork before hanging it on the wall.

(A) over
(B) via
(C) about
(D) down →0250

正解 **991.** (A) **992.** (B) **993.** (A) **994.** (B) **995.** (A) **996.** (B) **997.** (D) **998.** (D) **999.** (C) **1000.** (A) ■ 101

MEMO

TOEIC® L&R テスト990点攻略　文法・語彙問題1000 別冊

Obunsh